Veit-Jakobus Dieterich

Oberstufe Religion kompakt

Handreichungen für Lehrkräfte

Calwer Verlag Stuttgart

Aufbau des Lehrerbandes

Der Aufbau der Handreichungen für Lehrkräfte spiegelt exakt den des Schülerbandes. Vorgeschaltet ist – analog zur Einführung im Schülerband – eine Einleitung, am Ende findet sich als Anhang ein Kapitel mit Überblicken, das den Unterrichtenden Zusammenfassungen und Überblicke über wichtige Aspekte und Themenstellungen bietet.
Gliederung (mit Bezeichnungen): Kapitel (z.B. 1), Teilkapitel (z.B. 1.1), Unterkapitel (z.B. 1.1.1).
Literaturangaben und Belege erfolgen teilweise in den Handreichungen selbst und lassen sich ansonsten mühelos aus dem Anhang des Schülerbandes ergänzen (Textquellen, S. 270–277).
Ein Quellenverzeichnis (Bildquellen sowie Textquellen) ist im Anhang des Schülerbandes zu finden (S. 268f; S. 270–277).
Ein Register (Sach- und Personenregister sowie Bibelstellenregister) befindet sich im Anhang des Schülerbandes (S. 262–265; S. 266f).
Verweise (häufig mit →) ohne weitere Angaben beziehen sich auf das Schülerbuch; Verweise auf die Handreichungen für Lehrkräfte sind gekennzeichnet mit LB.

Dank

Herzlich danken möchte ich für wichtige Tipps und Anregungen, für Rückmeldungen und weiterführende Gespräche: Manuel Dieterich, Maria Dieterich, Thomas Eich, Martin Majer und Doris Stahl; sowie aus meiner langjährigen Kollegenschaft: Thomas Breuer, Gerd Buschmann und Gudrun Guttenberger. – Für den Inhalt des Buches, auch für Einseitigkeiten, Mängel und etwaige Fehler ist selbstredend ausschließlich der Autor verantwortlich.

Bibliografische Information der Deutschen Bibliothek

Die Deutsche Bibliothek verzeichnet diese Publikation in der Deutschen Nationalbibliografie; detaillierte bibliografische Daten sind im Internet über *http://dnb.ddb.de* abrufbar.

ISBN 978-3-7668-4574-0

Layout, Satz und Herstellung: Karin Class, Calwer Verlag
Umschlaggestaltung: Rainer E. Rühl, Alsheim
Druck und Verarbeitung: Mazowieckie Centrum Poligrafii –
05-270 Marki (Polen) – ul. Słoneczna 3C – www.buecherdrucken24.de

Internet: www.calwer.com
E-mail: info@calwer.com

Inhalt

7.3.3 Inklusion ... 301
7.4 Theologie, systhematisch ... 302
7.4.1 a) Martin Luther ... 302
7.4.1 b) Johann Amos Comenius ... 303
7.4.2 Dietrich Bonhoeffer ... 304
7.4.3 Dorothee Sölle ... 305
7.4.4 Weitere Theologie(n) ... 307
7.5 Fächerverbindung ... 308
7.5.1 Quellentexte (Textpaare) – Überblick / Register ... 308
7.5.2 Philosophie ... 309
7.5.3 Naturwissenschaften ... 311
7.5.4 Gesellschafts-/ Sozialwissenschaften ... 312
7.5.5 Geschichte – Theologie, historisch ... 313
7.5.5.1 Geschichte – Geschichte Israels (Jüdische Perspektivierung) ... 313
7.5.5.2 Geschichte – Kirchengeschichte (Christliche Perspektivierung; westliche, abendländische Sicht) ... 313
7.5.5.4 Biblische Theologie: Gottes Handeln in der Geschichte ... 314
7.5.6 Deutsch – Literatur ... 315
7.5.7 Kunst ... 315
7.5.7.1 Bild-Didaktik ... 315
7.5.7.2 Die Bilder (Kunstwerke) von Hans-Georg Hofmann ... 317
7.5.7.3 Bildregister ... 319

Einleitung

Diese *Einleitung* befasst sich mit folgenden *drei Aspekten:*
dem *Programm* des Gesamtwerkes (1), den *Elementen* (2) sowie dem *Aufbau* (3) des Schülerbandes. Die *Handreichungen für Lehrkräfte* selbst folgen dem Aufbau des Schülerbandes.

Die *Einführungsseite* (S. 9) erschließt a) in der oberen Hälfte das dreiteilige *Programm* und b) in der unteren Hälfte die sieben bis acht *Elemente* des Buches.

1. Das Programm des Buches

Das Programm des Buches

Das *Programm* des Buches erschließt sich in drei Schritten – siehe Begriffe in der Marginalspalte:
- dem Verhältnis von *Glaube und Zweifel,*
- dem Grundprinzip: *Selbst prüfen* sowie
- dem didaktischen Programm des gemeinsamen *Dialogs* bzw. des *Theologisierens.*

(1) Die Frage nach dem Verhältnis von *Glaube und Zweifel* führt neben dem Lob des *Glaubens* zu einem Lob des *Zweifels.* Paradigmatisch steht hierfür die *biblische* Figur des zweifelnden (ungläubigen) Thomas (Joh 20,24–29; → S. 182), in der *Theologie* Tillichs Interpretation der Rechtfertigung des zweifelnden Menschen als Neuinterpretation der reformatorischen Botschaft. *Korrelation* meint damit keinesfalls – wie häufig verkürzt und verzerrt interpretiert – ein einfaches Schema von menschlichen Fragen und biblisch-theologischen Antworten, vielmehr einen dialektischen Prozess von Fragen und Antwortversuchen auf beiden Seiten, der biblisch-christlichen Tradition und der gegenwärtigen Schüler wie Schülerinnen, sowie der Unterrichtssituation.
In der *Philosophie* wurde eine skeptische Position im von Pyrrhon von Elis (ca. 360–270 v. Chr.) begründeten Pyrrhonismus gepflegt. In jüngerer Zeit hat der Islamwissenschaftler Thomas Bauer die Bedeutung eines kompetenten Umgangs mit Ambiguität zur Überwindung fundamentalistischer Positionen hervorgehoben.
Literatur:
- Bauer, Thomas: Die Vereindeutigung der Welt. Über den Verlust an Mehrdeutigkeit und Vielfalt, Ditzingen: Reclam, 6. Aufl. 2018
- Bauer, Thomas: Die Kultur der Ambiguität. Eine andere Geschichte des Islams, Berlin: Verlag der Weltreligionen, 2011

(2) Das Prinzip *Selbst prüfen*, ein Lob des Eigensinns (d.h. des Sinns des Eigenen bzw. des eigenen Denkens), ist ein aufklärerisches Programm, gemäß dem von Immanuel Kant punktgenau formulierten Slogan: *Wage* – selbsttätig und eigenverantwortlich – *zu denken (Sapere aude* → S. 244). In der Theologie vertrat Friedrich Schleiermacher die Auffassung, jeder, zumindest jeder Theologe, aber wohl auch alle Laientheologen und -theologinnen (und die Lernenden gehören zu dieser Gruppe) müssten sich selbst einen eigenen Katechismus machen, und zwar immer wieder aktualisierend neu. Und G.W.F. Hegel sah das protestantische Prinzip in dem „Eigensinn", „nichts in der Gesinnung anerkennen zu wollen, was nicht durch den Gedanken gerechtfertigt ist."

(3) Das gemeinsame *Theologisieren* lebt vom gemeinsamen Gespräch, vom *Dialog.* In einem *echten* Dialog hat jede gut begründete Position (die eigene und die fremde) dieselbe Dignität, sonst bleibt es bei einem bloßen Austausch von Meinungen und Argumenten. Der Dialog ist daher prinzipiell ergebnisoffen – unter der einzigen Voraussetzung, dass er perpetuierbar ist, also das Nicht-Dialogische entweder in Dialogisches verwandelt oder ausschließt. Es gilt – idealerweise – einzig die Kraft des besseren Arguments (Jürgen Habermas). Die biblisch-christlich-protestantischen Traditionen werden im Unterrichtsprozess zu Wort kommen, sich zugleich aber ebenso verändern und verwandeln wie die Positionen der am Unterrichtsprozess beteiligten Personen. Einbezogen sind auch interkonfessionelle und interreligiöse Stellungnahmen sowie solche aus der Philosophie, den Naturwissenschaften und den unterschiedlichsten Geisteswissenschaften (vorrangig Psychologie, Soziologie und Geschichte) oder der Literatur und der Kunst – die sich selbst wiederum als plural darstellen. Besonderer Wert wird auch auf die Berücksichtigung unter-

schiedlicher Strömungen und Interpretationen innerhalb der Bibel, des Christentums sowie des Protestantismus selbst gelegt.
Der *Dialog* lebt also von den drei Prinzipien *Pluralität*, *Positionalität* und *Prozessoffenheit*.
Querverweis: Zum Theologisieren mit Jugendlichen → Anhang LB 7.1.2.

Die Elemente des Buches

2. Die Elemente des Buches

Der *Charakter* des Buches ist vielfältig. Es ist Lesebuch (Fließtext des Autors), Quellenbuch (klassische Quellentexte), Arbeitsbuch (Aufgabenstellungen) und „Bilderbuch" (Bilder, Grafiken).
Im Schulbuch finden sich sieben unterschiedliche Arten von Medien bzw. *Elementen* mit ihren jeweiligen Eigenarten und Bedeutungen: Den Hauptteil stellt der Fließtext des Autors dar, gefolgt von Quellentexten (mit Rahmen), freigestellten, farblich kenntlich gemachten (Kurz-)Zitaten und – meist großformatigen – Bildern; ferner finden sich (in grüner Schrift) interreligiöse Vergleiche, Zusammenfassungen (farbig unterlegt, teilweise mit Ergänzungen) und schließlich Aufgabenstellungen.

Fließtext

2.1 Fließtext

Der vom Autor des Buches verfasste und verantwortete *Fließtext*, der den Hauptteil des Werkes ausmacht, unternimmt den Versuch, die zugleich schülerbezogenen und theologischen Themen in jugendgemäßer Weise darzustellen. Dem dienen bereits (a) die *Überschriften* der Teil- (1.1 etc.) sowie der Unterkapitel (1.1.1 etc.), die in aller Regel in doppelter Weise formuliert sind: auf eine anregende Formulierung (Slogan oder Zitat) folgt – durch Gedankenstrich getrennt – ein Sachtitel, der die klare Zuordnung zum Themenkatalog von Bildungsplänen und theologischer Tradition erleichtert und erlaubt. Der Text startet in aller Regel mit einem (b) anschaulichen *Beispiel* oder *Bild*, anhand dessen sich die Fragestellung und Problemlage „generativ" entfaltet (dies zielt unter Aufnahme eines Begriffes des Befreiungstheologen Paulo Freire auf eine tiefere, existentiellere Lebensbedeutung als auf einen bloß oberflächlichen Alltagsbezug). Es geht um ein Beispiel, das eine mögliche tiefere Lebensrelevanz anspricht (das, was das Leben in seinen Grundzügen „aufspannt"). Von der Konkretisierung ausgehend wird dann (c) die *Thematik* reflexiv und diskursiv in unterschiedlichen Aspekten *diskursiv entfaltet*, wobei unterschiedliche Traditionen und Positionen theologischer und nichttheologischer Diskurse Berücksichtigung finden unter Einschluss des aktuellen Diskussionsstandes. Der diskursive Duktus zielt dabei vorrangig auf die Argumentations- und Begründungsebene. Zudem wird an wichtigen Stellen – in hoffentlich möglichst nicht-direktiver Weise – (d) die *Position* des *Autors* sichtbar gemacht und erläutert, die sich in der Regel mit einer der in der protestantisch-theologischen Tradition vertretenen Positionen deckt (was wiederum explizit markiert wird). Auf diese Weise unternimmt der Fließtext den Versuch, den Dialog mit seinen drei Elementen von Pluralität, Positionalität und prinzipiell offener Prozessorientierung abzubilden.
Zur besseren *Übersichtlichkeit* ist der Text in größere und kleinere *Abschnitte* und *Absätze* gegliedert, die vereinzelt durch *Leerzeilen*, mitunter durch *Zwischenüberschriften*, häufiger jedoch durch *Aufzählungsstriche* und vor allem durch *Zeilenabsätze* markiert sind.
Der Übersichtlichkeit und Orientierung dienen auch die durchgehenden *Marginalspaltenbegriffe*, die weniger motivierend als orientierend gedacht und gemacht sind: als Sachbegriffe, die das Thema eines Abschnitts auf den Begriff bringen. Oberbegriffe, die in folgenden Abschnitten anhand von Unterthemen resp. Unterbegriffen entfaltet werden, sind in der Regel *kursiv* gesetzt sowie die Unterbegriffe mit einem Spiegelstrich versehen.

Quellentexte

2.2 Quellentexte

Dem Autoren-Fließtext deutlich nachgeordnet, jedoch ebenfalls von fundamentaler Bedeutung sind die *authentischen Quellentexte* der theologischen und nichttheologischen, vor allem philosophischen Tradition (jeweils in einem Rahmen mit der Überschrift: *Zur Erarbeitung*). Anhand dieser Texte (wie natürlich auch der Autoren-Fließtexte) lässt sich das für die Kursstufe zentrale wissenschaftspropädeutische Vorgehen einer eigenständigen Arbeit mit Quellentexten erlernen und üben. Unterstützend wirken hier die Aufgabenstellungen, überschrieben mit *Texterschließung* (s. Pkt. 2.7).

In der Regel sind die Quellentexte *paarweise* (in zwei Spalten nebeneinander) angeordnet, wobei das Textgespann unterschiedliche, in der Regel sogar gegensätzliche Positionen zu einer Thematik vertritt. So lässt sich in guter Übersichtlichkeit die eigenständige Auseinandersetzung mit unterschiedlichen, einander auch widersprechenden Positionen einüben. Ein Textpaar kann jedoch auch in einer Interpretationsvariante resp. einer weiterführenden Ergänzung bestehen (z.B. Sölles Interpretation von Bonhoeffer, S. 139).
Von diesem Grundprinzip abweichend stehen Quellentexte mitunter *einzeln* auch für sich, insbesondere wo sie weniger diskursiven als narrativen Charakter haben (etwa Dostojewskis „Legende vom Großinquisitor", S. 192), sehr vereinzelt sind auch *mehrere* (maximal drei) zu einem Thema gruppiert (Nachtod-Vorstellungen, S. 97).
Bei der Hälfte der Kapitel (Mensch, Gott, Kirche) wird ein *zentraler Aspekt* (nahezu) jedes *Teilkapitels* durch ein Quellentext-Paar (oder zumindest einen Quellentext) thematisiert, bei den anderen Kapiteln (Wirklichkeit, Jesus Christus, Religionen) erfolgt dies bei den wichtigsten Teilkapiteln.
Bei den Quellentexten ist keine Aktualität angestrebt (dies sollen der Fließtext sowie die eingestreuten Kurzzitate leisten), vielmehr ist für die Auswahl der *paradigmatische* und *klassische* Charakter eines Textes ausschlaggebend. Abweichend von diesem Prinzip findet sich an einer einzigen Stelle ein aktueller *Jugendlichen-Text* (Nachtod-Vorstellung, S. 97), aus zwei Gründen: zum einen wird hier eine außerordentlich differenzierte, originelle und interessante Sichtweise entfaltet, zum andern steht dieser Text in der Dreieranordnung paradigmatisch für die Bedeutung, Gleichrangigkeit und Dignität von Schülertexten, die jedoch vom Kurs selbst erstellt und dann in den weiteren Unterrichtsprozess einbezogen werden sollten.
Eine *Einordnung* und kurze *Interpretation* der Quellentexte erfolgt durchgehend im Autorentext, der dann an der entsprechenden Stelle mit einem Pfeil (→) auf den zugehörigen Quellentext verweist, oder auch in einem kurzen, kursiv gesetzten Einleitungsabschnitt zum Quellentext (exemplarisch sehr ausführlich und nahezu redundant zu Hobbes und Rousseau, S. 72f).
Die *Länge* der Quellentexte wurde so gewählt und zugeschnitten, dass einerseits an ihnen eine diskursive (oder meditative) Gedankenführung und Sinneinheit (mitunter auch mehrere) deutlich wird und mit ihnen zugleich eine komplexe Text- und Themenarbeit möglich ist (sie also nicht zu kurz sind) und andererseits die Bearbeitung eines Textpaares (oder Einzeltextes) in einer (Doppel-)Stunde möglich ist (sie also andererseits nicht zu lang sind). In der Regel findet ein Textpaar (resp. Einzeltext) auf einer Buchseite – in der zweispaltigen Anordnung – Platz. Der seiner Bedeutung als *der* reformatorische Quellentext gemäß längste Text (Luthers „Freiheitsschrift" von 1520, S. 90f) füllt den größten Teil einer Doppelseite, lässt jedoch zugleich noch Raum für eine Gegenposition.

2.3 Kurzzitate

Kurzzitate

Der Fließtext wird durch freigestellte *Kurzzitate* nicht nur aufgelockert, sondern pointiert zugespitzt, kontrastiert und ergänzt (petit = Kleinschrift). Diese Kurzzitate sind *allen Bereichen* von Wissenschaft, Literatur und Kultur (in blauer Schrift) oder auch der *Bibel* (dann in roter Schrift) entnommen. Diese Zitate können einzeln auftreten oder häufig wiederum als – zur Diskussion einladendes – Gegensatzpaar (mitunter auch als Verstärkung oder Ergänzung). Immer wieder finden sich unterschiedliche Sichtweisen auch dreispaltig nebeneinandergestellt, bei synoptischen Vergleichen (insbes. im Jesus-Kapitel) dann in Vierer-Gruppierung (hier wurde aus optischen Gründen eine Darstellung in zweireihiger Doppelung, eine Art Vierfelder-Quadrat, bevorzugt – nur einmal in 5-spaltiger Aufstellung, S. 184).
In der Regel bestehen die Kurzzitate aus einem einzigen *Gedanken* oder sogar Satz, mitunter jedoch auch aus einem kurzen Gedankengang oder Absatz (dann kann der Übergang zu einem Quellentext fließend werden). Der Gedanke oder Gedankengang muss zwei Kriterien genügen: zum einen das im Fließtext Gesagte auf eigenständige Weise kommentieren, zum andern aber einen Kerngedanken und ein wichtiges Anliegen der jeweiligen Autorinnen und Autoren spiegeln. Sehr knapp und pointiert eröffnen die Kurzzitate also – ähnlich wie die Quellentexte – wichtige Diskursräume. Es scheint also lohnend, sich im Unterrichtsprozess mit ihnen eigenständig und weitergehend zu beschäftigen. Drei weitere Vorteile der Kurzzitate (gegenüber den Quellentexten) ist, dass bei ihnen neben der *Klassizität* auch die *Aktualität* ein wichtiges Auswahlkriterium war und zudem mehr *Gendergerechtigkeit* hergestellt werden konnte (was bei den Quellentexten nur sehr bedingt möglich war – der hier dominierende „Kanon" trägt leider aus Traditionsgründen überwiegend männlichen Charakter). Zuletzt lassen die Kurzzitate mehr Freiheiten auf der Skala von Ernst bis Humor (Kabarett, Witz, Satire) zu.

Bilder

2.4 Bilder

Bilder, meist aus der vergangenen oder – recht häufig – zeitgenössischen Kunst, wurden bewusst so ausgewählt, dass sie *deutungsoffen* sind und zum genauen Hinschauen und eigenen Assoziieren und Deuten anregen. Auch hier gibt es häufig – in konstruktiver Spannung zueinander stehende – Bildpaare, die nebeneinander oder einander gegenüberstehend auf einer (Doppel-)Seite, aber auch auf Folgeseiten stehen und sich dann beim Blättern einander zuordnen lassen.
Die Bilder sind großformatig abgedruckt und laden damit zu einem eigenständigen Arbeiten mit ihnen im Unterricht ein. Dabei ist von großer Bedeutung, die Bildwerke nicht nur als Bedeutungsträger für die Unterrichtsthematik zu verwenden und damit zu verzwecken, sondern sie als eigenständige Kunstwerke zu würdigen. Dies kann auch ohne tiefere kunstgeschichtliche Kenntnisse geschehen, indem zuerst einmal ein Bild unmittelbar und schlicht, aber differenziert (in seinen Farben, Formen und Wirkungen) wahrgenommen wird. Die Frage, was ein Bild zu einer Thematik beitragen kann (nicht muss!), sollte keinesfalls am Anfang stehen. Zum didaktischen Umgang mit Bildern liefert der Lehrerkommentar ausführliche Hinweise (Anhang LB 7.5.7).
Neben Abbildungen von Artefakten aus der Bildenden Kunst (Gemälde, Statuen, Installationen etc.) finden sich auch Fotos – in der Regel wiederum als Kunstwerke, nur vereinzelt als Alltagsabbildungen – und vereinzelt Symbole und Embleme (vorrangig in der Marginalspalte), Karikaturen (Zeichnungen) oder graphische Darstellungen (S. 18 – Hermeneutischer Zirkel, 78 – Libet-Experiment, 121 – Shell-Jugendstudie, 158 – Zwei-Quellen-Theorie, 250 – Karte Weltreligionen).
Das Bild-Text-Verhältnis besteht keineswegs vorrangig in einer schlichten Abbildbeziehung, bei der das im Text Gesagte dann auch aus dem danebenstehenden Bild herauszulesen sei. Vielmehr sind auch hier vorrangig komplexere Beziehungen möglich: neben Ähnlichkeit Gegensatz (Kontrapunktierung), Weiterführung und Ergänzung, Neuinterpretation oder völlige Eigenständigkeit. Dann erschließt das Bild das Thema nochmals auf eigene, eigenständige, vielleicht auch unerwartete Weise. Im Idealfall würde ein rein auf die Bilder bezogener Durchgang durch ein Thema nochmals eine eigenständige inhaltliche Auseinandersetzung ermöglichen.

Interreligiöse Vergleiche

2.5 Interreligiöse Vergleiche

Interreligiöse Vergleiche (Normalschrift in grüner Farbe) stellen bei *ausgewählten theologischen Fragestellungen Positionen* der verschiedenen *Weltreligionen* dar. Die Weltreligionen kommen damit in einem doppelten Zugriff in den Blick: zum einen in einem gesonderten Teilkapitel (6.2) in äußerst konzentrierter, überblickartiger Form, zum andern in einer vergleichenden, „synoptischen“ Auffächerung bei Einzelthemen. Ein Überblick über sämtliche interreligiösen Vergleiche findet sich am Ende des Teilkapitels zu den Weltreligionen (S. 253: Interreligiöse Fenster – farblich unterlegt).

Zusammenfassungen (und Ergänzungen)

2.6 Zusammenfassungen (und Ergänzungen)

Zusammenfassungen (orange unterlegt), in der Regel gegen Ende der jeweiligen Teilkapitel (1.1 etc.), mitunter auch eines Unterkapitels (1.1.1 etc.), wollen das Gesagte nochmals in prägnanter, einprägsamer Formulierung auf den Punkt bringen. Immer wieder finden sich hier noch *Ergänzungen* von weiteren wichtigen Aspekten, die sich prägnant formulieren lassen. Dieses Element dient der Vertiefung und der Nachhaltigkeit des Lernens und stellt damit einen Katalog von zentralen Lernthemen dar (vorrangig nicht einen Lernstoffkatalog, vielmehr im Sinn der Kompetenzorientierung einen Katalog von fürs Theologisieren zentralen Denk- und Diskursstrukturen, die natürlich ihrerseits wiederum an zentrale, komprimierte Inhalte anschließen).

Aufgaben

2.7 Aufgaben

Aufgabenstellungen finden sich in zwei Kontexten, (1) zum einen – meist in dreifacher Auffächerung – zur Erarbeitung der *Quellentexte*, überschrieben mit *Texterschließung*, (2) zum andern – häufig fünffach gegliedert – am Ende eines Teilkapitels (mitunter auch eines Unterkapitels) zur Erarbeitung des gesamten *Teilthemas*. Da diese Aufgaben – im zweiten Fall – größere thematische Sinneinheiten zur Bearbeitung aufgeben, können sie nur sehr bedingt spezifische Aspekte bzw. einzelne Bilder, Kurzzitate oder Abschnitte des Fließtextes in den Blick nehmen. Deshalb bietet der Lehrerband an ausgewählten Stellen nochmals (3) zusätzliche Aufgabenstellungen zur Bearbeitung *konkreter Medien* oder *Aspekte* an.

Alle Aufgabenstellungen des Schülerbandes orientieren sich an den einschlägigen, bekannten *Operatorenlisten* für die Kursstufe. Zugleich decken sie – in unterschiedlichem Zugriff – die drei *Anforderungsbereiche* resp. Niveaus der Operatorenliste ab: (I) Reproduktion, (II) Reorganisation und Transfer sowie (III) Problemlösung und eigene Urteilsbildung.

Zusatz: Medientheorie

Zusatz: Medientheorie

Quellentexte, Kurzzitate und Bilder sind Medien und bedürfen zur theoretischen Reflexion und bewussten Unterrichtsgestaltung einer Medientheorie. Diese konzentriert sich in ihrer Grundform auf die drei Aspekte (1) *Medium*, (2) *Produzent/in* und (3) *Rezipient/innen*, die sich grafisch als *Dreieck* darstellen lassen. Während traditionell die Frage nach Autor/in resp. Maler/in medientheoretisch im Vordergrund stand (mit der klassischen Frage: „Was will uns der Autor sagen?"), hat sich der Blickwinkel in jüngerer Zeit in der sogenannten Rezeptionsästhetik ganz auf die Rezipientenseite verschoben („Wie verstehe ich den Text, das Bild?"). Demgegenüber wird hier der Ansatz einer *Medienästhetik* vertreten, die das Medium selbst in den Mittelpunkt stellt. Ein gutes Medium ist komplex, mehrschichtig bzw. vieldimensional und prinziell *deutungsoffen, ohne beliebig interpretierbar* zu sein (für Texte s. Hermeneutik, → S. 18f). Während die Konzentration auf die Produzentenseite eines Werkes zur eindimensionalen Festlegung neigt (Absicht des Autors, der Malerin) und die Verabsolutierung der Rezipientenseite zur Beliebigkeit tendiert (Jede/r sieht das oder liest das heraus, was er/sie will), eröffnet das Medium selbst ein Palette an Wahrnehmungs- und Interpretationsmöglichkeiten und begrenzt diese zugleich. Das *Lehrerbuch* versucht, dem mit einem im Kern *dreigliedrigen Kommentar* gerecht zu werden: (1) Text- bzw. Bildbeschreibung (verstanden als *eine* mögliche Variante bzw. ein Wahrnehmungsspektrum, das im Unterrichtsprozess variiert werden kann); (2) Information zur Produzentenseite sowie (3) Anregungen zur Rezeption im Unterrichtsprozess.

3. Der Aufbau des Buches

Der Aufbau des Buches

Der *Aufbau* des Schülerbandes erschließt sich weitgehend über dessen *Inhaltsverzeichnis* (S. 5–8). Er bewegt sich auf *drei Ebenen*: (1) Kapitel (1 etc.), (2) Teilkapitel (1.1 etc.) und (3) Unterkapitel (1.1.1 etc.).

3.1 Kapitel

Kapitel

Das Werk besteht aus sechs *Kapiteln*: Wirklichkeit; Mensch; Gott; Jesus Christus; Kirche(n) sowie Religion(en). Die mittleren vier sind die „klassischen" theologischen und religionsunterrichtlichen Themenfelder der Kursstufe. Sie sind gleichgewichtig bearbeitet (44 bis 48 Seiten). Das letzte (Religion/en) ist demgegenüber nur etwa halb so lang, da die meisten Bildungspläne für die Kursstufe nur noch einen Rückgriff und eine Erweiterung des schwerpunktmäßig in der Sekundarstufe I bzw. in den vorhergehenden Klassenstufen Erarbeiteten vorsehen. Das erste Kapitel fasst verschiedene grundlegende Themenfelder von Theologie und Religionsunterricht zusammen, die vom Zugang zur Welt (Erkenntnistheorie) über Schöpfung und Ethik bis zur Zukunft (Eschatologie) reichen, die – wie etwa die Bibelhermeneutik – grundlegende Voraussetzungen für ein adäquates Verständnis aller theologischen Überlegungen darstellen. Das gesamte Spektrum theologischer bzw. religionsunterrichtlicher Fragestellungen wird somit im Werk abgedeckt.
Die auf unterschiedliche Kapitel verteilten Themen hängen untereinander aufs Engste zusammen. So ist etwa die Frage nach der menschlichen Willensfreiheit (im Kapitel „Mensch") aufs Engste mit der nach der göttlichen Gnade und Gnadenwahl (im Kapitel „Gott") verflochten, aber natürlich ebenso mit der nach dem Erlösungswerk Jesu Christi. Neuere Bildungspläne für den Religionsunterricht weisen dabei häufig Kompetenzen „quer" zu den traditionellen Themenfeldern aus. Das Werk trägt dem durch zahlreiche Querverweise (→) Rechnung. Zusätzliche Hilfestellungen an dieser Stelle gibt der Lehrerband. So ist ein Unterricht möglich, der die Themen nicht nur linear erarbeitet, sondern Fragestellungen über unterschiedliche Kapitel hinweg miteinander vernetzt und verlinkt.
Die *einleitenden beiden Doppelseiten* der sechs großen Kapitel sind jeweils gleich aufgebaut und enthalten dieselben Elemente. Die erste Doppelseite bietet als Eröffnung ein großformatiges Bild (beim Jesus-Kapitel ein Bildpaar) als „Opener". Die zweite Doppelseite besteht aus drei Teilen: (1)

einem Autoren-Fließtext, der die Untergliederung des Themas in Unterkapitel erläutert und somit das Thema in seinen Grundzügen und seinen unterschiedlichen Aspekten vorstellt und in einem ersten Zugriff auffächert und entfaltet; (2) einem weiteren Bild, das zum Eröffnungsbild in einer konstruktiven Spannung (auch Ergänzung) steht und (3) zuletzt einem farbig unterlegten Kasten mit Quellentexten (einem Text, spannungsreichen Textpaar oder auch einer Textcollage), die „Zur Diskussion" einladen, zu einem ersten, umfassenden diskursiven Zugang zum Thema.

Teilkapitel

3.2 Teilkapitel

Alle Kapitel sind in *Teilkapitel* aufgeteilt (1.1 etc.), die drei zentralen Themenfelder Gott, Mensch sowie Jesus Christus in sieben, Wirklichkeit und Kirche(n) in fünf, das letzte, kurze Kapitel Religionen nur in drei. Die Teilkapitel fächern das gesamte Thema in wichtige Aspekte auf und erlauben somit einerseits eine umfassende, andererseits eine punktuelle und differenzierte Thematisierung.
Die *Überschriften* der Teilkapitel sind – ebenso wie dann die der Unterkapitel – in aller Regel zweigliedrig formuliert: im ersten Teil enthalten sie eine anregende, motivierende oder herausfordernde Formulierung (häufig in Form eines Zitats), im zweiten einen Sachtitel. So ermöglichen sie beides: eine (didaktische) Anregung und Motivation zur Beschäftigung mit der Fragestellung sowie eine klare sachlich-thematische Zu- und Einordnung.
Die *Erarbeitung* der Teilthemen erfolgt über drei zentrale *Elemente* resp. *Medien:* (1) ein bzw. mehrere *Bilder* – häufig konzeptionell als (nebeneinander oder auf Folgeseiten stehende) Bildpaare; (2) den *Autoren-Fließtext* und (3) *Quellentexte* (in der Regel wiederum als Textpaar) – bei den drei wichtigen Kapiteln Mensch, Gott und Kirche(n) wird jedes Teilkapitel durch ein zentrales und klassisches Quellentextpaar (resp. einen Einzeltext) erschlossen, bei den weiteren drei Kapiteln geschieht dies aus Raumgründen nicht durchgehend, vielmehr nur an zentralen Stellen (im ersten Kapitel etwa bei der philosophischen Ethik, S. 28). Im Jesus-Kapitel bilden die häufigen und systematisch angeordneten Bibelzitate (etwa auch die synoptischen Anordnungen) eine etwas andere, dem Thema angemessene Quellenorientierung.
Die *Schlussteile* der Teilkapitel *(„Abschluss")* stellen ein besonderes Konstruktionselement des Schülerbandes dar. Sie verfolgen ein *dreifaches* Ziel:

- zum einen wollen sie ein Teilthema abschließen, bündeln und noch einmal grundlich *reflektieren;*
- zum zweiten *fassen* sie in einer Art Lernkarte die wichtigsten Aspekte, Begriffe und Denkfiguren *zusammen;*
- zum dritten können wichtige, bisher vernachlässigte Aspekte *ergänzt* werden.
- Diesen *Zwecken* dienen fünf Medien oder *Elemente,* die im Schlussteil vorhanden sein können (drei fakultativ, zwei obligatorisch), üblicherweise in folgender Reihenfolge *(Grundschema),* wovon im Einzelfall jedoch (je nach Layoutmöglichkeiten*)* abgewichen werden kann:
- *Interreligiöse Bezüge* (in grüner Schrift; fakultativ – wo sinnvoll) ergänzen einen Blick aufs Teilthema aus der Perspektive der (anderen) großen Weltreligionen.
- Ein *Überblick* (farblich unterlegt, obligatorisch) fasst das Überblickswissen und -denken zusammen und liefert in bestimmten Fällen (fakultativ) zusätzlich Ergänzungen.
- Ein (Kurz-)Zitat (oder ein spannungsreiches Zitatpaar) initiiert eine abschließende Diskussion (in aller Regel, aber fakultativ).
- Ein (Schluss-)Bild bietet eine anschauliche Vergegenwärtigung und/ oder Meditation des Teilthemas (in aller Regel, aber fakultativ).
- Abschließende *Aufgabenstellungen* (obligatorisch) laden zu einer fundierten Bearbeitung des gesamten Teilkapitels ein.

Da diese wichtigen Schlussteile *(Abschluss)* im Schülerband nicht durch eigene Überschriften, vielmehr nur durch ihre Stellung und die Art der Elemente ausgewiesen und markiert sind, finden sich an dieser Stelle im *Lehrerband* explizite Zuordnungs- und Bearbeitungshinweise.
Vereinzelt – vor allem um der Übersichtlichkeit bei langen Teilthemen willen – kann ein *Abschluss* auch bereits bei einem *Unterkapitel* erfolgen. Dann mag der Abschluss beim Teilkapitel entfallen, da bereits in den Unterkapiteln ausreichend vorhanden, oder es erfolgt ein zweiter, zusätzlicher Gesamtabschluss des Teilkapitels.

Unterkapitel

3.3 Unterkapitel

Die Unterkapitel (1.1.1 etc.) stellen das unterrichtliche Kernelement des Buches dar. Sie teilen die Themen resp. Teilthemen noch einmal in – in aller Regel drei, mitunter jedoch nur zwei oder sogar vier – unterschiedliche, schulisch handhabbare Frage- resp. Themenstellungen auf. Diese Unterkapitel bilden meist eine in sich geschlossene und verstehbare *Einheit* mit einem – diskursiven oder narrativen – Einstieg, einem strukturierten, entfaltenden Hauptteil und einem das Thema mehr oder weniger abrundenden oder auch offenen Schluss.

Für die *Überschriften* gilt analog das bereits weiter oben zu den Überschriften der Teilkapitel Gesagte.

Die Unterkapitel bestehen vorrangig aus drei Medien oder *Elementen*:

- dem *Autorenfließtext*, der den Gedankengang diskursiv entfaltet, strukturiert durch Abschnitte und die Marginalspaltennotierungen;
- einem *Bild* resp. *Bildpaar* (vereinzelt mehrere Bilder), das sich dem Unterkapitel, häufig jedoch zugleich einem übergeordneten Teilkapitel resp. Kapitel bzw. auch dem Gesamtwerk zuordnen lässt;
- freistehenden einzelnen, paarweise oder gruppenweise angeordneten (Kurz-)*Zitaten* zur Zuspitzung, Belegung oder Überprüfung bzw. Diskussion des im Fließtext Gesagten im Unterrichtsprozess.

Sind in einem Unterkapitel ausführliche *Quellenzitate* bzw. Zitatpaare (Kasten *Zur Erarbeitung*) vorhanden, beziehen sich diese häufig bzw. mehrheitlich nicht nur auf dieses Unter-, vielmehr auf das gesamte Teilkapitel, das sie repräsentativ abzubilden versuchen. Ihr Kontext ist also ein größerer und weiterer als der des Unterkapitels, in dem sie zu stehen kommen. Dennoch sind sie bewusst an dieser Stelle platziert, da die Beziehung zum entsprechenden Unterkapitel häufig besonders eng ausfällt.

Kürzere Unterkapitel lassen sich in einer *(Doppel-)Stunde* behandeln. Längere benötigen dagegen mehrere, in der Regel mindestens zwei. Die Aufteilung und Zuordnung lässt sich problemlos aus der Strukturierung ableiten. In einigen Fällen erfolgt im Fließtext – bei sehr langen resp. komplexen Unterkapiteln – nochmals eine Untergliederung des Fließtextes durch grünfarbige, in der Regel nummerierte *Zwischenüberschriften*, die eine etappenweise unterrichtliche Behandlung in (Doppel-)Stunden nahelegen.

Selbstverständlich lassen sich auch kleinere Sinneinheiten, Einzelabschnitte oder selbst Sätze für sich thematisieren und mit Gedankengängen aus anderen Kontexten (desselben oder eines anderen Themas) verknüpfen. Auf mögliche Zuordnungen und Querverweise verweisen die zahlreichen Hinweise im Text (→, verbunden mit Unterkapitel-Zählung sowie zusätzlich der entsprechenden Seitenzahl – zur bequemen Auffindbarkeit).

1. Wie Wirklich ist die Wirklichkeit? (S. 10–53)

10–13: Zum Kapitel: Wirklichkeit

1.0 Zum Kapitel: Wirklichkeit (S. 10–13)

12f: Einzelhinweise

Einzelhinweise (S. 12f)

Die Formulierung der *Überschrift* (S. 10f) findet sich auch bei: Paul Watzlawick, Wie wirklich ist die Wirklichkeit? Wahn, Täuschung, Verstehen, München/ Zürich: Piper Verlag 1976/2021. Das Kapitel befasst sich mit dem menschlichen Zugang zu Welt und Wirklichkeit. Gegliedert ist das Thema in fünf Teilkapitel, die sich wiederum in jeweils drei Unterkapitel auffächern.

1.1 Das menschliche *Erkennen* der *Welt*: Unser Wirklichkeitszugang (Erkenntnistheorie, Epistemologie) allgemein (1.1.1), in Glaube und Theologie (1.1.2) sowie mittels der Bibel (1.1.3).

1.2 Die *natürliche Welt* (Kosmos) im doppelten Zugang als Gottes Schöpfung (1.2.1) und Produkt der Evolution (1.2.2) sowie in der Reflexion der beiden Sichtweisen von Theologie und Naturwissenschaften im Verhältnis zueinander (1.2.3).

1.3 Das menschliche *Handeln* an und in der *Welt*: Die Ethik, gegliedert in die philosophische (1.3.1), die theologische (1.3.2) und angewandte (1.3.3) Ethik.

1.4 Die *kulturelle Welt* (Kultur und Gesellschaft), zugespitzt auf das Thema der Gerechtigkeit, biblisch (1.4.1), gegenwärtig (Deutschland) (1.4.2) und prinzipiell (grundsätzlich) (1.4.3).

1.5 Die *Zukunft* der *Welt* (Futurologie und Eschatologie, kollektiv) in der Spannung (1.5.1) von Gestaltung (1.5.2) und Erwartung (1.5.3) (Querverweis: Individual-Eschatologie → 2.7).

Die Themen werden *fächerübergreifend* im Dialog mit der Philosophie (Erkenntnistheorie/ Epistemologie, 1.1.1; Philosophischen Ethik, 1.3.1 und 1.3.3; Sozialphilosophie, 1.4.3 und den Naturwissenschaften (1.2.2 und 1.2.3) bearbeitet.

Das Kapitel thematisiert damit drei der vier von *Immanuel Kant* in der Einleitung der „Logik" von 1800 genannten vier Grundfragen der Philosophie:

- „Was kann ich wissen?" – Erkenntnistheorie → 1.1;
- „Was soll ich tun?" – Ethik → 1.3 – sowie
- „Was darf ich hoffen" – (Sinn, Hoffnung) → 1.5.

Der letzten Grundfrage „Was ist der Mensch?" (sowie der Frage nach der individuellen Zukunftshoffnung) widmet sich dann Kap. 2 (resp. 2.7).

10f, 13: Bilder

Die Bilder (S. 10f, 13)

Die beiden Auftaktbilder von Katharina Sieverding (S. 10f) und Duane Hanson (S. 13) thematisieren in komplementärem Zuschnitt die natürliche (physikalisch-biologische) und die kulturelle (soziale) Welt und Wirklichkeit.

Wirklichkeit Weltzugang: Natürliche/ Soziale Welt	Katharina Sieverding: Kosmos – Mensch	Duane Hanson: Soziale Welt – (Un-)Gerechtigkeit

10f: Bild Sieverding

Katharina Sieverding: (*1944): Projektion der Sonne, 2015 (S. 10f)

Bildbetrachtung: Schemenhaft sind die Grenzen und Teile eines Raums erkennbar: spiegelnder Boden (unten), pechschwarze Decke (oben) und zwei Wände, die etwas links versetzt zur Bildmitte aufeinandertreffen.

Auf der linken (von den Betrachtenden her nahezu frontal im Hintergrund befindlichen) Wand ist ein runder Ball (Kugel) in unterschiedlichen (vor allem zwei) Blautönen sowie versprengten weißen, vereinzelt auch schwarzen Feldern resp. Flocken zu sehen. Links oben weitet der größte weiße Fleck das umrundende Blau zu einer Art Beule. Mögliche Assoziationen: Himmelskörper, Gestirn, verfremdete Erde etc.

Die rechte Wand füllt eine großformatige Darstellung (Projektion): zwei helle Gesichter einer (derselben) Frau, einmal weißlich, vorne größer und weißlich-goldfarben, durchzogen und – vor allem das hintere – teilweise verdeckt durch weiße Strahlen- oder Fädenbündel, die sich in einer gewissen Ordnung aufspannen. Rechts vorne oben ein heller Lichtfleck – eine Lichtquelle oder die Spiegelung einer solchen.

Hintergrundinformationen: Das abgebildete Foto entstand anlässlich einer Ausstellung in der Kunsthalle Gießen im Jahr 2015 und zeigt großformatige Arbeiten der Künstlerin aus den 70er und 90er Jahren, die wiederum Fotoarbeiten darstellen. Katharina Sieverding, Künstlerin (Fotografie) und Professorin an der Hochschule der Künste Berlin nimmt mit ihren großformatigen, häufig auch seriellen Fotografien Stellung zu Fragen der menschlichen Identität wie auch zu gesellschaftlich-politischen Themen. Die Kugel stellt ein bearbeitetes NASA-Bild der Sonnenoberfläche dar (Bearbeitung resp. Verdichtung; Natur, Naturwissenschaft); das Doppelporträt rechts zeigt zweimal das (goldbestäubte) Gesicht der Künstlerin (Selbstporträt).

Duane Hanson (1925–1996): Homeless Persons, 1969/70 (S. 13) 13: Bild Hanson

Bildbetrachtung: Das Bild zeigt eine Gruppe von drei Personen (Männer) inmitten von Unrat/ Müll auf dem Boden vor einer Mauer liegend/ hockend. Die unterschiedlichen, gut erkennbaren Details (sowie Farbgebung, Komposition und Wirkung) lassen sich leicht zusammenstellen ...

Hintergrundinformationen: Der US-amerikanische Künstler *Duane Hanson* ist der Pop Art-Bewegung und vor allem dem Hyperrealismus, der fotorealistischen Übersteigerung der Realität zuzurechnen (vorrangig USA in den 60er und 70er Jahren). Weltweit bekannt machten ihn seine aus den Materialien Polyester, Fiberglas und auch Bronze hergestellten realistischen, täuschend echten Personen-Skulpturen.

Die *Obdachlosen von Bowery* (von 1969/70) sind eine Museums-Installation, die den Besuchenden den Anblick von sozialer Wirklichkeit zumutet, den sie üblicherweise zu vermeiden suchen. Eine problematische, in der Regel verdrängte Wirklichkeit wird in ein Kunstmuseum, also in den Kontext des bürgerlichen Kulturbetriebs, überführt und dort neu inszeniert.

Bearbeitungsvorschlag zu beiden Bildern: Die beiden Bilder (mit den beiden Teilen des Sieverding-Fotos) als Triptychon lesen und mit den vorhandenen Elementen „spielen“: Helligkeit(en) und Dunkelheit(en), Farben, Farbtönen und Schattierungen; Gebäude/ Wände: innen (Museum) und außen (Straße, vor dem Gemäuer – könnte dies ein Museumsgebäude sein?); Abbildung und Verfremdung; Foto und Kunstinstallation; Motive: Kosmos – Mensch – Armut; Frauen – Männer (Skatrunde); Gesicht(er) und Körper. – Unterschiedliche Paare zusammenstellen und miteinander in Kontakt bringen (eine Collage herstellen, eine Kurzgeschichte schreiben o.Ä.m.): Sonne und Nichtseßhafte; Doppelporträt und Nichtseßhafte.

Querverweise:

- Sieverding (Sonne) → S. 14 Foto Pirilä (Schein und Sein; Kosmos/ Natur – Kultur/ Wissenschaft und Technik);
- Sieverding (Gesichter) → Porträts/ Bilder: Gesichter von Menschen im Mensch-Kapitel (S. 58 etc.);
- Hanson → S. 42 Bild Slominski (Armut, Nichtseßhaftigkeit, Gerechtigkeit).

Zur Diskussion (S. 12) 12: Zur Disskussion

Das Gedicht *„Die Nachtlager“* des deutschen Dramatikers und Regisseurs *Bertolt Brecht* (1898–1956) enthält eine zweigliedrige Aussage: Individuelle Hilfeleistung für einzelne Hilfsbedürftige hilft zwar in diesen Einzelfällen, ändert jedoch nichts an den ungerechten, ausbeuterischen, die Not erst verursachenden „Verhältnissen“ (der Gesellschaftsstruktur). Und auf der Veränderung der ungerechten Verhältnisse (des „Zeitalters der Ausbeutung“) liegt – so zeigt der Schlusssatz – für den marxistischen Denker Brecht der Hauptakzent. Dennoch fällt auch die individuelle Hilfeleistung nicht unter den Tisch, sondern erhält eine – allerdings relative – Würdigung.

Paradigmatisch thematisiert der Text zwei mögliche Formen des Umgangs mit Armut und Ungerechigkeit:

- Individueller, helfender, diakonischer, paternalistischer Zugang: Hilfe im Einzelfall: Linderung von konkreter Not;
- Struktureller, sozialrevolutionärer, die Verhältnisse ändernder Zugang: Beseitigung von prinzipieller Ungerechtigkeit und Unterdrückung.

Bearbeitungsvorschläge:

- Den Text chorisch (unterschiedliche Gruppen) gestalten und sprechen;
- Eigenes Verhalten gegenüber Bettlern etc. thematisieren;
- Berechtigung, Möglichkeiten und Grenzen der beiden Zugänge zu Armut und Ungerechtigkeit herausarbeiten;
- Brechts Gedicht und Hansons Installation in eine lebendige Auseinandersetzung zueinander bringen.

Querverweise:

- Gerechtigkeit in Deutschland (→ 1.4.2, S. 42f)
- Jesu Ethik/ Barmherziger Samariter (→ 4.4.2, S. 17f, Bild S. 177)
- Die Kirchen und die Soziale Frage (→ 5.3.2, S. 219–221, Bild S. 219).

Zur Didaktik (Gesamtkapitel) 10–13: Zur Didaktik

Es sollte eine doppelte Infragestellung erfolgen, zum einen an einer einfachen Abbild- und Wahrheitstheorie, zum andern an Beliebigkeitstheorien.

Beide häufig vertretenen Perspektiven greifen zu kurz. Demgegenüber ist eine komplexere, mehrperspektivische Sichtweise zu fördern, die zugleich begründete Positionierungen ermöglicht und fordert (→ 6.1.3, S. 246: Fotomontage; → 6.3.3, S. 259: Position des prozessoffenen Pluralismus).

Literatur (zu Teilkapitel 1.1 und 1.2):

- Dieterich, Veit-Jakobus: Wirklichkeit. (Oberstufe Religion, Hg. von Veit-Jakobus Dieterich und Hartmut Rupp.) Schülerheft. Stuttgart 2006.
- Dieterich, Veit-Jakobus: Wirklichkeit (Oberstufe Religion, Hg. von Veit-Jakobus Dieterich und Hartmut Rupp.) Lehrerband. Stuttgart 2007.

Literatur (zu Teilkapitel 1.3 und 1.4:

- Dieterich, Veit-Jakobus: Gerechtigkeit. (Oberstufe Religion, hg. von Veit-Jakobus Dieterich und Hartmut Rupp.) Schülerheft. Stuttgart 2009.
- Dieterich, Veit-Jakobus: Gerechtigkeit. (Oberstufe Religion, hg. von Veit-Jakobus Dieterich und Hartmut Rupp.) Lehrermaterialien. Stuttgart 2010.

1.1 Es muss doch mehr als alles geben! – Schein und Sein (S. 14–20)

14–20: Schein und Sein

Die Formulierung der *Überschrift* des Teilkapitels findet sich auch bei: Dorothee Sölle, Es muß doch mehr als alles geben. Nachdenken über Gott, Hamburg: Hoffmann und Campe, 1992. Das *Thema* dieses Teilkapitels befasst sich (a) mit dem menschlichen Wirklichkeitszugang zuerst in allgemeiner Form und (b) dann im Blick auf den christlichen Glauben (Glaube, Theologie, Bibel).
Der *Aufbau* des Teilkapitels ist dreigliedrig:

- Die ersten beiden Theorieansätze *Realismus und Konstruktivismus* sowie die Wahrheitsfrage stellen den Inhalt des ersten Unterkapitels dar (1.1.1),
- das Wesen von *Glaube* und *Theologie* das Thema des zweiten (1.1.2),
- die *Bibel* als Grundlage des Glaubens schließlich das Objekt des dritten (1.1.3).

1.1.1 Wie wirklich ist die Wirklichkeit? – Was ist Wahrheit? (S. 14f)

14f: Was ist Wahrheit

1. Thema und Aufbau

Die Formulierung der *Überschrift* (S. 10f) findet sich – wie bereits die Überschrift des Gesamtkapitels) auch bei: Paul Watzlawick, Wie wirklich ist die Wirklichkeit? Wahn, Täuschung, Verstehen, München/ Zürich: Piper Verlag, 1976, 2021. Die Formulierung des zweiten Teils der Teilkapitel-Überschrift bezieht sich auf die sogenannte *Pilatusfrage*: Was ist Wahrheit? Joh 18,38. Der *Fließtext* erörtert drei *Themenstellungen*:

1. Den Einstieg bildet das anschauliche Beispiel des *Salamander-Experiments* und dessen Deutung (S. 14);
2. dann folgt die Erläuterung zweier *Erkenntnistheorien*: Realismus und Konstruktivismus (S. 14f) sowie
3. dreier *Wahrheitstheorien*: Korrespondenztheorie; Kohärenztheorie; Pragmatische Wahrheitstheorie (S. 15).

2. Bild Marja Pirilä (*1957): Speaking House 6, 2006 (S. 14)

14: Bild Pirilä

Bildbetrachtung: Auf den ersten Blick schaut man in ein (leeres), dunkles (bläulich-schwarzes Zimmer); durch eine (geöffnete) Tür, genauer: einen (leeren) Türrahmen sieht man ein helles, gelbliches Treppenhaus; von der Treppe ist nur ein schmaler Streifen sichtbar, so dass man geneigt ist, die gesamte Treppe sowie den weiteren Treppenverlauf in Gedanken zu ergänzen. Das Innere ist überblendet oder scheint durchsichtig für eine zweite Darstellung: eine bläuliche Landschaft (mit Hügel-, Himmel- und Wolkenkonturen) mit einem dunklen, schwarzen Wald, der von oben her ins Bild bzw. Zimmer drängt, also auf dem Kopf zu stehen scheint, und farblich einen starken Kontrast zum erleuchteten Treppenhaus bildet. Der Boden ist einerseits fest und eben (tlw. mit Fliesen?), andererseits feucht, ja von einer Wassserschicht und von Laub oder Schlamm bedeckt, also ein sehr feuchter Waldboden.
Hintergrundinformationen: Die Künstlerin, die finnische Fotografin Marja Pirilä, erhielt 2000 den „State Award for Photography". Sie arbeitet mit der Camera obscura-Technik und deren Effekten, bei denen sich u.a. zwei Bilder übereinander lagern lassen. Dadurch entstehen „Interior/ Exterior"-Darstellungen (Innenraum und Außenwelt in einem Bild, tlw. auch mit Menschen) mit starken Licht-, Helligkeits- und Irritationseffekten (etwa: was ist außen, was innen, woher kommt das Licht? etc.). Zum Foto: Pigment ink print, 112 x 132 cm.
Deutungsmöglichkeiten:

- Zwei Bilder, Wirklichkeiten, Ebenen, Perspektiven; Einzelelemente, eindeutigere und offenere;
- Verhältnis von zwei Bildern/ Perspektiven zueinander (Bildebene);
- Metaebene: Verhältnis von zwei Wirklichkeiten/ Perspektiven zueinander (Realismus – Konstruktivismus, s.u.)
- Offenheit für drei Dimensionen (Bildfläche zweidimensional; Eindruck der Räumlichkeit, Dreidimensionalität, zum einen horizontal: Tiefendimension innen und außen, zum andern vertikal: unten und oben (Treppe), tlw. auf den Kopf gestellt (Bäume).

Querverweis:

- Ein zweites Bild von Marja Pirilä S. 17. Methode: Beide Bilder aufeinander beziehen/ projizieren. Wo hätte das zweite im ersten einen angemessen Platz?

3. Das Salamander-Experiment und seine Deutung (S. 14)

14: Salamander-Experiment

Das Salamander-Experiment wurde in den späten vierziger Jahren des 20. Jahrhunderts vom US-amerikanischen Neurobiologen *Roger* (Wolcott) *Sperry* (1913–1994) durchgeführt. Eine konstruktivistische Deutung in dem hier dargelegten Sinn erfuhr es durch den chilenischen (Neuro-)Biologen

Humberto (Romesín) *Maturana* (1928–2021), der an der Ausbildung der beiden grundlegenden naturwissenschaftlichen Paradigmen des Lebens als autopoietisches System sowie eines (naturwissenschaft-philosophischen) Konstruktivismus maßgeblichen Anteil hatte. Maturana schließt aus dem Experiment, dass der Salamander nicht auf die Außenwelt reagiert, vielmehr nur in einer intern koordinierten Reaktion auf Reize, die ihm von der Außenwelt dargeboten werden. Die Verarbeitung dieser Reize ist dann ein sich unabhängig von der Außenwelt vollziehender, ausschließlich auf sich selbst beziehender (= selbstreferentieller) Prozess.
Es ist zudem interessant, dass der Salamander nicht „lernen" und seinen Irrtum korrigieren kann. Vielmehr überlebt er nur, wenn man ihn durch einen zusätzlichen, zweiten, in entgegengesetzter Richtung dargebotenen Wurm füttert.
Hinweis: Näheres zum Experiment und seiner Deutung anhand eines Interviews mit Maturana bei: Dieterich, Wirklichkeit Schülerheft, S. 8 (sowie die entsprechenden Passagen im Lehrerheft, dort auch Quellenangaben).

14f: Erkenntnistheorien

4. Erkenntnistheorien (S. 14f)

Grundlegend lassen sich zwei zwar miteinander zusammenhängende und aufeinander einwirkende, dennoch aber zuerst einmal völlig voneinander getrennte und in sich eigenständige (autopoietische) *Ebenen* bzw. *Dimensionen* von Wirklichkeit unterscheiden:

- Die Wirklichkeit – Die Welt und *unser Sein* (Ontologie)
- Die menschliche Wahrnehmung und Erkenntnis der Wirklichkeit – *Unser Denken* (Erkenntnistheorie).

Grafisch lassen sich diese beiden Wirklichkeiten (man kann sie auch als *Realität = Sein* und *Wirklichkeit = Bewusstsein* begrifflich auseinanderhalten) als zwei aufeinander aufbauende (Treppen-)Stufen oder – noch besser – als zwei Dimensionen der Wirklichkeit darstellen, etwa folgendermaßen:

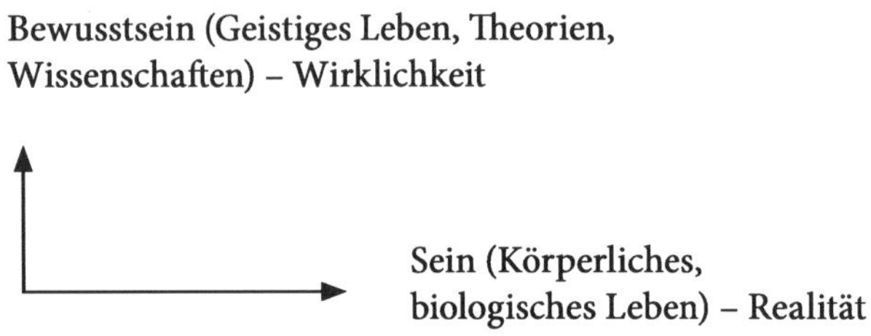

Grafik: Zwei Dimensionen von Wirklichkeit

Die Grundgedanken der beiden Erkenntnistheorien von *Realismus* und *Konstruktivismus* gehen nun von gegensätzlichen Annahmen aus:

- *Realismus*: Unser Bewusstsein stellt ein – mehr oder weniger – getreues Spiegelbild der äußeren Welt und Wirklichkeit dar (Abbildtheorie: unser Bewusstsein „findet" die äußere Wirklichkeit);
- *Konstruktivismus*: Unser Bewusstsein stellt eine Konstruktion eines – nicht mit der Wirklichkeit identischen – Bildes der Wirklichkeit her (Konstruktionstheorie: unser Bewusstsein „*er*findet" die äußere Wirklichkeit).

Vorsicht: Der Konstruktivismus behauptet nicht – wie er leider sehr oft grundlegend missverstanden wird –, dass es keine (von unserem inneren Bewusstsein unabhängige) äußere Wirklichkeit bzw. Welt gäbe, vielmehr nur, dass diese Wirklichkeit unserem Bewusstsein nicht (unmittelbar) zugänglich ist. Sonst wäre das konstruktivistische Denken tatsächlich *eindimensional*, es würde die Totalität der Wirklichkeit auf unser Bewusstsein reduzieren, wir reimten uns also alles (das All) einfach zusammen. Der Kosmos selbst (und nicht nur: unser Bild vom Kosmos) wäre das Resultat des menschlichen Kopfes.

15: Wahrheitstheorien

5. Wahrheitstheorien (S. 15)

Inn lockerer Anlehnung, wenn auch nicht stringenter Anknüpfung an die beiden Erkenntnistheorien lassen sich *drei Wahrheitstheorien* unterscheiden:

- Die *Korrespondenztheorie* findet sich bereits in der Antike bei Aristoteles und dann im Mittelalter bei Thomas von Aquin: „Veritas est adaequatio rei et intellectus"; Wahrheit ist die Übereinstimmung von erkennendem Verstand und Sache (ST q 16, a.2.).
- Die *Kohärenztheorie*: Was wir denken und sagen, ist in sich schlüssig und stimmig, also frei von Widersprüchen.
- Eine *Pragmatische Wahrheitstheorie* entwickelte insbes. der US-amerikanische Pragmatismus, u.a. Charles S. Peirce.

Zur genaueren Differenzierung lassen sich (nach: Jürgen Habermas) folgende *irreführende Modelle der Wahrheit* identifizieren:

- Objektivität der Erfahrung/ Transzendentale W-Theorie;

- Sinnliche, nicht-sinnliche oder gläubige Gewissheit/ Abbild- bzw. Evidenztheorie der W. resp. voluntaristische W-Theorie;
- Wahrhaftigkeit (Manifestationstheorie) oder Richtigkeit (Erfolgstheorie der W = Pragmatismus) resp. Verständlichkeit (analytische W-Theorie).

Literatur:

- Gloy, Karen: Wahrheitstheorien. Eine Einführung, Tübingen [u.a.]: Francke, 2004
- Habermas, Jürgen: Vorstudien und Ergänzungen zur Theorie des kommunikativen Handelns, Frankfurt a.M.: Suhrkamp, 2. Aufl. 1986 (S. 150, Fig. 6)

Bearbeitungsvorschläge:

- Die vier Elemente der Dopelseite miteinander in Beziehung setzen: Bild – Experiment – Erkenntnistheorien – Wahrheitstheorien (Raster: Äußere Wirklichkeit/ Bild der Wirklichkeit/ Konstruktion/ Verhältnis von Bild von der Wirklichkeit und Wirklichkeit/ Beurteilungskriterien etc.).
- Das Raster von Realismus/ Konstruktivismus auf ausgewählte Bilder des Buches beziehen (etwa die beiden Bilder der Einleitungs-Doppelseiten des Kapitels Wirklichkeit).

Querverbindungen und Ergänzungen:

- Weitere Wahrheitstheorien → S. 18, Mitte.
- Bilder (Escher) und Filme mit optischen Täuschungen, etwa: „The Road Where Cars Rolls Uphill" (https://www.youtube.com/watch?v=BRzwNycQTok&feature=emb_logo – 20.01. 2021).

1.1.2 „Das seh ich erst, wenn ich's glaube!" – Glaube und Theologie (S. 15f)

15f: Glaube und Theologie

1. Thema und Aufbau

Die *Überschrift* ist entnommen aus einem Songtext der deutschen Band Muff Potter (dort ebenfalls als Überschrift) (im Fließtext auf S. 16 oberhalb Seitenmitte zitiert). Sie enthält Verweise auf:

- Gnaden- resp. Geschenkcharakter des Glaubens (→ 2.5); zum Glauben kann man niemanden zwingen, nicht einmal sich selbst (→ 2.4 – Willens(un)freiheit).
- Geschenkter Glaube als neue Perspektive (Wahrnehmung, Sehen).
- Glaube als Voraussetzung der Theologie.
  https://www.songtexte.com/songtext/muff-potter/das-seh-ich-erst-wenn-ichs-glaube-b5c450e.html (12.01.2021)

Kernaussage und Querverbindung:

Die beiden im vorigen Unterkapitel (1.1.1) genannten Perspektiven resp. Dimensionen der Wirklichkeit werden hier durch eine weitere, dritte ergänzt: es ist die Dimension der Kontingenz, des Unverfügbaren, die Welt der Möglichkeit oder Transzendenz, die dann – ohne dass wir dies herbeiführen oder -zwingen können – in der Welt unseres Seins oder Bewusstseins Wirklichkeit wird (Immanenz). Der *Glaube* vertraut auf diese Wirklichkeit, die *Theologie* entfaltet sie, die *Bibel* (→ 1.1.3) bezeugt sie.

Bewusstsein (Geistiges Leben, Fühlen & Denken)

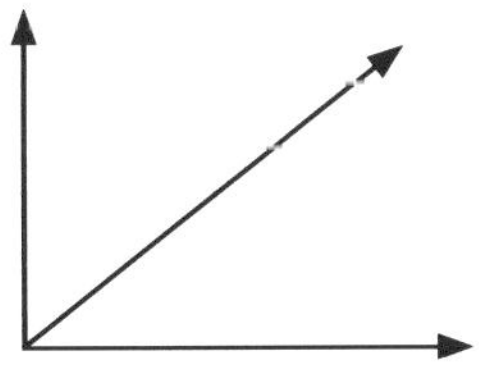

Glaube(n): Kontingenz, Transzendenz, (Un-)Möglichkeitssinn („Tiefenschärfe" der Wirklichkeit)

Sein (Materielle Welt, Körperliches Leben)

Grafik: Drei Dimensionen von Welt/ Wirklichkeit

Der Fließtext befasst sich mit drei untereinander zusammenhängenden Themenstellungen: (1) Glaube, (2) Verhältnis von Glaube und Theologie resp. Glauben und Wissen sowie (3) Theologie (→ Grafik unten, am Ende des Teilkapitels).

2. Gedanken-/ Unterrichtsgang und Materialien (S. 15f)

15f: Materialien

Einstiegsmöglichkeiten:

- Gegen die häufig vertretene Schülerposition „Jeder kann glauben, was er will" resp. „Glaube ist Privatsache" lässt sich geltend machen: Wie kann ein sinnvolles Gespräch zustande kommen, wenn der Glaube ausschließlich individuell und beliebig ist?
- Möglicher Ausgangspunkt: Homepage der EKD (https://www.ekd.de/Pfarrerin-oder-Pfarrer-werden-11332.htm - 01.01.2021)
- Einstiegszitat von Eike Christian Hirsch als Impuls (S. 15).

Im Blick auf die *Schülerinnen und Schüler* hat der Religionspädagoge Karl Ernst Nipkow (1928–2014) vier Grundtypen von Unterricht unterschieden:

- bei gegebenem Einverständnis im Glauben;
- bei zu suchendem Einverständnis im Glauben;
- bei nie vorhanden gewesenem Einverständnis und religiöser Indifferenz;
- bei verloren gegangenem Einverständnis.

Der Religionsunterricht der Kursstufe sollte offen sein für alle vier Einstellungen bzw. für jede der vier Formen des Unterrichts. Als Herausforderung stellt sich dann die Aufgabe, in einem offenen Setting von „Theologisieren mit Jugendlichen" alle Positionen in einen fruchtbaren Dialog und Austausch miteinander zu bringen.

15: Einstiegszitat

Freistehendes Einstiegszitat (S. 15)

Der Journalist und Schriftsteller *Eike Christian Hirsch* (*1937) hat sich in Veröffentlichungen u.a. auch mit Fragen des christlichen Glaubens auf originelle und teilweise humorvolle Weise beschäftigt („Expeditionen in die Glaubenswelt" sowie „Vorsicht auf der Himmelsleiter" – aus diesem Werk stammt das Einstiegszitat).

15f: Glaube und Theologie

Glaube und Theologie – Transzendenz/Immanenz (S. 15f)

Von zentraler Bedeutung ist, dass „Transzendenz" nicht etwas „Jenseitiges" meint, vielmehr unmittelbar auf das „Diesseits" bezogen ist; in einer Formulierung Bonhoeffers: „Gott ist mitten in unserem Leben jenseitig." (DBW 8, 408). Heinz Zahrnt (1915–2003) sprach statt von „Transzendenz" von einer „Transparenz". Immanenz und Transzendenz verhalten sich demnach wie zwei Seiten einer Medaille – oder wie zwei Folien die wechseleitig füreinander durchlässig sind und durch die hindurch die andere in einem neuen Licht erscheint (transparent wird).

16: Glaube, biblisch

Glaube, biblisch (S. 16)

Zwei freistehende Bibelzitate stehen für die Doppelung von Glaube und Theologie. *1. Petr 3,15f*: Der Verfasser des 1. Petrusbriefs (wohl Ende des 1. Jh.s n.Chr.) fordert dazu auf, anderen über die Hoffnung bzw. den Glauben Rechenschaft zu geben (eine mit „logos", also Verstand und Vernunft vorgetragene „Apologie" = Widerrede), eine auch für Gerichtsverfahren gebrauchte Redewendung. Von hier aus lässt sich die Theologie als „logos", die vernünftige Rede im Blick auf Gott, verstehen.

16: Zwei Aspekte von Glauben

Zwei Aspekte von Glauben (S. 16)

Glaube hat theologisch einen Doppelaspekt:

- existentielles Vertrauen (klassisch: *fides qua*, wodurch geglaubt wird; der Glaubensakt): → Gott, T 3.4 (1), S. 124: Luther: Was heißt einen Gott haben?
- kognitiver Inhaltsaspekt (klassisch: *fides quae*, was geglaubt wird, Glaubensinhal)t: → Glaubensbekenntnis: → Kirche, T 5.1 (1)/ (2), S. 202: Zwei Glaubensbekenntnisse.

Glauben, von ahd. „giloub" = vertraut machen, vielleicht von „Laub" – mit einem Büschel Laub Vieh handzahm machen ... (nach: Kluge, Etymologisches Wörterbuch); das würde dann den Sinn von Glaube zur Geltung bringen; nicht: ich glaube an Gott, sondern: Gott schenkt mir den Glauben, das Vertrauen zu ihm ... (Rechtfertigung als Gnadengeschenk des Glaubens → 2.5, S. 83–87).

16: Theologie und (Sach-)Verstand

Theologie und (Sach-)Verstand (S. 16)

Glaube und Verstand/ Vernunft stehen in einem dialektischen Wechselverhältnis zueinander. In der *Theologie* erfolgt die kritische Reflexion des Glaubens. Im Religionsunterricht ist somit der Verstand resp. die Vernunft nicht ab-, sondern einzuschalten.

16: Paradox der Theologie

Das Paradox der Theologie (S. 16)

Das *Paradox* der *Theologie* hob insbesondere die Dialektische Theologie hervor. *Karl Barth* (1886–1968) etwa formulierte in einem dialektischen Dreischritt:

1. Als Theolog(inn)en *müssen* wir von Gott reden (These).
2. Als Menschen *können* wir *nicht* von Gott reden (Antithese).
3. Glaube und Theologie vollziehen sich im Aussprechen und Reflektieren des Müssens und Nicht-Könnens zugleich (Synthese). Damit entspricht die menschliche Rede der Erfahrung von Gott Gottes Offenbarung.

   „Wir sollen als Theologen von Gott reden. Wir sind aber Menschen und können als solche nicht von Gott reden. Wir sollen beides, unser Sollen und unser Nicht-Können, wissen und eben damit Gott die Ehre geben. Das ist unsre Bedrängnis. Alles Andre ist daneben Kinderspiel." (Karl Barth)

Als *zentrale Beschäftigung* und *Kernaussage* der Theologie bestimmt *Martin Luther* den sündigen Menschen sowie den gnädigen, sich seiner erbarmenden Gott (also die Rechtfertigung → 2.5, S. 83–87); *Jean Calvin* bestimmt die Gotteserkenntnis sowie die Selbsterkenntnis des Menschen als wahre Weisheit (erster Satz der „Institutio").

Theologie als Reflexion menschlicher Erfahrungen mit Gott (S. 16)

16: Erfahrungen mit Gott

Theologie lässt sich grundlegend in *zwei Formen* definieren, einmal gleichsam von oben, einmal von unten ausgehend: als Gotteslehre oder als Reflexion menschlicher Gotteserfahrungen. In jüngerer Zeit erfährt vorrangig der *Erfahrungsbezug* der Theologie Beachtung (u.a. Gunda Schneider-Flume, Grundkurs Dogmatik, ²2008; Christoph Schwöbel, Gott im Gespräch, 2011). Das Ausgehen von Gott und seiner Offenbarung (Offenbarungstheologie) oder vom Menschen und seinen Erfahrungen mit Gott muss sich jedoch keinesfalls ausschließen, ist vielmehr in *dialektischer* Weise aufeinander zu beziehen.

a) i.e.S. Gotteslehre b) Reflexion menschlicher Erfahrungen mit Gott	a) Offenbarungstheologie Gott → Mensch (→ S. 106) b) Erfahrungstheologie Mensch ∩ Gott (S. 16, u.)

Tabelle: Zwei Definitionen/ Ansätze von Theologie

Ergänzung

Anselm von Canterbury (1033/34–1109), auch ‚Vater der Scholastik' genannt, fasste sein theologisches Programm in die beiden Formeln: ‚Credo ut intelligam' und ‚Fides quaerens intellectum'. Den Sinn stellt die *Negation* fast noch deutlicher klar: „Denn ich suche nicht einzusehen, um zu glauben, sondern ich glaube, um einzusehen." (Credo ut intelligam/ Ich glaube, um einzusehen (Proslogion, Ende Kap. 1); Fides quaerens intellectum/ Der Glaube, der nach Einsicht sucht (Proslogion, urspr. Titel, jetzt Ende der Vorrede).

Tertullian (um 200 n.Chr.) (zugeschrieben)	credo quia absurdum est/ ich glaube, weil es widersinnig/ absurd ist (vgl. 1. Kor 1,23: Torheit Kreuz → S. 150 u.)
Augustin (um 400 n.Chr.)	credo ut intelligam/ ich glaube, um zu erkennen/ einzusehen
Anselm von Canterbury (um 1100) (→ S. 153f)	fides quaerens intellectum/ der Glaube sucht/ braucht den Verstand/ Intellekt

Grafik: Drei Modelle zur Verhältnisbestimmung von Glaube und Verstand/ Vernunft (Wissen)

1.1.3 Gotteswort oder Menschenwerk? – Bibel und Offenbarung (S. 17–19)

17–19: Bibel und Offenbarung

Themen (und Querverbindungen)

Das Unterkapitel konzentriert sich auf zwei *Themen*: erstens das *Entstehen* und zweitens das *Verstehen* der Bibel. Bei beiden Themen kommen zwei Verständnisse zur Sprache: bei der Entstehung die Verbalinspiration sowie ein historisch-kritisches, beim Verstehen ein (vermeintlich) wörtliches Verstehen sowie die Hermeneutik. Dabei ist bei den beiden Varianten klar, dass es sich hier nicht um echte Alternativen handelt, vielmehr um eine jeweils eindeutige Situation: die Lehren von der göttlichen Verbalinspiration und vom wörtlichen Verstehen sind schlicht Missverständnisse, Fehleinschätzungen, (Selbst-)Täuschungen und Scheinlösungen (Begründung im Text). Historisch-kritische Bibelauslegung und Hermeneutik sind fundamentale Standards von Theologie und Religionsunterricht, ergänzt (aber keinesfalls ersetzt!) um neuere, vielschichtige und auch kreative Methoden der Bibelauslegung.

Bibel/ Zugang	Entstehen	Verstehen
Vorkritischer Zugang	Verbalinspiration	Wörtliches Verstehen
Kritischer = theologischer (reflektierter) Zugang	Historisch-kritische Methode	Hermeneutik

Grafik: Paradigmen zum Entstehen und Verstehen der Bibel

Jugendliche und Didaktik

Umfragen unter *Jugendlichen* ergeben folgendes Bild: Etwa zwei Drittel der Befragten ist der Auffassung, die Bibel handle primär von Gott, nur ein Drittel von/m Menschen; zunehmend werden die biblischen Geschichten nicht als wahr, sondern als „erfunden" empfunden; jeweils etwa zur Hälfte scheint die Bibel wichtig resp. unwichtig für das eigene Leben; mehrheitlich wird sie eher als langweilig denn als spannend angesehen.

Didaktik: Die zentrale Aufgabe besteht in der Entwicklung und Stärkung einer kritischen Perspektive auf das Verstehen und Interpretieren von Texten (Hermeneutik), das ein „vorkritisches", gleichsam „naives" Verständnis als insuffizient erkennt und überwindet. Dass neben und über das sorgfältige Interpretieren hinaus auch unmittelbare Textzugänge möglich sind, ist im Sinne einer „zweiten Nativität" (Paul Ricœur) und eingebettet in eine aufgeklärte Rationalität zu verstehen, und nicht gleichsam als „Kapitulation" vor der Schwierigkeit des methodisch geschulten und reflektierten Zugangs.

Hinweis: Fächerübergreifende Arbeit mit Deutsch und anderen Fächern (Geschichte u.a.m.).

17: Bild Pirilä

Marja Pirilä (*1957): In Strindberg's Room 6, old sky 2017 (S. 17)

Bildbeschreibung: Das Bild besteht aus drei Elementen: Erstens ein dunkler (vollkommen schwarzer) Hintergrund – Darauf zweitens ein Buch, aufgeschlagen, in der Luft hängend – unklar, woran bzw. wie aufgehängt – dabei nicht (wie eigentlich erwartbar) waagrecht, vielmehr senkrecht von oben nach unten orientiert, weitere Seiten nach unten hängend. Schließlich (drittens) auf der aufgeschlagenen Doppelseite nicht – wie erwartbar – Schriftzüge oder Bilder, vielmehr die Spiegelung eines blauen Himmels und weißer Wolkenformationen – woher und wodurch auch immer.

Hintergrundinformationen: Zur Künstlerin, der finnischen Fotografin Marja Pirilä s.o. zu S. 14). Zum Foto: Pigment print, framed; 107 x 82 cm.

Deutungsmöglichkeiten: Die drei Bildelemente als drei Dimensionen bzw. Achsen der Wirklichkeit: das Dunkel: die reale Welt (Realität), das Buch als Welt unserer Ideen, Gedanken und Kultur (Wirklichkeit), die – himmlische – Spiegelung schließlich als Perspektive einer religiösen Deutung der Wirklichkeit (Welt der Möglichkeit, der Theologie und Bibel).

Bibel als Spiegelung der Wirklichkeit Gottes in der menschlichen Welt. Indirekte Wahrnehmung dieser Wirklichkeit (also Bibel nicht unmittelbar als Gotteswort, vielmehr: in der Bibel irdische Spiegelungen, menschliche Erfahrungen mit dem unsichtbaren Gott), symbolisch, bildlich, narrativ formuliert und daher deutungsbedürftig und deutungsoffen. Diese Spiegelungen enthüllen Konturen dieser „transzendenten" Dimension der Wirklichkeit und verhüllen das Verborgene zugleich (Wolkengebilde).

19: Bild Arcimboldo

Giuseppe Arcimboldo (um 1526–1593): Der Bibliothekar, um 1560–1570 (S. 19)

Bildbeschreibung: Das Bild lässt den Oberkörper eines Mann, dessen Körperteile (Brust, Arme, Haare) weitgehend aus Büchern zusammengesetzt sind, aus einem Vorhang hervortreten. Bei näherem Hinschauen entdeckt man, dass auch das Gesicht bzw. der ganze Kopf weitgehend aus Büchern (Wangen, Stirn, Nase) besteht, von denen die meisten zugeklappt aufeinander liegen oder – wie etwa beim Gesicht – senkrecht stehen. Nur ein Buch (Haare) ist locker aufgeblättert, jedoch nicht an einer bestimmten Stelle aufgeschlagen.

Hintergrundinformationen: Der italienische Maler Giuseppe Arcimboldo (auch: Arcimboldi), um 1526–1593, an der Wende zwischen Renaissance und Barock, Hofmaler der Kaiser Ferdinand I. und Rudolf II. (bei letzterem in Prag), schuf menschliche Gestalten als Zusammensetzungen aus Blumen, Früchten oder Tieren (hier: aus Büchern) und wird wegen dieser eigenwilligen, exzentrischen und originellen Darstellungsweise als früher Vorläufer des modernen Surrealismus bezeichnet. (Doppelte Sichtweise: aus der Ferne Gesamtfigur, aus der Nähe Einzelteile.) (Werner Kriegeskorte, Arcimboldo, Köln, 3. Aufl. 2004).

Deutungsmöglichkeiten: Büchermensch (Hobby oder Beruf: Bibliothekar); Bedeutung von Büchern für Menschen; „Aneignung" von Lesestoff; „wichtige" und unbedeutende Literatur (größere und kleinere Bücher, großes rotes Buch); Bibel als Sammlung von Einzelschriften in der Ursprungsbedeutung von Bibel (Mehrzahl von kleinen Büchern).

19: Bild Blackwell

Su Blackwell (*1975): The Book of the Lost, 2010 (S. 19)

Bildbeschreibung: Das Bild zeigt ein aufgeschlagenes Buch. Aus den geöffneten Seiten scheint eine ganze Wolke kleiner Papierschnipsel aufzusteigen – es könnte jedoch auch umgekehrt sich ein Schwarm von Schnipseln auf/ in die Doppelseite herab- und hineinsenken …

Hintergrundinformationen: Su Blackwell ist eine Künstlerin, die vor allem auf dem Gebiet der Papierkunst tätig ist. Das vorliegende Bild ist der Papierkunst Origami (jap.: von *oru* = falten; *kami* = Papier) nachempfunden, bei der Tierfiguren, Gegenstände oder auch geometrische Körper gefaltet werden. Die Künstlerin will damit auf die Möglichkeiten und Unwägbarkeiten der Kommunikation zwischen Menschen und mit einer geistigen Welt hinweisen.

Deutungsmöglichkeiten:

- Vielfalt von Bedeutungen und Interpretationen (von gesprochenen oder geschriebenen Äußerungen);
- „Kleinteiligkeit“, Schnipsel- oder Patchworkartigkeit von Worten und Texten – Herausforderung zur Konstruktion von (Sinn-)Zusammenhängen;
- Flüchtigkeit von Sinnkonstruktionen;
- Teile und Ganzes: Buchstabe – Wort – Satz – Kapitel – Buch (Übertragbarkeit auf Computer und andere Artefakte);
- Vielfalt und Buntheit von einzelnen Elementen, die in einen Text, ein Buch einfließen.

Methodische Vorschläge zum Umgang mit den Bildern:

- Das erste Bild auf das Entstehen, die beiden anderen auf das Verstehen der Bibel beziehen.
- Die drei aufgeschlagenen Bücher auf den drei Bildern zueinander in Beziehung setzen und vergleichen: Was ist jeweils von möglichen „Inhalten“ zu sehen? Eigene Vorschläge für mögliche Inhalte gestalten.
- Das Bild von Blackwell konkret – und in Ausschnitten vergrößert, auch mit Worten/ Wortfetzen versehen – nachkonstruieren anhand einer konkreten Passage aus dem Schulbuch (eben des Abschnitts zum Entstehen resp. Verstehen der Bibel) oder der Bibel selbst (etwa dem Proömium/ Vorwort des Lukas-Evangeliums, Lk 1,1–4; s. auch → S. 157, ganz unten).

Bibelzugang Entstehung		Marja Pirilä: Spiegelung von Gottes Wort (Interpretation → Hermeneutik)
Bibelauslegung, Verstehen	Giuseppe Arcimboldo: Bücher„fresser“	Su Blackwell: Vielstimmige, phantasievolle Auslegung

Fließtext zum Entstehen und Verstehen der Bibel/ Grafik (S. 17–19)

17–19: Fließtext

Der *Autorentext* befasst sich mit *drei Aspekten* des Entstehens und Verstehens der Bibel (S. 17f):
(1) Zwei Theorien zur *Entstehung* der *Bibel* (Verbalinspiration sowie geschichtliche Entstehung, S. 17f) inklusive der einem geschichtlichen Entstehungsverständnis entsprechende historisch-kritische, wissenschaftliche Zugang zur Bibel (S. 18).
Achtung: Explizit den Begriff „kritisch“ in seiner urspr. Bedeutung (unterscheiden) stark machen gegenüber dem üblichen, abwertenden (pejorativen) Gebrauch (etwas als falsch oder schlecht charakterisieren bzw. abqualifizieren).
(2) Der *Wahrheitscharakter* von (allgemeinen resp. biblischen) sprachlichen Äußerungen (S. 18 Mitte) mit drei Varianten (berührend, verlässlich, persönlich gewiss). Dieser Abschnitt schließt an die bereits thematisierte Wahrheitsfrage hinsichtlich der Wirklichkeit an (→ zu S. 15 Wahrheitstheorien) und ergänzt resp. komplettiert das dort Gesagte.
(3) Das *Verstehen* von Äußerungen, Texten oder Kulturen und die dazu gehörenden beiden Theorien eines „wörtlichen“ Verstehens gegen ein systematisches, wissenschaftliches Vorgehen zur Erschließung von Sinn (Hermeneutik) (S. 18f). Die Ausführungen zu Missverständnissen bei einem vermeintlich „wörtlichen“ Verständnis (Bsp. *näfäsch*/ Seele) werden später nochmals aufgenommen (→ S. 67: Zusammenfassung – Biblische Anthropologie) bzw. mit dem Begriff der „Eisegese“ – vs. wissenschaftlicher „Exegese“ profiliert → S. 20, Zusammenfassung, rechte Spalte, sowie S. 159, Zusammenfassung, rechte Spalte). Eine gewisse Berechtigung behält eine „wörtliche“ Bedeutung (gegen symbolische, übertragene, sinngemäße etc. Verständnisse) dennoch (etwa Jerusalem als Stadt, vgl. den Literalsinn, trad. *sensus literalis*).

Der hermeneutische Zirkel – Grafik (S. 18 unten)

18: Grafik (unten)

Die *Grafik* versucht, das im Fließtext zur *Hermeneutik* Gesagte (S. 19, unten, ab Seitenmitte) einerseits auf anschauliche Weise zur Darstellung zu bringen und andererseits nochmals zu vertiefen und zu ergänzen. Zwischen Darstellung und Text besteht hier also – anders als normalerweise üblich – ein einfaches Entsprechungsverhältnis.

Querverweise:

1. Methoden historisch-kritischer Bibelauslegung:

- Evangelien – Zwei-Quellen-Theorie → S. 157f;
- Synoptische Vergleiche → Jesus-Kapitel, zahlreiche Stellen (u.a. Worte Jesu am Kreuz, S. 151).

2. Weitere Methoden der Bibelauslegung:

- Feministisch: Erschaffung von Mann und Frau (Bibel in gerechter Sprache; Helen Schüngel-Straumann → S. 69 untere Hälfte);
- Befreiungstheologisch: Seligpreisungen (Ernesto Cardenal → S. 220f);
- Kulturwissenschaftlich: Deutung Opfertod Jesu (René Girard → S. 153 ganz unten);
- Hymnische Neudichtung von Ps 104 (Ernesto Cardenal → S. 24 Mitte).

3. Beispiele für Hermeneutik:

- Gottesvorstellung im Brennenden Dornbusch (→ S. 116);
- Verständnis von Seele (S. 19; → S. 67 Zusammenfassung – Biblische Anthropologie).

Ergänzung: Die Frage nach der „richtigen" („wörtlichen" bzw. sinngemäßen) Übersetzung
(Bibel-)Übersetzungen lassen sich prinzipiell nach unterschiedlichen Kriterien erstellen: (a) eine philologische Ü. verwendet eine gehobene, literarische Sprache, (b) eine „kommunikative" eine allgemein verständliche (z.B. Gute Nachricht Bibel, 1968); (c) noch einen Schritt weiter in der Anpassung an ein heutiges Verständnis gehen Übertragungen (Bibel in leichter Sprache; Volxbibel), während (d) eine interlineare Ü. den Text Wort für Wort überträgt).

Martin Luther	„Ehre sei Gott in der Höhe/ und Friede auf Erden/ bei den Menschen seines Wohlgefallens."
Gute Nachricht Bibel	„Groß ist von jetzt an Gottes Herrlichkeit im Himmel; denn sein Friede ist herabgekommen auf die Erde zu den Menschen, die er erwählt hat und liebt."
Bibel in leichter Sprache	„Jetzt können alle sehen, wie gut Gott ist./ Jetzt ist Friede auf der Erde./ Jetzt ist bei allen Menschen,/ die auf Gott gewartet haben, Frieden."
Interlinearübersetzung	„Herrlichkeit in (den) Höhen Gott und auf Erden Frieden unter (den) Menschen (des) Wohlgefallens."

Tabelle: Friedensverkündigung des Engelchors bei Jesu Geburt Lk 2,14 (→ S. 156 unten) – Übersetzungsvarianten und -typen

Ergänzung: Bei der Bearbeitung die unterschiedlichen theologischen Implikationen und Interpretationsmöglichkeiten der Formulierungen beachten und diskutieren: „Menschen seines Wohlgefallens"; Erwählung (→ S. 128f – Prädestination) etc.

Literatur:

- Zenger, Erich [und 14 andere]: Einleitung in das Alte Testament, herausgegeben von Christian Frevel, Stuttgart: Verlag W. Kohlhammer, neunte, aktualisierte Auflage 2016
- Dorn, Klaus: Basiswissen Bibel: Das Alte Testament, Stuttgart: utb, 2. überarb. u. aktual. Aufl. 2021
- Dorn, Klaus: Basiswissen Bibel: Das Neue Testament, Paderborn [u.a.]: Schöningh, 2016
- Bibellexikon der Deutschen Bibelgesellschaft im Internet (https://www.bibelwissenschaft.de/wibilex/das-bibellexikon/lexikon/sachwort/anzeigen/details/urgeschichte/ch/5f1237634510038904ea8985d857e56b/

Aktualisierung:

- www.coronabibel.de

20: Abschluss

Abschluss des Teilkapitels 1.1 (S. 20)

Der *Schlussteil* des Teilkapitels enthält drei Elemente: (1) Interreligiöser Vergleich; (2) Zusammenfassung und (3) Aufgabenstellungen.

(1) *Wirklichkeit und Wahrheit – interreligiös*
Der interreligiöse Vergleich bezieht sich aufs erste Unterkapitel (Wirklichkeit, 1.1.1) und aufs dritte (Hl. Schrift, 1.1.3), nicht aber aufs zweite, die Unterscheidung und Definition von *Glaube* und *Theologie* (1.1.2). Deutlich sind einerseits die Ähnlichkeiten und Unterschiede der drei monotheistischen sowie die Gemeinsamkeiten der fernöstlichen Weltreligionen, andererseits aber die tiefe Kluft zwischen den beiden Gruppen. Besonders schwierig für unser westliches Denken ist die buddhistische Vorstellung von dem „Sein" resp. „Nichtsein" der Wirklichkeit, die in engstem Zusammenhang mit der analogen anthropologischen Idee vom „Nicht-Selbst" (*anātman*) des Menschen steht (→ S. 66 unten).

(2) *Zusammenfassung*
Die Zusammenfassung bezieht sich aufs zweite und dritte Unterkapitel (1.1.2 und 1.1.3), nicht aber aufs erste (Wirklichkeit, 1.1.1), dessen zentrale Gedanken (zwei Erkenntnis- und drei Wahrheitstheorien) sich leicht ergänzen lassen, da sie im Fließtext bereits sehr übersichtlich und strukturiert dargestellt sind (S. 14 unten und 15, obere Hälfte).
Zur wissenschftlichen vs. „naiven" Bibelauslegung („Exegese" vs. „Eisegese → S. 159, Zusammenfassung, rechte Spalte).

Zu den Aufgaben (S. 20)

20: Zu den Aufgaben

Aufgabe 1: *Sieverding* bezieht sich auf die natürliche und naturwissenschaftlich-technisch erfasste Welt (1.2) sowie den Menschen, *Hanson* auf die gesellschaftlich organisierte Welt (1.4 – Gerechtigkeit); die beiden Fotos von *Pirilä* schlagen die Brücke von der natürlichen über die kulturelle Welt zu Schrift und medialer Welt (Foto, digitale Bearbeitung); *Arcimboldo* und *Blackwell* nehmen (ebenso wie das zweite Foto von Pirilä) menschliche Darstellungs- und Kommunikationswelten in den Blick.
Alle Bilder lassen sich differenziert mit realistischen und konstruktivistischen Sichtweisen in Beziehung setzen.
Aufgabe 2: Der *Realismus* arbeitet vorrangig eindimensional (Gleichsetzung von – äußerer – Realität und – innerem – Bild = Abbild), der *Konstruktivismus* zweidimensional (äußere Realität – innere Konstruktion), Religion(en) im Idealfall dreidimensional, nämlich mit einer dritten, der *religiösen Perspektive* bzw. Weltsicht oder -schicht: der sich realisierenden/ verwirklichenden Möglichkeit(en) (Kontingenz).
Aufgabe 3: Bei der *Verhältnisbestimmung* auch die doppelten Bedeutungen von Glaube (Vertrauen – Für-Wahr-Halten) und Theologie (Offenbarung – Erfahrung) in den Blick nehmen (→ Tabelle unten).
Aufgabe 4: Zwei *Bibelverständnisse*: Vorkritisch und kritisch im Blick auf Entstehen und Verstehen von Texten/ Kulturen unterscheiden und ausdifferenzieren (→ Tabelle unten).
Aufgabe 5: Barmherziger Samariter → S. 176f; Flüchtlingsthematik → S. 40 (Foto), 237 (Foto) – Bilder und Texte zur kreativen Bearbeitung heranziehen.

Tabellen: (1) Glaube und Theologie sowie (2) Text- resp. Bibelverständnisse

Glaube	a) Vertrauen b) Für-Wahr-Halten	a) fides qua b) fides quae
Verhältnis von Glaube und Theologie	Theologie als Reflexion des Glaubens	Hebr 11,1 1. Petr 3,15f
Theologie	a) i.e.S. Gotteslehre b) Reflexion von Gotteserfahrungen	a) Offenbarungstheologie b) Erfahrungstheologie

Tabelle: Glaube und Theologie sowie ihr Verhältnis zueinander – zu 1.1.2, S. 15f sowie zu Aufg. 3

Bibel/ Verständnis:	Vor-kritisch	Kritisch (Reflexion)
Entstehen:	Verbalinspiration	Geschichtliches Verständnis
Verstehen:	„Wörtliches" Verstehen	Hermeneutisches Verständnis

Tabelle: Bibelverständnisse – zu 1.1.3, S. 17–19 sowie zu Aufg. 4

21–25: Theologie und Naturwissenschaften

1.2 Schuf Gott – die Evolution? – Theologie und Naturwissenschaften (S. 21–25)

Bei der *Überschrift* wurde neben der herausfordernden Fragestellung bewusst ein Sachtitel gewählt, der – gegen den immer wieder anzutreffenden Sprachgebrauch „Glaube und Naturwissenschaft" (oder auf katholischer Seite: „Glaube und Wissen") – die beiden Wirklichkeitszugänge auf der *wissenschaftlichen* Ebene in Beziehung setzt und damit auf eine wissenschaftliche bzw. wissenschaftspropädeutische Auseinandersetzung zielt.
Das *Thema* ist der erkenntnistheoretische Zugang zur natürlichen Welt (Kosmos), wobei neben der theologischen Perspektive die naturwissenschaftliche gleichberechtigt und dialogisch thematisiert ist.
Der *Aufbau* des Teilkapitels ist demnach dreigliedrig:

- der theologische Zugang: Welt als Schöpfung Gottes (1.2.1);
- der naturwissenschaftliche Zugang: Welt als Evolution des Kosmos (1.2.2);
- das Verhältnis der beiden Sichtweisen (1.2.3).

Jugendliche/ Didaktik

Die empirisch breit untersuchten *Einstellungen* von *Jugendlichen* zur Thematik, die von fundamentalistischen bis zu (häufiger) szientistischen Positionen reichen, aber auch differenzierte(re) Sichtweisen aufweisen können, sind im Unterricht aufzunehmen (Kompetenzstandserhebung) und mit den theologischen (wie naturwissenschaftlichen) Sichtweisen in einen Dialog zu bringen.
Das traditionelle Kompetenz*ziel* der Entwicklung eines *komplementären Denkens* ist einerseits beizubehalten, andererseits jedoch zu modifizieren. Da empirische Pilotstudien zeigen, dass in der Kursstufe dieses Denken nur in Ansätzen vorhanden bzw. zu erreichen ist, sollten die bei den Jugendlichen dominierenden vielfältigen Formen eines *hybriden Denkens* (das beide Sichtweisen in den unterschiedlichsten Weisen nebeneinanderstellt bzw. – in unterschiedlichem Maße – gelten lässt) ebenfalls berücksichtigt, gewürdigt, aber auch geklärt und weiterentwickelt werden (auch hier gibt es „naive", problematische und differenzierte, gleichsam „kritische" Varianten).
Literatur:

- Altmeyer, Stefan u.a. (Hg.): Weltbilder: Glaube – Naturwissenschaft. Ein religionspädagogischer Reader, unter Mitarbeit von K. Wulff und M. Suhr, Münster, Comenius-Institut, 2019
- Dieterich Veit-Jakobus, in Verbindung mit Imkampe, Matthias, „Es könnte doch sein, dass Gott der Natur geholfen hat, sich zu entwickeln." Komplementäres oder/ und hybrides Denken? Wie weit man in der Schulzeit in der Frage der Weltbildentwicklung realistischerweise kommen kann, in: Jahrbuch für Jugendtheologie 2, Stuttgart 2013, S. 132–143)
- Dieterich, Veit-Jakobus/ Büttner, Gerhard (Hg.): „Weißt du, wie viel Sternlein stehen?" Eine Kosmologie (nicht nur) für Religionslehrer/innen, Kassel 2014

Methodik: Einstiegsmöglichkeiten

- Schülertexte zum Thema erstellen und auswerten;
- Anschaulichkeit: Bilder, Filme etc.;
- Eigene Recherchen, Startpunkt: https://www.theologie-naturwissenschaften.de

21, 24: zwei Bilder Immendorff

Die beiden Bilder des Teilkapitels (S. 21, 24)

- Jörg Immendorff (1945–2007): Bronzeskulptur „Lesender Affe" (S. 21)
- Jörg Immendorff (1945–2007): Josef Beuys geht mit einem Affen spazieren, 2002 (S. 24)

Die beiden abgebildeten Bronzeskulpturen stammen von demselben Künstler der neueren Kunst und haben recht ähnliche, im Detailvergleich jedoch zugleich unterschiedliche Motive. Das Thema lässt sich anhand beider Skulpturen und eines Bildvergleichs erschließen.
Bildbeschreibungen:
Erstes Bild: Ein Affe (Skulptur) hält ein großes Papier, vielleicht eine Zeitung, vor die Augen, den Blick aufmerksam auf das Artefakt gerichtet (nach der Titelei ein lesender Affe). Die Skulptur scheint in einem Kunstmuseum zu stehen, im Hintergrund sind eine breite Treppe zu sehen sowie Teile zweier Wände, bedeckt mit riesigen Gemälden aus längst vergangenen Epochen, zwei Türen, die in andere, helle Räume führen, und zwei Besucher (eine Frau, ein Mann?).
Zweites Bild: Die zweite Skulptur zeigt einen kleinen Affen, der wie ein Mensch gekleidet (verkleidet) ist – samt Hut, an der Hand eines weit größeren Menschen (ebenfalls mit Hut) beim Spazierengehen im Freien. In der freien Hand hält er eine Büchse mit einem Pinselset.
Hintergrundinformationen:
Jörg Immendorff (1945–2007), seit den 1980er Jahren einer der bekanntesten deutschen Künstler, Schüler von Josef Beuys, Professor an der Kunstakademie in Düsseldorf, mit einem breiten Schaf-

fensspektrum (Malerei, Bildhauerei u.a.m.) und unterschiedlichen Phasen (politisch-gesellschaftskritische Kunst, später neue Historienmalerei).
Die zweite Skulptur steht am GAP 15, einem modernen Bürohochhaus im Zentrum Düsseldorfs. In ironischer Weise stellt sich der Künstler selbst als kleinen Maleraffen an der Hand seines großen Lehrers Beuys dar (zu dem ein Hut als Markenzeichen gehörte).
Der *Affe* ist für Immendorf ein zentrales Motiv und Symbol, in seinen Werken sehr häufig realisiert, eine Art zweites Ich (Alter Ego), ein Ausdruck für die künstlerische Existenz, eine Existenz voller Gegensätze, ebenso albern, verspielt und kindisch wie klug, seriös und alt. Mit dem Affen ironisiert sich der Künstler selbst, er „macht sich" sozusagen „zum Affen".
Deutungsmöglichkeiten: Mensch und Tier/ Mensch und Affe (gemeinsame Abstammung, Evolution); Kultur/ Kunst und Natur (Kultur einmal als Schrift, Zeitung, zum andern als Bildende Kunst, Pinsel, Gemälde, Skulpturen); Innen und Außen; Stehen und Gehen; Großsein und Kleinsein; Ernst und Heiterkeit; Wissen und Leben; Wissen und Realität ...
Methodenvorschlag: Ähnlichkeiten und Differenzen der beiden Bilder herausarbeiten: Affe, groß-klein; innen-außen; eine Hand am Menschen resp. einem menschlichen Artefakt (einmal Zeitung, einmal Malpinsel).

1.2.1 Gott schuf ... – Das biblische Weltbild (S. 21f)

21f: Das biblische Weltbild

Der *Fließtext* gliedert sich in zwei Hälften: der erste Teil (S. 21, untere Hälfte, sowie S. 22 ganz oben, freistehendes Zitat) stellt biblische Schöpfungstexte (Gen 1+2; Ps 104) als *Schöpfungslob* vor. Der zweite Teil befasst sich mit dem entmythologisierend-mythologischen Weltbild der Bibel (S. 22, obere Hälfte).

Biblisches Schöpfungslob (S. 21, untere Hälfte, sowie S. 22 ganz oben, Zitat)

21–22: Biblisches Schöpfungslob

Folgende Punkte sind für ein angemessenes Verständnis zentral:
1. Verschiedene *Texte der Bibel* (vor allem des AT, paradigmatisch: Gen 1 und 2 sowie Schöpfungspsalmen, insbes. Ps 104) befassen sich mit der *Welt als Schöpfung.* Allesamt sind sie narrative und/ oder poetische Texte, die sich zwar des ***naturkundlichen*** Wissens der Zeit bedienen (die ***naturwissenschaftliche*** Perspektive ist eine Errungenschaft der Neuzeit!), jedoch ihre Pointe nicht in der Welterklärung, sondern im *Gotteslob* haben.
Vorsicht: Den Begriff biblische Schöpfungs*berichte*, den leider auch prominente, hochkarätige Theologen bis hin zur Gegenwart irrtümlicherweise gebrauchen, unbedingt vermeiden. Er ist erstens sachlich falsch und verleitet zweitens zu einer unnötigen und unsinnigen Gegenüberstellung und Konfrontation von Schöpfung vs. Evolution (resp. von Theologie vs. Naturwissenschaften). Die biblischen *Schöpfungstexte* sind keinesfalls Berichte, sondern *Gedichte, Lieder (Hymnen)* oder schlicht *Erzählungen*, die sich mitunter zu kurzen Aussagen oder zur Charakterisierung Gottes als „Schöpfer" verdichten. Alle dienen dem *Gotteslob.*
2. Die biblischen Schöpfungstexte (neben den bereits genannten u.a. auch: Ps 8; 19; 96; 104; Hiob 38–42; Joh 1,1–18) erzählen auf sehr unterschiedliche, sich möglicherweise auch widersprechende Weise – je nach dem naturkundlichen Stand der Zeit und Umwelt – von der Schöpfung, etwa die beiden Schöpfungstexte am Anfang der Bibel (Gen 1 und 2, mit der Zäsur in 2,4a/b), die sich geradezu als Paradigmen für eine historisch-kritische Arbeit an Bibeltexten (→ 1.1.3) heranziehen lassen. Der erste Text (Gen 1,1–2,4a) ist ein Hymnus, der strophenartig (mit jeweiligem Refrain) von der Ordnung des gesamten Kosmos erzählt bis hin zur Erschaffung des Menschen und der Einsetzung des Sabbat (Ätiologie); er stammt aus der Zeit des Babylonischen Exils und damit aus dem Umfeld der Hochkultur einer Flußlandschaft (P = Priesterschrift). Der zweite, vorexilische und damit ältere, ist eine Erzählung, die mit der Erschaffung des Menschen beginnt und sich auf die unmittelbare Nahumwelt des Menschen beschränkt, in diesem Fall auf eine (halb-)nomadische Steppe(nrand)kultur (früher: J = Jahwist). Die Redaktion stellte die beiden Texte – als gleichrangig mit je eigenen Schwerpunkten – einfach hintereinander, ohne die Widersprüchlichkeiten zu harmonisieren oder auch nur zu glätten.
Hinweis: Die *Stuttgarter Erklärungsbibel* bietet hier wie generell hilfreiche (einleitende) Kommentare.
3. Es handelt sich keinesfalls nur um die Entstehung von Welt und Mensch, vielmehr um einen *dreistufigen Schöpfungsprozess* mit folgenden Aspekten:
- *creatio prima*: Entstehung; Frage nach der creatio ex nihilo: Gen 1,1 als Anfang oder Überschrift (dann Schöpfung als „Ordnung" des Chaos);
- *creatio continua(ta)*: Gottes ständiges Walten in der Natur, Jahreszeiten etc.;
- *creatio nova*: Neuschöpfung/ Vollendung (z.B. Jes 65,17–25; Röm 8,18–39; Offb 21,1–7) (→ 1.5.3, S. 51).

4. Die alttestamentliche Theologie führt keinesfalls – wie das jetzt in der Anordnung der biblischen Texte den Eindruck erweckt – in der Reihen- und Rangfolge von der Schöpfung (Gen 1ff) zum Exodus (Ex 1ff), vielmehr – entgegen unserer Intuition, der naturwissenschaftlichen Sichtweise und auch der katholischen Theologie (natürliche und darauf aufbauend übernatürliche Gottesoffenbarung) – in genau entgegengesetzter Richtung: das *zentrale Datum* des Glaubens in Israel ist der *Exodus.* Gott handelt also primär als Befreier an seinem Volk bzw. in der Geschichte (s. auch das kleine geschichtliche Credo, Dtn 26,5–9/11) und erst von hier aus und sekundär gedacht auch an der gesamten Welt (Natur, Kosmos). Schöpfungstheologie muss also als Befreiungstheologie durchdacht werden (Befreiung von Mensch und Natur). Die Befreiungserfahrung des Exodus dient als grundlegende Folie für die Schöpfung (zwei durchlässige Folien bzw. Exodus als Grundlage).

Literatur:

- Benk, Andreas: Schöpfung – eine Vision von Gerechtigkeit. Was niemals war, doch möglich ist, Ostfildern: Matthias Grünewald, 2016

22: Biblisches Weltbild

Das biblische Weltbild: Mythos – Entmythologisierung – Remythologisierung (S. 22)

1. Die *Bibel* teilt das dreistufige *mythologische (dreistockige) Weltbild* ihrer Umwelt. *Mythen* unternehmen den Versuch, unanschauliche Sachverhalte in anschaulicher Weise zur Sprache zu bringen (Bilder, Reihen- und Rangfolgen, Zeitabläufe etc.). In dieser „Verkleidung" unternehmen Mythen den Versuch, weniger den Ursprung als den Urgrund, also auch das Geschehen in der Gegenwart, zu erklären. Von Sallust stammt der Ausspruch, was Mythen erzählen, „ist niemals geschehen, ist aber immer".

2. Die *Neuzeit* – wie modifiziert bereits die antike griech. Philosophie – mit ihrer Entgegenstellung des überlegenen „logos" über den „mythos" – hat das mythologische Denken durch das naturwissenschaftliche ersetzt, bis hin zur Postmoderne, die jüngst auch das naturwissenschaftlich-technische resp. fortschrittsoptimistische Denken als „große Erzählung" entlarvt und diskreditiert. Logischerweise ist diese erneute Wende (und mögliche „Wiederverzauberung" durch die Repristination des Mythos oder durch die Installation einer wie immer gearteten „transversalen Vernunft" [Wolfgang Welsch] erneut eine „große Erzählung".

3. Interessanterweise finden nun aber in vielen Schichten der *Bibel,* etwa auch in den *Schöpfungserzählungen, Entmythologisierungsprozesse* statt. Mythologisierende und entmythologisierende Elemente und Prozesse sind damit Teil des alt- und neutestamentlichen Welt-, Gottes- und Menschenbildes (→ 4.5.1: Auferstehung Jesu [S. 181f] und Rudolf Bultmanns Projekt einer „Entmytholosierung" der biblischen Botschaft).

4. *Didaktisch* ist von zentraler Bedeutung, im Unterricht Folgendes herauszuarbeiten:

- die Bedeutung mythologischer Redeweisen und Bilder sowie ihres angemessenen Verständnisses;
- die unterschiedlichen mythologischen und entmythologisierenden Tendenzen in Bibel und Theologie;
- mögliche Spannungen zwischen entmythologisierenden und (re-)mythologisierenden Tendenzen in unserem heutigen Weltbild aufdecken (etwa auch Attraktivität von Hollywood-Filmen oder von unkritischen, absolutsetzenden Verständnissen von Naturwissenschaften und Technik, etwa auch bei der Digitalisierung).

22f: Das wissenschaftliche Weltbild

1.2.2 … die Evolution – Das naturwissenschaftliche Weltbild (S. 22f)

Die *Biologiedidaktik* weist auf zwei mögliche Missverständnisse naturwissenschaftlicher Denkweisen und Theorien hin (u.a. Dittmar Graf, Prof. für Biologie-Didaktik in Dortmund):

- Heranwachsende verstehen häufig die Evolution als „zielgerichteten", teleologischen Prozess (Mutationen verfolgen sozusagen einen „Zweck").
- Ein bestimmter Anteil von Lehramtsstudierenden (ca. 15%,), auch mit dem Fach Biologie (etwa 7–8%), lehnen die Evolutionstheorie ab – vor allem weil sie wissenschaftliche Erkenntnisse für eine Art „Glaubenswahrheit" halten – den Religionen vergleichbar.

Demgegenüber hat der Unterricht (auch der Religionsunterricht, sinnvollerweise in enger fächerverbindender Kooperation mit Biologie und anderen naturwissenschaftlichen Fächern) zwei Aspekte stark zu machen:

- Die *Evolutionstheorie* erklärt die Entstehung und Entwicklung der Lebewesen auf *kausale* (und nicht *finale, ziel- oder zweckgerichtete Weise*) mit den Vorgängen der Mutation, Selektion und Stabilisierung.
- Die *Evolutionstheorie* hat den wissenschaftstheoretischen Status einer *Theorie* resp. eines *Paradigmas* und unterscheidet sich damit fundamental von religiösen Perspektiven. Sie *erklärt* das Geschehen auf plausible Weise, während die religiöse Sichtweise ihr einen *Sinn* beimisst, das Geschehen also zu *deuten* und zu *verstehen* sucht.

- Die *Evolutionstheorie* ist eine *naturwissenschaftliche Theorie (resp. Paradigma)* mit einem klar definierten Bezugsrahmen: Sie gilt zuerst einmal für *biologische* Phänomene (wobei sie sich in modifizierter Form – als chemische Evolution – auf die Entstehung des Lebens (einer „Urzelle") und nochmals verändert auf das Werden des Kosmos – vom „Urknall" an – beziehen lässt). Sie ist also kein *Weltbild* im weiten Sinne (allenfalls eines im engeren Sinne) und vor allem keine *Weltanschauung*.

Problematische Verwendungen (Ausweitungen) von naturwissenschaftlichen Sichtweisen als umfassende *Weltbilder* bzw. *Weltanschauungen*:
- *Biologismus*: Übertragung von biologischen Erklärungsmustern auf Gesellschaft und Politik (H. Spencer, 1820–1903: Gesellschaft als Ganzes analog zum biologischen Organismus des Individuums, mit Wachstum etc.);
- *Evolutionismus*: Übertragung von evolutiven Erklärungsmustern (Entwicklung) auf Gesellschaft und Geschichte;
- *Sozialdarwinismus*: Fehlinterpretation von Evolution als *Kampf ums Dasein* und Überlegenheit des *Stärkeren* sowie Gleichsetzung von *biologischen* und *sozialen* Prozessen.

1.2.3 Gott schuf – die Evolution! – Komplementarität statt Gegensatz (S. 23f)

23f: Komplementarität statt Gegensatz
23f: Fließtext

Der *Fließtext* (S. 23f) stellt zum *Verhältnis von Theologie und Naturwissenschaften/ Schöpfung und Evolution* vor: zuerst drei Modelle der Zuordnung von Feindschaft, Trennung und Dialog; zuletzt ergänzt er als viertes Modell das der Integration (S. 24, Mitte), das sich auch als Variante des Dialogs verstehen lässt.

Modelle zur Verhältnisbestimmung von Theologie und Naturwissenschaft

Modell	Vertreter	Sprachliche Charakterisierung	Graphische Charakterisierung
Feindschaft Antagonismus	Otto Zöckler	- „gegen" -	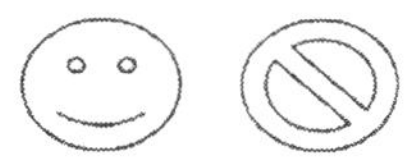
Trennung Diastase	Karl Barth	- „jenseits" -	
Gespräch/Verbindung Dialog/ Komplementarität	Jürgen Moltmann	- „und" -	

Ergänzung: Zitate namhafter Theologen zum Verhältnis von Theologie und Naturwissenschaften/ Schöpfung und Evolution:

„Man kann nicht auf schöpfungsgeschichtlichem Gebiete ein Darwinist oder Materialist und dabei doch ein Christ sein!" *(Der Greifswalder Theologieprofessor Otto Zöckler im Jahr 1869)*

„Die Naturwissenschaft hat freien Raum jenseits dessen, was die Theologie als das Werk des Schöpfers zu beschreiben hat. Und die Theologie darf und muss sich da frei bewegen, wo eine Naturwissenschaft, die nur das und nicht heimlich eine heidnische Gnosis und Religionslehre ist, ihre gegebene Grenze hat." *(Der Basler Theologieprofessor Karl Barth in seiner Kirchlichen Dogmatik im Jahr 1945)*

„‚Schöpfung' und ‚Evolution' [sind] nicht länger als gegensätzliche Begriffe der Wirklichkeit aufzufassen, sondern komplementär miteinander zu verbinden: Es gibt eine Schöpfung der Evolution, weil Evolution nicht aus sich erklärbar ist. Es gibt eine Evolution der Schöpfung, weil die Schöpfung der Welt auf das Reich der Herrlichkeit hin entworfen ist […]." *(Der Tübinger Theologieprofessor Jürgen Moltmann in seinem Werk „Gott in der Schöpfung" im Jahr 1985)*

Die drei *Modelle* der Feindschaft, Trennung und des Dialogs haben jeweils ihre *sinnvollen Aspekte*:

- Die beiden Modelle der *Feindschaft* (Fundamentalismus/ Kreationismus vs. Szientismus) zeigen – gleichsam ex negativo – die Folgen auf, die Grenzüberschreitungen nicht nur für das Fremdverstehen, vielmehr auch für das Verstehen des eigenen Paradigmas haben: der Fundamentalismus/ Kreationismus missversteht (Schöpfungs-) Glauben und Theologie primär als Aussagen über „facts", nicht als Sinnaussagen und Deutungen, der Szientist missbraucht die Naturwissenschaften als „Allaussagen".
  Querverweis: Zur neo-kreationistischen Variante des Intelligent Design (→ S. 106 oben)
- Das Modell der *Trennung* betont das auch beim Dialog und sogar bei der „Integration" nicht aufzuhebende und aufzugebende Moment der *Differenz*, ja der Spannung und des Antagonismus (darin hat auch das Feindschaftsmodell ein berechtigtes Moment) zwischen beiden Bereichen, die sich schlagwortartig mit folgenden Begriffspaaren charakterisieren lässt: Erklären vs. Deuten; kausal vs. final resp. teleologisch; facts vs. fiction; „Tatsachen" vs. Sinn etc.

Das freigestellte *Zitatpaar* (S. 24 oben: Zwanzigjähriger/ Hirsch) macht den Sinn, aber auch die möglichen Grenzen des komplementären Zuordnungsmodells deutlich: es ist weniger ein „Miteinander" als ein „Nebeneinander" zweier Erklärungen, die erst auf einer Metaebene in eine Beziehung zueinander gesetzt werden. Insofern enthält das Komplementaritätsmodell Elemente eines weiteren, fünften, *hybriden* Modells: hier werden Elemente von getrennten Bereichen (Trennungsmodell) ohne systematische Zuordnung (wie beim Komplementaritätsmodell) nebeneinander verwendet.

Querverweise:
Eike Christian Hirsch (→ 1.1.2, S. 15, freigestelltes Zitat); Ernesto Cardenal (→ 5.3.2, S. 220f).

24f: Didaktik – Methodik

Zur Didaktik
Das komplementäre Denken entwickelt sich in einzelnen Etappen (Niveaus) über längere Zeiträume hinweg, wobei anregende *Impulse* nötig sind:

Niveau	1. Niveau	2. Niveau	3. Niveau	4./5. Niveau
Vorstellung	nur eine Erklärung richtig (A oder B)	eine Erklärung richtig, vielleicht die andere tlw. auch	beide Erklärungen richtig	beide Erklärungen notwendig zur Erfassung des Ganzen (A und B)
Alter	ca. 12 Jahre	Sek I	Sek II	ca. 20 Jahre

Erklärung: A = Biblische Schöpfungsgeschichten, B = Naturwissenschaftliche Evolutionstheorie

Beim vierten Niveau werden Erklärungen nicht nur als richtig, vielmehr auch als notwendig zur Erfassung angesehen, beim fünften dann durch eine Art „Superperspektive" nochmals auf einer Metaebene zueinander in Beziehung gesetzt (eben als komplementär).
Zugleich ist jedoch auch, wie bereits betont, das *hybride* Denken (in bloßen Nebeneinanderstellungen der Bereiche) zu würdigen, zu klären und weiterzuentwickeln.

Zur Methodik
Einstiegsmöglichkeit: Schülertexte zu folgender Frage eines Kindes als Input anfertigen lasssen (Texte auf Lösungsmodelle hin analysieren – GA):
„Lieber Gott! Ich dachte immer, du hättest den ersten Menschen aus Erde gemacht. Gestern habe ich erfahren, dass der Mensch von einem affenähnlichen Tier abstammt. Was ist nun richtig? Viele Grüße von Ralf." *(Aus: Kinderbriefe an den lieben Gott. Gütersloh 1968/69; ^{5}1977)*

24f: Abschluss

Abschluss des Teilkapitels 1.2 (S. 24f)

Der *Abschluss* des Teilkapitels (Beginn S. 24 nach Ende des Fließtextes unterhalb der Seitenmitte) umfasst vier Elemente:

- Bild (Foto), s.o.
- Aufgaben, die aus Layoutgründen vor der Zusammenfassung platziert sind, aber den Schluss bilden.
- Ein freigestelltes *Kurzzitat* (Silvia Schroer), das ebenso wie ein kurzer Abschnitt zum *Gespräch* zwischen Theologie und Naturwissenschaften (S. 24) auf die über die hier breit diskutierten

erkenntnistheoretischen hinausragehenden *ethischen* Fragen verweist (→ 1.3.3 [4], S. 38: Planetarische Ethik, sowie 1.5.2, S. 49f: Ökologie, Bewahrung der Schöpfung).

- Die *Zusammenfassung* (Kasten) fasst in drei den Unterkapiteln entsprechenden Schritten nochmals alles Wichtige zusammen und ergänzt um einen kurzen Abschnitt zur hebräischen *Poesie* mit den drei Formen des Parallelismus membrorum: synonym (gleichartig) – antithetisch (gegensätzlich) – synthetisch (aufeinander aufbauend). Poetische, metaphorische resp. symbolische Sprache ist – im Gegensatz zur sachlichen, abstrakten bzw. formelhaft-mathematischen Ausdrucksweise der Naturwissenschaften – charakteristisch für eine religiöse Redeweise, also auch für Schöpfungstexte (→ S. 243, unten: Religiöse Redeweisen).

Zu den Aufgaben (S. 24)

24: Zu den Aufgaben

Aufgabe 1: Schema zur Erarbeitung der drei Schöpfungstexte (→ 2.1.2: Erschaffung des Menschen)

Themen/ Texte	1. Mose 1,1–2,4a	1. Mose 2,4bff	Ps 104
Gottesbild			
Beziehung Mensch-Welt			
Beziehung Gott-Mensch			
Menschenbild			
Beziehung Mensch-Gott			
Beziehung Mensch-Mensch			
Beziehung Mensch-Welt			
Weltbild (Umwelt)			

Aufgabe 2: Gen 2,4bff als Erzählung, Ps 104 als Poesie (parallelismus membrorum, Gen 1,1–2,4a als Hymnus (ebenfalls Poesie; Refrain „Und es war sehr gut"). *Berichte* zielen auf sachliche Darstellung, *Schöpfungstexte* auf Gotteslob und Freude an der Schöpfung.
Aufgabe 3: Kausalanalytischer Ansatz (Frage nach dem *Warum* und *Wie,* nicht nach *Wozu* oder *Woraufhin*). Drei Faktoren: Mutation (zufällige Veränderung von Erbgut, Varianten des Nachwuchses) – Selektion (durch Umwelt bedingte notwendige Auswahl der „fittesten" = bestangepassten – meistens keinesfalls der „Stärkeren" oder „Stärksten"!) – Stabilisierung der Variante(n).
Querverweis: Methodischer Atheismus der Naturwissenschaften (→ S. 114, Zusammenfassung).
Aufgabe 4: Berechtigung und *Begrenzung* von Naturwissenschaften/ Theologie:

	Naturwissenschaften	Theologie
Ausgangspunkt	Wie-Warum-Wodurch-Frage Methodischer Atheismus	Woher-Wohin-Wozu-Frage Gottesglaube
Berechtigung	Kausalbeziehungen; Wiederholbarkeit/Prognostizierbarkeit Sachlichkeit Experimentell/ technisch	Kontingente (nicht-verfügbare) Beziehung Gottes zu Menschen (Inter-)Subjektivität Hermeneutisch/ praktisch
Begrenzung	Einzelfall, Werte, Sinnfrage Subjektivität	Experimentelle Prüfung; Machbarkeit von Glaubens- und Gotteserfahrungen
Grenzüber-schreitungen	Herrschafts- und Machtzugriff auf Gesamtwirklichkeit Verkennung des Wesens der (Natur-) Wissenschaften wie der Wirklichkeit	(Partielle) Preisgabe von Vernunft Verkennung des Wesens der Theologie wie der Wirklichkeit

Ergänzung zu Aufgabe 4:
Die Aufgabe lässt sich im Grundsatz unter Bezug auf den dreidimensionalen Weltzugang (1.1.1 und 1.1.2) lösen: Natur und Naturgeschichte (Evolution) stellen die erste Dimension dar, das theoretische Paradigma derselben im menschlichen Bewusstein (Evolutionstheorie) die zweite, eine dritte Perspektive (oder Folie) liefert die religiöse Sichtweise der Welt als Schöpfung Gottes.
Aufgabe 5: Als Bsp.: Die grafische „Zeichenschrift" von Juli Gudehus zu Gen 1 (→ Religionsbücher).
Religionsbücher:

- Dieterich, Veit-Jakobus: Wirklichkeit (Oberstufe Religion, hg. von Veit-Jakobus Dieterich und Hartmut Rupp), Schülerheft, Stuttgart 2006, S. 18
- Rupp, Hartmut/ Dieterich, Veit-Jakobus (Hg.): Kursbuch Religion Sekundarstufe II, Schülerbuch, erarb. von Veit-Jakobus Dieterich u.a., Stuttgart/ Braunschweig 2021, S. 38

26–39: Modelle und Fälle der Ethik

1.3 „Es gibt nichts Gutes – außer man tut es!" – Modelle und Fälle der Ethik (S. 26–39)

Die Überschrift des Teilkapitels ist ein Zitat von Erich Kästner, das dann zum Abschluss genannt wird (S. 39, ganz oben, linke Spalte). *Thema* ist die Ethik, also die Reflexion und Theorie menschlichen Handelns bzw. der menschlichen Lebensführung. Der *Aufbau* des Teilkapitels ist dreigliedrig und geht von der
1. Allgemeinen bzw. Philosophischen Ethik (1.3.1, S. 26–29) über die
2. Theologische Ethik (1.3.2, S. 30–33) bis hin zur
3. Angewandten oder Praktischen Ethik (1.3.3, S. 34–39).

Jedes der Teilkapitel umfasst zwei, das letzte sogar drei Doppelseiten.
Anders als sonst meistens üblich findet sich ein *Abschluss* – der Länge und Ausdifferenzierung des Themas wegen – nicht erst am Ende des gesamten Teilkapitels, vielmehr aufgeteilt jeweils bereits bei den drei Unterkapiteln, so dass jedes Unterkapitel mit einer Zusammenfassung und mit Aufgabenstellungen endet.
Querverbindungen: Das Ende des Teilkapitels bietet einen Überblick über ethische Frage- und Themenstellungen (Netzwerk Ethik, Ethische „Fenster", S. 39: Zusammenfassung und Ergänzung, rechte Spalte, unten). Von hier aus lässt sich Ethik in ihrer Gesamtheit sowie bezogen auf einzelne Themenbereiche erschließen.
Jugendliche und *Didaktik:* Die alte, bereits in der klassischen Antike anzutreffende Klage über den „Sittenverfall" der Jugend ist empirisch in keiner Weise zu bestätigen. Im Gegenteil: Studien zeigen, dass „Gesetz und Ordnung respektieren" weit über 80% der Jugendlichen für wichtig oder besonders wichtig halten (letzterem stimmen zwei Drittel zu). Dabei ist in den letzten Jahren sogar ein Anstieg zu verzeichnen. Eine nicht untypische Äußerung eines Jugendlichen lautet: „Es gibt viele Regeln, die es geben sollte." Erfahrungsgemäß zeigt sich auch, dass ethische Fragestellungen (insbes. auch im dritten Unterkapitel zur Angewandten Ethik) in der Kursstufe mit großem Interesse diskutiert werden, wenn es sich um schülernahe und zeitgemäße Themen handelt. Didaktisch lässt sich auch so vorgehen, dass anhand eines vorgezogenen ethischen Problemfelds (des dritten Unterkapitels) als Beispiel bzw. „Exempel" die unterschiedlichen philosophischen und theologischen Theorieansätze (erstes und zweites Unterkapitel) thematisiert werden.
Die *Bilder* des Teilkapitels zeigen zum einen das Dilemma eines „richtigen" und „guten" Handelns auf, machen jedoch zugleich Möglichkeiten, Richtungen und Aktivitäten eines lohnenswerten Engagements deutlich.

- Hannah Höch (1889–1978): Roma, 1925
- Lucas Cranach d.Ä. (1472–1553): Zehn-Gebote-Tafel, 1516, Bildausschnitt: Das erste Gebot
- Keith Haring (1958–1990): Ten Commandments, Ausschnitt: Das erste Gebot
- Segensroboter „BlessU-2", Marktkirche Wiesbaden (Foto)
- Fridays for Future-Demonstration in Hamburg am 21. Februar 2020 (Foto).

26: Bild Höch

Einstiegsbild: Hannah Höch (1889–1978): Roma, 1925 (S. 26)

Hintergrundinformationen: Hannah Höch, eigentl. Johanna Höch (1889–1978), deutsche Collagekünstlerin des Dadaismus. Gehörte als einzige Frau zum Berliner Club Dada. Heute wird ihre zentrale Bedeutung für die Entwicklung der Fotocollage als modernes Kunstmedium anerkannt. Sie verwendete insbesondere diese Technik der Montage und Collage von fotografischen Vorlagen und entwickelte sie weiter. Mitunter hat sie Gemälde gemalt, als wären sie aus Collagen entstanden – so auch auf dem hier ausgewählten Bild. Diese Technik gab ihr die Möglichkeit, die Materialien der Vorlagen zu vereinheitlichen, in großen Formaten zu arbeiten und Farben frei zu wählen; die scharfen Schnittlinien verschwinden, die Flächigkeit wird betont durch einen dünnen, glatten Farbauftrag.
Das Werk *Roma* von 1925 gehört in eine Reihe von Öl-Gemälden, die Mitte der 20er Jahre in dieser Weise Collage bzw. Fotomontage imitieren. Das mit einer Nadel befestigte Titelschildchen „ROMA" (= Rom) rechts oben bricht die Flächigkeit des Bildes und ist das einzige noch verbleibende reale Collage-Element. Anlass des Werkes war ein Zeitungsfoto, das den italienischen Faschistenführer Mussolini neben der Schauspielerin Asta Nielsen zeigt, die seinen Blick mit ausgestrecktem Arm auf etwas hin lenkt, das außerhalb des Fotoausschnitts liegt. Die beiden Personen bilden das Zentrum des Bildes, in verschämt gebückter, verlegener Körperhaltung und im Badekleid, wie einerseits zum Sprung ansetzend, andererseits jedoch ängstlich zaudernd. Nirgends aber ist ein Schwimmbad oder Wasser zu sehen, ein Sprung würde im Nichts oder mit einem harten Aufprall enden; die beiden Personen stehen auch nicht auf einem Sprungbrett, sondern scheinen zu schweben. Die Figur der Schauspielerin ist gedoppelt, aufrecht steht sie als Schattenbild nochmals im Hintergrund, mit machtvoll ausgestrecktem Arm, der wiederum gedoppelt jeweils nach links einmal in die Ferne, das

andere Mal leicht nach unten zeigt. Eine zweite, helle, rote Schattenfigur beugt sich links ebenso nach vorne wie die Hauptpersonen. Wie auf Ansichtskarten sind zentrale Bauten Roms (Petersdom und Forum Romanum) rechts in der Vertikale und unten als Schattenriss horizontal, aber auf dem Kopf stehend zu sehen (Rom steht Kopf!). Die große Frau rechts der Bildmitte, mit extrem schräg, fast waagrecht gehaltenem kleinen Kopf und puppenhaftem Köfferchen in der Hand ist die Malerin selbst. Sie war 1920 zu Fuß über die Alpen nach Rom gewandert. Jetzt, Mitte der zwanziger Jahre (in Deutschland formiert sich 1925 die NSDAP neu!), betrachtet die politisch interessierte und engagierte Künstlerin voll Sorge die Entwicklungen in Italien. Die Aussage des Bildes ist eindeutig: Die Schauspielerin bzw. ihr (gedoppelter) langer Arm mit ausgestrecktem Zeigefinger weist den Duce energisch aus dem Bild und damit aus der Stadt Rom hinaus – ein Gegenakt gegen Mussolinis legendären „Marsch auf Rom" von 1922, mit dem der Duce die Macht in Italien übernahm.
Bilderschließung: Über diesen unmittelbaren politischen Bezug hinaus kann das Bild jedoch in unserem Kontext auch allgemeiner gedeutet werden: als Schwanken zwischen eindeutigen Handlungsanweisungen und Richtungsanzeigen (besonders in dem gedoppelten energisch ausgestrecktem Arm) und den verlegenen, zögernden, verschämten Körperhaltungen. Beides deutet sich an: klare, eindeutige Entscheidungen wie unsicheres Zaudern und Zögern. („Allein das Zögern ist human" – so der Schweizer Schriftsteller Markus Werner.)
Bearbeitungsvorschläge:
- Bildelemente entdecken und mit ihnen (in Gedanken) „spielen" – Asssoziationen, (Be-)Deutungen, Zusammenhänge;
- Bildvergleich mit den anderen Bildern des Teilkapitels (Überblick s.o.);
- Bild mit Dilemma-Situation (Textanfang: Nur eine Kleinigkeit!?) kombinieren.

Literatur:
- Höch, Hanah: Aller Anfang ist Dada! Hg. von Ralf Burmeister, Ausstellungskatalog, Berlin u.a: Berlinische Galerie u.a., 2007
- Sontag, Susan, verschiedene Veröffentlichungen, u.a.: Das Leiden anderer betrachten (dt. 2005)

1.3.1 „Handle so ..." Philosophische Ethik (S. 26–29)

26–29: Philosophische Ethik

Die *Überschrift* des Unterkapitels ist dem weiter unten thematisierten Kategorischen Imperativ (S. 28, linke Spalte) nachempfunden.
Die behandelten *Themen* sind:
- Anschaulichkeit: Bild (s.o.);
- Konkretion: Dilemma-Situation (induktives Vorgehen: vom Einzelnen, Konkreten, Anschaulichen zum Allgemeinen, Abstrakten);
- Abstraktion: Handlungen, Handlungsmodell, Ethik (Weitere Grundbegriffe: Kasten, S. 29, linke Spalte);
- Drei Grundmodelle der Ethik (Tugend-, Pflicht-, Folgen-Ethik); Quellentexte zu Pflichtethik (Kant) und Utilitarismus (Bentham) (S. 28 – Kasten);
- Weitere Ethikmodelle (Verantwortungs-, Gesinnungs-, Situationsethik);
- Schritte ethischer Urteilsbildung;
- Weitere (Kategorische) Imperative;
- Abschluss: Zusammenfassung und Ergänzung; Aufgabenstellungen.

Literatur:
- Höffe, Otfried (Hg.): Lesebuch zur Ethik. Philosophische Texte von der Antike bis zur Gegenwart, München: Beck, 2. Aufl. 1999

Dilemma-Diskussion: Nur eine Kleinigkeit!? (S. 26, Fließtext und Zitate)

26: Fließtext + Zitate

Im Roman „Nur eine Kleinigkeit" wird der jugendliche Henry (Hauptperson) von einem Kaufmann, bei dem Henrys Mutter und er selbst angestellt sind (der Vater ist arbeitslos), zur bösen Tat angestiftet: Dieser setzt für die Zerstörung des Kunstwerks eines alten Mannes eine Belohnung aus und droht für den Fall der Nichtausführung mit der Entlassung der Mutter und von Henry (US-Verhältnisse).
Henry durchschaut dann aber die Absichten des Kaufmanns, lehnt die Belohnung (Judaslohn!) ab, hilft dem alten Mann, den er kennt, bei der Reparatur des Werks (ohne ihm von seiner Täterschaft zu erzählten) und versucht dann gemeinsam mit seiner Familie durch den Umzug in eine andere Stadt einen Neuanfang ...
Methodische Anregungen:
- Diskussion der Dilemmasituation (nur: Einstiegszitat und Erläuterungen im Fließtext ohne letzten Satz);

- Bezug zu Bild von Höch herstellen;
- Fortsetzung der Geschichte entwerfen;
- Als Beispiel für Thematisierung/ Konkretisierung aller Aspekte des Unterkapitels (wie im Fließtext tlw. durchgeführt) – Alternative: Verwendung eines ethischen Problemfelds aus dem dritten Unterkapitel zur Angewandten Ethik;
- Roman als Lektüre für Kursstufe geeignet (Auszüge resp. Referat).

Literatur:

- Cormier, Robert: Nur eine Kleinigkeit, aus d. Engl. von Cornelia Krutz-Arnold, Hamburg: Carlsen, 2007

Ergänzungen:
Dilemma-Situationen im Unterricht:

- Darbietung; Problemstellung;
- Darstellung der Handlungsoptionen;
- Gruppendiskussion zu: Entscheidungen, Begründungen, Auswirkungen;
- Klassendiskussion (analog zu Pkt. 3);
- Reflexion und kreative Weiterarbeit (optional).

Dilemmasituationen können aus der Klassensituation, der Lebenswelt der Heranwachsenden, aus „realen" gesellschaftlichen Verhältnissen oder auch aus fiktiven Darstellungen genommen werden; das Erstgenannte ist besonders zu empfehlen, bedarf jedoch auch eines gekonnten „Managements".
Alternative Dilemma-Situation:
Das „Trolley-Dilemma" ist eine klassische, in der Literatur zur Ethik weithin anzutreffende Konstruktion. Situation 1: Eine Straßenbahn (engl. Trolley) droht in eine Gruppe von fünf Menschen zu rasen, durch Umstellung einer Weiche wäre nur ein Mensch betroffen; Situation 2: Das Unglück mit den fünf Menschen ist nicht durch eine Weiche, sondern durch das Herunterstoßen eines sehr dicken Mannes von einer Brücke vor die Straßenbahn zu erreichen.
Bei Umfragen würde eine Mehrheit der Probanden die Weiche umlegen, den Mann aber nicht von der Brücke stoßen.

26–27: Handlungen

Handlungen (S. 26, ganz unten, S. 27, ganz oben, jeweils zwei Zeilen)

Das hier vorgetragene dreigliedrige Handlungsmodell lässt sich grafisch einfach darstellen und dann mit den drei grundlegenden Ansätzen einer Tugend-, Pflicht- und teleologischen Ethik trennscharf verbinden.

Akteur	Handlung/ Aktion	Folgen/ (Aus-)Wirkungen

Grafik: Dreigliedriges Handlungsmodell

Akteur(e) ↓ Tugendethik	Aktion(en) ↓ Pflichtethik	Auswirkung(en) ↓ Folgenethik

Grafik: Kombination des dreigliedrigen Handlungsmodells mit den drei Grundmodellen der Ethik

27f: Ethik – Grundmodelle
27: Tugendethik (oben)

Drei Grundmodelle der Ethik (Tugend-, Pflicht-, Folgen-Ethik) (S. 27f)

(1) Tugendethik (S. 27, oben)

Aristoteles (griechisch Ἀριστοτέλης), geb. 384 v. Chr. in Stageira (Stagira) auf der Halbinsel Chalkidike (Makedonien), deshalb auch der „Stagirite" genannt, (gest. 322 v. Chr.), einer der bekanntesten und einflussreichsten europäischen Philosophen, in Athen der bedeutendste Schüler von Platon (Meisterschüler, dann Kritiker vor allem der Ideenlehre Platons), gründete seine eigene Philosophenschule, das sog. „Lyzeum". Mit seinem weit gespannten Horizont hat der Philosoph zahlreiche philosophische/ wissenschaftliche Disziplinen entweder selbst begründet oder maßgeblich beeinflusst, etwa Logik, Wissenschaftstheorie, Physik, Ethik (darin wichtig: die Gerechtigkeit) und Staatslehre. Aus seinem Gedankengut entwickelte sich der äußerst wirkmächtige Aristotelismus.
In der sog. *Nikomachischen Ethik* bestimmt Aristoteles die Tugend als feste Grundhaltung; Ziel einer Handlung ist ein „Gut". Die Tugendlehre zielt auf die Herstellung von Glück, d.h. einer Situation der Befried(ig)ung der Bedürfnisse. Gutes Handeln entsteht aus einem Mittelweg zwischen Extremen (Tapferkeit etwa ist eine Mitte zwischen Feigheit und Tollkühnheit). Gerechtigkeit gilt als höchste Tugend, weil sie im „Verkehr mit anderen Menschen" entsteht. Das Gute einer Handlung wird primär bewirkt durch die Haltung des Handelnden, also den Akteur.

Aristotelismus und Tugendethik spielen auch in modernen Ethiken eine Rolle, etwa bei der US-amerikanischen Philosophin Martha Nussbaum (*1947) (→ Befähigungsgerechtigkeit, S. 45, sowie Zitat S. 46, oben, rechte Spalte).

(2) Pflichtethik/ Kategorischer Imperativ – Immanuel Kant (S. 27, oberhalb Mitte, S. 28, Quellentext, linke Spalte)

27, 28: Kant (Fließtext oben, Quellentext links)

Immanuel Kant (geb. 1724, Königsberg – gest. 1804, ebendort), deutscher Philosoph der Aufklärung, zählt zu den bedeutendsten Köpfen der abendländischen Philosophie. Sein Werk „Kritik der reinen Vernunft" kennzeichnet einen Wendepunkt in der Philosophiegeschichte und den Beginn der modernen Philosophie. Von herausragender Bedeutung ist auch sein Werk „Kritik der praktischen Vernunft" mit der Formulierung des „Kategorischen Imperativs", der sich – in unterschiedlichen Varianten – auch andernorts, vor allem in der „Grundlegung zur Metaphysik der Sitten" findet (hieraus der Quellentext).

Pflicht, im Engl. gibt es die Unterscheidung zwischen *duty* (gewöhnliche Pflichten, s. *off duty*) und *obligation* (im emphatischen Sinne als Verpflichtung; Nähe zu *responsibility* – Verantwortlichkeit); gemeint ist bei Kant die zweite Bedeutung.

Deontologisch (von griech. *to deon* = das Sollen): Maßstab für Handlungen ist das ethisch Richtige bzw. Gute. Dieses ist unabhängig von den Folgen.

Achtung: Die Pflichtethik Kants ist keine heteronome Ethik (Befehlsgehorsam), vielmehr eine Form autonomer Ethik (Akteur folgt dem Kategorischen Imperativ aus Gründen seiner eigenen Vernunft! – Er tut also das, was aus seiner eigenen Vernunft stammt).

Der *Quellentext (T 1.3[1])* gliedert sich in folgende *Abschnitte* und *Grundgedanken:*

a) Konturen der Pflichtethik (Abschn. 1–3, Z. 6–14)

1. Ausgangspunkt ist die „Pflichtethik" („Handlung aus Pflicht", Z. 6).
2. Diese Pflichtethik richtet sich nicht nach der „(Aus-)Wirkung" (Z. 13f – ähnlich auch bereits Z. 6f), sondern
3. nach dem „Prinzip des Wollens" (Subjekt, Z. 10), die in der „Achtung fürs Gesetz" (Subjekt, verbunden mit Handlungsanleitung, Z. 11f) besteht.

b) Der kategorische Imperativ

4. Suche nach einem *allgemeinen Prinzip,* das für alle konkreten Fälle eine Handlungsanleitung für gutes Handeln bietet (4. Abschn., Z. 15–19).
5. Dieses Prinzip ist der *kategorische Imperativ,* der im Folgenden drei Mal formuliert wird (5. Abschn., Z. 21f; zudem Z. 30f; Z. 41f – Abschluss).
6. Der kategorische Imperativ bietet eine allgemeine Richtschnur für alle konkreten Einzelfälle (durchgehende Argumentation in der zweiten Texthälfte).

Achtung:

1. Der Kategorische Imperativ regt zum Einsatz der *eigenen Vernunft*, zur selbsttätigen Prüfung an, nicht zu einem blinden Gehorsam. Pflicht meint nicht äußerliche Pflichterfüllung, sondern Selbstverpflichtung zur Vernunft.
2. Die Regel ist nicht einfach: „Wenn das jeder tun würde/ nicht tun würde"; vielmehr wird mit der „Maxime", dem subjektiv handlungsleitenden Prinzip, eine zweite Ebene eingezogen, an der die Regel der Verallgemeinerung (Erhebung „zum allgemeinen Gesetz") zu prüfen ist.

Ergänzungen: Begriffserklärungen zum Kategorischen Imperativ

27, 28: Ergänzungen zu Kant

- *Praktische Vernunft* = Denken, das sich auf das Handeln (die Praxis) des Menschen bezieht (im Gegensatz zur theoretischen Vernunft, dem abstrakten logischen Denken).
- *Maxime* = Grundsatz für das Handeln eines einzelnen Menschen (z.B. der Vorsatz: Ich will weniger essen und abnehmen!).
- *Praktisches Gesetz* = Grundsatz für das Handeln aller Menschen.
- *Imperativ* = Grundsatz oder Gesetz mit Forderungscharakter! (Im Gegensatz zu den für jeden mit Vernunft begabten Menschen zwingenden Gesetzen der Logik).
- *Hypothetischer Imperativ* = Grundsatz oder Aufforderung, die allgemein, aber nur unter bestimmten Bedingungen gilt (etwa der Satz: „Wenn du ein hohes Alter erreichen willst, musst du deine Gesundheit erhalten" – Bedingung: Die Person will ein hohes Alter erreichen).
- *Kategorischer Imperativ* = Grundsatz oder Aufforderung, die allgemein und unbedingt (also in jedem Fall, unter allen Umständen) gilt.

Definition und Formulierung des Kategorischen Imperativs

Der kategorische Imperativ = Formale, grundlegende, allgemeine, aus der menschlichen Vernunft begründete Richtschnur zur Orientierung des menschlichen Handelns.

„Handle so, dass die Maxime deines Willens jederzeit zugleich als Prinzip einer allgemeinen Gesetzgebung gelten könne."

Literatur:
- Höffe, Ottfried: Immanuel Kant, München: C.H. Beck, 9., überarb. Aufl. 2020

Sekundärliteratur – Kursstufe:
- Ludwig, Ralf (Hg.): Kant für Anfänger. Der kategorische Imperativ. Eine Lese-Einführung, München: Dt. Taschenbuch-Verl., 13. Aufl. 2011
- Zitelmann, Arnulf: Nur dass ich ein Mensch sei. Die Lebensgeschichte des Immanuel Kant. Überarb. und aktualisierte Neuausgabe, Beltz & Gelberg, Weinheim/ Basel 2009

27, 28: Utilitarismus (Mitte), Quellentext (rechte Spalte)

(3) Folgen-, teleologische, utilitaristische Ethik (S. 27, Mitte, S. 28, Quellentext, rechte Spalte)

Eine *Folgen-* bzw. *teleologische Ethik* (von griech. *telos* = Ziel) fragt nach den Folgen von Handlungen. In ihrer im angelsächsischen Bereich sehr verbreiteten *utilitaristischen* Fassung (von lat. *utilis* = nützlich) konzentriert sie sich auf das „Nützlichkeitsprinzip", das vom größtmöglichen Glück für eine größtmögliche Anzahl von Menschen als Kriterium und Maßstab für ethische Entscheidungen ausgeht. Begründet wurde der *Utilitarismus* von Jeremy Bentham (1748–1832) in seinem Hauptwerk „Introduction of the Principles of Moral and Legislation" (1789), weiter ausgeführt dann von John Stuart Mill (1806–1878) in seinem zentralen Werk „Utilitarismus" (1863). Wenngleich sich diese Position scharf vom deutschen Idealismus absetzt und im deutschen Sprachraum bis zur Gegenwart meist skeptisch beurteilt wird, lässt sie sich doch auch zur Begründung einer wohlfahrtsstaatlichen Sozialpolitik heranziehen.

Als *Grundrichtungen* und *Varianten* lassen sich unterscheiden:
- Ein Handlungsutilitarismus fokussiert ausschließlich auf die Folgen, der Regelutilitarismus bezieht neben den unmittelbaren Folgen auch Normen oder Regeln ein (Zweistufiges Prüfverfahren).
- Der klassische Nutzensummenutilitarismus berechnet unter Einschluss aller Faktoren, ein Durchschnittsnutzenutilitarismus konzentriert sich auf Mittelwerte bzw. den Zustand der Mehrheit.
- Auch die Definition von „Nutzen" kann variieren, klassisch als Glück resp. Freude vs. Leid definiert; möglich sind jedoch auch aus der Antike stammende Werte bzw. „Güter" wie das „gute Leben" ö.Ä.m.

Ergänzung: Überblick: Zentrale Aspekte des Utilitarismus:

Die *Folgen* entscheiden über Richtigkeit von Handlungen (Folgen- bzw. Konsequenzenprinzip).

Der Blick auf die Folgen fokussiert den *Nutzen* (Nutzen- bzw. Utilitaritätsprinzip; lat. *utilitas* = Nutzen).

Der Nutzen wird als *Wert* (das *Gute*) begriffen und dieses Gute als menschliches *Glück* („maximale Bedürfnis- und Interessenbefriedigung" bzw. „minimale Frustration") (Hedonistisches Prinzip, von griech. *hedone* = Lust). Mögliche Differenzierung: Positiver Utilitarismus = Lustgewinn; Negativer Utilitarismus = Unlustvermeidung).

Das Augenmerk richtet sich nicht nur auf einen Einzelnen oder bestimmte Gruppen oder Schichten, vielmehr auf *alle* von einer Handlung Betroffenen (Sozialprinzip).

In der Regel (aber nicht unbedingt) gilt der Nutzen bzw. das Glück als *berechenbar*, wofür Bentham ein hedonistisches Kalkül (Lustkalkül) aufgestellt hat (Berechenbarkeitsprinzip). (Nach: Höffe, Otfried (Hg.), Einführung in die utilitaristische Ethik. Klassische und zeitgenössische Texte, Tübingen/ Basel: Francke, 5. Aufl. 2013, 10f – Einleitung)

28: Quellentext Bentham (rechte Spalte)

Quellentext Jeremy Bentham: Das Prinzip der Nützlichkeit (S. 28, rechte Spalte)

Der *Text von Bentham* stellt in einer präzisen und äußerst komprimierten Fassung den Kernpunkt der utilitaristischen Argumentation wie mit einer mathematischen Formel dar (das sog. Bentham'sche Kalkül).

Der Text gliedert sich in drei (oder vier) Grundgedanken:
- Der Mensch steht von Natur aus unter dem Gesetz von Freude und Leid (1. Abschn., Z. 6–10 – Anthropologie).
- Jede – individuelle und kollektive – Handlung soll sich am sog. „Nützlichkeitsprinzip" ausrichten, das in der „Glücksvermehrung" (später auch: Leidminderung) besteht (2. Abschn., Z. 11–17 – Ethik, Norm, Maßstab bzw. Regel).
- Das Maß an Freude und Leid von Menschengruppen (die von Handlungen betroffen sind) lässt sich anhand von sieben Faktoren (exakt) messen (Zweizeilige, kursiv gesetzte Zwischenüberschrift und 3. Abschn., Z. 18–28).

Spezifizierung des unter Pkt. 3 Gesagten: Anleitung einer Summenformel zur konkreten Berechnung von Freude und Leid (4. Abschn., Z. 29–35 = Schluss, sog. Benthamsches Kalkül).

Texterschließung (Quellentexte Kant/ Bentham, S. 28)

28: Texterschließung

1. Handlungsleitende Maxime im Einzelfall: Zerstörung von Eigentum/ Kunstwerk zur Abwendung von eigener/ familiärer Not → Als Grundlage eines Gesetzes: Generalisierung → Unvereinbarkeit mit bürgerlichem Eigentum- und Besitzverständnis, d.h. mit Gesellschaftsmodell der Aufklärung.
2. Leid des alten Mannes (materiell, ideell); Freude der Familie (materiell, ideell); Nutzen und Schaden (Gewissensbisse?) des Ausführenden (Henry); (Schaden-)Freude (immateriell) + Schaden (materiell) des Auftraggebers; Anzahl der Personen etc. – Problematik der Quantifizierung, der Verrechnung, der Bestimmung von „echtem" Glück (Schadenfreude als Glück?!).
3. Obwohl Benthams Kalkül praktischer zu sein scheint, ist Kants Kategorischer Imperativ klarer zu handhaben, jedoch auch hinterfrag- und variierbar.

Weitere Ethikmodelle (Gesinnungs-, Verantwortungs- und Situationsethik, S. 27 unten)

27: Weitere Ethikmodelle (unten)

Die Unterscheidung von *Gesinnungs-* und *Verantwortungsethik* stammt aus dem in verschiedenen Ausgaben veröffentlichten kleinen Werk „Politik als Beruf" des Soziologen und Nationalökonomen *Max Weber* (1864–1920). Die Schrift geht auf einen Vortrag zurück, den Weber im Jahr 1919 (dem Jahr der deutschen Revolution) vor Studierenden an der Münchener Universität im Rahmen einer Vortragsreihe gehalten hat. Im Hintergrund der Überlegungen steht dabei Webers Skepsis gegenüber Marxismus und Revolution. Wichtig ist jedoch, dass sich Weber zwar kritisch gegen diejenigen äußert, die rasch mit einer Gesinnungsethik zur Hand sind (er nennt sie „Windbeutel"), sich aber keineswegs einseitig für nur ein einziges Modell ausspricht, vielmehr beide Optionen für wichtig hält – und etwa Luthers Verweigerung des Widerrufs in Worms Respekt zollt, und dass er keine einfachen Lösungen anbietet …
Eine *Situationsethik* nimmt explizit die Rahmenbedingungen und konkreten Situationen für ethische Entscheidungen in den Blick. Auf evangelischer Seite wurde sie vor allem von Dietrich Bonhoeffer (1906–1945) entfaltet (s.u. folgendes Unterkapitel).

Ergänzung 1 – Gesinnungs- und Verantwortungsethik bei Max Weber

27: Ergänzungen zur Verantwortungsethik

„[E]s ist ein abgrundtiefer Gegensatz, ob man unter der gesinnungsethischen Maxime handelt – religiös geredet: ‚Der Christ tut recht und stellt den Erfolg Gott anheim' –, oder unter der verantwortungsethischen: dass man für die (voraussehbaren) Folgen seines Handelns aufzukommen hat."
„Gesinnungsethik und Verantwortungsethik [sind] nicht absolute Gegensätze, sondern Ergänzungen, die zusammen erst den echten Menschen ausmachen." (Max Weber: Politik als Beruf. In: Gesammelte politische Schriften, Tübingen: Mohr, 1958, S. 551–559/ Reclam Verlag Stuttgart 1992, S. 70f)
Literatur:

- Weber, Max: Politik als Beruf, Stuttgart: Reclam 1992

Ergänzung 2 – Verantwortungsethik bei Hans Jonas

Eine wichtige neuere, umfassend ausgearbeitete, menschheits- und zukunftsbezogene, jedoch weitgehend anthropozentrisch verbleibende Verantwortungsethik hat der Philosoph und Religionswissenschaftler Hans Jonas (1903–1993) vorgelegt (zu seiner in diesem Kontext entwickelten Variante des Kategorischen Imperativs → S. 29, Mitte, rechte Spalte).
Literatur:

- Hans Jonas: Das Prinzip Verantwortung. Versuch einer Ethik für die technologische Zivilisation, Frankfurt a.M.: Suhrkamp, 2003

Ergänzung 3: Verantwortungsethik (allgemein)

Bei Anwendung einer Verantwortungsethik sind folgende Aspekte wichtig:

- Soll und kann ich Verantwortung übernehmen? (Subjekt der Verantwortung)
- Wofür bin ich verantwortlich? (Objekt der Verantwortung)
- Wem gilt mein verantwortliches Handeln? (Adressat der Verantwortung)
- Vor wem muss ich Rechenschaft ablegen? (Urteilsinstanz)
- Was kennzeichnet verantwortliches Handeln? (Strukturen und Kriterien)
- Wie weit reicht meine Verantwortung? (Bereich und Reichweite der Verantwortung)
- Kann ich Verantwortung ab-/aufgeben? (Delegierbarkeit der Verantwortung)

Ergänzung: Diskursethik (Jürgen Habermas)

27: Ergänzung – Diskursethik

Der Philosoph und Soziologe *Jürgen Habermas* (geb. 1929), wichtigster Vertreter einer zweiten Generation der Kritischen Theorie (ursprünglich Frankfurter Schule), ist ein weltweit anerkannter und breit rezipierter Autor, der sich über Jahrzehnte hinweg an allen zentralen gesellschaftlichen Debatten (der Bundesrepublik) maßgeblich beteiligte. Seine beiden zentralen theoretischen Beiträge sind die Theorie kommunikativen Handelns sowie die Diskursethik, die hier vorgestellt wird. In seiner

Diskursethik – wie generell – versucht Habermas, auf transzendentalphilosophische Letztbegründungen zu verzichten. Das ethisch Richtige muss (dem gesunden Menschenverstand) einleuchten und es muss sich im gesellschaftlichen Diskurs durchsetzen. Dabei wird – wie in der Theorie des kommunikativen Handelns – davon ausgegangen, dass die am Diskurs Beteiligten ungeachtet ihrer gesellschaftlichen Situation und Position idealtypisch (bzw. auch „kontrafaktisch") volle Freiheit, Gleichheit und Gleichgewichtigkeit besitzen. Für das Kommunizieren und Handeln in einer demokratischen Gesellschaft ist eine *prinzipielle* (nicht: faktische resp. aktuelle) Gleichrangigkeit (Egalität) aller Beteiligten grundlegende Voraussetzung.
„In der Diskursethik tritt an die Stelle des Kategorischen Imperativs das Verfahren der moralischen Argumentation. Sie stellt den Grundsatz [...] auf, dass nur diejenigen Normen Geltung beanspruchen dürfen, die die Zustimmung aller Betroffenen als Teilnehmer eines praktischen Diskurses finden könnten." (Jürgen Habermas: Erläuterungen zur Diskursethik, Frankfurt a.M.: Suhrkamp 1991, S. 12–14.)

29: Fließtext (oben)

Schritte ethischer Urteilsfindung (S. 29 oben)

Der frühere Heidelberger Systematische Theologe Heinz Eduard Tödt (1918–1991) war einer der großen Sozialethiker der Bundesrepublik. Sein Stufenmodell zur ethischen Entscheidungsfindung lässt sich auch wie folgt zusammenfassen:

- Wahrnehmung des Problems und der spezifischen Problematik;
- Analyse der Situation und möglicher Handlungsalternativen;
- Kenntnisnahme der üblichen Entscheidungen und der Alternativen;
- Erarbeitung elementarer Lebensbedingungen;
- Auseinandersetzung mit traditionellen und aktuellen Werten und Normen;
- Spezifisch christliche Lösungen;
- Urteilsfindung und Entscheidung;
- Folgerungen auf der persönlichen und gesellschaftlichen Ebene;
- Mögliche Revision bzw. Modifikation der Entscheidung.

(Nach: Mokrosch, in: Lachmann u.a. [Hg.], 2006, 263–267)

29: Fließtext unf Zitate (2. Abschnitt)

Kategorische Imperative (Fließtext und Zitate, S. 29, 2. Abschn.)

Die drei *Kurzzitate* von *Karl Marx, Hans Jonas* und *Albert Schweitzer* weisen auf drei verschiedene Fassungen eines „Kategorischen Imperativs" hin: zuerst hinsichtlich der gesellschaftlichen Existenz des Menschen (Marx), dann unter Konkretisierung im Blick auf die Zukunft der Menschheit (Jonas), schließlich unter Einbeziehung der Natur bzw. des gesamten Lebens (Schweitzer).
Karl Marx (1818–1883), Philosoph und Journalist, Begründer des sog. „Marxismus", sieht den Menschen als entfremdetes Wesen (S. 76, Zusammenfassung und Ergänzung, Schluss), fordert mit seinem hier aufgestellten *Kategorischen Imperativ* und dann in seiner Religionskritik (→ S. 110f, 113f) die Beendigung von Entfremdung und Unterdrückung durch die proletarische Revolution (→ Kommunistisches Manifest, S. 219f).
Albert Schweitzer (1875–1965), Theologe und Arzt, Friedensnobelpreisträger 1952, entwickelte ab 1915 seine Ethik der „Ehrfurcht vor dem Leben", deren Spitzensatz hier als Kategorischer Imperativ zitiert ist; Schweitzers Leistung ist die Erweiterung der klassisch anthropozentrisch orientierten Ethik zu einer biozentrischen Sichtweise. (Zu Schweitzers Spitzenleistung als Theologe, der kritischen Reflexion der Leben-Jesu-Forschung → S. 159, Mitte.)
Hans Jonas (1903–1993), US-amerikanischer jüdischer Religionswissenschaftler und Philosoph deutscher Herkunft, legte eine menschheits- und zukunftsbezogene, jedoch anthropozentrisch verbleibende Verantwortungsethik vor, in der er zugleich eine Variante des Kategorischen Imperativs formulierte. Die entscheidende Neuerung von Jonas besteht darin, dass er angesichts der fundamentalen Katastrophen des 20. Jh.s. in den „kategorischen Imperativ" die Zeitdimension, insbes. die Dimension der Zukunft, einbezieht. (Zur Infragestellung des Gottesattributs der Allmacht in der philosophischen Gotteslehre [Theodizee] → 3.6.2, S. 137, 2. Abschn.)
Ergänzung: Weitere Formulierungen eines Kategorischen Imperativs bei *Hans Jonas*:
Negative Formulierung: „Handle so, dass die Wirkungen deiner Handlung nicht zerstörerisch sind für die künftige Möglichkeit solchen Lebens", noch einfacher ausgedrückt: „Gefährde nicht die Bedingungen für den indefiniten Fortbestand der Menschheit auf Erden"; andere positive Formulierung: „Schließe in deine gegenwärtige Wahl die zukünftige Integrität des Menschen als Mit-Gegenstand deines Wollens ein."
Literatur:

- Marx, Karl: Zur Kritik der Hegelschen Rechtsphilosophie. Einleitung, in: Karl Marx/ Friedrich Engels, Werke, Berlin/DDR: Dietz Verlag = MEW, Band 1, 1976, S. 385
- Schweitzer, Albert: Die Ehrfurcht vor dem Leben. Grundtexte aus fünf Jahrzehnten, hg. von Hans Walter Bähr, München: Verlag C.H. Beck, 10. Aufl. 2013, S. 22

- Jonas, Hans: Das Prinzip Verantwortung. Versuch einer Ethik für die technologische Zivilisation, Frankfurt a.M.: Suhrkamp, 2003, S. 36

Ergänzung: Weitere Kategorische Imperative

- „Handle so, dass die Folgen deiner Handlung für das Glück aller von der Handlung Betroffenen optimal sind." (Formulierung eines utilitaristischen Imperativs)
- „Handle stets so, dass die Anzahl der Möglichkeiten wächst." (Heinz von Foerster; in: ders./ Pörksen, Bernhard: Wahrheit ist die Erfindung eines Lügners, [4]2001, 36)
- „Handle jederzeit so, als seist Du positiv auf Corona getestet und Dein Gegenüber gehörte zur Risikogruppe." (Christian Drosten, *1972, Virologe, 2020)

Abschluss des Unterkapitels 1.3.1 (S. 29, untere Seitenhälfte)

29: Abschluss

Der *Abschluss* des Unterkapitels besteht aus den beiden Elementen Zusammenfassung und Ergänzung (Grundbegriffe sowie Grundmodelle der Ethik) sowie den Aufgabenstellungen.

Zu den Aufgaben (S. 29)

29: Zu den Aufgaben

Aufgabe 1: Henry – Perspektive Ethikmodell s.o. Texterschließung; ferner Ergänzung weitere Ethikmodelle: Tugendethik (Haltung – Abwägung zwischen Extremen); Gesinnungs- und Verantwortungsethik (Mut einer Einzeltat; Veranwortung für Folgen); Situationsethik (Soziale Situation); Diskursethik: Anwendung in Klassendiskussion; Hirnforschung → S. 77f: Hirn-Impuls – Unterbrechung (Libet) durch Erschrecken erschwert oder verunmöglicht; Bild Höch: Verlegenheitsgesten angesichts Dilemma/ Aporie; Fingerzeige in unterschiedliche Richtungen; Inventar parallel zu Spielkastenmodell des Heimatdorfes, das der alte Mann als Modell rekonstruierte u.a.m.

Aufgabe 2:

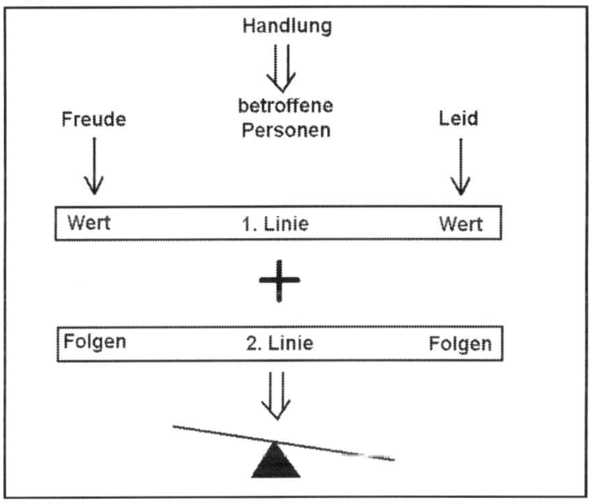

Grafik: Das Bentham'sche Kalkül (Die 7 Maßeinheiten: 1. Intensität; 2. Dauer; 3. (Un-)Gewissheit; 4. Nähe/ Ferne; 5. Folgenträchtigkeit; 6. Reinheit; 7. Ausmaß resp. Anzahl Personen.)

Aufgabe 3: Situation Henry nach Tödt:

- Problemanalyse: Dilemma Tat – Ambivalente Wirkung;
- Situationsanalyse: Doppelte soziale Situation: Alter Mann vs. Henrys Familie;
- Analyse der Handlungsalternativen: Über Alternative Nicht-/Ausführung vs. Tat hinaus weitere Möglichkeiten: Rat, Hilfe bei weiteren Personen resp. Stellen;
- Analyse der Normen: Besitzverhältnisse; Kunstwerkschutz; Erinnerungskultur (individuell, kulturell: Das Dorfmodell des alten Mannes ist für Ausstellung bestimmt …);
- Entscheidung: pro/ contra;
- Analyse der Entscheidung (Folgen, Voraussetzungen, Tragfähigkeit und Veränderbarkeit): Wiedergutmachungsleistung gegenüber altem Mann u.a.m.

Aufgabe 4: Alle drei Formeln sind weitgehend formalisiert, bewahren jedoch gegenüber Kant zugleich einen moralischen Wert (der sich bei Kant jedoch „durch die Hintertür" gleichsam wieder „einschleicht" – es ist die grundlegende Frage nach der Gesellschaftsordnung und den in ihr geltenden Gesetzen!). Bei Schweitzer ist der absolute „Wert" das Leben, bei Jonas das „echte menschliche Leben" (was immer genau das ist …), bei Marx ein *nicht* „erniedrigtes, geknechtetes, verlassenes, verächtliches" Leben des Menschen bzw. Gesellschaftsverhältnisse, die ein solches Leben der Menschen ermöglichen. Die Spezifizierung (damit aber auch Einengung) des Begriffs nimmt in der genannten Reihenfolge zu. Leben → echtes menschliches Leben → nicht „erniedrigtes, geknechtetes, verlassenes, verächtliches" Leben des Menschen.

Aufgabe 5: Möglichkeiten zur Auswahl → 1.3.3, S. 34–39: Angewandte Ethik.

30–33: Theologische Ethik

1.3.2 „Du sollst (nicht) …" – Theologische Ethik (S. 30–33)

Das zwei Doppelseiten umfassende Unterkapitel gliedert sich in drei große Teile, die wiederum untergliedert sind:

- Biblische Ethik (S. 30f);
- Theologische Ethik (S. 31, unteres Drittel, S. 32);
- Abschluss des Unterkapitels (S. 33, beginnend S. 32 unten).

30f: Biblische Ethik

(1) Biblische Ethik (S. 30f)

Die Biblische Ethik befasst sich schwerpunktmäßig mit dem Dekalog, der Sozialgesetzgebung, den drei Geboten der Gottes-, Nächsten- und Fremdenliebe sowie – nach einem Ausblick auf Jesu Doppelgebot der Liebe – der Tora insgesamt.

30: Dekalog (oben)

Dekalog (Zehnwort) (S. 30, obere Hälfte; S. 31, zwei Bilder)

Die Zehn Gebote, der *Dekalog* (griech.: Zehn-Wort), in der hebräischen Bibel zweimal in nicht identischen, doch sehr ähnlichen Fassungen überliefert (2. Mose = Exodus 20 sowie 5. Mose = Deuteronomium 5) stellen den Höhepunkt der insgesamt 613 alttestamentlichen Gesetze der Tora dar. Sozialgeschichtlich gesehen sind sie ein Gesetzescorpus auf dem Hintergrund und im Interesse der freien, nicht abhängigen oder armen Bauernschaft im Alten Israel (Schutz von Besitz, Monogamie, Altersversorgung innerhalb der Familie u.a.m.).

Die Zählung ist in der römisch-katholischen und den lutherischen Kirche(n) identisch: das Bilderverbot wird nicht eigens abgetrennt und gezählt (wie bei den orthodoxen und den reformierten Kirchen sowie im Judentum), dafür werden die letzten Verbote des „Begehrens" des fremden Weibes resp. Gutes zu zweien auseinandergezogen (bzw. als eins beieinandergehalten).

„Das elfte Gebot" stammt vom Schriftsteller, Maler und Satiriker *Robert Gernhardt* (1937–2006). In der betreffenden Satire folgen noch „Gesetze über reine und unreine Instrumente", letztere u.a. „solche mit elektrischen Verstärkern." Gernhard, Robert: In Zungen reden. Stimmenimitationen von Gott bis Jandl, Frankfurt a.M.: Fischer Taschenbuch Verlag, 3. Aufl., 2002, S. 7.

Didaktisch-methodische Hinweise

Einstieg zu den Zehn Geboten (Dekalog): Umfrage zu den Zehn Geboten (anonym) (jeweils mit Begründungen)

- Notieren Sie kurz die Zehn Gebote (Inhaltsangabe genügt)
- Ordnen Sie die Zehn Gebote nach ihrer Bedeutung. (Das Wichtigste zuerst!)
- Als Sie zehn/ vierzehn Jahre alt waren – Welches Gebot war damals am Wichtigsten?
- Welche der Zehn Gebote könnte man ersatzlos streichen?
- Welche Gebote müsste man ergänzen?

Kreative Einstiegsaufgabe

- Formulieren Sie (einzeln – in Gruppen – in der Klasse) eigene „Zehn Gebote".
- Vergleichen Sie Ihren Gebots-Katalog mit dem Dekalog.
- Formulieren Sie ein elftes Gebot.

Ergänzung: Bei Umfragen fanden sich an vorderster Stelle folgende Vorschläge:

- „Du sollst dich für Gerechtigkeit in der Welt einsetzen."
- „Du sollst Kinder achten und schützen."
- „Du sollst das Klima und die Umwelt schützen."

31: Zwei Bilder

Zwei Bilder zum Dekalog: Cranach – Haring (S. 31)

Mit den beiden Bildern erfolgt eine doppelte Interpretation des 1. Gebots, zum einen aus der Reformationszeit (Cranach), zum andern aus der jüngeren Vergangenheit, die auch für die Gegenwart steht (Haring).

Lucas Cranach d.Ä. (1472–1553): Zehn-Gebote-Tafel, 1516 Ausschnitt: Das erste Gebot

Lucas Cranach (1472–1553), neben und nach Albrecht Dürer der bedeutendste deutsche Maler der Renaissance- und Reformationszeit. Seit 1505 Hofmaler der Kurfürsten von Sachsen in Wittenberg, Verbindung und Freundschaft mit Luther; Cranach avancierte zum führenden Maler der lutherischen Reformation.

In der Werkstatt Lucas Cranachs d. Ä. (1472–1553) wurde 1516 im Auftrag des Rats der Stadt Wittenberg ein Wandbild zu den Zehn Geboten, die sog. *Zehn-Gebote-Tafel* gefertigt. Es war für den Gerichtssaal im Rathaus bestimmt und befindet sich heute in der Lutherhalle in Wittenberg. Die Zehn Gebote, so die Botschaft, bilden die Grundlage der gesellschaftlichen Ordnung.

Auf den zehn Einzeltafeln wird jeweils eines der Gebote dargestellt, häufig in einer Doppelung von Einhaltung und Übertretung des Gesetzes. Die einfachen, zeitgenössischen Interieurs erlauben eine Identifikation der Betrachter/innen mit dem Dargestellten. Der Halbkreisbogen, der alle Szenen umspannt, erinnert an den Regenbogen als Zeichen des Bundes zwischen Gott und Noah bzw. den Menschen (Gen 9,12–17).
Auf der ersten Tafel finden sich zwei Szenen: In der ersten Szene erhält Mose die beiden Dekalogtafeln (Ex 31,18), in einer zweiten Szene ist die Anbetung des Goldenen Kalbes dargestellt (hier: ein goldener Jüngling). Das Thema ist also das Bilderverbot. Links steht die Einhaltung, rechts die Übertretung des Gebots.

Keith Haring (1958–1990): Untitled (from the Ten Commandments series), 1985
Harings Bild lässt sich so lesen: Vorne drei Menschen in freudig-beschwingtem Tanz (bei Musik, symbolisiert durch Wellenstriche), auf grünem, bepunktetem Grund (Wiese mit Blumen oder künstlicher Boden). Ein Torbogen gibt den Blick auf hellen, goldenen Hintergrund frei (Himmel, Sonnenlicht, Gebotstafel, s. Cranach-Bild links), darin ein knallroter Fernsehapparat, der auf seinem grünen Bildschirm (Farbe der Hoffnung) das Symbol für den US-Dollar zeigt, neben dem wiederum eine tanzende menschliche Figur zu sehen ist. Es könnte sich also um eine doppelte „Anbetung" handeln bzw. einen doppelten Tanz ums „Goldene Kalb" (Ex 32): zum einen um die moderne Kommunikation (heute: Digitalisierung); zum andern ums Geld.
Hinweis: Auf der Rückseite der US-amerikanischen Ein-Dollar-Note steht: „In God we trust" („Wir vertrauen auf Gott"), ein Wahlspruch der US-Nation, der durch Kongress-Beschluss seit 1956 das alte US-Motto „E pluribus unum" = Aus Vielem Eines) ergänzt. Setzt man – mit Luther – Glaube mit Vertrauen gleich, lässt sich die Botschaft auch so lesen: Wir glauben an Gott und den Dollar.
Links:
- http://p5.focus.de/img/fotos/origs2573751/8762431801-w721-h541-o-q75-p5/Kunst-Keith-Haring-The-Ten-Commandments-1985.jpg
- allg.: https://www.ecosia.org/images?q=Keith+Haring:+Zehn+Gebote

Anregungen zur Bilderschließung (Bildpaar)
Beide Bilder in Bezug zu 2. Mose 20,3–6 und als Auslegung des 1. Gebots (Fremdgötterverbot; Bilderverbot) interpretieren – dabei drei Szenen betrachten: Cranach als zwei Szenen (linke/ rechte Seite) lesen.
Details der drei Darstellungen herausarbeiten mit drei Ebenen: 1. Menschen in unterschiedlichen Aktionen gegenüber dem „Göttlichen": demütig-empfangend; anbetend; tanzend-singend (religiöse Haltungen und Riten); 2. Darstellung des Göttlichen in einer göttlichen Sphäre (Glorienschein, Himmel, oben); 3. Umgebung (Räume: Natur, Kultur) u.a.m.; Farben: Rot, Gelb, Gold für „Heiliges"; Grau, Braun für Mensch (in Fehlverhalten); Grün für Umgebung, Natur (auch: künstliche Natur).
Luthers Unterscheidung zwischen Gott und Abgott Mammon (→ 3.4.2, S. 124, Quellentext, rechte Spalte) zum Vergleich heranziehen, ebenso die Geschichte vom Goldenen Kalb (2. Mose 32; → 3.2.3, S. 113, LB: Religionskritik in der Bibel).

Sozialgesetzgebung/ Sozialethik (S. 30)

30: Sozialgesetzgebung

Das *Wirtschaftsrecht der Tora* ist die Antwort auf die Verarmung, Verschuldung und Versklavung weiter Teile der vormals freien Bauernschaft im alten Israel und auf die Sozialkritik der Propheten, die diesen Prozess mit scharfen Worten geißelten und die Konzentration von immer mehr Besitz in immer weniger Händen als Abkehr vom Willen Gottes darstellten. Das, was als Wirtschaftsrecht der Tora bezeichnet werden kann, entsteht in einem längeren Prozess. Was jetzt in den fünf Büchern Mose an Wirtschafts-, Sozial- und Kultgesetzen zusammengefasst ist, ist das Ergebnis dieses Prozesses. Der Anfang wird am Ende des 8. Jahrhunderts mit dem so genannten Bundesbuch gemacht (2. Mose 20,22–23,33), das mit großer Wahrscheinlichkeit auf eine etwas ältere Sammlung von Rechtssätzen mit überwiegend sozial- und wirtschaftsrechtlichem Inhalt zurückgreifen kann. Die Fortsetzung erfolgt mit dem deuteronomischen Gesetz (5. Mose 12–26), das die gesetzgeberische Arbeit des Bundesbuches aufgreift und weiterführt. Im 6. und 5. Jahrhundert (Babylonisches Exil und nachexilische Zeit) entstehen dann noch die priesterschriftlichen Gesetze, die sich in den Büchern Exodus bis Numeri finden. Im 5. Jahrhundert kommt es dann schließlich zu einer Art Schlussredaktion, wobei – ergänzt durch erzählende Texte – das gesamte Material gesichtet und zusammengefasst wird, um dann als die Tora zur verbindlichen Richtschnur des nachexilischen Judentums zu werden. Wichtige Elemente des Wirtschaftsrechts der Tora sind:
- Gesetze zur Vorbeugung gegen die Verelendung;
- das Zinsverbot als das am breitesten belegte Wirtschaftsgesetz (2. Mose 22,24; 3. Mose 25,35–38; 5. Mose 23,20f);

- Beschränkungen bei der Pfandnahme (2. Mose 22,25f; 5. Mose 24,12f);
- korrekte Maße und Gewichte (5. Mose 25,13–15);
- das Sabbatgebot (5. Mose 5,12–15);
- das Almosenwesen, z.B. das Recht der Nachlese (3. Mose 19,9f; 23,22; 5. Mose 24,19–22);
- allgemeiner Schuldenerlass alle sieben Jahre (5. Mose 15,1ff);
- zeitliche Befristung der Schuldsklaverei (2. Mose 21,2–6; 5. Mose 15,12–18);
- Einführung des Jobeljahres, in dem jeder zu seinem Besitz und zu seiner Sippe zurückkehren soll (3. Mose 25);
- Einführung des Lösers bzw. Freikäufers (aus Schuldknechtschaft).

Zum Thema Geld / Geldmetaphorik finden sich ca. 2000 biblische Belegstellen.

Literatur:

- Crüsemann, Frank/ Kessler, Rainer in Verbindung mit Luise Schottroff (Hg.): Gerechtigkeit lernen. Beiträge zur biblischen Sozialgeschichte. FS Willy Schottroff, Gütersloher Verlagshaus, Gütersloh: Kaiser 1999

30f: Doppelgebot der Liebe

Gottes-, Nächsten- und Fremdenliebe; Jesus: Doppelgebot der Liebe (S. 30f)

Querverbindungen:

- Gottesliebe → S. 176, 251f;
- Nächstenliebe → S. 176, 251f;
- Ambivalenz von Fremden-Inklusion vs. -Exklusion → S. 41, Seitenmitte;
- Feindesliebe: → S. 175, Seitenmitte (Berpredigt);
- Doppelgebot der Liebe → S. 33, 176, 180, 252.

Zusammengefasst finden sich im Alten Testament die beiden zentralen Gebote der Gottes- und Nächstenliebe, die bei Jesus zum sog. Doppelgebot der Liebe zusammengefasst sind. Das alttestamentliche Gebot der Fremdenliebe spitzt Jesus zum Gebot der Feindesliebe zu. Eine Biblische Ethik ließe sich zudem weithin als Narrative Ethik bestimmen (Beispielerzählungen), die in Jesu Gleichnis vom Barmherzigen Samariter kulminiert (→ 4.4.2, S. 176f). Neben abstrakten ethischen Regeln oder Maßstäben geht es hier um konkrete sinnliche Wahrnehmungen, um affektive Aspekte (Mitgefühl, Mitleid o.Ä.m.) und konkrete Körperlichkeit.

31: Tora (2. Abschnitt)

Tora (S. 31, 2. Abschnitt)

Die Tora (mit ihren insgesamt 613 Gesetzen, aber auch den erzählenden Texten) wird von den Juden nicht als Sammlung knechtender Vorschriften verstanden, sondern als von Gott gegebene, beglückende Grundlage für ein gutes und gerechtes Zusammenleben der Menschen: „Wer sie einhält, wird durch sie leben" (3. Mose 18,5).

31f: Theologische Ethik

(2) Theologische Ethik (S. 31f)

Die Ausführungen zur theologischen Ethik gliedern sich in drei Teile:

- zuerst stellt sich die Frage, ob es überhaupt eine spezifisch *christliche Ethik* gibt oder geben kann;
- dann die Frage, was eine typisch *evangelische bzw. protestantische Ethik* sein könnte;
- zuletzt wird die *Situationsethik* von *Dietrich Bonhoeffer* als Beispiel einer evangelischen Ethik vorgestellt.

31: Christliche Ethik

(2a) Christliche Ethik?

Viele Aspekte der Ethik finden sich auch in anderen Religionen (s.u.: Ethik interreligiös); zudem finden sich wesentliche Aspekte der neutestamentlichen und christlichen Ethik bereits im AT, sind also jüdischen Ursprungs.

Falls man überhaupt von einer „christlichen Ethik" sprechen kann und soll, würde der Schriftsteller und Islamwissenschaftler Navid Kermani (*1967) wohl den Nagel auf den Kopf treffen: eine christliche Ethik sollte niemanden exkludieren (eine solche „humane" Haltung ist allerdings auch in anderen Religionen und Kulturen anzutreffen!). Wichtig wäre hier auch die Erzählung vom Weltgericht (→ 4.4.2, S. 177, unten). (Zu Navid Kermani auch → 6.3.3, S. 259, erster Abschnitt).

31f: Protestantische Ethik

(2b) Protestantische/ evangelische Ethik

Das Wesentliche einer *protestantischen/ evangelischen Ethik* entfaltete bereits Martin Luther in seiner Freiheitsschrift von 1520: „Und obwohl der Christenmensch nun ganz frei ist, soll er sich gerade willig zum Diener machen, um seinem Nächsten zu helfen, und mit ihm so umgehen und handeln, wie Gott an ihm durch Christus gehandelt hat, und das alles umsonst [...]." (→ 2.6.2, S. 90f, Quellentext) Das „umsonst", die typische Formulierung für die frei geschenkte Gnade Gottes im Rechtfertigungsgeschehen, verweist auf die Zurückweisung jedes Belohnungsdenkens. Das gute Handeln geschieht nicht aus (eigener) Absicht, sondern aus (innerem) Antrieb heraus. An anderer

Stelle formuliert Luther: „Also bleibt der Glaube der Täter. Und die Liebe bleibt die Tat." Und noch weiter zugespitzt: Nicht der Mensch ist der Akteur, also der Täter seiner guten Taten, vielmehr der von Gott geschenkte Glaube, also Gott selbst bzw.der Heilige Geist, der den Glauben und damit die aus dem Glauben folgende Liebe im und durch den Menschen bewirkt.
Diesen Grundgedanken entfaltet *Paul Tillich* (1886–1965) mit dem anschaulichen Bild von den beiden Händen, der geöffneten resp. empfangenden und der tätigen bzw. austeilenden Hand. (Zu Tillich: → 122, 126, *Gottesdefinition*.)

Ergänzung: Veranschaulichen lässt sich dies auch am Gedicht „Der römische Brunnen" von Conrad Ferdinand Meyer (Beschreibung der Fontana dei Cavalli Marini in der Villa Borghese):

„Aufsteigt der Strahl und fallend gießt
Er voll der Marmorschale Rund,
Die, sich verschleiernd, überfließt
In einer zweiten Schale Grund;
Die zweite gibt, sie wird zu reich,
Der dritten wallend ihre Flut,
Und jede nimmt und gibt zugleich
Und strömt und ruht."
(Der römische Brunnen, 7. Version, 1882)

Literatur – Theologische Ethik:

- Grotefeld, Stefan u.a. (Hg.): Quellentexte theologischer Ethik. Von der Alten Kirche bis zur Gegenwart, Stuttgart: Kohlhammer, 2006 (Fundgrube an klassischen Texten zur theologischen Ethik, in kluger Auswahl und Kürzung gut auch im Religionsunterricht der Kursstufe einsetzbar).
- Huber, Wolfgang u.a. (Hg.): Handbuch der evangelischen Ethik (HEE), München: Beck, 2015 (Evangelische Ethik auf dem aktuellen Stand, gegliedert nach Bereichsethiken, mit einem einführenden Beitrag von Hans-Richard Reuter zu „Grundlagen und Methoden der Ethik", S. 9–123).

(3) Dietrich Bonhoeffer (1906–1945): Situationsethik

32: Bonhoeffer – Situationsethik

Eine *Situationsethik* nimmt explizit die Rahmenbedingungen und konkreten Situationen für ethische Entscheidungen in den Blick. Auf evangelischer Seite wurde sie vor allem von *Dietrich Bonhoeffer* entfaltet. In seiner – unvollendet gebliebenen – „Ethik", die er selbst als sein Hauptwerk ansah, entwickelte er die Grundzüge einer „konkreten Ethik". Diese stellt die jeweiligen konkreten Situationen mit in Rechnung und grenzt sich damit scharf von Kants Prinzipienethik ab:
„Es kann nicht im luftleeren Raum, das heißt in abstracto ethisch geredet werden, sondern nur in konkreter Bindung. Das ethische Reden ist also kein System an sich richtiger Sätze, über das jeder jederzeit und allerorts verfügen kann, sondern es ist entscheidend an Personen, Zeiten und Orte gebunden. [...]" Diese Sätze stehen in schroffem Gegensatz zu dem Verständnis des Ethischen als eines allgemein gültigen Vernunftprinzips, das die Aufhebung alles Konkreten, Zeit- und Ortbestimmten in sich schließt. (Aus der »Ethik«, in: DBW, Bd. 6, S. 367f; 374–376)

Ergänzung: Die Grundlegung der Ethik bei Dietrich Bonhoeffer
Bonhoeffer betont, dass ...

- eine christliche Ethik „zu den weltlichen Dingen etwas Bestimmtes zu sagen" hat, allerdings nicht im Sinne von fertigen Lösungen (wie bei Koch-Rezepten);
- die Ethik von der Rechtfertigung als der grundlegenden, „letzten" Aussage ausgeht, wobei scharf zwischen diesem „Letzten" und dem „Vorletzten" – also auch jeder Ethik – unterschieden werden muss;
- dieses „Vorletzte", obwohl es nicht das „Letzte" und das heißt: nicht das „Wichtigste" ist, trotzdem nicht abgewertet werden darf, sondern höchst ernst zu nehmen ist;
- die Ethik (also das „Vorletzte") sich immer auf die konkrete Situation einlassen und diese in ihre Erwägungen einbeziehen muss (konkrete, situationsgemäße oder wirklichkeitsgemäße Ethik);
- biblische Aussagen zur Ethik nicht einfach „buchstäblich" und gesetzlich auf unsere heutige Situation angewendet werden können;
- diese Berücksichtigung der konkreten Situation in eine schwierige Lage bringen kann, da hier die Entscheidung oft nicht mehr einfach „zwischen Gut und Böse" getroffen werden muss und kann, vielmehr in einer Situation, in der jede Entscheidung Schuld mit sich bringt (also nur „zwischen Böse und Böse zu wählen" ist);
- jeder Einzelne die Entscheidung in einer solchen Situation aufgrund seines eigenen Gewissens treffen muss, wobei er sich darüber klar wird, dass er zum Sünder wird;

- Gott das letzte Wort spricht – nur er kann dem Sünder die Rechtfertigung zusprechen und seine Gnade schenken.

„Die Deutschen fangen erst heute an zu entdecken, was freie Verantwortung heißt. Sie beruht auf einem Gott, der das freie Glaubenswagnis verantwortlicher Tat fordert und der dem, der darüber zum Sünder wird, Vergebung und Trost zuspricht." (Dietrich Bonhoeffer)

Das konkrete Beispiel des „Lügens" in einer Situation der Verfolgung („um des Freundes willen") findet sich in Bonhoeffers Ethik (DBW 6, S. 280f). Er bezieht sich dabei kritisch auf Kants Pflichtethik und ganz konkret auf Kants kleine Schrift „Über ein vermeint[lich]es Recht, aus Menschenliebe zu lügen", in dem dieser den angegebenen Fall darlegt und jede „Notlüge" ablehnt.

Literatur:

- Kant, Immanuel: Über ein vermeintes Recht, aus Menschenliebe zu lügen, Auszug in: Dieterich, Veit-Jakobus (Hg.): Haben Lügen kurze Beine? Oder: Was ist Wahrheit. Sekundarstufe II. (Calwer Lesehefte), Stuttgart 2000, S. 38–41.
- Bonhoeffer, Dietrich, Auszug aus der Ethik (u.d.T.: „Um meines Freundes willen kräftig lügen"), in: Dieterich, Veit-Jakobus: Dietrich Bonhoeffer 1906–1945. Ein Materialheft für die Oberstufe. Calwer, Stuttgart 2006, S. 35 (linke Spalte; Lehrerband zum Materialheft 2007).

32: Gewissen

Gewissen (S. 32)

Hier wie auch bei der Zusammenfassung auf der folgenden Seite (rechte Spalte) werden drei Varianten eines Gewissensverständnisses vorgestellt: das aufgeklärte, das katholische und das evangelische.

Ergänzung:

- Autonome Ethik: Freie, vernünftige Selbstbestimmung des Menschen;
- Heteronome Ethik: Fremdbestimmung;
- Theonome Ethik: Gott als Kriterium von Sittlichkeit und Moral.

(Zum Theoriehintergrund von Theo-/Hetero-/Autonomie → 2.6.3, S. 94, 1. Abschnitt)

Vertreter/in	Gewissensverständnis	Theoretischer Ansatz
Römisch-katholische Kirche	Stimme Gottes im Menschen	Theo-/ resp. Heteronome Ethik (Inhalt gemäß Lehre der Kirche)
Immanuel Kant (Aufklärung)	„Innerer Gerichtshof"	Autonome Ethik (Maßstab für Kategorischen Imperativ)
Martin Luther (evangelisch, protestantisch)	Von Gott zum Glauben und Guten befreites Gewissen	Ermöglichung von Autonomie durch befreiende Theonomie

Tabelle: Gewissensverständnisse

32f: Abschluss

Abschluss des Unterkapitels 1.3.2 (S. 32f)

Der *Abschluss* des Unterkapitels enthält drei Elemente: Interreligiöser Vergleich, Zusammenfassung und Aufgabenstellungen.

32f: Ethik – interreligiös

Interreligiöser Vergleich (S. 32f, Fließtext in grüner Schrift)

Projekt Weltethos (Hans Küng, 1928–2021) – Vier Grundprinzipien:

- Gewaltlosigkeit und Ehrfurcht vor dem Leben;
- Solidarität und gerechte Weltwirtschaftsordnung;
- Toleranz und Leben in Wahrhaftigkeit;
- Gleichberechtigung und Partnerschaft von Mann und Frau.

Ergänzung: Die „Goldene Regel" in den Weltreligionen (Belege bei: Projekt Weltethos)

- *Buddhismus:* Ein Zustand, der nicht angenehm oder erfreulich für mich ist, soll es auch nicht für ihn sein; und ein Zustand, der nicht angenehm oder erfreulich für mich ist, wie kann ich ihn einem anderen zumuten? (Samyutta Nikaya V. 353.35–354.2)
- *Judentum:* Tue nicht anderen, was du nicht willst, dass sie dir tun. (Rabbi Hillel, Sabbat 31a)
- *Christentum:* Alles was ihr wollt, dass euch die Menschen tun, das tut auch ihr ihnen ebenso. (Mt 7,12; Lk 6,31)
- *Islam*: Keiner von euch ist ein Gläubiger, solange er nicht seinem Bruder wünscht, was er sich selber wünscht. (40 Hadithe [Sprüche Muhammads] an Nawawi 13)

- *Hinduismus:* Man sollte sich gegenüber anderen nicht in einer Weise benehmen, die für einen selbst unangenehm ist; das ist das Wesen der Moral. (Mahabharata XIII.114.8)
- *Jainismus:* Gleichgültig gegenüber weltlichen Dingen sollte der Mensch wandeln und alle Geschöpfe in der Welt behandeln, wie er selbst behandelt sein möchte. (Sutrakritanga I.11.33)
- *Konfuzianismus:* Was du selbst nicht wünschst, das tue auch nicht anderen Menschen an. (Konfuzius, Gespräche 15,23)

Zu den Aufgaben (S. 33) 33: Zu den Aufgaben

Aufgabe 1:

- Das apodiktische Recht (u.a. des Dekalogs) würde zwar einerseits das „Hab und Gut" schützen, andererseits jedoch die Notsituation „verbieten";
- das kasuistische Recht ermöglicht Sozialleistungen und Wiedergutmachung;
- Bonhoeffers konkrete bzw. Situationsethik (wie auch eine Verantwortungsethik) erlaubt eine differenzierte Betrachtung von einzelnen Verantwortlichkeiten und eine verantwortliche „Schuldübernahme".

Aufgabe 2: Inhaltliche Füllung der „Fremdgötteranbetung" durch zeitgenössische letzte und damit (pseudo-)religiöse Sinngebungen: 1. Mammonismus, Geldherrschaft durch Kapitalismus (Entstehung in modener Form z. Zt. der Reformation); 2. Medienkultur (und Digitalisierung) der Gegenwart; 3. Verabsolutierung von Jugendlichkeit, Spaßkultur und „Glamour" u.a.m.

Aufgabe 3: Die Bibel bietet ein ganzes Spektrum an Ethik, von kasuistischen Konkretisierungen über (apodiktische) Verallgemeinerungen mit Versuchen zur Konzentration auf das Wesentliche (Dekalog) oder gar das „Eine" (Goldene Regel oder das „höchste Gebot" mit dem Gebot der Gottes- und Nächstenliebe bzw. dem Doppelgebot der Liebe). Liebe als zentrales Motiv, jedoch zugleich mit gemeinschaftlicher (Nachfolge) und gesellschaftlicher (Reich Gottes) Dimension, also nicht nur individuell und karitativ, sondern zugleich kollektiv und strukturell.

Aufgabe 4: Eine Engführung wäre es, biblische oder theologische Ethik auf eine der philosophischen Ansätze hin festzulegen; vielmehr sind sie vieldimensional und offen für Querverbindungen in alle Richtungen: es geht um den Akteur (der zur Liebe befreite Mensch), den Handlungsakt (die konkrete Wahrnehmung einer Situation und die angemessene Reaktion) sowie die Folgen der Aktion (Verminderung von Leid und Ermöglichung von Leben und Liebe) – ausgeschlossen wäre nur ein Utilitarismus, der zugunsten einer Gesamtrechnung im Einzelfall „über Leichen geht" (wegen der Gottebenbildlichkeit, also der Menschenwürde jedes Einzelnen) (s.u., S. 37, Mitte: Verhältnis theologische – philosophische Ethiken).

Aufgabe 5: Das „Unterlassen" ist in unserer westlichen, aktivistischen Tradition in der Regel unterbelichtet (war aber nicht unbekannt, etwa in der Überordnung von Maria über Martha, also der vita meditativa über die vita activa); hoch veranschlagt wurde es tlw. in den östlichen Kulturen, z.B.: „Das Nicht-Handeln üben: So kommt alles in Ordnung." *(Laotse: Tao te king)*
In der gegenwärtigen globalen Krise kommt dem Moment des „Nicht-Schädigens", Unterlassens, auch des Konsumverzichts, eine wachsende Bedeutung zu.
Aktuelle Themenstellungen wären u.a.: Reisen; Verkehrsmittel; Kleidung; Ernährung; Medien u.a.m.

1.3.3 „Zwischen Böse und Böse wählen ..." – Angewandte Ethik (S. 34–39)

34–39: Angewandte Ethik

Die *Überschrift* des Unterkapitels ist ein Zitat aus Bonhoeffers Ethik (→ S. 32, oberhalb Seitenmitte), Thema sind konkrete Fälle der Ethik und deren systematische Einordnung, Bewertung und Reflexion. Dies geschieht in vier Schritten:

(1) auf ein wichtiges aktuelles Beispiel (*Digitalisierung*, S. 34f) folgt
(2) die theoretische Bestimmung der *„Angewandten Ethik"* als solche (S. 35), ferner
(3) die *„Angewandte philosophische Ethik"* mit drei Beispielen (S. 35f) und schließlich
(4) die *„Angewandte theologische Ethik"* (S. 36–38) in ihrem grundlegenden Vorgehen (S. 36f), ihrem Verhältnis zur philosophischen Ethik (S. 37, Seitenmitte) und zuletzt anhand von drei konkreten Fällen und Themenfeldern (Assistierter Suizid, Sozialethik und Planetarische Ethik, S. 37f).
(5) Der eine Seite umfassende *Abschluss* rundet das Unterkapitel zusammenfassend ab (S. 39).

(1) Digitalisierung und Ethik (S. 34f) 34f: Digitalisierung und Ethik

Social Credit System – Big Data – Ethik der Digitalisierung (S. 34) 34: Ethik der Digitalisierung

Die beiden Textabschnitte zum spezifischen *Social Credit System* in China und zu *Big Data* (als Überbegriff) stellen die Möglichkeiten und Gefahren der umfassenden Digitalisierung dar. Die

Datensammlung und -überwachung geschieht dabei in China primär (aber nicht nur) durch den Staat, im Westen durch die großen Datenfirmen. Der chinesische Weg sollte nicht ohne einen Blick auf den Westen thematisiert und kritisiert werden, denn hier wie dort geschieht im Kern dasselbe, getragen nur durch unterschiedliche Hauptakteure (Staat resp. Wirtschaftsmonopole, wobei die jeweils andere Seite – in wechselndem, variablem Umfang – selbstverständlich auch Zugriff auf die Daten nimmt). Interessant ist auch, dass in beiden Systemen eine Verhaltenssteuerung der Menschen angestrebt wird. In China erfolgt diese Steuerung umfassend in allen Bereichen des (öffentlichen) Lebens – durch ein behavioristisches Modell von Belohnung (gute Taten) – Bestrafung (schlechtes Verhalten), also gleichsam durch Installierung eines staatlichen/ öffentlichen Tun-Ergehen-Systems; im Westen scheint die Steuerung weniger umfassend und offensichtlich, da nur eine Steuerung und Manipulation des Konsumverhaltens angestrebt ist, die übrigen Bereiche und Verhaltensweisen jedoch mit dem Label „Freiheit" etikettiert werden. Bei näherem Hinsehen lässt sich jedoch feststellen, dass die westlich-kapitalistische Datenerfassung zwar subtiler, aber nicht weniger umfassend, ja vielleicht sogar noch umfassender ist, da das gesamte Leben – inklusive Freizeitgestaltung bis hin zum „Intimleben" und den inneren Freiheitsimperativen – den Gesetzen des „Marktes" unterworfen wird, während die staatliche Überwachung auf den öffentlichen und virtuellen Raum beschränkt bleiben muss.

34: Einzelhinweise

Einzelhinweise (S. 34)

Zu Big Data: Google wirbt für eine Datenbrille, die jede 10 Sekunden ein Bild macht. Damit kann jeder Mensch eine Überwachungskamera mit sich führen und seine Umwelt permanent filmen und überwachen und zeitgleich die Bilder anderer auf dem Bildschirm seiner Brille anschauen. Jeder Mensch verwandelt sich in einen Überwacher und Überwachten zugleich, jeder ist Big Brother (allmächtiger Überwacher) und (ohnmächtiges) Überwachungsobjekt zugleich. Eine (wirtschaftlich oder staatlich kontrollierte) Überwachungsgesellschaft (Orwells 1984) wäre in Perfektion hergestellt. Es ist dies zugleich der alte totalitäre Traum vom Panoptikum.

Zum Zuboff-Zitat: Kapital ist nicht einfach Geld, sondern zum Zweck der Geldvermehrung angelegtes Geld, also geldgenerierendes oder -erzeugendes Geld (wie die wundersame Brotvermehrung oder eine Sinnvermehrung oder auch wie „Leben").

Zur Ethik der Digitalisierung – Medienethik: Die öffentliche Kommunikation braucht eine Medienethik. Der professionelle Journalismus wird ergänzt und tlw. verdrängt durch ein nichtprofessionelles „Produsing". Problem der Medienethik als post hoc-Phänomen; Ziel wäre eine Medienforschung und Medienethik als Teil der Medienentwicklung und eine Medienfolgenabschätzung (*media assessment*) als „konzertierte Techniksteuerung" (so etwa Günter Ropohl bereits 1996). Problematisch ist auch, dass im Zeitalter der Digitalisierung nicht mehr zwischen Wahrheit und Lüge = Unwahrheit unterschieden wird. Der Code wahr/unwahr scheint bedeutungslos zu werden – es geht schlicht um erfolgreiche Selbstinszenierung (Likes) (so der US-amerikanische Philosoph Harry Frankfurt 2006 in seinem Buch „Bullshit").

Datensammlung: Aspekte/ Systeme	China	Kapitalistische Welt
Bezeichnung	Social Credit System	Big Data
Akteur (Wer sammelt?)	Staat (auch über Firmen)	Firmen (tlw. auch für Staat)
Objekt (Was wird gesammelt?)	Daten über Gesamt-Verhalten	Daten primär über Konsum- und Internet- (zunehmend auch: Gesamt-)Verhalten
Ziel (Zweck des Sammelns)	Staatliches Belohnungs-Bestrafungs-System	Ökonomische Steuerung (Gesamt-Steuerung)

Tabelle: Social Credit System (China) und Big Data (Westliche Welt) im Überblick (Vergleich)

34f: Segensroboter

Segensroboter (S. 34f, Textabschnitt und Foto)

Segen oder lateinisch *benedictio* (von *benedicere* = von jemandem gut sprechen, jemanden loben, oder segnen, den Segen über jdm. aussprechen). Den „weltweit ersten Segensroboter" ließ die Evangelische Kirche in Hessen und Nassau als Kommunikationsexperiment vom Medienkünstler Alexander Wiedekind-Klein (für eine Ausstellung) entwerfen. Die Kirche wollte mit dem Roboter, der den Namen „BlessU-2" trägt, „eine Diskussion über die Digitalisierung, die ethischen Grenzen künstlicher Intelligenz und die Bedeutung des Segens anstoßen". „BlessU-2" ähnelt einem Bankautomaten und kann mit weiblicher und/ oder männlicher Stimme sprechen. Auf Knopfdruck sagt der Roboter höflich: „Guten Tag, kann ich Sie segnen?" Man kann die Sprache des Segens wählen

– und dann auch ausdrucken lassen, nachdem der Roboter seine Metallarme gehoben, seine langen Finger ausgestreckt und die Bittsteller, von Kirchenglockengeläut begleitet, gesegnet hat.

Literatur:

- Nemitz, Paul / Pfeffer, Matthias: Prinzip Mensch. Macht, Freiheit und Demokratie im Zeitalter der Künstlichen Intelligenz, Bonn: Dietz-Verlag, 2020
- Jähnichen, Traugott / Wiemeyer, Joachim: Wirtschaftsethik 4.0, Stuttgart: Kohlhammer, 2020

(2) Angewandte Ethik (S. 35)

35: Angewandte Ethik

Ergänzungen:

Fehlschlüsse der Ethik: Bei der Thematisierung konkreter ethischer Einzelfälle (oder einzelner Themengebiete) sind vor allem zwei weit verbreitete Fehlschlüsse zu vermeiden:

- Der sog. naturalistische Fehlschluss (*naturalistic fallacy*) sowie
- der Pars-pro-toto-Fehlschluss.

Der *naturalistische Fehlschluss* unterscheidet nicht ausreichend zwischen Sein und Sollen (Kant: Naturgesetze beschreiben Sein; menschliche Freiheitsgesetze befassen sich mit dem Sollen). Aus Empirie wird unmittelbar eine Normative Ethik gefolgert („from Is to Ought"). Kritik zuerst als Humes Gesetz resp. „Humesche Distinctio", prägnante Formulierung dann bei Moore:
„Der naturalistische Fehlschluss wird vollzogen, wenn man glaubt, man könne von einem Satz, der behauptet, ‚Die Wirklichkeit ist so beschaffen', einen Satz oder auch nur die Bestätigung eines Satzes ableiten, der behauptet, ‚Dies ist gut an sich'." (George Edward Moore, Principia Ethica, 1970, 168)
Der *Pars-pro-toto- Fehlschluss* schließt von einem Einzelfall unmittelbar auf die Gesamtregel. Ähnlich wird bei einem dritten Fehlschluss, dem moralistischen Fehlschluss unter Fehlen einer Vermittlung über die Lebenswirklichkeit mit einem monistisch, umfassend gedachten Sollensbereich die Gesamtwirklichkeit mit moralischen Forderungen überzogen.

Drei Ebenen von Ethik:

- Deskriptive Ethik beschreibt, wie E. resp. moralische Handlungen (faktisch) *sind.*
- Normative E. definiert, wie E. bzw. moralische Handlungen (idealiter) *sein sollen.*
- Metaethik befasst sich mit der Frage, was E. ist (z.B. Begriffe: „gut" (etwa in Abgrenzung zur Ästhetik mit der Kategorie „schön") oder der Logik (Kategorie „richtig").

Ansätze/ Modelle der Ethik:

- ein Fundamentalismus arbeitet deduktiv, top-down, von einer allgemeinen Regel zu einer konkreten Anwendung;
- der Kontextualismus geht in umgekehrter Richtung induktiv vor, bottom-up, vom konkreten Fall, der Kasuistik, zur Verallgmeinerung (z.B. Tyrannenmord);
- der Kohärentismus schließlich versucht eine Verbindung aus 1 und 2; er sieht überall theoretische Vorannahmen und konkrete Situationen am Werk; es geht um Kohärenz und Konsistenz.

(3) Angewandte philosophische Ethik (S. 35f)

35f: Angewandte philosophische Ethik

Selbstfahrende Autos (S. 35, unten)

35: Selbstfahrende Autos (unten)

Selbstfahrende Autos/ Kraftfahrzeuge, autonomes resp. hochautomatisches Fahren; mit verschiedenen Stufen der Selbstständigkeit ist technisch bereits möglich. Rechtliche und ethische Probleme gibt es vorrangig in drei Bereichen: Haftung bei technischem Versagen (Programmierfehler u.a.m.); Datenschutz inklusive Schutz gegen Cyberkriminalität; Verhalten bei (drohenden) Unfällen. Das letztgenannte Problem wird im Fließtext thematisiert. Ob solche ethisch komplexen und technisch extrem aufwändigen Progammierungen für die Praxis Relevanz besitzen, ist umstritten. Gleichwohl werden sie in der Philosophischen Ethik zu Recht diskutiert. In unserem Beispiel zeigt sich, dass die auf den ersten Blick abstrakten und theoretischen ethischen Grundmodelle sich dann doch mit deutlich differenten Konsequenzen mit praktischen und hochaktuellen Fällen verbinden lassen.
Querverweis: Utilitaristismus sowie Kants Kategorischer Imperativ → S. 27f.

„Euthanasie" – Tierethik – Peter Singer (S. 36, obere Seitenhälfte)

36: Singer (oben)

Peter Singer (*1946), Leiter des Centre for Human Bioethics in Melbourne (Humangenetische Forschung), Uni Princeton, einer der Hauptvertreter des Utilitarismus der Gegenwart (Präferenzutilitarismus, Kriterium: Präferenzen aller Betroffenen). Zu einem Standardwerk bzw. modernen „Klassiker" avancierte sein Hauptwerk „Praktische Ethik". Steht in der Spannung zwischen Propagierung von „Euthanasie" (Föten und Schwerstbehinderte nicht „Personen" mit – „bewussten" – Präferenzen!) und „Animal Liberation" als einer der Protagonisten der Tierrechtsbewegung gegen Rassismus und Speziesismus mit Betonung von Rechten besonders der „Großen Menschenaffen“ (denen der Personstatus und damit die Möglichkeit von „Präferenzen“ zuzubilligen ist).

Literatur:

- Singer, Peter: Praktische Ethik, Stuttgart: Reclam, 3. Aufl. 2013
- Cavalieri, Paola/ Singer, Peter (Hg.): Menschenrechte für die Großen Menschenaffen. Das Great-ape-Projekt, dt. von Hans Jürgen Baron Koskull, München: Goldmann, 1996
- Gemeinsam mit Helga Kuhse: Muß dieses Kind am Leben bleiben? Das Problem schwerstgeschädigter Neugeborener (dt. 1993); Original: Should the Baby Live?, 1985

Ergänzung: Auch hier ließe sich wiederum der utilitaristische und der Kantsche Ansatz einander gegenüberstelllen, hier allerdings interessanter Weise mit der Möglichkeit von analogen tierschützenden (in ihrer Reichweite jedoch zugleich sehr unterschiedlichen) Positionen. Nicht vom Selbstbewusstsein und Personsein, sondern von der Empfindungsfähigkeit ausgehend kam etwa die Philosophin Christine Korsgaard (*1952) in Erweiterung von Kants Kategorischem Imperativ auf Teile des Tierreichs zu einer viel umfassenderen Tierethik: „Tiere sind fühlende Wesen, die Freude und Leid empfinden können. [...] Es ist Zeit für eine radikale Wende in unserem Verständnis und Interagieren mit den anderen Tieren.“

Literatur:

- Pelluchon, Corine: Manifest für die Tiere, München: Beck, 2020

Querverweise:

- Tierethik s.u. folg. Abschn., Vegetarismus; → Planetarische Ethik, S. 38.
- „Euthanasie“ → 5.3.1, S. 217.

36–38: Angewandte theologische Ethik

(4) Angewandte theologische Ethik (S. 36–38)

Eingangsbeispiel: Tötungsverbot – Pazifismus – Vegetarismus (S. 35, Mitte) – „Wörtliches“ Gebotsverständnis

Querverweise: → 4.4.1, S. 175, Mitte: Feindesliebe (Bergpredigt); → 1.5.2 (2) Frieden, S. 49, unten → „Wörtliches“ Gebotsverständnis ↔ Lehre vom „Literalsinn“ resp. Hermeneutik (1.1.3, S. 19) (Bezug, Vergleich, Parallelität).

36f: Kriterien

Entwicklung von Kriterien einer theologischen Ethik (S. 36f)

Querverweis → 2.1.3 Human Enhancement, S. 66, Mitte: Theologische Kriterien. *Achtung:* Thema im Kontext beider Ausführungen behandeln!

Kriterien einer Theologischen Ethik: S. 36f ↔ S. 66, Mitte.

Drei Aspekte werden dort (S. 66) zusätzlich genannt:

- Berücksichtigung *aller* Menschen (Gottebenbildlichkeit, Heilszusage);
- Ablehnung menschengeschaffener Idealnormierungen (Gottes Zuwendung zum unvollkommenen Menschen);
- Befreiung, Ablehnung von Abhängigkeit und Zwang (Gottes Befreiung des Menschen).

Literatur:

- Anselm, Reiner/ Körtner, Ulrich H.J. (Hg.): Evangelische Ethik kompakt. Basiswissen in Grundbegriffen, Gütersloh: Gütersloher Verlagshaus, 2015
- Hübner, Jörg (Hg.). Evangelisches Soziallexikon, Stuttgart: Kohlhammer, 9., überarb. Aufl. 2016

37: Verhältnis theologische – philosophische Ethiken

Verhältnis theologische – philosophische Ethiken (S. 37)

Achtung: Wichtig ist hier die Vermeidung von Einseitigkeiten:

a) auf der einen Seite die Festlegung der biblischen/ theologischen Ethik auf nur ein einziges Grundmodell oder auch deren zwei (etwa eine Tugend- oder Pflichtethik) – dies wäre eine Engführung der Pluralität) – oder auch eine völlige Trennung von biblisch-theologischer und philosophischer Ethik;

b) auf der anderen Seite die vorschnelle Gleichsetzung biblisch-theologischer mit philosophischen Ethik-Modellen und die Ausdehnung ins Beliebige;

c) demgegenüber ist eine differenzierte Gegenüberstellung angebracht, die der Vielfalt der Überlegungen sowie sowohl den Gemeinsamkeiten als auch den Unterschieden gerecht wird. In diesem Sinne ist auch die Tabelle zu verstehen, die zuerst einmal die Ähnlichkeiten (nicht: Identitäten) hervorhebt. Die Differenzen werden im Text genannt. Sie bestehen zuerst einmal im Gottesbezug (Theonome Ethik), sodann konkret bei der Tugendethik und im Utilitarismus.

Ethik (Bezeichnung)	Philosophie	Bibel/ Theologie
Pflichtethik	Immanuel Kant	Zehn Gebote/ Dekalog/ Apodiktisches Recht
Grundregel	Kategorischer Imperativ Immanuel Kant	Goldene Regel
Tugendethik	Aristoteles: Weisheit, Tapferkeit, Mäßigung, Gerechtigkeit	Christliche Kardinaltugenden Glaube, Liebe, Hoffnung
Teleologische Ethik	(u.a. Utilitarismus: John Mill)	Gerechtigkeit, Frieden (Volk, Gott): Zedakah, Schalom
Verantwortungsethik	Hans Jonas	*Erg.: Natans Strafrede an David (2. Sam 12)*
Situationsethik (konkrete Ethik)	Dietrich Bonhoeffer	*Erg.: „Notlüge" der Hebammen (2. Mose 1, bes. 18–21)*

Tabelle: Vergleich von biblischen/ theologischen mit philosophischen Ethikansätzen (als Erg. ließen sich neben den Gemeinsamkeiten auch die Differenzen herausarbeiten)

Drei Beispielfelder (S. 37f)

37f: Drei Beispielfelder

Beispiel 1: Assistierter Suizid (S. 37f)

37f: Assistierter Suizid

Assistierter Suizid ist eine aktive Sterbehilfe und meint die aktive Beihilfe von außenstehenden Menschen zur Selbsttötung eines Menschen, der seinem Leben aufgrund einer selbständigen Entscheidung ein Ende setzen will.
Ein Beispiel für die kontroverse Diskussion auf der persönlichen Ebene im Bereich von Kirche bzw. Glauben bietet das Ehepaar Schneider. Ihre jüngste Tochter war im Alter von 22 Jahren an Leukämie gestorben. Als Anne Schneider an Brustkrebs erkrankte, gab ihr Mann Nikolaus Schneider seinen Posten als Ratspräsident der EKD auf, um seiner Frau beistehen zu können. In der Frage des assistierten Suizids vertraten sie unterschiedliche Auffassungen. In der konkreten Notsituation fand der Ehemann jedoch zu einem Verständnis für die Position seiner Frau. Die Gesetzgebung in Deutschland änderte sich im Jahr 2020, als das Bundesverfassungsgericht das gesetzliche Verbot einer „organisierten" Sterbehilfe aufhob.
Positionen und Begründungen:

- *EKD/ Nikolaus Schneider*: „Heiligkeit des Lebens"; Leben kommt von Gott und kehrt zu ihm zurück; absoluter Schutz des Lebens.
- Höchste Funktionäre von *EKD und DBK* (Deutscher Bischofkonferenz): „[D]ie Zulassung organisierter Angebote der Selbsttötung [kann] alte oder kranke Menschen auf subtile Weise unter Druck setzen […], von derartigen Angeboten Gebrauch zu machen."
- *Anne Schneider*: „[D]as Festhalten an überkommenen Normen ist etwas tendenziell Altmännerhaftes." Es gibt in der Kirche auch die christliche Position einer „gesetzlichen Erlaubnis des assistierten Suizids!"
- *Nikolaus Schneider*: „Ausnahmen nur in äußerster Not."
- Das *Bundesverfassungsgericht* im Jahr 2020: „Das […] Recht auf selbstbestimmtes Sterben […] schließt die Freiheit ein, sich das Leben zu nehmen und hierbei auf die freiwillige Hilfe Dritter zurückzugreifen."
  (* Die Formulierung „Hilfestellung Dritter" bezieht sich auf Menschen, die erstens nicht die Betroffenen selbst und zweitens nicht deren Angehörige oder ihnen nahestehende Personen sind.)
- Der *Präsident des Bundesverfassungsgerichts* Andreas Voßkuhle: Die „freie Entscheidung" eines Menschen im Blick auf sein Leben und Sterben ist „in letzter Konsequenz [zu] akzeptieren."

Ergänzungen:

- Aus dem bereits aus dem Altertum stammenden sog. *„Hippokratischen Eid"* für Ärzte: „Ich werde niemandem, auch nicht auf seine Bitte hin, ein tödliches Gift verabreichen oder auch nur dazu raten."
- Strafgesetzbuch (StGB) § 217 Geschäftsmäßige Förderung der Selbsttötung:
  (1) Wer in der Absicht, die Selbsttötung eines anderen zu fördern, diesem hierzu geschäftsmäßig die Gelegenheit gewährt, verschafft oder vermittelt, wird mit Freiheitsstrafe bis zu drei Jahren oder mit Geldstrafe bestraft.
  (2) Als Teilnehmer bleibt straffrei, wer selbst nicht geschäftsmäßig handelt und entweder Angehöriger des in Absatz 1 genannten anderen ist oder diesem nahesteht.

Fußnote: § 217: IdF d. Art. 1 Nr. 2 G v. 3.12.2015 I 2177 mWv 10.12.2015; nach Maßgabe der Entscheidungsformel mit GG unvereinbar und nichtig gem. BVerfGE v. 26.2.2020 I 525 - 2 BvR 2347/15 u.a.

38: Sozialethik (Mitte)

Beispiel 2: Engagement für Benachteiligte – Sozialethik (S. 38, Mitte)

Querverweise: Sozialethik an mehreren Stellen im Buch thematisiert:

- Sozialgesetzgebung im AT: → S. 30; weiterer Beleg: 3. Mose 25 (Sabbat- und Erlassjahr);
- Engagement für Benachteiligte/ Sozialethik → S. 38;
- Prophetie im AT: → S. 41f;
- Kirchen in Deutschland: (Vorrangige) Option für die Armen: → S. 43;
- Ökumene und Gerechtigkeit: → S. 49;
- Barmherziger Samariter und Geschichte vom Weltgericht: → S. 176f;
- Die Kirchen und die Soziale Frage: → 5.3.2, S. 219–221.

Wichtiger Hinweis: Die beiden Themenfelder *Sozialethik* sowie *Planetarische Ethik* nehmen die Aspekte der ökumenischen Diskussion zu „Gerechtigkeit, Frieden und Bewahrung der Schöpfung" auf und sollten in diesem Zusammenhang unterrichtet werden: → 1.5.2 Menschliche Zukunftsgestaltung, S. 49f.

Wie unmittelbar die Fragestellungen von Gerechtigkeit und Umwelt zusammenhängen, zeigt sich an der Tatsache, dass die Reichen für einen deutlich überproportionalen Anteil an Umweltzerstörung verantwortlich sind und ihr Negativbudget in Deutschland in den letzten Jahren sogar noch ansteigt, während der ohnehin deutlich kleinere Anteil der ärmeren Schichten in den letzten Jahren weiter zurückging. Mit anderen Worten: Die ärmeren Schichten leisten ihren Beitrag und bezahlen gleichsam die Zeche für eine ökologische Neuorientierung, während die Reichsten die Entwicklung konterkarieren und zugleich noch kräftig daran verdienen. Ähnlich verhält es sich bei Corona. Wem es schlecht geht, geht es durch Corona noch einmal schlechter; und vielen, denen es gut oder sogar sehr gut ging, geht es trotz und durch Corona nochmals besser. Ein Anzeichen dafür (unter zahlreichen anderen) sind die in der Krise zuerst einmal einbrechenden, dann jedoch deutlich steigenden und die Vorkrisenzeit übertreffenden Aktienkurse.

38: Planetarische Ethik (unten)

Beispiel 3: Engagement für die Erde – Planetarische Ethik (S. 38, unten)

Querverweise zum Thema Ökologische Ethik/ Bewahrung der Schöpfung:

- → 1.3.3 (4), S. 38: Planetarische Ethik;
- → 1.5.2, S. 50: Bewahrung der Schöpfung sowie Nachhaltigkeit und „Große
- Transformation" (hier auch weiteres Zitat von Greta Thunberg; s. dazu auch zwei Bilder von Hofmann, S. 47+53);
- 2.1.2, S. 63 unten: Herrschafts- und Bewahrungsauftrag;
- 3.4.3, S. 125: Gottes Fürsorge für seine Schöpfung.

Literatur:

- Knödler, Benjamin/ Knödler, Christine/ Horstschäfer, Felicitas (Illustr.): Young Rebels. 25 Jugendliche, die die Welt verändern!, München: Hanser, 3. Aufl. 2020
- https://www.umweltbundesamt.de/themen/klima-energie

39: Abschluss

Abschluss des Unterkapitels 1.3.3 (S. 39)

Der eine Seite umfassende Abschluss des Unterkapitels umfasst drei Elemente: freistehendes Doppel-Zitat, Zusammenfassung sowie Aufgabenstellungen.

Die beiden Zitate entstammen dem westlichen, aktivistischen Denken und Handeln. Dem lässt sich auch die stärker (aber nicht nur!) im östlichen Denken beheimatete Tradition der Passivität, des Unterlassens und Nicht-Tuns gegenüberstellen, etwa mit folgendem Zitatpaar:

„Durch Nicht-Tun/ wird die Welt gewonnen
Durch Tun/ Wird die Welt verloren."
(Laotse: Tao te king)

„Das Nicht-Handeln üben:
So kommt alles in Ordnung."
(Laotse: Tao te king)

In der westlichen Tradition gibt es neben dem rein aktivistischen Ansatz auch die Tradition der Spannung zwischen *vita activa* und *vita passiva* (Aktion – Meditation; Spannung zwischen den Typen bzw. dem Schwesternpaar „Maria und Martha"), etwa im abendländischen Mönchtum.

Die *Zusammenfassung* besteht aus zwei Teilen:

- Der erste Teil bringt Begriffe, Bereiche und theoretische „Unterfütterungen" zur *Angewandten Ethik*. Hier finden sich auch Begriffsklärungen, z.B. Ethos: 1. (Gewohnter) Lebensort; 2. Soziales Zusammenleben (griech. *ethos*, mit kurzem *e*; lat. *mores*); 3. Personale Lebensform (griech. *êthos*, mit breitem *e*).

- Der zweite Teil stellt das *Netzwerk Ethik (Ethische „Fenster")* zusammen. Anhand dieses Überblicks lässt sich ein eigenständiger Kurs zur „Ethik" (der sich quer durchs Buch zieht) zusammenstellen.

Zu den Aufgaben (S. 39):

39: Zu den Aufgaben

Aufgabe 1: Alle philosophischen sowie theologischen Ethikmodelle lassen sich auf das Eingangsbeispiel von Henry anwenden (→ S. 26); s. dazu bereits jeweils die Aufgabe 1 auf S. 29 und 33.
Aufgabe 2: Die Aufgabe zielt auf die Einteilungen der Ethik in (1) Individual- vs. Sozialethik, (2) Bereichsethiken sowie (3) Themenfelder/ Brennpunkte der Ethik (S. 35 sowie S. 39, Zusammenfassung, linke Spalte*)*.
Aufgabe 3: Generell lässt sich sagen, dass existentielle resp. religiöse „Grundaussagen" eher „wörtlich" zu verstehen sind (etwa das 1. Gebot zum Monotheismus sowie das 5. zum Tötungsverbot), wobei – wie gezeigt wurde und wird – auch diese Aussagen nochmals interpretationsbedürftig und -würdig sind (zum Tötungsverbot → S. 36, unterhalb Seitenmitte). Andere Dinge wie Reinheits-, Speise- und Ritusvorschriften sind stärker zeit- und kulturbedingt. Eine theologische Begründung muss immer den Zusammenhang zu den zentralen biblischen/ theologischen Aussagen herstellen wie: Befreiung und Freiheit, Rechtfertigung, Liebe, Geschöpflichkeit, Gottebenbildlichkeit u.a.m.
Aufgabe 4: Die vier Schritte lauten: (1) Kontextualisierung in der Raumzeit, d.h. der Epoche der jeweiligen Aussagen zu ethischen Fragen; (2) Maßstab: Mitte der Bibel; (3) Kernaussagen der Theologie; (4) Perspektivierung konkreter Fälle.
Drei inhaltsbezogene Aspekte zur ethischen Beurteilung werden am Beispiel des Human Enhancement (→ S. 66) genannt:

- Berücksichtigung *aller* Menschen (Gottebenbildlichkeit, Heilszusage);
- Ablehnung menschengeschaffener Idealnormierungen (Gottes Zuwendung zum unvollkommenen Menschen);
- Befreiung, Ablehnung von Abhängigkeit und Zwang (Gottes Befreiung des Menschen).

	Sterbehilfe	Sozialethik	Planetarische Ethik
Kontextualisierung Raumzeit (Epoche)			
Maßstab: Mitte der Bibel			
Kernaussagen der Theologie			
Perspektivierung konkreter Fälle			

Tabelle: Das vierstufige Vorgehen zur Gewinnung biblisch-theologisch begründeter Aussagen zu ethischen Problemen der Gegenwart – Aufgabenblatt

	Sterbehilfe	Sozialethik	Planetarische Ethik
Kontextualisierung in Raumzeit (Epoche)	Gottebenbildlichkeit aller Menschen (nicht nur König)	Schutz von Fremden und Bedürftigen (Ägypten-Erfahrung)	Bebauen und bewahren; herrschen (vorneuzeitlich)
Maßstab: Mitte der Bibel	Jesus als Maßstab des Göttlichen und Menschlichen	Befreiung aus Sklaverei Reich Gottes; Tod und Auferstehung Jesu	Gott als befreiender Schöpfer; Erlösungshoffnung der Kreatur
Kernaussagen der Theologie	Gottes Zuwendung zu den Bedürftigen	(Vorrangige) Option für die Armen	„Heiligkeit" Leben; Welt als Schöpfung
Perspektivierung konkreter Fälle	Ablehnung von Zwang	Ökonomische Umverteilung/ Umstrukturierung	Bio-/Kosmozentrik; Rücksicht umfassend

Tabelle: Das vierstufige Vorgehen zur Gewinnung biblisch-theologisch begründeter Aussagen zu ethischen Problemen der Gegenwart – Lösungsblatt (Anm. zu NT – Planetarische bzw. biozentrische Ethik s. u.a.: Röm 8,18–25)

Ergänzung: Ethische Themenbereiche in der Triangulation von Politik, Justiz und Kirche

	Assistierter Suizid	Sozialethik	Planetarische Ethik
Politik: Legislative (Staat)	Gewerblich verboten	Deutschland als sozialer Bundesstaat	Klimaschutzgesetz
Rechtsprechung (Justiz)	Erlaubnis der Hilfestellung „Dritter"	Rechtsprechung zu Hartz-IV-Sätzen	Klimaschutzgesetz Grundgesetzwidrigkeit (unzulänglich)
Kirche und Theologie	Heiligkeit des Lebens; Gefahr der „Unfreiwilligkeit"	(Vorrangige) Option für die Armen	Heiligkeit des Lebens Nachhaltigkeit Transformation

Tabelle: Politik, Justiz und Kirche zu drei ethischen Themenbereichen

Aufgabe 5: Querverweise zu den einzelnen Themenbereichen finden sich beim „Netzwerk Ethik" auf derselben Seite (Kasten: Zusammenfassung, Ende); wichtigster Querverweis → 1.5.2: Menschliche Zukunftsgestaltung, S. 49f.
Ergänzung: In einem umfassenden Sinn kann die Ethik (1) den Menschen, (2) das Leben oder (3) die gesamte Natur (Erde, Kosmos) in den Blick nehmen. Daraus ergeben sich drei ethische Grundansätze resp. -richtungen.

Reichweite (Form) der Ethik	Beispiele	Querverweise
Anthropozentrische Ethik – Mensch	Karl Marx; Hans Jonas	S. 29, Mitte (Kategorische Imperative)
Biozentrische Ethik – Leben	Albert Schweitzer Peter Singer (begrenzt) Tora (AT): Sozialgesetze	S. 29 S. 36 S. 30, 38 (Brach-, Sabbatjahr)
Planetarische Ethik – Natur/ Schöpfung	Tora (AT): Sozialgesetze Fridays for Future	S. 30, 38 (Brach-, Sabbatjahr) S. 38

Tabelle: Horizontdimensionen der Ethik

Ergänzung: Modelle zum Naturverhältnis des Menschen

Modell	Herrschaft	Begrenzung	Verwandtschaft
Grundstruktur	Herrschaft Unbeschränkte Verfügungsgewalt	Verantwortung Beschränkte Herrschaft	Verwandtschaft Frieden
Naturbild	Kein Eigenwert, nur Nutzwert	Möglicher Eigenwert	Eigenheit, Eigenwert, Eigenrecht
Menschenbild	Sonderstellung, Leib-Seele-Dualismus	Sonderstellung und Verbindung	Teil der Natur Leib-Seele-Einheit
Gottesbild	Transzendenz Herrscher	Transzendenz/ Immanenz Vater/ Mutter	Immanenz Mit-Seiender

Tabelle: Überblick über die Modelle zum Naturverhältnis

1.4 ... wo „Gerechtigkeit wohnt" – Gerechte oder ungerechte Gesellschaft? (S. 40–46)

40–46: Gerechte oder ungerechte Gesellschaft?

Einstieg ins Thema – Gesellschaft und Gerechtigkeit (S. 40)

40: Einstieg

Die *Überschrift* des Teilkapitels ist Ps 85 (V. 10f) nachempfunden, der sich dann in wörtlichem (freigestelltem) Zitat auf S. 42 findet.
Der *Aufbau* des Teilkapitels ist drei- bzw. vierstufig:

- Auf eine allgemeine Einleitung zu *Gesellschaft und Gerechtigkeit* folgen drei Unterkapitel zu Gerechtigkeit:
- *biblisch*, vor allem im AT (1.4.1.),
- *gegenwärtig*, konzentriert auf unser Land (1.4.2) sowie
- *prinzipiell*, vorrangig unter philosophischer und theologischer Perspektive (1.4.3).

Themen und Querverbindungen

Das Thema *Gerechtigkeit* schließt an das vorhergende Ethikkapitel an, beleuchtet hier über das Individuelle hinausgehend primär den sozialen Aspekt und geht zugleich über die Ethik deutlich hinaus, da mit dem Begriff der gesamte Aufbau und die Sozialstruktur von Gesellschaften in den Blick kommt. Es geht also um das gesamte soziale Zusammenleben der Menschen.
Einzelbezüge: → Recht in Israel (→ S. 30); → Zukunft Gerechtigkeit ÖRK (→ S. 49); → Kirchliche Arbeit für Flüchtlinge (Foto Kirchenasyl → S. 237).

Kapitel	Teil-/Unter-/Kapitel/ Thema	Stelle
Wirklichkeit	Gerechtigkeit (in Deutschland)	→ 1.4, S. 40-46 (→ 1.4.2, S. 42f)
Mensch	Freiheit: Homo oeconomicus	→ 2.6.3, S. 94
Gott	Gottesvorstellungen: Mammon	→ 3.4, S. 124
Jesus Christus	Jesu Ethik: Nächstenliebe Nachfolge Jesu: Armut	→ 4.4.2, S. 176f → 4.4.3, S. 178f
Kirche(n)	Die Kirchen und die Soziale Frage	→ 5.3.2, S. 219-221

Überblick: Das Thema Gerechtigkeit in den Kapiteln

Schülervoraussetzungen (Das Gerechtigkeitsverständnis von Jugendlichen) und Didaktik

Nach *Lawrence Kohlberg* ist für das *Gerechtigkeitsverständnis* in der Jugendzeit die „konventionelle Ebene" von zentraler Bedeutung, mit den beiden Stufen der:

- „Orientierung an zwischenmenschlicher Übereinstimmung" (3) sowie der
- „Orientierung an Gesetz und Ordnung" (4),
- die dann zur „nach-konventionellen" bzw. „autonomen" Ebene weiterentwickelt werden kann mit den beiden Stufen der:
- „legalistischen Orientierung am Gesellschaftsvertrag" (5) sowie der
- „Orientierung an universalen ethischen Prinzipien" (6).

Eine erste feministische Kritik an diesem Gerechtigkeitsmodell ergänzt diese als an Prinzipien orientierte Sichtweise als einseitig (männnlich) und ergänzt sie durch eine zweite, die eher „weiblich" konnotierte Fürsorge-(Care-)Perspektive (*Carol Gilligan*). Eine zweite Form der Kritik geht über die Rollenzuschreibungen hinaus und versucht, legalistische und fürsorgliche Aspekte in einer umfassenden Sicht zu integrieren. Dabei zeigt sich, dass zwischen moralischer Autonomie und solidarischen Handlungsorientierungen ein enger Zusammenhang besteht. Diese Entwicklung ist im Religionsunterricht der Kursstufe zu fördern und zu begleiten, ebenso die Ausweitung der Perspektive vom engen Nahumfeld (Peer-Group, Familie, Partnerschaft) auf eine gesamtgesellschaftliche Perspektive.

Methodische Hinweise: Einstiege

1. *Schülertexte* schreiben lassen zum Thema „Gerechtigkeit"/ „Wie ich mir eine gerechte Gesellschaft vorstelle"/ „Unsere Gesellschaft aus meiner Sicht". Texte in der Klasse auswerten und im weiteren Unterrichtsverlauf immer wieder in einen dialogischen Bezug zum jeweiligen Teilthema bzw. zu den dortigen Auffassungen und Medien setzen.
2. *Umfrage:* Was verstehen Sie unter „ Gerechtigkeit"? Bitte beantworten Sie folgende Fragen:

- Beschreiben Sie bitte eine Situation Ihrer Wahl, die Sie als gerecht und/ oder als ungerecht empfinden bzw. empfunden haben.

- Finden Sie, dass Gott gerecht ist? (Bitte begründen Sie Ihre Ansicht).
- 1. Für wie gerecht halten Sie sich selbst? 2. Denken Sie, dass Sie selbst etwas zur Gerechtigkeit beitragen (können)? (Bitte begründen Sie Ihre Ansicht.)

3. *Heinz-Dilemma* von Kohlberg den Sch. vorlegen und ihre Antworten nach Kohlbergs Schema auswerten (lassen) (s. Lit.).

4. *Bild (Foto)* als Einstieg.

Literatur:

- Büttner, Gerhard/ Dieterich, Veit-Jakobus (Hg.): Grundkurs Religiöse Entwicklung. Klassische Positionen, Stuttgart: Calwer Verlag, 2000, S. 50ff (Dilemma: S. 64f).
- Büttner, Gerhard / Dieterich, Veit-Jakobus: Entwicklungspsychologie in der Religionspädagogik. (UTB) Göttingen: Vandenhoeck & Ruprecht, 2., aktualisierte und erweiterte Aufl. 2016, S. 17–21.

40: Foto Palazón

José Palazón: Paisajes (sprich: paisáches) de desolación (Bild/Foto) (S. 40)

Eine kurze *Bildbeschreibung* findet sich unter dem Bild im Schülerbuch. Drei Menschengruppen: Flüchtlinge auf dem Fluchtweg – Grenzpolizisten bei der Arbeit (Flucht- bzw. Ein„reise"-Verhinderung – Europäer (Mann und Frau) bei Freizeitbeschäftigung (Golfspiel).

Das Bild, eine Art öffentlicher „Beichtspiegel" oder „Offenbarungseid", gewann 2015 den 18. (XVIII) Preis „Premio Luis Valtueña de Fotografía Humanitaria", organisiert von „Médicos del Mundo" (dt. „Ärzte ohne Grenzen"). Aufgenommen wurde es in Melilla am 22. Oktober 2014.

Deutungsmöglichkeiten und *Querverweise:* Themen: Flucht/ Migration; Festung Europa; Asylrecht im Grundgesetz; Kirche und Migration/ Asyl. → Art. 16 GG: Asylrecht (Zitat → S. 43 oben) → Kirchliche Arbeit für Flüchtlinge (Foto Kirchenasyl → S. 237).

Ergänzungen:

Menschen haben – per definitionem – einen *„Migrationshintergrund"*, „wenn sie selbst oder mindestens ein Elternteil die deutsche Staatsangehörigkeit nicht durch Geburt besitzen" (Statistisches Bundesamt). In der Bundesrepublik trifft dies auf ein gutes Viertel der Bevölkerung zu.

Nach der Grenzöffnung am 4./5. September 2015 kamen im Jahr 2015 rund 890.000 Menschen als Asylsuchende nach Deutschland. Berühmt wurde der Ausspruch von Bundeskanzlerin Angela Merkel: „Wir schaffen das!"

„Rückführungspatenschaften" war „Unwort des Jahres 2020" (eines von zweien): euphemistische Bezeichnung „Rückführung" anstelle von Abschiebung und missbräuchliche Verwendung von „Patenschaft" aus dem christlichen Fürsorge-(Care-)Bereich. S. www.unwortdesjahres.net

Literatur:

- Kossert, Andreas: Flucht. Eine Menschheitsgeschichte, München: Siedler, 2020

40: Gesellschaft und Gerechtigkeit (unten)

Gesellschaft und Gerechtigkeit (S. 40, unten)

Der *Fließtext* differenziert zwei grundlegende Differenzierungs- und Strukturierungsmodelle von Gesellschaft und beschreibt die wesentlichen Begriffe. In einer Grafik lässt sich die grundlegende Sozialdifferenzierung durch ein Kreuz darstellen:

	Privilegierte	
Einheimische/ Deutsche	†	Fremde/ Ausländer
	Unterprivilegierte	

Grafik: Horizontale und vertikale Strukturierung von Gesellschaften

Als binäre *Codes* ergeben sich die Begriffspaare: egalitäre vs. elitäre (schwache vs. starke) vertikale Strukturierung; offene vs. geschlossene (schwache vs. starke horizontale) Strukturierung resp. Exklusion vs. Inklusion.

Methodische Anregung: Durch ein Standbild zum Thema „Am Kreuz" mit ausgestreckten Armen grafisch skizzieren/ nachempfinden: Mit wem befinden wir uns auf Augenhöhe (Kopf)/ Wen treten wir mit Füßen?/ Wem reichen wir die Hände? (waagrechte Arme); Perspektiven der anderen Menschen(gruppen) einnehmen.

41f: Gerechtigkeit biblisch

1.4.1 „... dass Gerechtigkeit und Friede sich küssen" – Gerechtigkeit biblisch (S. 41f)

Die *Überschrift* des Unterkapitels ist Ps 85,11 entnommen (s. Zitat, S. 42).

Der *Fließtext* befasst sich mit drei Themen:

- *Gerechtigkeit* als Grundbegriff im AT (S. 41, 1. Abschn.)
- Verhalten gegenüber *Fremden*: Gastfreundschaft vs. Abgrenzung (S. 41, 2. und 3. Abschn., zwei Zitate Seitenmitte) (Horizontale In-/ Exklusion)

- Herrschaft, Unterdrückung, Reichtum vs. Gleichheit und Gerechtigkeit (Vertikale In-/ Exklusion) (S. 41, untere Hälfte und S.42).

Gerechtigkeit als Grundbegriff im AT (S. 41, 1. Abschn.) 41: Gerechtigkeit (1. Abschn.)

Das umfassende *Gerechtigkeitsverständnis* (hebr.: *zedaka*) im Alten Israel hat insbesondere Gerhard von Rad (1901–1971), Professor für Altes Testament in Heidelberg, einer der großen Theologen des 20. Jahrhunderts und besten Kenner des Alten Testaments in seinem Hauptwerk, der zweibändigen Darstellung der „Theologie des Alten Testaments", herausgearbeitet: „Es gibt im Alten Testament keinen Begriff von so zentraler Bedeutung schlechthin für alle Lebensbeziehungen des Menschen wie den der zedaka. Er ist der Maßstab nicht nur für das Verhältnis des Menschen zu Gott, sondern auch für das Verhältnis der Menschen untereinander [...], ja auch für das Verhältnis des Menschen zu den Tieren und zu seiner naturhaften Umwelt. Zedaka kann man ohne weiteres als den höchsten Lebenswert bezeichnen, als das, worauf alles Leben, wenn es in Ordnung ist, ruht." Während das griech.-röm. Verständnis unter Gerechtigkeit Gesetzestreue, Legalität meint, also forensischen und rechnerischen Charakter hat, meint Jahwes Gerechtigkeit nicht Norm, sondern „Heilserweisungen", „Gemeinschaftstreue", Güte, Treue, Erbarmen (den Schwachen gegenüber).
(Rad , Gerhard von: Theologie des Alten Testaments, Bd. 1: Die Theologie der geschichtlichen Überlieferungen Israels, München: Chr. Kaiser Verlag, 1962, S. 382–385)

Inklusion und Exklusion im Alten Testament (Fremde/ Unterdrückte) (S. 41, Mitte: 2. und 3. Abschnitt sowie freigestelltes Zitatpaar) 41: Fließtext (2. u. 3. Abschn.), Zitatpaar

Die Erfahrung von *horizontaler* und *vertikaler Exklusion* war im Alten Israel aufs Engste miteinander verknüpft in der paradigmatischen Situation in *Ägypten* – als *Fremde* und als *Unterdrückte* (ähnlich dann im Babylonischen Exil, zumindest in der Anfangszeit) sowie in modifizierter Form in den langen Phasen der späteren Fremdherrschaft (hellenistisch und römisch).
Die kritische, befreiende Logik: Da Israel (in Ägypten) in der Fremde unterdrückt wurde (Ex 1), soll es den Fremden in Israel nicht unterdrücken (Ex 21, Tora).
Allerdings lagen *zwei Tendenzen* miteinander in Konkurrenz und Streit: die *Inklusion* und die *Exklusion* des Fremden (Abgrenzung vom Fremden, vor allem auch von Fremdgöttern im strengen Monotheismus): Gegenüberstellung der beiden Positionen in Zitaten aus der Tora (3. Mose, linke Spalte) und Esra (rechte Spalte), aus der Zeit der Rückkehr aus dem Babylonischen Exil mit der Tendenz zu kultureller Abgrenzung und Reinheit.
Weiterführungen:
- Ausweitung des Jahweglaubens über das Judentum hinaus im Urchristentum (Apostelkonzil und Paulus → S. 199).
- Ablehnung von aggressiven, „wütenden" Nationalismen (und Krieg) sowie Betonung der Geschwisterlichkeit aller Menschen in der (Sozial-)Enzyklika „Fratelli tutti" von Papst Franziskus (2020).

Prophetie (S. 41, untere Hälfte) 41: Prophetie (unten)

Zentrale Aussagen und Zusatz-Informationen:
- Differenzierung zwischen *Hofprophetie* (Herrschafts- und Heilsprophetie) und oppositionellen *Propheten* (Einzelprophetie – Schriftprophetie, drei „große" Schriftpropheten, d.h. mit Spruchsammlungen in umfangreichen Büchern, darunter Jesaja, und zwölf „kleine", d.h. mit kürzeren Büchern, darunter Amos). Die Einzelprophetie ist ein Proprium des Alten Israel. Prophet, hebr. *nābī'*, vom Akkad. *nabū(m)* = rufen, nennen; d.h. „(zum Rufen) berufener Rufer".
- Der Prophet spricht im *Auftrag Gottes*: „So spricht Jahwe"/ „Spruch des Herrn". *Inhaltlich* analysiert er die Gegenwart (Abfall von Gott und der Gerechtigkeit), erinnert an den Bund (Vergangenheit) und kündet ein Handeln/ Eingreifen Gottes an (nahe Zukunft). Dies kann meist Unheil, aber auch Heil oder eine Mischung von beidem bedeuten (bei Umkehr Heil bzw. die Rettung eines „Restes"). *Adressaten* der Botschaft sind Einzelne, bes. die Oberschicht bzw. die herrschende Klasse: Könige, (Höflinge), Verwaltung, Priester, Richter oder auch das Volk (auch: Fremdvölker). Die Prophetie entwickelt sich in Israel parallel zum Königtum, der Prophet ist der Gegenspieler des Königs, ein Anwalt der unter Unterdrückung und Ungerechtigkeit Leidenden.
- Die sog. *klassische Prophetie* (darunter: Amos und Jesaja), spricht von Bedrohung und Gefahr: Untergang des Nordreiches 722 v. Chr. durch Großmacht Assur resp. 587 Südreich durch die Babylonier.

Prophet Amos (S. 41, unten) 41: Amos (unten)

Der aus dem Südreich (Juda) stammende Prophet Amos lebte im 8. Jh. v. Chr., in einer wirtschaftlichen Blütezeit, die allerdings mit Enteignung und Entrechtung der Armen einherging (Am 5,11) – in der Zeit vor der Zerstörung des Nordreichs durch die Assyrer. Er geißelte im Nordreich (Israel)

die religiösen und sozialen Verhältnisse und kündigte Gottes Strafgericht an. Bei ihm verbinden sich radikale Sozialkritik und Kultkritik (der offiziellen Staatsreligion). Von der Lebensgefahr des Propheten spricht der „Er-Bericht": 7,10–17.

Aufgabenstellungen zu Aussprüchen des Propheten Amos:

1. Nennen Sie das im Bibeltext angesprochene Thema.
2. Analysieren Sie, welches Verhalten bzw. welche Zustände kritisiert werden.
3. Beschreiben Sie, welche Strafe als Folge dieses Fehlverhaltens/ der strukturellen Ungerechtigkeit angedroht wird.

Bibelstelle	Thema	Falsches Verhalten	Strafandrohung
Amos 2,6–10 u. 13–16			
Amos 4,1–3			
Amos 5,4–6			
Amos 5,11–13			
Amos 5,21–24			
Amos 8,4–10			

Tabelle: Aufgabenblatt zum Propheten Amos

Bibelstelle	Thema	Falsches Verhalten	Strafandrohung
Amos 2,6–8 u. 13–16	Fehlverhalten Israels	Unschuldige für Geld verkaufen, Recht der Schwachen missbrauchen, Unzucht; Schlemmer-Gottesdienste	Niederlage, Flucht, Tod
Amos 4,1–3	Schwelgerei der reichen Frauen (in Samaria)	Geringen Gewalt antun, Arme schinden, Prassen und Saufen	Vertreibung, Verschleppung
Amos 5,4–6	Sucht den Herrn, so werdet ihr leben	Das Recht verkehren, die Gerechtigkeit zu Boden stoßen	Gefangenschaft, Wegführung
Amos 5,11–13	Unterdrückung der Armen	Arme ausbeuten, hohe Abgaben; Bestechung bei Gericht, Rechtsbeugung	Wegnahme von Wohnung und Wein
Amos 5,21–24	Recht und Gerechtigkeit anstelle von Frömmigkeit	Heuchlerische Feste, Opfer und Harfenspiel will Gott nicht haben	______
Amos 8,4–10	Gegen die Planung von Wirtschaftsverbrechen	Preistreiberei, Betrug, Schuldknechtschaft	Tag des Unheils, Untergang

Tabelle: Auswertungsblatt zum Propheten Amos

42: Prophet Jesaja (oben)

Prophet Jesaja (S. 42 oben)

Jesaja kündigt um 730 v. Chr. das Gericht über das Südreich Juda an. Das Weinberglied (Jes 5) analysiert die Unrechtssituation in Form eines Gleichnisses über einen Weinberg, der gut angelegt und gepflegt ist, aber schlechte Früchte bringt. Die Pointe erfolgt in einem Wortspiel, das mit Wortpaaren arbeitet: „Rechtsspruch/ Rechtsbruch" (oder auch: Gut-Regiment/ Blut-Regiment") und „Gerechtigkeit/ Schlechtigkeit" (resp. „Gemeinschaftstreu(e)/ Hilfeschrei(e)"). Das Gemeinte: Gottes Bund mit seinem Volk (Weinberg) wird mit dem Bruch des Bundes durch Israel beantwortet. Dass hier an konkrete soziale Missstände gedacht ist, zeigt der unmittelbar folgende V. 8 (rechte Spalte) (Wirtschaftsrecht der Tora → 1.3.2, S. 30).

42: Psalm 85,10; Lk 6,20f

Psalm 85,10f; Lk 6,20f (S. 42, freigestellte Zitate; Ende des Unterkapitels)

Psalm 85 gehört zur Gattung der so genannten „Klagepsalmen der Gemeinde". Es handelt sich um Gebete der Gemeinde bei Gottesdiensten in einer beklagenswerten Situation des Volkes, also insbesondere etwa anlässlich von Volksklagefesten im babylonischen Exil. Charakteristisch ist ihr

Aufbau und ihre Argumentationsstruktur: Gott wird an seine ehemalige Güte und Treue erinnert (hier: V. 2–4), dann folgt die Klage über den gegenwärtigen Zustand (evtl. inklusive Bußbereitschaft; hier: V. 5–7) und zuletzt der Aufruf, die Aufforderung und Bitte bzw. auch Hoffnung auf Gottes erneute Zuwendung (hier: V. 8–14, mit Beginn in V. 5). Der Begriff der Gerechtigkeit (hebr. *zedaka*) spielt bei dieser Zukunftshoffnung in Ps 85 nun eine ganz zentrale Rolle (neben der Treue und Güte Gottes sowie dem Frieden) – er wird dreimal genannt, etwa auch im Abschlussvers: „dass Gerechtigkeit vor ihm her gehe/ und seinen Schritten folge." (V. 14).
Seligpreisung(en) (→ 4.4.1; S. 174 unten – Bergpredigt; → 5.3.2; S. 220f – Befreiungstheologie).

Zusammenfassung:
- *Gerechtigkeit* im AT meint einen umfassend gerechten/ guten *Gesellschaftszustand* – ähnlich dem „Guten" resp. „guten Leben" in der griech. Philosophie bzw. der – allerdings extrem hierarchisch konzipierten – Ma'at im Alten Ägypten (Jan Assmann).
- Die Verbindung von *Gott* und *Gerechtigkeit* durchzieht die gesamte *Bibel*, bis hin zu Jesu Wort an den reichen Jüngling „Verkaufe alles, was du hast und gib es den Armen" (Mk 10; → S. 178, erster Abschn.) und der urgemeindlichen Gütergemeinschaft (→ S. 198, Zitat, linke Spalte). Der Gott der Bibel ist ein „Gott der kleinen Leute".
- Die unmittelbare *Bedeutung* der biblischen Gerechtigkeitsvorstellung für die *Gegenwart* liegt auf der Hand, veranschaulicht etwa im Bild der geöffneten (und sich weiter öffnenden) Schere zwischen Arm und Reich.

1.4.2 „Deutschland ist ein sozialer Bundesstaat" – Gerechtigkeit gegenwärtig (S. 42f)

42f: Gerechtigkeit gegenwärtig

Bild: Andreas Slominski (*1959): Ohne Titel (Tandem), 1994 (S. 42)

42: Bild Slominski

Der deutsche Künstler *Andreas Slominski* (geb. 1959), Professor an der Hamburger Hochschule für Kunst, ist für seine hintersinnigen Installationen berühmt, etwa für seine Original-Tierfallen in Ausstellungsräumen. Das Werk *Ohne Titel* stammt aus dem Jahr 1991. Mit dem „Fahrrad eines Wohnsitzlosen" wird das kunstbeflissene, bürgerliche Publikum mit einem Objekt aus dem Alltagsleben von Obdachlosen konfrontiert. Fahrbare Untersätze für die Habseligkeiten von Menschen ohne Wohnung kennen wir alle, sie sind im Alltagsleben mit der steigenden Zahl von Obdachlosen in den Städten überall präsent. Die Installation erweckt den Anschein, als habe hier tatsächlich ein Nichtsesshafter seine ganze Habe an ein Fahrrad gehängt und ins Museum gestellt. Das an sich sportliche, aber bereits betagte Rad ist durch die Überfülle an Tragetaschen zum Fahren im Grunde unbrauchbar geworden und tatsächlich zum „Drahtesel", zu einer Art Lasttier, mutiert. Damit thematisiert Slominski gesellschaftliche Probleme, ohne belehrend und moralisierend zu sein.
↔ *Zusammenhang* zu Hanson-Kunstwerk (S. 13) herstellen. Beide Werke thematisieren wohl unterschiedliche Formen von Armut: Hanson die krasse, extreme Form, die „Armut der Gosse", während bei Slominski doch immerhin Reste von Hab und Gut, ein Stück Hoffnung auf Aktivität und Mobilität und sicherlich auch eine Portion von „Würde" vorhanden ist …

Fließtext (S. 43)

43: Fließtext

Der *Fließtext* entfaltet drei größere *Themenfelder*
- Soziale (Un-)Gerechtigkeit in der Bundesrepublik Deutschland – Soll- (GG) und Ist-Zustand (obere Seitenhälfte);
- Kirchen und Soziale Frage heute (unterhalb Seitenmitte);
- Geschlechtergerechtigkeit und Rechtssystem (unten): Rechte des Menschen auf internationaler (AEMR) und nationaler (GG) Ebene (Zitatpaar unten).

Dazu als Teilfrage des ersten Themas auch die schülernahe Frage nach der Bildungs(un)gerechtigkeit.

(Un-)Gerechtigkeit in der Bundesrepublik Deutschland (S. 43, obere Hälfte)

43: (Un-)Gerechtigkeit (oben)

Erster Textabschnitt und Zitat, linke Spalte: Bundesrepublik als Demokratie (→ S. 225: Demokratie und Kirchen); Asylrecht (→ 1.4, S. 40: Einstiegsbild; → Kirchliche Arbeit für Flüchtlinge, Foto Kirchenasyl → S. 237).
Zitat (Prantl), rechte Spalte: *Armentafeln* gibt es in der Bundesrepublik seit längerer Zeit in großer Zahl, vor allem, aber nicht nur in Großstädten, gerade auch durch Initiativen im Raum der Kirche. Die Tafeln tragen einen durchaus ambivalenten Charakter (vgl. Brechts Gedicht → S. 12). Auf der individuellen Ebene bedeuten sie eine wichtige Hilfe, auf der strukturellen haben sie jedoch keineswegs eine systemkritische, vielmehr teilweise sogar eine systemstabilisierende Funktion. So

entlassen sie den Staat aus der Verantwortung (Prantl: „Loch im Sozialstaat“) und entlasten die Wirtschaft bzw. den Handel. Unumwunden gibt das der Leiter eines Supermarktes (die oft und tlw. gern mit den Armentafeln zusammenarbeiten) zu: „Wenn wir die Lebensmittel nicht spenden würden, müssten wir sie ja verschrotten. Und das kostet eben.“
Es gibt auch *Kindertafeln* für in Not lebende Heranwachsende.

43: Drei-Drittel-Gesellschaft (zweiter Textabschnitt)

Die Drei-Drittel-Gesellschaft (S. 43, zweiter Textabschnitt)

Informationen und Definitionen:

Drei-Drittel-Gesellschaft

- Oberes Drittel — Gesicherte Positionen
- Mittleres Drittel — Verunsicherung
- Unteres Drittel — Marginalisierung
- Ganz unten um 10% Abgehängtes „Prekariat“.

Die Reichen und die Armen – Nettovermögen:

- Mehr als 2/3 (67%) besitzt das oberste Dezil (Zehn Prozent);
- Mehr als 1/3 (35%) besitzt das oberste Prozent;
- Ein Fünftel (20%) besitzt das oberste Promille.

Mehr als die Hälfte der Bevölkerung besitzt keinerlei (bzw. kein nennenswertes) Vermögen. Analoge Statistiken lassen sich für die *Einkommensverteilung* erstellen.
Gini-Koeffizient (alle haben das Gleiche = 0; eine Person hat alles = 1): BRD gegenwärtig 0,83 (DIW); ähnlich USA. Die Reichsten sind auch die politisch Einflussreichsten.

Quellen:

- Statistisches Bundesamt
- Deutsches Institut für Wirtschaftsforschung (DIW)

Armut:

- *Absolute Armut*
- *Relative Einkommensarmut:* Nettoeinkommen weniger als 60% des Durchschnitts (Median) in einer Gesellschaft.
- *Armut* hat neben der materiellen Situtation unmittelbare *Auswirkungen*: 1. Ernährung, physische und psychische Gesundheit sowie Lebenserwartung; 2. die soziale und 3. die kulturelle Teilhabe der Betroffenen.

Bildungs(un)gerechtigkeit:
Das Bildungswesen der BRD reproduziert und befördert die soziale Ungleichheit. 20% der Heranwachsenden bleiben ohne (passablen) Schulabschluss – Prekariat.
(*Quelle:* OECD-Vergleichserhebungen „Education at a Glance“)

43: (Un-)Gerechtigkeit und die Kirchen (Mitte)

(Un-)Gerechtigkeit und die Kirchen (S. 43, Mitte)
Die beiden Großkirchen in Deutschland äußerten sich in einer gemeinsamen Stellungnahme (EKD und DBK) Ende der neunziger Jahre des vergangenen Jahrhunderts (1997, so genanntes *„Sozialwort“ der Kirchen*) sehr deutlich zur „vorrangigen Option“ des Evangeliums für die Armen, was als logische Konsequenz zu einem Engagement für eine Verringerung und Umkehrung der beschriebenen Ungerechtigkeits-Verhältnisse und -Tendenzen führen müsste.
Kritisch anzumerken ist:

- Kirchen und kirchliche Verlautbarungen verbleiben weitgehend in einer *„paternalistischen“* Position: Gefordert wird Hilfe für die Armen, jedoch keine Veränderung von Strukturen, die Ungerechtigkeit produzieren.
- Die Kirchen nehmen vorrangig die *Armut*, den *(Super-)Reichtum* jedoch allenfalls am Rand in den Blick.
- Vorschläge zur Veränderung bleiben auf der Ebene von moralischen resp. gutgemeinten politischen Appellen und erfolgen nicht aufgrund einer Analyse von gesellschaftlichen und wirtschaftlichen Strukturen. Hinderlich ist hier u.a. die Tradition einer langen und konsequenten Ablehnung marxistischen Gedankenguts.

Als Beispiel genügt ein Blick aufs Inhaltsverzeichnis einer grundlegenden Denkschrift der EKD zum Thema mit dem Titel „Gerechte Teilhabe“ (2006), in der zwar viel von „Armut“ und „Wege aus der Armut“ die Rede ist, aber wenig bis nichts über (Super-)Reichtum und die Ursachen der Un-

gleichheit sowie die „Wege" zu ihrer Beseitigung (etwa wird das Thema „Einkommensverteilung" sogleich wieder auf „... und Armut" verkürzt).
Querverweis: → (Vorrangige) Option für die Armen in der Befreiungstheologie (5.3.2, S. 220f).
Hinweis zur Didaktik: Schüler/innen der gymnasialen Oberstufe haben mit offiziellen kirchlichen Stellungnahmen häufig so ihre Schwierigkeiten, nicht nur des Sprachstils wegen, sondern auch im Blick auf den inhaltlichen Duktus, der in aller Regel sehr im Grundsätzlichen, Allgemeinen und Theologischen verbleibt und dem der Kompromisscharakter aus unterschiedlichen konkreten Interessenlagen oft deutlich abzuspüren ist. All diese Schwierigkeiten sind im Blick auf dieses Sozialwort wohl eher minimiert, da hier doch vehement und deutlich Position bezogen und dies auch anschaulich mit deutlichen und klaren Bibelstellen begründet und untermauert wird. Insofern ist dieser Text auch in längeren Auszügen für die Unterrichtspraxis gut geeignet.
Ergänzung: Neuere EKD-Denkschriften zur sozialen Frage (Gerechte Teilhabe. Befähigung zu Eigenverantwortung und Solidarität, 2006; Unternehmerisches Handeln in evangelischer Perspektive, 2008 u.a.m.) vertreten zwar weiterhin mitunter explizit die vorrangige Option für die Armen, fallen jedoch in der Klarheit der Aussagen insgesamt eher hinter das „Sozialwort" der Kirchen von 1997 zurück. Neue wesentliche Impulse finden sich keine.

Geschlechtergerechtigkeit und Kodifikationen der Gerechtigkeit: AEMR und GG (S. 43, unten)

43: Geschlechtergerechtigkeit (unten)

Rechtlich sind *Frauen* in der Bundesrepublik (GG) und dem Ideal nach auch weltweit (AEMR) (s. die beiden freigestellten Zitate unten) gleich gestellt, *faktisch* jedoch bis zur Gegenwart enorm benachteiligt. Frauen stellen etwa die Hälfte der Weltbevölkerung, leisten weit über die Hälfte und wohl bis zu zwei Drittel der Arbeitsstunden (gesellschaftliche Gesamtarbeit), ihr Einkommen liegt jedoch im Bereich von einem Zehntel, ihr Besitz von einem Hundertstel des Welteinkommens resp. (privaten) Welteigentums. Trotz Art. 3 des Grundgesetzes war in der frühen Bundesrepublik die Berufstätigkeit der Frau von der Zustimmung des Mannes abhängig und auch im 1958 beschlossenen Gesetz über die Gleichberechtigung von Mann und Frau nur erlaubt, sofern mit den „Pflichten in Ehe und Familie vereinbar" – bis der einschränkende Passus erst 1976 im Eherechtsreformgesetz entfiel.
Gleichheit und Gleichberechtigung *aller* Menschen vertreten die
- *Allgemeine Erklärung der Menschenrechte (AEMR)* von 1948 und das
- *Grundgesetz für die Bundesrepublik Deutschland (GG)* von 1949.

Verboten sind Benachteiligungen und Exklusionen aller Art (u.a. auch aufgrund der Religion); angestrebt werden inklusive Gesellschaften sowie eine inklusive Weltgemeinschaft (→ Unterschiedliche Artikel zu verschiedenen Themen aus GG und AEMR im Schülerbuch).
Die *Menschenrechte* umfassen nach einer klassischen Unterscheidung:
- Freiheit *vom* Staat (u.a. Religionsfreiheit; 18. Jh.);
- Freiheit *im* Staat (u.a. Wahlrecht; 19. Jh.);
- Freiheit *durch* den Staat (u.a. Lohngleichheit bei Arbeitsgleichheit; 20. Jh.), gliederbar in: a) ökonomische, b) soziale und c) kulturelle Rechte.

Der italienische Rechtsphilosoph Norbert Bobbio fügte noch den Aspekt der weltweiten Freiheit durch die *Staatengemeinschaft* hinzu (Frieden, Umwelt, Migration etc.)
Weiterführungen und *Ergänzungen:*
- In *Deutschland* überwacht das *Bundesverfassungsgericht* die Einhaltung des GG (→ S. 38 oben, Urteil zum Assistierten Suizid von 2020);
- *weltweit* kann seit 1998 der in Den Haag ansässige *Internationale Strafgerichtshof* (IStGH – ohne USA, China und Russland) schwere Menschenrechtsverletzungen verfolgen und ahnden,
- Nichtregierungsorganisationen (*NGOs*, non-governamental organizations) wie *ai* (amnesty international) setzen sich für die Einhaltung der Menschenrechte ein;
- der 10. Dezember (Tag der Verkündigung) gilt weltweit als *Tag der Menschenrechte.*

Ergänzungen, Anregungen (Inputs):
1. *Tradition der Frauenrechte (Französische Revolution):* „Die Frau ist frei geboren und bleibt dem Manne gleich in allen Rechten. Die sozialen Unterschiede können nur im allgemeinen Nutzen begründet sein." *(Olympe Marie de Gouges, 1755–1793, Erklärung der Rechte der Frau und Bürgerin – de Gouges fiel während der Frz. Revolution der Guillotine zum Opfer)*
2. *Inklusion* von *Menschen mit Beeinträchtigungen und Behinderungen* (→ Mensch; 2.1.3, S. 64, zwei Bilder – Model).
3. *Gerechtigkeit weltweit:* „Bei Gerechtigkeit denke ich zuerst an Ungerechtigkeit – daran, dass es Arm und Reich in der Welt gibt. In der Dritten Welt müssen Menschen oft für sehr wenig Geld hart arbeiten, damit wir uns hier zum Beispiel preiswerte Klamotten kaufen können. Das ist eine Ungerechtigkeit, von der wir sogar noch profitieren." (Wanja Rothmann, 16 J., nach: GEO 10/2007, Gerechtigkeit, 70)

44–46: Gerechtigkeit prinzipiell

1.4.3 „Gerechtigkeit als Fairness" – Gerechtigkeit prinzipiell (S. 44–46)

Das *Unterkapitel* 1.4.3 umfasst zweieinhalb Seiten (S. 44 bis 46, obere Hälfte). Die *Doppelseite* 44f gliedert sich in zwei größere Abschnitte und ein Bild:

- *Gerechtigkeit, philosophisch*, drei unterschiedliche Ansätze: (1) Aristoteles; (2) John Rawls sowie (3) Michael Sandel (S. 44).
- *Gerechtigkeitsverständnisse* in der philosophischen und *theologischen* Diskussion (S. 44 unten, 45).
- *Bild* (Foto).

Den *Abschluss* bilden grundlegende Überlegungen zu traditionalen/ modernen und gerechten/ ungerechten Gesellschaften und zur Veränderbarkeit von gesellschaftlichen Tendenzen, Zuständen und Strukturen (S. 46, obere Hälfte).

44: Drei philosophische Theorien

Drei philosophische Theorien zur Gerechtigkeit (S. 44)

44: Aristoteles

1. Aristoteles (S. 44)

In der *Tugendethik* von *Aristoteles* gilt *Gerechtigkeit* als wichtigste Tugend, weil sie – im Unterschied zu den andern – über die eigene Person hinausgeht und die soziale Dimension mit einbezieht (→ 1.3.1, S. 27): den (1) juristischen bzw. forensischen (Gesetze und deren Einhaltung), (2) politischen (Chancengleichheit bei Ämterzugang) und (3) ökonomischen Bereich (fairer Warentausch resp. faire Preisbildung). Dieses formale, rechtliche Verständnis (man beachte die beträchtlichen Unterschiede zum biblischen, vor allem alttestamentlichen Gerechtigkeitsverständnis (→ 1.4.1) prägte – vermittelt über das römische Recht – das Gerechtigkeitsverständnis der westlichen Welt, in Differenz zu einem am Wohl des Nächsten orientierten Verständnis (Care-/ Fürsorge-Ethik).

44: Rawls

2. John Rawls (S. 44)

Der US-amerikanische Sozialphilosoph *John Rawls* (1921–2002) lehrte Philosophie an der Harvard University. Sein Hauptwerk „A Theory of Justice" (1971) ist zum Standardwerk für die Diskussion über die Gerechtigkeit geworden, ergänzt und modifiziert durch weitere Werke, insbesondere „Justice as Fairness" (2001). Rawls betrachtet – im Gegensatz zu dem in der angelsächsischen Welt vorherrschenden Utilitarismus – *Gerechtigkeit* als *Fairness*, vor allem auch den schwächsten Mitgliedern der Gesellschaft gegenüber. Sein Ansatz ist einem sozial orientierten *Liberalismus* zuzurechnen.

In einem Gedankenexperiment geht Rawls von einem fiktiven Urzustand aus – ähnlich wie Hobbes und Rousseau), aus dem die *Grundsätze* zur *Gestaltung* einer *gerechten Gesellschaft* abgeleitet werden (s. Fließtext Seitenmitte sowie den freigestellten kurzen Quellentext):

1. Das Recht auf größtmögliche (individuelle) Freiheit;
2. das Recht auf Chancengleichheit für alle.
3. Das Recht auf Gewinnanhäufung für einige ist legitim, falls und so weit dies auch von (größtmöglichem) Vorteil für die Schwächsten ist (= Differenzprinzip).

Rawls befasste sich nicht nur mit der innergesellschaftlichen, sondern auch der internationalen Gerechtigkeitsfrage („The Law of Peoples", 1993).

Rawls Gerechtigkeitstheorie hat nicht nur Zustimmung gefunden. Drei Hauptrichtungen der *Kritik* kristallisieren sich deutlich heraus:

- die neo-liberale Kritik (u.a. Harvard-Professor Robert Nozick);
- die marxistisch-kommunistische Kritik, die den Vorrang der Freiheit gegenüber der Gleichheit bemängelt und eine grundsätzliche Kapitalismuskritik bei Rawls vermisst;
- die kommunitaristische Kritik, die bei Rawls eine Überbetonung der persönlichen Freiheit des Individuums sieht und eine Vernachlässigung von Gemeinschaftsprinzipien (siehe u.a. den folgenden Ansatz von Michael Sandel).

Aufgabenstellungen: Einstieg und Erarbeitung John Rawls – Egalitarismus:

1. Machen Sie (in Gruppen) ein Gedankenexperiment: Stellen Sie sich vor, Sie müssten für eine Gesellschaft Regeln für ein gerechtes Zusammenleben aufstellen (und Sie wüssten dabei nicht, welche Rolle/ Position sie später in dieser Gesellschaft bekämen). Welche Grundregeln würden Sie aufstellen?
2. Vergleichen Sie Ihren Katalog mit dem a) Ihrer Klassenkamerad/innen und b) von John Rawls. Stellen Sie Gemeinsamkeiten und Unterschiede zusammen, erklären Sie diese und versuchen Sie, sich auf einen gemeinsamen Vorschlag zu einigen.
3. a) Stellen Sie zusammen, welche Regeln bei diesem Gedankenexperiment nach John Rawls die sinnvollsten wären und b) ziehen Sie dabei auch die kritische Auffassung von Michael Sandel hinzu (s. im Folgenden).

3. Michael Sandel (S. 44)

44: Sandel

Michael Sandel (Liberalism and the Limits of Justice, 1982; Internet-Kurs *Justice with Michael Sandel*) kritisiert Rawls Theorie als zu abstrakt und individualistisch. Er vertritt einen *kommunitaristischen* Ansatz, der die Bedeutung von *Traditionen und* konkreten *Gemeinschaften,* in denen Menschen leben, für die Ausbildung von Werten und Gerechtigkeitsvorstellungen betont.
Michael Walzer, (neben Charles Taylor u.a.) ein weiterer wichtiger Vertreter des Kommunitarismus, unterscheidet etwa folgende „Sphären der Gerechtigkeit" (Buchtitel, 1992): Staatszugehörigkeit, öffentliche Wohlfahrt, Verwaltung, Ökonomie, Arbeit, Verwaltung, Freizeit, Erziehung und Bildung, Religionsgemeinschaften, Nachbarschaft und Verwandtschaft – alle Sektoren benötigen ein eigenes Gerechtigkeitsverständnis.
Natürlich lässt sich auch ein kommunitaristischer Ansatz *kritisieren*: Er beschwört vermeintlich hilfreiche traditionelle Werte und Gemeinschaftsbildungen (Familie, Nachbarschaft, Vereine etc.), gebraucht wenig definierte Schlagworte (Gemeinschaft, Gemeinsinn, Bürgersinn etc.), wird zwischen den stark individualisierenden und globalisierenden Tendenzen zerrieben und hat ein wenig geklärtes Verhältnis (gewisse Affinität?) zu den neuen nationalisierenden Tendenzen.

Gerechtigkeitsverständnisse in der philosophischen und theologischen Diskussion (S. 44 unten, 45).

44 u. 45: Gerechtigkeitsverständnisse

Der Abschnitt charakterisiert fünf unterschiedliche *Konzeptionen* von *Gerechtigkeit* und veranschaulicht jede an einem Beispiel aus dem NT (Jesus), um zuletzt noch die Möglichkeit eines Konzeptionenmix ins Spiel zu bringen. *Querverweise:* Es lassen sich die entsprechenden Unterkapitel bzw. Bibeltexte im *Jesus-Kapitel* hinzuziehen:

Gerechtigkeitsmodell	Bibelstelle	Bibeltext	Querverweis
Leistungsgerechtigkeit	Lk 10,7	Arbeiter ist seines Lohnes wert.	(tlw. auch: Mt 20,1–15)
Bedürfnisgerechtigkeit	Mt 20,1–15/10b	ein jeder seinen Silbergroschen	→ 4.3.1, S. 170
Verteilungsgerechtigkeit	Mt 5,42	Gib dem, der dich bittet	→ 4.4.1, Bergpredigt
Teilhabegerechtigkeit	Lk 7,34	Freund der Zöllner und Sünder!	→ 4.2.3, S. 162: Mk 2
Befähigungsgerechtigkeit	Mk 10,51	Was willst du, dass ich dir tun soll?	→ 4.3.2, Wunder

Überblick-Tabelle über die drei *Gerechtigkeitsverständnisse* nach Leistung, Bedürfnissen bzw. Teilhabe:

	Leistungsgerechtigkeit	Bedarfsgerechtigkeit	Teilhabegerechtigkeit
Regulative Idee / Normativer Maßstab	Markterfolg, (Individuelle) Leistung	Menschenwürde, Grundbedürfnisse	Gesellschaftliche Teilhabe
Absender / Adressaten	Wirtschaftlich Erfolgreiche	Paternalismus/ Arme	Gesamtwohl/ Randständige
Referenzsysteme	Markt	Individuum	Gesellschaft, Symbolsysteme
Träger	Politische Parteien (außer „Linke")	Sozialanwälte (Kirchen, Verbände)	Soziale Bewegungen (Kirchen)
Wohlfahrtsmodell	Residualer Wohlfahrtsstaat	Sozialstaat, „versorgender" Staat	Regulierender, aktivierender Staat

Bild (Foto): Steilhang des Stadtteils Palmitas (S. 45 unten)

45: Bild (unten)

Palmitas ist ein Stadtteil von Pachuca, einer ca. 100 km nordöstlich von Mexico-City gelegenen Stadt, berüchtigt für seine Bandenkriminalität. In einem durch die Regierung geförderten Sozialprojekt hat die Street-Art-Gruppe „Germen Nuevo Muralismo Mexicano" („Keimzelle der neuen mexikanischen Wandmalerei"; der bekannteste Vertreter dieser Tradition des „Muralismo" war Diego Rivera → Bild, S. 209) in knapp halbjähriger Arbeit in engem Austausch mit der Bevölkerung einen Komplex von über 200 Häusern in Regenbogenfarben bemalt – das Werk erlangte Berühmtheit, nicht nur der Kunst wegen, sondern auch aufgrund des sozialen Kontextes: die Kriminalitätsrate ging seit der Aktion um ein Drittel zurück. „Mitglieder rivalisierender Banden arbeiteten zusammen und lernten sich kennen", sie „essen und malen zusammen und kommen miteinander aus" – so erklärt die Stadtverwaltung den Erfolg. (FR, 18. August 2015, S. 36)

Ergänzungen:

- Stadt als Spekulationsobjekt im Neoliberalismus, Explosion von Bau- und Mietkosten, Gentrifizierungsprozesse, soziale Spannungen; kritisch dazu: Ernst Hubeli: Die neue Krise der Städte (2020) sowie: Hans-Jochen Vogel: Mehr Gerechtigkeit! (2019),
- *Methodik:* Stadt-/ Ortsführungen aus der „Schattenseiten-Perspektive".

46: Fließtext (oben)

Abschluss Fließtext / Zitat-Paar (S. 46, obere Hälfte)

Überlegungen zu traditionalen/ modernen und gerechten/ ungerechten Gesellschaften und zur Veränderbarkeit von gesellschaftlichen Tendenzen, Zuständen und Strukturen, die in einer Art Ringschluss den Einstieg des Teilkapitels (S. 40) aufnehmen und weiterführen.

Zwei freistehende *Zitate*, zum einen Art 22 der AEMR (→ S. 43 unten), zum andern der US-amerikanischen Philosophin Martha Nussbaum. Sie vertritt im Anschluss an Aristoteles (→ S. 27 oben, S. 44 oben) eine Tugendethik sowie ein Modell der „Befähigungsgerechtigkeit" (Capability Approach) (→ S. 45 Mitte) und weist im ausgewählten Zitat auf die geschichtlich-gesellschaftliche Bedingtheit, also auch Veränderbarkeit, von Gerechtigkeitsverhältnissen hin.

Ergänzung: In Anknüpfung und Weiterführung des Einstiegsimpulses zum gesamten Kapitel, Brechts Gedicht *Die Nachtlager* (S. 12 unten), lässt sich die Frage nach Veränderbarkeit der Verhältnisse an zwei kontroversen Zitaten (innen/ außen; Individuum/ Strukturen) diskutieren, das eine aus der östlichen Tradition, das andere wiederum von Brecht. Angestrebt werden sollte nicht nur eine plakative Entgegensetzung (die natürlich auch ihre Berechtigung hat), vielmehr darüber hinaus eine dialektische Vermittlung und Überbietung beider Positionen.

„‚Ich verstehe', sagte der chinesische Weise Liä Dsi auf die Frage seiner Zeit, ‚nur das eigene Selbst in Ordnung zu bringen, einen Staat in Ordnung zu bringen, verstehe ich nicht.' Und er fügte hinzu: ‚Ich habe noch nie gehört, dass, wenn das eigene Selbst in Ordnung ist, der Staat in Verwirrung käme, und habe auch noch nie gehört, dass, wenn das eigene Selbst in Verwirrung ist, der Staat sich ordnen ließe. Die Ursache der Ordnung liegt also im eigenen Selbst."
(Liä Dsi, Quellender Grund)

„‚Warum bist du krank', fragten Herrn Keuner die Leute. ‚Weil der Staat nicht in Ordnung ist,' antwortete er, ‚darum ist meine Lebensweise nicht in Ordnung, und meine Nieren, meine Muskeln und mein Herz kommen in Unordnung.'"
(Bertolt Brecht, Herrn Keuners Krankheit, aus: Geschichten vom Herrn Keuner)

(Liä Dsi, Quellender Grund, VIII, 16; zitiert nach: Eugen Drewermann, Der tödliche Fortschritt, Regensburg 1981, S. 154)
(Bertolt Brecht, Herrn Keuners Krankheit, aus: Geschichten vom Herrn Keuner, in: Gesammelte Werke, Bd. 12, Frankfurt a.M.: Suhrkamp, 1967, S. 411)

46: Abschluss Teilkapitel (unten)

Abschluss des Teilkapitels 1.4 (S. 46, untere Hälfte)

Den *Abschluss* des gesamten Teilkapitels bilden drei Elemente:

- Ein provokantes, ironisierendes, satirisches (freigestelltes) *Zitat* des Kabarettisten Somuncu, der selbst zu den Menschen mit Migrationshintergrund und damit zu den von Diskriminierung und Marginalisierung Betroffenen, zugleich jedoch zu den „Erfolgreichen" zählt.
- Die *Zusammenfassung* enthält wichtige Aspekte des Teilkapitels, die jedoch um weitere Elemente aus den einzelnen Teilkapiteln zu ergänzen sind, insbesondere:
  - Prophetische Kritik im AT (Amos), 1.4.1;
  - (Un-)Gerechtigkeitsverhältnisse in der Bundesrepublik Deutschland, 1.4.2;
  - Philosophische Gerechtigkeitsmodelle (Aristoteles, Rawls, Sandel), 1.4.3.
- Aufgaben.

46: Zu den Aufgaben

Zu den Aufgaben (S. 46)

Aufgabe 1: Bildbeschreibungen a.a.O (s.o.); eigene Gefühlsreaktionen wahrnehmen und würdigen. Alle drei Bilder (Fotos von „Realszenen" und Kunst-Installationen) zeigen eine gewisse „Ästhetik" bzw. hier: „Schönheit" – es geht um die Würde jedes Menschen, die auch bei der Darstellung von Prozessen der „Exklusion" gewahrt werden soll. Mechanismen von Exklusion/ Inklusion: Grenzziehungen (Zaun, Mauer, Wand u.a.m.) unmittelbar an den Außengrenzen (Europas, Foto 1). Abwehr von „Eindringlingen" durch Staats-/ Polizei-Gewalt, Nichtwahrnehmung (= Exklusion der Wahrnehmung) dieser Gewaltstruktur im Binnenraum (Golfspieler/in). Ikonographische und reale Entgegensetzung von Schönheit/ Reichtum/ Freizeit im Binnenraum vs. Rohheit, Wildheit, „Barbarentum" außen; Aufbau eines Bedrohungsszenarios. Gefühl der Notwendigkeit eines Schutzraumes … Nur auf dem ersten Foto sind Menschen zu sehen. Die beiden anderen zeigen Verkehrsmittel und Habseligkeiten resp. die Wohnsituation von Exkludierten. Frage nach Grundbedürfnissen und Grundnotwendigkeiten.

Aufgabe 2: Gerechtigkeit als umfassender Begriff für Struktur einer Gesellschaft (Inklusionspotential) – Gerechtigkeit in Tora (Sozialgesetzgebung im AT → S. 30) und Prophetie (Amos, Jesaja) – Gerechtigkeit im NT, insbes. bei Jesus (S. 44f, Gerechtigkeit in der Diskussion; → 4.3 Reich Gottes, insbes. Gleichnisse, etwa Arbeiter im Weinberg, S. 170 Mitte).

Aufgabe 3: Das Prinzip der Chancengleichheit bei Aristoteles und Rawls; bei Sandels Gerechtigkeit vorrangig als Teilhabe (an unterschiedlichen) Gemeinschafts- und Gerechtigkeitssystemen – diese Motive kehren wieder in der Begrifflichkeit als Teilhabe-, Chancen- und Befähigungsgerechtigkeit. Momente der Verteilungsgerechtigkeit bei Aristoteles (gerechte, erschwingliche Preise) und Rawls (Besserstellung der Schwächsten); Rawls gibt Kriterien für die Berechtigung, aber auch Grenzen der Leistungsgerechtigkeit an (Recht auf Besserstellung und Reichtum – „allerdings nur dann, wenn …" – Das Prinzip der „Bedürfnisgerechtigkeit", heute etwa: Mindesteinkommen, Soziale Grundsicherung, Bedingungsloses Grundeinkommen, wird bei allen drei Theoretikern (jedenfalls in den hier zitierten Ausschnitten) nicht expressis verbis berücksichtigt.

Aufgabe 4: GA, arbeitsteilig; Gruppenpuzzle. Grafik entwickeln und inhaltlich erarbeiten nach dem Schema:

Schema/ Medien	Bilder	Bibel (AT, NT)	BRD	John Rawls	Gerechtigkeit grundlegend
Inklusion					
Exklusion					
Privilegierung					
Deprivation					

Aufgabe 5: Statistiken s.u. sowie Eigenrecherche (mögliche Fächerverbindung zu Gemeinschafts-, Sozial- resp. Wirtschaftskunde).

Ergänzungen: Grafiken, Statistiken und Überblicke zu: Soziale Gerechtigkeit
Vermögensverteilung unserer Gesellschaft (Zahlen stark gerundet)

Folgende „Teile" der Erwachsenen in unserer Gesellschaft		
„Oberschicht"	„Mittelschicht"	„Unterschicht"
10%	20%	70%
besitzen folgenden Anteil am Gesamtvermögen		
60%	30%	10%

Grafische Darstellung:

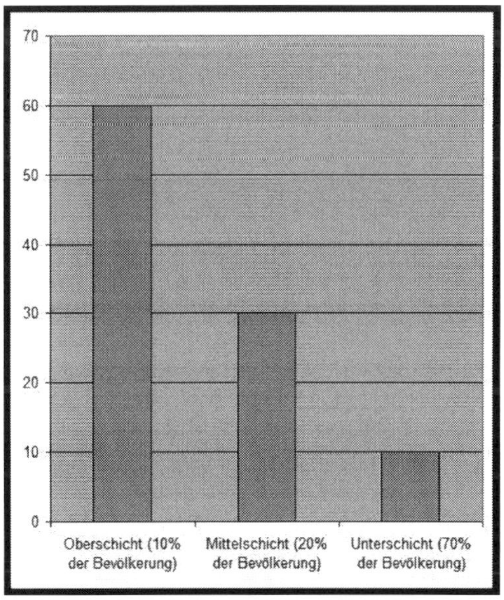

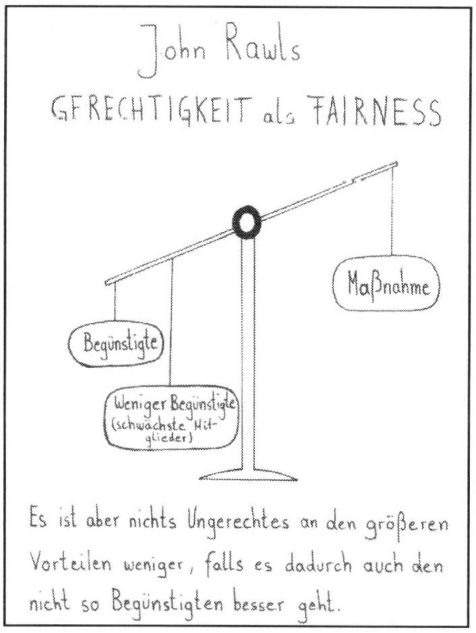

Ergänzung: Gedankenexperiment zu: Gesellschaft und Gerechtigkeit – Fünf Grundmodelle (nach Steven Luke): Utilitaria, Libertaria, Kommunitaria, Egalitaria sowie Proletaria. In: Dieterich, Veit-Jakobus: Gerechtigkeit (Oberstufe Religion, hg. von Veit-Jakobus Dieterich und Hartmut Rupp), Schülerheft, Stuttgart: Calwer 2009, S. 28 (Lehrermaterialien. Stuttgart: Calwer 2010)

47–53: Unsere Zukunft

1.5 Schöne neue Welt? – Unsere Zukunft (S. 47–53)

Die *Überschrift* des Teilkapitels nimmt die Formulierung eines Buchtitels von Aldous Huxley auf, einem der großen dystopischen Romane des 20. Jh.s.: Schöne neue Welt (1932, engl. Originaltitel: Brave New World). Der Buchtitel ist ohne Fragezeichen.

Aufbau des Teilkapitels mit *Einstieg* sowie *Abschluss* und *drei Unterkapiteln:*
- Einstiegseite (S. 47)
- Optimistische vs. pessimistische) Zukunftsvisionen (1.5.1, S. 48)
- Menschliche Zukunftsgestaltung (1.5.2, S. 49f)
- Gottes Zukunft: Biblische Zukunftshoffnungen (1.5.3, S. 51)
- Abschluss: S. 51f.

Themen und Querverbindungen:

1.5 *Kollektive* Zukunftsvorstellungen	→ 2.7 *Individuelle* Zukunftsvorstellungen
1.5.2 „Gerechtigkeit, Frieden und Bewahrung der Schöpfung“	→ 1.3.3 Angewandte Ethik → 1.4 Gerechtigkeit

Materialien:
Drei *Bilder* aus der neueren bzw. zeitgenössischen Kunst; als Rahmung (Einstieg und Abschluss) zwei sich komplementär aufeinander beziehende Kunstwerke von Hans-Georg Hofmann (S. 47, 53), dazwischen eines von Georg Baselitz (S. 51).
- S. 47 Hans-Georg Hofmann (*1957): Ode marítima I, 2012
- S. 51 Georg Baselitz (*1938): Die Hand – Das brennende Haus, 1964/65
- S. 53 Hans-Georg Hofmann (*1957): O Jardim da Estrela 2, 2013

Zwei *Quellentexte* namhafter Theologen zur eschatologischen Ausrichtung des christlichen Glaubens (J.A. Comenius und J. Moltmann, S. 52).

Ein Blick auf die *Jugendlichen*
Aufgabenstellungen: Schülertexte zum Thema: Meine persönliche/ berufliche Zukunft – Die Zukunft der Natur/ der Welt/ der Menschen (untereinander).

Ergänzungen:
Eine Zusammenfassung der Shell-Jugendstudie von 2019 wurde unter dem Untertitel „Eine Generation meldet sich zu Wort“ veröffentlicht. Festgehalten wird, dass als „zukunftsrelevante Themen [...] vor allem Umweltschutz und Klimawandel erheblich an Bedeutung gewonnen“ haben. Die Autoren kommen zur Folgerung einer „Forderung nach mehr Mitsprache und der Handlungsaufforderung an Politik und Gesellschaft.“ (Zitate S. 13; unter: https://www.shell.de/ueber-uns/shell-jugendstudie.html abgerufen am 14.02.2021).

Corona und Jugend:
Die zweite bundesweite Online-Befragung von Jugendlichen (über 7000 Heranwachsende und junge Erwachsene von 15 bis 30 Jahren) nach einem knappen Jahr Pandemie „JuCo2“ zeigte zur Jahreswende 2021
- bei etwa der Hälfte eine deutliche Angst vor der Zukunft; ein Drittel fühlte sich einsam und belastet, 80% fehlten ausreichende soziale Kontakte und Freizeitaktivitäten; auch die psychischen Probleme stiegen deutlich an.
- Rund zwei Drittel hielten die verordneten Schutzmaßnahmen für sinnvoll, etwa in der gleichen Größenordnung wurde zugleich die Auffassung vertreten, die Sorgen junger Menschen würden in der Politik nicht gehört.
- Insgesamt handle es sich um eine Jugend im „Wartezustand“, der die Pandemie als generationale Erfahrung eingeschrieben wird, also gleichsam um eine „Corona-Jugend“.

Nach einer Studie der Bertelsmann-Stiftung (vom Frühjahr 2021 zum Zustand der Gesellschaft nach einem Jahr Corona-Pandemie) sind vor allem die Sorgen der jungen Menschen (bis 29 Jahre) stark angestiegen (rund zwei Drittel äußern Zukunftssorgen), ebenso Gefühle von Isolation und Depression.

Einstieg (S. 47)

47: Einstieg

Zwei großformatige Bilder von Hans-Georg Hofmann bilden den Rahmen des Teilkapitels, ergänzbar um ein drittes, analoges.

Hans-Georg Hofmann: Zukunfts-Gefährdungen	Georg Baselitz Gefährdete vs. bewahrte Welt / 134: Hans-Georg Hofmann: Theodizee)	Hans-Georg Hofmann: Zukunfts-Chancen

*Hans-Georg Hofmann (*1957): Ode marítima I, 2012*

47: Bild Hofmann

Bildbeschreibung: Das quadratische, aus sechs mal sechs wiederum quadratischen Einzelbildern zusammengesetzte Bild zeigt Szenen an der Küste, häufig einen Blick auf bewegte Wellen (und Wogen), aber auch Küstenabschnitte mit Felsen, Kaimauern, einem Leuchtturm, Teile einer Stadt; vereinzelt handelt es sich auch um monochrome Flächen (tlw. mit Wasser-/ Meerstruktur). Ziemlich zentral ein Quadrat mit drei Fischen, die (möglicherweise) leblos wirken. Es dominieren Blau- und Weiß-, aber auch Schwarztöne, vereinzelt Gelb (als möglicher Strand oder auch Himmel) und Rot.
Hintergrundinformationen: Das Bild ist Teil eines Triptychons, das der Künstler zu einem langen Gedicht des portugiesischen Schriftstellers Fernando Pessoa (1888–1935; Gedicht unter dem Heteronym Álvaro de Campos) malte. Das Gedicht mit dem Titel „Ode marítima“ beschreibt einen Tag am Kai, in dem der Morgen zwischen Idyll und Gefahren noch alle Möglichkeiten offen hält (vorliegendes Bild). Text im Bild, Quadrat links unten: „... am verlassenen Kai, an diesem Sommermorgen“ (port. „no cais deserto, a esta manhã de Verão).
Der Mittag thematisiert dann sehr drastisch und auch brutal die Gefahren, die am und auf dem Meer drohen: die Gewalt der Natur (Wasser, Feuer u.a.m.), aber auch von Seefahrern und Piraten (festgehalten im „mittleren“ Bild des Triptychons mit dem Titel *Ode marítima 2* → S. 134). Am Abend wird die Welt dann wieder friedlich(er), Sturm und (menschliche) Gewaltausbrüche haben sich gelegt (das hierzu gehörige Bild „Ode marítima 3“ wurde im Buch nicht aufgenommen, sondern durch ein anderes „friedliches“, Harmonie ausstrahlendes, formal ähnlich strukturiertes Bild ersetzt → S. 53). Die Technik, sich in Gedanken in Lebenssituationen hineinzuversetzen und diese dramatisch und drastisch mitzuerleben und nachzuerzählen, nennt der Künstler „senziasionisme“. Es handelt sich zugleich um äußerliche und innere Bilder. Herr über die eigenen, mitunter wilden, aggressiven und brutalen, aber auch ängstlichen und sorgenvollen Gefühle wird der Mensch durch das „Steuerrad“ seiner Phantasie, an dem er wie der Kapitän eines Schiffes steht.
Querverweise: Zu Hans-Georg Hofmann s. Anhang, 7.5.7.2; zu den beiden anderen angesprochenen Bildern Hofmanns s. die entsprechenden Seiten.
Deutungsangebote: Die drei Bilder des Teilkapitels lassen sich in einem Dreischritt auf die 1) ambivalente, 2) sorgenvolle, ängstliche oder pessimistische (Baselitz, S. 51, ersetzbar bzw. ergänzbar durch Hofmann, S. 134) sowie 3) hoffnunsvolle, optimistische Sicht auf die Zukunft deuten.

Mögliche Aufgabenstellungen:

47: Aufgabenstellungen

a) Bilder H.-G. Hofmann
1. Bilder vergleichen (Emotionalität); Ängste, Hoffnungen thematisieren (Farben, Motive bzw. Szenen, Malweise).
2. Bildelemente miteinander kombinieren (Farbkopie zerschneiden und neu zusammenstellen, ergeben sich neue Kunstwerke?).
3. Ergänzen durch drittes analoges Bild von H.-G. Hofmann (S. 134, Theodizee); als Triptychon gestalten und interpretieren.

b) Weltuntergangsuhr (Doomsday Clock):
1. „Lebenslinie“ der Doomsday Clock erstellen (Wann und warum wird vor- bzw. zurückgestellt; Grafik erstellen: Neuere Zeitgeschichte im Spiegel der Doomsday Clock).
2. Die „Lebenslinie“ einer Welt*auf*gangsuhr erstellen.
3. Sprichwörter suchen und erläutern: „Die Zeituhr tickt“; „Zeitbombe“ etc.

c) Ergänzungen
1. Die Berechtigung westlicher (linearer) und östlicher (zyklischer) Zeitvorstellungen anhand konkreter Beispiele darlegen (z.B. Jahreskreislauf, Evolution etc.).
2. Den Unterschied und die Berechtigung von linearer Zeit (griech. *chronos*) und günstigem, geglücktem Zeitpunkt (griech. *kairos*) bzw. auch „Zeitfenster“ anhand konkreter Beispiele er-

läutern (z.B. Entwicklungen im individuellen Lebenslauf, Klimaveränderungen mit möglichen „Kipppunkten“ etc.).
3. Eigene Zukunftsvorstellungen (-texte) formulieren, diskutieren und analysieren: „Mein Leben/ unsere Welt in 10, 20, 50 Jahren ...“ – „Das Leben meiner Kinder ...“ o.Ä.m.

48: Zukunftsvisionen

1.5.1 „Herren der Apokalypse“ – „Schaffung neuen Lebens“ – Zukunftsvisionen (S. 48)

Die *Überschrift* des Unterkapitels mit den beiden antagonistischen Kurzformulierungen, dem im Text genannten ersten Zitaten-Paar entnommen, verweist auf die widersprüchlichen Vorstellungen im Blick auf die Zukunft:
Drei Kontrovers-Themen (Begriffe in der Marginalspalte):
- Einander entgegengesetzte Zukunfts-Ängste und -Hoffnungen;
- Planbarkeit vs. Unplanbarkeit (Offenheit) der Zukunft;
- Erläuterung zentraler Begriffe („Utopie“, „Dystopie“; ferner „Retrotopie“) – im Anschluss an das erste Thema.

Materialien, Querverweise und Ergänzungen:

	positiv/ affirmativ	negativ/ kritisch
Einstellung zur Zukunft	Craig Venter: Möglichkeit der Neuerschaffung *Erg.: Digitale Versprechen*	Günther Anders: Möglichkeit der menschengemachten Apokalypse (Weltzerstörung)
Planbarkeit der Zukunft	Materialistisches Weltbild (Kosmos) (de Laplace)	Offenes Weltbild (Offenheit der sozialen Welt) (Spruch)
Querverweis: Planbarkeit des Menschen	*Materialistisches Menschenbild (de La Metrie → S. 59)*	*Offenes Menschenbild (→ S. 59, Conway) (Psyche, Geist, Individualität, Kreativität)*
Beschreibung Zukunft	Utopie (Thomas Morus)	Dystopie (George Orwell)

Drittes Modell (neben Utopie und Dystopie): „Retrotopie“ (Konstruktion und Versuch der Rekonstruktion einer idealisierten, neu oder gar umgedeuteten Vergangenheit; scheinbar „heile Welt“; hier lassen sich neuere demokratiefeindliche Tendenzen in Deutschland (AfD etc.) zuordnen → S. 226 oben).
Ergänzung: Digitale Versprechen (Ray Kurzweil, Michio Kaiku: „2100 werden wir so mächtig wie die Götter sein, die wir einst verehrten und fürchteten.“ In: „Die Physik der Zukunft“).
Literatur – Zitatnachweise:

- Anders, Günter: Die Antiquiertheit des Menschen, Bd. 1, München: C.H. Beck'sche Verlagsbuchhandlung, 7. Aufl., Nachdr., 1987, S. 239.
- Venter, John Craig: Leben aus dem Labor. Von der Doppelhelix zum künstlichen Organismus, übers. von Sebastian Vogel, Frankfurt a.M.: S. Fischer Verlag, 2014, S. 259f.
- de Laplace, Pierre-Simon: Philosophischer Versuch über die Wahrscheinlichkeit (Théorie analytique des probabilités, 1814), hg. von R. v. Mises, Leipzig: Akademische Verlagsgesellschaft, 1932, S. 1f.

49f: Menschliche Zukunftsgestaltung

1.5.2 „... niemals aufhören zu kämpfen ...“ – Menschliche Zukunftsgestaltung (S. 49f)

Die *Überschrift* des Unterkapitels ist (in verkürzter Form) einer Rede der Klimaaktivistin Greta Thunberg entnommen (→ S. 38 – im vorliegenden Unterkapitel kommt Thunberg erneut zu Wort (Zitat S. 50, untere Hälfte, linke Spalte).
Das *Thema* des zwei Seiten umfassenden Unterkapitels ist – wie der Untertitel sachlich formuliert – die Zukunftsgestaltung durch den Menschen.
Der *Aufbau* des Unterkapitels ist drei- bzw. viergliedrig und folgt dem Programm des Ökumenischen Rats der Kirchen (ÖRK): Gerechtigkeit, Frieden, Bewahrung der Schöpfung/ Planetarische Ethik.
Ein letzter Abschnitt fragt nach *Strategien der Zukunftsgestaltung* (S. 50 unten).

Themen, Materialien und Querverbindungen

Themen	Materialien/ Zitate	Inhalte (Fließtext)	Querverweise
Gerechtigkeit	ÖRK Seoul 1990/ Dom Helder Camara	Fürsorge/ Paternalismus/ strukturelle Veränderung	→ 1.4, S. 40ff, bes. 43; → 5.3.2, 219ff, bes. 220
Friede	Konstituierung ÖRK 1948 Mahatma Gandhi	„Gerechter" Krieg, Friede Friede & Gerechtigkeit	→ 1.5.3, S. 51, Mitte: Eschatologischer Friede
Bewahrung der Schöpfung/ Planetarische Ethik	ÖRK Seoul 1990/ wikipedia-Artikel Greta Thunberg/ EKD 2018	Heiligkeit/ Nachhaltigkeit Sustainable Development Goals (UN)/ BRD: „Große Transformation"	→ 1.3.3, S. 34ff, bes. 38 (unten): Planetarische Ethik
Strategien der Zukunftsgestaltung	Margaret Thatcher/ Attac	- technisch-ökonomisch - alternativ-nachhaltig - systemkritisch-alternativ	Anschluss an 1.3.3; 1.4, 5.3.2

Ökumenischer Rat der Kirchen (ÖRK)/ Gerechtigkeit (S. 49, obere Hälfte)

49: Ökumenischer Rat der Kirchen (oben) – Gerechtigkeit

Auf der ÖRK-Weltversammlung in Vancouver 1983 entstand ein „konziliarer Prozess gegenseitiger Verpflichtung für *Gerechtigkeit, Frieden und Bewahrung der Schöpfung*" mit dem Höhepunkt der Weltversammlung in Seoul, 1990, und der Formulierung von „Zehn Grundüberzeugungen", die jeweils einem dreiteiligen Aufbau folgen: Bezug Gottesglaube zu bestimmter Thematik/ Inhaltliche Erläuterung/ Praktische Konsequenzen (Widerstand und Handlungsalternativen). Zwei der Themen sind ausgewählt: Gerechtigkeit (S. 49) sowie Schöpfungsbewahrung (S. 50) (Grundüberzeugung II und VII). Beide werden mit Aspekt 1 und 2 zitiert, als Ergänzung hier jeweils Aspekt 3: Hinweise zur Praxis:

Gerechtigkeit (II):

- „Wir werden allen Kräften, politischen Maßnahmen und Institutionen *widerstehen,* die Armut verursachen und verlängern [...].
- Wir *verpflichten* uns, solche Organisationen oder Bemühungen zu unterstützen, die für die Abschaffung von Ausbeutung und Unterdrückung arbeiten."

Schöpfungsbewahrung (VII):

- „Wir *widerstehen* [...] allen menschlichen Aktivitäten [...] sowie politischen Vorhaben und Plänen, die zur Zerstörung der Schöpfung beitragen.
- Deshalb *verpflichten* wir uns [...], die Rechte kommender Generationen zu achten und die Ganzheit der Schöpfung zu bewahren [...]."

(Quellen-Angabe im SB)

Frieden (S. 49, unterere Hälfte)

49: Frieden (unten)

- *Frieden:* Das ÖRK-Zitat findet sich häufig falsch zit. in der Form: „Krieg darf nach Gottes Willen nicht sein."
- Die Friedensdenkschrift der EKD „Aus Gottes Frieden leben – für gerechten Frieden sorgen" (2007), aus der das Zitat im Fließtext ganz unten stammt, verweist auf die friedensfördernde Bedeutung dreier Faktoren: „die Vermeidung von Gewaltanwendung, die Förderung von Freiheit und kultureller Vielfalt sowie [der] Abbau von Not" (a.a.O., Ziffer 80 – kursiv im Original).
- Auch die Deutsche Bischofskonferenz (DBK) nahm 2000 zur Thematik Stellung mit der Veröffentlichung: Gerechter Friede.
- Die traditionelle Lehre vom „Gerechten Krieg" nannte wichtige Kriterien/ Bedingungen: 1. Legitimierte (politische) Macht bzw. Instanz (*legitima potestas*); 2. Gerechter Grund (*causa iusta*); 3. Letztes vernünftiges Mittel (*ultima ratio*); 4. Richtige Intention (*recta intentio*). – Mögliche moderne Zusatzkriterien: 5. Verhältnismäßigkeit; 6. Beendigungsmöglichkeit (Exit-Strategie); 7. Folgenabschätzung; 8. Aussicht auf gerechten Nachkriegszustand.
- Das neue Leitbild *„Gerechter Friede"* konzentriert sich erstens auf den Frieden, nicht den Krieg, und verbindet zweitens Friede und Gerechtigkeit.

Bewahrung der Schöpfung/ Ökologische Ethik (S. 50, obere Hälfte)

50: Bewahrung der Schöpfung (oben)

a) Zerstörung der Schöpfung/ Natur/ Mitwelt

Welterschöpfungstag/ Earth Overshoot Day (Erdüberlastungstag): Rasche Entwicklung nach vorn: 1970 reichte die Erde für den Verbrauch noch aus; 1987: 19. Dezember; 2019: Juli, d.h. gut drei

Jahrzehnte bzw. eine Generation später Beschleunigung der Entwicklung vom Jahresende hin zur Jahresmitte (weitere Veränderung in die erste Jahreshälfte). *Deutschland* ist unter den negativen Spitzenreitern, 2021: Anfang Mai. Die gesamte Weltbevölkerung lebt, als hätten wir 1,75 Erden, Deutschland, als hätten wir drei. Durchschnittlich müssten wir unseren Umweltverbrauch auf ein Drittel absenken, wobei die Reich(er)en deutlich mehr zur Umweltbelastung beitragen, also auch überdurchschnittlich zu reduzieren hätten (faktisch wird das vollständig konterkariert!).
b) Forderungen nach umfassenden *gesellschaftlichen Veränderungen* im Kontext der *Umweltkrise* (Klimawandel; Zerstörung des (Öko-)Systems):

- auf *wissenschaftlicher Ebene:* Prinzip der *Nachhaltigkeit* sowie international, besonders im angelsächsischen Sprachraum, Forderung eines sog. Green New Deal, (Naomi Klein, Jeremy Rifkin u.a.m.);
- auf *internationaler Ebene:* 2015 UN-Veröffentlichung *Agenda 2030* für Nachhaltige Entwicklung (Sustainable Development Goals – SDGs).
- in der *Bundesrepublik Deutschland* erlangte das Programm eines „Gesellschaftsvertrags für eine Große Transformation" (Hauptgutachten 2011) – verkürzt: *Große Transformation* –zentrale Bedeutung.
- *Ergänzung:* In einem aufsehenerregenden Urteil erklärte das Bundesverfassungsgericht im April 2021 das deutsche Klimaschutzgesetz für grundgesetzwidrig, da es die Hauptlast der Emissionsverminderung der nachfolgenden Generation aufbürde. Das Gericht verpflichtete die Politik zu einer Nachbesserung. Geklagt hatten neben Umweltverbänden vor allem Vertreter/innen der jüngeren Generation. Letzteren hat das Gericht Recht gegeben (Az.: 1BvR 2656/18).

Literatur:

- Berners-Lee, Mike: Wie schlimm sind Bananen? Der CO_2-Abdruck von allem, Zürich: Midas, 2. Aufl. 2021
- Göpel, Maja: Unsere Welt neu denken. Eine Einladung, Berlin: Ullstein, 2020
- Graphic Novel: „Umwelt und Klima. Derzeitiger Zustand und Lösungsmöglichkeiten. Gestaltet als Graphic Interviews mit Mitgliedern des wissenschaftlichen Beirats der Bundesregierung Globale Umweltveränderungen (WBGU)"; auch digitalisiert unter: https://www.jacobystuart.de/buecher-von-jacoby-stuart/comic-graphic-novel/die-grosse-transformation/ abgerufen 22.01.2021; auf der Webseite (http://www.die-grosse-transformation.de/2013/04/themenvertiefung.html abgerufen 22.01.2021) auch Unterrichtsmaterialien (Klassenstufe 9/10)
- Katapult geG: 102 grüne Karten zur Rettung der Welt, Berlin: Suhrkamp, 2020
- Nelles, David/ Serrer, Christian: Kleine Gase – Große Wirkung. Der Klimawandel (www.klimawandel-buch.de – abgerufen 22.01.2021; verständlich aufbereitet).

Ergänzungen (Hinweise zu Methodik und Materialien):

- Berechnung des (eigenen) ökologischen Fußabdrucks (CO2-Emissionen): „Rechner" von Brot für die Welt:
- https://www.fussabdruck.de/fussabdrucktest/#/start/index/ abgerufen 22.01.2021.
- Veröffentlichung der zur ökologischen Transformation aufrufenden Erklärung *„Kairos für die Schöpfung – Hoffnung für die Erde bezeugen"* (Kairos = richtiger/ günstiger, hier: dringlicher Zeitpunkt) in Form eines Bekenntnisses im Anklang an die Barmer Theologische Erklärung von 1934 bei einem Treffen von über 50 Delegierten des Ökumenischen Rats der Kirchen vom 16.–19. Juni 2019 in Wuppertal (Wuppertaler Erklärung): (https://www.oikoumene.org/de/news/the-wuppertal-call-ecological-conversion-urgently-needed https://www.oikoumene.org/de/resources/documents/kairos-for-creation-confessing-hope-for-the-earth-the-wuppertal-call).

50: Fridays for Future (Mitte)

Soziale Bewegung: Fridays for Future
Ausgehend von *Greta Thunbergs* „Skolstrejk för Klimatet" bildete sich seit August 2018 die weltweite „Fridays for Future"-Bewegung junger Menschen. 2019 erhielt Greta Thunberg den auf private Initiative hin (Jakob von Uexküll) entstandenen Alternativen Nobelpreis (Right Livelihood Award/ Preis für die richtige Lebensweise, insbes. für den Kampf gegen Armut und den Schutz der Umwelt). Im Gefolge bildeten sich analoge Gruppen: Scientists/ Economists for Future u.a.m.
Querverweis: Fridays For Future-Bewegung (Bild) sowie Greta Thunberg (Zitat und Bild) → S. 38 unten (Engagement für die Erde/ Planetarische Ethik).
Literatur und Links:

- Reden Greta Thunbergs im Internet, z.B.: https://www.youtube.com/watch?v=VbDnPj0G0wY
- Wetzel, Jakob: Fridays for Future, München: Süddeutsche Zeitung, 2019
- Hochmann, Lars: Economists4Future. Verantwortung übernehmen für eine bessere Welt, Hamburg: Murmann-Verlag, 2020

Globalisierung und Globalisierungskritik (S. 50, ganz unten)

50: Globalisierungskritik (unten)

- Der *Begriff „Globalisierung"* wurde durch den Harvard-Ökonomen Theodore Litt 1983 weltweit bekannt gemacht. Er bezeichnet die zunehmende wirtschaftliche und kulturelle Verflechtung der Welt.
- *Globalisierungskritik:* Vor allem gegen die sehr einseitige neoliberale Ausrichtung der Globalisierung entstand eine – in sich durchaus heterogene – Bewegung der Globalisierungsgegner bzw. besser -kritiker, die sich für eine „andere Globalisierung" einsetzen (Altermondialisierung; frz.: altermondialiste; engl. altermondialisation).
- Die ehemalige britische Regierungschefin *Margaret Thatcher* spielte neben dem US-amerikanischen Präsidenten Ronald Reagan eine entscheidende Rolle bei der Wende hin zur neoliberalen Wirtschaftspolitik ab den siebziger und achtziger Jahren des 20. Jh.s (ausgehend von der neoliberalen Theorie der sog. Chicago-Boys um Milton Friedman und einer ersten Pilot-Phase während der Pinochet-Diktatur in Chile).
- *Attac* (Association pour une Taxation des Transactions financiers pour l'Aide aux Citoyens = Vereinigung zur Besteuerung von Finanztransaktionen im Interesse der Bürger/innen), 1997/ 1998 von Journalisten der linken französischen Zeitung „Le Monde diplomatique" gegründete, dann länderübergreifend agierende Nichtregierungsorganisation (NGO), eine Vereinigung von Gegnern der von Internationalem Währungsfonds (IWF), Weltbank und Welthandelsorganisation (WTO) – auch der EU (vor allem Deutschland und Frankreich) – betriebenen neoliberalen Zurichtung der Weltwirtschaft im Zuge der Globalisierung. Attac vertritt als Ziel eine Kontrolle der entfesselten Kapitalmärkte sowie die Durchsetzung und Stärkung sozialer sowie ökologischer Aspekte.

Ergänzende Hinweise/ Internetadressen:

- Brot für die Welt mit den Slogans: „Hilfe zur Selbsthilfe"; „Leben in Würde" u.a.m.; eine Sammlung (Ausstellung) von Plakaten im Zeitverlauf unter:
- https://www.brot-fuer-die-welt.de/fileadmin/mediapool/40_Ueber-uns/BfdW_Ausstellung_Plakate_60Jahre_Flyer_Final.pdf – 05.05.2021
- Weltladen-Dachverband: www.weltladen.de; info@ weltladen.de

1.5.3 „Siehe, ich mache alles neu!" – Gottes Zukunft (S. 51)

51: Gottes Zukunft

Die *Überschrift* des Unterkapitels (Zitat) stammt aus dem letzten Buch der Bibel, der Offenbarung (Apokalypse), der einzigen apokalyptischen Schrift des NT (analog zum Buch Daniel im AT), und wird am Ende des vorletzten Abschnitts der Seite erneut zitiert (mit Belegstelle Offb 21,5).
Themen und *Querverbindungen:* Thema der Seite ist die biblische *Eschatologie* (und Apokalyptik), die im Schülerbuch – nach unterschiedlichen Aspekten aufgeteilt – in vier (bis fünf) unterschiedlichen Teil- bzw. Unterkapiteln thematisiert ist:

Vierfache Thematisierung der Eschatologie

	Welt / Menschen	Jesus Christus
Kollektiv, Global	1.5.3: Gottes Zukunft	4.3: Reich Gottes
Individuell	2.7: Was kommt nach dem Tod?	4.5.1: Jesu Auferstehung + 4.7: Wiederkehr (Parusie)

Thema des vorliegenden Unterkapitels ist damit die biblische *Eschatologie* (und Apokalyptik), soweit sie ein Kollektiv von Menschen, die gesamte Menschheit und/ oder die gesamte Welt betrifft.
Der *Aufbau* des sich auf eine einzige Seite beschränkenden Unterkapitels ist leicht zu überblicken:

- von einer *Themenabgrenzung* (individuelle/ kollektive Eschatologie) und dem Verweis auf Nachtod-Vorstellungen (2.7, S. 95–99) ausgehend,
- kommen in zwei Schritten biblische (vor allem des AT, zum Ende hin jedoch des NT) Vorstellungen zu *kollektiven* (Heilszeit für die Menschen mit den beiden Motiven der Völkerwallfahrt zum Zion sowie eines Messianischen Friedensreichs) sowie *kosmischen* Zukunftsaussagen (Neuschöpfung) zur Sprache, um abschließend
- die Frage nach der spannungsvollen Einheit von *Hoffen und Handeln* zu thematisieren.

Materialien sind vorrangig *Bibelstellen* mit den Motiven:

- Die *Völkerwallfahrt zum Zion* (Jes 2,1–5) mit der Hoffnung auf Anbruch eines endzeitlichen Friedens (und dem in der jüngeren Friedensbewegung gängigen Slogan: „Schwerter zu Pflugscharen") (→ 1.5.2, S. 49, untere Hälfte: Frieden, auch: Mi 4,3).

- Das *messianische Friedensreich* (Jes 11,1–9) mit der Realisierung von Frieden und Gerechtigkeit, an dem Jesus mit seinem Reich-Gottes-Verständnis anknüpfte (→ 4.3, bes. S. 167f) (zu Ps 85,10–12 → 1.4.1, S. 42).
- Die Verheißung einer Neuschöpfung, also einer fundamentalen Erneuerung der natürlichen Welt bei Jesaja (Jes 65,17–25; Deutero- bzw. Tritojesaja – anklingend bereits in Jes 11,6–8 im Frieden zwischen Wölfen und Lämmern – und in der neutestamentlichen Offenbarung bzw. Apokalpyse (Offb 21,4: Aufhebung des Todes) gleichsam als dritter – der ersten analogen – „Folie" zur erschaffenen (idealen) und gefallenen (realen) Schöpfungswelt (→ 1.2.1, S. 21f – Erschaffene Idealwelt in Gen 1 und nichtideale Realwelt nach der Sintflut: Gen 6–9, vor allem Kap. 9; Offb 21 u. 22: Neuer Himmel und neue Erde, himmlisches Jerusalem.
- Die *Hoffnung* auf Gottes Eingreifen lähmt nicht, sondern stärkt und *motiviert* das menschliche Handeln als *Prolepse (Vorwegnahme)* von Gottes Handeln (Rehmann; ähnlich: Moltmann).

Hoffen und Handeln (Bewirken und Empfangen der Zukunft) – Dialektisches Verhältnis:

Mensch/	Tun →	Zukunft I: Heil + Unheil
Gegenwart	Empfangen	← Zukunft II: Heil(ung): Christi Parusie; Gottes Reich.

51: Bild Baselitz

Georg Baselitz (*1938): Die Hand – Das brennende Haus, 1964/65 (S. 51)

Bildbetrachtung: Das Bild zeigt – wie auch der Titel besagt – eine große Hand (sichtbar ist vom linken Bildrand her der ganze Unterarm ab der Ellbogenbeuge, waagrecht ausgestreckt etwas unterhalb der Bildmitte), auf der ein kleines Haus steht, aus dessen Dach Flammen züngeln. Der Hintergrund, der den allergrößten Teil der Bildfläche ausmacht, ist schwarz; sichtbar darauf sind zahlreiche eckige kleinere Flecken (wie Papierfetzen), die im leeren Raum zu schweben oder langsam zu fallen scheinen. Ganz unten links ist nochmals ein fleischfarbener Teil zu entdecken, möglicherweise eine weitere Körperpartie der – insgesamt sich außerhalb des Bildes befindlichen – Gestalt (etwa des Oberschenkels einer sitzend gedachten Person). *Farblich* dominiert einerseits das Dunkel des Hintergrundes, andererseits eine helle Tönung von Körperpartien (fleischfarben bis weißlich), Haus (auch die Flammen zeigen nur wenig Rot bzw. Rötliches) und den weiteren schwebenden Flecken (unten: weißlich, oben: gelblich, tlw. ins Dunklere übergehend).
Das Bild changiert zwischen Bedrohlichem (Dunkel, Haus in Flammen), Beruhigendem (starker Arm, Helligkeit) und Rätselhaftem (Unsichtbare Gestalt, kleines Haus auf großer Hand, rätselhafter Brand, rätselhafte Objekte/ Fetzen).
Hintergrundinformation zum Künstler: Georg Kern, 1938 im sächsischen Deutschbaselitz geboren und sich deshalb *Baselitz* nennend, wurde in der Zeit der Entstehung des Bildes als junger Künstler durch einen Justizskandal um zwei „unsittliche" Bilder sowie dann durch sein „Markenzeichen" bekannt, die Motivumkehr (Gestalten von den Füßen auf den Kopf gestellt), was nach Aussagen des Künstlers die konventionelle Hierarchie (Himmel oben, Erde unten) umdrehen will und eine Entleerung von Inhaltlichkeit anstrebt.
Deutungsmöglichkeiten: Kosmische Weiten, Himmelskörper, Welt (Weltenhaus in Flammen – Erderwärmung!), Welt in Gottes Hand, Erdenrund (links unten Eckelement).
Vorsicht: Die Interpretation des Bildes als göttliche Bewahrung seiner Schöpfung auch angesichts der Zerstörung durch den Menschen (ökologische Krise, Erderwärmung, Klimakatastrophe) ist (gleichsam als „Garantiezusage") höchst problematisch, da sie sich dem *„ökologischen Vorwurf"* aussetzt, der kritisiert, die biblisch-jüdisch-christliche Tradition habe die westliche, naturwissenschaftlich-technische Welt und damit auch die ökologische Krise (mit-)verursacht. Hier ist der letzte Abschnitt der Seite mit dem richtigen Zusammenhang von *Hoffen und Handeln* sowie eine angemessene Interpretation des biblischen Herrschaftsauftrags (→ 2.1.2, S. 62f u. 67 – Zusammenfassung) stark zu machen.

52f: Abschluss des Teilkapitel

Abschluss des Teilkapitels 1.5 (S. 52f)

Die Doppelseite bildet den Abschluss des gesamten Teilkapitels 1.5 und enthält vier *Elemente:* zwei Quellentexte (über das Unterkapitel 1.5.3 hinausgehend zum gesamten Teilkapitel); Zusammenfassung; Bild (Hofmann); Aufgaben.

52: Quellentexte

Quellentexte (Comenius; Moltmann) (S. 52)

Die Quellentexte sind hier nicht – wie ansonsten üblich – als Gegensatz-Paar einander gegenübergestellt, vielmehr als Varianten mit ähnlicher Stoßrichtung: der eschatologischen Grundausrichtung des christlichen Glaubens, aber mit zugleich doch deutlich unterschiedlicher Akzentuierung (Möglichkeiten und Tun des Menschen).

Der aus der tschechischen Reformation hervorgegangene, ein gutes Jahrhundert nach Martin Luther lebende Theologe und Pädagoge *Johann Amos Comenius* (1592–1670) kritisierte an der deutschen *Reformation*, dass sie nur den Bereich von Theologie und Kirche, nicht aber das gesamte Leben und Denken verändert habe. Er selbst hatte als Lebensprogramm eine umfassende, universale *Weltreform* (= Panorthosia), die alle Menschen und alle Lebensbereiche („alle"/ „in allem"/ „allseitig", Z. 12f) umfassen sollte, die Wissenschaften, die Politik und die Religion (Abschn. 1, Z. 10–13). Diese Reform und Verbesserung der Welt führt in der Wissenschaft zur Weisheit, politisch zum Frieden und religiös zur wahren Gottesverehrung und damit insgesamt zu einem Goldenen Zeitalter (Abschn. 2, Z. 14–20). Dieses Goldene Zeitalter betrachtete er als zeitliche Vorstufe und Vorbereitung der Wiederkunft Christi. 52: Comenius (links)

Der ehemalige Tübinger Systematische Theologe *Jürgen Moltmann* (*1926) denkt in seinem Grundlagenwerk „Theologie der Hoffnung" von dieser Zukunft Christi her (Z. 19f – Schluss) die ganze Theologie bzw. den christlichen Glauben als eschatologisch (gesamter Text). Im Zentrum steht für ihn Jesu Auferweckung Z. 17f), die sich in seiner Wiederkunft (Parusie) vollendet (→ 4.5.1, S. 181f + 4.7, S. 191–193). 52: Moltmann (rechts)

Moltmanns „Theologie der Hoffnung" (1964) wurde ausgelöst und in starkem Maße angeregt durch Ernst Blochs (1885–1977) philosophisches Hauptwerk „Prinzip Hoffnung" (1954–1959), mit dem dieser die „Utopie" als politisch-gesellschaftliches Projekt rehabilitierte.

Moltmann selbst sagte zur Bedeutung seines Werkes: „Es ging um nichts Geringeres als um die Überwindung des allgemeinen Existentialismus der Nachkriegszeit, um Zukunftsperspektiven für eine gerechtere, friedlichere und menschlichere Welt zu gewinnen."

Der *Unterschied* zwischen beiden Texten liegt vor allem in der Fokussierung auf die Möglichkeiten des neuen, gerechtfertigten Menschen (bei Comenius) und der Konzentration auf den auferweckten und wiederkommenden Christus (bei Moltmann).

Texterschließung: Zu den Aufgaben 1 und 2: Gemeinsamkeit: Glaube als positive Zukunftshoffnung und Ausrichtung des Lebens auf diese Zukunft hin; *Unterschied:* Comenius: Möglichkeiten des Menschen zur Verbesserung; Moltmann: Möglichkeiten Jesu Christi. 52: Texterschließung

Vorsicht: Der sog. *„eschatologische Vorbehalt"*, also die theologische Einschränkung, dass das letzte, endzeitliche, eschatologische Heil nicht vom Menschen *gemacht*, vielmehr nur vom wiederkommenden Christus *gebracht* werden wird (Tabelle zur Ergebnissicherung s.u. zu Aufgabe 4).

Ergänzung zu Jürgen Moltmann: Theologie der Hoffnung (1964)

„Die kommende Herrschaft des auferstandenen Christus kann man nicht nur erhoffen und abwarten. Diese Hoffnung und Erwartung prägt auch das Leben, Handeln und Leiden in der Gesellschaftsgeschichte. [...]

Der Erwartungshorizont, in welchem eine christliche Lehre vom Handeln entfaltet werden muss, ist der eschatologische Erwartungshorizont des Reiches Gottes, seiner Gerechtigkeit und seines Friedens mit einer neuen Schöpfung, seiner Freiheit und seiner Humanität für alle Menschen." (Moltmann, 1964, Schlusskapitel)

Zusammenfassung – Ergänzung: 52: Zusammenfassung – Ergänzung

Begriffe:

- Adventus: absolut Unvermutetes/ Kontingentes (Wiederkehrender, kommender Jesus Christus: Parusie)
- Apokalyptik: Weltende, Visionen von Endzeit und Jenseits
- Eschata: Inhalte der Zukunftshoffnung des Glaubens
- Eschatologie: Wissenschaftliche Reflexion dieser Zukunftshoffnung
- Eschatologischer Vorbehalt: Kautele, dass das letzte, endzeitliche, eschatologische Heil nicht vom Menschen *gemacht*, vielmehr von Gott/ Christus *gebracht* wird
- Futurum: relatives Unvermutetes/ Kontingentes (Mischung aus von Menschen Beabsichtigtem, Nicht-Beabsichtigtem und Kontingentem)
- Ökologischer Vorwurf: Seit den 70er Jahren des letzten Jh.s erhobener Vorwurf, die biblische, jüdisch-christliche Tradition habe Umweltzerstörung und ökologische Krise (mit-)verursacht durch den Herrschaftsauftrag, das sog. „dominium terrae" (so der US-amerikanische Historiker Lynn White; s. dazu → 2.1.2, S. 62f u. 67 – Zusammenfassung), oder/ und die göttliche Welterhaltungsgarantie im sog. Noachitischen Bund im Anschluss an die Sintflut mit dem Zeichen des Regenbogens (so der deutsche Schriftsteller Carl Amery in: „Das Ende der Vorsehung"; s. dazu: Gen 9,1–17, bes. 8–17).

Apokalyptik, Ergänzung:

- *Merkmale:* zeitlich: zukünftig; räumlich: jenseitig; anschauliche Bilder, Abläufe/ Chronologien (1000-jähriges Reich = Millenarismus/ Chiliasmus) und Gestalten (Antichrist etc.); Stilmittel: Vision, Himmelsreise etc., Gegenstück zu Mythos: Anfang – Ende.

- *Probleme:* Preisgabe des Heils in der Welt; dualistisch; pessimistisch; Projektionsverdacht; dennoch auch Deutung der Gegenwart (Herrschafts-, Staats- und Imperiumskritik); Hoffnung trotz Problematik der Gegenwart (z.B. Nichterfüllung des Tun-Ergehen-Zusammenhangs).
- *Mythologisches* Weltbild, das sich neuzeitlich/ in der modernen Welt erledigt hat (Bultmann und das Entmythologisierungs-Programm → 1.2.2, S. 22 oben; auch: → 4.5.1: Auferstehung Jesu, S. 181f) oder als Symbol-Sprache für universelles, kosmisches Heil weiterhin von Bedeutung ist (Moltmann). *Offenbarung* des Johannes → 5.2.3, S. 211, Seitenmitte (Antichrist – 666).

Literatur:

- Heininger, Bernhard (Hg.): Mächtige Bilder. Zeit- und Wirkungsgeschichte der Johannesoffenbarung, Stuttgart: Katholisches Bibelwerk, 2011
- Tilly, Michael: Apokalyptik, Tübingen/ Basel: Francke, 2012

53: Bild Hofmann

Bild: Hans-Georg Hofmann (*1957): O Jardim da Estrela 2, 2013 (S. 53)

Bildbeschreibung: Das Bild in seinen 36 Einzelszenen zeigt vorrangig Natur und monochrome Flächen (dominierend Grün und Blau, Pflanzenwelt und Wasser).

Hintergrundinformationen: Der „Jardim da Estrela" ist ein Park im Herzen von Lissabon mit vielen, auch tropischen Pflanzen und Bäumen.

Zu den beiden Bildern Hofmanns im Teilkapitel: Zukunft (Dystopie – Utopie): Rahmung als Einstiegs- und Abschlussbild; „Rahmen" zum Thema Zukunft: Spannung zwischen Problemen und Gefahren (dominierend, aber nicht ausschließlich S. 47) sowie Schönheiten und Wünschen (S. 53) – der „optimistische" Blick bildet den Abschluss.

Beide quadratischen Bilder bestehen (1) formal aus sechs mal sechs Teilquadraten, (2) unregelmäßig abwechselnd aus monochromen sowie bildhaften Teilquadraten und (3) aus Szenarien der Natur (vorrangig Wasser beim ersten, viel Grün beim zweiten Bild) sowie – nachgeordnet – der menschlichen Kultur (vor allem Gebäude).

S. 47: Ode marítima I: Zukunft: Ambivalenz (Angst – Hoffnung)	S. 53: O Jardim da Estrela 2: Zukunft: Hoffnung

Ergänzung: Weiteres formal ähnliches Hofmann-Bild, S. 134 (3.6 Theodizee): Hier dominieren Gefahr, Schrecken, Angst (Rot, Weiß und Ocker).

Die drei Bilder als Triptychon nebeneinanderstellen und affektiv/ emotional und kognitiv/ rational wirken lassen und analysieren.

S. 134: Ode marítima 2 Zukunft: Schrecken	S. 47: Ode marítima I: Zukunft: Ambivalenz	S. 53: O Jardim da Estrela 2: Zukunft: Hoffnung

Querverweise: Zu Hans-Georg Hofmann s. Anhang, 7.5.7.2; zu den beiden anderen angesprochenen Bildern Hofmanns s. die entsprechenden Seiten.

53: Zu den Aufgaben

Zu den Aufgaben (S. 53)

Aufgabe 1: Schülertexte bzw. -grafiken erstellen und auswerten.

Aufgabe 2: Mögliche Eregebnissicherung:

Menschenbild		Weltbild	
Mechanistisch	nicht-mechanistisch, offen	mechanistisch	nicht-mechanistisch, offen
La Mettri, S. 59	Conway, S. 59, unten	Laplace, S. 48, Mitte	Offene Zukunft Probleme/ Prognosen, S. 48 Zitat/ unten
Berechtigung: Berücksichtigung der Gesetzmäßigkeiten *Probleme:* Mechanisierung und Reduzierung des Menschen	*Berechtigung:* Wechselwirkungen im Menschen sowie mit Außenwelt, Offenheit	*Berechtigung:* Natürliche Wechselwirkungen und Zusammenhänge *Problem:* Reduktion, Mechanisierung von Welt und Leben	Berechtigung: Unvorhersehbare Ereignisse und Entscheidungen Offenheit für Gott: – als Hoffnung – nicht als Garantie

3. Bei der *Steuerung* unterschiedliche Ebenen beachten: individuelle; gruppenbezogene; strukturelle (Ökonomie, Politik, Kirchen) u.a.m.

Ebenen/ Bereiche	Alltagswelt	Ökonomie	Politik
Individuell			
Kollektiv			
Strukturell			

Tabelle: Ebenen der Veränderungsmöglichkeiten

4. Zu Comenius, Moltmann, s.o. Tabelle: Überblick. Bei beiden kommen Denken und Handeln von der Zukunft Gottes her. Bei Comenius kommt die konkrete Utopie vor der absoluten (Wiederkunft Christi); daraus ist ableitbar: konkretes Engagement, Herstellbarkeit eines „Goldenen Zeitalters". Dass das Heil letztlich nicht durch den Menschen hergestellt, sondern nur durch Gottes gnädiges Wirken geschenkt werden kann, gilt für beide Autoren.

Text/ Verfasser	Mensch (Anthropologie)	Mensch und Zukunft	Zukunft des/ der Menschen	Endzeitliches Heil
Comenius	Neuer Mensch	Weltreform	Goldenes Zeitalter	Wiederkehr Christi, Herrschaft Gottes
Moltmann	Neuer Mensch	Zukunftsausrichtung	----	Wiederkehr Christi, Herrschaft Gottes

Ergebnissicherung in Tabellenform

5. Kreativaufgabe mit der Möglichkeit methodischer Vielfalt: PA, GA, arbeitsteilig oder nach freier Wahl etc.

Zusätzliche Aufgabenstellungen/ Anregungen:

- Betrachtung als *zwei Folien:* Der Menschen Zukunft/ Gottes Zukunft.
- „Denn siehe, ich will ein Neues schaffen, jetzt wächst es auf, erkennt ihr's denn nicht?" (Jes 43,19a) – Interpretation Bibeltext.
- Träume von Befreiung/ Erlösung vergleichen: Ps 126, Ps 137 (Babylonische Gefangenschaft), Martin Luther King: Ich habe einen Traum.
- *Denkmuster* miteinander in Beziehung setzen: Befreiung von Unterdrückung bzw. Erlösung aus Exil: Ägypten; Babylonische Gefangeschaft – endzeitliches Heil.

2. Wer ist der Mensch? (S. 54–99)

54–57: Zum Kapitel (Einleitung)

2.0 Zum Kapitel (Einleitung) (S. 54–57)

Thema des Kapitels ist die Frage nach dem Menschen: Wer ist der Mensch? (Bei *Immanuel Kant* in der Einleitung der „Logik“ (1800) wird als vierte Grundfrage der Philosophie formuliert: „Was ist der Mensch?“ - ähnlich bereits Ps 8,5a: „Was ist der Mensch, dass du seiner gedenkst?“

Der *Aufbau* des Kapitels ist *siebenfach* gegliedert (S. 56f):
2.1 Identität - Anthropologie;
2.2 Beziehungen, Liebe;
2.3 Das Böse;
2.4 Willensfreiheit;
2.5 Rechtfertigung;
2.6 Freiheit und Verantwortung;
2.7 Nachtod.

56f: Einzelhinweise

Zum Kapitel - Einzelhinweise (S. 56f)

- *Diogenes* von Sinope gehört zur philosophischen Richtung des Kynismus, der Skepsis und Bedürfnislosigkeit lehrte (also nicht ‚zynisch‘ im modernen Sinne, vielmehr skeptisch, kritisch).
- Das allgemein verständliche, anregende Werk *Prechts* ist (wie ebenso viele der anderen Bücher dieses Autors) auch für Sch. sehr zu empfehlen.
- Die drei theologischen resp. biblischen Autoren (Luther – Augustinus – Paulus) werden hier nicht zufällig genannt und zitiert; vielmehr besteht zwischen ihnen ein unmittelbarer und enger Zusammenhang, da sich die späteren Autoren stark auf den/ die früheren beziehen und stützen. (Zum Lied der Liebe 1. Kor 13,13 → 2.2.1, S. 68 unten.)

Grundstruktur einer Anthropologie
In einem dreidimensionalen Weltzugang (→ 1.1.2, S. 19f) sind auch beim Menschen drei unterschiedliche Dimensionen zu beachten.

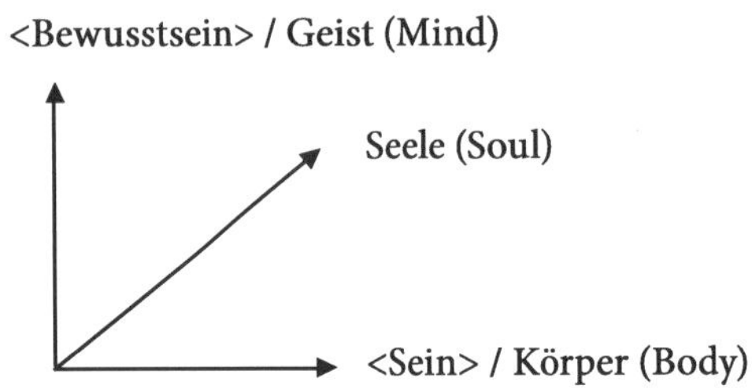

Grafik: Der dreidimensionale Mensch

Mit dem *Körper* (body) ist der Mensch unmittelbar mit der Realität (dem Sein) verknüpft, durch den *Geist* (mind) mit der Wirklichkeit (Bewusstsein), über die *Seele* (soul) mit der Dimension der Möglichkeit/ Unverfügbarkeit/ Kontingenz bzw. Transzendenz. *Achtung:* Der Begriff der *Seele* wird unterschiedlich definiert, zum einen (1) als seelisch, psychisch in Differenz zu physisch, körperlich bzw. als affektiv, gefühlhaft, in Differenz zu kognitiv, gedanklich, ferner (2) biblisch ganzheitlich als „lebendig“ (AT), zuletzt (3) theologisch als Verknüpfung mit der religiösen Dimension resp. mit Gott, in unserem Kontext spezifisch als Qualifizierung des Menschen unter dem Aspekt der Unverfügbarkeit/ Kontingenz.
Alle drei Dimensionen des Menschen sind bei den sieben Teilthemen zu beachten (etwa bei der Identität), bei einzelnen Thematisierungen kann jedoch auch die eine oder andere Dimension in den Vordergrund treten.
Die *weitere anthropologische Strukturierung* in *Verstand/ Vernunft, Gefühl* und *Wille* (ursprünglich bei Plato, neuzeitlich ausgearbeitet bei J.N. Tetens und über *Kant* und *Schleiermacher* dann rasch Allgemeinwissen, bei Pestalozzi in den bekannten Slogan „Kopf, Herz und Hand“ gekleidet) bedeutet in unserem Schema eine Ausdifferenzierung der Dimension von Bewusstsein/ Geist (erst in der Ausführung des Willens durch das Tun resp. die „Hand“ dann auch den Körper).

Jugendliche – Didaktik
Bei *Jugendlichen* sind – wie neuere entwicklungspsychologische Studien zeigen – durchaus komplexe anthropologische Vorstellungen möglich und vorhanden, neben einfachen binären Körper-Geist-Konstrukten auch differenziertere trianguläre Körper-Geist-Seele-Vorstellungen. „Seele" steht hier zum einen für einen stabilen, nahezu unveränderlichen *Identitätskern* des Menschen (invariant essence, stable identity), zum andern für seine *spirituelle* Dimension – die Seele steht insgesamt für die „Einzigartigkeit des Menschen" (so eine Jugendliche). Die Komplexität der anthropologischen Vorstellungen Jugendlicher ist im *Religionsunterricht* der *Kursstufe* als Kompetenz anzuerkennen, aufzunehmen und weiterzuentwickeln.
Neuere entwicklungspsychologische Studien zeigen ferner starke Polaritäten zwischen Eigen- und Fremdwahrnehmungen (I/Me), zudem in der Eigenwahrnehmung feste Fixierungen auf ausgewählte einzelne Merkmale (Ich bin der/die resp. „so") in der frühen Jugendzeit. Die mittlere und höhere Jugendzeit bietet die Chance, komplexere Vorstellungen zu entwickeln, Spannungen auszuhalten und zu integrieren sowie *Ambiguitätstoleranz* im Blick auf das eigene Selbst zu entwickeln. Diese zentrale Kompetenz gilt es im RU zu stärken.
Literatur:

- Büttner, Gerhard/ Dieterich, Veit-Jakobus: Entwicklungspsychologie in der Religionspädagogik. (UTB) Göttingen, 2., aktualisierte und erweiterte Aufl. 2016, S. 106–111
- Büttner, Gerhard / Dieterich, Veit-Jakobus/ Roose, Hanna: Einführung in den Religionsunterricht. Eine kompetenzorientierte Didaktik, Stuttgart: Calwer 2015, S. 229–242

Eröffnungsbild: Bühnenbild zu: Ödön von Horvath: Glaube, Liebe, Hoffnung. Schauspiel Frankfurt, 2014 (S. 54f)

54f: Bühnenbild zu Horvath

Bildbeschreibung: Zentral Bildmitte: Bühne, ausgefüllt von riesigem nacktem, hell erleuchtetem, zusammengekauertem Frauenkörper mit wildem, wirrem Haar bzw. dreidimensionaler Projektion eines Körpers; Decke oben: Beleuchtung; Hintergrund: ebenfalls angestrahlte Gruppe bekleideter Beobachter/innen (Bystander), die den Frauenkörper betrachten. Auf dem Frauenkörper liegt im Lenden-/ Beckenbereich ein kleinerer, puppenartiger, bekleideter Frauenkörper, die Schuhe ausgezogen und weiter vorne abgestellt; ganz rechts/ links im Vordergrund schemenhaft Bänke/ Stühle, leer/ evtl. tlw. besetzt …
Hintergrundinformationen: Das Drama *Glaube Liebe Hoffnung* des österreichisch-ungarischen, auf Deutsch schreibenden Schriftstellers Ödön von Horváth (1901–1938), bekannt unter anderem durch seine *Geschichten aus dem Wiener Wald*, erschienen im Jahr 1932; es nimmt den bekannten Paulus-Text (aus dem Lied der Liebe) auf „*Nun aber bleiben Glaube, Hoffnung, Liebe, diese drei; aber die Liebe ist die Größte unter ihnen.*" (1. Kor 13,13; → S. 57 ganz unten; 2.2.1, S. 68 ganz unten) und trägt den Untertitel „Ein kleiner Totentanz in fünf Bildern".
Inhalt des Schauspiels: Elisabeth – die Geld braucht, um arbeiten zu können (für den Erwerb eines Gewerbescheins), und arbeiten will, um Geld zu verdienen – erhält zuerst Geld geliehen und dann den Heiratsantrag eines Polizisten, verliert aber alles wieder, als ihre Geschichte (mit Vorstrafen) ans Licht kommt. Sie geht ins Wasser, wird zwar gerettet, stirbt aber dennoch an den Folgen, von ihrem Glauben, ihrer Liebe und jeder Hoffnung verlassen …
Methodische Anregung: Zitat aus dem Stück (Elisabeth) – zur Diskussion:

„Das seh ich schon ein, dass es ungerecht zugehen muss,
weil halt die Menschen keine Menschen sind –
aber es könnt doch auch ein bisschen weniger ungerecht zugehen."

Bild Isa Genzken (*1948): Science Fiction, Foto 2003 (S. 57)

57: Bild Isa Genzken

Bildbeschreibung: ein weiter, kahler Raum (Ausstellungsraum, von oben beleuchtet), eine Person/ Frau mit weißem Oberteil (Hemd, Bluse) schwarzer Hose und schwarzen Schuhen, auf dem Kopf eine schwarze Schildmütze – den Betrachter/innen von vorn präsentiert, weiter links dieselbe Person schräg in Seiten-Rückenansicht, wohl in einem Spiegel gespiegelt, dann weiter nach links wieder die erste Person (erneut gespiegelt?) in gleicher Position, doch deutlich kleiner … und so fort. Bei genauerer Betrachtung sind minimale Differenzen zur ersten Person (vor allem in der Kopfhaltung) festzustellen – ist also der Eindruck von Spiegelung(en) doch eine Täuschung? Oder werden die Änderungen durch Parallaxenverschiebungen bei den Spiegelungen verursacht? Das Bild, auf den ersten Blick eindeutig, fast schlicht, wird bei genauerer Prüfung doch einigermaßen rätselhaft.
Hintergrundinformationen: Die auch international renommierte Objektkünstlerin *Isa Genzken (*1948)*, zeitweise mit ihrem früheren Lehrer Gerhard Richter verheiratet, unter mitunter schwierigen persönlichen Problemen leidend (Alkoholsucht, bipolare Störung), weist in ihrem Werk unterschiedliche Phasen auf (zeitweise Trash-Ästhetik mit Kontrast Schönheit – Schäbigkeit), versucht immer wieder sie, Schönheit als Schein, aber auch als Sein sichtbar zu machen. Üblicherweise arbeitet sie mit Fotocolla-

gen, Rauminstallationen, Figuren. Die Fotoserie „Science Fiction“ entstand in der Zusammenarbeit mit Wolfgang Tillmans (wobei sich das Künstlerduo wechselseitig in Fotoserien darstellte).
Deutungsmöglichkeiten: Sichtbarmachung von sozialen Fassaden; „Mach dich hübsch!“, lautete der Titel einer Werkschau; Frage nach der Identität, der Unverwechselbarkeit, Einmaligkeit und Unersetzbarkeit des menschlichen Individuums; Frausein …

54f+57: Bildvergleich

Methodische Anregung: Bildvergleich: Bühnenbild/ Isa Genzken (S. 54f u. 57)
Beobachtungen: Innenräume (Schauspiel, Museum), Beleuchtung, Mensch(en), Frau(en), Helligkeit (und Dunkelheit), Einschränkung der Farbgebung (weiß, helle Töne, Fleischfarben, Grautöne, schwarze Figuren, wie festgefroren, Linien: Körperumrisse (Grenzen/ Begrenzungen des Körpers).
Themen, Deutungsmöglichkeiten: Ausgesetzter/ eingegrenzter Mensch; Individualität/ (Repro-)Produzierbarkeit des Menschen, Vereinzelung, Individualisierung/ Massen-, Werbe-, Konsumgesellschaft; sich Ausstellen/ Aussetzen, Reiz und Scham des Voyeurtums; Beschämung (Wer schämt sich?, Phänomen des „Fremdschämens“), Bedeutung der Körperlichkeit, des Nacktseins, der Bekleidung, des Sich-Zeigens, der Oberfläche.

Ergänzung/ Überblick: Zur Bildkonzeption des Kapitels Mensch (meist Bildpaare):
- Bühnenbild/ Isa Genzken (S. 54f und 57): Ausgesetzter/ eingegrenzter Mensch
- Pablo Picasso/ Volker Tannert (S. 58f): „Ansichten“ vom Menschen: von vorne/ hinten betrachtet: Vorder- + Seiten- sowie Rück-Ansichten
- Michelangelo: Erschaffung Adams (S. 62): Würde des Menschen, Bedeutung des Ich
- Carole A. Feuerman/ Madeline Stuart (S. 64): Klassische vs. alternative Schönheitsideale
- Ron Mueck/ Franziska Megert (S. 67 u. 68): Körperlichkeit; Leiblichkeit; Geschlechtlichkeit; männlich, weiblich, Sexualität; Baby
- Hans-Peter Kleiner/ Francisco de Goya (S. 70 u. 71): Eigene unterschiedliche (An-)Teile, Zweier-Beziehungen, Erotik vs. Gewalt (vereinen, vereinigen, verschlingen)
- Goya/ Rebecca Horn (S. 71 u. 75): Der durchs Böse zerstörte (liquidierte) Mensch
- Antony Gormley/ Banksy (S. 77 u. 81): Unfreier/ Freier Wille des Menschen
- Hans-Georg Hofmann (S. 83 u. 87): Zwei Bilder als Symbole für das Rechtfertigungsgeschehen
- Hans-Peter Kleiner/ Metro in Japan (S. 88 u. 93): Freiheit/Unfreiheit des Menschen
- Angus Fairhurst (S. 95 u. 98f): Tod/ Zwei Bilder Hieronymus Bosch: Nachtod
- Zwei Bilder Hieronymus Bosch (S. 98 u. 99): Himmel (Aufstieg) und Hölle (Sturz): Doppelter Ausgang.

56: Zur Diskussion

Zur Diskussion: Beim kontroversen Zitatpaar *Bert Brecht* vs. *Max Frisch* scheint die Sympathie spontan Frisch zuzuneigen – was für eine Liebe, die den andern nach den eigenen Vorstellungen formen und gestalten will (Brecht)! – Auf den zweiten Blick ist die Sache aber komplizierter. Wie kann ich jemanden lieben, von dem ich mir *kein* Bild mache? Ich liebe dann keinen Menschen, vielmehr eine Abstraktion, etwas, was ich gar nicht konkret kenne … (→ Zahrnt-Argument im Gottkapitel, 3.2.2, S. 112; Quellentext (2), rechte Spalte, 2. Überlegung, Z. 9–14). Das Lieben kann dann nur dialektisch als dynamischer Prozess aus Bildentwerfen (Konstruktion) und -verwerfen (Dekonstruktion) begriffen werden, mit dem Wissen, dass letztlich – auf der tiefsten Ebene – das Nicht-Verfügbare, Kontingente, Geheimnishafte dominiert – und darin hat Frisch dann doch Recht (→ Mensch als Geheimnis; 2.1.1, S. 60 (Erl. S. 59 oben): Quellentexte von Bonhoeffer und Rahner; ferner → Gott als Geheimnis; 3.3.1 u. 2, bes. Bilderverbot, S. 118f).

2.1 „Wer bin ich, und wenn ja, wie viele?" – Der Mensch (S. 58–67)

58–67: „Wer bin ich" – Der Mensch

Die *Überschrift* des Teilkapitels ist der Buchtitel eines bekannten Werkes des Philosophen und Bestsellerautors *Richard David Precht* (*1964) (→ S. 56 – Zum Kapitel), das sich seiner Verständlichkeit wegen auch als Lektüre für Sch. der Kursstufe eignet.
Der *Aufbau* des Teilkapitels ist *dreigliedrig* und umfasst fünf Doppelseiten:

- *Philosophische* Anthropologie (zwei Doppelseiten): Wer bin ich? – Wer ist der Mensch? – (2.1.1; S. 58–61);
- *Theologische* Anthropologie (eine Doppelseite): „Und Gott schuf den Menschen zu seinem Bilde …" – Geschöpf und Ebenbild Gottes (2.1.2; S. 62f);
- *Körperlichkeit* und *Optimierung* des Menschen (zwei Doppelseiten): Den Menschen verbessern? – Human Enhancement (2.1.3; S. 64–66).

2.1.1 Wer bin ich? – Wer ist der Mensch? (S. 58–61)

58–61: Wer bin ich? – Wer ist der Mensch?

Die *Überschrift* des Unterkapitels nimmt bewusst eine doppelte Fragestellung auf: die nach dem Menschen als *Einzel-* (= Individuum) und als *Gattungswesen*. Ersteres thematisiert die Psychologie, letzteres die (philosophische) Anthropologie.
Der *Aufbau* des Unterkapitels ist dreistufig:

- Der *Fließtext* entfaltet auf der ersten Doppelseite (S. 58f), unterstützt von zwei Bildern (einführend und abschließend als Auftakt und Abschluss der Doppelseite) und mehreren Zitaten (Zitatpaaren) eine allgemeine Anthropologie unter zwei Aspekten: gattungsgeschichtlich sowie spezifisch im Blick auf das Individuum als Frage nach der Identität.
- Zwei *Quellentexte* enthalten dieselbe Spannungsbreite (individuell – kollektiv). Die Quellentexte stammen von zwei Theologen; sie decken das gesamte Teilkapitel (2.1) ab und nicht nur eine spezifisch theologische Fragestellung.
- Einen *Abschluss* des Unterkapitels, hier bereits – der Übersichtlichkeit wegen anders als nach der Konzeption sonst üblich – als Schluss des *Unter-* und nicht erst des *Teil*kapitels) (S. 61).

Themen und Querverbindungen:
Thema ist die Doppelung der Frage nach dem Menschen:

- (a) allgemein / kollektiv (*Philosophische* Anthropologie): *Mensch*, sowie
- (b) speziell / individuelle (*Identität*): *Ich.*

Ein sehr enger *Zusammenhang* besteht zum nächsten Unterkapitel (→ 2.1.2).

Ein Blick auf die Jugendlichen – Didaktik
Die Frage nach der *Identität* (Wer bin ich?) ist die große entwicklungspsychologische Aufgabenstellung der *Jugendzeit* (wenngleich sich die Thematik modifiziert lebenslang aufdrängt), wobei eine offene Identität als Balance zwischen einer (zu starren) Identitätsfestschreibung und einer Identitätsdiffusion oder -verwirrung anzustreben ist (so klassisch: Erik H. Erikson in verschiedenen Werken (u.a. Jugend und Krise, dt. 1981) (s. auch Zitat S. 61 oben).
Angesichts der unterschiedlichen, verwirrenden Imperative, die an die Heranwachsenden herangetragen werden (Sei Du selbst/ ein Individuum – Sei, wie die andern, das Netz, die Werbung, die Gesellschaft, Dich haben will) sollte der Unterricht die Selbstfindungskräfte der Sch. aufspüren, stärken und zu eigenen Weiterentwicklungen anregen. Gerade der (evangelische) Religionsunterricht mit seiner zentralen Rechtfertigungsbotschaft (s.u. → 2.5) vermag hier wichtige Hilfestellungen zu geben, wenn er die biblisch-theologische Botschaft mit den Anliegen der Heranwachsenden auf konstruktive Weise zu verknüpfen und ins Gespräch zu bringen (korrelieren) weiß.

Materialien im Einzelnen

58–61: Materialien im Einzelnen

Zwei Bilder: Picasso – Tannert (S. 58f)

58f: Zwei Bilder: Picasso – Tannert

Picasso – Bildbeschreibung: Porträt einer auf einem Stuhl vor Mauerwerk/ Wand sitzenden Frau, mit auf die Armlehnen gestützten Armen, die eine Hand lässig nach unten hängend, die andere mit nach oben, Richtung Gesicht, gespreizten extrem schmalen und langgliedrigen Fingern. Das Gesicht ist auffällig und höchst irritierend gemischt aus Frontal- und Seitenansicht, wobei zwei Nasen entstehen …
Hintergrundinformationen: Der spanische Maler *Pablo Picasso* (1881–1973), einer der, wenn nicht der bekannteste(n) Künstler des 20. Jh.s, versuchte in seinen Werken zunehmend, eine kindliche

Sicht- und Malweise aufzunehmen und weiterzuentwickeln – als kritische Reflexion unserer Seh- und Kunstgewohnheiten. Mit den beiden Grundelementen der *Dissoziation* (Zerlegung in Einzelelemente, der Dekonstruktion vergleichbar) und der *Figuration* (der – neuen – Anordnung der Einzelelemente nach Regeln, der Konstruktion vergleichbar) schuf er Werke, die sowohl irritieren als auch weiterführen. Das vorliegende Gemälde von 1937 zeigt seine Geliebte Dora Maar.

Tannert – Bildbetrachtung: Das Bild zeigt einen wohl menschlichen Körper von hinten; klar erkennbar die beiden Beine und Füße, links auf dem Boden stehend, rechts in der Luft schwebend und in der unteren Partie verdreht. Auch der rechte Arm scheint noch einigermaßen realistisch, wenn er auch erstaunlich gelenkig unter dem Beckenboden durchgezogen und tlw. unnatürlich langgezogen und schmal erscheint. Vollkommen unrealistisch scheint dagegen der andere, linke Arm, der sich in weitem Bogen und einer Art Kreisbewegung in der Luft vor dem und dann um den Körper windet und in nahezu unendlicher Länge zweimal aus dem Bild verschwindet, das eine Mal, um wieder einzutreten, das andere Mal ohne Wiederkehr … – umgekehrt, dennoch ähnlich merkwürdig fällt die teils durchs Becken verdeckte, teils extrem miniaturhaft wirkende Oberpartie des Leibes aus (ist hier auch ein beinahe auf Stecknadelkopfgröße geschrumpfter Kopf zu sehen?).

Hintergrundinformationen: Der Maler, Grafiker und Bildhauer Volker Tannert (*1955) ist einer der bedeutendsten Vertreter der sog. „Neuen Wilden“ der 1980er Jahre.

Deutungs- und Verwendungsmöglichkeiten beider Bilder

- Picasso: Ein Gesicht aus nächster Nähe betrachten: Auflösung in unterschiedliche, dissoziierende und sich neu konstituierende Perspektiven der beiden Augen analog zur Bildkonzeption Picassos – wir müssen wohl davon ausgehen, dass sich unsere späteren Sehgewohnheiten aus diesen frühkindlichen Perspektiven (Elterngesicht, Mutterbrust, Körperpartien und Gegenstände) heraus entwickeln.
- Beide Bilder: Spiel mit Perspektiven und/ oder Identitäten; Vorder-/ Seiten-/ Hinteransichten;
- Verbindungen zum Fließttext samt (I/Me-Ansichten usw.), Identitäten;
- Vergleiche mit Quellentexten Bonhoeffer/ Rahner (S. 60);
- Mögliche allgemeine Aussagen zu a) Identität; b) „Wesen“ des Menschen (Anthropologie – s. Zusammenfassung, S. 61 rechte Spalte).

Querverweise:

Andere Darstellungen von Menschen/ Gesichtern im gesamten Kapitel/ Buch, insbes. die beiden Bilder von Hans-Peter Kleiner, S. 70 unten, 88.

Literatur:

- Warncke, Carsten-Peter: Pablo Picasso (1881–1973), Köln u.a.: Taschen, 1997, S. 404 (Bild, großformatig), 403–408 (Erläuterung)
- Tannert, Volker: Bilder und Zeichnungen 1981–1985, Ausstellung u. Katalog Andreas Vowinckel, Karlsruhe: Badischer Kunstverein, 1985

58: Fließtext

Der *Fließtext* auf der linken Seite (S. 58 bis S. 59 oben, erster Absatz) thematisiert die (Doppel-) Frage nach dem Ich (individuell) resp. Menschen (kollektiv; gattungsbezogen) nacheinander anhand (1) der Angaben im Personalausweis (Identity Card) (2) der Aufforderung der griechischen Philosophie „Erkenne dich selbst“ (griech. *gnōthi seautón*, Inschrift am Apollo-Tempel in Delphi), (3) der Differenzierung von Binnen- und Außensicht aufs eigene Ich/ Selbst (im Engl. als Begriffspaar I/Me).

Das kontroverse freigestellte *Zitatpaar von Horváth/ Andreas-Salomé* (S. 58 ganz unten) spielt mit der Opposition, aber auch Dialektik von Anders- und Selbstsein. Der Schriftsteller *Ödön von Horváth* (1901–1938), bereits beim Eröffnungsbild mit einem Schauspiel aufgenommen (s.o.), kommt hier mit einem Bonmot aus dem Werk „Zur schönen Aussicht“ zu Wort. Das Zitat der selbtsbewussten, weltgewandten und gebildeten Schriftstellerin und Psychoanalytikerin *Lou Andreas-Salomé* (1861–1937) stammt aus einem Brief aus ihrer Jugendzeit. Angesichts ihres weiteren Lebenswegs lässt sich konstatieren, dass sie ihr Vorhaben von Selbstbildung und selbsbestimmtem Leben auch verwirklicht hat (s. auch die Verfilmung ihres Lebens durch Cordula Kablitz-Post, 2016).

59: Fließtext

Der *Fließtext* auf der rechten Seite (S. 59) gliedert sich in drei Einheiten:

- Präsentierung der beiden *Quellentexte* (s. S. 60) (erster Abschnitt);
- Die Ausdifferenzierung und Akzentuierung der *Identitäts*thematik in „offenes“, „soziales“ und „spirituelles“ Selbst (vier Abschnittte bis zur Seitenmitte), welche das Selbst dreidimensional im Selbst-, Sozial- und Kontingenz-/Transzendenzbezug (Gott) entfaltet;
- Die Gegenüberstellung der beiden *anthropologischen* Konzepte eines materialistischen vs. eines ganzheitlichen Menschenbildes (untere Seitenhälfte, zwei Textabschnitte und zwei freigestellte Zitate – hier aus Layoutgründen nicht zweispaltig nebeneinander, vielmehr dem Textfluss entsprechend nacheinander gesetzt).

Querverbindungen: Das *materialistische Menschenbild* des französischen Arztes und Schriftstellers Julien Offray de La Mettrie (1709–1751) ist in der modernen Hirnforschung (etwa in der Deutung der Libet-Experimente durch Gerhard Roth → 2.4.1, S. 78, erster Textabschnitt und freigestelltes Zitat Seitenmitte links) sowie in der Zeit der Aufklärung modifiziert als materialistische Weltdeutung bei Pierre-Simon de Laplace (→ 1.5.1., S. 48, Seitenmitte) wiederzufinden. Die erstaunlich modern gedachte, *ganzheitliche* Sicht der englischen Philosophin Anne Conway, geb. Finch (1631–1679) ist zwar nicht mit dem biblischen ganzheitlichen Menschenbild (→ 2.1.3, S. 65, obere Seitenhälfte) vergleichbar, weist aber ebenfalls in eine differenzierte Richtung.

Literatur zur Identitätsthematik:

- Erikson, Erik H.: Jugend und Krise, Berlin/ Wien: Ullstein (Klett-Cotta), 1981
- Keupp, Heiner: Identitätskonstruktionen. Das Patchwork der Identitäten in der Spätmoderne, Reinbek: Rowohlt, 2002

Zwei Quellentexte: Bonhoeffer – Rahner (S. 60, Kasten)

60: Zwei Quellentexte: Bonhoeffer – Rahner

Die beiden *Quellentexte* thematisieren die Frage nach dem Menschen in allgemeiner, zugleich jedoch theologischer Form (→ 2.1.2, S. 62f: Biblische/ Theologische Anthropologie).

Bonhoeffers Gedicht „Wer bin ich?" lässt sich nicht eindeutig datieren, stammt aber aus der Haftzeit im Gefängnis in Tegel, wohl vom Sommer 1944.

Sehr deutlich – im Druck auch voneinander abgesetzt – gliedert sich das Gedicht in vier *Abschnitte*, wobei der erste noch einmal in drei Teile oder Strophen untergliedert ist:

- *Fremdwahrnehmung (Me)* – Meinung der anderen: Sie sagen mir oft ... (drei Strophen);
- *Selbstwahrnehmung (I)* – Erleben der eigenen Gefühle: ... was ich selbst von mir weiß;
- Frage nach dem *Verhältnis* von Fremd- und Selbstwahrnehmung (Me/I): Wer bin ich? Der oder jener?
- *Aufhebung* des *Zweifels* in Gott: „Wer ich auch bin, ... Dein bin ich, o Gott."

Bonhoeffers gesamtes Gedicht bleibt auf der Ebene von alltäglicher Lebenserfahrung und psychologischer Reflexion, nur die letzte Zeile öffnet den Blick auf die religiöse Dimension.

Karl Rahner (1904–1984), auf katholischer Seite der wohl wichtigste deutsche Theologe des 20. Jh.s, der eine fundamentale „anthropologische Wende" der katholischen Theologie (mit) initiierte und das Zweite Vatikanische Konzil (1962–65) (mit) begleitete, gibt gleich zu Beginn des Textes „Der Mensch – die Frage, auf die es keine Antwort gibt" seine Antwort auf die Frage nach dem Menschen: dass es nämlich keine Antwort gibt (Z. 3) – trotz aller richtigen und wichtigen Erkenntnisse der Wissenschaften vom Menschen (Humanwissenschaften) (1. Absatz). Er begründet sein Diktum mit einer Problematisierung der menschlichen Erfahrungen bzw. den „Erfahrungen mit der Erfahrung" auf den unterschiedlichsten Ebenen: dem Vergessen, Nicht-mehr-Verstehen, Zeitbedingten (2. Abs.), aus der Begrenzheit (3. Abs.) und schließlich Täuschungsanfälligkeit (4. Abs.), wobei – trotz der Zitierung des lateinischen Sprichworts – gar nicht die (absichtliche) Lüge im Vordergrund stehen muss, vielmehr auch unwillentliche (Selbst-)Täuschung, Verdrängung, Verschiebung, Verwirrung einzubeziehen sind. Im letzten Teil (5., letzter Abs.) kehrt Rahner zu seiner Ausgangs- und Hauptthese zurück und eröffnet einen religiösen Horizont: die (Selbst-) Annahme in der Liebe Gottes.

Texterschließung (S. 60)

60: Texterschließung

1. Herausarbeitung von (a) Gemeinsamkeiten (z.B. Problematik der Identitätsfrage; Rückgriff auf Erfahrungen; Auflösung der Problematik mit einer religiösen Dimension: der Geborgenheit in Gott) sowie (b) Differenzen, u.a. (individuelle) Identität bei Bonhoeffer, (kollektive, gattungsmäßige) Wesensbestimmung des Menschen bei Rahner; (c) Einbezug eigener begründeter Positionierung.
2. Zwei Perspektiven (Eigen- und Fremdperspektive/n) in Bildern und Texten herausarbeiten; Zwei-, Mehr- resp. Multiperspektivität der Frage nach der Identität / dem Menschen; Offenheit für religiöse Dimension in den Texten und Bildern; Eigene Bestätigung, Neuentdeckung(en) und Verunsicherung auf der kognitiven und affektiven Ebene thematisieren und reflektieren.
3. Bonhoeffers letztes Gedicht/ Gebet „Von guten Mächten", ebenfalls aus der Haftzeit stammend (→ Gott-Kapitel, S. 133), verlegt den Akzent von Verunsicherung und Zweifel weg ganz hin zu Geborgenheit und Glaube und schließt damit an die letzte Zeile des vorliegenden Gedichts an. Rahner, der Gott als das „heilige Geheimnis" fasst, (→ Gott-Kapitel, S. 129 unten), schließt in der „Geheimnishaftigkeit", Unverfügbarkeit und/ letztlichen Kontingenz Gott und Mensch zusammen (und eröffnet damit zugleich eine Interpretationsmöglichkeit für das Theologoumenon der „Gottebenbildlichkeit des Menschen" → die folgende Doppelseite, S. 63, obere Hälfte).

61: Abschluss

Abschluss des Unterkapitels (S. 61)

Die Seite stellt den *Abschluss* des Unterkapitels zur philosophischen Anthropologie dar und besteht aus drei Elementen:

- (Freistehendes) *Doppelzitat* zur *Identität* als Diskussionsanregung, links bestätigend als zentrale Lebensaufgabe, besonders auch der Jugendzeit, durch den Psychoanalytiker Erik H. Erikson (1902–1994) (s.o.), rechts ironisch gebrochen durch die Schriftstellerin Juli Zeh (*1974).
- Die *Zusammenfassung und Ergänzung* stellt in drei Blöcken noch etwas umfassender als der Fließtext zentrale Begriffe und Überlegungen dar zur (1) Identität (Mensch als Einzelwesen), (2) den Wissenschaften, die sich mit dem Menschen beschäftigen (Humanwissenschaften) und zuletzt (3) der philosophischen Anthropologie (Mensch als Gattungswesen). Die Philosophische Anthropologie hatte einen Höhepunkt in den 1920er bis 1940er Jahre mit den Ansätzen von Max Scheler, Helmuth Plessner sowie Arnold Gehlen.

Der im Text genannte *Arnold Gehlen* (1904–1976) sah die menschliche Sonderstellung als „instinktreduziertes/ unspezialisiertes/ nicht festgelegtes/ weltoffenes“ Wesen („Mängelwesen“) in der Kultur begründet, die mit ihren Institutionen Entlastung und Orientierung bietet, wobei die moderne Gesellschaft nicht nur *ent-*, sondern auch *be*lastende, also ambivalente „Superstrukturen“ ausbildet. *Ergänzend* lässt sich *Helmuth Plessner* (1892-1985) heranziehen, für den die Exzentrizität resp. exzentrische Positionalität (von lat. *ex* = aus, heraus, sowie *centrum* = Zentrum, Mittelpunkt) der wesentliche Grundzug der menschlichen Existenz ist, seine differentia spezifica, die ihn von den übrigen Lebewesen unterscheidet. Gemeint ist die Fähigkeit, aus sich heraustreten und sich selbst gegenübertreten, sich selbst beobachten zu können (Selbstdistanzierung). In unmittelbarem Zusammenhang damit steht die Tatsache, dass der Mensch nur in gesellschaftlicher Form existiert, mit allen dazu gehörenden Themenkomplexen (Identität, gesellschaftliche Rollen etc.).

61: Zu den Aufgaben

Zu den Aufgaben (S. 61)

1. Zwei Ebenen sollten hierbei unterschieden werden: die identitätstheoretisch und entwicklungspsychologisch bedingte, letztlich nicht einholbare Spannung zwischen Identitätsfindung und Identitätssuche (Identitätsbildung als lebenslange Aufgabe, Erikson-Zitat; Leben als Fragment, so Henning Luther im Anschluss an Dietrich Bonhoeffer) sowie der gesellschaftlich-ökonomisch fundierte doppelte, ebenfalls unauflösbare Imperativ spätmoderner Gesellschaften an die Heranwachsenden: „Sei ein Individuum“ – „Sei wie die andern!“ (als Konsument, Internetuser usw.).
2. Spannungen, Polaritäten zwischen Eigen- und Fremdwahrnehmung (I/Me), zudem in der Eigenwahrnehmung selbst, aber auch in den Fremdwahrnehmungen. Die mittlere (und höhere) Jugendzeit bietet die Chance, über die in der frühen Jugendzeit dominierenden, häufig einseitigen und eindimensionalen Festlegungen („Ich bin eben so oder so“) hinaus und zu komplexeren Vorstellungen zu gelangen.
3. Die traditionellen Ansätze verengen den Blick auf (ein oder mehrere) feste(s) Merkmal(e), die modernen fokussieren die Offenheit und Nichtfestgelegtheit, neigen aber dazu, die (naturbezogenen) Rahmenbedingungen (constraints) herunterzuspielen; beide Richtungen vernachlässigen die engsten Beziehungen und Lebensbedingungen im Blick auf Umwelt, Mitwelt, Natur. Moderne Ansätze entsprechen dem gesellschaftlich-ökonomischen Imperativ der Spätmoderne zu größtmöglicher Flexibilität. (Zu den existentialistischen Ansätzen auch: Camus → 2.6.3, S. 92f.)
4. Beides ist möglich, je nach lebensförderlicher resp. -feindlicher Theologie (→ 3.5.1+2, bes. S. 130, Abschn. „Gott auf der Couch“, unmittelbar unter dem Bild). Den Nexus zwischen unbedingter Annahme durch Gott und der eigenen Annahme einer gespaltenen, fragmentierten Identität würdigen (Ende Bonhoeffer-Text); Ermöglichung resp. Förderung von Ambiguitätstoleranz durch die religiöse Perspektive.
5. Neben – oder zusätzlich zu – EA (hier Respekt vor Intimität beachten, evtl. ohne gemeinsame/ öffentliche Auswertung) auch PA oder GA möglich.

62f: Geschöpf und Ebenbild Gottes

2.1.2 „Und Gott schuf den Menschen zu seinem Bilde …“ – Geschöpf und Ebenbild Gottes (S. 62f)

Die *Überschrift* des Unterkapitels ist der ersten (priesterschriftlichen) Schöpfungserzählung entnommen (Zitat s. S. 63 ganz oben, linke Spalte) und verweist auf die beiden zentralen Theologoumena einer biblischen/ theologischen Anthropologie: *Geschöpflichkeit* und *Gottebenbildlichkeit.* Unter Hinzunahme des Herrschafts- resp. Bebauungsauftrags und der einleitenden Frage nach der menschlichen Sonderstellung erfolgt ein viergliedriger *Aufbau:*

- Spannung zwischen menschlicher *Sonderstellung* gegenüber der und *Einbindung* in die Natur (zwei einleitende Absätze);

- Der Mensch als (1) Geschöpf Gottes wie die übrige Schöpfung
- (2) Ebenbild Gottes
- (3) Herrscher und Bewahrer der Schöpfung (S. 62, letztes Drittel, S. 63).

Die Themen werden anhand eines Bildes und eines durch mehrere freigestellte Zitatpaare unterbrochenen Fließtextes als *Medien* resp. *Materialien* entfaltet; zwei Zitatpaare stammen aus der Bibel, zwei aus der neuzeitlichen Tradition.

Querverbindungen:

← 1.2.1, S. 21f: Biblische Schöpfungserzählungen (Gen 1 u. 2);
← 2.1.1., S. 58–61, Philosophische Anthropologie, bes. S. 60 das Quellentextpaar Bonhoeffer/ Rahner;
→ 2.1.3, S. 67: Ganzheitliche Anthropologie des AT (unter: Biblische Anthropologie).

Darstellung/Materialien im Einzelnen (S. 62f)

62: Michelangelo

Michelangelo (1475–1564): Die Erschaffung Adams – Deckenbemalung (Fresko) der Sixtinischen Kapelle im Vatikan (1508–1512)

Bildbeschreibung und *-analyse (aufgrund des Bildtitels):*

- *Gott,* in Bewegung, kommt mit himmlischem Hofstaat (Engel) in einer Art Muschel herangeflogen (wehende Tücher und Haare; Vorbild Zeus);
- *Adam:* halb liegend, mit halb aufgerichtetem, mit dem rechten Arm aufgestütztem Oberkörper, einem ausgestrecktem und einem angewinkelten Bein, also in einem Zwischenzustand zwischen liegendem (= unlebendigen) und „aufrechtem" (= lebendigem) Zustand, den linken Arm lässig, beinahe lasziv Gott entgegengestreckt, den Kopf zur Seite geneigt, mit sehnsuchtsvollem, ergebenem (sich hingebendem), gläubigem (oder auch müde wirkendem?) Blick hin zu Gott – ein junger Mann im Stil der klassischen Antike.
- *Verhältnis Gott – Adam (Mensch)/ Eva:* Beide männliche Gestalten befinden sich einerseits in einer unterschiedlichen Situation (Gottes Gesicht deutlich höher und mit würdevollem Bart, sein Körper dynamischer, aktiver → Überlegenheit Gottes), andererseits gleichsam „auf gleicher Höhe" (ausgestreckte Arme nahezu waagrecht, kräftiger, muskulöser Körperbau Adams → Gleichrangigkeit, Gottebenbildlichkeit und Würde des Menschen). Mit dem linken Arm umfasst Gott die – noch unerschaffene, zu Adam hinüberblickende – Eva, mit den Fingern zeigt er auf das Jesuskind.
- *Umgebungswelt (*Erde und Himmel): Adam oben an steilem, tiefem Gebirgsabhang, (Erdenrund?), im Grün des Paradieses.

Hintergrundinformationen:

- *Michelangelo Buonarotti* (1476-1564), Bildhauer, Maler und Architekt, einer der bedeutendsten Künstler der italienischen Hochrenaissance.
- *Sixtinische Kapelle* im Vatikan, nach Papst Sixtus benannt; Auftrag zur Bemalung (Übermalung) von Julius II. an Michelangelo, Ausführung 1508–1512; Fresken „al fresco", Gemälde auf frischen Putz aufgetragen.

Thema/ Zeit: Bei der Darstellung der Erschaffung der Welt (nach der Bibel) erfolgt mit Renaissance (und Neuzeit) ein Paradigmenwechsel: im Mittelalter stehen Gott im Himmel und der Mensch mit dem Sündenfall auf der Erde im Zentrum; jetzt der Mensch mit der Erschaffung in Vollkommenheit, nahezu gleichrangig mit Gott. Die Beseelung wird in der Renaissance als Begabung mit Urteilsfähigkeit, Kraft, Erfindergeist gedeutet und verweist auf eine „genialische" Sicht des Menschen. Zentral für Michelangelo sind Männerkörper (Gott, Adam), sekundär die Ornamentik; das Motiv des schwebenden, sich bewegenden, kraftvollen Gottes zeigt seine Schöpfungskraft (analog zum Künstler als Schöpfer seines Werkes).

Hinweise zur Erarbeitung: Ein Vergleich mit Gen 1 und 2 zeigt Spannungen zu den biblischen Erzählungen auf: Der Augenblick, in dem Gott Adam zum Leben erweckt resp. mit einer Seele begabt, stellt abweichend von Gen 1 (gleichzeitige Erschaffung von Mann und Frau) und Gen 2 (Einhauchen des Atems/ der Seele/ des Beseelt- und Lebendigseins) diesen Akt durch die sich im nächsten Moment vollziehende Berührung mit dem Zeigefinger dar.

Querverweise: Weiteres Gemälde *Michelangelos* aus der *Deckenbemalung der Sixtinischen Kapelle* → 3.5, Auftaktbild, S. 127; ferner: Pietá, S. 165.

Literatur:

- Richmond, Robin: Michelangelo und die Sixtinische Kapelle, Sonderausgabe, Freiburg: Herder 1999
- Kupper, Daniel: Michelangelo. (rm 50576) Reinbek: Rowohlt 2004
- King, Ross: Michelangelo und die Fresken des Papstes, München: btb 2003

62: Fließtext (Mitte)

Der Mensch als Krone der Schöpfung/ Herr der Welt vs. Teil/ Glied der Schöpfung/ Welt (S. 62, Mitte)

Gegenüberstellung von *Trennung* vs. *Verbindung* von Mensch und Natur

- auf der philosophischen/ naturwissenschaftlichen Ebene (Würde vs. Abstammung: Darwin). *Ergänzung*: Pico della Mirandola, Ende des 15. Jh.s (1486): Der Mensch als Krone der Schöpfung, in Freiheit, im Gegensatz zur „Unterwelt des Viehes" der „höhere[n] Welt des Göttlichen" angehörend; in jedem Individuum lebt „Gott, mit menschlichem Fleisch umkleidet".
- eine analoge Spannung im AT, im freistehenden Doppelzitat Pred 3 vs. Ps 8.
  Der Mensch kann also im Spannungsfeld Gott – Welt/ Natur/ Schöpfung entweder einem der beiden Extreme zugeordnet oder – als dritte, „vermittelnde" Lösung – in der bleibenden Spannung zwischen beiden Möglichkeiten angesiedelt werden (so etwa bei Pascal).

62: Fließtext (unten)
63: Fließtext (oben)

Drei theologische Grundbestimmungen des Menschen (Gen 1 und 2) (S. 62, unten und 63, obere Hälfte)

(1) Der Mensch als Geschöpf (wie die gesamte Schöpfung); besonders betont in der zweiten, älteren Schöpfungserzählung (aus Erde, zu Erde).

(2) Der Mensch als Ebenbild Gottes (Gen 1,27); nur im ersten, priesterschriftlichen, im babylonischen Exil entstandenen Hymnus (Lob- und Lehrgedicht mit sieben Strophen); in der älteren Erzählung Anklang als Beseelung des Menschen durch Gott (Einhauchen von Leben/ Seele).

(3) Der Mensch als Beherrscher und Bewahrer der Welt/ Natur/ Schöpfung: in beiden Schöpfungstexten unterschiedlich akzentuiert: Gen 1,26–28 resp. Gen 2,15 – im Hintergrund stehen zwei unterschiedliche Kulturen: beim „Bebauen und Bewahren" die halbnomadische oder frühagrarische Kultur einer Steppen- oder Wüstenlandschaft mit Oasen; beim „Beherrschen" die Hochkulturen der großen Flussregionen des „Fruchtbaren Halbmonds", also Ägyptens bzw. des Zweistromlandes (mit Babylon).

Ergänzungen – Hintergrundinformationen:

- Die *Schöpfungserzählungen* vom Anfang der Bibel *(Gen 1 u. 2)* weisen auf die Ordnungen, Zusammenhänge und wechselseitigen Abhängigkeiten in der Schöpfung hin (als *creatio prima-, continua(ta)* und *nova*); sie dienen einerseits der Erklärung (Ätiologie), zugleich aber und mehr noch der (religiösen) Selbstvergewisserung (Schöpfungslob, Sabbat u.a.m.) → 1.2.1, S. 21f: Biblische Schöpfungserzählungen (Gen 1 u. 2).
- Im *babylonischen Exil* (586–536 v.Chr.) musste das Volk Israel nach der Zerstörung der drei Identitätspfeiler Land, Tempel und eigenständiger Herrschaft eine neue Identität entwickeln – hierbei wurden Elemente aus der Umwelt übernommen (u.a. Herrschaftsauftrag), jedoch zugleich modifiziert und mit eigenständigen, neuartigen Deutungen resp. Sichtweisen versehen resp. verbunden (u.a. Demokratisierung der Gottebenbildlichkeit: *Alle* Menschen sind Gottes Ebenbild).
- *Psalm 72* formuliert Kriterien für die königliche Herrschaft (Übertragung auf den Schöpfungsauftrag).

63: Fließtext (unten)

Neuzeitliche Wirkungen der biblischen Theologoumena von Gottebenbildlichkeit und Herrschaftsauftrag (S. 63, untere Hälfte)

Ob die *Menschenrechte* aufgrund der biblischen, jüdisch-christlichen Tradition oder in der Frontstellung gegen sie entwickelt wurden, ist in der Forschung umstritten; beide Behauptungen erfassen wohl jeweils ein richtiges Moment: die sicherlich biblisch begründbare und aus der Gottebenbildlichkeit ableitbare *Menschenwürde* drängte seit der Aufklärungszeit zu einer konkreten Ausgestaltung in der Formulierung von *Menschenrechten*, was – leider – zuerst auf breite kirchliche Ablehnung stieß und oft in Frontstellung gegen die Kirche(n) erkämpft wurde (etwa in der Französischen Revolution).

Ergänzungszitat Kants zur Menschenwürde: „Die Menschheit selbst ist eine Würde; denn der Mensch kann von keinem Menschen (weder von anderen noch gar von sich selbst) bloß als Mittel, sondern muss jederzeit zugleich als Zweck gebraucht werden und darin besteht eben seine Würde (die Persönlichkeit)." (Kant, 1797/1968, A 140) (Metaphysik der Sitten, Zweiter Teil (1797) (→ 1.3.1., S. 28 – Kategorischer Imperativ).

Literatur – Menschenwürde/ Menschenrechte:

- Gröschner, Rolf u.a. (Hg.), Wörterbuch der Würde, Stuttgart/ Paderborn: UTB/ Fink, 2013
- Wetz, Franz Josef (Hg.): Texte zur Menschenwürde, Stuttgart: Reclam, 2011
- Fritzsche, K. Peter: Menschenrechte. Eine Einführung mit Dokumenten, Paderborn: Schöningh, 3., erw. Aufl., 2016

Der biblische *Herrschaftsauftrag* (das sog. *dominium terrae*) wurde in der Neuzeit als Begründung und Rechtfertigung für den naturwissenschaftlich-technischen Weltzugang tlw. herangezogen (so der Philosoph René Descartes mit der typisch neuzeitlich-bürgerlichen Charakterisierung „Herren und Eigentümer" / *„maitre et possesseurs"*), tlw. aber auch verworfen bzw. im Sinne eines fürsorglichen Umgangs interpretiert (so sein Kontrahent, der Theologe Johann Amos Comenius). Klar ist,

dass eine Weltbeherrschung und -zerstörung, wie wir sie gegenwärtig in der ökologischen Krise erleben, in der Bibel selbstverständlich nicht in den Blick genommen werden konnte.
Querverbindungen:
- Fortsetzung der *Biblischen Anthropologie* (ganzheitliche Sicht) → 2.1.3, S. 65.
- *Zusammenfassung* (und Ergänzung) sowie *Aufgabenstellungen* zur *Biblischen Anthropologie* → 2.1.3, Abschluss, S. 67 untere Hälfte.
- *Bebauen und Bewahren:* Planetarische Ethik → 1.3.3, S. 38 unten, sowie → 1.5.2, S. 50 oben.

2.1.3 Den Menschen verbessern? – Human Enhancement (S. 64–66)

64–66: Human Enhancement

Das knapp dreiseitige *Unterkapitel* mit dem Untertitel *Human Enhancement = Optimierung des Menschen* befasst sich mit den Themen:
- *Körper*, Schönheit, Schönheitsideale und *Körperoptimierungen* (S. 64), ausgehend von einem Bildpaar, einem konkreten Beispiel (Augenfarbänderungen, freigestelltes Zitat) und kurzen Erläuterungen im Fließtext.
- *Biblische Anthropologie:* Das biblische ganzheitliche Menschenbild, ausgehend vom das ganze Leben umfassenden Seelenbegriff (hebr. *näfäsch*), vs. eine vom antiken griechischen Denken ausgehende aufspaltende Anthropologie (S. 65, obere Seitenhälfte), inklusive einem freigestellten Zitatpaar.
  Querverweis: → 2.1.2, S. 62: Anthropologie der Schöpfungserzählungen, inklusive Ps 104 als wichtigem Schöpfungspsalm (→ S. 24), sowie Verständnis von „Seele" als Leben (→ S. 19 oben, Bibelverständnis).
- *Aktuelle* Möglichkeiten und Entwicklungen zur *„Optimierung"* des Menschen, die letztendlich die bisherigen Lebensformen des Menschen transzendieren/ überschreiten – man spricht geradezu von einem post- resp. transhumanen Body-turn (S. 65, untere Hälfte, S. 66 oberes Drittel).
- *Theologische Kriterien* zur ethischen Beurteilung dieser aktuellen Möglichkeiten und Entwicklungen (S. 66 mittleres Drittel).

Querverweis: → Angewandte theologische Ethik (1.3.3 [4]), S. 36f, dort allgemein entfaltet, hier bezogen auf eine konkrete Thematik.
Achtung: Thema im Kontext beider Ausführungen behandeln!
Kriterien einer Theologischen Ethik: S. 36f ↔ S. 66, Mitte.

Das einleitende Bild-Paar (S. 64 oben)

64: Bild-Paar

- *Carole A. Feuerman (*1945) General's Twin, 2009–2011:* Die weltweit bekannte US-amerikanische Künstlerin, die vor allem Skulpturen erstellt, arbeitet mit unterschiedlichen Materialien (etwa Marmor, Bronze oder – wie hier – Kunstharz) und ist dem Hyperrealismus zuzuordnen. Hier stellt sie ein gängiges Schönheitsideal (Klischee) zur Schau – aber damit auch zugleich zur Diskussion.
- Die 1996 in Australien geborene, als *Model* und *Designerin* international bekannte *Madeline Stuart* hat das Down-Syndom. Hier *(Foto)* präsentiert sie ihre Mode in New York.

Anregungen zur Bilderschließung: Schönheitsideale, stereotype Geschlechterzuschreibungen, eurozentrische Sichtweisen und Vorstellungen von Gesundheit/ Krankheit resp. „Normalität" aufnehmen, kritisch hinterfragen und zur Diskussion stellen.
Hintergrundinformationen: In der Postkolonialismus-Debatte spielt die kritische Analyse von klischeehaften, stereotypen Festschreibungen des „Fremden", etwa die Reduktion auf erotische Muster, eine zentrale Rolle, ausgehend von der Analyse der westlichen „Orientalismus"-Vorstellung durch Edward Said (1978).
Diese Analyse auf die Skulptur von Feuerman anwenden (schwarzer Körper als Lust-/ Sexualobjekt weißer männlicher Begierde); zur Verdeutlichung und Erweiterung („normierter"/ abweichender Körper) das Foto der Designerin Stuart heranziehen.
Ergänzung: Gerechtigkeit für Menschen mit Beeinträchtigungen und Behinderungen (Inklusion), ausgehend von folgender Aussage einer 17-Jährigen:
„Gerechtigkeit bedeutet für mich, als ganzer Mensch mit einer empfindlichen Seele anerkannt zu werden – was leider selten der Fall ist. Weil ich im Rollstuhl sitze, sprechen manche Menschen in so einem blöden Mitleids-Ton zu mir. Ich habe natürlich nichts gegen echtes Mitgefühl, aber von oben herab behandelt zu werden oder so, als sei ich ein kleines Kind, das nervt mich."
(Janine Eckelsberger, 17 J., nach: GEO 10/2007, Gerechtigkeit, 65)

66f: Abschluss

Abschluss des Teilkapitels 2.1 (S. 66 unten, S. 67)

Der *Abschluss* des Teilkapitels enthält vier Abschnitte/ Elemente:

- Interreligiöse Anthropologie (S. 66 unten), bei der besonders das buddhistische Verständnis des Selbst als „Täuschung“ (*anātman*) für ein westliches, auf Selbstverwirklichung getrimmtes Verständnis eine Herausforderung und sperrige Alternative darstellt.
- *Kunstobjekt:* Körperplastik eines Babys von Ron Mueck.
- *Zusammenfassung und Ergänzung,* die vorrangig die Biblische Anthropologie darstellt (und sich damit auf das zweite Unterkapitel bezieht (→ 2.1.2, S. 62f), im letzten jedoch auch auf eine philosophische Anthropologie (→ 2.1.1) und damit die Zusammenfassung S. 61 (rechte Spalte) ergänzt und komplettiert.
- Abschließende *Aufgabenstellungen.*

67: Bild Mueck

*Ron Mueck (*1958): A Girl, 2006 (Bild S. 67, oben)*

Bildbeschreibung: Das *Foto* zeigt als Ausstellungsobjekt ein riesenhaft wirkendes Baby (Titel: Mädchen) kurz nach der Geburt – ausgestellt wie auf einem Seziertisch. Die Größenverhältnisse werden (in übertriebener Weise) durch die Kombination mit der Frau (Besucherin?) im Hintergrund sichtbar.

Hintergrundinformationen: Der in Australien geborene Bildhauer und Objektkünstler Ron (Hans Ronald) Mueck wurde vor allem durch seine überdimensionalen, hyperrealistischen, aus Fiberglas und Silikon gefertigten Menschenskulpturen bekannt. Seine zentralen Themen sind Leben, Geburt, Jugend, Alter und Tod.

Anregungen zur Arbeit mit dem Bild:

- Gefühle bei Bildbetrachtung thematisieren und analysieren;
- Bild in Beziehung setzen zum Kurzzitat der Philosophin Hannah Arendt aus ihrem Hauptwerk „Vita activa oder Vom tätigen Leben“: Die Geburt ist für Arendt das anthropologische Grunddatum, die Voraussetzung für das Handeln (*vita activa*) und ein „Wunder, das den Lauf der Welt und den Gang menschlicher Dinge immer wieder unterbricht und vor dem Verderben rettet“, also die Chance für eine Wende zum Guten: Geburt = (Neu-)Anfang = Chance für das Gute.
- Bild mit anderen Bildern/ Bildpaaren in Beziehung setzen: → S. 64: Zwei Frauenporträts; → S. 62: Erschaffung Adams; → S. 68: Paar; → S. 70: Zwei Seelen; → S. 71: Saturn verschlingt eines seiner Kinder (Kontrast); → S. 81: Mädchen; → S. 88: Gesichter; → S. 95: Pietá (Kontrast); → S. 99: Aufstieg in das himmlische Paradies (Eintritt ins menschliche/ irdische vs. himmlische Leben); → S. 163 Bildpaar zu Jesus als Kind (Geburt Jesu: der paradigmatische [Neu-]Anfang – dazu auch das Arendt-Zitat).

67: Zu den Aufgaben

Zu den Aufgaben (S. 67)

Aufgabe 1:

- Grund-Unterscheidung von reduktionistischen (etwa: mechanistischen) und mehrdimensionalen (ganzheitlichen) Menschenbildern (z.B. La Mettrie vs. Conway);
- Biblisches Menschenbild als ganzheitliches (z.B. *näfäsch*/ Seele = Lebensprinzip) und mehrdimensionales Menschenbild.
- Mögliche Strukturierung: Dreidimensionales Menschenbild:
  Seele – Gottesbezug des Menschen; Recht auf Glaubens-/ Religionsfreiheit;
  Geist – (Selbst- und Welt-)Reflexionsfähigkeit des Menschen; Recht auf Gedankenfreiheit;
  Körper – Naturbezug; Recht auf körperliche Unversehrtheit.

Aufgabe 2: Drei Beziehungsebenen des Menschen:

- Gottes Gegenüber;
- „Herrschaft“ über die Welt;
- Gleichwertigkeit aller Menschen.

Folgerungen für Menschenwürde und -rechte: Recht auf Leben, Asylrecht …

Aufgabe 3: Die entscheidenden Stichworte lauten: „herrschen“ (1. Mose 1,28) vs. „bebauen und bewahren“ (1. Mose 2,15).

Ergänzungmöglichkeit: Wirkungsgeschichte in der (frühen) Neuzeit:

Bibelstellen	„herrschen“ (1. Mose 1,28)	„bebauen und bewahren“ (1. Mose 2,15)
Wirkungsgeschichte (Frühe Neuzeit)	„Herren und Eigentümer der Natur“ (René Descartes)	„liebevolles Versenken“ „vernünftige Regierung“ „kluger Gebrauch“ (Johann Amos Comenius)

Tabelle: Zwei – tlw. konträre– Vorstellungen zur Stellung des Menschen in der Natur

Aufgabe 4: Drei Argumentationsstränge:
1. *Formalverfahren* (→ S. 36f): Kontextualisierung biblischer Aussagen (z.B. Gebote) – Maßstab: Mitte der Bibel – Kernaussagen der Theologie – Perspektivierung konkreter Fälle.
2. *Folgerungsverfahren:* Gedankenexperiment: Präsenz Gottes – Jesu Christi – des Heiligen Geistes in unserem Leben.
3. *Kriterienverfahren:* Drei zentrale Kriterien: (1) Inklusion: alle Menschen; (2) Exklusion: Nichtperfektibilität (Nichtgöttlichkeit) des Menschen; (3) Befreiung, Nicht-Unterdrückung des Menschen.
Aufgabe 5: Mögliche Erweiterung: Mensch in seinen unterschiedlichen Dimensionen und Beziehungen: Selbst – Mitmenschen – Natur – Gott.

Ergänzung: Neurotechnische Verfahren

Name / Technik	Anwendung	Chancen/ Gefahren
Funktionelle Magnetresonanz-Tomografie: Äußere Aufzeichnung von Hirnaktivitäten (Scanner)	Erkennbarkeit von Hirnaktivitäten und mentalen Vorgängen	
Transcranial Direct Current Stimulation (tDCS): Stromstöße von außen	Besserung bei psychischen Erkrankungen Verbesserung mentaler Leistungen	
Tiefe Hirnstimulation Stromstöße von innen (Elektrode)	Positive Beeinflussung bei Krankheiten, etwa Parkinson	
Brain-Computer-Interface: Direkte Kopplung Gehirn-Computer	„Ausdrucksmöglichkeiten" über Maschine	

68–70: Beziehungen

2.2 Ich liebe, darum bin ich! – Beziehungen (S. 68–70)

Die *Überschrift* des mit drei Seiten sehr kurzen Teilkapitels ist eine Abwandlung des berühmten Descartes-Zitats: Ich denke, darum bin ich! (lat. *Cogito ergo sum*, zit. auf S. 69 oben) und weist bereits programmatisch darauf hin, dass der Mensch primär nicht durch ein Wesensmerkmal (etwa die Vernunft), also essentialistisch, bestimmt werden kann, vielmehr nur durch seine Beziehungsfähigkeit und seine realen, konkreten Beziehungen, also relational (1.1.1 Philosophische Anthropologien, S. 61, Zusammenfassung, rechte Spalte). Die Überschrift wird im *Aufbau* des Teilkapitels nochmals aufgenommen und in zwei Teilen „durchdekliniert", unterbrochen von der Frage nach der Geschlechtlichkeit, wodurch sich eine dreiteilige Gliederung in die Unterkapitel ergibt:

1. Ich liebe ... – Die Kunst des Liebens (S. 68f)
2. „... männlich und weiblich" oder divers ... – Geschlechtlichkeit (sex und gender) (S. 69)
3. ... darum bin ich – Die Gnade des Geliebtseins (S. 70).

Die *Querverbindungen* sind besonders eng zum vorhergehenden (2.1.) sowie zum sechsten Teilkapitel mit dem Thema der Befreiung zu Liebe und Verantwortung (2.6, S. 88–94).

68: Bild Megert

Bild: Franziska Megert (*1950): Das Spiel mit dem Feuer, 1989 (S. 68)

Bildbeschreibung: Unterschiedliche Sichtweisen: als Gesamtbild oder als zwei Teilbilder (zwei schwarze Stellwände mit Personen) vor Hintergrund. Hintergrund: Natur, Bäume, Boden bläulich, evtl. Wasser, vorne Fliesen; möglicherweise Glasfenster, vermutlich eine Installation in Museum mit Blick nach außen. Die Personen: jeweils dreigeteilt. Links: Frauenkopf (bzw. -oberkörper), Mitte Unterkörper eines Mannes, unten bei den Füßen Andeutung eines dritten Beines/ Fußes. Rechts: Gesicht männlich oder androgyn; darunter ein Körper frontal, zur Hälfte verdeckt durch zweiten Körper (ohne Kopf) in Seitenansicht. Die Körper entweder auf zwei schwarze Stellwände projiziert oder dreidimensional palstisch-räumlich, dann jeweils durch zwei schwarze Bänder oder Gurte gleichsam „festgeschnallt" bzw. „fixiert".

Hintergrundinformationen: Die in der Schweiz geborene Psychologin und international bekannte Videokünstlerin *Franziska Megert* arbeitete zuerst mit fotografischen Porträt-Überblendungen und dann mit Videos, wobei sie insbesondere an Widersprüchen, Antagonismen und Paradoxa im inner- und zwischenmenschlichen Leben interessiert ist.

Deutungsmöglichkeiten: Sinnlichkeit, Erotik, Körperlichkeit, Sex/ Gender, Trans...; Eindeutigkeit vs. Mehrdeutigkeit; Offenheit vs. Fixierung; Festgelegtheit vs. Veränderbarkeit; Transsexualität und Transgender etc. (→ 2.2.2, S. 69, gegenüberliegende Seite unten). Titel: *Das Spiel mit dem Feuer ist* auslegbar auf (a) interpersonale Beziehungen (also *zwischen* den Gestalten) und (b) intrapersonale Beziehungen (also *in* den Gestalten – die ja auch getrennt bleiben!, also gegengeschlechtliche resp. androgyne eigene Anteile); Phantasien – Was ist real, was phantastisch? Was ist nur angedeutet, veränderbar ...?

68f: Die Kunst des Liebens

2.2.1 Ich liebe ... – Die Kunst des Liebens (S. 68f)

Die *Überschrift* des Unterkapitels nimmt den Titel eines bekannten Buches des Psychoanalytikers Erich Fromm (1900–1980) auf und thematisiert die Liebesfähigkeit des Menschen in zwei Schritten aus *biblischer* (S. 68, untere Hälfte – Hoheslied der Liebe im AT und bei Paulus in 1. Kor 13) und *theologischer* Sicht (S. 69, oben).

68: Fließtext

Fließtext (S. 68)

Das alttestamentliche Buch *Hoheslied* erfuhr in der Geschichte häufig eine allegorische Auslegung auf die Liebe zwischen Volk Gottes, Kirche, Maria, Mensch, Seele und Gott; demgegenüber favorisiert die historisch-kritische und moderne Auslegung im wörtlichen Sinne (sensus carnalis) ein Verständnis auf die konkrete und ganzheitliche, auch körperliche *zwischenmenschliche Liebe* hin. (Dietrich Bonhoeffer sprach in einem Gefängnisbrief vom 20. Mai 1944 vom Verhältnis von Eros und Agape, von Gottesliebe und Sexualität wie von cantus firmus und Kontrapunkt als Merkmal der Polyphonie des Lebens.)

Bearbeitungsvorschlag: Passagen aus dem Hohenlied auf ihre Sinnlichkeit hin analysieren und mit nichtbiblischen poetischen Liebesgedichten vergleichen.

Textstellen aus dem Hohenlied:

Sie:	1,1–4	1,12–14	1,16f	2,4–7	5,8.10–16	7,10b–13
Er:	1,9–11	1,15		4,9–11	7,7–10a	

Sinne/Sinneswahrnehmung	*Hoheslied*	*Literatur*
Auge/ Sehen		
Mund/ Schmecken		
Nase/ Riechen		
Ohr/ Hören		
Haut/ Fühlen		

Der von *Paulus* aufgenommene Liebeshymnus, ein neues „hohes Lied der Liebe“ *(1. Kor 13,1–13)*, ist ebenfalls ein poetischer Text, der die überragende Bedeutung der Liebe preist (vgl. auch Röm 12,9–12 – hier eher als Paränese resp. Ermahnung), unterscheidet sich jedoch vom alttestamentlichen Hohen Lied wesentlich: dieses beschreibt, erzählt und preist konkret-anschaulich körperlich und intim-persönlich, während die neutestamentliche Version verallgemeinert, abstrahiert, definiert („Die Liebe ist …“). Beide Versionen lassen sich auch als konkret-leiblich und abstrakt-geistig miteinander kombinieren. In der christlichen Tradition wurde die Schlusstrias als Dreiheit der – von Gott geschenkten – christlichen Tugenden (Glaube, Hoffnung, Liebe) gedeutet und mit den vier Tugenden der antiken griechischen Ethik (Platon/ Aristoteles → 1.3.1, S. 27 oben) zu einem Katalog von „sieben Kardinaltugenden“ kombiniert.

Fließtext und freigestelltes Doppelzitat (S. 69, obere Hälfte) — 69: Fließtext (oben)

Der Mensch und die Liebe: Die menschliche Liebesfähigkeit ist psychologisch in der Liebe anderer Menschen und theologisch in der Liebe Gottes zum Menschen gegründet.
Zu den *Formen von Liebe* → Zusammenfassung, S. 70 Mitte.
Émilie du Châtelet (1706–1749), eine umfassend gebildete frz. Mathematikerin, Physikerin, Philosophin und Übersetzerin (u.a. von Newton) der Frühaufklärung veröffentlichte u.a. gemeinsam mit Voltaire. Sie verband in einem eigenständigen philosophischen Ansatz die Theorien von Leibniz und Newton und forderte die Teilhabe der Frauen an allen Menschenrechten; sie lässt sich damit als eine frühe Feministin bezeichnen.
Der Psychoanalytiker *Erich Fromm* (1900–1980) verband in seinem umfangreichen, noch heute vielfach rezipierten Werk eine psychoanalytische mit einer gesellschaftskritischen Sichtweise. Seine Werke, vor allem „Haben oder Sein“ und „Die Kunst des Liebens“, aus dem das vorliegende Zitat wie auch der Untertitel (zweiter Teil) des Unterkapitels stammt, aber ebenso „Anatomie der menschlichen Destruktivität“ (→ 2.3, S. 71ff) und andere sind ihrer Allgemeinverständlichkeit, der thematisch interessanten Akzentuierung und ihrer bleibenden Aktualität und Bedeutung wegen auch für die Sch. der Kursstufe hervorragend geeignet.

2.2.2 „… männlich und weiblich“ oder divers … – Geschlechtlichkeit (sex und gender) (S. 69)

69: sex und gender

Das *Unterkapitel* nimmt einen spezifischen Aspekt der Körperlichkeit des Menschen (→ 2.1.3, S. 64f, 67), nämlich seine *Geschlechtlichkeit*, in den Blick. Hier sind drei Aspekte bzw. Ebenen der Debatte zu differenzieren:

- Die Reflexion und Aufarbeitung der Abwertung der Frau sowie der Dominanz-/ Herrschaftsposition in patriarchalen Gesellschaften, in deren Rahmen sich die biblisch-christliche Tradition bewegt (Feministische Theologie; → *Geschlechtergerechtigkeit*, 1.4.2, S. 43 unten);
- Die *Unterscheidung* von *sex* (biologisch) und *gender* (soziokulturell/ Rollen) (*Feminismus*; paradigmatisch formuliert von Simone de Beauvoir → Zitat S. 70, unten).
- Die *Infragestellung*, Durchbrechung und prinzipielle Aufhebung des *binären Geschlechtercodes*, in wiederum zwei Formen: (a) der Möglichkeit von Zwischen- oder Mischformen, Geschlechterwechseln (auf der biologischen oder soziokulturellen Ebene) und (b) der Überschreitung der binären Codierung auf einer Metaebene. Insofern lässt sich das „divers“ in der Überschrift (oder auch im Personalausweis) durchaus unterschiedlich interpretieren: als drittes Geschlecht oder als Überschreiten des binären Geschlechtercodes und Infragestellen der Geschlechterzuordnung überhaupt.

Anmerkungen:

- Die *Begrifflichkeit* in diesem Bereich (Trans- etc.) ist vielfältig und teilweise verwirrend bzw. verworren; wichtig ist, klare Definitionen vorzunehmen und sie entsprechend den genannten Ebenen zu ordnen.
- Die *neuere Genderdebatte*, die die Differenz von *sex* und *gender* in Frage stellt (paradigmatisch: Judith Butler) lässt sich in unserem Kontext dahingehend aufnehmen, dass einerseits eine bio-

logische Dimension zugestanden wird (etwa die Entstehung neuen Lebens durch Ei- und Samenzelle – was auch Butler in der Diskussion durchaus zugesteht), andererseits alles, was darüber hinausgeht (und auch, was aus dieser „Tatsache“ gemacht wird) als sozio-kulturell bedingt und konstruriert gedacht, also dekonstruiert wird.

69: Fließtext (unten)

Fließtext und freigestelltes Doppelzitat (S. 69, untere Hälfte) – Einzelhinweise

Die im Jahr 2006 erschienene, heiß umstrittene neue Bibelübersetzung *„Bibel in gerechter Sprache“* bemüht sich um eine „gerechte“ Sprache, in dreierlei Hinsicht:

„Der Name Bibel in gerechter Sprache erhebt nicht den Anspruch, dass diese Übersetzung ‚gerecht‘ ist, andere aber ungerecht sind. Sie stellt sich der Herausforderung, dem biblischen Grundthema Gerechtigkeit in besonderer Weise zu entsprechen. Dieses Thema steht in mehrfacher Hinsicht im Zentrum unserer Übersetzungsarbeit. Zum einen geht es um eine geschlechtergerechte Sprache [...]. Zum Zweiten geht es um Gerechtigkeit im Hinblick auf den christlich-jüdischen Dialog. [...] Drittens geht es um soziale Gerechtigkeit. [...]“ (Aus der Einleitung zur „Bibel in gerechter Sprache“, S. 10f)

70: Die Gnade des Geliebtseins (oben)

2.2.3 ... darum bin ich – Die Gnade des Geliebtseins (S. 70, obere Hälfte)

Die *Überschrift* des nur knapp eine halbe Seite umfassenden Unterkapitels nimmt den Satzanfang der Überschrift von 2.2.1 (S. 68) auf und komplettiert ihn zum gesamten Sachverhalt, dem *Thema* beider Unterkapitel: dem engsten Zusammenhang von erlebter (erfahrener) und gelebter (tätiger) Liebe. Liebe ist Passivität (Erleben) und Aktivität (Handeln) zugleich.

Der *Fließtext (S.70, obere Hälfte)* beschreibt im ersten Absatz *die Erfahrungen von Liebe* als Voraussetzung der eigenen Lebens- und Liebesfähigkeit. Psychologisch gilt, dass nur die Person lieben kann, die Liebe erfahren hat, theologisch, dass die Liesbesfähigkeit des Menschen göttliche Gnadengabe, also Wirkung der göttlichen Liebe ist (Überschrift: Gnade des Geliebtseins; → 2.5, S. 83–87).

Die weiteren Textabschnitte differenzieren unterschiedliche *Formen* der *Liebe*, was weiter unten in der *Zusammenfassung* konturiert und komplettiert wird. Die Passage endet mit dem Gedanken des Respekts vor der Geheimnishaftigkeit des Menschen (→ 2.1.1, S. 59f), analog zur Geheimnishaftigkeit Gottes (→ 3.5.2, S. 128–130). Albert Schweitzer hat seine Lehre der Ehrfurcht vor dem Leben (→ 1.3.1, S. 29, freistehendes Zitat Seitenmitte) im Blick auf den Mitmenschen mit dem schönen Satz ausgelegt, dass „keiner ins Herz des andern hineinzulangen braucht“.

70: Abschluss (unten)

Abschluss des Teilkapitels 2.2 (S. 70, untere Hälfte)

Die untere Seitenhälfte stellt den *Abschluss* des gesamten Teilkapitels 2.1 dar und besteht aus vier Elementen:

- einer erweiterten *Zusammenfassung* der Formen von Liebe (linke Spalte; → s. insbes. S. 69, oben, 2. Abs.), bezogen auf die Bibel (AT und NT; rechte Spalte);
- einem *freigestellten* zentralen *Zitat* aus dem klassischen, die erste Phase des Feminismus beflügelnden Werk „Das andere Geschlecht“ (orig. Le Deuxième Sexe, 1949) der französischen Philosophin und Feministin Simone de Beauvoir (1908–1984) – die mitunter anzutreffende Übersetzung „... man wird dazu gemacht“ ist wohl nicht ganz zutreffend, da de Beauvoir nicht nur eine passive Rolle der Frau, vielmehr komplexer neben ihrem Erleiden und Erdulden auch ihr eigenes Mitwirken beim Prozess der Sozialisierung sah;
- einem *Bild* sowie den obligatorischen abschließenden
- *Aufgabenstellungen.*

70: Bild Kleiner

Bild: Hans-Peter Kleiner (*1946), Zwei Seelen ..., 2020

Bildbeschreibung: Kopf (Frauengesicht) mit zwei Hälften: links helle Haare, rechts dunkle; links Auge geschlossen, rechts geöffnet; links frontal, rechts im Profil (tlw., Auge wiederum eher frontal); zwei Münder; Nase gemeinsam (?).

Hintergrundinformationen: Hans Peter Kleiner wohnt im Großraum Stuttgart und begann sein künstlerisches Werk erst im höheren Alter nach Abschluss seiner Berufstätigkeit. Er arbeitet mit unterschiedlichen Materialien, vorrangig Holz, aber auch Metall und Beton. Seine Bilder malt er meist mit Acrylfarbe (so auch hier). Der Titel des Bildes lautet vollständig: Zwei Seelen wohnen, ach, in meiner Brust.

Interpretations-/ Erarbeitungsvorschläge:

- Deutbar als zwei Personen oder als zwei Teile/ Seiten/ Perspektiven einer Person: Zwei Seelen wohnen, ach, in meiner Brust.
- Als Kippbild: einmal eine, das andere Mal als zwei Personen.
- Methode: zuerst eine Seitenhälfte abdecken, dann die andere ...
- Perspektiven: Betrachter, eine der beiden/ beide Personen (I/ Me).
- Blinde Flecken (geschlossenes Auge).

Querverweis: Weiteres Bild desselben Künstlers → 2.6, Einstiegsbild, S. 88.

Zu den Aufgaben (S. 70)

70: Zu den Aufgaben

Aufgabe 1: Agape – Nächstenliebe: Barmherziger Samariter; Philia – Freundschaft: Johannes – der Jünger, den Jesus liebhatte; (Platonische Liebe); Eros – (Körperliche) Intimität: Hoheslied; (*Ergänzung:* Storge: Familie, Geschwister, Peers etc.).
Aufgabe 2: Bibel: patriarchal – feministisch (S. 69, unten); Frauen und Kirche (→ S. 222, unten); Gesellschaft: Geschlechtergerechtigkeit (→ S. 43, unten). Änderungsmöglichkeiten: Bibel: Feministische Bibellektüre; Kirche: Strukturänderung; Gesellschaft: Ökonomische Gleichstellung.
Aufgabe 3: Gott ist Liebe; Bestimmung des Menschen zur Liebe; Jesus: Liebe zu Auftrag und Menschen; Ermöglichung der Liebe des Menschen durch Gott und Jesus Christus. (Querverweise: S. 69, oben; zu Jesus: S. 150, 152).
Aufgabe 4: Spannung zwischen Kennen(lernen) und Respekt vor Anders- und Fremdheit des/r Anderen; Vollständiges „Durchleuchten" und „Durchschauen" als Formen von Machtgewinnung (Lieblosigkeit).
Aufgabe 5: Gesellschaft: Liebe und Verantwortung: → 2.6, S. 88ff.

Ergänzungen:

Themen	Belegstellen	Querverweis
Schöpfungserzählungen	1. Mose 1+2	→ 1.2.1, S. 21f
Menschenerschaffung und -beauftragung	1. Mose 1,26–28; 1. Mose 2,7+15; 3,19	→ 2.1.2; S. 62f
Erschaffung Mann/ Frau	1. Mose 1,27 + 2,22 (21–25)	→ 2.2.2, S. 69 untere Hälfte

Tabelle: Biblische Schöpfungserzählungen (Gen 1+2) – inklusive Querverbindungen

Ergänzung: Zwischenmenschliche Abstände (Kontextualisierung der körperlichen und der psychosozialen Ebene):

←	intim	bis 0,5 m
←	persönlich	0,50–0,75 m (familiär und freundchaftlich)
←	gesellschaftlich	1-3,5m
←	öffentlich	mind. 3,5 m.

71–76: Das Böse

2.3 Ist der Mensch dem Menschen ein Wolf? – Das Böse (S. 71–76)

Die *Überschrift* des Teilkapitels modifiziert den alten lateinischen, durch Hobbes aufgenommenen Spruch „homo homini lupus"/ „Der Mensch ist dem Menschen ein Wolf" (→ S. 73, linke Spalte, Einleitung zum Hobbes-Text) in Frageform. Thema ist – wie bereits der Untertitel klarstellt – das *Böse.* Damit nimmt das Kapitel eine komplementäre Zwischenstellung ein zwischen dem vorhergehenden zur Liebe (2.2) und den darauffolgenden zur Frage nach *Befreiung* und *Erlösung* vom *Bösen* entweder durch den Menschen selbst (Willensfreiheit, 2.4) oder durch *Gottes Gnade* und *Liebe* (2.5). Entfaltet wird das Thema in *drei* Schritten *(Unterkapiteln)*, gefolgt zuletzt von einem zusammenfassenden Abschluss:

- Aggression und Destruktion, *alltäglich* und *psychologisch* (2.3.1, S. 71)
- Die „Natur" des Menschen (*Philosophie* und *Naturwissenschaften*) (2.3.2, S. 72f)
- Die Sünde(n) des Menschen (*Bibel, Theologie*) (2.3.3, 74–76)
- *Abschluss* (S. 76, Zwei-Drittel der Seite).

71: Aggression und Destruktivität

2.3.1 „Jeder Mensch ist ein Abgrund ..." – Aggression und Destruktivität (S. 71)

Die *Überschrift* des eine Seite umfassenden Unterkapitels (S. 71) nimmt den unterhalb der Seitenmitte im freistehenden (linken) Zitat abgedruckten Büchner-Text auf. Das Thema der menschlichen Aggression und Destruktion/ Destruktivität wird in drei Schritten entfaltet:

- zwei einleitende Beispiele (Zitat , Bild) (obere Seitenhälfte);
- eine Stellungnahme zur Unbegreiflichkeit dieser Untaten (Seitenmitte);
- drei gängige Theorien zur Erklärung der menschlichen Aggression (unteres Seitendrittel).

71: Bild Goya

Bild: Francisco José de Goya (1746–1828): Saturn verschlingt eines seiner Kinder, 1819/23 (S. 71 oben, rechts)

Bildbetrachtung (unter Einbeziehung des Bildtitels und der griechischen Mythologie): Vor einem pechschwarzen Hintergrund (Urchaos, Dunkelheit der Triebe und der Grausamkeit) hebt sich im von links vorne her einfallenden Licht Kronos resp. Saturn ab, der – einem Raubtier gleich – mit wilden, langen Haaren (Löwenmähne), weit aufgerissenen, starren, „wild" (= irre) gewordenen Augen (Bestialität, Gier, Angst, Schrecken) und weit aufgerissenem Mund (Rachen) nach Kopf und rechtem Arm nun den linken Arm des bereits leblos zwischen seinen fest zupackenden Armen und Händen (Tierkrallen) hängenden Menschenkörper (Kind, Jugendliche/r) auffrisst.

Außer der zwischen schwarz-dunkelbraun und hellbraun-weißlich changierenden *Farbe* der beiden Körper (Saturns und seines Kindes = Verbindung von Erzeuger und Nachkommenschaft) zeigt das Bild nur den pechschwarzen Hintergund (der sich in Saturns Augen sowie in dunklen Körperpartien gleichsam spiegelt) und etwas Rot, das Blut an den Rändern der bereits aufgefressenen Körperteile des Heranwachsenden.

Die *Komposition* zeigt das Opfer in der Bildmitte, vollständig umgeben, gepackt und beim Vorgang der Vernichtung durch den Täter. Starre Achsen strukturieren, zergliedern und „sprengen" das Bild: Vertikale: Körper des Kindes/ Jugendlichen; Horizontale: Arme/ Hände (Klauen, Pranken) des Täters; Diagonale: Schultern/ Oberarme, zwei Oberschenkel Saturns.

Hintergrundinformationen: Das Bild ist eines der 14 „Schwarzen Bilder", die der spanische Misanthrop und gehörlose Maler *Goya* auf die Wände seines Landhauses „Quinta del Sordo" (Landhaus des Tauben) malte (dieses Bild im Speisezimmer!). Auf Leinwand übertragen ist das Bild heute im Museo del Prado in Madrid zu sehen. Die exakte, nicht von Goya stammende Titelangabe variiert.

In der *griechischen Mythologie* ist die Geschichte des Titanen *Kronos* (lat.: Saturn), der seine eigenen Kinder frisst, an der Wende vom Ursprungschaos zum Beginn der Zeit angesiedelt, als aus der Vereinigung von Himmel (Uranos) und Erde (Gaja) mit den Titanen, darunter Kronos, die erste Göttergeneration entsteht. Kronos, der seinen eigenen Vater „entmannte", verschlingt aus Angst vor der Entmachtung durch die nachwachsende Generation alle seine mit der eigenen Schwester Rhea gezeugten Kinder. (Später kann Zeus, an dessen Stelle Rhea dem Bruder Kronos einen Stein zum Verzehr anbietet, überleben, die Entmachtung des Kronos vollziehen und eine eigene Götterherrschaft begründen.)

Das grausige *Bildmotiv*, das sich auch sonst in der Kunst, etwa bei Rubens, findet, ist bei Goya nochmals ins Dramatische und nahezu Über- (oder Unter-)menschliche gesteigert.

Bilderschließung, Anregungen: Themen (Spannung): Mörder – Opfer; Kannibale – Menschenopfer; Leben – Tod; Grausamkeit – Angst; Herrschaft/ Gewalt/ Terror – Ohnmacht – im weitesten Sinne ein weiteres „Kreuzigungsmotiv".

Im *Kontext* des Teilkapitels steht das Bild für das „Böse" im Menschen, zerstörerische Aggressivität und Destruktivität, Brutalität sowie Bestialität und korrespondiert hierin mit dem ganz anders gearteten Bild von Rebecca Horn (→ S. 75; Bildvergleich: Ähnlichkeiten und Unterschiede; Farben/ Formen/ Konstruktion/ Objekte (komplementär).
Ergänzung: Erfahrungen von (sexualisierter) Gewalt: Einbezug von Organisationen und Informationen: Kinderschutzbund, Silberdistel, Anlaufstellen für Jugendliche, z.B. Stuttgarter Schlupfwinkel.

Text der sechzehnjährige Schülerin Caroline Osmaston (S. 71 oben) — 71: Text Osmaston

Der Amoklauf von Winnenden im Jahr 2009 ist im kollektiven Gedächtnis der Bundesrepublik (neben anderen ähnlichen Beispielen, etwa in Erfurt im Jahr 2002) noch stark verankert. Beeindruckend ist das Ringen der Sechszehnjährigen um eine Integration des Erlebten ins eigene Leben.
Mögliche Aufgabenstellungen (nach einem sich einfühlenden Unterrichtsgespräch): Eigene Texte/ Collagen ö.Ä. entwerfen zum Schlussatz: „Ich lebe meinen Traum."
Ergänzungen: Thematisierung von *Mobbing* mit den vier *Phasen* der sukzessiven Steigerung (von Einzelsituationen über Häufung/ Dauerzustand zum Öffentlichwerden und schließlichen Ende oder der Selbst-/ Aufgabe) sowie der Bearbeitungs- und Lösungsmöglichkeit in den einzelnen Phasen.
Thematisierung von *Umgang bei Situationen von Gewalt resp. Drohung:* Vorbereitung; Ruhe; Aktivität; (Augen-)Kontakt; Konkrete Hilfeaufforderung an Einzelpersonen im Umkreis; Vermeidung Opferrolle; Vermeidung Beleidigung, Drohung; Vermeidung Körperkontakt; Risikoabwägung.
Literatur:

- Schreiben statt Schweigen. Die Schüler der Albertville-Realschule schreiben zum Amoklauf von Winnenden, hg. von Martin Gerke und Heinz Rupp, VEG Stuttgart 2011 (Weitere beeindruckende Sch.-Texte)

Fließtext: Offene Fragen (S. 71, Mitte) — 71: Fließtext (Mitte)

Zur Beachtung: Neben *Täter/innen* besonders auch Situation der *Opfer* thematisieren; keine vorschnellen Antworten, vielmehr Offenhalten der *Unbegreiflichkeit;* keine vorschnellen und unzulässigen Verallgemeinerungen im Sinne einer Zunahme des Bösen o.Ä.m.
Das freigestellte *Zitat* links stammt aus dem bis heute bekannten und (auch in der Schule gelesenen) Drama *Woyzeck* des Arztes, Schriftstellers und Revolutionärs *Georg Büchner* (1813–1837), eines trotz seines frühen Todes zentralen literarischen Vertreters des Vormärz.
Das freigestellte *Zitat* links stammt aus dem Werk „Das Böse denken" (dt. 2004 – weitere Passagen aus diesem Werk sind für Kursstufe sehr empfehlenswert) der US-amerikanischen Philosophin *Susan Neiman* (*1955), die sich vor allem mit ethischen Fragestellungen befasst, politische Unrechtssituationen (insbes. Kriege der Weltmacht USA) kritisch analysiert und im Jahr 2000 Direktorin am Einstein Forum in Potsdam wurde.

Fließtext: Aggressionstheorien (S. 71, unteren) — 71: Aggressionstheorien (unten)

Die drei gängigen Theorien zur Erklärung der menschlichen Aggression (Lerntheorie, Frustrationstheorie, Triebtheorie) stehen mit ihren unterschiedlichen Erklärungsmustern zuerst einmal alternativ gegeneinander, lassen sich jedoch auch in additivem Sinne aufeinander beziehen, so dass jeder Ansatz eine Perspektive fokussiert, die die anderen Perspektiven nicht ausschließen muss, jedoch begrenzt und ergänzt.
Literatur:

- Neiman, Susan: Das Böse denken. Eine andere Geschichte der Philosophie, übers. von Christiana Goldmann, Frankfurt a.M.: Suhrkamp, 2004
- Nolting, Hans-Peter, Psychologie der Aggression. Warum Ursachen und Auswege so vielfältig sind, Reinbek: Rowohlt, 2015

2.3.2 Der Mensch, ein Wolf! – Der Mensch ist gut! – Die „Natur" des Menschen (Philosophie, Naturwissenschaften) (S. 72f)

72f: Die „Natur" des Menschen

Die Frage, ob der *Mensch* grundsätzlich und im Kern – also gleichsam von Natur aus – *gut* oder *schlecht/ böse* ist, wurde in der Geschichte der neuzeitlichen Philosophie klassisch von *Hobbes* und *Rousseau* in gegenteiligem Sinne beantwortet, was bereits in der *Überschrift* des *Unterkapitels* aufgenommen ist (Hobbes → Ende der Einleitung zum Quellentext, S. 73, linke Spalte, oben; Rousseau, → freie Anwendung des ersten Satzes des ersten Quellentextes, S. 73, rechte Spalte, oben).
Beide Positionen kommen auf einer *Doppelseite* in den *Quellentexten* zu Wort (S. 73) und werden zusätzlich im dazugehörenden *Fließtext* (S. 72) breit interpretiert. Insofern steht die Doppelseite

auch paradigmatisch für die Arbeit mit Quellentexten und deren Interpretation. Zusätzlich erfolgt auch im Folgenden eine Textanalyse und -einordnung.

Beide neuzeitlichen *Theorien* haben neben den fundamentalen Differenzen auch wichtige Gemeinsamkeiten:

(1) das Anliegen, die Grundlagen der menschlichen Gesellschaften nicht auf religiöse Weise (durch den Rückgriff auf Gottes Willen), vielmehr auf natürliche Weise (Rückgriff auf die menschliche Natur) zu begründen.

(2) Beide rekurrieren dabei auf einen ursprünglichen, angenommenen Natur- oder Urzustand des Menschen und menschlicher Gemeinschaften. (Dieses typisch „bürgerliche" Theorieelement wird in der Neuzeit bis hin zur Gegenwart gerne und häufig aufgegriffen → John Rawls, 1.4.3., S. 44, 2. Abschn. im Fließtext.)

(3) Und beide Theorien sehen dann die gegenwärtigen Gesellschaften durch einen sog. „Gesellschaftsvertrag" begründet, der das gesellschaftliche Zusammnleben regelt und sich vom Ur- oder Naturzustand fundamental unterscheidet.

72: Fließtext (oben)
73: Hobbes Quellentext (linke Spalte)

Thomas Hobbes: Der Mensch – des Menschen Wolf (Quellentext S. 73, linke Spalte; Erläuterung im Fließtext, S. 72, obere Hälfte)

Der englische Philosoph Thomas Hobbes (1588–1679) ist philosophisch der frühen Aufklärung und politisch dem Absolutismus zuzurechnen (Form der Alleinherrschaft resp. Monarchie, bei welcher der Herrscher „absolut" in wörtl. Sinne, also weitgehend „losgelöst" (lat. *ab-solvere* = los-lösen; im Sinne von „losgelöst von Gesetzen resp. Begrenzungen) herrscht. Die Grundlage der Staatstheorie von Hobbes ist die Anthropologie. Beides verknüpft der Auszug aus seinem Hauptwerk „Leviathan" von 1651, mit folgenden Gedankengängen:

- Die Menschen streben zur Bedürfnisbefriedigung und Wunscherfüllung von Natur aus nach Reichtum, Ehre, Herrschaft und Macht. Dadurch kommt es zu Streit, Feindschaft und Krieg (1. Abs., Z. 8–13).
- Da dieses Streben jedem Menschen eigen ist, kommt es zum Krieg aller gegen alle (Spitzensatz). Krieg ist dabei nicht nur die unmittelbare Gewaltausübung und -anwendung („heißer Krieg"), vielmehr bereits der Vorsatz, „Gewalt mit Gewalt zu vertreiben." („kalter Krieg") (2. Abs., Z. 14–19).
- Der Naturzustand/ Das Naturrecht gibt jedem ein Recht auf alles, einschließlich auf den Menschen selbst. Daher ist keiner vor Unterdrückung, Versklavung oder gar Tötung durch andere sicher (3. Abs., Z. 20–25).
- Dieser für alle unsichere und gefährliche Zustand führt zu einem allgemeinen Wunsch nach Frieden (dialektischer Umschlag; 4. Abs., Z. 26–31).
- Der Weg dazu führt über einen *Gesellschaftsvertrag*, der die Herrschaftsausübung und das Gewaltmonopol auf einen einzelnen oder eine Gruppe von Menschen (= Gesellschaft) überträgt, die dann stellvertretend für alle einen auf dieser Monopolisierung von Herrschaft und Gewaltausübung begründeten Zustand des Friedens herbeiführen, dem sich alle fügen, da er ihrem (freien) Willen entspricht (5. Abs., Z. 32–41).

72: Fließtext (unten)
73: Rousseau Quellentext (rechte Spalte)

Jean-Jacques Rousseau: Der Mensch ist gut! (Quellentexte S. 73, rechte Spalte; Erläuterung im Fließtext, S. 72 untere Hälfte)

Der Aufklärungsphilosoph *Jean-Jacques Rousseau* nahm im Umfeld des französischen Absolutismus und im Vorfeld der Französischen Revolution die Idee vom Urzustand und vom Gesellschaftsvertrag auf, interpretierte sie jedoch vollkommen anders als Hobbes, tlw. genau gegensätzlich zu diesem. Die drei Quellentexte stammen aus unterschiedlichen Schriften, dem Erziehungsroman Émile (1762) (obere Seitenhälfte), der staatspolitischen Schrift „Vom Gesellschaftsvertrag oder Grundsätze des Staatsrechts" aus demselben Jahr (Seitenmitte) sowie der früheren Preisschrift „Abhandlung über den Ursprung und die Grundlagen der Ungleichheit unter den Menschen" (1755) (untere Seitenhälfte).

Folgende *Gedankengänge* und Argumente sind wichtig:

- Im Naturzustand (Urzustand) ist alles vollkommen gut: die Welt und der Mensch (Z. 8 u. 21: Freiheit durch Geburt).
- Im schärfsten Kontrast dazu ist im gegenwärtigen gesellschaftlichen Zustand alles vollkommen verdorben (Entartung, Knechtung) (Z. 9, 21f u. 24f).
- Der Umschlag vom Guten zum Schlechten zeigt sich allgemein in der Kultur des Menschen (eigentl. eine Unkultur!) (Z. 9–22, Émile – Kultur als Zwang und Dressur von Natur, Tier und Mensch), spezifisch in den beiden kulturellen „Errungenschaften" von Grundbesitz und Arbeit/ Arbeitsteilung, mit der privatwirtschaftlich und arbeitsteilig organisierten Landwirtschaft als drittem, verbindendem Element – jetzt entstehen ungerechte Besitz- und Machtverhältnisse, also ungerechte gesellschaftliche Strukturen (untere Texthälfte, Auszug aus der „Abhandlung", Z. 24–46 in zwei Abschnitten).

- Der letzte, abschließende Gedanke (aus dem hier nur mit einem Spitzensatz zitierten „Gesellschaftsvertrag"/ Contract Sozial) ist der, dass die Menschen zwar nicht mehr zum ursprünglichen, glücklichen Naturzustand zurückkehren können (was eigentl. ideal wäre, gemäß Rousseaus Wahlspruch: „Zurück zur Natur!" (frz. „*Retourne a la nature!*"), dass aber immerhin ein besserer, erträglicher Zustand durch einen (neuen) Gesellschaftsvertrag (*Contract social*) erreicht werden kann, bei dem sich die Einzelnen einem „Allgemeinen Willen" (*volonté génerále*) unterordnen, der die Herrschaft aber nicht in einem absolutistischen Sinne ausübt (gegen Hobbes), vielmehr in republikanischem (resp. demokratischem) Sinne, also institutionell begrenzt und von allen her, also republikanisch, legitimiert und so Schutz resp. Zwang mit Freiheit vereint: „Man muss eine Form der Vergesellschaftung finden, die mit gemeinsamer Kraft aller Person und Güter jedes Genossen verteidigt und beschützt, und durch die jeder, indem er sich mit allen zusammenschließt, doch nur seinem eigenen Willen untertan wird und so frei bleibt, wie er vorher war. Das ist das Grundproblem, für das der Gesellschaftsvertrag die Lösung gibt." (Contract social)

Texterschließung der beiden Quellentexte (S. 73)

73: Texterschließung Quellentexte

1. Mensch bei Hobbes von „Natur" aus: „Wunsch nach Reichtum, Ehre, Herrschaft und Macht" (Z. 8); Rousseau: nicht von Natur aus, sondern aufgrund der gesellschaftlichen Entwicklung/ Verhältnisse: Eigentum (an Grund und Boden); Arbeitsteilung; Organisierung der Landwirtschaft (Text 3: „Abhandlung").
2. Voraussetzungen, Implikationen, mögliche „Interessen" (Rechtfertigungsanliegen) beider Positionen prüfen; Frage nach Vereinbarkeit beider Paradigmen stellen …
3. a) Der Katalog nach Hobbes zielt auf die „Domestikation" des „bösen" Menschen, der nach Rousseau auf „Bewahrung" des „guten"; bei Beantwortung der Teilfrage b) die drei Aggressionstheorien als Möglichkeit zur differenzierten Stellungnahme heranziehen.

Ergänzung (zu Aufg. 1): Grafik Theorievergleich Hobbes/ Rousseau

Vertreter/ Zustände	Naturzustand	Gesellschafts-Zustand	Gesellschaftsvertrag: Gesellschaftsordnung
Hobbes	Schlecht (Egoismus)	→	Einzelne(r) Mächtige (Leviathan)
Rousseau	Gut (Natürlichkeit)	Ungleichheit: Eigentum, Arbeit	Allgemeinwille Bewahrung Freiheit

Erläuterung: Hobbes macht einen Zweischritt (Schlechter Naturzustand – Gesellschaftsvertrag zum „Guten"), Rousseau einen Dreischritt (Guter Naturzustand – Entwicklung schlechter gesellschaftlichen Strukturen – Gesellschaftsvertrag als das relativ gute Dritte: Bewahrung der Freiheit jedes Einzelnen).

Die beiden anthropologischen Paradigmen (gut/ böse) in den Naturwissenschaften (Fließtext, S. 72 unten, letzter Abschnitt)

72: Fließtext (unten, letzter Abschnitt)

Im Sozialdarwinismus (→ 1.2.2, S. 23) wie noch weithin in den Naturwissenschaften des 20. Jh.s dominierte ein pessimistisches, Egoismus und Rücksichtslosigkeit betonendes und gleichsam „naturalisierendes" (also für „natürlich" erklärendes) Menschenbild, das eher Produkt und Spiegel einer kapitalistischen Gesellschaftsordnung denn eine realistische Analyse einer „wahren" Menschennatur ist (wo ist denn der „wahre" oder „natürliche" Mensch greifbar?). Exemplarisch steht hierfür der bekannte englische Biologe Richard Dawkins mit seinem Weltbestseller „The Selfish Gene (Das egoistische Gen)" – mit der höchst problematischen Projektion menschlicher Wertvorstellungen und ethischer Urteile (Egoismus) auf Naturphänomene (Gene und biologische Evolution). In jüngerer Zeit rückt die „gute", kooperative Seite (Cooperation) des Menschen in allen Wissenschaften ins Zentrum des Interesses, sodass bereits von einem „cooperative-turn" gesprochen wird. Exemplarisch hierfür ist Rutger Bregman, „Im Grunde gut" (2020) zu nennen, ferner der im Fließtext genannte Hirnforscher Joachim Bauer oder der Kriminologe Christian Pfeiffer, der auf einen steten Rückgang der Kriminalität (kontraintuitiv!) in den letzten Jahren in der Bundesrepublik hinweist, sowie vor weit über 100 Jahren als Vorläufer auf den russischen Anarchisten Pjotr Alexejewitsch Kropotkin mit seinem Klassiker „Gegenseitige Hilfe in der Tier- und Menschenwelt" von 1902.

Literatur:

- Bregman, Rutger: Im Grunde gut. Eine neue Geschichte der Menschheit, Hamburg: Rowohlt, 8. Aufl. 2021
- Kropotkin, Peter: Gegenseitige Hilfe in der Tier- und Menschenwelt, Grafenau: Trotzdem-Verlag, 2. Aufl. 1993

74–76: Die Sünde(n) des Menschen

2.3.3 „Der Menschen Bosheit war groß ...“ – Die Sünde(n) des Menschen (Bibel, Theologie) (S. 74–76)

Die *Überschrift* des Unterkapitels ist (unter geringfügiger Umstellung) einem auf der Mitte der Seite (im Fließtext) zitierten Vers der biblischen Sintfluterzählung entnommen (1. Mose 6,5) – der Begründung für die große Flut.
Der *Aufbau* des gut eine Doppelseite (2 ⅓ Seiten) umfassenden Unterkapitels ist dreigliedrig (mit Bezifferung):

- Auf die doppelte Konnotation einer theologischen Anthropologie (böse/gut) (S. 74, Abschn. [1]) folgen
- die Doppelgleisigkeit der biblischen Aussagen zum Menschen (Gutsein/ Sündenfall und Sünde) (S. 74f, Abschn. [2]) und zuletzt
- eine wiederum theologische Definition der Sünde in ihren vielfältigen Dimensionen und Interpretationsmöglichkeiten (S. 75f, Abschn. [3], letzte beiden Abschnitte Fließtext auf S. 76 oben).

Themen sind – analog zum vorhergehenden Unterkapitel mit der Philosophischen Anthropologie – die doppelte Konnotation des Menschen als gut/ böse (sündig) in Bibel und Theologie.
Querverbindungen ergeben sich zum vorhergehenden Unterkapitel sowie zur Frage nach dem Übel in der Welt (Theodizee), und hier insbes. nach dem durch Menschen verursachten Bösen (lat. *malum morale*) → 3.6.1, S. 136 Mitte). Im Dreischritt Schöpfung (2.1+2) – Fall (2.3.3) – Erneuerung/ Erlösung (2.5) nimmt das vorliegende Unterkapitel eine komplementäre Mittelpunktstellung ein.

74f: Fließtext

Themen und Materialien im Einzelnen (Fließtext S. 74f)
(1) In der *Theologiegeschichte* (S. 74, obere Hälfte) gibt es nicht nur eine pessimistische Anthropologie mit der Betonung der (Erb-)Sünde (Augustinus – *Luther),* vielmehr auch – weniger bekannt – eine positive, mit der Betonung der guten Seiten und Möglichkeiten des Menschen, auf evangelischer Seite vorrangig in der Aufklärungstheologie des 18. Jh.s (auch „Neologie“ genannt, allerdings in pejorativem, abwertendem Sinn), insbes. bei *Johann Joachim Spalding* (1714–1804), neben Johann Salomo Semler (1725–1791) einer der wichtigen Vertreter dieser Richtung. Sein Werk „Die Bestimmung des Menschen“, aus dem das freistehende Zitat (wie auch das Zitat im Fließtext) stammt, wurde zu einem Bestseller. Heranziehen ließe sich hier auch Johann Amos Comenius (1592–1670), der gegen die lutherische Betonung der Sündigkeit und Verdorbenheit des Menschen darauf hinwies, dass wir erstens durch Christus erneuert sind und zweitens das, was verdorben ist, soweit möglich wieder zu „(ver)bessern“ suchen.
Querverweis Luther: Zwei-Reiche-Lehre“; 5.2.3, S. 212f) – Aus dem Werk, in dem die Sündhaftigkeit des Menschen zur Rechtfertigung der Obrigkeit eine zentrale Rolle spielt, stammt auch das freistehende Zitat.
(2) Auch in der *Bibel,* vorrangig im *Alten Testament,* kann der Mensch sowohl als *gut* (Paradebeispiel: Hiob → 3.6.1, S. 136 unten) als auch als *schlecht/ böse/ sündig* charakterisiert werden (Paradebeispiel: Urgeschichte Gen 1–11, von der Paradieserzählung Gen 3 über den Brudermord Gen 4 über die Sinflut Gen 6–9 bis hin zur Turmbauerzählung Gen 11). Kapitel 4 beschreibt die Zunahme/ Spirale der (männlichen) Gewalt von Kains Brudermord bis zu Lamechs Racheschwur (Gen 4,23f – in der „Vergebungsformel“ Jesu kontrastierend aufgenommen) – was die feministische Theologin Helen Schüngel-Straumann (*1940) im freistehenden Text ironisch-sarkastisch kommentiert.
In der *Urgeschichte* finden sich nun zwei Erzählungen, die sich als Erzählungen vom *Sündenfall* verstehen lassen, (a) die traditionell als „Sündenfall“ bezeichnete Paradieserzählung (Gen 3); und (b) Kains Brudermord (Gen 4), in der das eigentliche Wort „Sünde“ zum ersten Mal in der Bibel vorkommt.
Natürlich lassen sich auch beide Erzählungen miteinander kombinieren. Sie erfassen dann unterschiedliche Aspekte von Versagen, Verfehlung, Vergehen, auf zwei Ebenen: gegenüber Gott und im sozialen Miteinander.

74: Paradieserzählung Gen 3

Die Übertretung des Ess- bzw. Genussverbots in der *Paradieserzählung Gen 3* lässt sich unterschiedlich deuten:

- Die *traditionelle Deutung* sieht die „Sünde“ in Ungehorsam, Übertretung des Gebotes Gottes, in Aufruhr und Rebellion gegen Gott.
- Eine *philosophische Deutung* aus der *Aufklärungstradition* deutet die Erzählung umgekehrt als Befreiung von religiöser Unselbständigkeit und Unmündigkeit hin zu eigenständiger moralischer Urteilsfähigkeit (Wissen, was gut und böse ist, V. 5) – gemäß dem Motto der Aufklärung: Wage, selbst zu denken und zu urteilen (auch in moralischer Hinsicht → 6.1.2, S. 244, Anfang).
- Eine *feministische Deutung* weist einerseits auf die aktive Rolle von Eva hin (gegen das Rollenklischee Mann – Aktivität vs. Frau – Passivität), stellt jedoch die Deutung der Frau als „Schuldige“

und – den armen, unschuldigen Mann – Verführende (als die große – auch sexuell konnotierte – Verführerin) in Frage.

Die Erzählung vom *Brudermord (Kain und Abel,* Gen 4,1–16) (S. 74 unten und 75, erster Textabschnitt) besteht aus drei Teilen mit weiteren Untergliederungen: (1) Vorher: Genealogie, V. 1-2; (2) Das Geschehen: der Mord, V. 2–8 (V. 2 Ausgangssituation; V. 3–5 Grund/ Anlass für Tat; V. 6f. Gottes Wort an Kain; V. 8 der Mord); (3) Nachher: die Bestrafung, V. 9–16 (V. 9–10 Verhör; V. 11f. Strafspruch V. 13f: „Verteidigung" Kains; V. 15 Gottes Antwort: Strafmilderung; V. 16 Vertreibung als Parallele zur Paradiesverteibung). 74f: Kain und Abel, Gen 4,1–16

Ausgangspunkt ist der rätselhafte göttliche Gnadenerweis (gnädiges resp. nicht gnädiges Ansehen, deutbar als Eintreten vs. Ausbleiben des – göttlichen – Segens resp. des Erfolgs) → Gottes Gnadenwahl, 3.5.2, S. 128f; → Aaronitischer Segen, 3.5.3, S. 131 (vgl. dieselbe Verbindung aus Gnade und Anschauen in beiden Texten). Rätselhaft, willkürlich, ja despotisch scheint Gottes Gnadenwahl, die Reaktion des Benachteiligten nicht nur verständlich, sondern auch berechtigt: nicht „Neid", wie leider meist in missverständlichem und moralisierendem Sinn (als eine der Untugenden im christlichen Lasterkatalog), vielmehr „Grimm", also die berechtigte Empörung gegen das (erlittene) Unrecht. Das archaische Bild von der Sünde (hier erstmals der Begriff!) als wildes Tier oder Dämon vor der eigenen Haustür macht auf die Macht von Gefühlen und unbewältigten Ungerechtigkeitserfahrungen aufmerksam. Die Folgen des Mordes: ein unstetes Leben (V. 12–16), das Ausbleiben des Segens bei der Arbeit (V. 12), Angst um das eigene Leben resp. Verlust der elementaren Geborgenheit (V. 14). Dennoch macht der Mord den Mörder nicht vogelfrei, auch er bleibt unter dem Schutz Gottes (→ Menschenrechte 2.1.2, S. 63 unten, Recht auf Leben; Ablehnung der Todesstrafe).

In Gen 4 geht es wie in der gesamten *Urgeschichte* (Gen 1-11) um ein Urgeschehen, das elementare Strukturen menschlicher Wirklichkeit beschreiben will. Jeder Mensch ist Kain und zugleich Abel, jeder ist zum Mord imstande, jeder kann einem Mord zum Opfer fallen, jeder kann sowohl zum Täter als auch zum Opfer werden.

Bearbeitungsvorschläge (S. 74f) 74f: Bearbeitungsvorschläge

- Erarbeitung gemäß Layout in drei resp. vier Schritten: 1. Lektüre S. 74 unten, inklusive freigestelltem biblischem Zitat in Doppelspalte: Zustand von „Grimm", Aggression, offener Schluss; 2. Phantasieaufgabe: Fortsetzung(smöglichkeiten) – Kreative Sch.-Lösungen für Fortgang; 3. Fortgang/ Ende und Deutungsmöglichkeiten der Erzählung (Gesamter Bibeltext, Fließtext S. 75, erster Abschnitt); 4. Einbezug des Bildes.
- (Eigenen resp. möglichen) Umgang mit Erfahrungen von Ungerechtigkeit thematisieren;
- (Eigenen resp. möglichen) Umgang mit Aggression thematisieren;
- „Hemmschwellen" („Bisshemmungen") beim Umgang mit Aggression sowie deren Schwächung/ Stärkung thematisieren;
- Neben Täterperspektive (Problematik des Textes: Monoperspektivität, Fehlen der Abelperspektive) auch Opferperspektive einnehmen (Osmaston Text, S. 71 oben, Einstieg);
- Aggressions-/ Frustrationstheorien einbeziehen (S. 71, unten);
- Weitere Medien heranziehen: Lithographie von A. Paul Weber: Die Herren der Schöpfung (www.weber-museum.de); Konrad Lorenz' Schilderung eines Wolfskampfes in seinem Bestseller „Er redete mit dem Vieh, den Vögeln und den Fischen" (München dtv; Achtung: Die moderne Verhaltensforschung deutet die Szene anders!); Die Kurzgeschichte „nicht alles gefallen lassen ..." von Gerhard Zwerenz mit einer satirischen Darstellung der Spirale der Gewalt, endend im „Atomtod").

Bild: Rebecca Horn (*1944): Les Délices des Evéques, 1997 (S. 75) 75: Bild Horn

Bildbeschreibung, Assoziationen: Erschreckendes, schreckliches Bild: Bildmitte Stuhl vor Wand, rote Blutflecken und -spritzer (größere Menge Blut auf der Wand), Spritzer nach außen in Blau übergehend ...; vorne schwebend und unscharf: weiterer Stuhl (oder Spiegelung des ersten Stuhls), mit größerer dunkler (Blut-)Lache, ebenfalls mit Spritzern auf dem Boden (geronnenes, deshalb dunkleres Blut?); dieser Stuhl evtl. an schräg nach links oben gehendem Seil, unten abschließend mit dunklem Rund auf dem Stuhl (Kugel, Art „Morgenstern"/ Folterinstrument?). Details: zarter waagrechter Strich an der Wand, links unten klein eine Art Steckdose, Andeutungen von Kreuzzeichen auf Stühlen ... *Zusammenfassung:* Starker Gegensatz zwischen hellem, eigentlich schönen, geradezu ästhetisch wirkenden Raum mit weißer Wand und hellbraunem Parkett (oder Laminat-) Boden und dem Inventar (zwei Stühle etc.), mit den dunklen Farben (braun, schwarz, bedrohliches Rot) sowie der Andeutung eines grausigen Geschehens (Folter-Schaukel?).

Hintergrundinformationen: (Heidemarie) Rebecca Horn (*1944), eine der bekanntesten und profiliertesten deutschen Künstlerinnen der Gegenwart, arbeitet vielseitig als Bildhauerin, Fil-

memacherin und Aktionskünstlerin; sie verschmelzt unterschiedliche Medien-/ Darstellungsformen zu Performances, Rauminstallationen und kinetischen Objekten. Die deutsche Übersetzung des Titels lautet: Köstlichkeiten der Bischöfe.
Bearbeitungsvorschläge:
↔ Bild auf biblische Textpassage beziehen;
↔ Goya (Auftakt-Bild zum Teilkapitel, S. 71) und Horn in Beziehung setzen;
→ Menschenrechte, Menschenrechtsverletzungen, Amnesty International-Aktionen gegen Folter usw.

75f: Sündenverständnisse (Fließtext)

Sünde, theologisch sowie Sündenverständnisse (Fließtext S. 75 unten, 76 oben)
Ein radikales Verständnis der grundlegenden Sündhaftigkeit (Sündenverfallenheit = Erbsünde) des Menschen findet sich insbes. bei Augustinus (→ 2.6.1, S. 88, Überschrift sowie Fließtext, Schlusssatz des 2. Abschn.) und Luther, in der altprotestantischen Theologie mit der Lehre von den zwei Ständen (lat. *status*) entfaltet: dem Status integritas als Schöpfung, Urzustand, imago Dei, Ursprungsgerechtigkeit = iustitia originalis sowie dem Status corruptionis: Nach-Sündenfall-Zustand, der Verderbtheit mit Verlust der imago Dei.
Die *drei Sündenverständnisse* (*Ungehorsam, Lieblosigkeit, Ungerechtigkeit*) korellieren mit Sölles Einteilung von drei Formen der Theologie (→ Anhang LB 7.4.3). Dreifach lässt sich auch die Sünde strukturell als Macht, individuell als Verhängnis sowie punktuell als eine Einzeltat verstehen (Fließtext, Schlusssatz).
Ergänzung: Carsten Gennerichs (2010, 66ff) Einteilung in drei Sündenkonzepte bewegt sich innerhalb der ersten beiden o.g. Kategorien und vernachlässigt die radikale, befreiungstheologische Sicht: (1) Sicherheitsorientierung: (Tat-)Sünden (Pl.) als Abweichungen von Gottes Geboten (traditionell, z.B. Thomas von Aquin); (2) Selbsterkenntnisorientierung: Sünde (Sg.) als Macht, als Selbstbezogenheit des Menschen (z.B. Martin Luther: *homo incurvatus in se ipsum*); (3) Wachstumsorientierung: Entfremdung (Tillich), Entwicklung (Moral, Erkenntnis ...); traditionell: Heiligung; aktuell: Entwicklung, lebensgeschichtlich etc.; findet sich auch bei heutigen Jugendlichen: „Sünde ist, wenn ich mir selbst im Wege stehe."
Literatur:
- Evangelische Kirche in Deutschland (EKD) (Hg.): Sünde, Schuld und Vergebung aus Sicht evangelischer Anthropologie. Ein Grundlagentext der Evangelischen Kirche in Deutschland (EKD), Leipzig: Evangelische Verlagsanstalt 2020; pdf unter: www.ekd.de – 20.04.2021

76: Abschluss (unten)

Abschluss des Teilkapitels 2.3 (S. 76, untere Hälfte, ab Zitat)

Der *Abschluss* besteht aus den drei Elementen: Zitat, Zusammenfassung und Aufgaben.
Im freigestellten *Zitat* kommen die anthropologischen Auffassungen eines Zwölftklässlers zu Wort, die in trefflicher Weise die unterschiedlichen Seiten und Möglichkeiten des Menschen zur Sprache bringen und zur Diskussion einladen. Ähnliche Doppelbestimmungen finden sich auch auf wissenschaftlicher Seite, wie folgende Äußerung aus einer neuen Veröffentlichung belegt: Dennoch hat der Mensch, den wir „als furchtbaren Räuber kennen, auch aus dem Symbol die Kunst entwickelt, die er schafft, aus dem Denken die Wissenschaft, die die Welt beschreibt und zu verstehen sucht, und außerdem aus der Gesellschaft das Mitgefühl, das paradoxerweise der ‚Wiedergutmachtung' des Unrechts dient." (Der Pariser Prof. Yves Coppes im Vorwort von „Homo sapiens").
Die *Zusammenfassung* (Kasten) fasst in knapper Form in zwei Schritten zuerst die allgemeinen Überlegungen zu *Aggression – Destruktivität* und dann die säkularen sowie biblisch-theologischen zu *Schuld* und *Sünde* zusammen, um zuletzt den in der marxistischen Philosophie sowie der radikalen Theologie (Befreiungstheologie, Sölle u.a.m.) wichtigen und mit dem Sündenverständnis korellierenden Begriff der *Entfremdung* zu ergänzen.

76: Zu den Aufgaben

Zu den Aufgaben auf Seite 76
Aufgabe 1: Drei Aggressionstheorien
- Triebtheorie: Bekämpfung und Unterdrückung der bösen Triebe; Schwarze Pädagogik; Sicherungsverwahrung; Moral- und Strafpredigten ...
- Lerntheorie: Gute Beispiele. Vorbilder geben ...
- Frustrationstheorie: Gute, lebensfreundliche Verhältnisse schaffen zur Reduzierung von Frustrationen und zugleich (wg. der Unmöglichkeit einer völligen Vermeidung von Frustration) Übung des Umgangs mit Frustration (Entwicklung/ Stärkung von Frustrationstoleranz).

Aufgabe 2: Schema zur Differenzierung von drei Sündenverständnissen, kombiniert mit zwei Ebenen: individuell und strukturell

	konservativ	liberal	befreiungstheologisch
Individuell/ Einzeltaten	Ungehorsam gegen Gott und Gebote	Lieblosigkeiten Verletzung der Liebe	Struktur-Beteiligung und -Benutzung
Kollektiv/ Strukturell Machtcharakter	(All-)Machtstreben des Menschen	Egozentrismus/ Liebesunfähigkeit	Strukturelle Ungerechtigkeit

Liebe (wie drei übereinanderliegende Folien als Wirklichkeiten/ Möglichkeiten): Gottebenbildlichkeit des Menschen = Bestimmung zur Liebe; Sünde: = Verfehlung der Liebe (Lieblosigkeit als Haltung/ Struktur und als Einzeltat); Rettung/ Erlösung: = Ermöglichung und Verwirklichung der Liebe

Aufgabe 3: → Ausführungen im Text.

Aufgabe 4: Lösungsblatt (auch: Zusamenfassung des Teilkapitels im Überblick)

Paradigma	Alltag Erfahung	Philosophie	Naturwissen-schaften	Bibel	Theologie
Böser Mensch	Amoklauf Winnenden	Hobbes	Gegenwärtige Tendenz	Sündenfall; Kain/ Abel	Luther
Guter Mensch	*(Eigene Ergänzung)*	Rousseau	Sozialdar-winismus	Vor Sünden-fall, Hiob	Spalding (Aufklärung)

Aufgabe 5: Urgeschichte(n) des Alten Testaments (Gen 1–11):

Gen 3: Paradieserzählung: Übertretung des Verbots → Verteibung aus dem Paradies

Gen 4,1–16: Kain und Abel: Gewalt zwischen Menschen/Männern) → Vertreibung

Gen 4,17–14: Kains Nachkommen, Lamech: (Blut-)Rache → Zunahme der (Männer-)Gewalt

Gen 6–9: Sintflut: Unklarheit der „Bosheit" → Flutung der Umwelt; Mensch als Allesfresser (Zunahme der Gewalt gegen Tiere/ die Natur)

Gen 11,1–9: Turmbau zu Babel: Grenzüberschreitung → Vertreibung; (Babylonische Sprachverwirrung

Ergänzungen:

- Beim Prädikat „gut" lassen sich drei Bedeutungen ausdifferenzieren: 1. Taugliches Mittel zur Erreichung eines Zweckes (technisch, Zweck-Rationalität); 2. Emotionales Wohlergehen (emotional; Emotivismus); Moralisch qualifiziertes Verhalten (moralisch; Ethik).

Weitere mögliche Aufgabenstellungen:

- Sintflutgeschichte auf Klimakatatrophe/ Erderwärmung/ Ökologische Krise beziehen – nach Gründen, Szenarien und deren Auswirkungen sowie möglichen Alternativen/ Rettungswegen suchen; Problematik des Noachitischen Bundes (mit der Erhaltungszusage und dem Regenbogen als Zeichen) diskutieren.

77–82: Willensfreiheit?

2.4 „Mögen hätt ich schon wollen ...!“ – Willensfreiheit? (S. 77–82)

Die *Überschrift* des sechs Seiten umfassenden Teilkapitels stammt aus einem Ausspruch des Komikers bzw. Satirikers *Karl Valentin* (1882–1948): „Mögen hätt' ich schon wollen, aber dürfen hab ich mich nicht getraut.“ (→ Kapitel-Einleitung, S. 56, Ende des Fließtextes).
Das *Thema* ist die Frage nach der menschlichen *Willensfreiheit*, die in einem drei- bzw. viergliedrigen *Aufbau* in naturwissenschaftlich-philosophischer (2.4.1), biblischer (2.4.2) und theologischer (2.4.3) Hinsicht entfaltet wird. Der Schlussteil des Teilkapitels umfasst die beiden letzten Seiten (S. 81f).
Enge *Verbindungen* ergeben sich zu den vorausliegenden und den nachfolgenden Teilkapiteln mit dem Grundgedanken: Ist der Mensch zur Realisierung des eigenen Lebens (2.1) und der Liebe (2.2) sowie zur Vermeidung des Schädlichen und Bösen (2.3) durch eigenen Entschluss fähig, dann gelänge ihm aus eigener Kraft die Verwirklichung eines Lebens in Freiheit und Verantwortung (2.6); wenn nicht, ist er auf Gottes Gnade angewiesen (2.5).

Ein Blick auf die Jugendlichen – Didaktik
Die Sch. der Kursstufe sind in einem Alter, in dem eigene Entscheidungen zunehmend wichtig sind: in Beziehungen (Freundschaften: Beziehungen beginnen und „Schluss machen“; schulische Schwerpunktsetzungen und Berufs-/ Studienfachwahl u.a.m.). All dies ist zu thematisieren und die Entscheidungs- und Willenskraft der Heranwachsenden anzuerkennen und zu stärken.
Dem widerspricht auf den ersten Blick die reformatorische Rede vom unfreien/ versklavten Willen des Menschen. Bei genauerer Betrachtung ist dies jedoch nicht der Fall. Vielmehr haben beide Sichtweisen ihre (Teil-)Berechtigung bei jeweils unterschiedlichen Perspektiven. Dinge, die „über mir“ stehen, bestimmen mich (etwa: mein Leben, Zufälle oder: Gott), Dinge, die „neben“ oder „unter“ mir stehen (Beziehungen, alltägliche Handlungen) kann ich bestimmen oder zumindest mitbestimmen (wie weit, ist eine weitere, ein weites Feld eröffnende Frage). Den Blick für die Differenz zwischen der Abhängigkeit und Angewiesenheit auf der einen Seite und den Gestaltungsmöglichkeiten und Freiheiten auf der andern zu schärfen, ist Grundintention und Hauptaufgabe des Teilkapitels.

77: Bild Gormley

Bild: Antony Gormley (*1950): LEARNING TO THINK, 1991 (S. 77)
Bildbeschreibung: Großer, vollständig leerer Raum, altes Gemäuer (vereinzelt Risse an den Wänden), vergitterte Fenster (Gefängnis? Strafanstalt?), darin künstliche Körper, die mit dem Kopf oben in der Deckenverschalung (Holverschalung für Betondecke?) fest- bzw. drinstecken; ruhig, wie leblos hängen ihre Glieder (Arme und Beine) herab – aufgehängt?
Hintergrundinformationen: Anthony Gormley (*1950), englischer Bildhauer, wurde mit seinen Plastiken weltbekannt („Angel of the North“ als bekanntestes Werk). Häufig spielt der menschliche Körper eine zentrale Rolle – immer wieder in Lebensgröße als aus Metall gefertigtes Abbild und serielle Reproduktion seines eigenen Körpers. Gormley bezieht soziale Gruppen, Bewegungen und Verhältnisse in sein Werk ein und beruft sich dabei auf Beuys' Konzept der Sozialen Plastik. Die Spannung zwischen menschlicher Körperlichkeit und Leiblichkeit und dessen sozialem und natürlichem Umfeld ist damit Gormleys zentrales Themenfeld.
Deutungsangebote: Eingezwängt- und Erstarrtsein in unterschiedlicher Hinsicht: der Mensch und sein Lebens- resp. Wohnraum; der Mensch in seinen verschiedenen Rollen und Lebenslagen; der Mensch allein und zu zweit; in seinen Beziehungen und seiner Beziehungslosigkeit; in seinem Versuch, er selbst sein zu wollen ... Es könnte sich auch um einen Ausstellungsraum in einem historischen Gebäude handeln, dann: der Mensch in seinen geschichtlichen und gesellschaftlichen Entwicklungen und Zwängen ...
Bearbeitungsvorschläge:

- Bild umdrehen, auf den Kopf stellen, dann wäre die Decke ein Dielenboden; Menschen im Kopfstand, mit „vergrabenem“ Kopf; Assoziationen: den Kopf in den Sand stecken; da kannst du dich auf den Kopf stellen ... (ja, selbst bei Willensfreiheit nützt einem der freie Wille gar nichts, denn die verschiedenen Freiheitsversuche enden ganz ähnlich ...) durch die Decke gehen oder: mit dem Kopf durch die Wand/ Decke; die Bodenhaftung verlieren ...;
- Frage: Wie könnten die Menschenleiber befreit werden? Was würde dann geschehen? Wie weit wären sie zum Weiterleben fähig?
- (Phantasierter) Lebensrückblick: Mein Leben mit dem „zugenagelten“ Kopf.
- Bildvergleiche mit anderen Bildern vom Menschen in diesem Kapitel (seriell etwa auch: Genzken, S. 57).

2.4.1 „Nicht das Ich hat entschieden ...“ – Ein Experiment (S. 77f)

77f: Ein Experiment

Das bekannte, hier mit Erläuterung (S. 77, untere Hälfte), Grafik (S. 78, oben) und Interpretation (S. 78, Fließtext) ausführlich dargestellte Libet-Experiment führte zu Beginn des 21. Jh.s zu einer erregten Debatte, in der führende deutsche Hirnforscher (u.a. Gerhard Roth, Wolf Singer) die menschliche Willensfreiheit in Frage stellten. Dabei lassen sich drei Positionen unterscheiden, die auch mit unterschiedlichen Welt- bzw. Menschenbildern arbeiten:

- *Ablehnung* der *Willensfreiheit* durch den Bremer Hirnforscher Gerhard Roth, *1942 (freigestelltes Zitat S. 78, Seitenmitte, linke Spalte), der in reduktionistischer, naturalistischer Weise von einer linearen, monokausalen Determinierung geistiger (und damit auch willentlicher) Prozesse durch das Gehirn (*brain*) ausgeht (vom Heidelberger Psychiater und Philosophen Thomas Fuchs auch als „Cerebrozentrismus“ kritisiert);
- *Anerkennung* der *Willensfreiheit* durch den deutsch-britischen Hirnforscher John-Dylan Haynes, *1971 (freigestelltes Zitat S. 78, Seitenmitte, rechte Spalte), der ein ganzheitliches Menschenbild vertritt (wir „sind“ auch unser Gehirn);
- *Anerkennung* einer *gewissen Art von Willensfreiheit,* nämlich etwas nicht zu tun (hier „Unwillensfreiheit“ genannt) durch den US-amerikanischen Physiologen und Hirnforscher Benjamin Libet (1916–2007) selbst (S. 78, Fließtext, Seitenmitte, mit in Fließtext eingeflochtenem Zitat).

Analoge Positionen finden sich auch in der Philosophie. Hier wurden jedoch ausschließlich Hirnforscher/ Mediziner herangezogen, um zu zeigen, dass die Frage auch innerhalb der Naturwissenschaften umstritten ist und kontroversen Lösungen zugeführt wird, je nach zugrundeliegendem Menschenbild und Wissenschaftsverständnis.
Querverweis: Aufspaltendes (naturalistisches) vs. ganzheitliches Menschenbild → 2.1, S. 59 unten, auch: S. 67, Zusammenfassung, rechte Spalte.
Der weltweit bekannte gesellschafts- und kapitalismuskritische slowenische Philosoph Slavoj Žižek (*1949) überträgt das Problem der Willensfreiheit auf die aktuelle Thematik eines Menschen, dessen Gehirn unmittelbar mit einem Computer vernetzt ist (*Brain-Computer-Interface*; Fließtext sowie Zitat S. 78 unten).
Querverweis: Human Enhancement → 2.1.3, S. 65f.
Literatur:

- Christian Geyer (Hg.): Hirnforschung und Willensfreiheit, Frankfurt a.M.: Suhrkamp 2004 (Dokumentation der Diskussion um die menschliche Willensfreiheit mit Beitragen von führenden Hirnforschern und Philosophen.)

2.4.2 „Wollen habe ich wohl ...“ – Willensfreiheit in der Bibel (S. 79, obere Hälfte)

79: Willensfreiheit in der Bibel (oben)

Die Frage nach der *menschlichen Willensfreiheit* findet sich exemplarisch und ausführlich diskutiert im Römerbrief des Paulus (Röm 7,14–25, insbes. 17–22).
Ausgehend von der Behauptung , das Gesetz (die Tora) errege erst eigentlich sündige Leidenschaften (7,5), weist Paulus diese Auffassung zurück bzw. modifiziert sie in der Weise, dass die Sünde das Gebot als Medium nimmt, um unsere Begierden zu erregen, die Gebote zu übertreten (7,8). Die Sünde wird dabei zu einer den Menschen beherrschenden Macht. Diese Macht erregt Begierden (7,7f), betrügt und tötet (7,11), beherrscht den Menschen (7, 13+16), verkehrt sein Handeln (7,15+19), lässt ihn das „Böse“ tun (7,19), was er eigentlich nicht will (7,19), wohnt und wirkt in ihm (7,20) und hält ihn gefangen (7,23).
Insgesamt geht Paulus einerseits von der alltäglichen Erfahrung aus, dass unser Handeln nicht dem in der Tora erkennbaren Willen Gottes entspricht, verdichtet diese allgemeinen Erfahrungen jedoch zu einer grundlegenden Tendenz des Beherrschtwerdens durch eine fremde, bestimmende Macht der Sünde, der sich der Mensch nicht einfach entziehen kann, da auch der gute (aufs Tun des Guten gerichtete) Wille von dieser Macht auf die eine oder andere Weise beherrscht wird.
Wenden wir das dreigliedrige Grundschema für menschliches Handeln (Akteur/ Handelnder – Aktion/ Handlung – Wirkung/ Folge → 1.3.1, S. 26f) auf die Argumentation des Paulus an, scheint er vor allem darauf hinzuweisen, dass der gute Wille (und die guten Absichten) des Handelnden – also eine Tugendethik – keinesfalls zu einem wirklichen guten Handeln führen, da der Handlungsprozess selbst primär nicht vom Willen des Täters, vielmehr von anderen Einflüssen – hier: von der bösen Macht der Sünde – beeinflusst oder gar gesteuert und bestimmt wird. Die in diesem Kontext in freigestellter doppelspaltiger Form zitierte Textpassage ist nicht dem Luthertext, vielmehr der Volxbibel entnommen, da diese Übertragung mit dem zeitgemäßen und schülernahen Bild des „Programms“ arbeitet: unser Handeln ist nicht durch unseren Willen, sondern durch ein Fremdprogramm gesteuert. Modern ausgedrückt: unser Handeln ist durch ein „Brain-Computer(= Sündenmacht)-Interface“ programmiert.

Eine Änderung ergibt sich nur durch eine „Umprogrammierung": das Leben im Geist der Auferstehung Jesu Christi (→ Röm 8).

79f: Willensfreiheit in der Theologie

2.4.3 „Der menschliche Wille ist wie ein Zugtier …" – Willensfreiheit in der Theologie (S. 79f)

79f: Erasmus – Luther

Fließtext (S. 79, untere Seitenhälfte) und Quellentexte (S. 80) zu Erasmus von Rotterdam und Martin Luther

Die Frage nach der menschlichen Willensfreiheit wurde in der Theologiegeschichte in zwei klassischen Kontroversen diskutiert: in der Alten Kirche zwischen Augustinus und Pelagius (sog. Antipelagianischer Streit) sowie in der Reformationszeit zwischen dem Altgläubigen Erasmus von Rotterdam und dem Reformator Martin Luther. Diese zweite Kontroverse ist *Thema* und *Inhalt* dieses eineinhalbseitigen Unterkapitels, in dem der Konflikt zuerst im Fließtext (S. 79) und dann in zwei ausführlicheren Quellentexten (S. 80) dargestellt ist.

79: Fließtext (unten)
80: Erasmus (Quellentext links)

Erasmus von Rotterdam: De libero arbitrio – Vom freien Willen (1524) (Quellentext S. 80, linke Spalte, Fließtext S. 79, unterhalb Seitenmitte)

Im Jahr 1524 verfasste der humanistische und reformfreudige, jedoch altgläubig bleibende Theologe *Erasmus von Rotterdam* (1466/69–1536) ein Buch über die menschliche Willensfreiheit (*De libero arbitrio*). Darin stellte er Luthers und seine eigene Theologie anhand einer Schlüsselfrage zur Diskussion. Der gelehrte und bekannte Humanist wollte kirchliche Reformen wie Luther und stand ihm ursprünglich recht nahe, entfremdete sich dann aber von ihm, wegen der Derbheit von Luthers Sprache und der Radikalität bzw. Einseitigkeit seiner Theologie.

Die *Quintessenz* der Position von Erasmus ist gleich im ersten Satz des Quellentextes zusammengefasst: „Mir gefällt die Meinung jener, die dem freien Willen etwas (nicht nichts) zuschreiben, aber der Gnade das meiste." (1. Abschn., Z. 1+2).

Dann folgen zwei anschauliche Beispiele, Bilder oder Gleichnisse.

Nach dem ersten Bildwort vom Auge (2. Abschn., Z. 4–14) kann der Mensch nur sehen, wenn er gesunde Augen hat und Helligkeit vorhanden ist (beides: Geschenk, Gnade); aber er muss doch die Augen offenhalten und nicht abwenden, um sehen zu können (beides eigenes Tun).

Dann folgt ein zweites Gleichnis (3. Abschn., Z. 15–35): Ein Vater hilft seinem kleinen Kind, einen Apfel, der auf dem Tisch liegt, zu bekommen. Das Kind kann noch nicht selbst gehen, es ist zu klein, die Tischplatte zu erreichen. „Was wird das Kind hier für sich in Anspruch nehmen? Und doch hat es etwas getan … " – und Erasmus fährt fort: „… es hat aber doch nichts, wessen es sich aus eigenen Kräften rühmen könnte, weil es sich selbst gänzlich dem Vater verdankt." (Schlusssatz)

Das klingt gefällig und einleuchtend. Und gerade auch die Frommen heben hervor, man müsse sich für Gott und den Glauben entscheiden, oder, vorsichtiger formuliert: Gottes Geschenk zumindest selbstständig und willentlich, gleichsam mit ausgestreckten Händen, annehmen, oder im andern Bild: die Augen offenhalten und hinschauen!

Erasmus macht also quantitativ eine Rechnung auf: das meiste verdanken wir der göttlichen Gnade, aber einen kleinen Beitrag muss der Mensch doch leisten (Augen öffnen und schauen; Hand ausstrecken und annehmen). Damit plädiert er für einen Synergismus, ein Zusammenwirken von göttlicher Gnade und menschlichem Willen, jedoch sehr unterschiedlicher Gewichtung (oder Verteilung), nämlich mit dem Hauptakzent auf ersterer. Genau genommen aber argumentiert Erasmus am Schluss des zweiten Beispiels doch inkonsistent: das Tun des Kindes resp. Menschen ist noch einmal eingehüllt und umfasst von Gott: das Kind verdankt sein Leben gänzlich dem Vater, ohne dass hier ein menschlicher Wille möglich oder gar nötig ist: gezeugt und empfangen werden und zur Welt kommen können wir aufgrund unseres Willens nicht.

79: Fließtext (unten)
80: Luther (Quellentext rechts)

Martin Luther: De servo arbitrio – Vom unfreien/ versklavten Willen (1525) (Quellentext S. 80, rechte Spalte, Fließtext S. 79, unteres Seitendrittel)

Werk und Urteil des Erasmus bringen *Martin Luther* in Rage. Und so verfasst er 1525 eine Widerlegung der Schrift des Erasmus. Das Buch mit dem Titel „Über den unfreien (oder: versklavten) Willen" (De servo arbitrio) wird sein ausführlichstes theologisches Werk und dasjenige, das er selbst am meisten schätzte. Zu den ausgewählten *Textpassagen:*

- Luther spitzt das Thema der Willensfreiheit auf die Frage nach seinem *Seelenheil* zu, also auf die Dinge, die *„über"* dem Menschen, nicht die, die „unter" ihm sind (1. Abschn., Z. 1–15).
- Luther wählt, wie Erasmus, ein Bild oder Gleichnis: das vom Menschen als Zug- oder Reittier, das von Gott oder vom Teufel geritten wird – ohne eigene Wahl- und Entscheidungsfreiheit (2. Abschn., Z. 16–25). Wie? Der Mensch ein eingezwängtes Nutztier ohne Freiheit? Eingespannt

ins Joch, von einem mächtigen Reiter geritten, den man weder wählen noch abschütteln kann? Ein anschauliches und recht drastisches, aber gewiss kein schönes Bild, das Luther von uns Menschen entwirft. Und eines, das unserer Intuition zutiefst widerspricht. Zwar können auch wir sagen: den reitet der Teufel. Doch meinen wir das in bildlichem, übertragenem Sinn. Luther aber nimmt es wörtlich: entweder Gott oder der Teufel, den der Reformator oft leibhaftig nahe sah und spürte, reitet uns Menschen und bestimmt über unser Leben.

- So kommt Luther zur absoluten Bestreitung eines freien Willens (3. Abschn., Z. 26–28). Sein Ergebnis ist so radikal wie das von ihm gewählte Bild vom Menschen als Zugtier: Der Mensch von sich aus kann sich also nicht für Gott entscheiden, ja, er vermag nicht einmal Gottes Gnade anzunehmen, weil er eben nichts als sündigen und die Verdammnis suchen kann.
- Zum Abschluss (4. Abschn., Z. 29–41) begründet Luther seine Position lebensgeschichtlich und erfahrungsorientiert: Aus Luthers Lebensweg heraus und von seiner Rechtfertigungstheologie her mit der alleinigen Heilswirksamkeit der Gnade Gottes (*sola gratia*; → 2.5, S. 83–87) lässt sich seine Radikalität ein wenig begreiflich machen und verstehen: Wenn mein Seelenheil auch nur im Geringsten von mir und meinem Willen abhinge, würde ich doch im Kern mein Heil durch meine Entscheidung selbst bewirken. Also ganz oder gar nicht, da kann es keine quantitativen Berechnungen geben: 99% Gott, aber 1% dann doch mein freier Wille. Deshalb: Gottes Gnade allein (= *sola gratia*). Zu vollen 100 Prozent. Oder wie Paulus sagt: „So liegt es nun nicht an jemandes Wollen oder Laufen, sondern an Gottes Erbarmen." (Röm 9,16) Und wie Luther hinzufügen wollte: „... sondern *allein* an Gottes Erbarmen."

Ergänzungen zu Luther:

- Wichtig, dass Luther nicht auf das – (un)moralische – Alltagshandeln des Menschen zielt, vielmehr auf die *Grundausrichtung* unseres Lebens: Mensch = *incurvatus in se ipsum*; Selbstbezogenheit, modern: Selbstverwirklichung des Menschen, der die Frage nach letzten Abhängigkeiten und Unverfügbarkeiten (Kontingenz) zu Seite schiebt.
- Die „Sünde" (Erbsünde) besteht primär nicht in einzelnen Verletzungen einzelner Gebote, vielmehr in der Unerfüllbarkeit des 1. Gebots: Gott Gott und seine Gnade genug sein lassen.
- Gottes- und Menschenbild entsprechen sich bei Luther: Der freie Wille steht allein Gott zu, der Mensch ist ebenso vollständig unfrei.
- Luthers Schöpfungs- und Erlösungtheologie hängen aufs Engste miteinander zusammen: Der Mensch verdankt sein Leben vollständig Gott – und er verdankt sein neues Leben als Gerechtfertigter vollständig Gott. So legt Luther im Katechismus den 1. Glaubensartikel (Gott als Schöpfer) mit denselben Worten aus wie das Rechtfertigungsgeschehen: „... ohn all mein Verdienst und Würdigkeit".
- In heutige alltägliche resp. philosophische Gedanken- und Sprachspiele überführt: Der Mensch bekommt sein Leben geschenkt (als einfaches bzw. „nacktes" Leben wie auch als das „gute" Leben, also den Sinn des Lebens, das „Heil" der Seele ...). Trotz der eigenen Bemühungen bleiben auf einer letzten Ebene sowohl das Leben als auch die „Erfüllung" des Lebens unverfügbar, kontingent und sind damit Geschenk und Gnade (Gottes).

Zwei Ebenen: Unverfügbares (über uns) – Verfügbares (unter uns).

Texterschließung (S. 80)

80: Texterschließung

Aufgabe 1: Erasmus: Quintessenz (1. Abschn.) – Erstes (2. Abschn.) und zweites Gleichnis (Auge resp. Kind) (3. Abschn.). *Luther:* Willensfreiheit im Alltag und bzgl. des Seelenheils (1. Abschn.) – Bildwort (2. Abschn.) – Quintessenz (3. Abschn.) – Lebensgeschichtliche Begründung (4. Abschn.).
Aufgabe 2: Beide Texte: konzentrieren sich auf das Seelenheil (die Grundausrichtung) des Menschen, verwenden anschauliche Bildworte/ Gleichnisse, verbinden diese konkreten Bilder mit allgemeinen Schlussfolgerungen, die jedoch gegenteilig ausfallen (punktuelle Verteidigung vs. generelle Ablehnung der Willensfreiheit).
Aufgabe 3: In der Hirnforschung wird die Willensfreiheit im Alltagshandeln untersucht (die bei Luther nur im Anfangsabschnitt thematisiert wird); Paulus fragt – wie Erasmus und Luther – nach der *Grundausrichtung* („Programmierung") unseres Lebens.

Ergänzung zu den Aufgaben: Diskussion der kontroversen Spitzensätze:

- „Ich billige die Meinung jener, die dem freien Willen einiges zuschreiben, aber der Gnade das meiste." (Erasmus von Rotterdam)
- „Also gerade die Erbsünde lässt den freien Willen überhaupt nichts können als sündigen und verdammt sein." (Martin Luther)

Argumentations-ebene	Erasmus: De libero arbitrio (1524)	Martin Luther: De servo arbitrio (1525)	Querverweise
Theologisch (i.e.S.)	Gott ist gut und kein Despot	Geoffenbarter und verborgener Gott	→ 3.5.2, S. 128f
Christologisch:	Christus ist für unsere Sünden gestorben	Christus ist für unsere Sünden gestorben	→ 4.1.2, S. 152
Anthropologisch	Entscheidungsmöglichkeit des Menschen	Selbstbezogenheit des Menschen (Erbsünde)	
Ethisch	Gute Werke wären sonst unnötig	Gute Werke folgen aus dem Glauben	→ 2.6.2, S. 89–91
Existentiell:	Mensch wäre Wachs, pures Material	Ich hätte keine Heilsgewissheit	
Exegetisch	Bibel pro und contra freien Willen	Bibel eindeutig, Hl. Geist kein Skeptiker	

Tabelle: Überblick über (weitere) Argumente bei Erasmus und Luther

Literatur:

- *Erasmus von Rotterdam,* De libero arbitrio, in: Ausgewählte Schriften lat.-dt., hg. von Werner Welzig, Sonderausgabe, Bd. 4, übers. von Winfried Lesowsky, Wissenschaftliche Buchgesellschaft, Darmstadt 1995, S. 173, 175
- *Martin Luther,* De servo arbitrio – Vom unfreien Willen (1525), in: Luther Deutsch. Die Werke Luthers in Auswahl (10 Bde.), hrsg. von Kurt Aland, Bd. 3: Der neue Glaube, Vandenhoeck & Ruprecht, Göttingen, 1991, S. 200, 196, 316; 326f

81f: Abschluss

Abschluss des Teilkapitels 2.4 (S. 81f)

Der zwei Seiten umfassende Abschluss des Teilkapitels besteht aus fünf Elementen: Interreligiöser Vergleich und Bild (S. 81), ferner Zitatpaar, Zusammenfassung und Aufgabenstellungen (S. 82).

Der ausführliche *Interreligiöse Vergleich* (S. 81) zeigt, dass alle Weltreligionen die – im Kern unauflösliche – Spannung zwischen Unverfügbarkeit/ Kontingenz und menschlichem Wollen und Handeln durchzieht, im Judentum als Doppelung von Erwählung/ Gebotserfüllung, im Islam als Fatalismus resp. Kismet vs. Unterwerfung unter Gottes Willen; in den fernöstlichen Religionen als Paradox im Karma-Gedanken, im Buddhismus zusätzlich im Erkennen der Täuschung des Selbst durch das Selbst selbst.

81: Bild

Das *Bild* (S. 81, unten), ein Foto, hat mehrere (fünf oder noch mehr) Ebenen:

- zuerst einmal die triste Realität einer Welt hinter hohen Mauern, wohl unter Besatzung (Palästina, wie der Untertitel verrät);
- zweitens die spannungsvolle Darstellung/ Abbildung dieser tristen Realität (Wachturm) kontrastiert mit einem luftigen, bewegt kreisenden Zirkus-/ Menschen-/ Kinder-Karussell (mit dem Wachturm als Drehachse), alles in schwarz gehalten, auf einem an die Wand gesprühten Graffito von Banksy (und einer zusätzlichen oder dazugehörenden Bemalung/ Besprühung der tristen Mauer mit weißer Farbe und bläulichen Feldern);
- drittens – in Aufnahme und Doppelung der Spannung auf der zweiten Ebene – das Mädchen in roter Jacke, das wohl vom Einkauf kommt und nach Hause geht, mit weiten Schritten und freundlich herblickend zu
- viertens dem Fotographen oder der Fotographin mit blaugestreiftem Pullover im Vordergrund, der resp. die die ganze Szene ablichtet, zugleich aber selbst – ebenso wie die ganze Szene –
- wiederum ins Bild gesetzt wird von einer anonym bleibenden Fotografierenden, die das Gesamtbild in allen Dimensionen zugänglich und uns als Betrachtende zu Komplizen macht oder zu
- solchen, die eine weitere, sechste Ebene einnehmen, wodurch wir uns die Fotografierende (fünfte Ebene) sowie das Gesamtarrangement imaginieren und vorstellen können …

Methodische Anregungen:

- Situation aus unterschiedlichen Perspektiven beschreiben (Personen bzw. Menschenabbildungen im Bild und außerhalb = eigene Person).
- Bildvergleich mit → Gormley, S. 77 (auf Umgebung/ Hintergund, Personendarstellungen, Farben, Bewegung(en), Motive etc. achten).

- Frage nach Willensfreiheit (Unverfügbarkeit vs. Verfügbarkeit) thematisieren: Kontingenz von Geburt; Leben in Freiheit (tlw.), Kreativität und Spiritualität etc.

Zitatpaar Stoizismus – Comenius (S. 82, oben)

82: Zitatpaar Stoizismus – Comenius (oben)

Das Zitatpaar lädt zur kontroversen Diskussion ein. Der frühneuzeitliche reformatorische Theologe, Pädagoge und Politikberater *Johann Amos Comenius*, 1592–1670) (rechte Spalte) geht von einer „angeborenen (Willens-)Freiheit" des Menschen aus (Z. 2), die sich (einem Menschenrecht gleich) entfalten muss, damit der Mensch ein Mensch bleibt resp. nicht unterdrückt werden darf, um den Menschen nicht zum „Nicht-Menschen" zu machen. Dies leuchtet unserem heutigen Denken unmittelbar ein.
Das *stoische* Denken (Zitat rechte Spalte; Zenon oder Chrysipp zugeschrieben) scheint dagegen unserer Intuition zu widersprechen: Was für eine Freiheit, die einem/ dem Hund ja eigentlich keine Wahl lässt! Dennoch ist die Argumentation schlüssig und folgt den Regeln der klassischen Logik:

Fall 1:
Prämisse 1: Hund an fahrenden Wagen gebunden (= Unausweichliches/ „über ihm")
Prämisse 2: Hund läuft mit (= steht in seiner Macht/ „unter ihm")
Conclusio: Hund läuft/ lebt in Freiheit

Fall 2:
Prämisse 1: Hund an fahrenden Wagen gebunden (= Unausweichliches/ „über ihm")
Prämisse 2: Hund weigert sich mitzulaufen (= steht in seiner Macht/ „unter ihm")
Conclusio: Hund läuft/ lebt unter Zwang

Auch zeigt eine Anwendung auf zwei Fälle, dass die Argumentation wohl eine bestimmte Berechtigung hat – andererseits aber auch eine deutliche Beschränkung:
Beispiel 1: Mensch will immer jung bleiben, weigert sich, älter zu werden
Beispiel 2: Leben im Nationalsozialismus: Mitlaufen vs. Widerstehen (→ 5.3.1, Bonhoeffer, S. 218 oben).
Bearbeitungsvorschläge:
- In den Menschenrechten/ im Grundgesetz Beispiele für solche (nach Comenius angeborenen) Freiheiten herausarbeiten (z.B. Recht auf Religionsfreiheit u.a.m.);
- Beispiele zusammentragen, in denen das stoische Denken einerseits Recht bzw. andererseits nicht Recht hat;
- eine mögliche Verbindung der beiden konträren Positionen von Comenius und Stoizismus herausarbeiten.

Ergänzung zur letzten Aufgabe:
Das dem württembergischen Prälaten, Theosophen und Pietisten Friedrich Christoph Oetinger (1702–1782) zugeschriebene, allerdings wohl erst in den vierziger Jahren des 20. Jh.s im Umfeld des US-amerikanischen Theologen Reinhold Niebuhr (1892–1971) entstandene sog. „Oetinger-Gebet" oder „Gelassenheitsgebet":

„Gott, gib uns die Gnade, mit Gelassenheit
Dinge hinzunehmen, die ich nicht ändern kann,
den Mut, Dinge zu ändern, die ich ändern kann,
und die Weisheit, das eine vom anderen zu unterscheiden."

Literatur:
- *Stoischer Philosoph:* Zenon oder Chrysipp, nach: Maximilian Forschner, in: Hat der Mensch einen freien Willen? Die Antworten der großen Philosophen, hg. von Uwe an der Heiden und Helmut Schneider, Stuttgart: Reclam, 2007, S. 68
- *Johann Amos Comenius,* Panegersia (1. Tl. der „Consulatio Catholica"), in: Ausgewählte Werke, Bd. III, hg. von Klaus Schaller, Hildesheim/ New York 1977, S. 70; sowie: *Johann Amos Comenius*, Pampaedia – Allerziehung, hg. und übers. von Klaus Schaller, Sankt Augustin: Academia Verlag, 1991, S. 46

Zusammenfassung (S. 82, Mitte)

82: Zusammenfassung (Mitte)

Die *Zusammenfassung* berücksichtigt beide Paradigmata, die Möglichkeit bzw. Unmöglichkeit der Willensfreiheit in Letztfragen, wobei im Alten Testament eine Tendenz zur Willensfreiheit (mit dem Tun-Ergehen-Zusammenhang) festzustellen ist, in der reformatorischen Tradition der Akzent auf der Unfreiheit (des Willens) des Menschen liegt, während – so ließe sich im Anschluss an Erasmus ergänzen – die katholische Seite durchaus einen Rest an Willensfreiheit beim Menschen auch nach dem Sündenfall kennt (Menschen guten Willens).
Die naturwissenschaftliche Sicht (Hirnforschung) lässt sich ergänzen.

82: Aufgabenstellungen (unten)

Aufgabenstellungen (S. 82, unten)

Grafiken/Schemata zur Erarbeitung der Aufgaben. Wichtig ist Luthers Unterscheidung von Dingen „über" und „unter" uns – manches steht in „unserer Macht", anderes nicht.

Gottes Tun/ Aktivität	Mensch: Empfangen	Beispiele: …
Tun/ Aktivität des Menschen	Mensch: Handeln	Beispiele: …

a) Zweier-Schema: Zwei Ebenen des göttlichen und menschlichen Handelns

Über: Unverfügbarkeit/ Kontingenz – Mein Wille reicht nicht hin (z.B. Weiterleben, Liebesfähigkeit)
+ *Neben*: Beziehungen . Mein Wille begegnet anderem Willen (z.B. Kompromiss, Gespräch …)
Unter: Alltag: Mein Wille hat Vorrang (z.B. Aufstehen frühmorgens …)

b) Dreier-Schema: Drei Dimensionen über/ neben/ unter uns
Achtung! Von größter Bedeutung ist, dass sich die drei Ebenen häufig nicht säuberlich voneinander trennen lassen, vielmehr in konkreten Vorgängen zwei oder alle drei Dimensionen zugleich eine Rolle spielen (Mehrperspektivität).

Aufgabe 1: Beurteilung des Libet-Experimentes auch naturwissenschaftlich unter Hirnforschern umstritten (Roth Ablehnung, Haynes Anerkennung Willensfreiheit, Libet: „Negative" Steuerungsmöglichkeit, Impulskontrolle). – Philosophie: Stoiker vs. Comenius, s.o. – Bibel: Möglichkeit zur Einhaltung Tora vs. Paulus; Theologie: Luther vs. Erasmus.
Aufgabe 2: Vorschlag als Einstieg – Fragestellungen: Wir sind heute frühmorgens zur Schule gekommen – welche Bedingungen sind dafür nötig? Welche beruhen auf unserer eigenen Aktivität, auf unserem Willen? Welche nicht? (hierzu z.B.: die Tatsache unseres Lebens [Entstehung]; unser jetziges Weiterleben [Erhaltung]; Ausbleiben von Schaden, Unfällen, Amokläufen etc. [Bewahrung]. Wodurch werden die nicht von unserem Willen abhängigen Dinge bestimmt (Zufall, Gott …)?
Bei *Bildern* (S. 77, 81) Möglichkeiten der Willensfreiheit der unterschiedlichen (realen oder „künstlichen", aber dann als real gedachten) Personen ausloten.
Aufgabe 3: Interessant ist, dass Menschen durchaus verschieden beurteilen, was „planbar" und „machbar" ist und was nicht – manche halten das „Sich Verlieben", andere das „Lieben", wieder andere weder das eine noch das andere (oder gar beides) für dem eigenen Willen unterworfen. – Vollkommene Freiheit von Angst, Lebenssorge bzw. die Freiheit, das eigene „Wollen" völlig frei bestimmen zu können, ist jedoch sicherlich nur schwer vorstellbar.
Aufgabe 4:

Mensch	Willensfreiheit in Bezug auf Seelenheil, Lebenssinn	Willensunfreiheit in Bezug auf Seelenheil, Lebenssinn
Gott	Angewiesenheit Gottes auf Kooperation des Menschen	Freiheit Gottes zu Gnade und Barmherzigkeit
Jesus Christus	Heil durch Leben und Sterben als Zusatzhilfe	Leben und Sterben als Notwendigkeit für Menschen

Tabelle: Mensch – Gott – Jesus Christus und die (menschliche) Willensfreiheit

Aufgabe 5: Die drei monotheistischen Erlösungsreligionen haben alle die Spannung, dass der Mensch einerseits auf Gottes Gnade und Barmherzigkeit angewiesen ist und andererseits doch ein Moment von Willensfreiheit hat (welcher Art und in welchem Umfang ist ein Gegenstand von Diskussionen).

Jahwes Barmherzigkeit und Gnade ↓	Gottes Gnade ↓	Allah der Barmherzige ↓
Mensch Erlösungsbedürftigkeit (Gottes Gnade, Barmherzigkeit und Vergebung)		
Mensch (Mit-)Wirkungsmöglichkeit (Willensfreiheit)		
Einhaltung der Tora	Unfreiheit (Luther) Restfreiheit (Katholizismus)	Unterwerfung unter Allahs Willen, Bekehrung zum Islam
Judentum	Christentum	Islam

Tabelle: Erlösungsbedürftigkeit und Willensfreiheit in den drei monotheistischen Religionen (→ 3.7.2, S. 142, unten: Der barmherzige Gott)

2.5 „Nicht Gnade will ich, sondern Gerechtigkeit!" – Gnade vor Recht? (S. 83–87)

83–87: Gnade vor Recht?

Die *Überschrift* des Teilkapitels ist dem darunter stehenden Zitat Joe Hills entnommen, *Thema* ist die *Rechtfertigung*. Im Vierschritt von (1) Grundbestimmung des Menschen (Schöpfung, 2.1 u. 2), (2) Verfehlung dieser Grundbestimmung (Böses/ Sünde, Unfreier Wille, 2.3 u. 4), Neuerschaffung/ Neuausrichtung (Rechtfertigung, 2.5) und Neuem Leben in Liebe und Verantwortung (2.6) hat das vorliegende Teilkapitel eine zentrale Stellung als Wende- und Umschlagpunkt.
Der *Aufbau* des Teilkapitels ist fünfgliedrig: In drei Schritten wird die reformatorische Rechtfertigungslehre erstens entfaltet (2.5.1, S. 83f), dann biblisch begründet (2.5.2,S. 85) und zuletzt auf unsere Gegenwart hin ausgelegt (2.5.3, S. 86). Als Rahmung dienen eine Einführung ins Thema (S. 83, Zweidrittel der Seite) sowie ein Abschluss (S. 86 unteres Drittel, S. 87) mit Zusammenfassung, Interreligiösem Vergleich, Zitat zur Meditation, Bild und Aufgabenstellungen.

Ein Blick auf die Jugendlichen – Didaktik

Dass Luthers Rechtfertigungslehre bei den Heranwachsenden auf Verständnis- und Akzeptanzprobleme stößt, scheint offensichtlich und wird auch in Unterrichtsprotokollen bestätigt. So zeigen insbesondere Stundenauswertungen bei Ingrid Grill, dass Schülerinnen und Schüler sich in die menschlichen Selbstrechtfertigungsversuche und -möglichkeiten gut – aber auch durchaus kritisch! – hineindenken können, während ihnen der Gedanke der Rechtfertigung durch Gottes Gnade zuerst einmal eher fremd bleibt. Damit aber stellt sich die Aufgabe, die reformatorische Rechtfertigungslehre sowie das doppelte Verständnis von Gerechtigkeit (Gottes/ des Menschen) bei Luther explizit und ausführlich zum Unterrichtsthema zu machen und anhand anschaulicher Beispiele zu verdeutlichen. Wichtig ist dabei, Gottes Gnade als theologische Aussage nicht – als gleichsam getrennte, „transzendete" Ebene – vom alltäglichen Sprachgebrauch abzusondern, vielmehr unsere Lebenserfahrungen mit ihren alltäglichen (Selbst-)Rechtfertigungsversuchen auf die theologische Perspektive hin durchsichtig zu machen.
Nach Carsten Gennerich (2010, 175ff) ist das „Rechtfertigungsmotiv" für alle Jugendliche zugänglich, allerdings in sehr unterschiedlicher Weise; Jugendliche „im oberen Bereich" des Wertefeldes, d.h. mit ausgeprägter Tendenz zur „Selbsttranszendenz", verstehen es „als religiöse Symbolisierung ihrer positiven Beziehungserfahrungen", während es für Jugendliche „im unteren Bereich", also mit vorrangiger „Selbst-Steigerung" als „Ausdruck für persönliche Ohnmachts- und Ungerechtigkeitserfahrungen" oder als „kompensatorische Darstellung nicht erreichter Selbstideale" fungiert (202); hierbei ist es notwendig, dass auch „negative Urteile" ins Selbstkonzept – in konstruktivem, nicht hemmendem Sinne – integriert werden, weil sonst die Gefahr besteht, „dass das Selbstkonzept seinen Realitätsbezug verliert." (217) Jugendliche scheinen hier einen großen Bedarf an Unterstützung zu suchen, den sie allerdings im Religionsunterricht nach ihrer eigenen Einschätzung bislang nur sehr bedingt finden.
Literatur:

- Gennerich, Carsten, s. Anhang
- Grill, Ingrid (Hg.), Unerwartet bei der Sache. Dem theologischen Nachdenken von Oberstufenstufenschülerlnnen auf der Spur. Unterrichtsstunden, Analysen, Reflexionen. (Arbeitshilfe für den evangelischen Religionsunterricht am Gymnasium), hg. von der Gymnasialpädagogischen Materialstelle der Evang.-Luth. Kirche in Bayern, Erlangen 2005, S. 33–58

Einstieg (S. 83, Zitat mit Fließtext sowie Bild)

83: Einstieg

Der *Einstieg* stellt zwei Prinzipien anhand zweier historischer Gestalten (Joe Hill vs. Martin Luther) zur Disposition und Diskussion: Gnade vs. Gerechtigkeit. Die Pointe dieser konfrontativen Gegenüberstellung liegt darin, dass nun nicht der eine Recht und der andere Unrecht hätte, also etwa im RU Luther gegen Hill auszuspielen wäre, vielmehr darin, das jeweils berechtigte Anliegen beider Seiten zu verstehen und in einer umfassenderen Sichtweise zu bewahren. Insofern bildet das Beispiel die Möglichkeit zu einer gelungenen Korrelation bzw. – noch tiefschürfender – zu einem Durchdeklinieren der (Hegelschen) Dialektik.
Der Arbeitsführer und Liedermacher *Joe Hill* (1879–1915) (Eingangszitat und erster Textabschnitt), in der US-amerikanischen Arbeitertradition bzw. Linken bis heute ein Vorbild und eine Legende, setzt Gnade und Gerechtigkeit berechtigterweise in einen unaufhebbaren Gegensatz. Ein – menschlicher – Gnadenerweis versetzt in Abhängigkeit, man „lebt von jemandes Gnaden", „bekommt das Gnadenbrot" u.a.m. – das Gegenteil von Gerechtigkeit, bei der man das bekommt, was einem zusteht, bei der man (sein) Recht er- und behält ... – individuell und persönlich in einem Freispruch für Hill (für eine Tat, die er nicht beging), politisch und strukturell in gerechten Arbeitsverhält-

nissen, für die Hill kämpfte (und nicht in Gnadenerweisen großzügiger Gutsherren und/ oder Fabrikbesitzer). Hill hat also vollkommen Recht mit seinem Diktum: Gerechtigkeit vor Gnade! In eine ähnliche Richtung zielt das Diktum Kants: „Jedenfalls stünde es besser um die Menschheit, wenn man sich weniger auf Gnade und dergleichen Tugenden und Schwächen verließe, sich desto entschiedener aber auf Gerechtigkeit stützte." Auch heutige Jugendliche haben ein sehr starkes Gespür für die Gerechtigkeit (Kohlberg/ Gilligan).
Und jetzt kommt Martin Luther mit seiner gegenteiligen Erfahrung (zweiter Textabschnitt): auf einer tieferen Ebene verläuft die Logik genau in entgegengesetzter Richtung: mein Leben und mein Seelenheil kann ich mir nicht durch meine eigene Leistung „verdienen", hier lebe ich vielmehr ganz von Geschenk und Gnade – wie das kleine Kind, das sich die elterliche Zuneigung und Liebe nicht gemäß dem Gerechtigkeitsprinzip erst „verdienen" muss – gemäß der Gleichung: liebes Kind wird geliebt, „böses" Kind wird verworfen ... (→ Quellentext Luther, S. 84, linke Spalte).

Schema: Dialektik von Gerechtigkeit und Gnade:

- These Hill: Gerechtigkeit, nicht Gnade
- Anti-These Luther: Gnade, nicht Gerechtigkeit
- Synthese: (Gottes) Gnade beinhaltet Gerechtigkeit im Sinne von Gerecht- bzw. Recht-/ Richtigmachen, d.h. (Gottes) Gnadengerechtigkeit setzt
  1. Gerechtigkeit im Sinne von Bestrafung/ Belohnung und Gnade im Sinne von – billigem – „Darüberhinwegsehen" und – gönnerhaftem – Geschenk *außer* Kraft (Aufheben im Sinne von für ungültig Erklären),
  2. Gerechtigkeit und Gnade im Sinne von „jdm. gerecht werden" und „sich reich beschenkt fühlen" *in* Kraft (Aufheben im Sinne von Bewahren) und
  3. Gerechtigkeit und Gnade kraftvoll gleich im Sinne einer „begnadeten Gerechtigkeit" resp. „gerechten Gnade", also einer Gerechtigkeit und Gnade, die Unrecht und Ungnade zurechtbringend verwandeln (aufheben im Sinne von auf eine höhere Stufe heben).

83: Bild Hofmann

Bild Hans-Georg Hofmann (*1957): Kein Zweifel, 1993

Bildbeschreibung: Das Bild zeigt in unterschiedlichen Schichten verschiedene Blautöne (auch türkis; Meeresteile mit unterschiedlichen Tiefen?), die teils ineinander übergehen, teilweise jedoch auch deutlich voneinander abgetrennt sind, nach unten hin dann ein Pechschwarz, nach oben hin, jedoch nicht ganz oben, vielmehr als Horizont unter dem Himmel, nahezu ein Weiß, zumindest Helligkeit. Im Bild dann zwei auffälige rote „Kleckse", rechts der Mitte ein schräger Strich mit Punkt, einer Kerze ähnlich, unten im Schwarz das Dach eines angedeuteten Dreiecks mit einem Halbrund (Bogen, Haken oder Sichel) darüber.
Hintergrundinformationen: Die Technik, die der Künstler in einer Werkphase anwandte, ist eine doppelte: zuerst wird das Bild mit dem Meerblick vollständig gefertigt. Dann erfolgt eine rasche ausschnitthafte „Übermalung" mit einer unüberlegten, der Hand überlassenen, blitzartigen Pinselbewegung (hier mit Rot). Der Titel zeigt an, dass für diesen spontanen Pinselstrich „kein Zweifel" angebracht ist: er muss in der Überzeugung erfolgen, dass das Bild damit gelingt und vollendet wird – und nicht verdorben wird und misslingt (was durchaus auch vorkommen kann und viel wahrscheinlicher wird, wenn der „Zweifel" die Hand und den Pinsel führt ...).
Deutungsangebote: Zwei Bilder von H.-G. Hofmann bilden als Einstiegs- und Abschlussbild eine Rahmung dieses Teilkapitels zu Gnade und Erlösung (S. 87). Zwei Bilder, die die Vertikale betonen; formal zusammengesetzt aus zwei aufrechtstehenden Rechtecken resp. zwei übereinandergestellten Quadraten. Beide Bilder bieten neben dem Blick auf die Weite, das Meer, die Erde und den Himmel ein zusätzliches, den üblichen Blick durchkreuzendes Element: eine auffällige Störung. Dies lässt sich als Aufblitzen einer zusätzlichen, dritten oder gar „vierten" Dimension deuten (wenn man das flächige Bild in seiner dreidimensionalen Tiefenschärfe nimmt). Was bewirkt die „Störung" von oben dann unten? Hier ist dann doch ein „Zweifel" angebracht. Der Titel „Kein Zweifel" würde damit zu einer Provokation!
Querverweis: Zu Hans-Georg Hofmann s. Anhang LB, 7.5.7.2.
Bearbeitungsvorschläge:

- „Störungen" im gewohnten Leben sammeln und analysieren – welche wirken „heilsam", welche „hinderlich" – auf den ersten Blick, bei einer Tiefenbohrung?
- „Störungen" in den Tiefenschichten der menschlichen Seele sammeln und analysieren – was könnte hier ein Blick „von oben" bieten (z.B. Text von Caroline Osmaston, S. 71).
- Was bildet auf dem Bild den Vorder-, was den Hintergrund? Das Bild als „Kippbild" für die eine oder andere Version betrachten.

2.5.1 „Da fühlte ich mich völlig neugeboren …" – Rechtfertigung (S. 83f)

83f: Rechtfertigung

Nach der – dialektischen – Gegenüberstellung von Gerechtigkeit und Gnade beim Einstieg ins Thema (s.o.). erfolgt nun eine – ebenso dialektische – *Gegenüberstellung* von *Gnade* und *Nachfolge* anhand von Luther und Bonhoeffer, zuerst im erläuternden Fließtext (S. 83 unten) und dann in zwei Quellentexten (S. 84).
Besonders *Luther* hat die Zentralstellung der *Rechtfertigung* für die Theologie hervorgehoben: „Der charakteristische Gegenstand der Theologie ist der Mensch, der der Sünde schuldig und verworfen ist, und Gott, der den sündigen Menschen rechtfertigt und errettet. Was außerhalb dieses Gegenstandes in der Theologie erfragt und erörtert wird, ist Irrtum und Gift."

Luther – Text: … als wäre ich ins Paradies selbst eingetreten … – Lebensrückblick (1545) (Quellentext S. 84, linke Spalte)

84: Luther (Quellentext)

Textentstehung und Textumfeld: Luther hat in seinen späten Jahren Vorreden zu den ersten Bänden der Erstausgabe seiner Gesammelten Schriften verfasst, 1539 zu den Deutschen Schriften, 1545 zu den Lateinischen Schriften. In der Vorrede zum ersten Band seiner lateinischen Werke geht er auf die Anfänge der Reformation ein und beschreibt in diesem Zusammenhang auch seine reformatorische Grundentdeckung, die Rechtfertigung allein aus Gnade (sog. „Turmerlebnis", weil es in einer Turmstube des Augustinereremitenklosters in Wittenberg stattgefunden haben soll) – wohlgemerkt 1545 im Rückblick und Abstand von ca. drei Jahrzehnten. Die umfangreiche Forschung zur Datierung des Turmerlebnisses – früher neigte man zu einer Frühdatierung zwischen 1513 und 1515, heute zu einer Spätdatierung bis erst um 1518 (also in der Zeit nach dem Thesenanschlag) – ist zu modifizieren: es handelte sich wohl um eine längere Entwicklung, die dann – in der Erinnerung – verdichtet wird zu einer Art „Bekehrungserlebnis" („Eintritt ins Paradies"!) nach Luthers großen Vorbildern: dem Apostel Paulus und dem Kirchenvater Augustinus.
Zentraler Textinhalt: Der entscheidende Umbruch ist ein neues Verständnis der Gerechtigkeit Gottes, die nun nicht mehr primär mit „Gericht", stattdessen mit „Gnade" konnotiert wird. Im Kern geht es um ein neues Verständnis, eine Erkenntnis, also einen Vorgang im kognitiven Bereich, der jedoch zugleich mit einem extremen Umbruch im affektiven Bereich, also im Gefühlsleben, verbunden ist und damit insgesamt eine ganzheitliche Erneuerung und Lebenswendung grundsätzlicher Art darstellt (Neugeburt).

Dietrich Bonhoeffer: Billige und teure Gnade (Quellentext S. 84, rechte Spalte)

84: Bonhoeffer (Quellentext)

Der Text stellt in drastischer, beinahe plakativer Weise „billige" und „teure" Gnade in Opposition. Die letzten beiden Abschnitte (ab Z. 30) verteidigen Luther gegen den möglichen Vorwurf, er habe die „billige Gnade" propagiert, und sehen den „Sündenfall" der „Verharmlosung" erst bei der Rezeption (Verfälschung durch den „religiösen Instinkt des Menschen", Z. 39, Schlusssatz).
Folgende *Aspekte* können bei der *Interpretation* hilfreich sein:

- Das Buch *„Nachfolge"* – aus dem der Textabschnitt stammt –, während seiner Tätigkeit als Leiter des (illegal arbeitenden) Predigerseminars Finkenwalde geschrieben und 1937 veröffentlicht, machte Dietrich Bonhoeffer in Theologenkreisen bekannt. An Luthers reformatorischen Grundgedanken der Rechtfertigung des Sünders aus Gottes Gnade allein (*sola gratia*) hielt Bonhoeffer fest. Doch die Auseinandersetzungen des Kirchenkampfes hatten ihm sehr deutlich gezeigt, dass der Glaube auch praktische Konsequenzen hat, sonst würde Gottes Gnade zur „Schleuderware" eines billigen Jakob. Die Konsequenzen sind klar: Jesus Christus ruft uns zu einem Leben in der Nachfolge. In der Finkenwaldener Zeit (1935–37) versuchte Bonhoeffer, die angehenden Pfarrer der Bekennenden Kirche nicht nur auszubilden, sondern gemeinsam mit ihnen – wie in einer Art Kommunität – ein Leben im Geiste Christi zu führen.
- Die Kritik der billigen Gnade als dem „Todfeind unserer Kirche" entlarvt die Immunisierung der christlichen Botschaft mithilfe dieser Botschaft selbst. Bonhoeffer wendet sich damit gegen missverständliche Interpretationen der reformatorischen Rechtfertigungslehre.
- Der Begriff „teure Gnade" ist nicht einfach nur der Gegenbegriff zur „billigen Gnade", vielmehr eine eigenständige Wortkombination, die Bonhoeffer in ihrer doppelten, antagonistischen Bedeutung jeweils zweigliedrig bestimmt: Teuer ist sie, weil …; Gnade ist sie, weil …
- Die Nachfolge ist bei Bonhoeffer radikal christologisch bestimmt; er versteht sie als Lebensgemeinschaft mit dem irdischen, gekreuzigten, zugleich auferstandenen, verherrlichten Herrn.
- Dabei gilt es umgekehrt wiederum, Bonhoeffers Konzept der „teuren Gnade" und der „Nachfolge" an der reformatorischen Rechtfertigungslehre zu messen und sie so vor missverständlichen Interpretationen zu bewahren (etwa im Sinne einer Werkgerechtigkeit). Bonhoeffer selbst hat diese Gefahr gesehen (s. die Aussage über die „Nachfolge" im Brief an E. Bethge vom 21. Juli 1944: „Heute sehe ich die Gefahren dieses Buches, zu dem ich allerdings nach wie vor stehe, deutlich." Neben der

Gefahr der „Werkgerechtigkeit" problematisierte Bonhoeffer – z. Tl. bereits im Werk selbst – vor allem auch die Tendenz der Nachfolge-Konzeption als eines elitären Christentums, das „arbeitende Menschen" – gemeint sind Arbeiter! – in einen Zwiespalt bringen könne.

Ergänzung: Der *Aufbau* des Buches *„Nachfolge"* (DBA 3, S. 109–172) insgesamt folgt folgenden Kapitelüberschriften (in Teil I): Die teure Gnade – Der Ruf in die Nachfolge – Der einfältige Gehorsam – Die Nachfolge und das Kreuz – Die Nachfolge und der Einzelne – Die Bergpredigt (Auslegung). – Der zweite Teil befasst sich dann in verschiedenen Kapiteln mit dem Thema „Die Kirche Jesu Christi und die Nachfolge", also der Frage nach der Kirche und dem Leben der Christen in der Gegenwart. Hier formuliert Bonhoeffer: „Christus hat sein Leben auf dieser Erde noch nicht zu Ende gebracht. Er lebt es weiter im Leben seiner Nachfolger." (DBA 3, S. 171)

Querverweis: Weitere Passage aus demselben Werk Bonhoeffers → 4.4.3 Nachfolge Jesu, S. 179; ferner zu Bonhoeffer → Anhang LB, 7.4.2.

84: Texterschließung

Texterschließung (S. 84)

1. Erarbeitung von Luthers Freiheits- und Bonhoeffers Nachfolgeschrift als Ergänzung notwendig. Prüfen, inwiefern Bonhoeffers Lutherinterpretation angemessen scheint sowie seine Behauptung, Luthers Tradition angemessen fortzusetzen. (Luther-Schema: Gnade → „Guter" Mensch/ Gutes Handeln/ Werke; also Eintreten in die Nachfolge als Folge des Wirkens der göttlichen Gnade interpretierbar). Zudem Bonhoeffers Unterscheidung von „Letztem und Vorletztem" (S. 28) heranziehen (Ethik).
2. Die Differenzen zwischen biblischer und theologischer Vielfalt/ Pluralität beachten sowie die Vielfalt der (biblischen wie theologischen) Positionen und zudem die Mehrdeutigkeit und Interpretationsoffenheit bei jeder bestimmten Position.
3. Am angemessendsten ist wohl eine Positionierung, die die Perspektivität und Positionalität (also die jeweils bezogene, begründete und begrenzte Berechtigung) der unterschiedlichen Positionen berücksichtigt und würdigt, ohne zugleich eine eigenständige und pointierte Positionierung auszuschließen.

Ergänzung:
*Zum Bonhoeffer-Text:*a) Stellen Sie (in zwei Spalten) zusammen, was Bonhoeffer unter „billiger" und „teurer Gnade" versteht. b) Lässt sich gegen Bonhoeffer Ihrer Meinung nach der Vorwurf erheben, er argumentiere „gesetzlich"/ moralisierend?
Zum Luther-Text: Luthers Gerechtigkeitsverständnisse (alt, neu) in zwei Spalten dar- und einander gegenüberstellen. Anschließend die beiden Auffassungen mit den Bildern von Bosch (Hölle vs. Paradies) in Verbindung bringen und Text-Bild-Vergleich anstellen (→ 2.7.3, S. 98f):

85: Gnade und Glaube biblisch

2.5.2 „... allein aufgrund des Glaubens gerecht" – Gnade und Glaube biblisch (S. 85)

Die *Überschrift* des Unterkapitels ist dem (freigestellten) Spitzenzitat aus dem paulinischen Römerbrief entnommen (linke Spalte), das *Thema* „Gnade und Glaube biblisch" wird hinsichtlich vier Aspekten entfaltet:

85: Paulus vs. Jakobus (oben)

(1) Paulus vs. Jakobus (S. 85, obere Seitenhälfte)

Auf den ersten Blick stehen Paulus und Jakobus zueinander im Widerspruch (wie auch für Luther). Der spätere Jakobusbrief bekämpft jedoch nicht unmittelbar Paulus, vielmehr Paulusjünger einer bestimmten Richtung (mit evtl. libertärem und/ oder gnostischen Tendenzen). Beide Positionen lassen sich durch eine sinnvolle Zuordnung in einen – komplementären – Zusammenhang bringen: Nicht Werke machen den Glauben, aber der Glaube macht Werke. (Gottes Liebe macht den Menschen fähig zur Liebe und treibt ihn zur Liebe.)

Ergänzung zum Jakobusbrief: Einer der „katholischen" (= allgemeinen) Briefe; Mahnschreiben: „Meine (geliebten) Brüder, gefolgt von einem Imperativ. *Tendenzen:* 1. (Christliches) Handeln; Glauben und Werke, nicht Glaube allein! (Ganze Passage interessant: Worten Werke folgen lassen! 2,14–26). 2. Prophetische Kritik an Reichen, 4,13–17; 5,1–6 (große Aktualität: Lohnauszahlung bzw. Mindestlohn!).

85: Luther und Paulus (Mitte)

(2) Luther und Paulus (S. 85, Seitenmitte)

Methodische Anregung: Diskutieren Sie in der Klasse die „Spitzensätze":

Paulus' Aussage zur „Rechtfertigung":	*Luthers Rechtfertigungslehre:*
„So halten wir nun dafür, dass der Mensch gerecht werde ohne des Gesetzes Werke, allein durch den Glauben." (Röm 3,28 nach Luther)	„Hier ist fleißig zu merken und ja mit Ernst zu behalten, dass allein der Glaube ohne alle Werke fromm, frei und selig macht [...]." (Luther, Freiheitsschrift)

Ergänzung: Seit Ende der 70er Jahre beherrscht die angloamerikanische Forschung eine „New Perspektive" der Paulusinterpretation (ausgehend von James Dunn). Hier erfolgt eine Ablösung von der „Luther-Brille". Der Römerbrief-Kommentar von Robert Jewett (2007) etwa verweist auf die Abhängigkeit des Paulus von der Umwelt: zentral nicht: Schuld-Vergebung, sondern Ehre- und Schamthematik. Dies rückt Paulus näher an unsere gegenwärtige Problemlage (mit der öffentlichen, insbes. auch digitalen „Anerkennung" vs. Nicht-Beachtung oder sogar Beschämung).

(3) Gnade im Alten Testament (S. 85, unten)

85: Gnade im Alten Testament (unten)

Das *Alte Testament* stellt ebenso wie das Neue Gottes Gnade und Barmherzigkeit ins Zentrum der Gotteslehre (→ 3.7.2, S. 142).
Eine Gegenüberstellung des Gottesbildes im Alten und Neuen Testament wäre daher unsachgemäß und antijudaistisch.

(4) Gnade und Glaube bei Jesus (S. 85, ganz unten)

85: Gnade und Glaube bei Jesus (ganz unten)

Gottes gnädige Zuwendung zum Verlorenen ist der zentrale Aspekt von Leben, Worten und Werken Jesu (→ 4.2.3, bes. Szene 3, S. 162; Reich Gottes, 4.3, S. 167–173, insbes. Gleichnisse vom Verlorenen (Lk 15), 4.3.1, S. 170; Jesu Ethik, 4.4.2, S. 176f). – Im AT verkündet insbes. auch der Prophet Jeremia Gottes übergroße Vergebung (Jer 31,31–34 – „Neuer Bund"); im NT kann dann Jesus als wiederkehrender Jeremia bezeichnet werden (Mt 16,14 – mt Fassung des Petrusbekenntnisses).

2.5.3 Leben, Anerkennung, Gutes Leben – Rechtfertigung heute (S. 86)

86: Rechtfertigung heute

Der Fließtext des Unterkapitels befasst sich nach einem einleitenden Abschnitt (zur GER) mit der *Bedeutung* von *Rechtfertigung heute.*

Gemeinsame Erklärung zur Rechtfertigungslehre (GER) (S. 86 oben)

86: Gemeinsame Erklärung zur Rechtfertigungslehre (oben)

Querverweis: Im Kirchenkapitel (→ 5.1.3, S. 203, Seitenmitte) wird die/ Luthers Rechtfertigungslehre in zweierlei Hinsicht dargestellt:

- zum einen in ihrer Konfrontation zur damaligen römischen Position (Doppelzitat Schmalkaldische Artikel – Konzil von Trient);
- zum andern in ihrer weitgehenden Übereinstimmung mit der heutigen römisch-katholischen Position (Zitat aus der Gemeinsamen Erklärung zur Rechtfertigungslehre = GER).

Ergänzung: Für die offizielle kirchliche Lesart auf evangelischer Seite s. auch den Grundlagentext der EKD zur Rechtfertigung „Rechtfertigung und Freiheit" (2014) im Vorfeld des Reformationsjubiläums von 2017 mit den vier Zugängen über: Liebe, Vergebung, Freiheit sowie Anerkennung.
Literatur:

- EKD-Grundlagentext Rechtfertigung und Freiheit, 2014 (auch auf der EKD-Homepage)

Bedeutung von Rechtfertigung heute (S. 86, Fließtext)

86: Rechtfertigung heute (Fließtext)

In einem Dreischritt, der den drei Zeitformen von Vergangenheit, Gegenwart und Zukunft entspricht, wird Gottes Gnade in dreierlei Dimensionen interpretiert: hinsichtlich (1) der Erschaffung unseres Lebens (Luther legt im Katechismus den ersten Glaubensartikel (Gott als Schöpfer) mit denselben Worten aus wie das Rechtfertigungsgeschehen: aus Gnade," ohn' all mein Verdienst und Würdigkeit"); (2) hinsichtlich der prinzipiellen Eröffnung eines neuen Lebens in Freiheit und Liebe (Rechtfertigung) und (3) der gegenwärtigen und zukünftigen Veränderung und Verwandlung (Heiligung).
Der Akzent der gegenwärtigen Rechtfertigungs-Interpretation: an die Stelle der Schuld-Vergebungsthematik tritt die Frage nach der *Anerkennung.*
Der Philosoph *Axel Honneth* unterscheidet in seinem Hauptwerk „Kampf um Anerkennung" (1992) drei Formen von Anerkennung, zuerst in den Primärbeziehungen (Liebe, Freundschaft), dann in den Rechtsverhältnissen (Rechte) und schließlich in der Wertegemeinschaft (Solidarität; „Ehre", Würde).
Der Religionspädagoge *Manfred Pirner* differenziert vier Formen der Anerkennung, 1. Beachtung (Aufmerksamkeit); 2. Achtung (Respekt); 3. Erkennende Anerkennung (Verstehen); 4. Schöpferische Anerkennung (Verwandlung). Der letzte Aspekt weist auf die verändernde, verwandelnde, transformierende Kraft der Anerkennung hin.
Insgesamt bedeutet Rechtfertigung heute: Glück und Erfüllung im Leben und in der Liebe. Zu beachten ist dabei der eschatologische Vorbehalt: dieses Leben ist jetzt nur „im Vorgriff" (proleptisch) möglich, in Fülle erst eschatologisch (hierin liegt das berechtigte Moment von Adornos Diktum: „Es gibt kein richtiges Leben im falschen"). Luther drückt es mit der Doppelformel aus: der Mensch ist gerecht und Sünder zugleich (*simul iustus et peccator*).

Ergänzung: Eine andere moderne Interpretation von Rechtfertigung lieferte Paul Tillich mit der *Rechtfertigung* des *zweifelnden Menschen.* In Luthers Worten: Glaube ist ein Geschenk der Gnade Gottes, man kann den Glauben nicht selbst bewerkstelligen (weder in der Form des intellektuellen Für-Wahr-Haltens noch des existentiellen Vertrauens → 1.1.2, S. 16 *Zwei Aspekte von Glauben).*

86f: Abschluss

Abschluss des Teilkapitels 2.5 (S. 86f)

Abschluss (S. 86 unteres Drittel, S. 87) mit Zusammenfassung, Interreligiösem Vergleich, Zitat zur Meditation, Bild und Aufgabenstellungen.
Die *Zusammenfassung* (S. 86 unten) definiert zentrale Begriffe um Umfeld von Gnade und Rechtfertigung (linke Spalte) und bringt zusätzlich die wichigsten Gedanken von Luthers Rechtfertigungslehre auf den Begriff (sola-Partikel; rechte Spalte). Zu ergänzen wären hier noch die Möglichkeiten der Interpretation von Rechtfertigung heute.
Beim *Interreligiösen Vergleich* (S. 87 oben) lassen sich die Erlösungsreligionen mit der Betonung der Erlösung des Menschen (von außen) durch Gott (mit allerdings unterschiedlich gedachten Mitwirkungsmöglichkeiten des Menschen, sog. Synergismus) den fernöstlichen Religionen gegenüberstellen, die eine Erlösung wesentlich auf den Menschen selbst (seine Haltung und seine Handlungen) zurückführen. Dies ist allerdings nur ein grobes Raster, die jeweiligen Varianten sind vielfältig, die Übergänge tlw. fließend.

87: Jes 43,1

Zitat Jes 43,1 (Deuterojesaja)
Deuterojesaja gehört zur Heilsprophetie der Exilzeit, mit dem Beginn eines himmlischen Prologs (Jes 40,1–11), der mit dem Aufruf beginnt: „Tröstet, tröstet mein Volk!" Der Text spricht zwei Aspekte an: Schöpfung und Erlösung. Er ist bezogen aufs Volk Gottes, das von Gott erwählt wurde und auch in der resp. aus der Verbannung heraus Erlösung erfährt. Ausblick auf „Goldenes Zeitalter" unter Rückverweis auf die Schöpfung, Verheißung Messias/ Kind.
Im christlichen Kontext ist die Verknüpfung der Erlösungsthematik mit Taufe und Taufzusage (Erschaffung – Erlösung: Gnadenzusage Gottes) zu beachten sowie das Problem der „Individualisierung".
Die Textpassage eignet sich zur Meditation (Musik, kreative Formen des Umgangs: Grafische Gestaltung, Korrelation mit Bildern, Verknüpfung mit möglichen Lebenssituationen u.a.m.).

87: Bild Hofmann

Bild: Hans-Georg Hofmann (*1957): Zwei Quadrate 05 02, 2002 (S. 87, rechts)
Bildbeschreibung: Das Gesamtkunstwerk ist aus zwei übereinander gestellten Quadraten aufgebaut, die durch einen schmalen weißen Streifen (unbemalter Papieruntergrund) getrennt sind. Das untere Quadrat zeigt ein ungegenständliches, monochromes Gelb, das obere eine weite, offene Szene am Meer, mit ineinander übergehendem Küsten (Sand-) und Meerbreich und weitem Himmel mit Wolkenschleiern, die wie nach vorne links oben gezogen werden. Auffällig ist ein schmaler gelber waagrechter Streifen bzw. Strich am Himmel, bei näherer Betrachtung zeigt sich ein zweiter im Ufer-/ Strandbereich, die das Gelb des unteren Quadrats (das sich etwas blasser auch im Uferbereich findet) wieder aufnimmt.
Hintergrundinformationen: Das Gelb des unteren Quadrats ist zugleich in sich selbst strukturiert und damit nicht nur ein abstraktes Gemälde; es weist vielmehr zugleich auf das Gelb des Sandes und damit auf einen Strand hin. Die beiden gelben Striche im oberen Quadrat nehmen das untere wieder auf, in verkleinerter, verkürzter Form (sie lassen sich durch zwei gedachte senkrechte gelbe Streifen wiederum zu einem Quadrat (im großen, blau umrandeten Quadrat) ergänzen. Die beiden Striche sind als „Störung" des Sehens und des Gewohnten gedacht, wie bei anderen „Störungs"-Bildern, z.B. S. 83. Anders als dort ist das irritierende Element hier jedoch nicht in spontanter, unmittellbarer Geste, sondern in absichtsvoller Planung und mit ruhigem, gleichsam geometrisch arbeitendem Pinselstrich ausgeführt, auch nicht großflächig, sondern feingliedrig. Der untere gelbe Strich am Ufer lässt sich auch als „Spiegelung" des Himmelsstrichs auf der Erde deuten.
Deutungsangebote: Zwei Bilder von H.-G. Hofmann bilden als Einstiegs- und Abschlussbild eine Rahmung dieses Teilkapitels zur Gnade und Erlösung (S. 83). Beide Bilder lassen sich als Aufblitzen einer zusätzlichen, dritten oder gar „vierten" Dimension deuten (wenn man das flächige Bild in seiner dreidimensionalen Tiefenschärfe nimmt). Beide Bilder zeigen jedoch zugleich einen Gegensatz: das erste ist geprägt von einer möglicherweise Unruhe und Fragen auslösenden Irritation (Farbe: Rot), das zweite von einer Ruhe ausstrahlenden, gleichsam nach oben „ziehenden" Weite, Erhabenheit und Helligkeit (Farbe: Gelb). Damit kämen mit dem Bildpaar zwei Aspekte von Gnade und Erlösung in den Blick: ein Aspekt löst Beunruhigung, Irritation und auch Zweifel aus, der andere führt zu Geborgenheit, Friede und Ruhe.

Querverweis: Zu Hans-Georg Hofmann s. Anhang LB 7.5.7.2; ein enger Bezug ergibt sich zudem zum Bildpaar Hofmanns bei Jesus Christus (→ S. 167, 193 – Näheres s. dort).

Bearbeitungsvorschläge (Fragestellungen, assoziativ):

- Was sieht der Blick hinter die Kulissen/ in den Himmel?
- Wo und wie spiegelt sich der Himmel auf Erden?
- Wo zeigt sich im Leben Gnade, Erlösung, Rechtfertigung und Anerkennung?
- Wo erfahren wir Anerkennung und Liebe?
- Was zieht mich nach oben?
- Was glänzt golden?
- Wann kann man sagen: Alles ist gut?

Zu den Aufgaben (S. 87)

87: Zu den Aufgaben

1. *Rechtfertigung* als (1) Leben aus Glauben als Geschenk Gottes (Luther); (2) Leben ohne dessen „Erarbeitung" durch eigenes Handeln (Luther/ Paulus); (3) Sündenvergebung (Ps 1,3); (4) Anerkennung (Philosophie, etwa Axel Honneth).

2. *Gutes Leben* meint in Bibel, Theologie und Philosophie, aber auch in den Religionen immer ein gutes Leben nicht primär für das Individuum, sondern für den Menschen in seinen sozialen Bezügen (denn der Mensch ist ein soziales bzw. ein Gattungswesen); das gute Leben hat somit immer (a) einen individuellen und (b) einen sozialen, gesellschaftlichen, strukturellen Aspekt.

3. Auf Anerkennung, Verzeihung und Zuwendung sind wir Menschen elementar und alltäglich angewiesen; Vergebung, Gnade, Rechtfertigung und Erlösung sind große theologische Worte für die tiefer- oder höherliegenden existentiellen Grundlagen (Existentialien), die das Menschsein bedingen. Sie sind mit den Alltagserfahrungen in Beziehung zu setzen und zu vermitteln.

4. Für die Theologie Martin Luthers zentral ist die Rechtfertigungslehre: Der Mensch wird ohne eigene Verdienste (Werke) von Gott allein aufgrund seiner Gnade (*sola gratia*) gerechtfertigt durch den Glauben (*sola fide*) an Jesu Christi Erlösungstat (*solus Christus*). Dies ist der zentrale Inhalt der Hl. Schrift (*sola scriptura*). Gerechtigkeit zwischen Gott und Mensch kann also ganz allein Gott herstellen (Gerechtigkeit Gottes). Aus dem Glauben aber folgen Werke. Das rechte Handeln des Menschen (Ethik) ist somit nicht Voraussetzung, sondern Folge des Glaubens (Dogmatik). Aufgrund der Gerechtigkeit und Gnade Gottes ist auch Gerechtigkeit zwischen Menschen möglich.

Ergänzungsfragen zu Bonhoeffer: a) Stellen Sie zusammen, was Bonhoeffer unter „Nachfolge" versteht → Text S. 179). b) Arbeiten Sie anhand von Bonhoeffers Leben heraus, wie er versucht hat, „Nachfolge" konkret werden zu lassen. c) Ziehen Sie weitere Beispiele von Menschen heran, die ein Leben in der „Nachfolge Christi" versucht haben. d) Überlegen Sie, wie ein Leben in der „Nachfolge" heute aussehen könnte.

5. Eine Welt ohne Gnade wäre eine gnadenlose Welt. Eine Welt voll von Gnade wäre keine reale Welt. Eine Welt als Mischung aus Gnade und Barmherzigkeit ist eine Welt, in der die Willkür regiert. Gottes Gnade müsste diese Spannungen aufheben, ohne sie zu negieren (also in dialektischem Sinne aufheben → 3.5 Gnädiger und ungnädiger Gott, S. 127–133).

Schema zur Erarbeitung und Bewertung zweier Lebensprinizpien

Lebensprinzip	Prinzip Gnade	Prinzip Gerechtigkeit
Definition		
Beispiel(e)		
Vorteil(e)		
Nachteil(e)		
Verbindungsmöglichkeit		

2.6 „Liebe, und dann tu, was du willst!“ – Zur Freiheit verurteilt? (S. 88–94)

88–94: Freiheit

Die *Überschrift* des Teilkapitels ist ein im Fließtext am Ende des vorletzten Abschnittes erneut aufgenommenes Augustinus-Zitat.
Thema ist ein Leben in *Freiheit* und *Verantwortung*, was in drei Schritten samt zusammenfassendem Abschluss entfaltet wird:

- Freiheit als *anthropologische* Grundkonstante (2.6.1, S. 88)
- Freiheit und Verantwortung – *biblisch* und *theologisch* (2.6.2, S. 89–91);
- Freiheit und Verantwortung – *alltäglich* und *philosophisch* (2.6.3, S. 92–94);
- Als *Abschluss*: Zusammenfassung und Aufgaben (S. 94 untere Hälfte)

An *Materialien* finden sich neben dem *Fließtext* mit eingestreuten *Zitaten* (mit einer Ausnahme Zitatpaare) zwei *Bilder* (Einstieg und gegen Ende) sowie zwei *Quellentexte*, die in diesem Fall ausnahmsweise nicht wie sonst üblich nebeneinander, sondern hintereinander (auf zwei aufeinander folgenden Doppelseiten) angeordnet sind. Dies geschieht nicht, weil der eine ein theologischer (Luther), der andere ein philosophischer (Sartre) ist, vielmehr aus anderen Gründen: Luthers Text ist zuerst einmal *der* reformatorische Quellentext par excellence, hat also sowohl im Kapitel wie im gesamten Buch *inhaltlich* bzw. *theologisch* eine Zentralposition inne und ist daher mit 1 ½ Seiten Umfang auch der mit Abstand längste Quellentext; zum andern ist der Text nicht einfach und bietet wie gesagt ganz zentrale theologische Einsichten, weshalb sich auch *didaktisch* eine eigenständige, ausführliche Erarbeitung nahe legt; und zuletzt ist es *methodisch* sinnvoll und berechtigt, zwei unterschiedliche Quellentexte zuerst einmal gesondert zu würdigen und zu interpretieren (dies gilt natürlich auch für viele der parallel gesetzten Texte) und dann erst in einem weiteren Schritt miteinander zu vergleichen, was über zwei aufeinanderfolgende Doppelseiten hinweg auch ohne allzu große Schwierigkeiten möglich ist.
Querverbindungen: Das Unterkapitel ist der (vorläufige) Schlussstein, der auf allen vorhergehenden Unterkapiteln beruht und diese noch einmal aufnimmt und überformt.

Medien im Überblick

- Bilder: Kleiner: Menschliche Gesichter (Antlitz); Foto: Netz (Alltag)
- Literatur: Arthur Miller (Z)
- Philosophie: Albert Camus (QT); Jean-Paul Sartre (Z); Fernando Savater (Z); Epikur (Z)
- AT: Exodus-Tradition
- NT: Paulus (Gal 5,1.13)
- Theologie: Augustinus (Z); Martin Luther (QT, Z); 12 Artikel der Bauernschaft (Z)
- Politik und Ökonomie: GG Art 2 (Z); Merkel (Z); Freie Marktwirtschaft und Homo oeconomicus (Z).

Ein Blick auf die Jugendlichen – Didaktik
Neuere Umfragen zeigen, dass nahezu allen Jugendlichen eine Lebensgestaltung in Freiheit und Selbstbestimmung „wichtig“ oder „sehr wichtig“ ist. Zugleich darf dies keinesfall in individualistischem oder egoistischem Sinne missverstanden werden, da gute Beziehungen, Freunde und Familie zugleich einen sehr hohen Wert darstellen, das selbstbestimmte Leben sich also im Zusammenleben mit anderen realisiert. In Spannung dazu findet auch das Item „von anderen Menschen unabhängig sein“ eine hohe Zustimmung.
Von hier aus wäre die Spannung zwischen Unabhägigkeit und Angewiesensein ein wichtiges Thema dieses Teilkapitels.

Einstiegsbild: Hans-Peter Kleiner (*1946): Gesichter, 2020 (S. 88)

88: Einstiegsbild Kleiner

Querverweis: Weiteres Bild desselben Künstlers → S. 70 (zum Künstler s. dort).
Bildbeschreibung: Zu sehen sind unterschiedliche Gesichter, größere, kleinere, im Profil oder in Frontalansicht, in unterschiedlichen Stimmungslagen und verschiedenem Gesichtsausdruck – es sind freundliche, fröhliche, strahlende Gesichter zu sehen, aber auch ernst, traurig oder fragend dreinschauende …
Hintergrundinformation: Der Künstler legt Wert darauf, dass er beim Malen des Bildes keine bestimmten Vorstellungen im Kopf hatte, vielmehr nach der Vollendung des ersten großen Gesichts (linke Bildhälfte) gleichsam der Hand und dem Pinsel die weitere Arbeit überließ …
Deutungsangebote: Unterschiedliche Menschen mit verschiedenen Stimmungen, aber auch möglich: die verschiedenen Stimmungen einer (meiner) Person, dann vergleichbar und gemeinsam

interpretierbar mit dem weiteren Kleiner-Bild (S. 70) – ich habe nicht nur zwei Gesichter, vielmehr eine Vielzahl davon ... Interpretierbar auch im Kontext des Themas „Freiheit und Verantwortung" – hier sind unterschiedliche Reaktionen denkbar (Welche Gesichter passen zu welchem Begriffen?).

88: Freiheit

2.6.1 „Tu, was du willst!" – Freiheit (S. 88)

88: Fließtext (1. Abschn.)

Fließtext: Paradox der Aufforderung: „Tu, was Du willst!" (S. 88, 1. Abschn.)

Fernando Savater (*1947), Professor für Ethik an der Universität von Bilbao, hat mehrere auch für Jugendliche interessante und empfehlenswerte Bücher über Fragen der Ethik, Politik und Religion geschrieben. Hier schreibt er persönlich und subjektiv in der Rolle des Vaters, der seinem Kind helfen möchte, selbständig denken zu lernen. Er steht ganz in der Tradition einer skeptischen Aufklärung und ermuntert sein Kind zum Vertrauen zu sich selbst (Motto: „Tu, was du willst"). Savater unterstreicht das Recht auf Individualismus (Motto: „Das Recht, einzigartig zu sein") und gibt zugleich zu erkennen, dass er darunter weit mehr versteht als ein egozentrisches Kreisen um sich selbst. Nach ihm lohnt sich mitfühlende Gerechtigkeit, weil sie das Leben reicher macht (Motto: „Einer mitfühlenden Gerechtigkeit fähig sein").

88: Fließtext (2. u. 3. Abschn.)

Das Paradox der Freiheit des Menschen (Fließtext, S. 88, 2. u. 3. Abschn., Doppel-Zitat)

Querverweis: Ausgangspunkt ist die in der philosophischen Anthropologie des 20. Jh.s herausgestellte Nichtfestgelegtheit, Instinktarmut, Weltoffenheit, Exzentrizität des Menschen (→ 2.1, S. 61, Zusammenfassung, rechte Spalte: Existentialistische philosophische Anthropologie).
Kerngedanke: Der Mensch kann nicht anders, als sein Leben selbst in die Hand zu nehmen – dies ist ambivalent, ist Geschenk, Gabe und Verpflichtung, Aufgabe zugleich. Die Ambivalenz zeigt sich auch in den möglichen Konsequenzen, im gelingenden vs. scheiternden (misslingenden) Leben, in den Hauptfiguren in Arthur Millers (1915–2005) Theaterstück „Tod eines Handlungsreisenden" trefflich typisiert (freistehendes Zitatpaar, ganz unten): Der reiche, erfolgreiche und großspurige Onkel Ben als Verkörperung des „American Dream"; der beruflich ebenso „gesattelte" ältere Bruder Happy, der jedoch – konträr zum Namen – gar nicht so recht glücklich werden kann; der sich beruflich auf dem absteigenden Ast befindliche, arbeitslos gewordene Vater und zuletzt der jüngere Bruder Biff, der sein Leben gar nicht „in den Griff" bekommt. Ben und Biff sind 17-jährig, also im Alter der Kursstufe, als sich ihnen die Frage der Lebensgestaltung als existentielle Grundfrage aufdrängt.

Überblick:

Sartre	Freiheit als Verhängnis		
Augustinus		Freiheit als Folge von Liebe	
Miller-Figuren			Freiheit: Scheitern vs. Erfolg

Tabelle: Gründe und Folgen der menschlichen Freiheit

89–91: Befreiung zur Liebe

2.6.2 Befreiung zur Liebe: Freiheitsentwürfe in Bibel und Theologie (S. 89–91)

89: Fließtext (oben)

Fließtext: Biblische Grundkonzeptionen von Freiheit (S. 89, oberen)

Paradigmen	Unfreiheit	Befreiung	Freiheit und Verantwortung
Altes Testament	Sklaverei (Ägypten)	Exodus/ Befreiung aus der Sklaverei	Gerechtigkeit (Tora)
NT/ Paulus	Macht der Sünde	Befreiung von der Macht der Sünde	Freiheit von „Fleisch" Liebesdienst Nächster

89: Fließtext (2. Abschn.)

Die Differenzierung von Freiheit *von* und Freiheit *zu (Negative Freiheit* vs. *Positive Freiheit) (Fließtext, 2. Abschn., oberhalb Seitenmitte)* stammt vom russisch-britischen Philosophen *Isaiah Berlin* (1909–1997), neben Rawls einem zentralen Vertreter eines politischen Liberalismus – er führte sie in seiner später veröffentlichten Antrittsvorlesung an der Universität Oxford ein.
In der *Theologie* ist diese Differenzierung besonders fruchtbar: Freiheit hat ein Doppelgesicht: Sie führt weg und befreit von der Knechtschaft (Ägypten/ Sünde) und führt hin und befreit zu einem Leben in Gemeinschaft/ Gerechtigkeit (AT) bzw. im Liebesdienst am Nächsten (NT: Paulus).

„Fleisch", griech. „sarx", meint bei Paulus nicht primär den Körper (oder gar die Sexualität), vielmehr die (alte) Verfallenheit an die Mächte der Welt resp. die Macht der Sünde. – Davon hat Jesus befreit – im Sinne eines Freikaufs von „Gesetz" und Sünde, insbes. Gal; s. auch: Gal 4,4–7.

Luthers Freiheitsschrift von 1520 (Fließtext, S. 89, untere Seitenhälfte sowie S. 90f, Quellentext)

89 u. 90f: Luthers Freiheitsschrift (Fließtext u. Quellentext)

Gesamtgliederung des Textes mit Hauptaussagen:
Der Text gliedert sich in zwei Hauptteile (Schnitt: zwischen 18. und 19.) sowie einem vorangestellten Auftakt (1. u. 2.) und einem Abschluss (30.), in dem die Hauptaussagen prägnant zusammengefasst sind.

A) Zwei einleitende Passagen

1. Die beiden paradoxen Grundthesen: Der Mensch ist frei (Freiheit) – und unfrei (Dienstbarkeit) (Z. 11–19, einleitende Passage: Zum ersten).
2. Die doppelte (ansatzweise dualistische) Aufteilung des Menschen in innerlich und äußerlich löst die Paradoxie auf: innerlich ist der Mensch frei (Freiheit), äußerlich unfrei (Dienstbarkeit) (Z. 21–31, weiterführende Passage: Zum zweiten).

B) Erster Hauptteil (3.–18.): Der (innere) Mensch wird nicht durch eigene Werke „frei und fromm", sondern allein durch das Geschenk des Glaubens aufgrund der Gnade Gottes.

C) Zweiter Hauptteil (19.–29.): Der (äußere) Mensch tut – aufgrund der Gnade Gottes, dem Geschenk des Glaubens, gute Werke.

D) Abschluss (30.): Wiederaufnahme der Doppelthese und Formulierung ihres widerspruchsfreien Sinnes: In Bezug auf Gott und Christus lebt er in der Freiheit des Glaubens (freier Herr, innerlich); in Bezug auf den Nächsten im Dienst der (tätigen) Liebe (dienstbarer Knecht, äußerlich) (Abschließende Passage, Zum dreißigsten).

Einzelaussagen der beiden Hauptteile (3.–18. sowie 19.–29.)

Erster Hauptteil (Innerer Mensch)

- 3. Der innere Mensch (die Seele) wird durch nichts Äußerliches (Werke) frei.
- 10. Nur der Glaube, nicht Werke machen fromm und frei.
- 13. Nur der Glaube, nicht Werke erfüllen das 1. Gebot, das das allerwichtigste ist (Gott die Ehre geben – denn durch die Werke sucht er die eigene Ehre = das eigene Seelenheil).
- 16. Bild vom Hund, der nach dem Schatten im Wasser schnappt (Werke) und damit beides verliert, Glauben und gute Werke (denn sie sind eigennützig zur Gewinnung des eigenen Seelenheils).

Zweiter Hauptteil (Äußerer Mensch)

- 19. Schnitt – Übergang/ Einleitung zweiter Teil
- 20. Im äußerlichen Leben dient der Mensch aus Dank gegen Christi Erlösungstat „fröhlich und lustig" (Z. 90, heute: freiwillig, intrinsisch motiviert) Gott in „freier Liebe" (Z. 93) – gegen den „widerspenstigen Willen" des (alten) Menschen – der seinen Lüsten frönen will (Z. 94f).
- 23. Zwei Sprichwörter vom guten Menschen resp. guten Baum: Ein guter Mensch/ Baum macht/ bringt gute Werke/ Früchte, nicht umgekehrt.
- 26. Die guten Werke beziehen sich sowohl auf den eigenen Leib, d.h. das eigene äußerliche Leben, als auch auf die anderen Menschen, mit denen er zusammen lebt, bewirkt durch „Glaube, der durch die Liebe tätig ist." (Gal 5,6b) (Text, Z. 125)

Ergänzungen/ Erläuterungen:

- „*Werke*" = Wirken, Tätigsein, Handeln (→ 1.3 Ethik).
- „Durch den Glauben gerechtfertigt, gehen wir hinaus ins aktive Leben"/ „Fide autem nobis justificatis, egredimur in vitam activam." (WA 40 I, 447, 22f) Bei Luther ist eigentlich nicht der Mensch, vielmehr der *Hl. Geist* der Täter der *guten Werke*.
- Die richtige *Zuordnung* ist damit entscheidend: Werke nicht als Mittel zum Zweck des eigenen Seelenheils, vielmehr als Wirkung der göttlichen Gnade des Glaubens. Vergleich mit Lernen mit extrinsischer (gute Noten) vs. intrinsischer (Interesse) Motivation.
- Angemessener und einleuchtender als eine ontologische Teilung des Menschen in innerer/ äußerer Mensch scheint eine *relationale* Bestimmung zu sein: Der Mensch lebt in Bezügen, Beziehungen, im Verhältnis zu Gott befreit durch den Glauben (Seele), im Verhältnis zum eigenen Leben und zum Nächsten, d.h. im irdischen Leben, befreit zum Dienst der tätigen Liebe.

Texterschließung (S. 91)

91: Texterschließung

Aufgabe 1:

Doppelthese zu Beginn

- „Ein Christenmensch ist ein freier Herr über alle Dinge und niemand untertan. (Innere Freiheit des Glaubens)
- Ein Christenmensch ist ein dienstbarer Knecht aller Dinge und jedermann untertan." (Äußerer Dienst der Nächstenliebe) [...]

Schluss-Zusammenfassung

- „Ein Christenmensch lebt nicht in sich selbst, sondern in Christus und seinem Nächsten,
  in Christus durch den Glauben,
  im Nächsten durch die Liebe."

Grafische Darstellung:

Gott	
↓ Glaube (nicht: ↑ Werke fürs eigene Seelenheil!)	
Mensch	Gute Werke im irdischen Leben, gegenüber sich selbst und den anderen Menschen (Nächstenliebe) („Verantwortung" im Sinne einer Antwort des Glaubens auf Gottes Gnade).

Aufgabe 2: Vergleich von Freiheitsschrift (1520) und Obrigkeitsschrift (1523)

Analoge Aufteilung des Menschen in seinen Beziehungen: gegenüber Gott (innen; Seele) und im Alltag (außen; Leib; Beziehungen zu den Mitmenschen).

- *Gegenüber Gott* ist der Mensch durch den geschenkten Glauben frei, hier haben äußere Dinge keinen Einfluss: weder gute Werke (Freiheitsschrift) noch Gesetze der Obrigkeit/ Regierung (Obrigkeitsschrift).
- *Im alltäglichen Leben* handelt der Mensch (macht gute Werke) durch tätige Nächstenliebe (Freiheitsschrift), die auch alle Tätigkeiten einer „obrigkeitlichen" (heute: staatlichen) Macht- und Gewaltausübung einschließt: Polizei (Büttel), Henker (damals gab es noch die Todesstrafe, heute: Tätigkeit in einer Strafvollzugsanstalt) sowie Justiz (Obrigkeitsschrift).

Grafische Darstellung:

Gott		
Wirken/ Regiment über Seelen/ innen		Wirken/ Regiment über Leib/ außen
↓ Glaube (nicht: ↑ Werke fürs eigene Seelenheil!)		↓ Schöpfungsordnung: Obrigkeit
Mensch →	Gute Werke im irdischen Leben	↓→ Einfügung in Ordnung/ Obrigkeit

Aufgabe 3:

Das Problem von Luthers Theologie ist ein doppeltes:

- zum einen die strikte Trennung der inneren und äußeren Aspekte und Bezüge des Menschen, die nicht nur in einer Richtung (in Bezug auf Gott) – berechtigterweise – jede „Werkgerechtigkeit" ausschließt, sondern auch in umgekehrter Richtung (Wirkungen von Gottes Gnade und Glauben) jeden Maßstab, der sich aus der „Freiheit des Glaubens" für das irdische Leben ergäbe, ausschließt – außer der allgemeinen Bestimmung des „Dienstes der Liebe am Nächsten".
- Dieser „Dienst der Liebe am Nächsten" wird nun aber (in der Obrigkeitkeitsschrift) ganz mit einer konservativen Ordnungstheologie ausgefüllt, die die staatlichen Strukturen (Obrigkeitsstaat) schlicht mit Gottes Ordnung gleichsetzt. Veränderungsbestrebungen von unten her sind damit schlicht Aufruhr gegen die göttliche Ordnung und damit Sünde. Eine für die Gegenwart absolut inakzeptable Auffassung.

91: Innere gegen umfassende Freiheit

Innere gegen umfassende Freiheit (Fließtext und Doppelzitat S. 91 unten)

Luthers Aufspaltung des Menschen:

Seele: Nach der Seele wird er ein geistlicher, neuer, innerlicher Mensch genannt – *simul iustus*

Fleisch und Blut: Nach dem Fleisch und Blut wird er ein leiblicher, alter und äußerlicher Mensch genannt – *et peccator*

Freiheitsverständnisse bei Luther und den Bauern im Kontext von Anthropologie und Staatstheorie

Vertreter	Freiheitsverständnis	Anthropologie	Staatsverständnis
Martin Luther	Innere Freiheit (Gottesbeziehung)	Aufspaltende Anthropologie	Gottgegebenheit der staatlichen Ordnung
Bauernschaft (Zwölf Artikel)	Umfassende Freiheit (tlw. Aufhebung der Leibeigenschaft)	Ganzheitliche Anthropologie	Veränderbarkeit der staatlichen Ordnung innerhalb von Grenzen

Tabelle: Freiheits- und Staatsverständnisse Luthers und der Bauern im Vergleich

Querverweis: Ganzheitliche vs. aufspaltende Anthropologie 2.1.3, S. 65 oben, S. 67, Zusammenfassung, rechte Spalte.
(1) *Ergänzung: Grafik zur Theologie Luthers*
(2) Ergänzungen: Wirkungen der Freiheitsschrift in der Moderne (20. Jh.):
(a) Barmer Theologische Erklärung 1934 (Ergänzung → S. 216, These II)
„Durch Gott seid ihr in Christus Jesus, der uns von Gott gemacht ist zur Weisheit und zur Gerechtigkeit und zur Heiligung und zur Erlösung. (1. Kor 1,30)'
Wie Jesus Christus Gottes Zuspruch der Vergebung aller unserer Sünden ist, so und mit gleichem Ernst ist er auch Gottes kräftiger Anspruch auf unser ganzes Leben; durch ihn widerfährt uns frohe Befreiung aus den gottlosen Bindungen dieser Welt zu freiem, dankbarem Dienst an seinen Geschöpfen."
(b) Martin Luther King: I habe a dream
„Wenn wir die Freiheit erschallen lassen, dann werden wir den Tag beschleunigen können, an dem alle Kinder Gottes – schwarze und weiße Menschen, Juden und Heiden, Protestanten und Katholiken – sich die Hände reichen und die Worte des alten Negro Spiritual singen können: ‚Endlich frei! Endlich frei! Großer allmächtiger Gott, wir sind endlich frei!'"
(Martin Luther King, Ansprache während beim Marsch nach Washington am 28. August 1963)
Literatur:
- Laube, Martin (Hg.): Freiheit, Tübingen: Mohr Siebeck, 2014

2.6.3 Freiheit und Verantwortung: Freiheitsentwürfe in Politik, Alltag und Philosophie (S. 92–94)

92–94: Freiheitsentwürfe

Thema des Unterkapitels ist das neuzeitliche resp. moderne Freiheitsverständnis, wobei (1) ein *öffentliches/ gesellschaftliches* (ökonomisch-politisches) und zwei *philosophische* Freiheitsentwürfe zu Wort kommen, komplementiert durch Differenzierungen des Freiheitsbegriffes selbst. Im Prinzip finden sich zur Freiheitsthematik sogar *drei philosophische Ansätze* (S. 92 unteres Drittel bis S. S. 94 oben): (1) Epikurs Hedonismus, (2) Camus' Existentialismus und (3) Kants Autonomie vs. Heteronomie (S. 94 oben – allerdings ohne die Nennung Kants).

Kerngedanke: Freiheit und Verantwortung
1. Freiheit von *Zwang* (theologisch: Macht der Sünde);
2. Freiheit zur Verwirklichung in der Gemeinschaft/ Gesellschaft;
3. Nicht grenzenlose Freiheit, vielmehr durch die Freiheit des Anderen begrenzte Freiheit oder Freiheit in Verantwortung (in der Bedeutung als Antwort auf die Gnade (das Geschenk) der Freiheit.

Ein Blick auf die Jugendlichen – Didaktik

Die Themen *Freiheit* und *Verantwortung* sind für Heranwachsende dieser Altersstufe zentrale Themen, ebenso (im Kontext von Camus) die Sinnthematik sowie die Frage nach Arbeit, Berufswahl sowie Freizeit(gestaltung) und freiwilliges Engagement. Eine Verknüpfung der Sachthemen mit diesen existentiellen (oder „generativen", d.h. die Lebens- und Sinnthematik aufspannenden) Themen hat zentrale Bedeutung. Die vorgestellten philosophischen Theorien werden für die Jugendlichen einiges an Attraktivität aufweisen, fügen sich jedoch zugleich auch nicht in gängige Alltagsmuster ein, sondern fordern dazu auf, diese noch einmal kritisch zu hinterfragen und zu überprüfen.

(1) Öffentliches/ gesellschaftliches Freiheitsverständnis (Fließtext und Zitate S. 92, obere Hälfte, sowie S. 94, 2. Abschn.)

92 u. 94: Fließtext (oben u. 2. Abschn.)

Unsere bürgerliche Gesellschaftsordnung ist in politischer und ökonomischer Hinsicht *liberal, d.h. freiheitlich* orientiert, in durchaus unterschiedlicher Ausprägung:
- Die grundgesetzlich garantierte – *politische* und *persönliche* – *Freiheit* des Einzelnen ist im Grundgesetz garantiert und hat ihre Grenzen in den Rechten (basal wiederum in der Freiheit) der Anderen. (Art 2 GG, Zitat S. 92 oben, linke Spalte).
- Die *ökonomische* Freiheit des Einzelnen ist demgegenüber faktisch grenzenlos: dem Recht auf Eigentum und Gewinnmaximierung sind erstaunlicherweise prinzipiell keine Grenzen gesetzt – zwar soll es dem Allgemeinwohl dienen – doch gemäß der liberalen Doktrin tut es dies ohnehin, klassisch formuliert in der – pseudoreligiösen – „Unsichtbaren Hand" bei Adam Smith: das maximale Eigeninteresse aller führt zum maximalen Gemeinwohl (neoklassisch in der „Trickle-down-Theorie" – Wirtschaftswachstum führt über den Wohlstand der Wirtschaft zum Wohl der Bürger). Grundfigur dieser „freien Marktwirtschaft" ist der „Homo oeconomicus", hier durch

zwei freistehende parallel gesetzte Zitate von Ökonomen (Freimann-Zitat ist etwas gekürzt) als Konstruktion sowie Form von Unfreiheit/ Zwang entlarvt und dekonsturiert (S. 94, Fließtext 2. Abschn. sowie zwei freigestellte Zitate).

Ergänzung: Dass Freiheit ohnehin sehr unterschiedlich verstanden werden kann, zeigt ein Vergleich von USA und Bundesrepublik Deutschland: dort etwa zum Tragen einer Waffe, hier zum Autofahren ohne Tempolimit.

92: Hedonismus – Epikur (unten)

(2) Hedonismus – Epikur (S. 92, unten)

Eudämonismus (griech. *eudaimonia* = Glückseligkeit) ist eine Philosophische Ethik mit „Glückseligkeit" als Ziel und Kriterium des menschlichen Handelns. Besonders wirkungsmächtig war hier Aristoteles mit seiner Definition des Guten als das, wonach alles strebt (Nikomachische Ethik I 1,1094a), sowohl sittlich-politisch (*bios politicos*) als auch wissenschaftlich-philosophisch (*bios theôrêticos*).

Hedonismus (griech. *hedone* = Vergnügen, Lust) als spezifische Ausprägung und Variante des Eudämonismus ist eine Philosophische Ethik mit dem Prinzip des individuellen Genusses als höchstem sittlichem Prinzip. Aristippos von Kyrene (ca. 435–355 v.Chr.), ein Zeitgenosse des großen attischen Dreigestirns Sokrates, Plato und Aristoteles, gilt als Begründer, Epikur (um 341–271/270), der hier zu Wort kommt, als einer der Hauptvertreter.

Bei *Epikur* ist die Unterscheidung zwischen lebensfeindlichen, zerstörerischen und lebensdienlichen, „vernünftigen" Genüssen wichtig (freistehendes Zitat). Keinesfalls gemeint ist eine unkontrollierte Hingabe an Begierden, Lüste und Genuss.

Weitere zentrale Gedanken: Unterscheidung von natürlichen und notwendigen (z.B. Ruhephasen), natürlich-nichtnotwendigen (heute z.B. Urlaub) und eingebildeten (weder natürlichen noch notwendigen, z.B. Flat-Rate-Urlaub u.a.m.) Bedürfnissen resp. Begierden. Freiheit entsteht durch Bedürfnis-Reduktion auf ein geringes (Mindest-)Maß, da dies die Befriedigung erreichbarer Genüsse und damit eine Vermeidung von Unlust ermöglicht. Lenkung der Aufmerksamkeit von Leid weg auf Freude hin. „Hier werden deine Begierden nicht gereizt, sondern gestillt", lautete die Inschrift am Eingang des Gartens Kepos, in dem Epikur lebte und lehrte, und in den er – in scharfem Kontrast zu anderen Philosophenschulen der Epoche – auch Ehepaare, Frauen und Sklaven aufnahm.

Kant unterschied dann in der „Kritik der Praktischen Vernunft" zwischen zwei Varianten des Eudämonismus: bei der egoistischen Variante steht das *eigene* Glück im Brennpunkt des Interesses, bei der *altruistischen* Variante das fremde Glück resp. das Glück aller (unter Einschluss der eigenen Person) (KpV, V 25).

92f u. 93: Camus (Fließtext u. Quellentext)

(3) Existentialismus (Albert Camus) (S. 93, beginnend 92 ganz unten: Fließ- und Quellentext)

Albert Camus: Der Mythos von Sisyphos (Quellentext, S. 93 unten)

Gedankenführung in drei Schritten:

1. *Kurzfassung* des *Mythos*: Die Götter verurteilen Sisyphos dazu, einen Felsblock einen Berg hinaufzuwälzen, von dem er dann wieder hinunter rollte – als never ending story (1. Abschn., Z. 1–6).
2. *Umdeutung* des Mythos: Dies ist keine Strafe, sondern ein Schicksal, das man – durch Verachtung – überwinden und besiegen, ja, an dem man sogar seine – verborgene – Freude rep. sein Glück (Schlusssatz!) finden kann (mein Schicksal, meine Sache) (2. Abschn., Z. 7–12).
3. *Ausweitung/ Deutung/ Anwendung* des Mythos auf das Schicksal des Menschen: Die Sisyphos-Arbeit ist das Schicksal des Menschen. Die sprichwörtliche, nicht-enden-wollende, sinnlose Arbeit ist das Los des Menschen, aber nun umgedeutet als keinesfalls sinnloses, unfruchtbares oder wertloses „Felsen heben" (= Herkules-Arbeit), vielmehr als „Kampf gegen Gipfel", der ein „Menschenherz auszufüllen" vermag – also als Erfüllung des menschlichen Schicksals (letzte beiden Abschn., rechte Spalte).

Erläuterungen:

- *Griech. Mythos:* Sisyphos, König von Korinth, wird von den Göttern zur Strafe für seine Frevel dazu verdammt, in der Unterwelt einen Stein einen Berg hinaufzuwuchten, von dem er wieder herabrollt, bis in alle Ewigkeit …
- *„die Götter leugnen"* (Z. 17) verweist auf die atheistische Einstellung von Camus.
- *„Sisyphusarbeit"* (lat. Form): steht noch heute sprichwörtl. für sinnlose, stupide Arbeit …

93: Texterschließung

Texterschließung (S. 93)

Aufgabe 1: Die drei Grundgedanken der Philosophie von Camus

1. Das Leben ist absurd und sinnlos.
2. Der Mensch muss sich dieser Absurdität bewusst stellen und in diesem Bewusstsein sein Leben führen und seine Arbeit tun.
3. Sinnbild für diese Einstellung ist Sisyphos, der den Fels immer wieder den Berg hinaufwälzt und in diesem „Kampf gegen Gipfel" sein Glück findet.

Aufgabe 2: Kern der *Umdeutung* des Mythos ist eine *Umwertung:* Was im Mythos *Strafe* in der Unterwelt (nach dem Tod) ist, wird bei Camus zum normalen Zustand des irdischen Lebens und sogar zum Glück.
Aufgabe 3: Beide Denksysteme beziehen sich nicht direkt aufeinander, ein Vergleich ist also eine von außen herangetragene Sichtweise.
Gemeinsamkeit: Beide Systeme sehen die Aufgabe des Menschen darin, die Aufgaben, die sich im Leben stellen, in unermüdlicher Tätigkeit zu bearbeiten (Luther: dem Nächsten in Liebe zu dienen; Camus: den Stein den Berg hinaufrollen).
Unterschiede: Voraussetzung für diese Aktivität ist bei *Camus* die eigene Einsicht in die Absurdität des Lebens, „die die Götter leugnet" (Z. 17), also bewusst atheistisch ist, und zum eigenständigen heldenhaften Kampf befreit, bei *Luther* die von Gott geschenkte Rechtfertigung und Gnade des Glaubens, die den Menschen zum Dienst am Nächsten (in Nächstenliebe) befreit.

Ergänzung/ Querverweis (1) zu Camus: Der Mythos von Sisyphos – Die Pest:

93: Ergänzungen zu Camus

Als ergänzende Lektüre eignet sich Camus' Roman *Die Pest*, in der angesichts einer Epidemie mindestens drei Personen die heldenhafte Sisyphosrolle einnehmen: Doktor Rieux, der die Kranken – in aller Regel erfolglos – behandelt, Pater Paneloux, der ihnen geistlichen Beistand zu leisten versucht und ihnen die Sterbesakramente spendet, und der Totengräber, der sie beerdigt.
→ Kurzes, freigestelltes Zitat aus „Die Pest" 3.6.3, S. 140, linke Spalte: Doktor Rieux wirft die Theodizeefrage nicht nur im Blick auf das Leid auf, sondern zugespitzt angesichts des Leids von (unschuldigen) Kindern.

Ergänzung/ Querverweis (2) zu: Camus – Sartre:
Die beiden französischen existentialistischen Philosophen Camus und Sartre (→ Zitat 2.6.1, S. 88, Fließtext Mitte: „Zum Freisein verurteilt") teilen die Auffassung, dass der Mensch von religiösen und sonstigen Bindungen und Sinnstiftungen „frei" ist und in dieser existentiellen Situation von Freiheit (Sartre) bzw. Absurdität (Camus) sein Leben selbst in die Hand nehmen, führen und gestalten muss (bei Sartre als „Entwurf", bei Camus als „Sisyphusarbeit"). Neben den Varianten in der Ausgestaltung der gemeinsamen Grundidee besteht ein fundamentaler Unterschied zwischen beiden darin, dass Camus das Individuum in die Pflicht der eigenständigen Lebensbewältigung nimmt, Sartre aber auf kommunistische, gesellschaftsrevolutionierende Traditionen zurückgriff, was zum Bruch der ursprünglichen Freundschaft der beiden großen existentialistischen Philosophen und Literaten führte.

Ergänzung/ Querverweis (3): Weitere mögliche Bezüge:
- *Psychologische Perspektive:* Bearbeitung eines Traumas als lebenslange Aufgabe: Osmaston (→ 2.3.1, S. 71, Text): „Es wäre nicht MEIN Leben gewesen" (vorletzte Zeile); vgl. mit Camus, Sisyphos: „Sein Schicksal gehört ihm. Sein Fels ist seine Sache." (Z. 13f).
- *Soziologische, ökonomische Perspektive:* Arbeit. Vergleich Sisyphusarbeit (Sinnlose körperliche Arbeit als Strafe) mit Gen 3,17–19 (Sündenfall → 2.3.3, S. 74 unten: „Arbeit als Mühsal". Bei Camus aber: Arbeit als Glück.)
- *Religiöse Perspektive:* Sinnthematik besonders im Jugendalter virulent, vgl. Online-Magazin „Sinn des Lebens 24": www.sinndeslebens24.de; auch Unterkategorie „Gott"; Religiöse, spirituelle Sinnsuche (24.04.2021).

Das „Netz" – Foto (S. 93, rechts)

93: Foto

Die Szene, die das Alltagsverhalten Jugendlicher aufnimmt, ist hier etwas verfremdet aufgenommen und lässt sich so ein wenig distanzierter und mit leichter Ironie thematisieren.

Heteronomie – Autonomie – Theonomie (S. 94, oben, 1. Abschn.)

94: Fließtext (oben)

Autonomie und Heteronomie in der Ethik: Nach Kant machen die üblichen ethischen Systeme den Fehler, die Richtlinien für das Handeln außerhalb des Menschen zu suchen (etwa in einem göttlichen Gebot), wodurch das menschliche Handeln fremdbestimmt bleibt (Heteronome Ethik). Er selbst will das allgemeine ethische Grundprinzip der menschlichen Vernunft selbst entnehmen (Autonome Ethik) (→ Kategorischer Imperativ; 1.3.1, S. 27f). Dies kann jeder Mensch nachvollziehen und anwenden, wenn er seine eigene Vernunft einsetzt, gemäß dem Wahlspruch der Aufklärung: Wage (selbst) zu denken/ Sapere aude (→ 6.1.2, S. 244 oben).
Analog lässt sich für eine „theonome" Einstellung argumentieren: Die Orientierung an Gott (Theonomie) befreit von einer Orientierung an irdischen Mächten und Autoritäten (Heteronomie) und ebenso von einer Beherrschung durch das „Ich" (Autonomie im Sinne von Egozentrik) zu einer „Selbstbestimmung" in tieferem Sinne (Bsp.: Barmer Theologische Erklärung → 5.3.1, S. 216f).

94: Abschluss (unten)

Abschluss des Teilkapitels 2.6 (S. 94, untere Seitenhälfte)

Der Abschluss des Teilkapitels besteht aus einer Zusammenfassung und aus Aufgabenstellungen. Die *Zusammenfassung* bringt neben den zentralen Inhalten philosophischer und theologischer Freiheitstheorien *ergänzend* noch Luthers kritische Haltung gegenüber dem entstehenden Kapitalismus ins Spiel (→ 3.4, Text 2, S. 124, rechte Spalte: Gott Mammon).

94: Zu den Aufgaben

Zu den Aufgaben (S. 94)
Aufgabe 1: s.o. bei Texterschließung Freiheitsschrift.
Aufgabe 2a: s.o. bei Texterschließung Camus: Sisyphos.
Aufgabe 2b: Verweis: Beide Denksysteme beziehen sich nicht direkt aufeinander, ein Vergleich ist also eine von außen herangetragene Sichtweise.
Gemeinsamkeit: Beide Systeme sehen die Aufgabe des Menschen darin, die Aufgaben, die sich im Leben stellen, in unermüdlicher Tätigkeit zu bearbeiten (Luther: dem Nächsten in Liebe zu dienen; Camus: den Stein den Berg hinaufrollen).
Unterschiede: Voraussetzung für diese Aktivität ist bei *Camus* die eigene Einsicht in die Absurdität des Lebens, die „die die Götter leugnet“ (Z. 17), also bewusst atheistisch ist, und zum eigenständigen heldenhaften Kampf befreit, bei *Luther* die von Gott geschenkte Rechtfertigung und Gnade des Glaubens, die den Menschen zum Dienst am Nächsten (in Nächstenliebe) befreit.
Aufgabe 3:

Freiheit / Richtungen	Befreiung von	Befreiung durch	Befreiung zu
Bibel: Altes Testament	Fremdherrschaft: Sklaverei/ Ägypten	Gott = Jahwe als Befreier	Gemeinschaft in Gerechtigkeit
Bibel: Neues Testament –Paulus	Macht der Sünde/ eigener Verstrickung	Gott in Jesu Christi Tod/ Auferstehung	Leben in Liebe, gegenseitigem Dienst
Theologie: Martin Luther	Teufel, Erbsünde (= Ichbezogenheit)	Gott in Jesu Christi Tod (Auferstehung)	Liebe = Dienst am Nächsten
Theologie: Bauernartikel	Herrschaftsverhältnissen	Gott in Jesu Christi Tod (Auferstehung)	Befreiung von ungegerechtem Dienst
Philosophie: Albert Camus	Absurdität des Lebens	Eigene bewusste Akzeptanz des Absurden	Arbeit und Glück in absurder Welt
Philosophie: Immanuel Kant	Heteronomie: Fremdbestimmung	Gebrauch der eigenen Vernunft	Leben in sittlicher Verantwortung

Aufgabe 4: Auf den ersten Blick ist Heteronomie Fremdbestimmung, Autonomie Selbstbestimmung und Theonomie Bestimmung durch Gott. Auf den zweiten Blick ist es komplizierter, kann doch zumindest die Selbst- und Gottesbestimmung doppelt konnotiert sein, einmal als lebensdienlich (liebend), zum andern als lebensfeindlich (zu Gott → 3.5, insbes. S. 130, untere Seitenhälfte).

	Heteronomie	Autonomie	Theonomie
Lebens- und Liebesdienlich	______	Lebens- und Liebesfähigkeit	Gemeinschaft und Gerechtigkeit
Lebens- und Liebesfeindlich	Abhängigkeit/ Unterdrückung	Egozentrik: Kreisen ums Selbst	Knechtung durch „Gesetzlichkeit“

Der Homo oeconomicus ist Sklave der Gesetze des Marktes (nach Luther: des Abgotts Mammon [→ 3.4, Text 2, S. 124, rechte Spalte]).

Aufgabe 5: Kategorienschema zur Reflexion des eigenen Freiheitsentwurfs:

- Freiheit von …/ Freiheit zu …
- Innere Freiheit – Äußere Freiheit
- Ebenen: Gedanken-, Willens-, Wahl-, Entscheidungs-, Handlungsfreiheit …
- Eigene Freiheit – Freiheit des Anderen
- Individuelle und kollektive Freiheiten
- Freiräume und Grenzen (Begrenzungen) der Freiheit
- Chancen, Stärken vs. Probleme und Grenzen.

Ergänzung:
„Freiheit ist immer die Freiheit des Andersdenkenden.“ (Rosa Luxemburg, 1871–1919)

2.7 Weiterleben im Netz! – Was kommt nach dem Tod? (S. 95–99)

95–99: Was kommt nach dem Tod?

Der *Aufbau* des Teilkapitels ist dreistufig:
- Das *erste Unterkapitel* befasst sich mit einem Überblick über das *irdische Leben* (Sinnfrage, Lebensüberblick, Lebensrückblick) „Ich wünschte, ich hätte ..." – Leben im Rückspiegel (2.7.1);
- das *zweite* Unterkapitel enthält *Nachtod-Vorstellungen*: „Ich glaube, dass das Leben irgendwie weitergeht!" – Was kommt nach dem Tod? (2.7.2),
- das letzte *(dritte)* thematisiert spezifische Varianten der Nachtod-Vorstellungen, die an Auferstehungshoffnungen (oder auch Seelenweiterexistenz-Vorstellungen) anschließen: die Bilder eines *Jüngsten Gerichts* (Endgerichts) und von *Himmel und Hölle*: „... ist gerichtet! – Ist gerettet!" – Jüngstes Gericht und ewiges Leben? (2.7.3)

Querverbindungen:
- Gerechtigkeit Gottes – des Menschen (Individuum) – in der Gesellschaft: Engagement für eine gerechte Welt/ Zukunft → 1.5.2, S. 49f; auch: 1.3.3, S. 38.

Ein Blick auf die Jugendlichen

Die *klassische Vorstellung* über *Todeskonzepte* von *Heranwachsenden* geht davon aus, dass sich ab dem höheren Kindes- und dann im Jugendalter die Elemente eines „reifen" („erwachsenen") Todeskonzepts entwickeln mit den vier Elementen der (1) Nonfunktionalität (Ende aller Lebensfunktionen); (2) Finalität (Irreversibilität; Unumkehrbarkeit); (3) Universalität (Gesamtheit der Lebewesen) und (4) Kausalität (diverse „realistische" Verursachungen).

Die Sachlage ist jedoch *komplexer*, wie u.a. neuere empirische Studien zeigen:

(1) Das klassische Konzept behält seine begrenzte Berechtigung.

(2) Zusätzlich finden sich jedoch religiöse Vorstellungen über ein Leben nach dem Tod, in unterschiedlichen (traditionellen und innovativen) Formen.

(3) Auch zu den Möglichkeiten von bestimmten Fähigkeiten nach dem Tod finden sich spontane Vorstellungen, die den Probanden mitunter selbst fremdartig vorkommen, etwa, dass man zwar nichts mehr hören, aber doch noch etwas sehen könnte ...

Zudem trifft man in nahezu allen höheren Schulklassen die klassischen religiösen und philosophischen Vorstellungen an: absolutes Lebensende, Weiterleben des Menschen resp. der Seele, Reinkarnation und Auferstehungsvorstellungen.

Die Lage scheint hier also postmodern, pluralistisch, patchworkartig zu sein, innerhalb einer Klasse wie tlw. auch bei den Individuen selbst.

Literatur:

- Büttner, Gerhard / Dieterich, Veit-Jakobus: Entwicklungspsychologie in der Religionspädagogik. (UTB) Göttingen, Vandenhoeck & Ruprecht, 2., aktualisierte und erweiterte Aufl. 2016, 7.5.2, S. 116–124.

2.7.1 „Ich wünschte, ich hätte ..." – Leben im Rückspiegel (S. 95)

95: Leben im Rückspiegel

Das kurze, nur eine Seite umfassende *Unterkapitel* besteht aus drei Elementen: längeres Eingangszitat, Fließtext und Bild, wobei der Fließtext mit einem wichtigen Bibelzitat endet.

Eingangszitat: „The Top Five Regrets of the Dying": Bewertung des Lebens „im Rückspiegel" – Bronnie Ware:

95: Zitat und Fließtext

Von Sterbenden werden im Rückblick auf das eigene Leben folgende Bereiche eines „Bedauerns" resp. von „Änderungswünschen" genannt:
- Eigene Person: Identität, Gefühle, Freude (Pkt. 1, 3, 5);
- Soziale Beziehungen: weniger Arbeit, mehr Kontakte zu Freunden und Freundinnen (Pkt. 2, 4).

Fließtext: Folgerung/ Strukturierung:
- Werte des „normalen" Lebens: Leistung, Erfolg und Geld;
- Werte am Lebensende: Glück, Selbstbestimmung und gute Beziehungen.

Zitat im Fließtext: Jesus-Logion (Mk 8,36)
- Werte der „Welt" vs. Werte der „Seele" analog zur Gegenüberstellung im Fließtext. *Zur Beachtung:* Ganzheitliche Bedeutung von „Seele" in der Bibel als leiblich-seelisch-geistige Einheit im Kontext von Gemeinschaft/ Gesellschaft (1.1.3, S. 19 oben, 2.1.3, S. 65, oberhalb Seitenmitte).

95: Bild Fairhurst

Bild: Angus Fairhurst (1966–2008): Pietà (first version), 1996 (S. 95, unten)

Bildbeschreibung: Ein riesiges Ungetüm, in eine schwarze Umkleidung (Fell, Kunststoffüberzug) gehülltes Wesen (Affe, Mensch o.Ä.), der auf einem Sofa sitzt, hält einen waagrecht liegenden schlafenden, bewusstlosen oder gar leblosen (zumindest leblos wirkenden) nackten Menschenkörper auf dem Schoß und in beiden Armen. Das Bild ist von extremen Gegensätzen geprägt: lebendig – leblos, stark – schwach, verhüllt – nackt, schwarz – weiß, dunkel – hell, senkrecht – waagrecht, Gefahr – Rettung.

Das Unwesen scheint (zusammen mit der Armlehne des Sofas) die angewinkelten Beine des Bewusstlosen hochzunehmen – als Art Hilfestellung?

Im Umfeld: Hand hält noch elektronisches Gerät (Fernsehbedienung? – mit Kabel) mit der Hand umklammert, unter dem Sofa Stoff(bezüge), rechts im Hintergrund Stapel von (zum Lesen vorgesehenen?) Büchern. Von oben ragt eine kleine Schlinge ins Bild, jedoch zu klein zum Erhängen …

„Man kann nichts mitnehmen …"

Hintergrundinformation: Angus Fairhurst (*1966) gehörte zur Gruppe der Young British Artists, bediente eine Palette von Fotografie, Installation und Video teilweise mit groteskem, schwarzem Humor und erlangte besonders durch große Gorilla-Skulpturen Bekanntheit. 2008 wurde er am letzten Tag einer Ausstellung in den schottischen Highland-Wäldern an einem Baum erhängt aufgefunden. In *Pietà* setzt der Künstler den Gorilla, der zugleich (wie die Banane) ein Symbol für sein Alter Ego ist, mit der Gottesmutter Maria gleich, die den Körper ihres Sohnes hält.

Querverweise:

- Zwei *Affen-Skulpturen* von Immendorff im Schöpfungsteilkapitel (1.2, S. 21; 24) – Link: Biologischer Kontext des Menschen, Endlichkeit/ Sterblichkeit, Mensch und Affe gemeinsame Abstammung; Körperlichkeit/ Leiblichkeit; Zeitlichkeit, Tod.
- Zwei *Pietà-Darstellungen* bei 4.2.3, S. 165 zu Jesu Lebensende (Michelangelo, Shachar). Die drei Bilder (Pietà-Darstellungen) miteinander vergleichen, auch im Detail: Arm-/ Handhaltungen, enthüllte/ verhüllte Körperpartien, Stoffe-Körper(partien), senkrecht-waagrecht-schräg, dunkel-hell; Farbtöne; männlich-weiblich, erschreckend-tröstlich; Schwäche-Stärke; Gefahr-Rettung; Eindeutigkeit-Offenheit usw.

Mögliche Fragestellungen:

- Könnte der Bewusstlose/ Tote bei Fairhurst Jesus sein?
- Wie hätte Jesus sich vor seinem Tod zu den *Top Five Regrets of the Dying* gestellt – im Blick auf sich selbst resp. auf andere Menschen?

Methodische Hinweise:

- Schülertexte erstellen: Was habe ich in meinem Leben bisher gut gemacht/ Was hätte ich anders machen wollen? Und wie?
- Schülertexte erstellen: Mein Leben an meinem Lebensende im Rückblick.
- Todesanzeigen/ Grabinschriften entwerfen: N.N.: Name, Alter/ Wort für Tod, Sterben/ Einblick: Todesursache, -umstände/ (Lebens-)Rückblick/ Bild, Symbol/ Text, (Bibel-)Zitat, Spruch, Gedicht o.Ä./ Ausblick: Nachtod …
- Die Teilkapitel des gesamten Kapitels Mensch als Raster für Lebensüberblicke/ -rückblicke verwenden: Meine Erfahrungen mit 1. Identität, I.-suche und -findung; 2. Nah-Beziehungen (Liebe); 3. Dem Bösen im Menschen; 4. Dem/r Willen/sfreiheit; 5. Gnade; 6. Liebe, Freiheit und Verantwortung; 7. Leben und Tod.

96f: Was kommt nach dem Tod?

2.7.2 „Ich glaube, dass das Leben irgendwie weitergeht!" – Was kommt nach dem Tod? (S. 96f)

Die *Doppelseite* thematisiert sechs *Nachtod-Vorstellungen*, vier klassische (Tod als Ende des Lebens; Auferstehung der Toten; Weiterleben der Seele; Wiedergeburt/ Reinkarnation) und zwei moderne (die virtuelle und eine eigenständige, originelle) – auf der linken Seite (S. 96) nacheinander geordnet durch den ersten, einleitenden Abschnitt und die dann folgenden Erläuterungen des Fließtextes, rechts (S. 97) in drei unterschiedlichen Quellentexten und einem Zitatpaar (zu ausgewählten Positionen):

Nachtod-Vorstellung	Vorkommen bzw. Vertreter/innen	Belegstellen	Querverweise
Tod als Ende des Lebens	tlw. Altes Testament/ Schopenhauer, Sölle	Zitate S. 96 Mitte/ oben, S. 97 unten	Lebensrückblick → 2.7.1., S. 95

Auferstehung der Toten	Neues Testament / Steffensky	Hinweise, Zitate S. 96 u. 97 unten	Jesus / Sadduzäer → 4.2.3, S. 163f. Jesu Auferstehung → 4.5.1, S. 181f Glaubensbekenntnis → 5.1.2, S. 202
Weiterleben der Seele	Griech. Philosophie, Platonismus	Quellentext S. 97	Tod des Sokrates → S. 151, unten
Wiedergeburt/ Reinkarnation	Östliche Religionen	Buddhismus: Nir-wana: Text S. 97	Interreligiös: → 2.7, S. 99 Weltreligionen → 6.2.2, S. 252f
Virtuelles Weiterleben	Digitale Visionen	Hinweise S. 96 unten	Cyborg → 2.1.3, S. 65f
Eigenständige (Misch-) Vorstellungen	u.a. Theologie von Jugendlichen	Text Schülerin S. 97	Schülertexte des Kurses

Überblick: Nachtod-Vorstellungen

Methodische Hinweise:

- *Schülertexte* erstellen, Thema: *Was kommt nach dem Tod?*
- *Vier-Ecken-Aufstellung:* Schüleraufstellung in den vier Ecken des Klassenzimmers nach der eigenen Zuordnung zu den vier klassischen Nachtod-Vorstellungen: (1) Tod = Endgültiges Ende; (2) Weiterleben der Seele; (3.) Reinkarnation; (4) Auferstehung; ergänzen um: (5) virtuelle (Mitte, bei PC) und originelle, eigenständige (bei Tafel) Vorstellung. Argumente pro/ contra suchen.
- *Kontrovers*-Zitat-Paar S. 97 ganz unten diskutieren (Sölle/ Steffensky).

Anmerkungen zu den Einzelvorstellungen (S. 96f)

96f: Einzelvorstellungen

Der Philosoph *Arthur Schopenhauer* (1788–1860) (Zitat S. 96 oben) mit seinem Hauptwerk „Die Welt als Wille und Vorstellung" vertrat (u.a. gegen Leibniz und den Mainstream der Aufklärung) eine pessimistische Weltsicht („Die schlechteste aller Welten") → 3.6.1, S. 136, Zitat oben rechts (Zusammenhang der beiden Schopenhauer-Zitate herausarbeiten).

96: Alte Testament (Fließtext u. Zitat)

(1) Das *Alte Testament* (S. 96, Fließtext und Zitat oberhalb Seitenmitte) sieht in seinen älteren Schichten den *Tod als Ende.* Die Scheol, der Ort, an den die Toten kommen, ist ein Ort der Gottferne (Schattenwelt ohne Leben – Psalm-Zitat).

96: Auferstehungsglaube (Fließtext Mitte)

(2) Der *Auferstehungsglaube* (S. 96, erster Teil bzw. zwei Abschnitte des Fließtextes ab Seitenmitte) entsteht in Israel erst spät (unter außerisraelischen Einflüssen) während der Makkabäeraufstände (2. Jh. v.Chr.) anlässlich der Frage, was mit den im Kampf gegen die seleukidische (griechische) Fremdherrschaft getöteten Gerechten, den Märtyrern, geschieht – gleichsam zur eschatologischen Repristination des Tun-Ergehen-Zusammenhangs. *Neues Testament:* Im Judentum z. Zt. Jesu ist die Frage nach der Auferstehung der Toten zwischen Pharisäern/ *Jesus* (pro) und Sadduzäern (contra) noch umstritten: Jesus/ Sadduzäer → 4.2.3, S. 163f, Szene 6. Breit diskutiert *Paulus* die Frage nach der besonders anstößigen Vorstellung der *leiblichen Auferstehung* in 1. Kor 15, unter Aufnahme einer sehr alten Bekenntnisformel zum Auferstandenen (V. 3–5/6); s. dazu auch: Jesu Auferstehung → 4.5.1, S. 181f; sowie den Schluss (3. Artikel) des Glaubensbekenntnisses, → 5.1.2, S. 202, Text 1.

96f: Weiterleben der Seele (Fließtext u. Quellentext)

(3) Die *griechische* (vorrangig *platonische) Vorstellung* vom *Weiterleben der Seele* (S. 96, Fließtext, erster Abschn. des unteren Viertels sowie S. 97, erster Quellentext) geht von einem *dualistischen* oder gar dreiteiligen *Menschenbild* aus: Körper – Seele resp. Körper – Geist – Seele (2.1 – Zusammenfassung, S. 67, rechte Spalte), ist *idealistisch* geprägt (Primat des Geistigen/ der Seele über das Materielle/ Stoffliche) und neigt zu einer *Abwertung* des *Körpers.* Die Vorstellung bildet einen Gegensatz zur ganzheitlichen alttestamentlichen Anthropologie (Seele als Leben).

Textgliederung:

- *Erster Gedanke:* Der (materielle) Körper /Leib des Menschen lässt ihn leiden, zeigt ihm nur die (vorrangig materielle) „Schattenwelt" und lenkt ihn von der wahren (geistigen) Erkenntnis ab (Erster Abschn., Z. 8–15).

- *Zweiter Gedanke:* Nur die (geistige) Seele ist zum Erkennen der Wahrheit fähig (Zweiter Abschn., Z. 16-28); dahinter steht die platonische im berühmten Höhlengleichnis auf den Punkt gebrachte Erkenntnistheorie der Ideenlehre).
- *Dritter Gedanke* (Schlussfolgerung, Conclusio aus den beiden genannten Prämissen): Der Tod ist positiv besetzt; er befreit vom Leib (als Gefängnis) und ermöglicht die reine und ungetrübte Erkenntnis der Wahrheit (Dritter Abschn., Z. 29–33).

Das Zitat aus Platons Phaidon zum *Tod des Sokrates* (→ 4.1.1, S. 151, unten) ist eine unmittelbare Fortsetzung des vorliegenden Textes, so dass zwischen beiden Texten ein sehr enger Zusammenhang besteht. Über hellenistische resp. neuplatonische Ansätze vermittelt fand die Vorstellung Platons Eingang ins *Christentum*, so dass heute viele Menschen das Weiterleben der Seele nach dem Tod für eine (genuin) christliche Vorstellung halten.

Literatur-Hinweis zu Platons Höhlengleichnis, für RU in Kursstufe einsetzbar:

- Dieterich, Veit-Jakobus u.a.: Wer bin ich? (Oberstufe Religion 1). Stuttgart 2001, S. 74f.
- Dieterich, Veit-Jakobus u.a.: Wer bin ich? Lehrerheft (Oberstufe Religion 1). Stuttgart 2001

96 u. 97: Reinkarnation/ Nirwana (Fließtext u. 2. Quellentext)

(4) Die Lehre vom Weiterwirken des Karma über den Tod hinaus, der *Wiederverkörperung/ Reinkarnation* und des letztendlichen Ausstiegs aus dem „Rad der Wiedergeburten" findet sich in *östlichen Religionen*, vor allem im Hinduismus, in modifizerter und untergeordneter Form auch im Buddhismus – hier erfolgt der letztendliche Ausstieg durch Eingehen ins Nirwana (Verlöschen) (Fließtext S. 96, zweiter Abschnitt des unteren Viertels), S. 97: Zweiter Quellentext (Nirwana: Welt/ Menschsein als Leiden und als Schein, Ende von Leid und Schein = Nirvana, weder das Sein noch das Nichtsein, vielmehr eine Aufhebung von beidem) → Nachtod-Vorstellungen, interreligiös, zweiter Abschn. 2.7, S. 99; → Weltreligionen, 6.2.2, S. 252f.

96: Virtuelles Weiterleben (Fließtext)

(5) Vorstellungen von einem *virtuellen Weiterleben* im Netz (Fließtext S. 96, vorletzter Abschnitt), einer digitalen Unsterblichkeit, der Verschmelzung von menschlichem Geist und Festplatte bzw. Cloud (Ray Kurzweil) finden sich im Post- bzw. Transhumanismus (in anderer Form bereits beim Physiker Frank Tipler). Hier wird gar die „Abschaffung des Todes" proklamiert, was sich in den unterschiedlichsten Formen verstehen lässt: (1) als reines Weiterleben der Gedankenwelt resp. in Programmiersprache; (2) als Weiterentwicklung des Cyborgs zu einem völlig mechanisierten Menschen (Menschmaschine) oder (3) als medizinische Weiterentwicklung und (zumindest nahezu) unendliche Perpetuierung des biologischen Menschenlebens. Zu thematisieren wären hier vor allem auch die hinter den Entwicklungen stehenden wirtschaftlichen Interessen der gigantischen Internetfirmen (Big Five u.a.m.; s.u. auch: Verein Cyborgs e.V.) (Cyborg → 2.1.3, S. 65f).

96: Vorstellungen Jugendlicher (Fließtext) u. 97: dritter Quellentext

(6) *Vorstellungen Jugendlicher* (Fließtext S. 96, letzter Abschnitt sowie S. 97, dritter Quellentext) lassen sich anhand der Kurstexte (s.o. methodische Vorschläge) eruieren; hier ein besonders originelles Bsp. einer Schülerin, die souverän mit Traditionselementen und eigenen Vorstellungen jongliert. Abgelehnt werden sowohl präsentische eschatologische Bilder (2. Abs.; Auferstehung im Hier und Jetzt (→ Zitat Kurt Marti, 4.5.1, S. 182 ganz unten rechts) als auch die Lösung eines „doppelten Ausgangs" (3. Abs.: gut/ böse; → 2.7.3, S. 98 = Folgeseite). Propagiert wird: freie Wahl zwischen Paradies („grüner" Ort mit Wiedersehen von Familie und Freunden) oder Wiedergeburt (3. Abs.); auf jeden Fall „Frieden, Ruhe und Geborgenheit") (3. Abs., Ende sowie 4. Abs.). Dieser „Mix" von Elementen aus unterschiedlichen Vorstellungen ist in vielerlei Gestalten denkbar, ebenso die Erfindung neuer Kombinationen oder Varianten.

97: Zitatpaar (unten)

Beim das Unterkapitel abschließenden *Zitatpaar* (S. 97, Seitenende): handelt es sich um die kontroverse Diskussion des Theologen-Ehepaares *Sölle/ Steffensky.* Das „verlogen" lässt sich unterschiedlich deuten: Auf der Ebene der (hilfreichen) Vorstellungen (zweite Dimension der Gedankenwelt) und Möglichkeiten (dritte, religiöse Dimension) neigt sich die Waage nach rechts: hier wäre „verlogen" (im Sinne von „unwahr") eine falsche Charakterisierung – wird die Möglichkeit aber umgedeutet zu einer künftigen Wirklichkeit/ Realität, die mit Sicherheit eintrifft und darum als absolute Wahrheit auftritt, neigt sie sich nach links: hier würde die Vielschichtigkeit (Dreidimensionalität) der Perspektive verschoben und damit „unwahr", d.h. verlogen (→ 1.1.1 u. 2: Die drei Dimensionen von Realität/ Wirklichkeit/ Möglichkeit).

2.7.3 „… ist gerichtet! – Ist gerettet!" – Jüngstes Gericht und ewiges Leben (Himmel und Hölle)? (S. 98)

98: Jüngstes Gericht und ewiges Leben

Das Unterkapitel umfasst eine Seite (S. 99 bildet den Abschluss des Teilkapitels). Es empfiehlt sich jedoch, die beiden Bosch-Bilder der Doppelseite als Paar zusammen zu thematisieren.
Die *Überschrift* ist das auf der Seite unten nochmals aufgenommene Goethe-Zitat (Abschluss Faust I).
Das Unterkapitel behandelt zwei miteinander zusammenhängende, durch Bezifferung kenntlich gemachte *Themen:*

- Zwei *End-Zustands-Vorstellungen* (2/3 der Seite): Doppelter Ausgang vs. Allversöhnung;
- *Endgerichts-Vorstellungen* (Jüngstes Gericht; rechts unten neben Bild), wiederum in zwei Varianten: als Belohnung/ Bestrafung oder als Zurechtbringung, Richtigstellung, Rechtfertigung.

Die jeweiligen Varianten stehen miteinander in einem unmittelbaren logischen Zusammenhang. Im *Überblick:*

Vorstellung	Endzustand	Jüngstes Gericht	Belege Bibel	Belege Theologie	Querverweise
Doppelter Ausgang	Himmel/ Hölle	Belohnung/ Bestrafung	Mt 25,31-46; Off 20,11-15	Augustinus Calvin	→ 4.4.2, S. 177 → 3.5.2, S. 128f
Wieder-bringung Apokatastasis	Endzeitlicher Heilszustand	Zurecht-bringung Rechtfertigung	1. Kor 15,28; Röm 11,36	Origenes	→ S. 97 Jugendliche: Paradies

Die Auffassung des lateinischen Kirchenvaters *Augustinus* (354–430 n.Chr.) wurde für die Kirche des Westens wie auch für den volkstümlichen Glauben stilbildend (Jenseits als Riesen-Strafvollzugsanstalt vs. perpetuiertes Paradies), die Lehre des im Osten (Alexandria) lebenden griechischen Kirchenvaters *Origines* (um 185–253/54), der seine Auffassung unter dem Druck kirchlicher Hierarchie bereits zu Lebzeiten modifizierte, wurde später von der Kirche als häretisch verurteilt. Seine Lehre ist neuplatonisch beeinflusst mit dem dreiteiligen Schema der (1) Herkunft (Überfließen, Emanation) (2) und gegenwärtigen Abhängigkeit alles Seienden von Gott samt (3) der letztlichen Rückführung (Epistrophé) zu ihm (Grundgedanke als dreiteilige Formel bereits in: Röm 11,36).

Hieronymus Bosch: Der Sturz der Verdammten/ Der Aufstieg in das himmlische Reich (S. 98 u. 99)

98 u. 99: Zwei Bilder Bosch

Bilderbeschreibung: Der Sturz der Verdammten: Gruselige Szenerie: Hölle, eingekeilt zwischen steilen Felsen (links, rechts und im Hintergrund) öffnet sich eine Schlucht nach schräg links hinten – ein Ausgang, eine Hoffnung? Eher nicht: roter Dunst, wohl Feuerschein, das Gelb in der Ferne: Helligkeit oder Schwefeldunst? Im Vordergund zwei nackte Menschenleiber in höchster Pein, einer hockend mit Kopf auf den aufgestützten Arm gelehnt, der andere zu Boden geworfen, hilflos auf dem Rücken liegend, beide von tierischen Teufelsgestalten bedrängt und gemartert; der mit den Weichteilen nach oben Liegende wird an der Brusthaut von einem langen Dolch durchbohrt. Der Bildmittelgrund schemenhaft mit Wasser gefüllt, ein See, ein Pfuhl (der feurige Pfuhl?), darin drei weitere Menschenleiber, schwimmend oder hilfeschreiend die Arme nach oben gereckt (ein Ertrinkender?), nach oben hin wiederum gesäumt von zwei diabolischen Kreaturen (in blaugrüner, metalliger Farbe; die Menschenleiber dagegen fleischfarben).
Der Aufstieg in das himmlische Reich: Gottergebenheit, Friede, Erlösung strahlt ganz im Gegensatz dazu das zweite Bild aus. Im Vordergrund zwei auferstandene nackte Menschen, die Hände gefaltet oder die Arme demütig empfangend nach oben gereckt, in kniender Körperhaltung, von einem oder mehreren Engelsgestalten (einer mit roten Flügeln) gehalten, getragen, geleitet. Die vorderste, größte Gruppe von oben mit Licht wie von einem Scheinwerfer bestrahlt, die zweite etwas weiter rechts hinten von einem Licht beleuchtet, das durch eine lange, enger werdende Röhre vom Bildhintergrund oben her mit Strahlen eindringt. Ein weiteres Menschen-/ Engelspaar befindet sich bereits auf dem Weg durch die Röhre nach oben (wiederum auf Knien), während am Röhrenende eine einzelne Figur (Mensch) aufrecht steht, mit erhobener Hand. Ist er am Ziel oder in der Nähe der Ziellinie? Die Röhre erinnert an Nahtodberichte von der Reise durch einen Tunnel mit dem Licht am Ende (Raymond Moody, Life after life, 1975, in dt. Übersetzung u.d.T. Leben nach dem Tod, bereits in mehreren Dutzend Auflagen).
Hintergrundinformationen: Bei den beiden abgebildeten Szenen von Bosch handelt es sich eigentlich um eine Gegenüberstellung von jeweils zwei Bildern (also um insgesamt vier Bilder), die die Flügel eines Altars zum Jüngsten Gericht bilden und den Gegensatz von „Glückseligen" und „Verdammten" zeigen (Venedig, Dogenpalast; „Paradies und Hölle", auch: „Visionen über das Jenseits").

Bosch wurde bei seiner Darstellung wohl von der Brabantischen Mystik beeinflusst, die die höllischen Strafen und himmlischen Freuden anschaulich ausmalte:

„Am Jüngsten Tag wird das Feuer alles, was auf dem Erdreich ist, durchdringen, verschlingen und verzehren. Dieses Feuer wird vier Naturen haben: Das höllische Feuer wird die Seelen der Verdammten verzehren; das Fegefeuer wird die guten Menschen reinigen; das elementare Feuer wird die Elemente erneuern; das materielle Feuer wird alles, was auf Erden ist, auch die Leiber der Menschen, verbrennen."

Und auf der anderen Seite wird ein Vergleich mit der Sonne und ihren Strahlen hergestellt:

„Wenn ihr dem Blick der Strahlen folgt, die aus dem Antlitz Gottes in euer einfältiges Gesicht scheinen, dann werden sie euch zum Ursprung eurer Geschaffenheit leiten, wo ihr nichts anderes finden werdet als Gott allein."

Der aus s'Hertogenbosch (Niederlande) stammende – unmittelbar vorreformatorische – Maler Hieronymus Bosch (1453–1516) gilt wegen seiner außergewöhnlichen Darstellungsweise als ein früher Vorläufer der Surrealisten (drastische Szenen von Gewalt und Sexualität, Phantasiewesen, alptraumartige Szenen, insgesamt Darstellung der Nachtseiten, Absurditäten und Grotesken des Lebens). Bosch war jedoch nicht ein absonderlicher Kauz, wie die frühere Forschung meinte, vielmehr ein hoch angesehener Bürger, mit Haus am Marktplatz, einer Frau aus einer Patrizierfamilie und mächtigen adligen Auftraggebern.

98 u. 99: Deutungsmöglichkeiten Bilder

Deutungsmöglichkeiten zu den beiden Bildern von Bosch (S. 98 u. 99)

- *Nach-Tod-Bilder:* Anschauliche Darstellung von „Doppelter-Ausgang"-Vorstellung.
- *Nah-Tod-Bilder:* Ängste und Hoffnung im Blick auf den Tod (s. auch: Raymond A. Moody, mit seinen Best- und Longsellern „Leben nach dem Tod" sowie „Das Licht von drüben" und dort speziell die Vorstellung vom dunklen Tunnel mit dem hellen Licht am Ende).
- *Leben-Rückblick-Bilder:* Angst/ Reue/ Unglück vs. Freude/ Dankbarkeit/ Glück im Rückblick auf das Leben (als präsentische Eschatologie). → Bild von Angus Fairhurst, S. 95, zum Vergleich heranziehen – die drei Bilder des Teilkapitels 2.7 als Triptychon gestalten und interpretieren.

Mögliche Fragen und Aufgaben zu den Bildern:

a) Zum ersten Eindruck: Wie wirkt das Bild auf mich?
b) Zum Bild: Was geschieht auf dem Bild? Und: Was entdecken wir auf dem Bild?
c) Zum Künstler: Was hatte der Künstler vielleicht vor Augen, als er dieses Bild malte?
d) Zur Weiterarbeit: Ein Bild gestalten, in dem etwas Ähnliches ausgedrückt wird?
e) Weitere Bilder mit Schauer-Motiven (im Buch) suchen und überlegen, wie man mit „Alpträumen" umgehen kann.

Literatur:

- R.H. Marijnissen / P. Ruyffelaere: Hieronymus Bosch. Das vollständige Werk. Weinheim: VCH, 1988 (bes. S. 300–309; hieraus die beiden Zitate).

99: Abschluss

Abschluss des Teilkapitels 2.7 (S. 99)

Die letzte Seite des Kapitels (S. 99) bildet zugleich den *Abschluss* des Teilkapitels 2.7 und besteht aus fünf *Elementen*:

- *Bild* Hieronymus Bosch (s.o.).
- Nachtod-Vorstellungen, *interreligiös*: Lohn-Bestrafung-(Himmel-Hölle)-Vorstellung im *Islam* besonders ausgeprägt und dominierend. Im *Hinduismus* Karma- und Wiedergeburt-Lehre (Samsara, primär: des Karma!) von vorrangiger, im *Buddhismus* von untergeordneter Bedeutung. Aufgehen von Einzelseele (Atman) in umfassender Weltseele (Brahman) (philosophische Variante; volkstümlich-religiöse: in Brahma als oberster Gottheit) weist gewisse Parallelen zum neuplatonischen dreistufigen Werdegang auf (von, durch und zu; s.o.); anders geartet die buddhistische, eher zweistufige Vorstellung: Leben = Leiden und Täuschung/ Schein; Nirwana = Aufhebung von Leiden und Täuschung/ Schein als (eigentliches) Sein/ Nichtsein (nur paradoxal interpretierbar, d.h. nicht-/ verstehbar).
- *Zitat* von *Kurt Marti* zur Auferstehung: Gegen Hoffnungslosigkeit und Sieg der Mächtigen, Gewalttätigen, der „Herren", letztendlich gegen den Tod, steht die Auferstehungshoffnung auf den „Aufstand Gottes gegen die Herren" – und damit den Sieg des Lebens, der Liebe und der Herrschaftslosigkeit (= Anarchie im eigentl. Sinne = ohne Herrschaft). → Weiteres *Zitat* von *Kurt Marti* zur Auferstehung im Jesus-Kapitel bei 4.5.1, S. 182 ganz unten, rechte Spalte: dort *präsentische*, im hiesigen Kontext *futurische Eschatologie.* Übergreifende Deutung: Gottes endzeitlicher

Aufstand gegen die Herrschaft der Herren, inklusive den Tod, motiviert uns heute zum Aufstand gegen die Herrschaft der Herren aller Art … – Aufgabe der Dichter ist es nach Kurt Marti, die „heilige Unberechenbarkeit" der Rede von Gott zu bewahren, „die den Priestern und Theologen abhanden gekommen ist".

- Die *Zusammenfassung* rekapituliert in der linken Spalte die Doppelseite von 2.7.2, in der rechten die Seite von 2.7.3; ergänzbar ist noch 2.7.1 (S. 95), das hier primär als motivierender Einstieg diente, sich aber zu einer kleinen Unterrichtseinheit ausweiten lässt.

Zu den Aufgaben (S. 99)

99: Zu den Aufgaben

Aufgabe 1: Empfehlenswert: Eigene Texte zum Thema *Lebensrückblick* verfassen und untereinander sowie mit Zitaten aus Bronnie Ware vergleichen.
Aufgabe 2: Auswertung der *Vier-Ecken-Aufstellung* bzw. *Sechs-Positionen Aufstellung* (s.o. Einstieg zu 2.7.2, S. 96).
Aufgabe 3: Entstehungs- und *Begründungs*zuammenhang unterscheiden und mögliche Begründungen für das Entstehen von und das Festhalten an *Auferstehungsvorstellungen* prüfen: Engagement gegen Gewaltherrschaft im Judentum z.Zt. des makkabäischen Aufstandes (s.o.), Jesu Reich-Gottes-Engagement und Tod (→ Jesus-Kapitel, 4.3.; 4.2.3, bes. 165), allgemein: Marti-Zitat.

Zusammenfassung – Überblick: Zwei Formen der Gerechtigkeit:

Menschliches Tun → //	Gnade Gottes – Gerechtmachung ↓ Rechtfertigung des Sünders
Menschliches Tun → →	Gott Garant (der zuteilenden) Gerechtigkeit → → Ergehen (Belohnung/ Bestrafung)

Beide Perspektiven haben ihre Berechtigung, jedoch nicht im gleichen Maße: für den reformatorischen Glauben steht die Gerechtigkeit schaffende Gnade Gottes im Zentrum.

Aufgabe 4: Alle Bibelstellen des Teilkapitels notieren, nachschlagen sowie inhaltlich mit Schlagwörtern/ Halbsätzen zusammenfassen (auf den Punkt bringen) und dann einem der Bilder (oder mehreren) des Teilkapitels zuordnen.

Aufgabe 5: Mögliches Auswertungsraster:

Irdische Existenz	Nachtod Existenz	Zusammenhang Leben – Nachtod	Eigene Lebens-Möglichkeiten	Beziehungen zu Menschen/ Gott	Bedeutung von Gott/ Religion

Querverbindungen:

- Gerechtigkeit Gottes – des Menschen (Individuum) – der Gesellschaft (Engagement für eine gerechte Welt/ Zukunft → 1.5.2, S. 49f; auch: 1.3.3, S. 38).

3. An (k)einen Gott glauben? (S. 100–145)

100–103: Zum Kapitel

3.0 Zum Kapitel (Einleitung) (S. 100–103)

Thema des Kapitels ist „Gott“ bzw. der Gottesglaube inklusive seiner Ablehnung.
Der *Fließtext* stellt das Kapitel mit seinen sieben Teilkapiteln vor:
3.1 Lässt sich beweisen, dass es Gott gibt? – Gottes-Beweise und -Hinweise (S. 104–108)
3.2 Kann man als modern denkender Mensch (noch) an Gott glauben? – Der Atheismus (S. 109–115)
3.3 „Ich bin, was ich bin ...“ – Der biblische Gott (S. 116–120)
3.4 „Gestatten, mein Name: Gott ...“ – Gottes-Vorstellungen und -Definitionen (S. 121–126)
3.5 Ach, Du lieber Gott! – Gottes gegensätzliche Gesichter (S. 127–133)
3.6 „Lieber keinen Gott als so einen ...!“ – Warum lässt Gott das Leid zu? (Theodizee) (S. 134–140)
3.7 „Wallah!“ – Haben die Religionen denselben Gott? (S. 141–145)

Einzelhinweise:

- Bei dem zu Beginn genannten Buch handelt es sich um: Jack Miles: Gott. Eine Autobiographie, aus dem Amerikanischen von M. Pfeiffer, München/ Wien, 1996.
- Bei den Teilkapiteln entstehen drei „Paarungen“:
  die ersten beiden stehen komplementär zueinander: *Gott beweisen – widerlegen*;
  die beiden folgenden ergänzen sich durch den Blick zuerst auf die *Bibel* und dann auf die *Theologie,* haben jedoch zugleich ein widersprüchliches Element, da die Bibel von Gott vorrangig *erzählt, während die Theologie ihn mit vernünftigen,* logischen *Gedanken*, Begriffen und Definitionen zu beschreiben bzw. zu umschreiben versucht;
- Das sechste Teilkapitel entfaltet einen Aspekt des fünften, Gottes Ambivalenz und Doppelgesichtigkeit, noch einmal brennpunktartig: die Theodizeefrage;
- nur das letzte Teilkapitel mit dem interreligiösen Vergleich steht für sich, bezieht sich jedoch noch einmal sehr eng auf das dritte (der biblische Gott mit der Betonung seiner Barmherzigkeit resp. Gnade), sowie auf das vierte – mit dem theologischen Konstrukt der *Dreieinigkeit.*

100f: Bild O'Keeffe

Georgia O'Keeffe (1887–1986): Abendstern No. VI, 1917 (S. 100f)
Bildbeschreibung: Dreigeteiltes Bild, schwarz-dunkelblaue Schicht unten, darüber (größter Bildteil) Rot, ganz oben links der Bildmitte ein gelber, runder „Ball“. Monochrome Flächen, mit Übergängen, Schattierungen und Farbwiederholungen. Bild wirkt flächig und zugleich bewegt, gewinnt links oben vielleicht auch Tiefe bzw. dritte, räumliche Dimension. Trotz Abstraktion Ansätze von Konkretion bzw. Gegenständlichkeit: Liegender roter Halbmond (Sichel), darüber Stern oder Sonne, vielleicht (zusammen mit dem Rot) auch Auge.
Hintergrundinformationen: Die US-amerikanische Künstlerin versuchte, das Wesen der Dinge durch formale Reduktion aufs Wesentliche („Abstraction“) darzustellen.
Deutungsangebote: Drei Schichten des Seins: das Materielle unten als Grundlage (Dunkel), das seine „Schatten“ auch ins darüberliegende Rote (Gedankliche, Geistige) wirft. Dieses ist nach oben hin offen und durchlässig für das aufscheinende Spirituelle (Gelb, Sternen-, Sonnenhaftes). Zusammengehalten wird alles durch den Gesamthintergrund, der an den Rändern, aber auch im wiederkehrenden „Dazwischen“ aufscheint.
Bearbeitungsvorschläge:

- Die drei Bild-/ Farbbereiche mit Bildern, „Symbolen“, Metaphern „bevölkern“ (= versehen).
- Bildvergleich mit Reiterer auf der folgenden Doppelseite (→ S. 103) (u.a. „gelber, strahlender Ring“).
- Bild mit dreidimensionaler Wirklichkeitskonstruktion in Beziehung setzen (→ 1.1.2 Glaube und Theologie, LB, 1. Thema und Aufbau, Grafik).

103: Bild Reiterer

Werner Reiterer (*1964): Draft for an Altar, 2009 (S. 103)
Bildbeschreibung: Ein einfacher Tisch (Küchentisch?) mit weißer Tischdecke vor einer (getünchten?) Wand, davor ein Stuhl; auf dem Tisch drei Gegenstände: ein hell leuchtender, nahezu geschlossener Ring (Art Heiligenschein? – mit Reflex auf der Wand), davor ein Zettel mit der Aufschrift: „WILL BE BACK IN 5 min – God“ (hier nur schwierig, im Original gut lesbar) und zuletzt links ein Handy, älteres Modell. Hinweise geben bereits die Materialangaben zur Installation: Tisch, Tischtuch, Papier, Mobiltelefon, Neonröhre, Elektronik, Stuhl.

Hintergrundinformationen: Der in Wien lebende Künstler Werner Reiterer (*1964) ist dafür bekannt, mit seinen Fotografien, Skulpturen und teils aufwändigen Installationen im öffentlichen Raum die Betrachtenden in das Werk einzubeziehen und so eine Interaktion zwischen Kunstwerk und Rezipierenden aufzubauen. Häufig konfrontiert er das Publikum mit Alltagsgegenständen, die er jedoch so einsetzt und modelliert, dass sie beim Betrachten Irritationen auslösen – mitunter auch, wie hier, mit einer gehörigen Portion Ironie.
Deutungsansätze: Ist das Gottes Arbeitsplatz? Ist er für ein paar Minuten weggegangen (etwas Wichtiges erledigen oder einfach nur Luft schnappen im Freien angesichts der bedrückenden Enge des Raumes?). Kommt er wirklich wieder? In fünf Minuten oder – vielleicht ungeplant – doch etwas später? Hat er sein Handy liegen gelassen, vielleicht vergessen, ebenso wie seinen Heiligenschein? Klingelt das Handy (die Verwerfungen der Tischdecke scheint dies anzudeuten)? Will irgendwer Kontakt aufnehmen? Benötigt jemand sogar Hilfe? Für wen hat „God" den Zettel hingelegt? Erwartet er etwa in der Zwischenzeit Besuche? Könnten wir selbst am Tisch (Gottes) Platz (ein)nehmen? Was würde er sagen, wenn er uns so vorfände?

Bilderschließung, Anregungen:
- *Bildvergleich O'Keeffe/ Reiterer*: Ähnlichkeiten: Helles Rund (Lichtkreis, Sonne u.Ä.m.) als Blickfang und (evtl.) als Symbol für Gott; Horizontale Bild-Dreiteilung in Vordergrund (schwarz/ Stuhl), Hauptteil (rot/ Tisch mit Utensilien) und Hintergrund (gelb, Lichtreflex auf der Wand). *Differenzen:* Kunstrichtung – Abstraktion vs. scheinbarer (aber auch: täuschender) Konkretion; Örtlichkeiten – unspezifisch, abstrakt, Ferne, Weite, Himmel vs. irdischer, enger, einfacher Raum); Farbigkeit – starke Farbkontraste (Schwarz, Rot, Gelb) vs. Verzicht auf Farbigkeit und Beschränkung auf Weiß/ Schwarz und hellere und dunklere Töne dazwischen;
- *Perpektiven und Perspektivenwechsel:* Die Bilder als Anlass für eine eigene Perspektive auf Gott; umgekehrt Gottes Perspektive auf beide Bilder imaginieren …
- *Bildvergleiche* mit anderen Bildern des Kapitels, insbes. S. 107 (Choi), 115 (Hofmann), 128, 131 (Houghton).

Ergänzung: Bildprogramm des GOTT-Kapitels:
1. *(Über-)Gestalthaftigkeit*: Personhaftigkeit: 122, 123, 127, 139, 143, meist männlich; weiblich: 125; Überpersonhaftigkeit, Engelhaftigkeit: 117, 125.
2. *Symbolhaftigkeit:* Himmel: 115, 141; Sonne, Licht: 100f, 103; Flamme: 145; Auge: 117, 128, 131; Schrift: 142.
3. *Inner-/Überweltlichkeit:* Welt/Immanenz – Transzendenz: 123, 133, 134, 141.
4. *Unbegreiflichkeit/Rätselhaftigkeit:* Geheimnis, Schleier des Nichtwissens, 103, 107, 118, 119.
5. *Weiteres:* Karikatur, Graffito (Stilmittel Ironie): 104, 109, 111, 130; Grafik: 121.

Zur Diskussion: Die Pascalsche Wette (S. 102 unten)

102: Zur Diskussion (unten)

Die Pascalsche Wette ist kein Gottesbeweis, sondern ein Wahrscheinlichkeitskalkül für die Effektivität des Gottesglaubens.
Die beiden Variablen Gott/ Mensch sind jeweils binär codiert: Nicht-/ Existenz resp. Un-/ Glaube. Dann ergeben sich vier Möglichkeiten, die sich folgendermaßen schematisieren lassen:

Mensch	Gott	Jenseits	Ergebnis
Gottesglaube	Existenz	Belohnung: Ewiges Leben	Totalgewinn $+\infty$
Gottesglaube	Nichtexistenz	Nichtexistenz	Nullsumme: 0 Kein Gewinn, kein Verlust
Unglaube/ Atheismus	Nichtexistenz	Nichtexistenz	Nullsumme: 0 Kein Gewinn, kein Verlust
Unglaube/ Atheismus	Existenz	Bestrafung: Ewige Verdammnis	Totalverlust $-\infty$

Schema: Die vier Möglichkeiten bei den beiden binär codierten Variablen Gott/Mensch

Problematik:
- *Menschenbild:* Glaube als Kosten-Nutzen-Kalkül, nicht als existentelles Grunddatum (Vertrauen) resp. Nachvollziehen bzw. Für-Wahr-Halten Können (→ S. 16); Mensch als Kosten-Nutzen-Kalkulierer (homo oeconomicus; → S. 94, 2. Abschn.).

- *Gottesbild:* Gott als Belohner, Bestrafer; Kalkulierbarkeit Gottes – ausgeblendet bleiben Gottes Gnade und Barmherzigkeit sowie seine Geheimnishaftigkeit (s. im Folgenden).
- *Weltbild:* Jenseits als Belohnungs-/ Bestrafungs-Mechanismus; schlichter Tun-Ergehen-Zusammenhang (→ S. 98, unten, Ziff. [2]).

Der französische Mathematiker, Literat und Philosoph *Blaise Pascal* (1623–1662) hat mit seinem Werk „Pensées" („Gedanken") ein für den christlichen Glauben und die Theologie bis zur Gegenwart interessantes Werk geschaffen. Seine Anliegen, gegen Rationalismus und Optimismus eine „Logik des Herzens" und gegen den „Gott der Philosophen" den „Gott der Bibel" stark zu machen, kann er mit seiner Wette (mit der er die Brüchigkeit der traditionellen Gottesbeweise gleichsam „überbieten" will) allerdings in keiner Weise einlösen.

Literatur:

- Pascal, Blaise: Gedanken: eine Auswahl, übers., hrsg. und eingeleitet von Ewald Wasmuth, Stuttgart: Reclam, 1995

100–145: Didaktik – Theologisieren

Blick auf die Schülerinnen und Schüler – Didaktik

Zu Schülereinstellungen zur Gottesfrage s.u. 3.4.1, S. 121.

Die Konzeption des „Theologisierens mit Jugendlichen" (s. Anhang LB 7.1.2) stellt zwei Schritte an den Unterrichtsanfang: Das Erstellen und Analysieren eigener Schülertexte zum Thema. Das so gewonnenene Material lässt sich dann im weiteren Unterrichtsverlauf immer wieder heranziehen.

Erstellung von Schülertexten zum Thema „Gott" (Aufgabenstellungen):

1. *Ich glaube (nicht) an Gott, weil .../ Gott ist für mich ... Wie stellen Sie sich Gott vor?/ Woran denken Sie bei dem Wort ‚Gott'?* Formulieren Sie Ihre Sicht zu einer der Themenstellungen.
2. Formulieren Sie auf einen fremden Text einen Antwortbrief und stellen Sie die Texte in einem *„Klassenbuch zur Gottesfrage"* zusammen.

Auswertung der Schülertexte (Raster):

1. Stimmt der Text dem Gottesglauben zu?	Ja Nein halb/halb
2. Welche Themenbereiche werden im Text angesprochen?	
3. Welche Auswirkungen hat das Thema auf die Gottesfrage? (Argumentationsstruktur)	
4. a) Welche Form von Religion (Gottesglaube) wird akzeptiert bzw. zurückgewiesen? b) Welche Bedeutung oder Funktion hat der Gottesglaube?	
5. Wird eine persönliche Entwicklung im Text erkennbar? a) In der Vergangenheit b) In der Gegenwart (als Offenheit/Unlösbarkeit der Gottesfrage) c) Für die Zukunft	
6. Gibt es im Vergleich mit den anderen Schülertexten a) Gemeinsamkeiten? b) Unterschiede? c) Gegensätze?	

3.1 Lässt sich beweisen, dass es Gott gibt? – Gottes-Beweise und -Hinweise (S. 104–108)

104–108: Gottes-Beweise und -Hinweise

Thema des Kapitels sind (1) moderne und (2) klassische Gottes-Beweise (bzw. in abgeschwächter Form Gottes-Hinweise sowie (3) die Frage nach den Möglichkeiten, die Nicht-Existenz Gottes zu „beweisen". Der *Aufbau* des Teilkapitels folgt dieser Thematik in drei Schritten.

3.1.1 „Gott durch Strommessungen am Gehirn nachweisen?" – Moderne Gottesbeweise? (S. 104f)

104f: Moderne Gottesbeweise?

Die *Überschrift* des Unterkapitels ist dem Klappentext des Buches von Andrew Newberg entnommen (s. freistehendes Zitat).
Thema sind moderne Gottesbeweise am Beispiel der Hirnforschung: zwei Beispiele (Newberg, Persinger), die zuerst – im Fließtext und zusätzlich durch ein Zitat resp. eine Karikatur – vorgestellt (S. 104, obere Seitenhälfte) und anschließend kritisch diskutiert werden (S. 104 unten, 105 oben). Beide gehen methodisch unterschiedlich vor: Newberg untersuchte Hirnaktivitäten während meditativen resp. religiösen Erlebnissen, Persinger wollte solche Erlebnisse durch äußere Stimulierung (Strom) hervorrufen.

Didaktisch-methodische Hinweise:
- Der *Einstieg* ist über Newberg (evtl. mit freigestelltem Zitat aus Klappentext und dessen Reflexion/Diskussion beginnen) oder über Persinger (zuerst: Karikatur) möglich oder über beide Experimente.
- Zwischen der *Vorstellung* und der *Deutung* der Experimente unbedingt Zäsur machen und Klasse selbst Sinn und Unsinn, Möglichkeiten, Tragweite und Schlussfolgerungen dieser Experimente beurteilen lassen (arbeitsteilige GA).
- Nach der Gesamtbearbeitung des Unterkapitels Reflexionen der Klasse mit denen des Buches in Beziehung setzen und vergleichen. Gesamtergebnis festhalten: Problematik der Schlussfolgerung aus einer messbaren Gehirn-Aktivität auf eine externe „Wirklichkeit" (bei Persinger gibt es gar zwei „Fehlschlüsse": von Gehirnaktivität (brain) zu Empfindungs- und Gedankenwelt (mind) zu „transzendenter Existenz" (Gott).
- Gehirn-Aktivität → Externe „Wirklichkeit".

Ergänzung: Das Vorgehen der sog. „Neurotheologie" funktioniert ähnlich wie der klassische ontologische Gottesbeweis, s. 3.1.2 auf derselben Seite im unmittelbaren Anschluss sowie dessen Widerlegung durch Kant – Vergleich herstellen (lassen).

3.1.2 „… mit der Vernunft erkennen, dass es Gott gibt" – Klassische Gottesbeweise (S. 105f)

105f: Klassische Gottesbeweise

Die *Überschrift* ist einer Passage aus Youcat, dem Jugendkatechismus der Katholischen Kirche, entnommen (s. freigestelltes Zitat S. 108, unten, linke Spalte). *Thema* sind die klassischen Gottesbeweise, insbesondere der ontologische des Anselm und die „fünf Wege" des Aquinaten samt deren Widerlegung (S. 105 sowie Quellentexte zur Erarbeitung, S. 106, untere Hälfte), ferner die moderne Variante des Intelligent Design und die beiden theologischen Grundansätze einer Natürlichen Theologie vs. einer Offenbarungstheologie (S. 106, obere Hälfte).

Der ontologische Gottesbeweis des Anselm von Canterbury (1033–1109) und seine Widerlegung durch Immanuel Kant (1724–1804) (S. 105, Seitenmitte)

105: Ontologischer Gottesbeweis

Nach Kant macht Anselm genau denselben Fehler wie die Neurotheologie: Er schließt von der Gedankenwelt aus auf eine „Realität" außerhalb bzw. „jenseits" derselben. Gedanken aber sind Gedanken. Wenn ein Kaufmann an eine bestimmte Summe denkt, liegt sie nicht einfach in der Kasse – Wunschdenken schafft keine Tatbestände in der äußeren Wirklichkeit, so Kants Argumentation. Gedankenwelt → // Reales externes „Sein".

Didaktisch-methodische Hinweise:
- Zwischen dem Anselmschen Gottesbeweis und seiner Widerlegung durch Kant unbedingt Zäsur machen und (1) Klasse selbst Sinn und Unsinn, Möglichkeiten und Tragweite dieses Gottesbeweises beurteilen lassen; zusätzlich (2) Verbindung zur Neurotheologie (s.o.) herstellen; dann erst (3) Kant einblenden.

- *Querverbindung* und *Ergänzung:* Anselms ontologischer Gottesbeweis steht mit seiner Definition Gottes als „das, über das hinaus nichts Größeres gedacht werden kann." (→ S. 126, Zusammenfassung) in engstem Zusammenhang. Beim genauen Durchdenken zeigt sich nun jedoch, dass Anselms Argument etwas raffinierter ist als von Kant und uns angenommen: Wenn wir nämlich annehmen, dass Gott nicht existiert, denken und sprechen wir noch gar nicht von Gott – denn dann könnte man ja über diesen (nichtexistierenden) Gott hinaus noch etwas denken (den existierenden). Anselms Argument ist also strikt logischer Natur: wenn wir etwas denken können, über das hinaus nichts Größeres gedacht werden kann, dann muss dieses Etwas deshalb existieren, weil wir ansonsten gar nicht an dieses Etwas gedacht hätten! – Dies ist allerdings ein etwas vertrackter Gedanke, weshalb es der Unterricht bei der schlichteren Version, die ja auch der große Kant zugrunde legte, belassen mag. Vielleicht liegt das Problem ja auch darin, dass wir an gar nichts denken können, über das hinaus wir uns nicht etwas noch Größeres vorstellen könnten – der Gedanke mag etwas schwindeln machen.

105, 106: Kausaler Gottesbeweis

Kausaler Gottesbeweis (S. 105, 106, Quellentexte zur Erarbeitung – jeweils untere Seitenhälfte)
Während der ontologische Gottesbeweis die Existenz Gottes allein aus unserem menschlichen Denken ableiten will, nehmen die anderen Gottesbeweise neben unserer Vernunft auch die uns umgebende Welt resp. Natur zu Hilfe. Deren Existenz scheint logischerweise eine Ursache bzw. einen „Verursacher" haben zu müssen. Im Kern geht diese Art von „Gottesbeweis" auf *Aristoteles (*384–324 v.Chr.), den Meisterschüler und Kritiker Platons (und seiner Ideenlehre), zurück.
Der mittelalterliche Theologe und Meister der Scholastik Thomas von Aquin (1225–1274) hat die einzelnen Varianten dieses Ansatzes zu „fünf Wegen" (lat. *quinque viae*) gebündelt. Hier wird die Variante des sog. „kinetischen Gottesbeweises" vorgestellt, die Gott als ersten Verursacher aller Bewegung (Veränderung) im Kosmos versteht.

106: Quellentext (unten, links)

Thomas von Aquin: Gott als erster Beweger (Quellentext zur Erarbeitung) (S. 106, untere Seitenhälfte)
Der Text geht in guter dialektischer Manier zuerst von der Gegenseite bzw. *Antithese* aus, dass es keinen logischen Grund für die Existenz Gottes gibt, weil sich die menschlichen Handlungen auf den Menschen, die natürlichen Vorgänge auf die Natur zurückführen lassen (Z. 1–9).
Dem setzt nun Thomas seine *These* entgegen, dass sich Gott beweisen lasse, und zwar auf fünf Wegen – wobei der erste Weg von der *„Bewegung"* her argumentiert (Z. 10–13).
Die *Argumentation* verläuft in drei Schritten:
a) Jede Bewegung hat ihre Verursachung und so weiter ... (Z. 14–18);
b) Die Kausalkette der Bewegung(en) kann kein „infiniter" Prozess sein, sonst gäbe es gar keine Bewegung, vielmehr muss es eine erste Bewegung und einen ersten Beweger geben (Z. 19–27).
c) Dieser erste Beweger aber würde allgemein als Gott bezeichnet (Schlussfolgerung; Z. 28–30).

106: Quellentext (unten, rechts)

Immanuel Kant: Eine erste Ursache kann, muss es aber nicht geben ... (Quellentext zur Erarbeitung) (S. 106, untere Seitenhälfte)
In seinem epochalen Werk „Kritik der reinen Vernunft" von 1781 unterscheidet Kant zwei Arten des Denkens: das *„natürliche"* bzw. auf Natur und Kosmos, also alles Innerweltliche, bezogene, in den Kategorien von Raum und Zeit befangene Denken und das *„spekulative"*, Raum und Zeit überschreitende und sich auf das Nichtsinnliche, „Überweltliche", „Transzendente" erstreckende (in der Philosophie: das Gebiet der Metaphysik). Die Existenz Gottes gehört zum spekulativen Denken, die Existenz der Welt aber zum natürlichen. So macht der kausale Gottesbeweis (und mit ihm die anderen Wege des Aquinaten) einen Kategorienfehler: „Beweise" gelten nur im Bereich des „natürlichen" Vernunftgebrauchs, nicht aber bei der Überschreitung der Grenze zum Spekulativen. Hier kann allenfalls von einer „Hypothese" gesprochen werden oder von einem „Postulat", wie Kant es selbst für seine sog. „moralische" Gotteshypothese formuliert (Sinnhaftigkeit der Annahme der Existenz Gottes als Garant der sittlichen Weltordnung – nicht Teil des Textes!).
Wohlgemerkt und interessanter Weise sieht Kant den Gottesglauben keineswegs als unvernünftig oder gar unsinnig an – er ist nur nicht Teil des „natürlichen", vielmehr des „spekulativen" Vernunftgebrauchs, für das zwar andere Gesetze gelten als fürs natürliche (etwa nicht den in den Naturwissenschaften üblichen „Beweis"), das aber eben auch *vernünftig* ist. (Kant zielt damit auch nicht primär – wie das für uns heute nahe liegt – auf die kategoriale Differenz zwischen Vernunft/ Verstand und Glaube.)

106: Texterschließung

Texterschließung:
Aufgabe 1: Bei Thomas von Aquin ergeben sich wohl drei oder vier Anfragen an (1) den Ausschluss der Möglichkeit einer unendlichen Welt, (2) den unreflektierten Sprung von der inner- zu einer

außer- bzw. überweltlichen Ebene und (3) den noch weniger reflektierten Sprung von der ersten *Bewegung* zu einem ersten *Beweger* (Personifizierung?) und zuletzt (4) die Identifizierung des ersten Bewegers mit dem, was „alle" als Gott bezeichnen (Abstrakte Gottheit resp. Frage nach Gottesbild?). – Kant setzt in seiner Kritik vorrangig bei Anfrage (2) an.
Aufgabe 2: Aufforderung, das hinter Gottesbeweisen stehende Gottes- und Weltbild zu reflektieren (was meint „Existenz" Gottes bzw. der Begriff „Gott" → 3.4), was heißt „Zweckmäßigkeit" in der Welt im Kontext der Evolution → 1.2.2, S. 22f). – *Anregung:* Die beiden freistehenden Zitate von S. 108 oben heranziehen (Bonhoeffer, Lisa).
Aufgabe 3: Aufforderung zur Klärung der Vorstellungen von „Beweis" (→ folg. Unterkapitel 3.1.3), „Hypothese", „Postulat", „Vernunft", „Verstand", Verhältnis von Glaube und Theologie (→ 1.1.2, S: 15f) usw.

Ergänzung: Die fünf Wege des Thomas von Aquin: (1) Bewegungsbeweis (Bewegung durch Bewegendes); (2) Kausalitätsbeweis (Wirkung hat Ursache); Kontingenzbeweis (das nichtnotwendig Seiende = Kontingente oder Zufällige verdankt seine Existenz einem anderen Sein); Stufenbeweis (Existenz eines Optimums); Finalitäts- bzw. „teleologischer Beweis" (Zweck, Ziel, Sinn der Welt).

Erste Prämisse/ Voraussetzung	Überall in der Welt gibt es Bewegung
Zweite Prämisse/ Voraussetzung	Alles Bewegte wird von einem anderen bewegt, nichts kann sich selbst (eine erste) Bewegung geben.
Conclusio/ Schlussfolgerung:	Die bewegte Welt setzt einen von ihr getrennten und verschiedenen Beweger voraus.

Tabelle: Logik des Syllogismus bei den Gottesbeweisen

Fließtext (S. 106, obere Seitenhälfte)

106: Fließtext (oben)

Intelligent Design: Der erste Textabschnitt nimmt eine heute verbreitete und gängige Variante der klassischen Gottesbeweise auf: den teleologischen (von der Ordnung, Zweckmäßigkeit oder Schönheit der Natur her argumentierenden), hier als „Intelligent Design" bezeichnet. Die Probleme sind teilweise bereits oben benannt: Sprung mit dem „natürlichen", naturwissenschaftlich geprägten Denken in transzendente Bereiche; Personifizierung eines Prinzips, Identifizierung mit (dem biblischen, jüdisch-christlichen) Gott.
Natürliche Theologie: Die katholische Theologie arbeitet weiterhin mit dem Modell einer doppelten, gestuften und aufeinander aufbauenden Gotteserkenntnis, einer *natürlichen* und einer *übernatürlichen:*

- Natürliche, gegebene Gotteserkenntnis (cognitio Dei naturalis), entweder: angeboren (notitia insitia) oder erworben (notitia acquisitia), etwa durch Betrachtung der (Ordnung resp. Schönheit) der Natur, durch Sündenfall allerdings „verderbt", korrumpiert – erkennbar nur das Dasein („Dass" der Existenz) Gottes, nicht aber sein Wesen.
- Übernatürliche, geoffenbarte Gotteserkenntnis (cognitio Dei revelatus): Gottesoffenbarung, Zeugnis der Bibel (revelatio immediata); über Bibelauslegung (revelatio mediata, Bibel als Medium).

Offenbarungstheologie: Die protestantische Theologie ist sowohl Gottesbeweisen als auch einer Natürlichen Theologie gegenüber von wenigen Ausnahmen abgesehen (z.B. Emil Brunner) überwiegend skeptisch eingestellt. Sie geht dagegen von Gottes Offenbarung bzw. von den in der Bibel erzählten Erfahrungen von Menschen mit Gottes Offenbarung aus. „Offenbarungstheologie" ist hier jedoch keinesfalls nur im emphatischen Sinne als Form der Theologie gemeint, die die göttliche Offenbarung der menschlichen Erfahrung oder Vernunft entgegensetzt (wie etwa die Dialektische Theologie Karl Barths bzw. des frühen Barth), vielmehr in einem weiten Sinne eine Theologie, die Gottes Offenbarung sehr wohl als vermittelt über die menschliche Erfahrung und Vernunft begreift (also auch erfahrungsorientierte theologische Ansätze).

3.1.3 „Die Wissenschaft hat bewiesen, dass ..." – Beweise gegen die Existenz Gottes? (S. 107)

107: Beweise gegen die Existenz Gottes?

Die *Überschrift* des Unterkapitels nimmt eine gängige, häufig anzutreffende Formulierung auf. *Thema* ist der moderne, naturwissenschaftliche Atheismus. Damit *verweist* das Unterkapitel bereits voraus auf das folgende Teilkapitel (Atheismus, 3.2) und dort insbesondere auf das erste Unterkapitel (Der neue Atheismus, 3.2.1). Das Thema wird jedoch bereits hier diskutiert, weil es hier komplementär zu den Gottesbeweisen um „Beweise" gegen Gottes Existenz geht und der Begriff „Beweis" in diesem doppelten, gegenläufigen Kontext kritisch beleuchtet werden soll.

107: Fließtext (oben)

Fließtext (S. 107, obere Seitenhälfte)

Die Behauptung, die Naturwissenschaften lieferten (auf die eine oder andere Weise) „Beweise" gegen die Existenz Gottes, beruht auf mindestens zwei irrtümlichen Annahmen: zuerst einmal (1) dem Charakter von naturwissenschaftlichen Beweisen – und damit dem methodischen Vorgehen – und ferner (2) dem Untersuchungsfeld.

(1) Über das im Schülerband Gesagte hinaus ist hier ein wenig *Wissenschaftstheorie* hilfreich. Die klassische, auch heute noch gängige Vorstellung (s. Zitat in der Überschrift) geht davon aus, dass die Naturwissenschaften von Einzelbeobachtungen zu Hypothesen gelangen und von dort aus über weitere Experimente zu festen, gültigen Theorien. Wissenschaftliche Aussagen würden auf diese Weise „bewiesen" im Sinne von „verifiziert", „wahr gemacht" (sog. *Logischer Positivismus*). Dem widerspricht der *Kritische Rationalismus* (Karl R. Popper, Hans Albert u.a.m.) mit der Feststellung, dass Verifikation in diesem streng logischen Sinne naturwissenschaftlich gar nicht möglich sei: die Beobachtung noch so vieler weißer Schwäne „beweist" nicht die Hypothese oder Theorie: Alle Schwäne sind weiß. Es ist allenfalls eine gewisse Wahrscheinlichkeit, Bewährung, Bestätigung, Annäherung an eine Wahrheit (allerdings eben auch sehr gut bestätigte, aber eben keine absolute Wahrheit) möglich. Die eigentliche Wissenschaftlichkeit bestehe vielmehr darin, dass Hypothesen oder Theorien der „Falsifikation" ausgesetzt würden: die Beobachtung eines einzigen schwarzen Schwans (in Australien) widerlegt die oben genannte Theorie, zwingt zu ihrer Aufgabe und der Aufstellung einer neuen Hypothese. Demnach gäbe es zwar einen Fortschritt der naturwissenschaftichen Erkenntnis, aber allenfalls eine Annäherung an die Wahrheit, kein Erreichen der absoluten Wahrheit selbst.

(2) Die Naturwissenschaften beschäftigen sich per definitionem mit der Natur (also mit dem, was nach Kant dem „natürlichen" Vernunftgebrauch zugänglich ist → s.o. S. 105f), nicht aber mit dem, was „jenseits" dieser Natur bzw. dieses Vernunftgebrauchs liegt (Feld der Metaphysik, d.h. dessen, was jenseits oder hinter der physikalisch resp. naturwissenschaftlich fassbaren Welt liegt). M.a.W.: Die Naturwissenschaften befassen sich nur mit innerweltlichen Problemen und schließen dabei die Hypothese „Gott" von vornherein aus, sie „widerlegen" keinesfalls die Existenz Gottes – dies wäre der klassische Fall eines logischen Zirkelschlusses (der das bereits voraussetzt, was er zu „beweisen" behauptet). Die Naturwissenschaften arbeiten von vornherein mit einem „methodischen Atheismus" (→ 3.2, S. 114: Zusammenfassung, linke Spalte, unten).

107: Bild Choi

Bild: Jaeyong Choi: Vermehrung_Milchstraße #4, 2013 (S. 107, untere Seitenhälfte)

Bildbeschreibung: Im Innenhof eines älteren, gut erhaltenen bzw. restaurierten Gebäudes (weiße Rundbogen vor Galeriegängen in drei Etagen) sieht man sehr helle, weiße, von drei Strahlern im Hintergrund von oben her (und vielleicht weiteren, nicht sichtbaren) zusätzlich beleuchtete feine „Gespinste" (Art Spinnennetz, Schneegestöber, Milchstraße – so der Titel des Kunstobjekts) – wie ein leichtes, wolkiges, zerfließendes Netz im Innenhof schwebend. Eine Person auf der mittleren Etage (Frau mit Smartphone?) scheint das Kunstwerk nicht wahrzunehmen, eine andere im Parterre dagegen scheint es mit aufwärts gerichtetem Blick aufmerksam zu betrachten …

Hintergrundinformationen: Der südkoreanische Künstler Jaeyong Choi (*1984 in Seoul) war u.a. Meisterschüler an der Hochschule für Grafik und Buchkunst Leipzig und hat sich durch zahlreiche Ausstellungen und Ausstellungsbeteiligungen einen internationalen Ruf erworben.

Deutungsangebote: Die materiell wenig greifbare Rauminstallation lässt sich als Versuch begreifen, das Wesen von Kunst oder auch Religion (hier: Gottesglaube) als zusätzliche Erfassung von Wirklichkeit (sozusagen als vierte Dimension) zu begreifen. Dass es dabei keineswegs um ein „Beweisen" gehen kann, vielmehr eher um ein zusätzliches Wahrnehmen, Perspektivieren und „Begreifen", macht die Luftigkeit und Flüchtigkeit dieser Dimension deutlich.

Querverweis: Vergleiche mit anderen Werken bieten sich an, etwa mit der Raumkunst von Smilde → S. 242, oder mit einem Bild von Hofmann → S. 115.

108: Abschluss des Teilkapitels

Abschluss des Teilkapitels 3.1 (S. 108)

Der ganzseitige *Abschluss* des Teilkapitels besteht aus drei bis vier Elementen:
zwei freistehenden, zu Diskussion und Meditation einladenden Doppelzitat-Paaren, einer Zusammenfassung und Aufgabenstellungen.

108: Zwei Doppelzitat-Paare

Zwei freistehende Doppelzitat-Paare (oben; unten) (S. 108)

Das Bonhoeffer-Zitat stammt aus seiner Habilitationsschrift mit dem Titel „Akt und Sein" (DBW 2, S. 112), das Zitat in der linken Spalte von einer heutigen, in der Schweiz lebenden 17-jährigen Jugendlichen jüdischen Glaubens (Lisa).

„Youcat", der Jugendkatechismus der Katholischen Kirche (2011) (Zitat unten, linke Spalte) antwor-

tet auf die Frage: „Können wir die Existenz Gottes mit unserer Vernunft erkennen?" sehr überzeugt und drastisch: „Ja. Die menschliche Vernunft kann Gott mit Sicherheit erkennen." (Youcat Deutsch, S. 15) – Diese „Sicherheit" würde von evangelischer Seite her kaum geteilt.
Die beiden Zitate in der rechten Spalte unten stammen aus dem englischsprachigen Raum und wurden von einer Psychoanalytikerin veröffentlicht, die im Gegensatz zu Freud die Religion nicht primär als pathogen, vielmehr als entwicklungs- und identitätsstärkend begreift und ihren lebensgeschichtlichen Wurzeln und Entwicklungen nachgeht (Ana-Maria Rizzuto, The Birth of the Living God). Beide Zitate weisen darauf hin, dass der Gottesglaube so sehr Teil der eigenen Identität werden und sein kann, dass auch ein „Gegenbeweis" diesen Glauben nicht zur Aufgabe zwingen könnte.

108: Zusammenfassung

Die *Zusammenfassung* gibt einen umfassenden Überblick über die Gottesbeweise und ihre Widerlegung. Der im Fließ- und Quellentext erläuterte „kinetische Gottesbeweis" nach Thomas von Aquin (S. 105f) lässt sich hier mühelos ergänzen.
Neu eingeführt wird hier der moralische „Weg" zu Gott – nicht im Sinne eines Beweises (der natürlichen Vernunft), sondern eines Postulats (der spekulativen Vernunft): Die Annahme der Existenz Gottes ist sinnvoll (und scheint moralisch sogar geboten) – als Garant der sittlichen Weltordnung, weil sonst „alles erlaubt" wäre, „sogar die Menschenfresserei" und jedes andere Verbrechen, weil es dann gar keine Verbrechen **gäbe** – wie Fjodor Michailowitsch Dostojewski in seinem weltberühmten Roman „Die Brüder Karamasow" im Jahre 1880 formuliert. (Was man natürlich auch anders sehen kann!)

Zu den Aufgaben (S. 108)

108: Zu den Aufgaben

Aufgabe 1: Der klassische ontologische und der moderne hirnphysiologische „Gottesbeweis" schließen vom menschlichen Denken aus unmittelbar auf die Existenz Gottes, die weiteren klassischen und modernen von der vernünftigen Betrachtung der Natur aus auf Gott. Grafische Darstellung:

Gott			Gott
↑			↑
Verstand	Verstand	→	Natur

Die Fragestellung ließe sich auch folgendermaßen präzisieren: Skizzieren Sie die unterschiedlichen – klassischen und gegenwärtigen – Gottesbeweise und zeigen Sie auf, wie sie sich sinnvoll zu zwei Grundversionen gruppieren lassen: a) aus dem menschlichen Denken, b) aus der Natur (Gemeinsamkeiten, Unterschiede).
Aufgabe 2: Das Problem liegt im Schluss vom Denken auf ein (extragedankliches) Sein bzw. vom innerweltlichen, „natürlichen" zum „überweltlichen", spekulativen Denken bzw. Bereich.
Aufgabe 3 und 4: Bei der Differenzierung der katholischen und evangelischen Position lassen sich Varianten im Verständnis von Glaube, Vernunft und Theologie feststellen. Die evangelische Seite betont stärker den Geschenkcharakter des gesamten Glaubens (und nicht nur der gleichsam zweiten Stufe an den biblisch geoffenbarten), den neuzeitlich, aufklärerisch geprägten Vernunftbegriff (Kants Differenzierung von natürlichem und spekulativem Vernunftgebrauch) sowie eine dialektische, paradoxale Denkweise in der Theologie (s. dazu auch das Verständnis von Rechtfertigung als Geschenk des Glaubens, etwa im Sinne Tillichs → 2.5, LB).
Aufgabe 5: Im zu Beginn dargestellten dreidimensionalen Schema (s.o., 1.1.2, LB) wäre zu klären, was die Formulierung „es gibt" auf der jeweiligen Ebene heißt: es gibt ... die Natur/ die menschliche Gedankenwelt/ Möglichkeiten, die weder in der Natur noch in unseren Gedanken liegen ...
Die Pointe der Unmöglichkeit von Gottesbeweisen liegt darin, dass ein ein- und /oder zweidimensionales Denken nicht von sich aus drei Dimensionen erfassen kann, dies wird erst durch eine externe Hinzufügung der dritten Dimension möglich.
Ergänzung: Nehmen Sie Stellung zur Aussage des Dirigenten Georg Solti, der in einem Interview erklärt hat: „Für mich gibt es zwei Gottesbeweise: Das sind Mozart und das Lächeln meiner Kinder."

109–115: Der Atheismus

3.2 Kann man als modern denkender Mensch (noch) an Gott glauben? – Der Atheismus (S. 109–115)

Das Kapitel befasst sich mit dem *Atheismus* in drei Schritten, mit einem vierten, sich mit dem dritten auf der letzten Doppelseite überlappenden Abschluss.

- Der neue Atheismus (3.2.1; S. 109)
- Der klassische Atheismus (3.2.2; S. 110–112)
- Theologie und Atheismus (3.2.3; S. 113–115)
- Abschluss (S. 114f)

Ein Blick auf die Jugendlichen – Didaktik

Der Zugang Jugendlicher zur Gottesfrage ist unter dem kognitiven Aspekt *üblicherweise einfacher und unmittelbarer* als der zu biblischen Gottesvorstellungen. Allgemeine, weniger profilierte wie deistische und unbestimmte („höhere Macht") sowie agnostische und indifferente Einstellungen dominieren gegenüber profilierten Positionen wie der eines klaren Theismus auf der einen oder eines militanten Atheismus auf der anderen Seite; dennoch finden sie sich als Minderheitsvoten, wobei zugleich mit einer Kritik an solchen Positionen durch die Heranwachsenden selbst zu rechnen ist.
Obwohl manche Vertreter des Neuen Atheismus nicht nur eine breite Publikums- und Medienwirksamkeit erreichen, sondern auch gezielt Heranwachsende anzusprechen versuchen, ist bei den Jugendlichen der Kursstufe wegen der teilweise recht plakativen Darstellungen insgesamt mit keiner überaus starken Wirkung dieser „Propaganda" zu rechnen, was jedoch in Einzelfällen durchaus der Fall sein mag. Im Allgemeinen werden eine sachliche Argumentation und eine konstruktive Würdigung der berechtigten Anliegen beider Seiten, der atheistischen wie der theologischen, durchaus möglich sein, gemäß dem EKD-Kerncurriculum von 2010, das die Aufgabe des Unterrichts darin sieht zu zeigen, wie „angesichts von Haltungen wie Agnostizismus und Indifferentismus, Fundamentalismus und Atheismus heute von Gott theologisch reflektiert geredet werden kann".

109: Der neue Atheismus

3.2.1 „Diene weder fremden noch heimischen Göttern ..." – Der neue Atheismus (S. 109)

Die *Überschrift* ist dem „Manifest *des evolutionären Humanismus*" entnommen (s.u. freistehendes Zitat, Anfang); *Thema* des eine Seite umfassenden Unterkapitels ist: *Der neue Atheismus* (Bezeichnung seit 2006 üblich), der in den letzten Jahren in unterschiedlichen, sich teilweise überlappenden personellen und organisatorischen Formen öffentliche Aufmerksamkeit auf sich zog, z.B.:

- Der englische Biologe *Richard Dawkins* (*1941) mit seinem Weltbestseller „The God Delusion" (dt.: Der Gotteswahn) gleichsam als „Bibel" des „Neuen Atheismus" (im englischen Sprachraum sehr bekannt wurden auch Sam Harris sowie Christopher Hitchens);
- die sog. *„Brights"* (etwa: *Die Aufgeweckten,* Begriff seit einer Konferenz der „Atheist Alliance International" AAI im Jahr 2003 üblich), die nach eigener Selbstbekundung ein „naturalistisches" anstelle eines „übernatürlichen Weltbildes" vertreten und damit frei von Glauben an „Übernatürliches" sind (www.the-brights.com);
- *Michael Schmidt-Salomon*, Sprecher der „giordano bruno stiftung (gbs)" – hier ausgewählt.

109: Fließtext und Zitate

Fließtext und Zitate (S. 109)

Die „giordano bruno stiftung (gbs)", eine „Denkfabrik für Humanismus und Aufklärung", legt nach eigenem Bekunden Wert darauf, keine den Atheismus vertetende Organisation zu sein. Ihr Sprecher Michael Schmidt-Salomon allerdings vertritt atheistische Positionen in eindeutiger, ausgeprägter und polemischer Weise.
Drei seiner Veröffentlichungen sind für den Religionsunterricht besonders interessant:

- Das hier zitierte Kinderbuch mit dem Titel „Wo bitte geht's zu Gott? fragte das kleine Ferkel" mit einer stark ausgeprägten antireligiösen, antiklerikalen und auch antijudaistischen Tendenz (stereotype Religionsvertreter);
- das für Erwachsene geschriebene, hier und an anderer Stelle erneut mit einem etwas längeren Textauszug (S. 247) aufgenommene „Manifest des evolutionären Humanismus";
- das für Jugendliche gedachte Werk „Susi Neunmalklug erklärt die Evolution" (als Buch und im Internet verfügbar), in dem die Evolutionstheorie in antagonistischer, szientistischer Weise einem „naiven" Schöpfungsglauben – mit wörtlichem, gleichsam fundamentalistischem Bibelverständnis – gegenübergestellt wird (dazu → 1.2.2 u. 3, S. 23. 25).

Im oberen freigestellten Zitat kommt die Quintessenz seines Kinderbuchs in der Manier von Wilhelm Busch als „Moral" zu Wort, in den unten zitierten Passagen aus seinem Werk für Erwachsene geht der Autor von der Projektionsthese (Gott bzw. Götter als „Primatengehirn-Konstruktionen") aus und spricht sich dann gegen eine Orientierung an Religion (Gott, Götter) und „Autoritäten" und für den aufklärerischen Rekurs auf den eigenen Verstand, auf Kritik und eine Ethik der Leidminderung aus (was selbstverständlich positiv zu würdigen ist).
Querverweise: → Im Kontext der Weltanschauungen kommen gbs und Schmidt-Salomon nochmals zu Wort (→ 6.1.3, S. 246f), Zusammenhang herstellen!
http://schmidt-salomon.de/bruno/human/manangebote.htm

Bild: Scott Grieger (*1946): Beware of God, 1996 (S. 109) 109: Bild Grieger

Das Bild kann – analog zum Rolltreppen-Graffito auf der übernächsten Seite – als Karikatur gelesen werden – jedoch auch mit durchaus offener Deutung: als Bewahrung vor einem Gottesglauben überhaupt/ einer bestimmten Form von Gottesglauben ... – Bild eignet sich auch als Einstieg zum Thema/ zur Seite.
Aufgabenstellungen:
1. Interpretieren Sie die beiden Grafiken von S. 109 und 111 als Bitt- und Dankgebet an Gott und entwerfen Sie eine (mögliche) Antwort Gottes.
2. Bewerten Sie, welche Aussagen von Schmidt-Salomon (alle Zitate der Seite) von religiöser/ christlicher/ theologischer Seite aus aufgenommen und welche zurückgewiesen werden könnten – mit jeweiliger Begründung –, und entwerfen Sie einen Dialog zwischen dem Autor und einer Religionslehrerin.

Ergänzung: Mögliche Argumentationsmuster des Neuen Atheismus: 109: Neuer Atheismus

Drei Bereiche, je drei Argumentationen
a) Naturalistische Kritik
1. Projektionsthese: Religion als menschliches Konstrukt
2. Evolutionstheoretisches Argument: Religion als evolutionärer Vorteil
3. Neurologisches Argument: Religion als bloße Hirnfunktion
b) Funktionalistische Kritik
1. Religion als schädliche Illusion
2. Kulturtheoretisches Argument: Kulturell destruktive Wirkung
3. Individualtheoretisches Argument: Individuell destruktive Wirkung
c) (Sprach-)Logische Kritik
1. Bedeutungs- resp. Sinnlosigkeit des Wortes „Gott"
2. Inkonsistenz der Gottesvorstellungen
3. Inkohärenz der Gottesattribute.

Querverweis: Aufgrund ihrer militanten, dialogfeindlichen und teilsweise szientistischen (wissenschaftsgläubigen, positivistischen bzw. reduktionistischen) Positionen sind diese Formen – analog zu den religiös-fundamentalistischen Einstellungen, die sie vehement bekämpfen – dem Modell einer schlichten antagonistischen Verhältnisbestimmung des Verhältnisses von Theologie und Naturwissenschaft(en) zuzuordnen (→ 1.2.2 u.3, S. 23, 25). Kritik erfahren sie nicht nur von Seiten der Theologie, vielmehr auch der Philosophie, teilweise selbst von solchen Philosophen, die ihrerseits eine – dann allerdings differenziertere und anders begründete – Kritik an der Religion bzw. am Christentum vortragen (etwa Herbert Schnädelbach).
Literatur:
- Dieterich, Veit-Jakobus: Neuer Atheismus und Religionsunterricht. In: Glaube und Lernen (Theologie interdisziplinär und praktisch), 28. Jg., 2013, H. 2, 193–210
- Wuketits, Franz M.: Was Atheisten glauben, Gütersloh: Gütersloher Verlagshaus, 2014

Ergänzungen:
- *Richard Dawkins* und einer seiner Bestseller „Der Gotteswahn" oder das neuere Werk „Atheismus für Anfänger" (→ S. 72 unten: Dawkins Werk „The Selfish Gene"/ „Das egoistische Gen"; hier zeigt sich erneut das in jeder Hinsicht reduktionistische Welt- und Menschenbild von Dawkins).

Literatur:
- Dawkins, Richard: Atheismus für Anfänger. Warum wir Gott für ein sinnerfülltes Leben nicht brauchen, übers. von Sebastian Vogel, Berlin: Ullstein, 2019
- Peetz, Katharina: Der Dawkins-Diskurs in Theologie, Philosophie und Naturwissenschaften, Göttingen: Vandenhoeck & Ruprecht, 2013
- Die in vielen neueren Religionsbüchern aufgenommene atheistische „Bus-Kampagne" inklusive

der Gegenkampagne der christlichen/ fundamentalistischen Seite (mit einer schönen Fotocollage zweier sich wie Kampfstiere gegenüberstehenden Busse mit den Aufschriften: „Es gibt […] keinen Gott"/ (There is no God) vs. „Und wenn es ihn doch gibt …").

110–112: Der klassische Atheismus

3.2.2 „Der Mensch schuf Gott nach seinem Bilde …" – Der klassische Atheismus (S. 110–112)

Die *Überschrift* des 2 ½ Seiten umfassenden Unterkapitels (S. 110–112, linke Text-Spalte) ist einem – im Text aufgenommenen – freigestellten Zitat Ludwig Feuerbachs entnommen, dessen „klassische" (theoretische) Religionskritik das zentrale *Thema* darstellt (Fließtext, S. 110, Quellentext, S. 112, linke Spalte, samt deren Weiterentwicklung und Modifizierung durch Karl Marx, Sigmund Freud und Friedrich Nietzsche (S. 110, unten, 111, ganz).
Querverweise: Der unmittelbare Zusammenhang zum vorhergehenden und zum folgenden Unterkapitel liegt auf der Hand – auch der moderne resp. „Neue" Atheismus argumentiert mit dem Projektionsvorwurf (Schmidt-Salomon-Text, S. 109, Zitat). Die Theologie nimmt diesen Vorwurf in ernsthafter und konstruktiver Weise auf (→ 3.2.3).

110 + 112: Fließtext + Quellentext (links): Feuerbach

Klassischer Atheismus – Ludwig Feuerbach: Gott – eine Projektion (S. 110, Fließtext u. S. 112, Quellentext, linke Spalte)
Der Philosoph *Ludwig Feuerbach* (1804–1872) entfaltete die sog. Projektionsthese erstens grundlegend anthropologisch (Gottes Wesen als projiziertes Wesen des Menschen), sowie themenbezogen (etwa die Liebe u.a.m.).
Das – freigestellte – *Zitatpaar* (S. 110 oben) zeigt, wie Feuerbach, der ursprünglich Theologie studiert hatte, seine Grundthese in Anklang, Umkehrung und Gegenüberstellung zur Bibel (Rede von der Gottebenbildlichkeit des Menschen in Gen 1 → Menschenebenbildlichkeit Gottes) entwarf (→ 2.1.2, S. 63, obere Seitenhälfte).
Der *Quellentext* (S. 112) gliedert sich in drei Gedankengänge, wobei sich der erste in zwei Abschnitte aufteilt, einen ersten, theoretischen, und einen zweiten, diesen veranschaulichenden konkreten:

- Der *erste Abschnitt* (Z. 1–14) legt die Projektionsthese grundlegend dar – in ihrer positiven Form: Gott ist die ins Übermenschliche gesteigerte und projizierte Version eines „idealen" bzw. „ideal gedachten" Menschen.
- Der *zweite Abschnitt* (Z. 15–20) veranschaulicht diese Projektions-Form an vier Beispielen: Liebe, Güte, Vernunft/ Verstand und Existenz (Subjekt- resp. Personhaftigkeit).
- Der *dritte Abschnitt* (Z. 21–30) stellt die andere, gleichsam „negative" Form der Projektion dar: Hier soll Gott als vollkommenes Wesen die Mängel des Menschen als „Gegenbild" resp. „Gegenprojektion" ausgleichen und wettmachen; dies veranschaulicht er an den Beispielen von Un-/ Endlichkeit, Un-/ Vollkommenheit, Zeitlichkeit/Ewigkeit, Ohnmacht/Allmacht und Sündhaftigkeit/ Heiligkeit … – in Summa: Der Mensch ist das Nichtige, Negative, Gott dessen Negation.
- Der *vierte, letzte* Abschnitt (Z. 31–43, Ende) fasst den Grundgedanken der Projektion (nochmals) zusammen: beide Formen, positive (1. und 2. Abschn.) wie negative (3. Abschn.) Projektion zeigen, dass Gott eine Projektion des Menschen ist, was dem Menschen allerdings nicht bewusst wird, da er das Projizierte für eine äußere Realität hält. Der Wunsch wird zur (vermeintlichen) Wirklichkeit. Der „Wendepunkt der Weltgeschichte" tritt ein, wenn sich der Mensch bewusst wird, dass dieser Gott eigentlich „der Mensch" ist, der Mensch in seiner besten, von seinen Mängeln befreiten Form, in Gestalt gleichsam eines Gottes bzw. des gottgleichen oder göttlichen Menschen (Schlusspassage).

112: Texterschließung

Texterschließung (S. 112)
Aufgabe 1: Der Mensch projiziert seine guten Seiten in vollendeter Steigerung, seine Mängel aber in umgekehrter, die Mängel ausgleichender (kompensierender) Weise auf ein außerhalb existierendes, höheres bzw. höchstes Wesen.
Aufgabe 2 – Bsp. aus einer Schulklasse
(siehe Abb. rechts)

Gruppenarbeit zur Religionskritik Feuerbachs

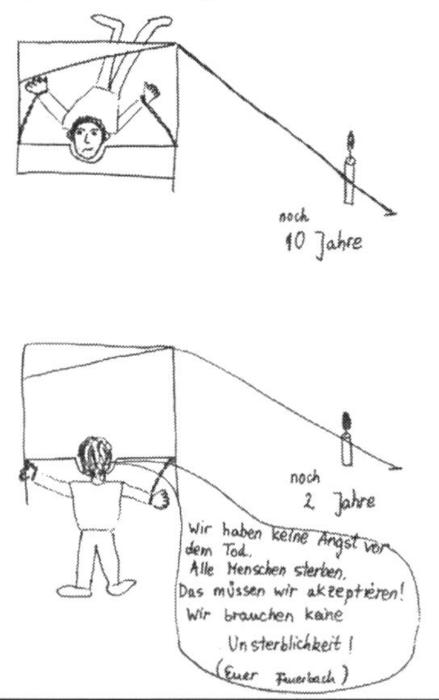

Aufgabe 3: s.u. bei Zahrnt.

Achtung: Ein in unserer individualisierten Gesellschaft gängiges Missverständnis versteht die Projektionsthese so, dass sich jeder ganz individuell nach seinem gusto seinen Gott macht – gemäß dem Motto: Wenn dein Gott tot ist, nimm doch meinen! Feuerbach denkt aber völlig anders: er nimmt den Menschen als „Gattungswesen" in den Blick („Bewusstsein der Gattung", Z. 40f). Gewisse anthropologische Grundkonstanten (wie seine Sterblichkeit usw.) bestimmen seine Argumentation.

112: Ergänzungen

Querverweise:

- Die Formulierung „Homo homini Deus est [Der Mensch ist für den Menschen Gott]" nimmt den Spruch „homo homini lupus" (römische Tradition, Hobbes → 2.3.2, 72f) auf und wandelt ihn ab.
- Zusammenhang zum ontologischen Gottesbeweis des Anselm und dessen Widerlegung durch Kant (→ 3.1.2, S. 105, Mitte) wird im Gedanken der „aufklärerischen" Aufdeckung und Ablehnung der Projektion menschlicher Gedanken in äußere Realitäten erkennbar.
- Insgesamt zielt Feuerbach auf Abschaffung von Gottesglaube und Theologie: „Gottesfreunde" wandeln sich zu „Menschenfreunden", aus „Theologie" wird „Anthropologie", (→ 2.1.1, S. 61, Zusammenfassung). Feuerbach selbst formuliert: „Gott war mein erster, die Vernunft mein zweiter, der Mensch mein dritter und letzter Gedanke." Und als Intention seiner Philosophie, die Leser „aus Gottesfreunden zu Menschenfreunden, aus Gläubigen zu Denkern, aus Betern zu Arbeitern, aus Kandidaten des Jenseits zu Studenten des Diesseits, aus Christen zu Menschen, zu ganzen Menschen zu machen."

Ergänzungen:

- Der Atheismus ist keine neuzeitliche Erfindung, er findet sich vielmehr schon in der griechischen Antike, etwa im Skeptizismus oder im Asebie-Prozess gegen Sokrates. Platon zielte in seinem Spätwerk „Nomoi" (Die Gesetze) auf einen staatlich verordneten Pantheismus und eine Verfemung des Atheismus. Auch die Projektionsthese wurde schon früh formuliert, etwa bereits vom Vorsokratiker Xenophanes: „Doch wenn die Ochsen und Rosse und Löwen Hände hätten oder malen könnten mit ihren Händen und Werke bilden wie die Menschen, so würden die Rosse rossähnliche, die Ochsen ochsenähnliche Göttergestalten malen und solche Körper bilden, wie jede Art gerade selbst das Aussehen hätte." (Xenophanes, Sillen, Fr. 15)
- Veranschaulichung der Projektionsthese an einer wirklichen Bildprojektion (Projektor, Filmgerät, digitale Geräte u.a.m.).
- Ein Bild von Baselitz, dessen „Markenzeichen" es ist, die Menschen auf seinen Bildern „auf den Kopf" zu stellen, könnte das Projektionsgeschehen und dessen „Rücknahme", d.h. die Rückprojektion der Projektion ebenfalls veranschaulichen.

Karl Marx, Sigmund Freud und Friedrich Nietzsche (S. 110, unten u. 111, ganz)

110 u. 111: Marx, Freud und Nietzsche

Karl Marx (1818–1883) nimmt Feuerbachs Projektionsthese einerseits auf und verändert sie andererseits entscheidend: der Mensch projiziert seine geschichtlich-gesellschaftlichen Verhältnisse und Zustände (positiv wie negativ) auf Gott/den Himmel (Elf Thesen über Feuerbach als Voraussetzung, Zur Kritik der Hegelschen Rechtsphilosophie, Einleitung als Ausformulierung). Der Mensch ist für ihn „kein abstraktes, außer der Welt hockendes Wesen", sondern „das Ensemble der gesellschaftlichen Verhältnisse", die „Welt des Menschen, Staat, Sozietät". Dann gilt: „Dieser Staat, diese Sozietät produzieren die Religion, ein verkehrtes Weltbewusstsein." – Religion dient als „Rechtfertigungsgrund" der Verhältnisse. Aufgabe ist es, die in der Religion verborgenen Kräfte und Hoffnungen aufs Diesseits zu richten: „Die Kritik der Religion endet mit der Lehre, dass der Mensch das höchste Wesen für den Menschen sei, also mit dem kategorischen Imperativ, alle Verhältnisse umzuwerfen, in denen der Mensch ein erniedrigtes, ein geknechtetes, ein verlassenes, ein verächtliches Wesen ist." (→ 1.3.1, S. 29, Zitat, linke Spalte).

Die Formulierung von Religion als „Opium für das Volk" stammt von Lenin (1870–1924; in: Über die Religion).

Ergänzung: Zwei Zitate, zur Entstehung = Vergangenheit und Abschaffung = Zukunft von Religion: „Der Mensch macht die Religion, die Religion macht nicht den Menschen."

„Die Philosophen haben die Welt nur verschieden interpretiert, es kommt darauf an, sie zu verändern!" (Durch die Veränderung der gesellschaftlichen Verhältnisse kommt die Religion zum Erliegen.)

Sigmund Freud (1856–1939), der Vater der Psychoanalyse, bietet zwei Herleitungen für die Religion, eine kulturgeschichtliche (phylogenetische) und eine entwicklungspsychologische (ontogenetische): kulturgeschichtlich führt die Ermordung des Stammvaters in der archaischen Urhorde, entwicklungspsychologisch die Verdrängung ödipaler Grundkonflikte zu starken Schuldgefühlen, zu Verdrängung (mit der „Wiederkehr" etwa im Gedanken des Sühnetods Christi) und ganz allgemein zur Disposition zu einer „Zwangsneurose". Der Vater als Verursacher der Schuldgefühle wird zugleich zum externen Bewältiger und Beschützer umfunktioniert und stilisiert. Aufgabe wäre es, diese Projektionen durch kollektive wie individuelle Aufklärung und Analyse zu durchschauen und sich dem „Primat der Intelligenz" als dem „psychologischen Ideal" (so weit wie möglich) zu nähern. Mag man vielen Konstrukten der Freudschen Psychoanalyse heute auch kritisch bzw. skeptisch gegenüberstehen (Urmord; Ödipuskomplex), so bleibt seine Analyse von Religion als „infantile" resp. „nicht erwachsene" , d.h. zu Abhängigkeit und Unselbständigkeit bis hin zu psychischer Krankheit führende Lebenshaltung doch sehr bedenkenswert – besonders hinsichtlich autoritärer Formen von Religion bzw. Religiosität.

Friedrich Nietzsche (1844–1900) kritisierte die Werte der biblisch-christlichen Tradition als „Sklavenmoral" (dekadentes Mitleid), propagierte eine „Umwertung aller Werte" und eine Entwicklung hin zu einem „höheren Typus Mensch", zum „Übermenschen", bei dem sich „jenseits von Gut und Böse" ein absoluter „Wille zur Macht" realisiert. Auf diesem Weg müssen Gott und der Gottesglaube abgeschafft werden, wie der „tolle Mensch" im Werk „Die fröhliche Wissenschaft" berichtet. Zarathrustra (als „Promotor" des Übermenschen) sagt, „*wenn* es Götter gäbe, wie hielte ich's aus, kein Gott zu sein! *Also* gibt es keine Götter."
Querverweis: Der tolle Mensch, Ich suche Gott → Diogenes, Ich suche einen Menschen, Einl. Mensch-Kap., S. 56).

Ergänzung: Existentialistischer Atheismus (Sartre, Camus): Nur durch die Befreiung von der Abhängigkeit von Religion/Gottesglaube wird der Mensch frei, sein Leben in Eigenverantwortung zu führen, also sein Leben selbst zu entwerfen und zu gestalten (Sartre) bzw. sich der Absurdität des Lebens zu stellen und sie in tätiger Arbeit zu bewältigen (Camus) (→ 3.6.1 u. 3, S. 88 und 92f).

113–115: Theologie und Atheismus

3.2.3 „Wer sind sie, die einen Gott machen …?" – Theologie und Atheismus (S. 113–115)

Der *Fließtext* (S. 113–115) entfaltet das Verhältnis von Theologie und Atheismus in drei (tlw. wiederum untergliederten) Schritten:

- (A) konstruktive Aufnahme von Atheismus und Projektionsthese durch die Theologie (S. 113 sowie Quellentext S. 112, rechte Spalte);
- (B) kritische Reflexion von atheistischer Projektionsthese und Religionskritik selbst (S. 113, ganz unten sowie S. 114, obere Hälfte);
- (C) gemeinsame Prüfung von Gottesglaube und Atheismus als Abschluss (S. 114, ab Seitenmitte, und S. 115 oben).

112, 113: Quellentext (rechte Spalte) und Fließtext

(A) Konstruktive Aufnahme von Atheismus und Projektionsthese durch die Theologie (S. 113 sowie Quellentext Heinz Zahrnt S. 112, rechte Spalte)
Vier Schritte: Religionskritik bei (1) Heinz Zahrnt / (2) Religionskritik bei Karl Barth / (3) Götzenkritik in der Bibel (bei Deuterojesaja) sowie (4) Kritik der konkreten Religion.

112, 113: Zahrnt

(1) Der evangelische Theologe, Schriftsteller und Publizist *Heinz Zahrnt* (1915–2003), lange Zeit theologischer Chefredakteur des Deutschen Allgemeinen Sonntagsblatts, trug in allgemeinverständlichen Artikeln und Büchern dazu bei, Grundgedanken der sog. „modernen" Theologie (des 20. Jh.s) einem breiten Publikum verständlich zu machen. In einem Werk mit dem hier als Überschrift fungierenden Titel *Stammt Gott vom Menschen ab?* nimmt Zahrnt Feuerbachs Religionskritik kritisch, aber auch sehr konstruktiv und treffsicher argumentierend unter die Lupe. Der übersichtlich zwölffach gegliederte (mit Bezifferung) und als Grobraster vierfach aufgeteilte und mit Überschriften versehene Text argumentiert scharfsinnig und verständlich im Blick auf Feuerbachs Projektionsthese.
Quellentext S. 113, rechte Spalte: Sieben (1.2.6–10) der zwölf Argumente sind ausgewählt:

- die Projektionsmöglichkeit gilt für alle existentiell bedeutsamen Gedanken, Wünsche und Hoffnungen des Menschen (1);
- lösbar ist dieses „Projektionsdilemma" nicht kognitiv, sondern nur existentiell (2) – hier Verweis auf die „Bildthematik" bei Freundschaften (→ Zur Diskussion (Brecht, Frisch) zu Beginn des Mensch-Kap., S. 56 unten).
- Die Bibel kennt sowohl ein Bilderverbot als auch die bildhafte Rede von Gott (6) (→ 3.3.2, S. 118f; Bilderverbot, sowie 3.4.3, S. 124f; Gottesbilder).

- Gottes Offenbarung lässt sich nur in menschlichen Worten und Bildern fassen (7).
- Ein Wunsch (Projektion) schließt die Möglichkeit der Existenz des Gewünschten (des Projizierten) nicht aus, sondern ein (8).
- Es muss eine kritische Unterscheidung zwischen berechtigten und unberechtigten Projektionen erfolgen (9).
- Die Projektion (Gott) muss in der Wirklichkeit der Welt konkrete (Rück-)Wirkungen haben (10).

Ergänzungen: Vervollständigung des Zahrnt-Textes:
Die drei ausgelassenen Argumente:
1. Der Mensch ist das (über sich hinaus) fragende, (sich selbst) transzendierende Wesen (Anthropologie).

Zwei geschichtliche Argumente:
2. Religion gehört von Anfang an zum Menschsein dazu.
3. Die geschichtliche Entwicklung gibt der Religionskritik nicht Recht.

Die beiden letzten, gesellschaftsbezogenen Argumente im Wortlaut:
„Der human-gesellschaftliche Befund
11. Überlegung: In der Auseinandersetzung zwischen Gottesglaube und Atheismus entscheidet sich Recht oder Unrecht des Redens von Gott am Verständnis des Menschen, daran, was der Glaube an Gott für die Menschlichkeit des Menschen austrägt. [...]
12. Überlegung: Die Christen haben die Welt nicht nur im Sinne Jesu von Nazaret theologisch zu interpretieren, sie haben sie auch sozial zu verändern.“

Texterschließung (S. 115)

115: Texterschließung

Zu Aufgabe 1 und 2: s.o. bei Feuerbach.
Zu Aufgabe 3: Zahrnt nimmt Feuerbachs Projektionsthese erstens auf, grenzt sie zweitens ein (nicht jede Projektion ist eine Täuschung) und benützt sie drittens für theologische Klärungen: „Reinigung“ der menschlichen Gottesvorstellungen).
Zusammenfassung der Argumentation *Zahrnts* in drei Grundgedanken:
- Das menschliche Denken kommt (allgemein und religiös) ohne Projektionen nicht aus;
- das „Projizierte“ kann (außerhalb der Gedanken) existent oder nicht existent sein (zur Logik: Wunsch ist nicht unbedingt gleich Illusion, z.B. wünscht sich der hungernde und dürstende Mensch Brot und Bier, die es wirklich gibt);
- es ist kritisch zwischen sinnvollen und problematischen Projektionen zu unterscheiden – Maßstab ist die Überprüfung an der Wirklichkeit unserer Welt.

Gott / Projekton	→	Prüfung
↑		↓
Mensch		Welt-Wirklichkeit

Grafik zur Argumentation von Heinz Zahrnt

(2) Religionskritik bei Karl Barth

113: Barth

Karl Barth (1886–1968) sieht Religion als menschlichen Projektionsversuch, der zu Gottes (Selbst-) Offenbarung in vollständigem Widerspruch steht.

Menschliches Gottesbild	Gott
↑ Religion = Projektion = Gottlosigkeit	↓ (Selbst-)Offenbarung
Mensch	Mensch

Überblick zur Religionskritik bei Karl Barth

Literatur:
- Karl Barth, Kirchliche Dogmatik I/2. Zollikon-Zürich 1948, 327ff (§ 17.2)

Querverweis: Luthers Unterscheidung von Gott/Abgott (= Mammon) in seiner Erklärung zum Ersten Gebot (→ 3.4.2, S. 124, Quellentext, rechte Spalte).
Ergänzung: Auf katholischer Seite spricht Karl Rahner von einem „Atheismus aus Respekt vor Gott“.

(3) Religionskritik in der Bibel

113: Religionskritik in der Bibel

Biblische Unterscheidung zwischen (wahrem) Gott und (falschen) Göttern resp. zwischen Gott und Abgott anhand von Jes 44,6–20, dem Propheten Deuterojesaja z.Zt. des Babylonischen Exils, in dem das Volk nach Verlust von Land, Königtum und Tempel seinen Glauben – auch in Abgrenzung zu den Fremdreligionen der Umgebung – neu konstituiert (Monotheismus, Konzentration aufs „Innere“ = Wort/ Schrift; Hoffnung auf Erlösung aus dem Exil und Rückkehr ins „Gelobte Land“)

(*Hinweis:* Die gesamte Textpassage ist ihrer Anschaulichkeit und Ironie wegen für den Unterricht sehr geeignet).

Der Herr Zebaoth / Israels Gott	Götzenbilder
↓ Wort / Erlösung durch Gott	↑ Produktion (Guss, Schnitzerei o.Ä.)
Volk Israel	Andere Völker

Überblick zur Religions- resp. Götter-/ Götzenkritik bei Deuterojesaja

Ergänzung: Weitere Bibeltexte zur Kritik an „Abgötterei": Geschichte vom „Goldenen Kalb" (Gen 32), bei den Propheten (1. Kön 18; Am 5,21–24).

113 (unten): Kritik der konkreten Religion

(4) Kritik der konkreten Religion
Die Religionskritik weist auf die Notwendigkeit der Unterscheidung zwischen *befreienden* vs. *unterdrückenden* Formen der *Religion* hin. Sie dient damit der Klärung und Weiterentwicklung von Religion (s. Zahrnt-Text, Pkt. 9; → 3.5.1+2, bes. S. 130, lebensfreundlicher vs. lebensfeindlicher Gott).

113+114: Fließtext (ganz unten + oben)

(B) Kritische Reflexion von atheistischer Projektionsthese und Religionskritik selbst (S. 113, ganz unten sowie S. 114, obere Hälfte)
Der *Fließtext* entfaltet zwei Argumente:

- Projektionen können eine externe Wirklichkeit verfehlen resp. „erfinden" bzw. konstruieren, aber auch treffen.
- Die Religionskritik steht selbst in der Gefahr der – unrealistischen – Projektion, nicht theologisch, aber anthropologisch: des gottgleichen (Feuerbach), Idealverhältnisse (paradiesische Zustände) schaffenden (Marx), autark-unabhängigen (Freud) Menschen oder gar eines Über-Menschen (Nietzsche).

Religionskritik	Feuerbach	Marx	Freud	Nietzsche
Idealmensch	Mensch = Gott für den Menschen	Ideale gesellsch. Verhältnisse	Idealkultur; Unabhängigkeit	Übermensch
↑ Projektion	↑	↑	↑	↑
Mensch				

Überblick zum Projektionsverdacht der Religionskritik

114+115: Fließtext (Seitenmitte+oben)

(C) Gemeinsame Prüfung von Gottesglaube und Atheismus als Abschluss (S. 114, ab Seitenmitte, und S. 115 oben)
Der letzte Abschnitt des Fließtextes zeigt, dass die eigentliche Differenz nicht zwischen Religion und Atheismus/ Religionskritik liegt, vielmehr zwischen kritischem (vernünftigem) vs. unkritischem (unvernünftigem) Denken auf beiden Seiten. Der zitierte *Georges Minois* (*1946) ist ein französischer Historiker und einer der führenden Experten für Religions-, Sozial- und Mentalitätsgeschichte. Natürlich lassen sich die Zuordnungen bei Minois nochmals hinterfragen und kritisieren (so scheinen etwa nicht alle Formen eines theoretischen Atheismus quasi automatisch „vernünftig" und nicht nur esoterische Religionsformen „unvernünftig" zu sein).
Literatur:

- Georges Minois, Geschichte des Atheismus von den Anfängen bis zur Gegenwart, übers. von Eva Moldenhauer, Weimar: Böhlau, 2000

Atheismus	Religion / Glaube	Atheismus	Religion / Glaube
Theoretischer Atheismus	Weltreligionen in „vernünftiger" Form	Praktischer Atheismus	Paranormale, esoterische Religion(en)
Vernünftigkeit	Vernünftigkeit	Irrationalität	Irrationalität

Überblick Vernunftförmigkeit vs. Irrationalität bei Atheismus und Religion nach Minois

114f: Abschluss des Teilkapitels

Abschluss des Teilkapitels 3.2 (S. 114f)

Der knapp eineinhalbseitige *Abschluss* des Teilkapitels umfasst die untere Hälfte von S. 114 sowie S. 115 mit Ausnahme des ersten Zitats und des Fließtextes (aus Layout-Gründen hier von üblicher Darstellung abweichend) und besteht aus Zusammenfassung, Schluss-Zitat, Bild sowie Aufgabenstellungen.

Bei der *Zusammenfassung* lässt sich das zur Projektionstheorie resp. zu Feuerbach und seinen „Adepten" bzw. Nachfolgern Erarbeitete mühelos ergänzen.
Kurzzitat, freigestellt: Die 22-jährige Studentin *Sophia Fritz* hat ein für Jugendliche der Kursstufe interessantes Buch geschrieben, aus dem das Zitat stammt (Gott hat mir nie das Du angeboten, Freiburg; Basel; Wien: Herder, 2019).

*Bild: Hans-Georg Hofmann (*1957): Zwei Quadrate 12 01, 2001 (S. 115)*

115: Bild Hofmann

Bildbeschreibung: Das Bild, ein Hochformat, zeigt einen doppelten Blick aufs Meer mit einem weiten, blauen Himmel und weißen Wolken; dominierend ist die Farbe Blau in vielen Schattierungen und Abstufungen bis hin zu Schwarz, sowie das Weiß der Wolken auf der anderen Seite. Einerseits scheint die Darstellung realistisch, andererseits wirkt die Szenerie verschwommen, wie von einem Schleier leicht verhüllt. Das Bild ist zusammengesetzt aus zwei übereinander geordneten Quadraten, die nahezu dasselbe zeigen, jedoch in leichter Variation.
Hintergrundinformationen: Der Titel ist bewusst „nichtssagend" gewählt, um eigene Assoziationen zuzulassen. Möglich ist eine Deutung entlang einer „Zeitachse": Die beiden Bilder zeigen dieselbe Szene zu unterschiedlichen Zeiten, etwa bei Flut (oben) und bei Ebbe (unten); es bleibt jedoch offen, was „Vorher" und „Nachher" ist. Auch eine Bewegung ist ersichtlich, vor allem am Himmel unten, die Wolken scheinen nach rechts oben hin zu treiben … Alles atmet Weite, Offenheit und Veränderung. Auch das Gegenständliche scheint sich aufzulösen, jedoch sind das Symbolische (Meer, Wasser, Himmel, Wolken, Flut und Ebbe) oder auch das Abstrakte ebensowenig fixiert, sondern im Fluss.
Deutungsangebote: Die Unbestimmtheit und Offenheit des Doppel-Bildes, aber ebenso seine Weite und Dynamik, lassen sich sowohl auf Gott als auch auf den Menschen (und das eigene Selbst) beziehen, mit den Möglichkeiten zur eigenen (Weiter-)Veränderung und Entwicklung, die jedoch nicht unbedingt nur einen Fortschritt bedeuten, sondern einfach einen Übergang von einer Momentaufnahme zu einer anderen …
Querverweis: Zu Hans-Georg Hofmann s. Anhang LB 7.5.7.2.
Bearbeitungsvorschläge: Wolken als Anregungen für Assoziationen (Gedankenblasen); Rück- und Ausblick auf frühere und (evtl. mögliche) spätere Vorstellungen zur Gottes- und Lebenssinnfrage …

Zu den Aufgaben (S. 115)

115: Zu den Aufgaben

Aufgabe 1:

Vertreter	Fachbereich/ Wissenschaft	Menschenbild/ Anthropologie	Religion/ Gottesbild Theologie i.e.S.
Ludwig Feuerbach	Philosophische Anthropologie	„Wesen" (Natur) des Menschen: Stärken/ Schwächen	Repräsentation der Stärken, Kompensation der Schwächen
Karl Marx	Philosophie, Soziologie	Gesellschaftliche Verhältnisse: Klassensystem	Rechtfertigung von Herrschaft/ Unterdrückung
Sigmund Freud	Psychologie/ Psychoanalyse	Autoritätskonflikt: Kampf Abhängigkeit/ Selbständigkeit	Gott als Vater: Bestrafer und Beschützer
Friedrich Nietzsche	Philosophie/ Philosophische Ethik	Werte-Umwertung Übermensch: Wille zur Macht	Tod Gottes – Mensch als Täter

Aufgabe 2: (Zu Feuerbach: s.o., bei Quellentext, S. 112, zu Marx s.u.) Beispiel Sigmund Freud:

Phylogenetische Erklärung	Ontogenetische Erklärung	Prozess Erwachsenwerden
Projektion: Gott = Ur-Vater → → Kreuzestod Schuldgefühl → Zwangsneurose	Projektion: Gott = Vater → → Bewunderung Furcht, Angst Bewahrung Abhängigkeit	--- (→ nicht →) Ersetzung der Projektionen durch Selbständigkeit
Ur-Vater → → Ermordung Schuldgefühl des Ur-Vaters → Zwänge	Vater/ Eltern → → Bewunderung Furcht, Angst Bewahrung Abhängigkeit	Bewusstmachung der Illusionen/ Projektionen → durch die Vernunft (Psychoanalytischer Prozess)

Legende: Von unten nach oben zu lesen: Drei Prozesse, die 1) stammes-, 2) lebens- und 3) reflexionsgeschichtlich (Urhorde, Kindheit, Erwachsenwerden in Selbständigkeit/ Autonomie) zur Religion als „Zwangs-Neurose“ (Gottes-Projektion) (bei 1 und 2) und schließlich zur nichtreligiösen, atheistischen, „erwachsenen“ Selbstständigkeit führen (bei Spalte 3).

Gruppenarbeit zur Religionskritik Feuerbachs

Bild: Grafische Umsetzung der Religionskritik von Sigmund Freud durch eine Schülergruppe – Oben bedient sich der „infantile“ Mensch des Schutzes der Religion, unten stellt er sich in Selbstständigkeit und Autonomie der Wirklichkeit.

Zusammenfassung: Ziel der Religionskritik: Radikaler Humanismus (Wert, Größe, ja „Göttlichkeit“ des Menschen bei Feuerbach; Aufhebung von Ausbeutung, Unterdrückung und Entfremdung bei Marx, Heilung einer „Zwangsneurose“ und Erwachsenwerden bzw. Selbständigkeit bei Freud.

Aufgabe 3: Von der kritischen Aufnahme der Projektionsthese her lässt sich zugleich eine Anfrage an Feuerbach formulieren: Wird die Abschaffung der Gottesprojektion bzw. genauer: die Gegenprojektion auf den Menschen (Feuerbach, letzter Satz: „Homo homini Deus est“) nicht zu einer Verabsolutierung oder Vergottung des (idealen) Menschen, der Menschheit bzw. der Menschheitsentwicklung führen?

Zusatz: Nehmen Sie Stellung zu einem der folgenden Zitate:
- „Alle Theorien, die von unseren Wünschen begünstigt werden, sind verdächtig“. (Der Philosoph David Hume, 1711–1776)
- „Gott – ich brauche diese Hypothese nicht mehr.“ (Pierre-Simon Laplace, 1749–1827, Mathematiker und Naturwissenschaftler, vor Kaiser Napoleon)
- „Der Glaube an die gute Menschennatur und den menschlichen Fortschritt steht selber unter Projektionsverdacht.“ (Der Theologe Hans Küng, 1928–2021)

115: Ergänzung: Theologisieren mit Jugendlichen

Ergänzung: Theologisieren mit Jugendlichen am Beispiel Gottesglaube – Atheismus

Überblick über die Unterrichtsschritte

Theologie von Jugendlichen
1. Schritt: Schülertexte
2. Schritt: Auswertung
Theologie/ Philosophie für Jugendliche:
3. Schritt: Religionskritik von Ludwig Feuerbach/ Karl Marx/ Sigmund Freud
4. Schritt: Aneignung der Religionskritik
a) Fremde Karikaturen zu Religionskritikern
b) Eigene Karikaturen zu Religionskritikern
Theologisieren mit Jugendlichen:
5. Schritt: Dialog (Methode: Briefwechsel)

Bsp.: Religionskritik von Karl Marx

1. Schülertext
„Ich kann mir Gott, das Wesen Gottes in verschiedenen Menschen vorstellen. Es muss nicht nur ein Einzelner sein, es können mehrere gleichzeitig sein, die sich besonders für eine Sache einsetzen. Wie sich z.B. um die Menschen in der 3. Welt kümmern und sich dafür aktiv einsetzen, also nicht nur Geld spenden. Man kann an einen Mitmenschen glauben, der sich z.B. durch besonderes soziales Verhalten hervortut.“

4b) Bild: Grafische Umsetzung der Religionskritik von Karl Marx durch eine Schülergruppe

5. Schritt: Dialog (Methode: Briefwechsel)

a) SchülerInnen an Marx

„Sehr geehrter Herr Marx.

Da wir jetzt endlich die Gelegenheit haben, Ihnen zu schreiben, möchten wir gerne mit Ihnen in einen kleinen Briefdialog treten. Ein Schüler von uns hat die Vorstellung, dass Gott durch die Menschen auf sozialem Weg sich zeigt, d.h. er will damit aussagen, dass die Menschen sich für die Mitmenschen einsetzen sollen, z.B. durch aktive Hilfe in der 3. Welt. Wie würden Sie dazu eingestellt sein? Wir glauben, dass man durch den religiösen Glauben Berge versetzen kann. Eigentlich könnte man sagen, dass Gott eine Art besonderer Helfer ist. Sie aber sagen, dass die Religion Opium für das Volk ist. Doch wie wirkt das auf uns? Irgendwie können wir einfach nicht begreifen, dass die Religion einfach auf uns gelegt ist.

Ein anderer Punkt ist das Einklassensystem, das sehr schwierig durchzusetzen ist. Wie man sieht, hat es in der UdSSR ja nicht geklappt. An was lag das? Diese und noch viele andere Fragen mehr beschäftigen uns. Deshalb hoffen wir, dass Sie uns helfen, dies alles zu verstehen.

Mit freundlichen Grüßen, Ihre Klasse TG 12."

b) Marx an SchülerInnen

„Sehr geehrte TG-ler,

Ich denke auch genauso wie Ihr, dass es keinen übersinnlichen Gott gibt. Ebenso können Eure einzelnen „Menschengötter" nicht genug ausrichten, um Veränderungen zu bringen. Es gibt keine „göttliche Kraft" in einzelnen Menschen, sondern nur die natürliche Kraft des Zusammenschlusses der Menschheit gegen das Übel in der Welt.

Auch Ihr seid gefordert!

Euer Genosse Karl Marx"

116–120: Der biblische Gott

3.3 „Ich bin, was ich bin …“ – Der biblische Gott (S. 116–120)

Die *Überschrift* des zweieinhalb Doppelseiten umfassenden Teilkapitels nimmt die dann im Text aufgenommene zentrale Formulierung der alttestamentlichen Erzählung der Offenbarung Gottes vor Mose (Ex 3,14) in einer der Übersetzungsvarianten auf. Thema sind biblische Aussagen zur Gottesfrage, die sich auf zwei gegenläufige, auf den ersten Blick widersprechende Grundaussagen konzentrieren lassen:

- erstens gibt es in der Bibel Gottesvorstellungen (3.3.1, S. 116f – Doppelseite); *Querverweis:* Fortsetzung und Konkretisierung dieses Aspektes → 3.4.3, S. 124f: Biblische Gottesbilder;
- zweitens und der ersten Aussage widersprechend verbietet das sog. „Bilderverbot“ im Kern jedes Bild, jede Vorstellung und jede Aussage von Gott (3.3.2, S. 118f);
- ein Abschluss fasst die zentralen Ergebnisse des Teilkapitels zusammen (S. 119f).

Differenzierung: Während die beiden vorhergehenden Teilkapitel sich primär mit dem „Gott der Philosophen“ beschäftigten, befasst sich das vorliegende (wie die Folgenden) mit dem Gott der Bibel, dem Gott Israels bzw. der „Väter“, also dem „Gott Abrahams, Isaaks und Jakobs“ (die Differenzierung machte zuerst vor allem Blaise Pascal, 1623–1662, stark). Während dort abstrakte und logische kognitive Überlegungen über Gottes Existenz und Wesen im Vordergrund standen, geht es hier vorrangig um Geschichten, Erzählungen über menschliche Erfahrungen der Offenbarung Gottes. Der argumentierenden tritt hier eine narrative Struktur entgegen.

116f: Gottesvorstellungen in der Bibel

3.3.1 „Ich bin, was ich bin …“ – Gottesvorstellungen in der Bibel (S. 116f)

Die *Überschrift* des eine Doppelseite umfassenden Unterkapitels nimmt erneut (wie bereits beim Teilkapitel) die dann im Text interpretierte zentrale Formulierung der alttestamentlichen Erzählung der Offenbarung Gottes vor Mose (Ex 3,14) in einer der Übersetzungsvarianten auf. Der Begriff *Gottesvorstellungen* ist durchaus doppelsinnig gemeint: zuerst einmal bezeichnet er die Selbstvorstellung (Gottes) vor Menschen, sodann jedoch die menschlichen Vorstellungen von Gott (bzw. seiner Selbstvorstellungen vor Menschen).

Der *Fließtext* des Unterkapitels geht in *vier Schritten* vor:

- Der Einstieg beginnt bei einer Alltagssituation (Erstbegegnung mit wechselseitiger „Selbstvorstellung“; erster Abschn.) und geht dann über zur
- zentralen alttestamentlichen Erzählung der Offenbarung Gottes vor Mose (Ex 3,1–15) mit der Selbstvorstellungsformel (Ex 3,14), der das Hauptaugenmerk gilt (größter Teil der S. 116, bis zum freistehenden Einzelzitat), um dann
- diese Formel in ihrer zentralen Bedeutung für das biblische Gottesbild zu verallgemeinern: Gott als Befreier, gefasst im Exodus-Motiv (letzte Textpassage S. 116 sowie erste Textpassage S. 117 – die Bezeichnung „Gott als Befreiung“ in der Marginalspalte, die bereits beim vorangehenden Textabschnitt gesetzt ist, bezieht sich vorrangig erst auf diese Passage!);
- den Schluss bildet ein Ausblick auf die neutestamentliche Gottesvorstellung, kulminierend in der Bestimmung Gottes „als Liebe“ (S. 117, letzter Abschn.).

116: Ex 3,1–15

Offenbarung Gottes vor Mose (Ex 3,1–15) (Fließtext S. 116 mit Ausnahme der ersten und letzten Textpassage)

Die Selbstvorstellungs-Formel von Ex 3,14 „Ehje asher ehje“ birgt eine doppelte Verständnisschwierigkeit: zum einen lässt sie sich aufgrund der unterschiedlichen Sprachstrukturen kaum ins Deutsche (oder auch Griechische) übersetzen – sie ist damit ein gutes Beispiel für die Übersetzungs- resp. Verstehensproblematik (Literalsinn/ Hermeneutik → 1.1.3, S. 19); zum andern ist sie in sich – bewusst – rätselhaft formuliert.

Die erste Schwierigkeit lässt sich durch Erläuterungen und die Gegenüberstellung unterschiedlicher Übersetzungen darstellen und bis zu einem gewissen Maß „ausräumen“ – in einer möglichst weitgehenden Annäherung, jedoch keinesfalls einer vollständigen Angleichung der Übersetzung an den Urtext. Aufgenommen sind hier vier Übersetzungen, neben derjenigen Luthers die des Altphilologen Hermann Menge (1841–1939), der nach eigenen Worten möglichst text- und „sinngetreu“ übersetzen wollte, des in der hebräischen Sprache und der jüdischen Tradition heimischen Religionsphilosphen Martin Buber (1878–1965) (→ 4.6.1, S. 187) sowie der „Bibel in gerechter Sprache“ (→ 2.2.2, S. 69 unten, dazu: Anhang LB 7.3.2), die sich u.a. auch in besonderer Weise um Geschlechtergerechtigkeit bemüht (→ 3.4.3, S. 124f, Gottesbilder, männlich und weiblich).

Wesentlich ist (im Hebräischen) die Bestimmung Gottes nicht über eine (ontologische) Wesens-, vielmehr über eine verbale und relationale Beziehungsformel. Erst die Übersetzung der Septuaginta

(*eimí ho on* – ich bin der *Seiende)* transformiert die Aussage ins Denken der griechischen, westlichen Ontologie (so kann Gott in der Theologie der/ das Seiende schlechthin, *ens perfectum; summum bonum* werden). Dem Hebräischen Denken angemessener aber wäre: „Ich bin wirklich und wahrhaftig da, bin bereit zu helfen und zu wirken. Ich bin und bleibe gegenwärtig." (Buber) Oder: „Ich bin für euch da, und genauso werde ich zukünftig für euch da sein (mich an euch erweisen)."
Wesentliche Momente Gottes sind:

- Gott als Gott der Beziehung, der Offenbarung, Verheißung und Verlässlichkeit;
- Gott als Gott der Geschichte (nicht wie Umwelt: zyklisch, sondern: linear – Zukunft)
- Gott als Gott der Unverfügbarkeit: Er offenbart sich und entzieht – gibt keinen Namen preis, mit dem man ihn „beschwören", in den Griff bekommen könnte (Mein Name ist ohne Name, ich bin namenlos, unnennbar → Gottes heiliger Name, S. 118, Mitte; → Negative Theologie, S. 129 unten).

Bild (S. 117): Ernst Fuchs (1930–2015): Moses vor dem brennenden Dornbusch, 1956/57 – ***Öltempera auf Holz, 1956; Wien, Österreichische Galerie Belvedere*** 117: Bild Fuchs

Bildbeschreibung: Das in anderen Reproduktionen deutlich hellere, wie von einem geheimnisvollen Lichtschleier durchzogene Bild mit gelblich-ocker-hellbraunen Farbtönen, oben und links ins Helle (links Lichtgestalt) und vorne links unten beim gezackten Boden ins Rötliche auslaufend.
Weiter Blick in eine bergige, öde Landschaft, im Hintergrund heller, weißlich strahlender und ins Rötliche übergehender Horizont. Vorne rechts die Gestalt des Mose, kniend, mit erhobenen, weit nach außen gestreckten Armen, mit langem, nach unten spitz zulaufendem Bart, in einem weißen, weiten, Falten werfenden Gewand und mit einer Kopfbedeckung, die einer Krone gleicht. Links vorne eine leuchtende, durchscheinend wirkende Lichtgestalt mit Krone (Gott) mit einer einladend nach vorne gestreckten (linken) Hand. Schemenhaft sichtbar in der Bildmitte ein Gesicht in Frontalansicht, wiederum mit Krone und einem deutlich sichtbaren Auge beinahe exakt in der Bildmitte (das zweite Auge wird von Moses Kopf weitgehend verdeckt).
Hintergrundinformationen: Ernst Fuchs gehört zur „Wiener Schule des Phantastischen Realismus", die sich unter dem Einfluss des „klassischen Surrealismus" nach dem Zweitem Weltkrieg in Wien, der Heimatstadt Sigmund Freuds, entwickelte. Ziel war die Befreiung von Zivilisation, Zwang, Vernunftorientierung, Moral und Alltäglichkeit. Als Maltechnik diente nicht der „psychische Automatismus" des Surrealismus (urspr. Anliegen zumindest Bretons) bzw. das Festhalten von „Traumbildern", vielmehr eine planvolle Aufnahme archaischer, mythischer Elemente mit einer Art „Geheimcodierung" (Surrealismus angereichert um Religion und Ethnographie). Fuchs malte surrealistische, später dann manieristische Werke mit reicher religiöser und mythischer Symbolik (Architectura caelestis) – er berichtete von eigenen visionären Erfahrungen.
Deutungsangebote: Anklänge an die biblische Erzählung in Ex 3 und religiöse Traditionen: Schuhe des Mose (vorne rechts am Bildrand), Stab des Mose (auf dem Boden neben/ hinter Mose liegend, gekrümmt wie Abts- oder Bischofsstab oder auch wie Schlange), siebenarmiger Leuchter (in linker Lichtgestalt, am Bildrand, nur tlw. sichtbar), Berg (Sinai, Ort der göttlichen Gesetzgebung an Mose), im unteren Teil vielleicht auch Assoziationen an Turmbau zu Babel), links hinten eine Baumgruppe (evtl. Hain Mamre, an dem drei göttliche Boten Abraham und Sara erschienen).
Drei „Schichten" des Bildes:

a) der Vordergrund mit der klaren Mosesgestalt;
b) der Hintergund mit der öden, wüstenartigen Gebirgslandschaft;
c) die durchscheinende, zarte, angedeutete mittlere Schicht, die wie eine vierte Dimension in die dreidimensionale irdische Szenerie „hereinscheint": als Schleier, als Strahlen, aber auch als Art Tränen oder Tropfen vor dem göttlichen, frontal aufscheinenden Antlitz – diese vierte, göttliche Dimension durchzieht als weitere (Sinn-)Ebene alles Geschehen.

Bearbeitungsvorschläge:

- *Bild-Text-Vergleich* (Ex 3,1–14): Elemente im Text und im Bild, Ähnlichkeiten und Unterschiede:

Text	Text und Bild	Bild
Mose als Hirte	Mose	Mose als (Hohe-)Priester
Etc. …		

Gemeinsamkeiten und Unterschiede erläutern. Den Text als „Symboltext" lesen: Deutungen zu „Mose als Hirte" (Nomade resp. Halbnomade; Fürsorge für Tiere, später für das Volk, das er aus der Sklaverei in die Freiheit führt u.a.m.).

- *Bildvergleich* mit Dalí zur selben Szene auf der folgenden Doppelseite (→ S. 119).
- *Bildvergleich* mit zwei Bildern von Georgiana Houghton → Auge Gottes, S. 128, 131.
- *Bildvergleich* mit zwei Bildern zum Menschen: → Picasso, S. 58; → Kleiner, S. 70 (Thema: „Doppelgesichtigkeit" Gottes und des Menschen: deus revelatus/ absconditus; homo revelatus/ ab-

sconditus). Formal: der Mix aus Front- und Seitenansicht ist im Surrealismus ein wichtiges Stilmittel (Picasso; auch Kleiner, bei Fuchs in zwei Gestalten resp. „Gestaltungen“ Gottes).

deus revelatus: Gottesbilder, Gott/ Jesus am Kreuz	homo revelatus: Bilder vom Selbst/ I und Me/ Identität
deus absconditus/ Gott als Geheimnis	homo absconditus/ Mensch als Geheimnis

116+117: Fließtext

Gott als Befreiung (Fließtext S. 116 letzter und S. 117 erster Abschnitt)

Inhaltlich füllt sich die „Gottesformel“ dann doch – durch den Kontext. Die Offenbarung steht am Beginn der Befreiung aus Ägypten, wobei der Exodus als Chiffre steht für jede Befreiung aus Unterdrückung, Sklaverei und Fremdherrschaft – aus dem Baylonischen Exil wie von Fremdherrschaft – und jeder ungerechten Herrschaft – im eigenen Land. Gott ist der Befreier oder die Befreiung, mit weitreichenden Folgen:

- Er ist ein einziger Gott (strenger Monotheismus): Ex 20,2f.
- Er führt ins Gelobte Land – wobei hier eine Gesellschaft der Gerechtigkeit Leitbild ist (→ 1.4.1, S. 41f).
- Er will in dieser Form von Generation zu Generation tradiert werden (erzieherisches resp. religionspädagogisches Leitbild – zentral auch für den heutigen RU!): „Wenn dich nun dein Sohn morgen fragen wird: Was sind das für Vermahnungen, Gebote und Rechte, die euch der Herr, unser Gott, geboten hat?, so sollst du deinem Sohn sagen: Wir waren Knechte des Pharao in Ägypten, und der Herr führte uns aus Ägypten mit mächtiger Hand [...] und führte uns von dort weg, um uns hineinzubringen und uns das Land zu geben, wie er unsern Vätern geschworen hatte.“ (Dtn 6,20f u. 23).

116+117: Ergänzungen

Ergänzung: Gott als Schöpfer

Gott als *Schöpfer* ist in der Bibel ein dem Bild von Gott als Befreier seines Volkes nachgeordnetes, gleichwohl wirkmächtig gewordenes Motiv. Im vorliegenden Buch kommt es an unterschiedlichen Stellen zu Sprache:

- 1.2.1, S. 21f (Biblisches Weltbild);
- 2.1.2, S. 62f (Gott als Schöpfer des Menschen);
- 3.4.3, S. 124f (Gott als Vater, Mutter u.a.m. für Natur und Mensch).
- Bilder, insbes. zwei Bildpaare von Bosch (S. 122f) und Michelangelo (S. 62 sowie 127).

Zusatz: Gott im AT – Drei Entwicklungsstufen:

- Umwelt des AT, auch Religion des AT zuerst: *Polytheismus* (z.B. Baal, El, Astarte etc.) (Texte, Orts- und Personennamen, Bilder);
- *Henotheismus:* a) Stämmebündnis (12. Jh. v. Chr.): El (Israel = Gott kämpft); b) David erhebt Jahwe zum Nationalgott. Weiterhin Polytheismus; evtl. Frau als Göttin: „Jahwe und seine Aschera“ (Inschriften im 9. und 8. Jh.). „... der Herr ist hoch erhaben über alle Götter“ (Ps 97,9; s. auch: 96, 4f).
- *Monotheismus:* Josianische Reform (2. Kön 22f) (Verbot Verehrung anderer Gottheiten); Exilszeit (strikter Monotheismus); Monotheisierungsschub (Leugnung der Existenz und Wirkmächtigkeit anderer Gottheiten): Deuterojesaja, Priesterschrift. Mit Vorläufern in Ägypten: Amenophis IV., Echnaton/ Nofretete (temporär). Mose – Rückprojektion des konsequenten, radikalen Monotheismus; ausformuliert bei Deuterojesaja (Jesaja 40–55; Exil) *Merkmale:* Einziger Gott; Herr a) der Welt/ b) der Geschichte (Ordnung + Befreiung); „Transzendenz“/ Unverfügbarkeit.

Ergänzung: Kleines geschichtliches Credo (lat. *credo* = Ich glaube; Glaubensbekenntnis): 5. Mose 26,5–9: Sitz im Leben: eine Art „Erntedankfest“ (V. 1–4).

117: Gott als Liebe

Gott als Liebe (Fließtext S. 117, letzter Abschnitt)

Gottesvorstellungen im Neuen Testament, vor allem bei Jesus („Vater“, z.B. Vaterunser → 4.3., S. 167) und im johanneischen Schrifttum (Liebe, 1. Joh 4).

Der Religionsmonitor der Bertelsmann-Stiftung stellte fest, dass (religiöse) Menschen mit Gott vorrangig Hoffnung und Liebe verbinden, deutlich weniger Gerechtigkeit und noch weniger Befreiung von Schuld (oder gar von einer „bösen Macht“). Der „liebe Gott“ kommt also gängigen gegenwärtigen Vorstellungen entgegen. Diese sind jedoch gleichwohl kritisch zu prüfen und zu sondieren (→ 3.5, S. 127ff).

Exkurs: Gottes Wirken in der Geschichte

Das Schema von Leben in der Entfremdung (in der „Fremde“, in einem fremden Land oder unter Fremdherrschaft im eigenen Land), Auszug und Überführung in ein neues, „eigentliches“ Sein):

- Abrahams Auszug und Verheißung (Nachkommenschaft und Land)
- Exodus und Hineinführung ins „Gelobte Land"
- Babylonisches Exil und Rückkehr nach Juda
- Makkabäeraufstand (gegen Seleukiden, griech. Nachfolgestaat)
- Aufstände gegen Rom
- Prophetie
- Eschatologisierung

(Näheres dazu s. Geschichtstheologie in: Anhang LB 7.5.5)

3.3.2 „Du sollst dir kein Bildnis machen ..." – Das Bilderverbot (S. 118f)

118f: Das Bilderverbot

Die *Überschrift* ist dem im Text zitierten Bilderverbot aus dem Dekalog entnommen. *Themen* sind – in drei Schritten resp. Abschnitten – neben (1) dem Bilderverbot – vgl. neben dem Fließtext hierzu das Bild von Malewitsch – (2) das Namens-Missbrauchs-Verbot sowie (3) das theologische Grund-Dilemma der Notwendigkeit und Unmöglichkeit von Gottesrede und -vorstellung, das auf einem allgemeinen, abstrakten Level die beiden genannten Verbote mit der Notwendigkeit von Gottesrede und -bild kontrastiert und zusammenführt.

Bilderverbot (S. 118, oberes Textdrittel)

118: Bilderverbot

Das Bilderverbot im Dekalog wird am Ende des Textes mit der Selbstoffenbarung Gottes vor Mose (Ex 3) verknüpft (→ S. 116, vorhergehende Doppelseite). Es lässt sich primär konkret als Verbot materieller Kultbilder von Gott(heiten) in Form von Skulpturen, (Gussbild-)Statuen (z.B. „Goldenes Kalb" von Ex 32) oder bildlichen Darstellungen verstehen, jedoch auch abstrakt als Verbot jeder Vorstellungen und Festlegungen im Blick auf Gott.
Ergänzung: Ein neutestamentliches Pendant hinsichtlich allzu konkreter, anthropomorpher Denkweisen findet sich am Ende des Johannesprologs: „Niemand hat Gott je gesehen." (Joh 1,18)

Bild: Kasimir Sewerinowitsch Malewitsch (1878–1935): Schwarzes Quadrat auf weißem Grund, 1915 (S. 118)

118: Bild Malewitsch

Hintergrundinformationen: Der russische Maler Kasimir Malewitsch (1879–1935), Vertreter der russischen Avantgarde und Begründer der Kunstrichtung des Suprematismus, der ersten konsequent ungegenständlichen Kunstrichtung, schuf mit dem Bild *„Schwarzes Quadrat (auf weißem Grund)"* eine Ikone der Malerei des 20. Jh.s (zum Bild: 79 x 79 cm; schwarze Fläche, weißer Rand; feine Linien: Krakelee (Rissnetz) – Licht scheint hindurch).
Das Werk gilt als Grundstein der abstrakten, gegenstandslosen Kunst. Bei der ersten Ausstellung 1915 in Sankt Petersburg war es oben in einer Ecke des Raums angebracht. Dieser Ort ist in einer russischen Wohnung traditionell den Ikonen vorbehalten. Das Bild steht – nach Malewitschs eigenen Worten – für die Befreiung „vom Ballast des Gegenständlichen" und die „Empfindung der Gegenstandslosigkeit" als Darstellung der reinen Empfindung.
Das schwarze Quadrat als eine Veranschaulichung des Bilderverbots eignet sich als Einstieg in die Thematik oder auch – in umgekehrter Reihenfolge – als Darstellung und Anwendungsbeispiel für das im Bilderverbot Gesagte.

Gottes heiliger Name – Missbrauchsverbot (S. 118, mittleres Textdrittel)

118: Missbrauchsverbot

Natürlich wiederholt sich auch bei den Formeln zur Namensvermeidung das Dilemma: denn auch die Bezeichnungen „(Mein) Herr" oder „Der Name" werden wiederum zu – wenn auch subtileren – Gottescharakterisierungen. Zudem durchziehen das ganze Alte Testament zahlreiche Gottesbezeichnungen bzw. -namen (s.u., Zusammenfassung).

Das theologische Grunddilemma: Von Gott reden – Notwendigkeit/ Unmöglichkeit (S. 118, oberes Textdrittel + S. 119 oben)

118+119: Notwendigkeit/Unmöglichkeit

Das theologische Grund-Dilemma: die Notwendigkeit und gleichzeitige Unmöglichkeit von Gottesrede und -vorstellung führt auf einem allgemeinen, abstrakten Level die beiden Verbote (Bilderverbot – und Namens-Missbrauchs-Verbot) mit der Notwendigkeit von Gottesrede und -bild kontrastierend zusammen.
Aus Layoutgründen musste die Marginalspalten-Bezeichnung (des Bildes wegen) nach unten verschoben werden. Die Textpassage beginnt bereits auf der Höhe der Bildmitte.
Querverweis: Das Paradox der Theologie → 1.1.2, S. 16 unten.

119f: Abschluss

Abschluss des Teilkapitels 3.3 (S. 119f)

Der *Abschluss* des Teilkapitels umfasst nahezu zwei Seiten, beginnend auf S. 119 oben (nach dem Ende des kurzen Fließtextes). Er enthält alle fünf für die Abschlussteile typischen Elemente: Interreligiöser Vergleich, Bild, Zitat, Zusammenfassung sowie Aufgabenstellungen.

119: Interreligiöser Vergleich

Interreligiöser Vergleich (S. 119)
Luther wendete sich gegen den Ikonoklasmus der radikaleren Reformation (die sog. „Bilderstürmer", auch die Schweizer Reformation). Dabei ist interessant, dass der Reformator in der Diskussion in diesem Punkt ein „sinngemäßes" Bibel-Verständnis forderte (man dürfe Bilder machen, nur nicht „anbeten", müsse sich also der Differenz zwischen Darstellung und Dargestelltem bewusst sein), während er in der Abendmahlsfrage auf den Literalsinn pochte: *hoc est corpus meum* – gegen Zwinglis verweisende Interpretation: siginificat. Bilder betrachtete er als pädagogische Hilfestellung zum Glauben; mit dem kursächsischen Hofmaler Lucas Cranach d.Ä. (1472–1553) (→ S. 31) entwickelte er systematisch ein Bildprogramm zur lutherischen (protestantischen) Theologie, weitergeführt von Lucas Cranach d.J. (1515–1586) (→ S. 204).

119: Bild Dalí

Bild: Salvador Dalí (1904–1989): Der brennende Dornbusch, 1963–1965 (S. 119)
Bildbeschreibung: Rote Gestalt, schräg in Bildachse, auf Stock/Stab gestützt, vor angedeutetem dunkelblauem Dornbusch, der nach oben hin heller wird, in rot-gelbem Feuer aufgeht. Der helle, gelblich-weiße Hintergrund ist durchzogen von dunklen, blauen bis schwarzen Farbklecksen und -fetzen (evtl. Technik des „Aufspritzens"). Rechts leicht oberhalb des Kopfes von Mose im Dornbusch möglicherweise zwei Augen, wie Eulenaugen.
Hintergrundinformationen: Der bekannte spanische Maler des Surrealismus Salvador Dalí hat in einem eigenen Projekt eine Prachtausgabe der Bibel bebildert. Das vorliegende Blatt zum Brennenden Dornbusch fand allerdings keinen Eingang in die engültige Druckausgabe.
Bearbeitungsvorschläge:

- Vergleich Bild – Text (Ex 3,1–14); Deutung des Textes durch das Bild, des Bildes durch den Text:
- Vergleich mit Bild von Malewitsch auf derselben Doppelseite gegenüber (S. 118) anhand der Frage: Was von Gott ist dar- resp. vorstellbar – und wie?
- Vergleich mit Bild von Fuchs auf der vorhergehenden Doppelseite (S. 117; Näheres dazu s.o. beim Bild).

119: Ein Geheimnis

Gott – ein Geheimnis (S. 119, unten)
Das Theologoumenon von *Gott als Geheimnis* (hier aus dem einschlägigen Katholischen Erwachsenen-Katechismus von 1985, ähnlich Karl Rahner → S. 129, unten) lässt sich wohl als katholische Parallele zu Luthers Rede vom *deus absconditus* (→ S. 128f, mit Quellentext, S. 129, linke Spalte) bezeichnen, wenngleich sich hier die konfessionellen Grenzen auch verwischen können.

120: Zusammenfassung

Zusammenfassung (S. 120)
Die Zusammenfassung stellt – tlw. noch umfassender als der vorhergehende Fließtext – die Gottesvorstellungen der Bibel (AT und NT) dem Bilderverbot gegenüber und ergänzt dabei ausführlich(er) die beiden wichtigsten im AT verwendeten Gottesnamen (neben Jahwe: El/Elohim).
Ergänzend lassen sich hier noch die männlichen und weiblichen Gottessymbole der Bibel heranziehen (Vater/Mutter) (→ 3.4.3, S. 124f).

120: Zu den Aufgaben

Zu den Aufgaben (S. 120)
Aufgabe 1: Im Zentrum stehen hier: Ex 3,14: „Ich bin, was ich bin"; Gott als Befreier; Gott als Liebe (S. 116f); zusätzlich: → S. 125 (unten): Jes 66,12f; Mt 6,31f: Gott als Mutter/ Vater; → S. 131; 4. Mose 6,24f: Angesicht Gottes (Segen); → S. 142, unten: Ps 103,8 u. 13: Barmherzigkeit und Gnade Gottes. – Kriterium zur Beurteilung: Bilder- und Namensverbot; Spannung zwischen Notwendigkeit und Unmöglichkeit der Rede von Gott.
Aufgabe 2: Fuchs: Auge sowie schemenhafte Königsgestalt; Dalí: Flammen; Malewitsch: Verweigerung/ Entzug Konkretion, Nicht-Abbildung/ Nicht-Abbildbarkeit.
Aufgabe 3: „Entwicklung" ist hier weniger als geschichtliche Entwicklung zu verstehen (diese Darstellung wäre für den RU eine Überforderung) denn als „Entfaltung" in der Spannung zwischen unterschiedlichen Aspekten Gottes (Barmherzigkeit, Liebe, Fürsorge, Befreiung etc.) und Bilderverbot. Auch das NT (Vatergott Jesu, Gott als Liebe) ließe sich hier einbeziehen. Wichtig für den gegenwärtigen Gottesglauben: erstens die Infragestellung *aller* Gottesbilder; zweitens die Möglichkeit *unterschiedlicher* Gottesbilder; drittens die Heranziehung und Prüfung auch *„sperriger"* Gottesbilder (→ 3.5: Gottes gegensätzliche Gesichter, etwa der richtende oder abwesende Gott).

Aufgabe 4: s. Interreligiöser Vergleich; Parallelität der Unverfügbarkeit (Geheimnishaftigkeit) Gottes und des Menschen (auch → S. 60, Rahner-Text; zusätzlich: Gottebenbildlichkeit des Menschen → 2.1.2, S. 63).
Aufgabe 5: Beispiele, Symbole, Bilder für Geheimnishaftigkeit von Gott, Mensch und Mitmensch suchen und in Grafik (eigene Collage) darstellen.

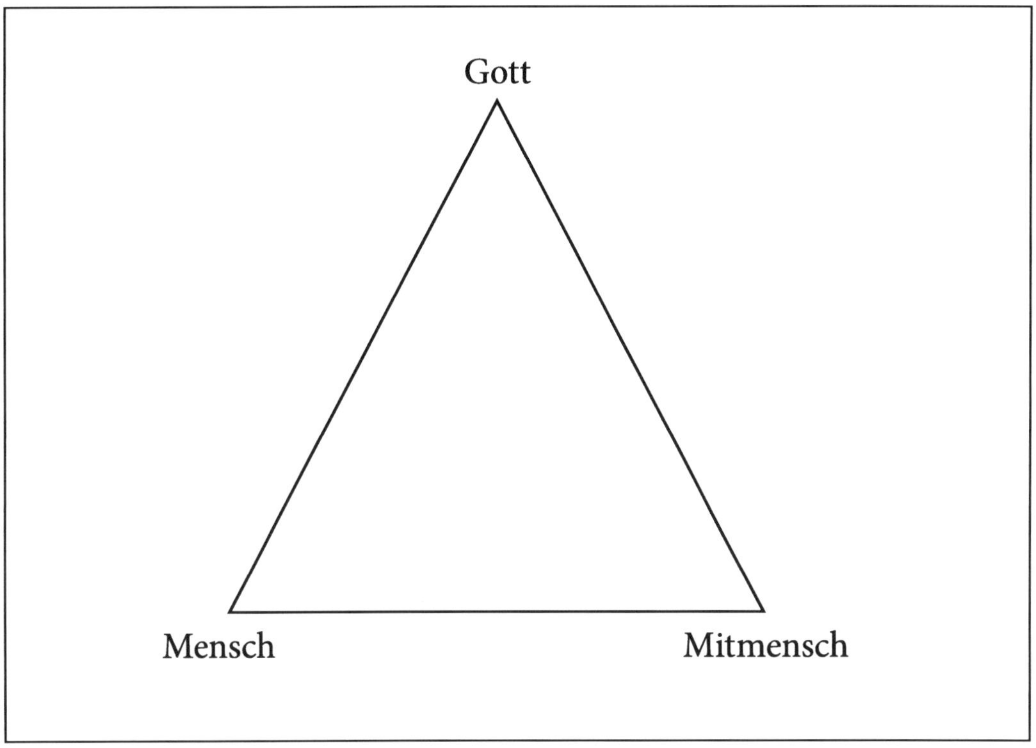

121–126: Gottes-Vorstellungen und -Definitionen

3.4 „Gestatten, mein Name: Gott …" – Gottes-Vorstellungen und -Definitionen (S. 121–126)

Die **Überschrift** des Teilkapitels ist kein Zitat, sondern eine Formulierung des Autors, die den phantastischen Gedanken einer Gottesbegegnung und Selbstvorstellung Gottes (→ 3.3.1 Einstieg, S. 116, erster Abschn.) aufnimmt und konkretisiert. *Thema* sind unterschiedliche, vorrangig heutige und auch klassische Gottesvorstellungen erstens bei Jugendlichen (3.4.1, S. 121), sodann in der Theologie (3.4.2, S. 122–124), sowie schließlich unter dem Gender-Aspekt männliche, weibliche und darüber hinausgehende Gottesbilder in Bibel und Theologie (3.4.3, S. 124f). Ein *Abschluss* des Teilkapitels bringt drei Elemente: Zitat (zur Diskussion und/oder Meditation), Zusammenfassung und Aufgabenstellungen.

121: Gottesvorstellungen Jugendlicher

3.4.1 „Ich glaube an Gott, auch wenn es ihn nicht gibt" – Gottesvorstellungen Jugendlicher (S. 121)

Das in der Überschrift verwendete und auch im Fließtext (unten) erneut auftauchende Zitat der *17-jährigen* jüdischen Deutschschweizerin *Lisa* stammt aus einer vom Journalisten Oliver Demont und dem Theologen und Sozialwissenschaftler Dominik Schenker herausgegebenen Dokumentation von Einstellungen und Vorstellungen von 22 Jugendlichen zur Gottesfrage, einer Fundgrube für Jugendtheologie.

121: Jugendsoziologie

Jugendsoziologische Umfragen (etwa die Shell-Jugendstudien) zeigen, dass Jugendliche in Deutschland in nahezu gleichen Anteilen (1) an einen persönlichen Gott oder (2) an ein göttliches Prinzip glauben, (3) jeden Gottesglauben ablehnen oder (4) sich in dieser Frage unsicher sind. Biblisch bzw. christlich geprägte Vorstellungen wie umgekehrt deutlich atheistisch geprägte Positionen vertreten jeweils nur – allerdings nicht zu vernachlässigende! – Minderheiten. Großen Zuspruch finden pragmatische Haltungen (im Leben selbst zurechtkommen), universalistisch-pluralistische Positionen (Gott wird in unterschiedlichen Religionen nur unterschiedlich benannt), metatheistische Denkformen (Gott lässt sich nicht in Worte fassen) sowie Arten des Deismus (Welt geht auf Gott zurück, ist aber jetzt sich selbst überlassen), der allerdings häufig auch in der Form eines „therapeutischen" Deismus vorkommen kann (wenn ich mich in einer Notlage befinde, dann ist doch göttliche Hilfe – in welcher Form auch immer – möglich).

Überblick: Gottesvorstellungen von heutigen Jugendlichen (nach den Shell-Jugendstudien)

- Es gibt einen persönlichen Gott
- Es gibt eine überirdische Macht
- Ich weiß nicht richtig, was ich glauben soll
- Ich glaube nicht, dass es einen persönlichen Gott oder eine überirdische Macht gibt

(Jeweils etwa ein Viertel aller Jugendlichen in der Bundesrepublik Deutschland)

Weitere von Jugendlichen vertretene Positionen in der Gottesfrage:

- Anthropozentrische Gottesvorstellung: Gott als eine Kraft im Menschen.
- Therapeutischer Deismus: Gott als Ursache der Welt, greift aber nicht mehr in den Weltlauf ein, allenfalls, um mir oder einem anderen Menschen in einer Notlage zu helfen.
- Transrationale Gottesvorstellung: Gott als Etwas, das der Mensch nicht begreifen kann, als „Irgendetwas", letztendlich ein „Geheimnis".
- Paradoxaler Gottesglaube: „Ich glaube an Gott, auch wenn es ihn nicht gibt." (Lisa, 17 Jahre)

Weitere Differenzierungen anhand der Grafik aus der Shell-Jugendstudie von 2015 (nach West vs. Ost resp. alte vs. neue Bundesländer).

121: Entwicklungspsychologie

Entwicklungspsychologische Studien gingen traditionellerweise ebenfalls einerseits von einem Vorherrschen des Deismus (bzw. im Blick auf den Menschen: von der Autonomie) im Jugendalter aus (Oser/ Gmünder) und andererseits von einer Ablösung und Weiterentwicklung des kindlichen, anthropomorphen Gottesbildes durch „Verinnerlichung, Verpersönlichung und Abstraktion des Gottesbildes" (Friedrich Schweitzer) bzw. – falls diese Weiterentwicklung nicht gelingt – von einem „Einbruch" des Gottesglaubens bei vielen Jugendlichen (Karl Ernst Nipkow).
Dieser Sichtweise ist allerdings in jüngerer Zeit häufig und teilweise vehement widersprochen worden. Zum einen gibt es bereits im Kindesalter keineswegs nur naiv-anthropomorphe, vielmehr bereits sehr differenzierte Gottesbilder, zum andern sind die Gottesvorstellungen bei Erwachsenen keinesfalls stets so elaboriert wie behauptet, vielmehr wiederum vielfältig. Zudem scheinen

manche der klassischen „Fragefelder" im Jugendalter keineswegs mehr eine solche Bedeutung zu haben wie früher behauptet (etwa die Theodizeefrage), sondern sind für die Heranwachsenden auf vielfältige Weise integrier- und lösbar oder tauchen in dieser Vehemenz gar nicht mehr auf. Eva Maria Stögbauer kam in einer methodisch musterhaften qualitativen Analyse von Schüleraufsätzen zur Unterscheidung von sieben Formen des Umgangs mit der Gottesfrage: „Gottesbekenner/ Gottessympathisanten/ Gottesneutrale/ Gotteszweifler/ Gottesrelativierer/ Gottesverneiner/ Gottespolemiker und Tabubrecher". Die Kategorienbezeichnungen sprechen weitgehend für sich selbst. Die Gottesverneiner sind spiegelbildlich zu den Gottesbekennern zu verstehen, beide verwenden verstärkt die bekenntnishafte „Ich-Form" (in traditioneller Formulierung: Gläubige und Atheisten), während umgekehrt die Gottesneutralen eine „Fern-Perspektive" wählen, die Gottesrelativierer eine agnostisch-skeptische Haltung einnehmen und die letzte Gruppe mit den Stilmitteln der Polemik arbeitet. Bei Heranwachsenden mit unterschiedlichen religiösen Stilen bzw. verschiedenen Typen von Gottesvorstellungen können nun bestimmte theologische/ philosophische resp. kognitive Problemstellungen in verschiedenem Maße und in unterschiedlichen Formen bedeutsam werden. Die Theodizee- oder auch die Schöpfungsfrage kann für den einen Typ zu einer Anfrage an seinen Glauben, für einen anderen umgekehrt gar zu einer Bestätigung seiner Gottesvorstellung werden, für einen dritten Einstellungstyp hinwiederum (nahezu) ohne Belang und Bedeutung bleiben.
Hans-Georg Ziebertz fasste die empirischen Ergebnisse zur Gottesfrage aufgrund eigener Forschungen unter Schülerinnen und Schülern etwa beim Übergang von der Sekundarstufe I zur Sekundarstufe II in folgenden Punkten zusammen:

- Jugendliche glauben mehrheitlich an einen „Gott", in welcher Form auch immer.
- Jugendliche sind mehrheitlich einerseits kritisch gegen überlieferte Gottesbilder wie andererseits gegen atheistische Vorstellungen (die Gegenüberstellung von biblisch-christlicher Gottesvorstellung vs. Atheismus ist damit obsolet geworden).
- Jugendliche haben Schwierigkeiten, ihre Gottesvorstellung zu konkretisieren und zu verbalisieren.
- Jugendliche lassen mehrheitlich hinsichtlich ihrer Gottesvorstellung keine „Leerstelle", sondern versuchen zumindest zum Teil, nicht-personale, abstraktere Gottesvorstellungen zu entwickeln: Gott als „irgendetwas", eine höhere Macht, Kraft, Energie, letztendlich als ein „Geheimnis".
- Der Jugendlichen-Deismus zeigt sich in einer besonderen Form: einerseits ist Gott fern und abwesend, andererseits anwesend und nah, eigentlich im Menschen selbst, etwa als Kraft.

Literatur:

- Büttner, Gerhard/ Dieterich, Veit-Jakobus: Entwicklungspsychologie in der Religionspädagogik, Göttingen: Vandenhoeck und Ruprecht, 2. Aufl. 2016, 159ff
- Stögbauer, Eva Maria: Die Frage nach Gott und dem Leid bei Jugendlichen wahrnehmen. Eine qualitativ-empirische Spurensuche, Bad Heilbrunn: Klinkhardt, 2011, 222ff

3.4.2 „Persönlicher Gott" – Gott: Person, Kraft, Symbol? (S. 122–124)

122–124: Gott: Person, Kraft, Symbol?

Die *Überschrift* des Unterkapitels spielt mit dem in Anführungszeichen gesetzten Ausdruck „Persönlicher Gott" an zum einen auf die Mehrdeutigkeit des Begriffes (Gott für mich persönlich/ Gott als Person), zum andern auf die Fragwürdigkeit des Begriffes (Anthropomorphismus) und entfaltet in Anknüpfung an die unter Jugendlichen verbreiteten Vorstellungen von Gott als Kraft die theologischen Definitionsversuche in der Spannung zwischen Person und Symbol.

Gott als Person – Grund des Personseins (Fließtext und Zitate S. 122)

122: Fließtext

Da Jugendliche von kindlichen, anthropomorphen, ihnen mitunter auch „kindisch" vorkommenden Gottes-Bildern Abschied nehmen und neue, eigene Vorstellungenen entwickeln können (dies allerdings als vielschichtiger, pluraler und offener Prozess, s.o.), wendet sich der erste Abschnitt im *Fließtext* gegen eine allzu naive, menschenartige Gottesrede (die ja auch dem Projektionsverdacht anheimfallen würde → 3.2, S. 109ff).
Der folgende Abschnitt rekurriert auf eine Auseinandersetzung *Paul Tillichs* (1886–1965) mit *Albert Einstein* (1879–1955), der seine religiöse Position als „pantheistisch" im Gefolge von Spinoza charakterisiert hatte. (Einstein hat sich immer wieder zu weltanschaulichen und religiösen Fragen geäußert, eine authentische Äußerung ließe sich hier einblenden, gesammelt etwa in „Mein Weltbild"; berühmt ist der Ausspruch: „Gott würfelt nicht", mit dem Einstein seine Ablehnung der Kopenhagener Deutung der Quantentheorie ausgedrückt hatte, natürlich eher in metaphorischem als in definitorischem Sinne gemeint.) Paul Tillich zeigt nun, dass hier etwaige Frontstellungen gegen die Theologie unterkomplex wären, da die Rede vom „persönlichen Gott" eben nicht wörtlich, sondern (gleichfalls) metaphorisch zu verstehen sei. Das ist erstens eine apologetische Position in positivem,

ja bestem Sinne und zeigt zweitens in spezifischer Weise den Dialog von Theologie und Naturwissenschaften auf (→ 1.2.3, S. 23f: Dialogmodell). Von diesem Dialog ausgehend wird im Folgenden Tillichs eigene Position in der Gottesfrage entfaltet (Gesamttext bis zum vorletzten Abschn.).
Tllichs Definitionen: Gott als

- Grund des Personhaften, Personseins, des Seins;
- das, was den Menschen unbedingt angeht;
- Tiefe (wiederum kritisiert durch den englischen Philosophen Bernard Williams, 1929–2003), der vor allem als Ethiker bekannt wurde.

Ergänzung zum vorletzten Abschnitt der Seite: Ein anderer klassischer Theologe des 20. Jh.s, Rudolf Bultmann (1884–1976), rückt mit seiner existentialen Interpretation Gott und Mensch (im Verstehen und als Geheimnis respektieren) sehr nahe zusammen: „Der Mensch kann sehr wohl wissen, wer Gott ist, nämlich in der Frage nach ihm." – „Die Frage nach Gott und nach mir selbst sind identisch." – „Will man von Gott reden, so muss man offenbar von sich selbst reden." (Die vierbändige Aufsatzsammlung Bultmanns trägt charakteristischer Weise den Titel: Glauben und Verstehen).

S. 122 u. 123: Zwei Bilder Bosch

Zwei Bilder: Hieronymus Bosch (um 1450–1516): Ausschnitte aus dem Triptychon „Der Garten der Lüste" (S. 122 u. 123)
Bildbeschreibungen: Auf beiden Bildern sieht man Gott und einen Ausschnitt der Welt. Auf dem linken Bild steht er im Paradiesgarten zwischen Eva, die er an der Hand hält, und dem auf dem Boden sitzenden Adam, wohl unmittelbar nach der Erschaffung der Frau aus einer Rippe des ursprünglichen Menschen. Die drei Personen sind vom saftigen Grün der Planzen umgeben und von Tieren, einheimischen und exotischen. Auch der Kampf (Beutemachen) und das Leid in der Natur sind zu sehen, vorne links etwa eine Katze mit einer Maus im Maul. Auf dem rechten Bild thront Gott erhaben fernab des Weltenrunds im Himmel, von einer Gloriole umgeben als König mit Krone und wallendem Bart. Der Ausschnitt aus dem Rund (vorne rechts) zeigt nicht die Erdkugel, vielmehr – man sieht es am Gewölk – einen Ausschnitt aus dem sich über der Erde befindlichen Himmelsgewölbe.
Hintergrundinformationen: Beide Darstellungen sind Teile ein und desselben Werkes, eines Triptychons (dreiteiligen Flügelaltars) mit dem Titel „Der Garten der Lüste". Die hier rechts stehende Darstellung (S. 123 unten) befindet sich auf der Rückseite eines Außenflügels – sie wird also im geschlossenen Zustand sichtbar –, beim Öffnen der Flügel sieht man auf der linken Innenseite das hier links (S. 122 oben) abgedruckte: „Das Paradies".
Querverweis: Weiteres Bildpaar von Hieronymus Bosch → 2.7.3, S. 98 u. 99 (Hölle – Himmel). Dort auch weitere Hinweise zu Künstler und Werk.
Bildkontextualisierung: Gottesvorstellungen: Während die Gottesdarstellung links relativ anthropomorph ausfällt, ist Gott rechts der Welt doch entfernt und „entrückt" dargestellt; seine Insignien, wenngleich ebenfalls anthropomorph, weisen ihn doch zugleich als sehr erhaben und eigentlich singulär aus. Mit anderen Worten: In ein und demselben Werk finden sich damit sehr unterschiedliche Gottesvorstellungen: ein ferner, unnahbarer und ein naher, menschengestaltiger Gott. Die beiden Gottesdarstellungen erinnern zudem an die unterschiedlichen Gottesbilder von Gen 1 und 2 und zeigen bei aller Menschengestaltigkeit, dass Gottesvorstellungen zugleich und in tieferem Sinne symbolisch zu verstehen sind (s. auch Text auf rechtem Bild: Ipse dixit et facta sunt – Er sprach, und es geschah, Aufnahme von Gen 1).
Anregungen zur *Bilderschließung:*

- Unterschiedliche Gottesbilder der beiden Ausschnitte herausarbeiten;
- Beide Gottesbilder mit den Ausführungen im Fließtext (beide Seiten) in Beziehung setzen;
- Unterschiedliche Gottesbilder mit den weiteren Gottesdarstellungen des Kapitels vergleichen.

122f: Gott als Liebe

Gott als Liebe (S. 122f)
Querverweis: → 3.3.1: Gottesvorstellungen in der Bibel, S. 117 unten.

123: Gottes Eindeutigkeit

Gottes Undefinierbarkeit – Gottes Eindeutigkeit (S. 123)
Postmoderne: Vieldeutigkeit, Missverständnis: Beliebigkeit (Alle haben einen eigenen Gott; Dein Gott ist okay, mein Gott ist okay u.a.m.). Besser: Variationen, mit basso continuo: Offenbarung in Jesus Christus.
Querverweis: → 3.5.2: Der geoffenbarte und der verborgene Gott – Gott, ein Geheimnis, S. 128f.

123f: Glaube als Vertrauen

Glaube als Vertrauen (Fließtext, Zitat, zwei Quellentexte Martin Luther, S. 123f)
Thema ist der *existentielle Aspekt* jeder Rede von Gott. Der Gott von Bibel und Theologie ist der, der dem Menschen Glauben schenkt, und nicht primär der, der korrekt (begrifflich) begriffen und definiert sein will. Dreifach wird dieser Aspekt hervorgehoben: im Fließtext, durch die Übersetzung

von Jes 7,9 in der Bibel in gerechter Sprache (→ 2.2.1, S. 69), in einer Interpretation dieser Passage (und einem Vergleich mit traditionellen Bibelübersetzungen) durch die feministische Theologin Ina Praetorius (freigestelltes Zitat ganz unten) sowie durch zwei einschlägige Passagen aus Luthers Großem Katechismus (zwei Quellentexte, S. 124, obere Seitenhälfte).
Querverweis: → 1.1.2: Zwei Aspekte von Glauben, S. 16.

124: Luther – Zwei Quellentexte

Martin Luther legte in seinem Kleinen und *Großen Katechismus* (beide 1529) zentrale Aussagen der Bibel (etwa die Zehn Gebote) oder der Theologie (etwa das Glaubensbekenntnis) für die Jugend bzw. die Haus- und Pfarrherrn seiner Zeit verständlich aus – zur Einführung in den evangelischen Glauben (beide Textpassagen aus dem Großen Katechismus). Das erste Gebot, ursprünglich an das Volk Israel gerichtet, macht Luther in seiner Bedeutung für den einzelnen Menschen als Glaubenden stark und definiert dabei Glaube als bedingungsloses, absolutes, vom „Herzen" ausgehendes Vertrauen.
In der *ersten Textpassage (linke Spalte)* identifiziert Luther *„einen Gott haben"* mit Glauben (Z. 11f) und Glaube mit Vertrauen (Z. 4f), das er weiter interpretiert mit „sein Herz (daran) hängen" und „(sich) verlassen" (Z. 12f) sowie „alles Gute erhoffen" (Z. 2f) und „seine Zuflucht nehmen" (Z. 3f) (1. Abschn.). Daher fordert Luther dazu auf, sich – aufgrund der Gnade und des Geschenks von Rechtfertigung und Glaube durch Gott selbst – sich nun nach Kräften auf diesen Gott hin auszurichten (2. Abschn.), um in der Schlusspassage nochmals die Identifzierung von „Gott haben" und „Glaube" mit dem „Vertrauen" von ganzem Herzen hervorzuheben (3. Abschn.).
Die zweite Textpassage (rechte Spalte) nimmt unter der Überschrift *„Gott Mammon"* einen bereits in der ersten Textpassage angedeuteten Gedanken nochmals auf und entfaltet ihn systematisch: die Unterscheidung von Gott und Abgott (linker Text, Z. 7f). Diese Leitdifferenz Gott/Abgott konkretisiert Luther primär an „Geld und Gut" (Z. 2 u.ö.) bzw. am „Mammon" als dem „allergewöhnlichste[n] Abgott auf Erden" (Z. 5–7), zusätzlich aber auch an weiteren sinnstiftenden Lebensinhalten wie „großes Wissen, Klugheit, Macht, Beliebtheit, Freundschaft und Ehre" (Z. 12f). Damit wird sehr lebens- und schülernah zum einen die theoretische Durchdringung mit der praktischen Veranschaulichung eng verbunden, die zudem zentrale Sinnstiftungen auch unter gegenwärtigen Bedingungen der Jugendlichen anspricht. Zugleich ist eine kritische aktualisierende Weiterführung möglich im Blick auf die dominierende Orientierung unserer Gesellschaft an wirtschaftlichen/ökonomischen Überlegungen bzw. angeblichen „Imperativen" („Markgesetzen").
Querverweis: Grundzüge zu Martin Luther als Theologe → Anhang LB 7.4.1.

Texterschließung (S. 124)

124: Texterschließung

Aufgabe 1: Einen Gott haben = Glauben = Vertrauen, „sein Herz (daran) hängen", „sich (darauf) verlassen", „alles Gute (davon) erhoffen", „seine Zuflucht (dazu) nehmen".
Wichtig: Glaube mit Gnade verbinden (→ 2.5.1, S. 83f), in einer Grafik:

Gottes Gnade		auf den gnädigen Gott
↓ schenkt		↑ richtet sich
Menschen Glaube	=	Vertrauen des Menschen

Aufgabe 2: Einerseits klare Unterscheidung: Gott oder Geld; andererseits rechnet Luther auch mit nicht deutlich bewussten (modern ausgedrückt „unbewussten") Abhängigkeiten; zwar kann man sich einerseits mit seinem Reichtum „brüsten" (Z. 3), man kann jedoch die Bedeutung von Geld und Gut auch erst dann richtig bemerken, „wenn sie einem entzogen werden", also bei Verlust (letzte Zeile).
Aufgabe 3: Luther spricht sich nicht gegen den Reichtum als solchen aus, vielmehr nur dagegen, dass der Reichtum (oder: Mammon) zum Gott wird, dass also der Mensch sein Vertrauen auf ihn setzt. Dies führt einerseits zu einem auf Gott und das Wohl des Nächsten gerichteten Umgang mit Geld (→ 2.6.2, S. 90f Freiheitsschrift, Dienst am Nächsten); da sich aber andererseits in umgekehrter Richtung nicht eindeutig aus den Werken auf den Glauben schließen lässt (Freiheitsschrift, Z. 99–108), kann von außen (und letztlich auch vom Menschen selbst) nicht spannungsfrei auf den richtigen Glauben zurückgeschlossen werden – zumindest nicht von seinem Verhalten her (dies begrenzt auch die Eindeutigkeit der Bestimmung von Gott/ Abgott in Aufg. 2).

Ergänzung: Für die reformierten Kirchen findet sich im *Heidelberger Katechismus* eine nicht identische, aber analoge Passage gleich zu Beginn:
„Frage 1: *Was ist dein einziger Trost im Leben und im Sterben?* – Dass ich mit Leib und Seele im Leben und im Sterben nicht mir, sondern meinem getreuen Heiland Jesus Christus gehöre."
https://www.heidelberger-katechismus.net/Heidelberger_Katechismus_Der_gesamte_Text-8261-0-227-50.html (20.02.2021)

124f: Gott, männlich und/oder weiblich?

3.4.3 „Vater unser …" – Gott, männlich und/oder weiblich? (S. 124f)

Das eineinhalb Seiten umfassende *Unterkapitel* spielt anhand unterschiedlicher Materialien, vor allem von Zitaten heutiger Jugendlicher, von zeitgenössischen Theologinnen und aus der Bibel, sowie mit einem Bild (Frida Kahlo) mit unterschiedlichen, anthropomorphen und darüber hinausgehenden Gottesvorstellungen, vorrangig als Freund (Jugendliche), Vater resp. Mutter (Bibel und Theologie) sowie naturbezogen und schließlich noch einmal ganz anders („fremd", vor allem: Helga Kohler-Spiegel, S. 124, Zitat ganz unten, linke Spalte).
Ergänzung: Spätere alttestamentliche Schriften: weibliche Seiten Gottes, in jüdischer Theologie und Philosophie weiterentwickelt, etwa folgend drei weibliche Aspekte des Göttlichen: Tora: Lehre; Chochma: Weisheit; Schechina: Einwohnung.
Im (vor allem katholischen) Christentum: Maria, Schutzmantelmadonna, Schreinmadonna u.a.m.

125: Gott – die gebärende

Carter Heyward: Gott – die gebärende (S. 125 – freigestelltes Zitat):
Der Text der US-amerikanischen Theologieprofessorin und feministischen Befreiungstheologin Carter Heyward (*1945) ist ein Gedicht, in dem Gott als liebende Mutter, der Schöpfungsprozess als Geburtsvorgang dargestellt ist.
Daraus folgt auch eine ganzheitliche Sichtweise: Verbundheit alles Geschöpflichen sowie eine ökologische Ethik: Bewahrung der Schöpfung (→ 1.3.3. (4), S. 38, untere Seitenhälfte; 1.5.2, S. 50). – Der Text beinhaltet auch den zentralen theologischen Grundgedanken von Heyward: Gott ist als Liebe ein Beziehungsgeschehen, das sich ständig neu ereignet und vollzieht, unter (passiver und aktiver) Anteilnahme der ganzen Schöpfung und damit auch des Menschen („godding", auch als Verb „to god").

125: Bild Kahlo

Frida Kahlo (1907–1954): Die Liebesumarmung des Universums …, 1949 (S. 125)
Bildbeschreibung (bereits mit einigen Hintergrundinformationen)*:* Die Bildmitte füllen vier hinter- bzw. voreinander angeordnete, durch die umschließenden Arme eng miteinander verbundene Gestalten: (1) hinten das Universum (hell, mit dem zweigeteilten Himmel, rechts der Tag mit Sonne, links die Nacht mit Mond), davor (2) Mutter Erde (Pachamama) bzw. die Erdgöttin Cihuacoatl, von der Wasser (Milch) und alles Leben ausgehen, vor allem die üppige Vegetation mit vielen kakteenartigen Pflanzen, aber auch die Tierwelt (vorn ein hundeartiges Wesen); in der Bildmitte, leicht nach links versetzt dann in Rot und Fleischfarbe die Menschenwelt: ein gleichsam „erstes" Menschenpaar wie Adam und Eva im Paradies (3) die Künstlerin selbst und in ihren Armen (4) ihr Ehemann, der Maler Diego Rivera, umfangen und gehalten wie ein kleines Kind.
Hintergrundinformationen: Frida Kahlo (1907–1954), mexikanische Malerin, dem Surrealismus zugerechnet, den sie jedoch mit autobiografischen und traditionellen mexikanischen wie indigenen Elementen in symbolistischer Weise anreicherte, spannt in ihrem Gemälde *Die Liebesumarmung des Universums, die Erde (Mexiko), ich, Diego und Herr Xólotl* aus dem Jahr 1949 einen ganzen Kosmos an Motiven, Anspielungen und Bedeutungen auf. Drei Grundgedanken durchziehen das Bild: 1. Das Gebären (weibliche Personen), d.h. Schöpfung als Geburt von einer Muttergottheit; 2. der Zusammenhang aller Dinge, symbolisiert durch die umschließenden Arme und 3. schließlich die polaren Gegensätze auf der rechten und linken Bildhälfte: hell – dunkel; Sonne – Mond; Yin und Yang; helle und dunkle Materie; Flammenbündel in der Hand des Mannes für Erneuerung und Wiedergeburt – ein hundeartiges Wesen, der Itzcuintli-Hund „Herr Xólotl", nicht nur ein mexikanisches Lieblingshaustier, sondern in der Mythologie zugleich der Wächter des Totenreiches, für Vergehen und Sterben; lichtvolle Geistigkeit (drittes Auge beim Mann).
Bilderschließung, Anregungen:

- Die drei Ebenen des Bildes (Kosmos – Erde mit Leben – Menschen) beschreiben und wesentliche Merkmale herausarbeiten;
- Unter Einbeziehung des Bildtitels („Liebesumarmung") die Verbundenheit alles Geschöpflichen, die Bedeutung von „Liebe" für Welt und Leben sowie für eine ökologische Ethik, Bewahrung der Schöpfung, herausarbeiten (→ 1.3.3. (4), S. 38, untere Seitenhälfte; 1.5.2, S. 50).
- Bezüge zwischen Bild Kahlos und Text Heywards herausarbeiten („zärtlich im Arm halten"; „Verbundenheit" von allem; „alles Gute teilen" …).
- Bild mit Texten (Fließtext sowie freigestellte (Bibel-)Zitate) des Unterkapitels in Beziehung setzen: weibliche, männliche, sonstige Gottesbilder; eine Gesamtcollage herstellen aus Textpassagen und Bildelementen;
- Bildvergleich zweier Bilder zum Thema „Schöpfung": Kahlo und Michelangelo (folgende Doppelseite, S. 127) mit „stereotypen" männlichen/ weiblichen Sichtweisen (die jedoch zugleich zu hinterfragen sind!): Fürsorgliche Schöpfungsmutter vs. gewaltig und mächtig daherfahrendem Schöpfergott (→ weiteres Michelangelo-Bild, S. 62).

- Bildvergleich zweier Bilder: Kahlo und ihr Ehemann Rivera (→ 5.2.2 (1), S. 209). Die beiden Bilder ergeben ein Gegensatzpaar, wie es krasser nicht denkbar sein dürfte: Verbundenheit, Fürsorge und Abhängigkeit hier – Trennung, Beherrschung und Vernichtung dort – als Signum der Neuzeit, der weltweiten (globalen) Herrschaft, Ausbeutung und Zerstörung bis zum heutigen Tag.

Abschluss des Teilkapitels 3.4 (S. 126)

126: Abschluss

Der eine Seite umfassende *Abschluss* des Teilkapitels bringt drei Elemente: Längeres freistehendes Zitat (zur Diskussion und/ oder Meditation), Zusammenfassung und Aufgabenstellungen.

Fulbert Steffensky (Freigestelltes Zitat, S. 126 oben)

126: Zitat

Fulbert Steffensky nimmt (1) Religionsfreiheit und Säkularisierung positiv auf: freier, bewusster, nicht – durch Tradition, Gesellschaft, Staat – erzwungener oder aufgedrängter Glaube. Er verortet den Gottesglauben (2) nicht in Theologie und Kirche („Geschwätzigkeit"), vielmehr (3) bei den „kleinen Leuten" und ihren „Seufzern" (zentraler Satz) – im Namen der Armen, der „Opfer" von Geschichte und Gesellschaft sollen wir von Gott sprechen, zur Benennung und Überwindung von ihren „Leiden" – in der Schlusspassage spielt der Text auf die Seligpreisungen (→ S. 174 unten) und die Bitten des Vaterunsers an (→ S. 167 unten).
Querverweis: Weitere Zitate von Fulbert Steffensky → S. 97, ganz unten; 196, unten rechts).

Zusammenfassung und Ergänzung (S. 126 Mitte)

126: Zusammenfassung

Die Zusammenfassung bietet – tlw. über das Gesagte hinausgehend – (1) einen Überblick über klassische Gottesdefinitionen in der Theologie (linke Spalte) und (2) einen Überblick über klassische Gottes-Konzeptionen (rechte Spalte) und damit vor allem Themen im Anschluss an das Unterkapitel 3.4.2, S. 122f. Diese Aussagen und Begrifflichkeiten sind für eine theologisch angemessene und kognitiv anspruchsvolle Rede von Gott von zentraler Bedeutung, wenngleich sie durch die narrative sowie existentielle Gottesrede des vorhergehenden und folgenden Teilkapitels komplementär zu ergänzen sind. Leicht ergänzen lassen sich zudem (3) die Gottes-Vorstellungen Jugendlicher (3.4.1, S. 121) sowie (4) männliche, weibliche und andere Gottesbilder (3.4.3, S. 124f).
Ergänzungen bzw. Vertiefungen:

- *Deismus:* Glaube an Gott aus Gründen der Vernunft (17./18. Jh. zuerst in England; ein Grundzug der Philosophie der Aufklärung). Gott hat am Anfang die Welt erschaffen, greift dann nicht mehr ein (Uhrmacher – Uhr). Sieben Merkmale: 1. Gott = Schöpfer der Welt (Anfang, kein weiteres Eingreifen); 2. Natürliche, vernünftige (Ur-)Religion; 3. Gleichwertigkeit aller Religionen (Toleranz); 4. Offenbarungsreligion ist entweder falsch (Priesterbetrug u.Ä.m.) oder überholt, nur für unmündige Menschen; 5. Natürliche Religion lässt sich wieder herstellen; 6. Kern der Religion ist Moral/ Ethik; 7. Bibelkritik.
- *Pantheismus* (griech: *pan* = alles; *theos* = Gott): Pantheismus Gott = Welt (identisch bzw. wechselseitige Explikation). Baruch de Spinoza (1632–1677; Ethik in geometrischer Ordnung dargestellt, veröff. 1677, posthum): Gott = einzige Substanz; Dinge = Modifikationen; immanente Kausalität; Gottes Wesen (lat. *essentia*) und Wirken (lat.: *potentia*) identisch. „Deus sive natura". Mensch: Ewigkeitsdimension der Dinge (lat.: *sub specie aeternitatis*). Wirkungen: Goethe; Dt. Idealismus; Frühromantik; Lessing, Herder, Schleiermacher; Ggw.: Ästhetisch-religiöse Strömungen. Pantheismus-Streit der 80er Jahre des 18. Jh.s.
- *Pan-en-theismus* (Evolution, Zukunftsoffenheit, Intentionalität) = „All-in-Gott-Lehre": Gott Verbindung Welt (contra Theismus), Gott Trennung Welt (contra Pantheismus). Ursprung: Romantik. Novalis; Krause: „Vorlesungen über das System der Philosophie" (1828).

Neuere Versionen: Moderne Naturwissenschaften: Offene Systeme (nach oben); Prozessphilosophie und -theologie, Dialektisches Denken:

1. Gottes Handlungen – Weltliches Geschehen
2. Gottes Vollkommenheit – Offenheit für Unvollkommenheit
3. Gottes Handeln mittels Vertreter – mittels „Verlockung" bzw. „Überzeugung".

„Wenn du ihn verstehst, dann ist es nicht Gott." (Augustinus) – „Ein *begriffener* Gott ist kein Gott." (Tersteegen) – „Deus semper maior."

Zu den Aufgaben (S. 126)

126: Zu den Aufgaben

Aufgabe 1: s.o.
Aufgabe 2: Vergleich mit allen Unterkapiteln der jugendlichen, biblischen und theologischen Gottesvorstellungen durchführen (also die fünf Unterkapitel 3.3.1+2 sowie 3.4.1+2+3 einbeziehen).
Aufgabe 3: Grafik zur Erarbeitung entwerfen und dann bearbeiten, Schema:

Konzeption/ Vorstellung	Inhaltliche Beschreibung	Vorkommen			Bewertung: Stärken/ Schwächen
		Jugendliche	Bibel	Theologie	pos / neg
Theismus					
Gott = Kraft					

Aufgabe 4: Beachten, dass manche „menschengestaltige“ Darstellungen auch Attribute enthalten, die eher auf Nicht- bzw. „Über“-Menschliches verweisen (z.B. Bosch-Bild, S. 123, Erl. s.o.). „Männliche“ (= starke) und „weibliche“ (= fürsorgliche) Zuordnungen bzw. Schemata hinterfragen! (Bereits in Bibel, s. Mt 6,31f, Fürsorge als Aufgabe und Tätigkeit des – himmlischen – Vaters, s. S. 125, Zitat ganz unten rechts).
Aufgabe 5: Jesu Glaube ist der an den Gott Israels (Jesus als Jude) – bei den Jesusgläubigen kommt in einer ersten Stufe erst der Glaube an ein besonderes Verhältnis Jesu zu Gott und erst im Verlauf der Ausbreitung und zuletzt der Konstituierung als Staatskirche die ausformulierte Zwei-Naturen-Lehre und die Trinitätslehre hinzu (3.7.3, S. 143; 4.5.3, S. 185f).
Zusatz-Aufgabe: Nehmen Sie Stellung zu folgendem Zitat: „Wir sind naturforschend Pantheisten, dichtend Polytheisten, sittlich Monotheisten.“ (Johann Wolfgang von Goethe)

3.5 Ach, Du lieber Gott! – Gottes gegensätzliche Gesichter (S. 127–133)

127–133: Gottes gegensätzliche Gesichter

Das *Teilkapitel* stellt die gängige Rede vom „lieben Gott" zur Dispositon. Damit nimmt es eine Übergangsstellung ein zwischen den beiden vorigen Kapiteln zum Gott der Bibel (3.3) resp. der Theologen (3.4) und dem nachfolgenden zur Theodizeethematik (3.6). Das Thema bietet einen wichtigen Anlass, mit Ambivalenzen und Ambiguitäten gerade auch in der Gottesfrage umgehen zu lernen. Im Teilkapitel geschieht dies in fünf Schritten:

- Einstieg anhand eines Bildes von Michelangelo (S. 127);
- Problematisierung der Rede vom „lieben Gott": 3.5.1 Der liebe Gott? – Ein Teddy-Bär-Gott? (S. 127f);
- Theologische Grundunterscheidung: 3.5.2 Der geoffenbarte und der verborgene Gott (S. 128–130);
- 3.5.3 Gott in Beziehung (S. 131);
- Abschluss des Teilkapitels (S. 132f).

Bild: Michelangelo (1475–1564): Sixtinische Kapelle, 3./4. Schöpfungstag, 1508–1512

127: Bild Michelangelo

Das Bild, zu dem das Schulbuch bereits eine Interpretation liefert, zeigt Gott zwei Mal, rechts von vorn, links von hinten – es handelt sich gleichsam um ein „Doppelporträt" Gottes anhand der Nebeneinanderstellung von zwei „Schöpfungstagen" in zwei Szenen: der Erschaffung (sowie Scheidung) der Gestirne (Sonne, Mond) auf der rechten und der Erschaffung der Pflanzen auf der linken Seite.
Bildbeschreibung (im Anschluss an die Ausführungen im Schulbuch): Ins Auge springen: Kraft und Wucht des doppelten Gottesleibes, seine Dynamik (Bewegung, Gesten) sowie das Rot seiner wallenden Gewänder; die untere Hälfte der Sonne in der Bildmitte oben, auf die Arm und Finger Gottes weisen; mit dem anderen ausgestreckten Arm zeigt er auf den weißen Mond, von dem nur ein kleiner Teil am rechten Bildrand zu sehen ist; das Grün der Pflanzen, verbannt an den linken unteren Bildrand; zuletzt die drei Engelfiguren, die mit Gott (auf roten Tüchern) daherfliegen, der vorderste anerkennend zu Gott aufblickend, dahinter ein zweiter, der in die Ferne schaut, ein dritter rechts scheint eher Ruhe vor Wind und Wetter zu suchen …; und natürlich am frappierendsten: Gott links mit entblößtem Hinterteil und barfüßig!
Hintergrundinformationen: Bei aller Ironie scheint es Michelangelo mit seiner Gottesdarstellung doch ernst zu sein. Auf den ersten Blick ein typischer Anthropozentrismus: Gott ist menschengestaltig gemalt, von vorn und hinten. Der zweite Blick aber verrät: Es geht weniger um eine Vermenschlichung Gottes als um eine Divinisierung des Menschen, vor allem des Künstlers. Der Renaissancemensch und Michelangelo als Künstler sehen sich in einer gleichsam göttlichen Position, als Erkunder und Gestalter der Welt, als schöpferisches Genie, dem Licht, Farben und Formen gehorchen, wie auf einen Wink (von Armen, Händen und Fingern – den wichtigsten „Werkzeugen" des schaffenden Künstlers). Die Sonne mag auch schon für das Licht der Vernunft stehen (ein Symbol, das dann in der Aufklärung zentrale Bedeutung erlangt) und/ oder auch für die Erleuchtung des kreativ Tätigen, für den phantastischen „Entwurf", der gerade auch dieser Darstellung zugrunde liegt. Weitere Informationen zu Künstler und Werk bei der anderen Abbildung aus demselben Schöpfungszyklus an der Decke der Sixtinischen Kapelle (→ 2.1.2, S. 62: Die Erschaffung Adams).
Eine alternative, hier jedoch nicht weiter verfolgte Interpretation sieht Gott nur einmal (rechts) dargestellt, er gibt (als Form) in gewaltiger Wirbelbewegung der formlosen Materie Gestalt (aristotelisch-neuplatonisches Gedankengut der Renaissancezeit); links wäre dann das besiegte, in die Flucht geschlagene Chaos zu sehen – angesichts der Ähnlichkeit der beiden Gestalten eine eher fragwürdige Interpretation, wohl zur Eliminierung der fundamentalen Anstößigkeit der Darstellung).
Anregungen zur Bilderschließung:

- Deutung im Kontext von Gen 1,9–19: dritter und vierter Schöpfungstag – dabei ist interessant, dass Michelangelo die biblische Reihenfolge umkehrt; hier scheint naturkundliches Wissen einzufließen (Gestirne vor Pflanzen);
- Deutung im Kontext von 2. Mose 33,18–23 (und zusätzlich 1. Kön 19) – Gottesoffenbarungen „von hinten" vor Mose (und Elia – schwaches, sanftes Sausen);
- Bildvergleich 2x Michelangelo: → 2.1.2, S. 62: Die Erschaffung Adams, einmal zwei Seiten Gottes, einmal Gott-Mensch-Beziehung;
- Bildvergleich mit den beiden Darstellungen des Menschen → S. 58f (Picasso, bereits „doppelgesichtig", in Verbindung mit Tannert auf derselben Doppelseite: zwei Seiten des Menschen) (auch eine Kombination der beiden genannten Bildvergleiche ist möglich);
- Das Bild als Leitmedium für die Erarbeitung des gesamten Teilkapitels nehmen und die Aussagen zu der jeweiligen Seite Gottes in Beziehung setzen (wobei auch gegenläufige Tendenzen möglich sind: so ist der sich entziehende Gott zugleich der mit der segnenden Hand!).

127f: Ein Teddy-Bär-Gott?

3.5.1 Der liebe Gott? – Ein Teddy-Bär-Gott? (S. 127f)

Der *Einstieg* erfolgt über die Darstellung eines problematischen, weil lebensfeindlichen Gottesbildes anhand einer Passage aus Tilmann Mosers (*1938) Buch „Gottesvergiftung" (1976), so dass – zusammen mit der gängigen Rede vom „lieben" Gott – die ganze Polarität des lieben und rettenden versus richtenden und feindseligen Gottes aufgespannt wird (Fließtext, wiederum als protestantisches „Paradebeispiel", auf Luthers reformatorische „Grunderfahrung" rekurrierend → 2.5, S. 83f).
Die Spannung wird erst gegen Ende des nächsten Unterkapitels aufgelöst, durch erneute Aufnahme eines – neueren – Buches von Tilmann Moser und der Differenzierung von „lebensfeindlichen" vs. „lebensfreundlichen" Formen des Gottesglaubens (S. 130, Seitenmitte). Entgegen dem sonst üblichen Vorgehen wird hier also ein unmittelbarer Zusammenhang und Spannungsbogen über zwei Unterkapitel hinweg gespannt, so dass das Unterkapitel sinnvoller Weise in unmittelbarem Kontext zum folgenden zu thematisieren ist. Ein Rekurs auf die entsprechenden Unterkapitel im Mensch-Kapitel wäre jedoch an dieser Stelle möglich und hilfreich, noch besser „durchlaufend" bei diesem und den folgenden Unterkapiteln, da ja die Anthropologie und die Gottesthematik jeweils komplementär aufeinander bezogen sind:

Aspekte	I: Altes Leben	II: Chancenlosigkeit des Menschen	III. Gottes Chance: Beziehung / Neues Leben
Menschenbild	Der sündige Mensch 2.3.3, S. 74–76	Willensunfreiheit 2.4.3, S. 79f	Rechtfertigung 2.5, S. 83–87
Gottesbild	Der richtende, strafende Gott 3.5.1	Der abwesende Gott (Deus absconditus) 3.5.2	Der geoffenbarte, gnädige Gott (Deus revelatus) – 3.5.3

Tabelle: Theologisch-didaktische Ko-Konstruktion von Anthropologie und Theologie i.e.S.

128–130: Gott, ein Geheimnis

3.5.2 Der geoffenbarte und der verborgene Gott – Gott, ein Geheimnis (S. 128–130)

Zentrales *Thema* des Unterkapitels ist, wie der Titel bereits formuliert, Luthers Unterscheidung von geoffenbartem und verborgenem Gott (deus revelatus/ absconditus) sowie die – in gewisser Analogie dazu stehende – Bestimmung Gottes als Geheimnis (Untertitel), vorrangig, aber keineswegs ausschließlich auf katholischer Seite. An die aufgespannte Thematik schließen sich wichtige theologische Grundbestimmungen und -gedanken an, insbesondere die göttliche Gnadenwahl/ Prädestination (Calvin), die Negative Theologie und die Mystik.

128: Bild Houghton

Bild: Georgiana Houghton (1814–1884): The Eye of the Lord, 1870
Bildbeschreibung: Hinter/zwischen hellen Schleiern blickt ein dunkles Auge hervor, gemäß dem Titel „das Auge Gottes". Weiße Schleier, Spinnennetz, Gewebe, starker Kontrast hell-dunkel, im Hintergrund wiederum Linien, Netze, in verschiedenen Farben. Deutlich dreidimensionale Raumwirkung sowie eine geheimnisvolle Ausstrahlung.
Hintergrundinformationen: Die englische Malerin (und Spiritistin) Georgiana Houghton (1814–1884) wurde nach langer Zeit der Vergessenheit erst in unserem Jh. wieder entdeckt und als frühe Vorläuferin der naiven, surrealen und abstrakten Malerei gewürdigt. Charakteristisch für ihre Malweise ist die feine, perfekte Linienführung. Ihr spiritistischer Hintergrund sollte hier einerseits kritisch rezipiert werden bzw. einfach im Hintergrund bleiben, macht sie aber andererseits gerade für die „geheimnisvolle" Seite Gottes resp. der Wirklichkeit interessant. In der Esoterik verstehen sich Künstler/innen als Medium; einen regelrechten „Medien"-Boom erlebte die Kunst ab Mitte des 19. Jh.s. (Interessant, dass dies auf dem Hintegrund großer sozialer Spannungen in der kapitalistischen Gesellschaft erfolgte → Soziale Frage, 5.3.2, S. 219f).
Bilderschließung, Anregungen:
- Vorrangig eigene Empfindungen, Stimmungen, Gefühle beim Betrachten und Beschreiben des Bildes thematisieren;
- Impulse: Schleier schließen oder wegziehen? Blick abwenden oder Anblick aushalten? Bild belassen oder verändern? Was weglassen, was hinzufügen?
- Bildpaar Houghton (S. 128 u. 131) miteinander vergleichen;
- Textpassagen aus Fließtext der beiden Unterkapitel (3.5.2 u. 3) beiden Bildern zuordnen.

128f: Fließtext

Gottes Gnadenwahl: (Doppelte) Prädestination und offenbarter/verborgener Gott (S. 128f, Fließtext, zwei Quellentexte)
Die Frage nach *Gottes Gnadenwahl* lässt unterschiedliche Lösungen zu:
- die letztendliche Erwählung aller (Wiederbringungslehre, Apokatastasis → 2.7.3, S. 98);

- die Erwählung zum Heil (die andere Seite bleibt unbeantwortet – Zwingli);
- die doppelte Prädestination (Calvin) oder
- der Hinweis auf die Unbeantwortbarkeit der Frage (Luther).

Luthers theologisch zentrale Grundunterscheidung zweier Seiten Gottes (offenbarter vs. verborgener Gott) wird in seinem theologischen Hauptwerk „De servo arbitrio" („Vom unfreien Willen") von 1525 entfaltet, wodurch der unmittelbare Zusammenhang zwischen Gottes absolut freier, souveräner Gnadenwahl und der menschlichen Unfreiheit des Willens (in Dingen, die „über" ihm stehen, also in Bezug auf sein Seelenheil → 2.4.3, S. 79f) unmittelbar hergestellt und ersichtlich wird. Gottes Gnade ist unverfügbar, der Mensch vollständig auf sie angewiesen und von ihr abhängig – warum aber erwählt Gott dann die einen, die andern aber nicht?

Im *Quellentext* aus dem genannten Werk (S. 129, linke Spalte) unterscheidet *Luther* zuerst die beiden Seiten Gottes (offenbarter vs. verborgener Gott, 1. Abschn.), um dann anhand des Beispiels „Tod des Sünders" die „unerforschliche" Seite als abgründig rätselhaft, unerforschlich und widersprüchlich zu charakterisieren: Gott selbst hat einen rätselhaft „gespaltenen" Willen: Er will den Tod des Sünders und er will ihn nicht (2. Abschn.). Aufgabe des Menschen aber ist, die „unerforschliche" Seite Gottes unerforscht zu lassen und sich an den geoffenbarten Gott zu halten. 129: Quellentexte

Der große Schweizer Reformator *Johannes (Jean) Calvin* (1509–1564) geht einen wesentlichen Schritt weiter und entfaltet in seinem theologischen Hauptwerk, der „Institutio", die Lehre einer „doppelten Prädestination": der Vorherbestimmung zum Heil und zum Unheil (*Quellentext* aus dem genannten Werk, S. 129, rechte Spalte): Bereits vor der Erschaffung sind die einen zum Heil, die andern zum Unheil vorherbestimmt (1. Abschn.). Gott zeigt im Heil seine – unverdiente – Gnade, im Unheil sein – unbegreifliches, aber nicht ungerechtes! – Gericht (2. Abschn.).

Beide theologischen Ansätze landen letztlich bei der Unerforschlichkeit und Unbegreiflichkeit Gottes, mit einem kleinen, allerdings feinen Unterschied.

Ergänzung: Besonderheiten der Theologie Calvins: Gott: Prädestination; Mensch: Rechtfertigung und Heiligung; Jesus Christus: zwei differente Naturen, Gemeinsamkeit ohne Preisgabe der Einzelnen (Akzent); Kirche: Abendmahl als Verweis, nicht Realpräsenz (aber: Präsenz). (Calvin, Reformierte Kirchen → S. 205.)

Literatur:

- Luther, Martin: De servo arbitrio – Vom unfreien Willen (1525), in: Luther Deutsch. Die Werke Luthers in Auswahl (10 Bde.), hrsg. von Kurt Aland, Bd. 3: Der neue Glaube, Göttingen: Vandenhoeck & Ruprecht, 1991, S. 247f.
- Calvin, Johannes: Unterricht in der christlichen Religion/ Institutio Christianae Religionis, übers. von Otto Weber, Neukirchen-Vluyn: Neukirchener Verlag, 6. Aufl. 1997, S. 619 u. 622 (III, 21, 5+7).

Texterschließung (S. 129) 129: Texterschließung

1. Luther: offenbarter vs. verborgener Gott; Calvin: doppelte Prädestination; beide: unverdiente Gnade; Unbegreifbarkeit Gottes.
2. Augustinus und Calvin gehen parallel, Origines lässt die göttliche Gnade eschatologisch siegen, Luther schließt sich weder Origines noch – wie sonst häufig – Augustinus an, sondern bricht das Dilemma früher ab bzw. verlegt es in Gott selbst zurück (s.u. Tabelle).

Querverweis: Apokatastasis-Lehre des Origenes vs. Prädestinationslehre des Augustinus bei der Individual-Eschatologie → 2.7.3, S. 98 Mitte.

3. Hier ist weder billiger Trost noch eine die Verzweifelten verletzende Härte resp. Verständnislosigkeit gefragt.

	Gottesbild (Gnade und Wille)	**Menschenbild (Anthropologie)**	**Zukunftsbild (Eschatologie)**
Luther			
Calvin			
Augustinus			
Origenes			

Tabelle: Gottes Gnade und Gottes Wille in vier theologischen Ansätzen – Aufgabenblatt

	Gottesbild (Gnade und Wille)	Menschenbild (Anthropologie)	Zukunftsbild (Eschatologie)
Luther	„Doppelter“ Gott: offenbarter vs. verborgener; gespaltener Wille Gottes	Christ glaubt Gottes geoffenbarter Gnade, lässt Rätsel in Ruhe	<Doppelter Ausgang Himmel/ Hölle>
Calvin	Doppelte Prädestination	Auserwählte/ Verworfene	Doppelter Ausgang Himmel/ Hölle
Augustinus	Doppelte Prädestination	Auserwählte/ Verworfene	Doppelter Ausgang Himmel/ Hölle
Origenes	Gnade, eindeutiger Wille	Gute/ Schlechte	Wiederherstellung/ Apokatastasis

Tabelle: Gottes Gnade und Gottes Wille in vier theologischen Ansätzen – Lösungsblatt

Ergänzung: Providentia-(Vorsehungs-)Lehre im Katholizismus
„Gott ist souverän Herr über seinen Ratschluss. Aber um ihn auszuführen, bedient er sich auch der Mitwirkung der Geschöpfe.“
(Ergänzend: Unterscheidung zwischen Erst- und Zweitursache).
(Zentrale Aussage in: Ecclesia Catholica: Katechismus der Katholischen Kirche, München u.a., 1993, Nr. 302-314, Zit. 306.)

129 + 130: Fließtext

Negative Theologie – Gott als Geheimnis – Mystik (Fließtext, S. 129, unteres Drittel, und S. 130, oberes Drittel)
Negative Theologie, alte theologische Tradition, im Hochmittelalter etwa beim Aquinaten: „Das ist das Äußerste menschlichen Gotterkennens, zu wissen, dass wir Gott nicht wissen.“ (Thomas von Aquin, De potentia Dei *Über die Macht Gottes,* q. 7, art. 5, ad 14). Im Spätmittelalter dann zur Blüte gebracht bei Nikolaus von Cues: De docta ignorantia („Über die belehrte Unwissenheit“), 1440, mit dem zentralen Gedanken der „docta ignorantia“, dem Wissen um das Nichtwissen. Auch heute noch wirksam, etwa beim katholischen Theologen Andreas Benk: „Gott ist nicht gut und nicht gerecht“ (2008).
Gott als Geheimnis: Theologische Denkrichtung in Analogie zur Negativen Theologie, bes., aber nicht nur in der katholischen Theologie vertreten (Karl Rahner in seinem letzten Vortrag aus Anlass seines 80. Geburtstages. Thema: „Unbegreiflichkeit Gottes“. *Querverweis:* → S. 119, Zitat unten: Gott als Geheimnis (Katholischer Erwachsenenkatechismus, 1985); ferner: Rahner, Mensch als unbeantwortbare Frage → 2.1.1, S. 60.
Gottesgeburt in der Seele – Mystik: Prinzipiell lassen sich zwei Wege der mystischen Erfahrung (wie auch der Meditation) unterscheiden: beim einen lässt man die inneren Bilder los, sucht leer zu werden, beim andern konzentriert man sich auf ein Bild – beide Wege (und Texte) ergänzen einander: Während Mechthild (rechte Spalte) die mystische Erfahrung in besonderen inneren Visionen und Erlebnissen verortet, macht Meister Eckhart (linke Spalte) den Gedanken stark, dass eine Gotteserfahrung im Inneren der Seele erst dann möglich ist, wenn sich der Mensch von allen (eigenen) Gotteserfahrungen und -bildern befreit (Ursprung des deutschen Bildungsbegriffs als „Entbilden“, d.h. als ein Prozess, in dem man sich frei macht und frei wird von allen Bildern).
Meister Eckhart, selten auch Eckehart, Mitglied des Dominikaner- bzw. Predigerordens, Magister der Universität Paris (daher Meister), wichtiger Theologe und Philosoph des Spätmittelalters, bekannt sowohl durch seine akademische Lehrtätigkeit (in lateinischen Werken publiziert) als auch durch seine auf Deutsch gehaltenen und gedruckten Predigten, gilt als einer der herausragenden Gestalten der (deutschen) Mystik. Gegen Eckhart wurde ein Ketzerprozess eröffnet; nach seinem Tod verurteilte die Kirche 28 Sätze aus seinen Schriften als häretisch.
Mechthild von Magdeburg, eine der führenden christlichen Mystikerinnen des Mittelalters, zog sich nach einem jahrzehntelangen Leben als Begine nach der Dominikanerregel wohl auf Druck ihrer Gegner, die sie sich mit ihrem Werk gemacht hatte, ins Zisterzienserinnenkloster Helfta (bei Eisleben) zurück. Ihre Aufsehen und Ärgernis erregenden mystischen Erfahrungen, die wohl bereits mit zwölf Jahren begannen, wurden unter dem Titel „Das fließende Licht der Gottheit“ gesammelt und veröffentlicht.
Literatur:

- Meister Eckehart, Deutsche Predigten und Traktate, hg. und übers. von Josef Quint, Zürich: Diogenes, 1979, S. 180f. (Predigt 6).
- Mechthild von Magdeburg, Das fließende Licht der Gottheit, aus dem Mittelhochdt. übers. und hg. von Gisela Vollmann-Profe, Berlin: Verlag der Weltreligionen, 2010, S. 231 (IV.II).

Der lebensfreundliche Gott – Gott auf der Couch (Fließtext, S. 130, mittleres Drittel) — 130: Fließtext (Mitte)

Die Textpassage nimmt den Einstieg beim vorigen Unterkapitel (S. 127 unten) über Tilmann Moser nochmals auf, zeigt seine Wendung zu einer offenen Haltung gegenüber der Religion sowie zur letztlich sinnvollen und notwendigen Unterscheidung von *lebensfreundlichem* und *lebensfeindlichem Glauben* auf. Ironisch kommentiert und gebrochen wird dies durch die grafische Gestaltung des Spruchs „When too perfect lieber Gott böse" des US-amerikanischen, aus Südkorea stammenden Komponisten und Künstlers Nam June Paik (1932–2006), einem der Begründer der Video- und Medienkunst.

Auswirkungen des Glaubens: Menschlichkeit (Fließtext, S. 130, unteres Drittel) — 130: Fließtext (unten)

Paradigmatisch wird hier am eindrücklichen Beispiel des Ehepaars Ladenburger, die ihre Tochter durch eine Gewalttat verloren, die Möglichkeit eines lebensfreundlichen Glaubens zur Stärkung der Lebenskraft und Menschlichkeit aufgezeigt. Wichtig ist, dass die Eltern die Grausamkeit des Geschehens und die tiefen Erfahrungen von Trauer, Zerrissenheit und Leid nicht verdrängen und leugnen, sondern zulassen und durch sie hindurch Kraft finden. Im Gesamtinterview weisen die Eltern darauf hin, dass ihnen neben dem Glauben an Gott auch Familie, Freunde und Kollegen und das Gefühl der Dankbarkeit für das Leben ihrer Tochter Kraft geben, ihre neue Lebensaufgabe des Umgangs mit dem schmerzlichen Verlust zu bewältigen. Ausdrücklich weisen sie die Theodizeefrage und eine Sinnsuche und Sinngebung im Blick auf das Leid zurück (→ 3.6, S. 134–140). Dagegen öffnen sie sich für ein Engagement gegenüber Menschen, die Unterstützung brauchen, ausdrücklich auch gegenüber Geflüchteten (→ 1.4, S. 40, Einstiegsbild; 5.5, S. 237, Abschlussbild). Die freistehende Zitatpassage stammt aus einem Interview des Ehepaars mit der „Frankfurter Rundschau" aus dem Jahr 2019.

3.5.3 „Der HERR lasse sein Angesicht leuchten über dir …" – Gott in Beziehung (S. 131+133, oben)

131+133: Gott in Beziehung

Die *Überschrift* entstammt dem auf der Seitenmitte zitierten sog. Aaronitischen Segen (freigestelltes Bibelzitat linke Spalte). *Thema* des gut eine Seite umfassenden Unterkapitels ist der sich dem Menschen gnädig offenbarende, mit ihm in Beziehung tretende, konkret: den Menschen segnende Gott sowie der Mensch, der darauf im Gebet antworten und mit Gott seinerseits in Beziehung treten kann. Enge *Querverbindungen* ergeben sich zu den freundlichen, gnädigen Aspekten Gottes im gesamten Teilkapitel sowie in den beiden vorhergehenden: → 3.3.1, S. 117 (Gott als Befreiung und als Liebe); → 3.4.3, S. 124f (Gott als Vater und Mutter); ebenso zum Rechtfertigungskapitel → 2.5, S. 83–87.

Fließtext und Zitate (S. 131) — 131: Fließtext

Paradigmatisch für den sich gnädig offenbarenden, den Menschen segnenden Gott ist der sog. Aaronitische Segen (4. Mose 6,24f), der der Gemeinde am Ende des Gottesdienstes zugesprochen wird. Er ist damit Teil der Liturgie (→ 5.4.2, S. 224, 2. Abschn.). Die tiefe existentielle Bedeutung der angesprochenen Grunderfahrung (das zugewandte leuchtende Antlitz) wird durch einen Vergleich mit der frühkindlichen Muttererfahrung herausgestellt (Zitat aus dem Bestseller „Tagebuch eines Babys" des US-amerikanischen Kinder- und Jugendanalytikers und Experten der empirischen Säuglingsforschung Daniel N. Stern, 1934–2012).
Querverweis: Zum Thema Gebet finden sich zwei Beispiele: Psalm 23, Bonhoeffer → S. 133 oben.
Literatur:

- Crüsemann, Marlene: Gott ist Beziehung. Beiträge zur biblischen Rede von Gott. Gütersloh: Gütersloher Verlagshaus, 2014
- Leuenberger, Martin (Hg.): Segen, Tübingen: Mohr Siebeck, 2015

Bild: Georgiana Houghton (1814–1884): The Eye of God, 1862 (S. 131) — 131: Bild Houghton

Bildbeschreibung: Verschiedene kreisförmige Bewegungen, die Auge(n) (Titel) andeuten können, ohne eindeutig zu sein. Starker Kontrast zwischen hellem, gelbem Hintergrund oben (vor allem links) und dunklen Anteilen (kreisförmiges Auge oben Mitte sowie unterer Bildbereich); neben den aus einem Ursprungspunkt aufschießenden, sich dann zu Schnecken und Kreisen zirkulierenden Linien (die an Federn, Rad und Augen von Pfauen erinnern) gibt es vor allem in der Bildmitte auch waagrechte gerade und wellenförmige Linien, teilweise wie Wellen. Dieser Mittelteil erinnert von ferne an eine Landschaft. Mögliche Sichtweise: Anklänge an Natur (vorne: Nahbereich: Mitte: Hügellandschaft, hinten: Himmel; dann auch radschlagender Pfau als „stolzes" Tier). Bunte Farben neben dem dominierenden hellen Gelb und Weiß auf der einen und dem dunklen Blau bis Schwarz auf der anderen Seite noch viel Rot und Grau als „mittlere" Farbtöne.

Hintergrundinformationen: → Weiteres Bild Houghtons mit demselben Titel (aber einem anderen Entstehungsjahr) auf der vorigen Doppelseite, S. 128.
Bilderschließung, Anregungen:

- Vorrangig eigene Empfindungen, Stimmungen, Gefühle beim Betrachten und Beschreiben des Bildes thematisieren;
- Bildpaar Houghtons (S. 128+131) miteinander vergleichen;
- Textpassagen aus Fließtext der beiden Unterkapitel (3.5.2+3) beiden Bildern zuordnen.

132f: Abschluss

Abschluss des Teilkapitels 3.5 (S. 132f)

Der eine Doppelseite umfassende *Abschluss* des Teilkapitels enthält alle fünf vorgesehenen Elemente: Interreligiöser Vergleich, Zusammenfassung, freistehendes Zitat (Doppelzitat), Bild und Aufgabenstellungen. Eine besondere Stellung haben die beiden freigestellten Zitate, laden sie doch nicht nur zu Meditation und Reflexion ein, sondern verstärken und ergänzen auch das im Unterkapitel Gesagte, insbes. den göttlichen Zuspruch im Aaronitischen Segen, spiegelbildlich um die Antwort des Menschen im Gebet.
Ein *Interreligiöser Vergleich* (S. 132, obere Seitenhälfte) legt den Schwerpunkt nicht auf die Ambivalenz der Gotteserfahrung (gefasst in der berühmten Formel von *fascinosum* vs. *tremendum* beim evangelischen Theologen und Religionswissenschaftler Rudolf Otto, 1869–1937 – Das Heilige), vielmehr vorrangig auf die positiven, lebensstärkenden Gottes- bzw. Transzendenzerfahrungen.
Die *Zusammenfassung* (S. 132, untere Seitenhälfte) umfasst den Doppelaspekt resp. die Ambivalenz der Gotteserfahrung, zielt jedoch – wie das gesamte Teilkapitel – auf eine lebensdienliche Ausrichtung im Segen und Gebet.

133: Zitat (oben)

Freigestellte (Bibel-)Zitate (S. 133, oben)

Die freigestellten Zitate (Psalm 23; Dietrich Bonhoeffer: „Von guten Mächten") stehen für das Thema *Gebet* (s. auch Zusammenfassung, Ende).
Jugendsoziologische Studien zeigen, dass erstaunlicherweise nur ein Drittel bis ein Viertel der Jugendlichen nie beten, eine deutliche Mehrheit aber das Gebet gelegentlich oder sogar regelmäßig ausübt, häufiger auf weiblicher Seite.
Als Gebetbuch par excellence ist das biblische Buch der Psalmen heranzuziehen. Der bekannte *Psalm 23 ist* ein Vertrauenspsalm; zu den Klagepsalmen bzw. den Erfahrungen von Ambivalenz und Gottferne in den Psalmen s.u. im folgenden Teilkapitel → 3.6.3, S. 138f); zur Poesie im Hebr. → S. 25, Zusammenfassung, 1. Block „Die Welt als Schöpfung", Letzter Abschn.)
Dietrich Bonhoeffers Gebet (Gedicht) *„Von guten Mächten"*, dem letzten erhaltenen Brief Dietrich Bonhoeffers (1906–1945) zu Weihnachten 1944 an seine Verlobte Maria Wedemeyer beigelegt, avancierte geradezu zu einem „Klassiker" protestantischer Spiritualität und wurde auch mehrfach vertont. Abgedruckt sind hier die dritte und siebte (letzte) Strophe, die angesichts der Erfahrung fundamentaler Ängste und Gefahren (Todesgefahr) in größtem Vertrauen und Geborgenheit in Gott mündet. (In älteren Fassungen des Gedichts findet sich mitunter die auf einen Abschreibefehler von Maria von Wedemeyer zurückgehende Version „Gott ist mit uns ...".)
In den Gedichten Bonhoeffers findet sich eine einzigartige Synthese aus persönlicher Erfahrung, Frömmigkeit und theologischer Position. An ihnen wird deshalb die für Bonhoeffer so charakteristische Verbindung von Biographie und Theologie in besonderer Weise greifbar und anschaulich.

Ergänzung: Zwei Zitate zur Diskussion:

- „Warum heißt es, wenn ich mit Gott spreche, GEBET, und wenn Gott mit mir spricht, PSYCHOSE?" (Der Arzt und Entertainer Eckart von Hirschhausen, *1967)
- „Denn wenn Gott zum Menschen wirklich spräche, so kann dieser doch niemals wissen, daß es Gott sei, der zu ihm spricht." (Immanuel Kant, 1724–1804, Der Streit der Fakultäten, erster Abschnitt, A 103)

133: Bild Toderi

*Bild Grazia Toderi (*1963): Babel Red, 2006 (S. 133, Mitte)*

Bildbeschreibung: Projektion eines – aufgeschlagenen – Buches (Bildmappe) vor tiefschwarzem Hintergrund (Museumsraum?), mit Schatten (Rückenansicht) einer das Kunstwerk betrachtenden Person. Szene linke Tafel: Stadtansicht als Häuser- und Lichtermeer mit aufsteigendem Turm in der Mitte; von oben her gespiegelt auf der rechten Tafel, teilweise identisch, vereinzelt eventuell verändert (vor allem Turm), was jedoch auch an Licht- und Spiegelungseffekten liegen kann (heller Licht-Spiegelungspunkt links der Bildmitte). Hintergrund, teilweise auch den Vordergrund wie Schleier überziehend: Rot, als Lava, Flammenmeer, Abendrot o.Ä. deutbar.

Hintergrundinformationen: Die in Mailand und Turin lebende Videokünstlerin Grazia Toderi (*1963) verwendet in ihren Arbeiten die Weitwinkelperspektive, um so Panoramen pulsierenden irdischen städtischen Lebens mit der Sphäre des Extraterrestrisch-Kosmischen zu verknüpfen, wodurch eine eigenartige doppelte Konnotierung von magisch wirkender Realität und Irrealität entsteht, eine Verknüpfung von Physischem und Metaphysischem, Immanenz und Transzendenz, Irdischem und Kosmisch-Himmlischem.
Im Werk *Babel Red* (Rotes Babylon) projiziert sie in unzähligen übereinandergelagerten Stadtansichten in bewusster Anspielung auf die biblische Geschichte vom Turmbau zu Babylon (Gen 11) die Panoramaperspektive einer Stadt, die sich im Hintergrund in der Bildmitte zu einem surreal aufsteigenden Turm verdichtet.
Assoziationen: Postmoderne Zuspitzung der Verstädterung in Megacities, Ressourcenverbrauch (Energie, Landschaft, Natur), umfassende Technik- und Kulturgestaltung des Menschen, scheinbar grenzenloses (Wirtschafts-, Städte- und Kultur-)Wachstum, zugleich fassbar und verwirrend (Babylonische Sprachverwirrung).

Zu den Aufgaben (S. 133)

133: Zu den Aufgaben

Aufgabe 1: Vorschlag aus der Performativen Religionsdidaktik: nicht nur *über* Gebete sprechen, sondern Gebete (als Distanzierungsmöglichkeit: probehalber!) gemeinsam sprechen; nicht nur (aber auch und vor allem!) *über* Religion reden, sondern religiöse Rede *mit*vollziehen (aber nur soweit aufrichtig oder distanzierend möglich!). Vaterunser → S. 167 (Mt 6,9–13).
Aufgabe 2: Einteilungsmöglichkeit: konkrete (noch enger: anthropomorphe), symbolische, gegenstandslose resp. abstrakte („bildlose“) Darstellungen u.a.m. – Die Einbeziehung anderer Kapitel ist möglich (z.B. S. 62 u.a.m.).
Aufgabe 3: Kern ist hier der Perspektivwechsel zwischen Erfahrungen von Erwählung vs. Verwerfung (z.B. auch Exodus-Erfahrung → S. 116, unten – aus Sicht von Israel vs. Ägypten (Plagen, z.B. getötete Erstgeborene resp. deren Eltern u.a.m.).
Aufgabe 4: Unter die „Negative Theologie“ lässt sich auch die Formel „Gott als Geheimnis“ subsummieren; bei der Mystik sind die beiden Ansätze des „Leerwerdens“ und des „Erfülltwerdens“ (Gottesgeburt in der Seele) zu unterscheiden, jedoch zugleich engstens aufeinander zu beziehen; zur „Offenbarungstheologie“ → S. 106.
Aufgabe 5: Hier lässt sich auch die Doppelung von Glaube/ Vertrauen auf Gott vs. Abgott in Luthers Großem Katechismus heranziehen → S. 124, zwei Quellentexte).

134–140: Warum lässt Gott das Leid zu?

3.6 „Lieber keinen Gott als so einen ...!" – Warum lässt Gott das Leid zu? (S. 134–140)

Die *Überschrift* des Teilkapitels entstammt dem auf der Seite unten abgedruckten Text eines Jugendlichen (Textschluss, letzte Zeile). *Thema* ist die sog. Theodizee-Problematik (Rechtfertigung Gottes angesichts des Leids und des Bösen in der Welt) mit der Kernfrage: Warum lässt Gott das Leid zu? Dies wird in drei Schritten entfaltet, umrahmt von Einleitung und Abschluss, was zu folgendem *Aufbau* führt:

- Einführung: Bild und Schülertext (S. 134);
- Generell/ Allgemein: Warum lässt Gott das Leid zu? – 3.6.1 (S. 135f);
- Wo war Gott in Auschwitz? – Die Frage und Antwortversuche im Judentum – 3.6.2 (S. 137);
- Gott am Kreuz? – Die Frage und Antwortversuche im Christentum – 3.6.3 (S. 138f);
- Abschluss (S. 140).

Ein Blick auf die *Jugendlichen – Didaktik*
Ob und inwiefern die Theodizeethematik für die *Heranwachsenden* eine wichtige Problemstellung ist, war in der religionspädagogischen Diskussion der letzten Jahrzehnte umstritten. Karl Ernst Nipkow sah in ihr eine der großen, wenn nicht gar die größte „Einbruchstelle" für den Gottesglauben im Jugendalter. Werner H. Ritter u.a. erklärten sie im Jahr 2006 für die gegenwärtigen, nicht-theistischen Gottesvorstellungen von Heranwachsenden für zweitrangig, ja für nahezu bedeutungslos. Eva-Maria Stögbauer kam zu dem differenzierten Ergebnis, dass der Umgang der Jugendlichen mit der Theodizeethematik in Abhängigkeit von den jeweiligen Gottesbeziehungen von einer Bedeutung für religionskritische Haltungen über eine weitgehende Bedeutungslosigkeit bis hin zu einer Inanspruchnahme als Argument für den eigenen Gottesglauben (bei den Gottbekennern) reichen kann. Die Unterrrichtenden sollten also mit unterschiedlichen Reaktionen auf die Theodizeethematik in der Klasse rechnen.
Literatur:

- Rommel, Herbert: Mensch – Leid – Gott. Eine Einführung in die Theodizeefrage und ihre Didaktik, Paderborn: Schöningh, 2011
- Stosch, Klaus von: Theodizee, Paderborn: Schöningh, 2013

134: Auftakt

Auftakt (Bild und Text) (S. 134)

134: Bild Hofmann

Hans-Georg Hofmann (*1957): Ode marítima 2 (#5012.2), 2012 (S. 134)
Bildbeschreibung: Das quadratische, aus sechs mal sechs wiederum quadratischen Einzelbildern zusammengesetzte Bild zeigt Szenen an der Küste; häufig richtet sich der Blick auf bewegte Wellen und Wogen, gemischt mit viel Rot (Blut?), Schiffe mit Rauch (brennend?), auch bedrohlichen Wolken. In der oberen Reihe rechts der Mitte ein menschliches Gesicht (sorgenvoll? Eine Art Totenmaske?). Dominierend sind die Farben Weiß, Schwarz und Rot, daneben Blau und Ockergelb. Mit nur vereinzelten Ausnahmen wirken die Szenen sehr bedrohlich, voller Gefahr und Gewalt.
Hintergrundinformationen: Das Bild ist Teil eines Triptychons, das der Künstler zu einem langen Gedicht des portugiesischen Dichters Fernando Pessoa (1888–1935; unter dem Heteronym Álvaro de Campos) malte. Das Gedicht mit dem Titel „Ode maritima" beschreibt einen Tag am Kai, in dem der Morgen zwischen Idyll und Gefahren noch alle Möglichkeiten offenhält (→ S. 47).
Der Mittag (vorliegendes Bild) thematisiert dann sehr drastisch und auch brutal die Gefahren, die am und auf dem Meer drohen: die Gewalt der Natur (Wasser, Feuer u.a.m.), aber auch von Seefahrern und Piraten. Am Abend wird die Welt dann wieder friedlich(er), Sturm und (menschliche) Gewaltausbrüche haben sich gelegt (das hierzu gehörige Bild „Ode marítima 3" wurde im Buch nicht aufgenommen). Die Technik, sich in Gedanken in Lebenssituationen hineinzuversetzen und diese dramatisch und drastisch mitzuerleben und nachzuerzählen, nennt der Dichter Pessoa „senziasionisme". Es handelt sich zugleich um äußerliche und innere Bilder. Herr über die eigenen, mitunter wilden, aggressiven und brutalen, aber auch ängstlichen und sorgenvollen Gefühle wird der Mensch durch das „Steuerrad" seiner Phantasie, an dem er wie der Kapitän eines Schiffes steht.
Text zum Bild: Die Welt zerbricht mir in Rot! (port. „Parte-se-me o mundo em vermelho"), aus dem Gedicht von Pessoa.
Querverweise: Zu Hans-Georg Hofmann s. Anhang LB 7.5.7.2; zum anderen angesprochenes Bild Hofmanns → S. 47.
Deutungsangebote: Bild als Zeichen für das Unheil resp. das Schlimme und Böse auf der Welt, das sowohl von der Natur (Naturgewalten) als auch von Menschen (Brutalität) ausgehen kann.

Ein Schülertext Berufsschule (S. 134, unten) 134: Schülertext

Thema des Textes ist eine Abkehr vom Glauben aufgrund der Theodizee-Problematik (des Leids in der Welt): Tod der Mutter als erste Infragestellung Gottes, Krankheiten von Menschen als endgültige (CVJM: Christlicher Verein junger Menschen).

Der Text eignet sich auch als Konkretisierung/ Übung zur Bestimmung der drei Arten von Leid/ Übeln in der Welt nach Leibniz (s. übernächste Seite, S. 136):

- Metaphysisches Übel: Tod der Mutter;
- Physisches Übel: Körperliche Krankheiten und Schmerzen (Tumore, Krebs), psychisches Leid (Schmerzen);
- Moralisches Übel, Negativform: nicht selbstverschuldete Unfälle.

Anregungen zur Erschließung:

- Einen Antwortbrief formulieren;
- Thedozieefrage anhand des Textes erörtern;
- die drei Arten von Übeln nach Leibniz im Text identifizieren und differenziert zu den einzelnen Aspekten Stellung beziehen.

Ergänzung: Gott, du kannst ein Arsch sein (Tagebuch der letzten 296 Lebenstage der 15-jährigen, an Krebs erkrankten Stefanie).

3.6.1 „Ich glaube nicht mehr an Gott …" – Warum lässt Gott das Leid zu? (S. 135f)

135f: Warum lässt Gott das Leid zu?

Die *Überschrift* des zwei Seiten umfassenden Unterkapitels nimmt den ersten Satz des Schülertextes der vorhergehenden Seite erneut auf. *Thema* ist die Theodizeeproblematik in ihrer allgemeinen Form, die im Fließtext und in drei Zitaten (einem freistehenden Einzelzitat und einem kontroversen Zitatpaar) entfaltet wird.

Gott und das Leid – Epikur (S. 135, obere Seitenhälfte) 135: Gott und das Leid (oben)

Das *Theodizee-Problem* entsteht beim Aufeinandertreffen von Leid und Bösem in der Welt mit einem theistischen Gottesbild mit den drei Attributen der Allmacht, Allwissenheit und Allgüte, die sich im Kern auch auf die beiden der Allmacht und Güte reduzieren lassen.

Klassisch formuliert findet es sich in einer *Epikur-Zuschreibung* (hier zitiert nach dem christlichen Apologeten und lateinischen Kirchenvater Lactantius/ Laktanz, um 250–320 n.Chr., der das Dilemma Epikur zuschreibt – in: De ira dei = Vom Zorne Gottes 13, 20.21). Es hat als klassische Dilemma-Situation die Form der Logik des Syllogismus:

Prämisse/ Voraussetzung 1: Attribute/ Eigenschaften Gottes: a) Gott ist allmächtig sowie: b) Gott ist gut.

Prämisse/ Voraussetzung 2: Es gibt Leid/ Übel in der Welt.

Schlussfolgerung: Prämissen und Schlussfolgerung passen nicht zusammen.

Logische Schlussfolgerung: Eine der beiden Teilprämissen 1a) oder 1b) ist aufzugeben, also entweder

1. Gott ist nicht allmächtig – Er *kann* das Leid nicht verhindern; oder:
2. Gott ist nicht gut – Er *will* das Leid nicht verhindern.

(Das Übel selbst lässt sich nicht ernsthaft bestreiten.)

Querverweis: Epikur kommt auch beim Hedonismus zu Wort (→ 2.6.3, S. 92 unten); die möglichst weitgehende Vermeidung von Übeln als philosophisches Lebensziel zeigt eine innere Verbindung beider Zitate.

Philosophie: Die beste (Leibniz) – schlechteste (Schopenhauer) aller Welten (S. 135, Mitte – S. 136, oben) 135–136: Beste – schlechteste Welt

Gottfried Wilhelm Leibniz (1646–1716), letzter Universalgelehrter, u.a. Mathematiker (Infinitesimalrechnung) und Philosoph, der die menschliche und göttliche Vernunft betont (erkennbar in den Naturgesetzen, der Ordnung, Schönheit und Komplexität der Natur), gilt als ein wichtiger Vordenker der Aufklärung. Er entwickelte eine Monadenlehre, nach der die Welt aus einzelnen, in sich abgeschlossenen Monaden (Einheiten) besteht, deren Wechselwirkungen und Zusammenhänge in Raum und Zeit durch Gott bei der Erschaffung eingepflanzt wurde (sog. „Prästabilisierte Harmonie"). Von dieser zentralen Theorie her lässt sich sein Argument in seinem einschlägigen Werk über die „Theodicee, das ist, Versuch von der Güte Gottes, Freiheit des Menschen, und vom Ursprunge des Bösen" besser verstehen, diese Welt sei die „beste aller möglichen". Auch die Bezeichnung „Theodizee [teodiˈtse:] (von altgriechisch θεός theós = ‚Gott' und δίκη díkē = ‚Gerechtigkeit'), also die „Gerechtigkeit Gottes" oder „Rechtfertigung Gottes", stammt von Leibniz, wobei er auf Röm 3,4f zurückgriff (Gott ist treu und wahrhaftig).

Der auch auf Leibniz aufbauende Optimismus der *Aufklärung* in Bezug auf Welt und Mensch (Verbesserungs- und Fortschrittsgedanke) wurde durch das Erdbeben von Lissabon 1755 schwer erschüttert (*Voltaire*: Candide, 1758). *Immanuel Kant* legte dann gegen Ende des 18. Jh.s in einer eigenständigen Schrift (1791) dar, dass die Theodizeethematik kein Erkenntnisgegenstand der „reinen" menschlichen Vernunft ist (s. Unterscheidung zwischen reiner und spekulativer Vernunft bei der „Widerlegung" der Gottesbeweise → 3.1.2, S. 105f). *Arthur Schopenhauer* (1788–1860) hat mit einer pessimistischen Weltsicht und der Betonung des Leidens dann den Spieß umgedreht und die Welt als „die schlechteste unter den möglichen" charakterisiert (s. dazu auch seine sarkastische Bemerkung zur Auferstehungshoffnung → 2.7.2, S. 96, freigestelltes Zitat, rechte Spalte).

Literatur:

- *Herrn Gottfried Wilhelms Freiherrn von Leibnitz Theodicee*, das ist, Versuch von der Güte Gottes, Freiheit des Menschen, und vom Ursprunge des Bösen/ nach der 1744 ersch., mit Zusätzen und Anm. von Johann Christoph Gottsched erg., vierten Ausgabe hg., kommentiert und mit einem Anh. vers. von Hubert Horstmann, Berlin: Akademie-Verl., 1996
- Kant, Immanuel: Über das Mißlingen aller philosophischen Versuche in der Theodizee (1791), in: ders.: Werke in zehn Bänden, hg. von W. Weischedel, Bd. 9, Darmstadt: Sonderausg. Wiss. Buchgesellschaft 1983, 103–124.

136: Drei Arten von Übeln

Drei Arten von Übeln – Antwortversuche (Fließtext, S. 136)

Name der Übel (Malum)	*Art (Beispiel) der Übel*	*Antwortrichtung/ Argument*
Malum metaphysicum	Endlichkeit der Welt, Sterblichkeit des Menschen	Verteidigung der Differenz Gott – Welt; Autonomie Welt/ Mensch
Malum physicum	Leid in der/durch die Natur, z.B. Krankheiten (Körperliches, physisches und seelisches, psychisches Leid)	Verteidigung der Natur-Ordnung: Natural law defense; Positives nur in Kontrast zum Schlechten (bonum-per-malum-Prinzip).
Malum morale	Menschengemachtes Leid, z.B. Folter, Mord ...	Verteidigung der menschlichen Willensfreiheit: Free will defense

Tabelle: Die drei Arten des Übels nach Leibniz und zentrale Begründungsansätze

136: Lösungsansätze

Problematische Lösungsansätze:

- *Leid/ Übel/ Böses:* Verharmlosung des Übels/ Leidens (Depotenzierung): Nicht-Ernstnehmen von Leid und Leidenden
- *Gott-Mensch-Beziehung:* Umdeutung resp. Verzweckung des Übels (Bonisierung bzw. Funktionalisierung, auch Pädagogisierung): Übel als Strafe, Prüfung und/ oder Lern-/ Reifechance
- *Gottesbild:* Gott als Leidverursacher, Aufgabe des grundlegenden Gottesattributs: Gott als Liebe (→ S. 117 unten, S. 122f).

Mögliche Lösungsansätze (Entfaltung im gesamten Teilkapitel)

1. Theologische Deutung i.e.S.: Uminterpretation der Attribute Gottes, Verzicht auf Gottes Allmacht oder Verzicht auf (vollständige) Erkennbarkeit Gottes: Deus absconditus (Luther)
2. Schöpfungstheologische Deutung (Differenz Gott – Welt/ Eigengesetzlichkeit, eigenes Werden, radikales Anderssein)
3. Anthropologische Deutung: Menschliche Freiheit – auch zum Bösen
4. Ethische Deutung: Handeln des Menschen zur Leidminderung
5. Christologische Deutung: Kreuz als Zeichen des (mit)leidenden Gottes
6. Eschatologische Deutung: Rede von Gott hat „Verheißungsvermerk" (Johann Baptist Metz): „Auf Hoffnung".

Ergänzung: Luther (De servo arbitrio): „Es ist nicht unsere Sache zu fragen, warum Gott so handelt." (WA 18, 689f.) „Quae supra nos nihil ad nos – Was dir zu hoch ist, das lasse ungeforschet!" (WA 18, 685.6f)

Aufgabenstellungen:

1. Nehmen Sie Stellung zur Kontroverse zwischen Leibniz und Schopenhauer: die Welt als „beste" bzw. „schlechteste" aller (möglichen) Welten.
2. Arbeiten Sie im Schülertext (Anfang des Teilkapitels) heraus, welche Arten von Übeln/ Leid

(nach der dreifachen Kategorisierung von Leibniz) der Jugendliche anspricht. Entwerfen Sie einen Antwortbrief.
3. Arbeiten Sie heraus, welches Weltbild, Menschenbild und Gottesbild hinter der Theodizeeproblematik und den möglichen Lösungsansätzen stehen.

Hiob (Fließtext und Bild) (S. 136, unten):

136: Hiob (unten)

Im *Alten Testament* lassen sich in Bezug auf das gute/ schlechte Leben und Ergehen des Menschen drei wichtige Etappen/ Lösungsmodelle unterscheiden:
- Die *ältere Weisheit* geht vom sog. Tun-Ergehen-Zusammenhang aus: dem guten Menschen lässt es Gott gut ergehen, dem schlechten schlecht („Hochmut kommt vor dem Fall", Spr 16,18); Weisheit als eine Art Lebenskunst, Lebensphilosophie (Prov/ Spr 1,1–7 und Einleitung, Motto).
- Die *Psalmen* kennen (in Form der Klagepsalmen) Not, Leid und Hilflosigkeit des Frommen („Ich bin wie ein zerbrochenes Gefäß") und spiegelbildlich dazu den fernen, abwesenden, nicht helfenden oder gar gegnerischen, feindseligen Gott: „Denn deine Pfeile stecken in mir …". Exemplarisch dafür steht Ps 22 mit der in der Szene von Jesu Kreuzigung erneut auftauchenden Klage (→ S. 139): „Mein Gott, mein Gott, warum hast du mich verlassen? Ich schreie, aber meine Hilfe ist ferne." (V. 2)
- In der *jüngeren Weisheit* wird der Tun-Ergehen-Zusammenhang fragwürdig. Die radikalste Infragestellung des Tun-Ergehen-Zusammenhangs und eine tiefgreifende Weisheitskritik erfolgt im Buch *Hiob* (5.–3. Jh. v. Chr.), zu einer Zeit, in der eine Umformung der nationalen Bundesreligion in eine universale Schöpfungsreligion erfolgt; es handelt sich um ein narratives und poetisches, nicht theoretisches oder gar juristisches Werk – ohne eindeutige Antwort („Kausalitätsverweigerungspoesie"). Gegen Hiobs Freunde und deren Beharren auf dem Tun-Ergehen-Zusammenhang behält Hiob mit seiner Klage und sogar Anklage gegen Gott Recht, zugleich werden diese angesichts der Größe von Gottes Schöpfung zurückgewiesen und darin aufgehoben.

Ergänzungen:
- Auch der Islam kennt in Anknüpfung an das Hiobbuch das Hadern mit Gott: Das Buch der Leiden des persischen mystischen Dichters Attar (1145–1221).
- Bei Ernst Bloch wird Hiob zum Archetyp des religiös revoltierenden Menschen.
- Eine Zurückweisung der Fragestellung der Theodizee findet sich im NT etwa bei Paulus (Röm 9,19–21).

Literatur Hiob:
- Schmid, Konrad: Hiob als biblisches und antikes Buch. Historische und intellektuelle Kontexte seiner Theologie, Stuttgart: Kath. Bibelwerk, 2010
- Türcke, Christoph: Umsonst leiden. Der Schlüssel zu Hiob, Springe: zu Klampen, 2017
- (Nach wie vor interessant auch das bereits ältere, zweibändige Werk von Jürgen Ebach: Streiten mit Gott: Hiob.)

Das *Gemälde* des französischen Malers *Léon Bonnat* zeigt den verzweifelten, Gott anklagenden, vielleicht aber auch beinahe schon resignierenden Hiob. Die Darstellung des 1880 entstandenen Gemäldes (heute: Musée Bonnat, Bayonne) ist drastisch-realistisch, teilweise bereits beinahe expressionistisch. Bonnat widmete sich vorrangig Porträts und religiösen Motiven.

136: Bild Bonnat

3.6.2 „Wo ist Gott, wo ist er?" – Wo war Gott in Auschwitz? (S. 137)

137: Wo war Gott in Auschwitz?

Die *Überschrift* des eine Seite umfassenden Unterkapitels stammt aus der von Elie Wiesel erzählten KZ-Geschichte (erstes freigestelltes Zitat). *Thema* ist die Shoa (Auschwitz) unter jüdischer Perspektive (vor allem Elie Wiesel, 1928–2016). Von zentraler Bedeutung scheint es, jüdische Perspektiven in einem ersten Schritt eigenständig zu thematisieren und zu würdigen und nicht vorschnell durch christliche Positionen zu überlagern und zu verfremden.
Der deutsch-US-amerikanische, aus der jüdischen Tradition stammende Philosoph *Hans Jonas* (1903–1993) (2. Abschn.) lieferte in einem eigenen kleinen Werk eine mögliche Antwort auf die Frage nach Gott angesichts der Shoa: die Infragestellung und Preisgabe der Rede von Gottes Allmacht (→ Anschluss an Epikur-Dilemma, S. 135; Lösung: Gott konnte nicht eingreifen). Daraus ergibt sich die volle Verantwortung für den Menschen (dazu: Jonas' Verantwortungsethik mit dem zukunftsbezogenen kategorischen Imperativ → 1.3.1, S. 29, freigestelltes Zitat, rechte Spalte).
Elie Wiesel (1928–2016), rumänisch-US-amerikanischer Schriftsteller, Publizist und Hochschullehrer, Überlebender und Zeitzeuge der Shoa: „Nichts kann Auschwitz rechtfertigen. Und wenn Gott selbst mir eine Rechtfertigung anböte, ich würde sie, glaube ich, zurückweisen. Treblinka hat alle Rechtfertigungen außer Kraft gesetzt. Und alle Antworten." (Aus der Autobiographie)

Literatur:

- Wiesel, Elie: „Night". Die Nacht. Erinnerung und Zeugnis. Aus dem Franz. von Curt Meyer-Clason, Freiburg; Basel; Wien: Herder, Neuausg. 2008 (Zit. S. 94f)
- Wiesel, Elie: Alle Flüsse fließen ins Meer. Autobiographie, übers. von H. Fock u.a., Hamburg: Hoffmann und Campe, 1995 (Zit. S. 142)

Ergänzung: Eine andere jüdische Stimme stellt nicht – wie Hans Jonas – die Allmacht Gottes in Frage, sondern das andere wesentliche Attribut Gottes, seine „Allgüte": Nach dem jüdischen Theologen bzw. Religionshistoriker David R. Blumenthal ist Gott das Ganze, nicht nur das Gute. Das Theodizeeproblem zeigt, „dass Gott von Zeit zu Zeit in böser bzw. schlechter Weise handelt; dass er in seiner fortbestehenden Beziehung zu den Menschen *zu unvorhersehbaren Zeitpunkten* Böses bzw. Übles tut." (David R. Blumenthal, zit. nach: v. Stosch, 2013, a.a.O., 41)
In ähnlicher Weise charakterisiert Thomas Mann in seinem großen Josef-Roman Abrahams Gottes-Entdeckung: „Er war nicht das Gute, sondern das Ganze. Und er war heilig! Heilig nicht vor Güte, sondern vor Lebendigkeit und Überlebendigkeit, heilig vor Majestät und Schrecklichkeit." (Joseph und seine Brüder; GW in 13 Bd., Frankfurt a.M. 1990, Bd. 4, 430)

Hans Jonas	Gott ist nicht allmächtig
David R. Blumenthal	Gott ist nicht (immer) gut
Elie Wiesel	Kampf „mit" Gott „gegen" Gott

Überblick: Jüdische Stimmen zur Gottesfrage nach Auschwitz

138f: Gott am Kreuz?

3.6.3 „Warum tat Gott sich so etwas an?" – Gott am Kreuz? (S. 138f)

Erst nach und aufgrund der jüdischen Stimmen kann die Beschäftigung der christlichen Theologie mit der Gottesfrage angesichts von Leid und Tod erfolgen. Die *Überschrift* des Unterkapitels entstammt der im freigestellten Zitat angeführten Passage aus dem Roman „Schiffbruch mit Tiger" von Yann Martel, *Thema* ist die Frage nach Gott angesichts des Kreuzes Christi.

138: Fließtext und Bibelzitat

Gott am Kreuz? – Deutungsansätze (Fließtext und [Bibel-]Zitat, S. 138)

Deutungsansätze:

- Das christliche *Grundparadox*: Kreuz Christi als Gottverlassenheit und Gottesgegenwart (Fließtext, 1. Abschn.);
- *Botschaft vom Kreuz* als „Torheit" und „Gottes Kraft" – Paulinische Kreuzestheologie und Anfrage des jungen Pi (zwei freigestellte Zitate; zur *Geschichte* aus dem Roman *„Schiffbruch mit Tiger"* des kanadischen Schriftstellers *Yann Martel (*1963)* s. auch drei weitere Passagen aus dem Werk (→ 3.7.1, S. 141: Dialog der Weltreligionen; → 4.1, S. 150: Kreuzestod Jesu [Erg. zum Zitat!]), sowie: → 6.3.1, S. 255, oben: Herzensreligion);
- Gottes Macht in der Welt als *Gottes Ohnmacht* (Bonhoeffer, Sölle, Seitenmitte, s. auch Quellentexte rechte Seite);
- Gottes (Ohn-)macht als Die *(Ohn-)Macht* der *Liebe;*
- die *Klage,* ja *Anklage Gottes* in der Bibel, bes. in den Psalmen und im Buch Hiob (→ S. 136 unten) (Fließtext, vorletzter Abschn.);
- die Hoffnung auf Auferstehung angesichts des Kreuzestodes Jesu ist genau genommen eine Hoffnung auf die *Auferstehung der* – unschuldigen – *Opfer,* nicht der Täter (und auch nicht aller) (Fließtext, 1. Abschn., Ende); m.a.W.: Wir würden nur auferstehen, wenn und insofern wir Opfer sind;
- offene Fragen: die Theodizeeproblematik ist nicht abschließend beantwortbar oder gar „lösbar" – sie bleibt letztlich eine offene, unbeantwortbare Frage.

138: Ergänzungen

Ergänzungen:

- Der katholische Theologe und Mitbegründer der – mit der Befreiungstheogie (→ 5.3.2, S: 220f) in Zusammenhang stehenden – neuen Politischen Theologie. *Johann Baptist Metz* (1928–2019) forderte in seinem Werk „Memoria Passionis" (2006) eine Ergänzung der argumentierenden durch eine anamnetische Vernunft, die an die Leiden der Opfer erinnert und ihrer gedenkt, diese Leiden benennt und sich in kritischer Rückfrage und (An-)Klage an Gott wendet, die unfruchtbare Warum-Frage durch die eschatologische „Wie lange noch?" ersetzt und sich in einer solidarischen Praxis mit den Leidenden verbündet, wobei Zuschauer zu Betroffenen werden; dennoch bleibe letztlich Leiden eine „offene Wunde" (zu Metz s. drei Arten bzw. Ausrichtungen von Kirche → 5.5.2, S. 233 Mitte).

- Der evangelische Theologe Jürgen Moltmann (*1926) hat in seinem Werk „Der gekreuzigte Gott" (1972) auf die Leidensfähigkeit Gottes hingewiesen und dabei auch Elie Wiesels Schlüsselszene zur Frage „Wo ist Gott?" aufgenommen.
- Neuere theologische Ansätze sprechen nicht von der „Ohnmacht" Gottes, vielmehr – in einem dekonstruktivistischen Denkansatz – von seiner „Schwachen Macht" (Rebekka A. Klein/ Friederike Rass, hg. „Gottes schwache Macht", mit dem Untertitel: „Alternativen zur Rede von Gottes Allmacht und Ohnmacht).
- Zu verweisen ist – neben der „Ohnmacht", aber eben auch „Macht" der Liebe – auf die Kraft von Gewaltlosigkeit und des Engagements für Gerechtigkeit (klassische Beispiele: Mahatma Gandhi, Martin Luther King; aktuell: Fridays für Future → 1.3.3 [4], S. 38 unten).

Bild: Der gemarterte Christus (Skulptur) – Bibeltexte (Mk 15,34; Ps 22,2; Hiob 31,35) (S. 139) — 139: Bild Rocha + Bibeltexte

Der brasilianische Künstler *Guido Rocha* (1933–2007), der während der Zeit der Diktatur Folter am eigenen Leib erleben musste, schuf mit seiner 1975 entstandenen Skulptur *O Cristo Torturado* eine überaus eindrückliche Darstellung der Kreuzigung und Gottverlassenheit Jesu am Kreuz, die sich mit dem markinischen (und matthäischen) Verlassenheitsschrei Jesu, der die Klage aus Psalm 22,2 aufnimmt, und mit dem Todesschrei Jesu (Mk 15,37: „Aber Jesus schrie laut und verschied") verbinden. Hiobs Gottesanklage verweist nochmals auf das biblische Hiobbuch (→ S. 136, unten).

Quellentexte: Dietrich Bonhoeffer – Dorothee Sölle (S. 139, unten) — 139: Quellentexte (unten)

Dietrich Bonhoeffers Text steht im Kontext seiner sog. Tegeler Theologie, in der er ganz neue theologische Ansätze entwickelte, die ihre Wirkmächtigkeit erst später entfalteten. Im Text unterscheidet er scharf zwischen dem „Wunsch"-Gott der Religionen (Gott als [all]mächtiger Helfer in der Not, „deus ex machina") und dem Gott der Bibel, der sich im Kreuz in Leiden und Ohnmacht zeigt, jedoch zugleich „durch seine Ohnmacht in der Welt Macht und Raum gewinnt" (Schlusssatz).
Querverweis: Die scharfe Unterscheidung zwischen dem Gott der Religionen (der der Kritik des Atheismus anheimfällt) und dem Gott der Bibel/ der Offenbarung findet sich bereits bei Bonhoeffers theologischem Lehrer Karl Barth (→ 3.2.3, S. 113 Seitenmitte).
Dorothee Sölle nimmt Bonhoeffers Gedanken der „Ohnmacht Gottes" auf, sieht Jesus Christus in dieser göttlichen Rolle in der Welt und zieht daraus – wiederum im Anschluss an Bonhoeffer – Konsequenzen für die Christen: ihre Rolle und Aufgabe ist „Teilhaben am Leiden Gottes in Christus". Sie ergänzt, dass Gott in seiner Ohnmacht „Hilfe braucht" (Schlusswendung).
(Die Textpassage stammt aus dem Schlussabschnitt „Die Ohnmacht Gottes in der Welt" des Werkes „Stellvertretung. Ein Kapitel Theologie nach dem ‚Tode Gottes'".)

Texterschließung (S. 139) — 139: Texterschließung

Aufgabe 1: Gemeinsamkeit: Ohnmacht Gottes in der Welt; Differenz (u.a.): Bonhoeffer: Gott gewinnt „durch seine Ohnmacht in der Welt Macht und Raum" – Sölle: Gottes Ohnmacht braucht die Hilfe der Menschen/ Christen.
Aufgabe 2: Infragestellung der (All-)Macht Gottes bei Hans Jonas; Bonhoeffer: dialektische Wendung: Macht durch Ohnmacht; Sölle: ethische Volte: Engagement der Menschen/ Christen.
Aufgabe 3: Unter irdischen Verhältnissen drehen sich die Verhältnisse tlw. um bzw. verschränken sich: Gottes und der Menschen Macht/ Ohnmacht.

Bonhoeffers Kritik	*Bonhoeffers Position*	*Sölles Position*
Gottes All-/ Macht ↓ deus ex machina; ↓ göttliche Eingriffe Religion(en) der Menschen	Gott der Bibel ↓ ↓ Jesus am Kreuz Ohnmacht → Macht	Gott der Bibel ↓ ↓ Jesus am Kreuz Ohnmacht → Hilfe von Menschen

Grafik: Gottes (All-)Macht und Ohnmacht nach Bonhoeffer und Sölle

Abschluss des Teilkapitels 3.6 (S. 140)

140: Abschluss

Der eine Seite umfassende *Abschluss* des Teilkapitels enthält (außer einem Bild) alle (vier) einschlägigen Elemente: Interreligiöser Vergleich, (Doppel-)Zitat, Zusammenfassung und Aufgabenstellungen.

(Doppel-)Zitat (S. 140): — 140: Zitate

Zu *Albert Camus* → 2.6.3, S. 92f. Doktor Rieux wirft die Theodizeefrage auf nicht nur im Blick auf das Leid, sondern zugespitzt angesichts des Leids von (unschuldigen) Kindern. Der Arzt arbeitet in Camus' Roman „Die Pest" „heldenhaft" (und meist vergeblich) gegen die Pest und das Leiden Unschuldiger an, ein Paradebeispiel für die Sisyphos-Arbeit angesichts der Absurdität des Lebens (und Sterbens).

Nina Achminow hat ein Buch geschrieben (Gott – glaube ich, 2016), das ihren „Weg raus aus der [katholischen] Kirche und wieder zurück" beschreibt (so der Untertitel des Werkes, aus dem das Zitat stammt).

Ergänzung: Eine alternative Doppelung bietet folgendes Textpaar:

- „Aber ich, wär' ich allmächtig, sehen Sie, wenn ich so wäre, ich könnte das Leiden nicht ertragen, ich würde retten, retten!" (Lenz zu Pfarrer Oberlin in der Erzählung „Lenz" von Georg Büchner).
- „Wenn Sie aus Protest gegen das Böse in der Welt Gott aus ihrem Leben streichen wollen, wird die Geschichte noch viel schlimmer, denn dann haben Sie eine abgründig böse und absurde Welt und sonst nichts." (Karl Rahner, Politische Dimensionen des Christentums. Ausgewählte Texte zu Fragen der Zeit, hg. von H. Vorgrimler, München, 1986, 96)

140: Zu den Aufgaben

Zu den Aufgaben (S. 140)

Aufgabe 1: Als Beispiel kann auch der Schülertext zu Anfang des Unterkapitels dienen (S.134 unten). Beim metaphysischen Übel ist die Gott-Mensch-Differenz zu beachten, beim moralischen Übel die Verantwortlichkeit von Mensch und Gott (Freiheit, Grenzen der Freiheit), beim physischen die Verfasstheit der Schöpfung.

Aufgabe 2: Es eignen sich auch Passagen aus dem Hiobbuch, in dem Hiob sein Leid beklagt.

Aufgabe 3: Ein allmächtiger Gott findet sich vor allem bei Michelangelo (S. 127), ein ohnmächtiger bei den Kreuz-Darstellungen (S. 139; Jesus-Kapitel; hier bes. interessant und spannungsreich das Bildpaar auf der Auftaktseite, S. 146f). Die Wendung „Gott am Kreuz" wäre trinitarisch durchzudeklinieren (Gott in Gestalt des Sohnes, s. dazu das Bild von Masaccio → S. 143).

Aufgabe 4: Ablehnung der Allmacht (Hans Jonas); Ablehnung der (All-)Güte (Blumenthal); Kampf „mit" Gott „gegen" Gott (Wiesel); Gottes „Ohnmacht" in der Welt (Bonhoeffer/ Sölle); Gottes Leiden (Bilder, Kreuzestheologie Luthers → 4.1.3, S. 153, vorletzter Abschn., u.a.m.). Die Wendung „Tod Gottes am Kreuz" wäre trinitarisch durchzudeklinieren (Gott in Gestalt des Sohnes, s. dazu das Bild von Masaccio → S. 143).

Aufgabe 5: Mit Sensibilität und zwischengeschalteten Reflexionsphasen vorgehen.

Zusatz-Aufgabe(n):

Stellen Sie „Antworten" aus dem jüdischen und christlichen Denken auf die Theodizeefrage zusammen. Prüfen Sie die Überzeugungskraft der Rede von der „Ohnmacht Gottes", dem „(mit)leidenden Gott" bzw. vom „Tod Gottes" am Kreuz. Beziehen Sie dabei auch unterschiedliche Gottesvorstellungen mit ein (→ 3.3.-3.5, S. 116–133).

Theorie	*Theoretischer Bezug*	*Argumentation*	*Bewertung Stärke/ Schwäche*
Beste aller Welten Leid als Preis	Natural law defence	Gute Schöpfung Leid Kontingenz	Gottesrede Hiob/ Gottes Distanz
Leid als Preis der Freiheit	Free will defense	Leidverursachung durch Menschen	Teillösung/ Leid durch Natur
Depotenzierung von Leid	Eschatologie	Leidkompensierung im Jenseits	– / Verharmlosung von Leid
Bonisierung von Leid	Funktionale Theologie	Freude/ Leid Strafe, Erziehung	– / Umdeutung von Leid
Gott als Geheimnis	Fideismus, Gottes Unbegreiflichkeit	Theodizee ohne Rationalität	Gottesbezug/ Leidentkopplung
Mitleiden Gottes	Kreuzestheologie	Teilnahme Gottes am Leid	Gott als Opfer von Leid
Leid und Gottes Ohnmacht	Theologie nach Auschwitz	Gott als Liebe, nicht Allmacht	Gott als Liebe/ Gott als Schöpfer

Überblick über wichtige Antwortversuche auf die Theodizeeproblematik mit Bewertung

3.7 „Wallah!" – Haben die Religionen denselben Gott? (S. 141–145)

141–145: Haben die Religionen denselben Gott?

Die Formulierung „*Wallah*" in der *Überschrift* des Teilkapitels stammt aus der Berliner „Kiezsprache" und wird auf der Folgeseite (S. 142, Mitte) erläutert (= „... und Gott"?). Die Gottesfrage in den großen – vor allem den monotheistischen – Weltreligionen wird in drei (jeweils etwa eine Seite umfassenden) Schritten entfaltet:

- allgemein (3.7.1, S. 141f);
- im Vergleich der monotheistischen Weltreligionen, besonders auch im Blick auf den Islam (3.7.2, S. 142);
- im Blick auf die Trinitätslehre im Christentum (3.7.3, S. 143).

Den *Abschluss* des Themas bildet die letzte Doppelseite (S. 144f).

3.7.1 „Gott hat viele Gesichter ..." – Gott(heiten) der Religionen (S. 141f)

141f: Gott(heiten) der Religionen
141: Bild Hofmann

Hans-Georg Hofmann (*1957): Zwei Quadrate 16 02 (Rück-Sicht), 2002 (S. 141)

Bildbeschreibung: Das aus zwei nebeneinander gestellten Quadraten (s. Bildtitel) bestehende Gesamtkunstwerk (Querformat) zeigt im linken Quadrat eine monochrom gelbe Fläche; davon durch einen schmalen weißen senkrechten Streifen abgetrennt bietet das rechte Quadrat einen Blick aufs blaue, recht unbewegte Meer mit einem weiten, hellblauen, wolkenlosen Himmel darüber. Dieser Blick wird einerseits teilweise gerahmt durch einen schmalen schwarzen senkrechten Streifen auf der linken und einen analogen gelben auf der rechten Seite (der wiederum das Gelb des linken Quadrats aufnimmt) und zugleich von einem breiten roten senkrecht stehenden „Balken" durchbrochen.

Hintergrundinformationen: Der Künstler möchte mit seinen konkreten, anschaulichen sowie den monochromen, gegenstandslosen Bildanteilen nicht gegenständliche und abstrakte Kunst gegeneinander stellen, vielmehr beide Versionen ineinanderfließen und sich wechselseitig erhellen lassen: das angeschaute Meer samt dem Himmelsblau darüber fließt hinein in ein „abstraktes" Blau, in Meer, Horizont und Himmel als allgemeine Begriffe, Vorstellungen und Symbole, wie umgekehrt das monochrome Gelb sich zur Farbe und zum (Ab-)Bild des Strandes konkretisiert oder der rote Balken sich zum symbolischen Halte-Signal wandelt oder gar zum Balken, der den weiten Meeresblick stört. Konkretion und Abstraktion sind damit zugleich austauschbar oder stehen zumindest in einem sich wechselseitig erhellenden Austauschverhältnis. Der weiße senkrechte Streifen in der Bildmitte ist einfach unbemaltes Papier, das die beiden aufs Papier gemalten Quadrate trennt. Der Titel „Rück-Sicht" ist in erster Linie als „Rückschau" auf das eigene Schaffen gemeint, lässt sich jedoch zugleich als Rück-Ansicht oder auch als Rücksicht(nahme) deuten.

Deutungsangebote: Die unterschiedlichen konkreten und abstrakten Bildanteile lassen sich auf die Religionen und ihre Gottesvorstellungen hin auslegen; die Symbolanteile (Haltesignal, Blickunterbrechung, „Rahmung") auf den Blick auf verschiedene Religionen und die Perspektiven, die sie bieten; auch die Dreizahl (drei monotheistische Religionen, Trinität im Christentum) finden sich im Bild angedeutet als Himmel, Meer und Sand/ Strand, drei senkrechte Linien/ Balken als Elemente des rechten Quadrats (schwarz, gelb, rot) etc.

Bearbeitungsvorschläge:

- Gottesvorstellungen mit abstrakten und konkreten Bildanteilen in Beziehung setzen (Überschrift: Gott hat viele Gesichter ...);
- Gottesvorstellungen der drei monotheistischen Religionen mit dem Bild in einen Bezug bringen: Was eröffnet den Blick? Was bietet einen weiten Horizont? Was stört den Blick und erregt Ärger? Was zeigt Verbindungen auf zwischen Himmel und Erde? Was leuchtet?
- Dialogvorstellungen und -regeln (→ S. 259, unten) mit dem Bild sowie den Auseinandersetzungen zwischen den Religionen um die Gotteserfahrungen in Verbindung bringen.

Querverweis: Zu Hans-Georg Hofmann s. Anhang LB 7.5.7.2.

Eine Geschichte – Eine Umfrage (Fließtext und Doppelzitat, S. 141+142, oben)

141+142: Fließtext + Doppelzitat

Die Formulierung in der *Überschrift* des Unterkapitels „Gott hat viele Gesichter ..." ist dem Zitat von Bettina Tietjen entnommen (S. 142, oben, rechte Spalte).
Zur *Geschichte* aus dem Roman „*Schiffbruch mit Tiger*" des kanadischen Schriftstellers *Yann Martel (*1963)* s. auch drei weitere Passagen aus dem Werk (→ 3.6.3, S. 138, freigestelltes Zitat, rechte Spalte Kreuzestod Jesu; → 4.1, S. 150: Kreuzestod Jesu, sowie: → 6.3.1, S. 255, oben: Herzensreligion). Ausgewählt aus dem auch für Jugendliche der Kursstufe höchst interessanten und geeigneten Werk

wurden drei Passagen, die für den Religionsunterricht von besonderer Bedeutung sind: zur Kreuzestheologie (S. 138), zum interreligiösen Dialog (hier) sowie zur eigenen, privaten bzw. privatisierten (Herzens-)Religion (S. 255). Zu Gandhis offener, toleranter Einstellung (Schlusszitat Piscine) → 4.6.1, S. 188, Zitat unten.
Bei der *Umfrage* sind – bereits bei der Formulierung der Fragestellung – zwei (oder sogar drei) Ebenen zu unterscheiden, wie Wolfgang Huber im Zitat deutlich macht: die eine ist die (scheinbar) objektive nach der Identität der drei „Gottheiten" auf der Sachebene, die andere nach den menschlichen Vorstellungen und Bekenntnissen – hier wiederum unterteilt in die Vorstellungen der Gläubigen und die der Befragten. Bettina Tietjen (Zitat, rechte Spalte) nivelliert diese Differenzierung wieder. Interessant und wichtig ist hier der Hinweis auf die – für den Menschen kontingente – Geburt.

142: Der Gott der Juden, Christen und Muslime

3.7.2 Jahwe, Gott und Allah – Der Gott der Juden, Christen und Muslime (S. 142)

Der *Fließtext* stellt die Identität zwischen dem Gott Israels und dem Vatergott Jesu her und kommt beim Vergleich mit dem Gott der Muslime zum Schluss, dass das wesentliche Gottesprädikat bei allen drei Religionen identisch klingt: Gott ist ein Gott wesentlich der Barmherzigkeit, Gnade und Liebe.
Die *Allāh-Kalligraphie* aus einer türkischen Moschee verweist nochmals auf das im Islam besonders beachtete Bilderverbot (→ 3.3.2, bes. S. 119). Allah wird eben nicht im Bild, sondern durch die abstrakte Schrift dargestellt, um konkrete Vorstellungen, Anthropomorphismen und „Vermenschlichungen" zu vermeiden.

Exkurs: Zur Gottesvorstellung im Islam (Zusammenstellung der im Buch an unterschiedlichen Stellen dargestellten Einzelvorstellungen, insbes. → 6.2.2, S. 252, nebst Ergänzung):
Der *Gottesname „Allah"* ist vorislamischer Herkunft; der Begriff zeigt eine Verwandtschaft mit dem alten semitischem Gottesnamen „El" (→ S. 120, Zusammenfassung, rechte Spalte, oben) und heißt übersetzt einfach: „der Gott" („al-ilah").
Das *Grundbekenntnis des Islam* ist schwierig zu übersetzen: „Es gibt keinen Gott außer Allah" kann andere Vorstellungen abwertend und aggressiv klingen, ebenso die Formulierung: „Ich bezeuge, dass keine Gottheit ist außer Gott …" – Offener scheint die Formulierung: „Niemand ist anbetungswürdig, und es gibt keinen Gegenstand der Liebe und des Verlangens außer Gott."
Aussagen zu Allah im Koran:
- „Gott – es gibt keinen Gott außer ihm, dem Lebendigen, dem Aus-sich-selbst-Seienden und Allerhaltenden." (Sure 3: 2).
- Wichtig sind der Thronvers: Sure 2 (Thron, auch: Lehrstuhl, griech. *cathedra*) und der Lichtvers: Sure 24.
- Eine Aufzählung der 99 „schönsten *Namen Gottes*" (der 100. gilt als unbekannt) beginnt mit: „Gott – der Erbarmer, der Barmherzige" und endet mit: „Der voller Geduld ist".
- Die muslimische *Unterstellung unter das Walten Allahs* ist nicht mit einem blinden Fatalismus gleichzusetzen, vielmehr mit dem Wissen, dass wir unser Leben – bei allen Planungen – nicht selbst in der Hand haben. Bei den menschlichen Vorhaben und Unternehmungen gilt, dass alles unter Gottes Hand steht: der Beginn („bismillah!"); die Durchführung („inscha' allah!" – wenn Gott will) und ebenso der Erfolg („mascha' allah!" – was Gott will/ wollte).

143: Der trinitarische Gott der Christen

3.7.3 Drei gleich eins? – Der trinitarische Gott der Christen (S. 143)

Der *Fließtext* und das *Zitat* entfalten das *Thema* der trinitarischen Gottesvorstellung des Christentums, das auch im *Bild* (Masaccio) in einer klassischen Form dargestellt ist.
Einzelhinweise:
- Entfaltung der *Trinitätslehre*, ausgehend von triadischen Formeln im Neuen Testament (am prominentesten der Missions- resp. Taufbefehl von Mt 28,18–20 → 5.1.2, zit. bei 5.2.2 [1], S. 209), erst im Laufe der ersten Jahrhunderte in der Alten Kirche bis zur Mitte des 5. Jh.s (→ 5.1.2, S. 201 unten).
- Als anschauliche *Beispiele* dienen häufig entweder das sachliche Exemplum der drei Aggregatszustände: Wasser etwa gibt es fest, flüssig und gasförmig, also in drei Formen resp. Zuständen, die jedoch zugleich alle Formen ein und desselben chemischen Stoffes „Wasser" sind – oder das schülernahe Beispiel der Liebe zwischen zwei Personen und der Liebe selbst als drittem Part.

- Auch die römisch-katholische Theologin *Sabine Pemsel-Maier*, *1962, macht (im freistehenden *Quellentext*) die Trinität als Beziehungsgeschehen deutlich, in diesem Fall Gottes Beziehung zur Welt, zum Menschen (zwischenmenschliche Beziehungen) und zum eigenen Selbst (innermenschlicher resp. Selbst-Bezug).
- *Weitere Bezüge:* als Phänomen der Logik: Denken in Differenz und Kohärenz resp. Komplementarität; als Phänomen der Theologie i.e.S.: Mehrperspektivische Gottesvorstellung; Immanenz und Transzendenz (*extra nos*); als Angelegenheit der Ökumene (Streit um die „utriusque"-Floskel der westlichen Kirche[n] beim Hl. Geist); Inklusionsdebatte, Differenz und Einheit; Verschiedenheit und Gleichheit, sowie des interreligiösen Dialogs (contra Tritheismus-Vorwurf).
- Zum *Heiligen Geist:* Bezug zum Pfingstereignis und -fest (Kirchlicher Festkalender → 5.1.1, S. 198, ganz unten). Ende des 20. Jh.s finden sich in der Systematischen Theologie überraschend viele umfängliche pneumatologische Neuentwürfe, in denen der Geist für die Erfahrung von Hoffnung und Befreiung steht: Hoffnung (Jürgen Moltmann); Energie(feld) (Ingolf U. Dalferth); weltweite/globale Krisenbewältigung (Michael Welker).

Literatur:

- Welker, Michael: Gottes Geist. Theologie des Heiligen Geistes, Neukirchen-Vluyn 5. Aufl., 2013
- Danz, Christian (Hg.): Zwischen Geistvergessenheit und Geistversessenheit. Perspektiven der Pneumatologie im 21. Jahrhundert, Tübingen: Mohr Siebeck, 2014

Masaccio (1401–1428/29): Trinità (Fresko in Santa Maria Novella in Florenz), um 1425/28 (S. 143) 143: Bild Masaccio

Die *Trinitätsdarstellung* des Hauptmeisters der italienischen Frührenaissance Masaccio ist typisch für die westkirchliche oder lateinische *theologische* Tradition, also insbesondere für die römisch-katholische Kirche. Sie zeigt in der Bildmitte Jesus Christus am Kreuz, das von Gottvater gehalten wird, zwischen beiden die Taube als Symbol des Heiligen Geistes. Betont wird hier der Bezug Gottes zur Welt (ökonomische Trinität) mit dem Vater als Schöpfer und Erhalter, dem Sohn als Erlöser und dem Hl. Geist, der die Heiligung des Menschen bewirkt, als Bindeglied und Mittler zwischen Vater und Sohn (immanente Trinität).

Kunstgeschichtlich ist das Werk, eines der Hauptwerke des Malers, wegen der erstmaligen Anwendung der Linear- bzw. Zentralperspektive zur Projektion eines Raumes in der Fläche zu einem Schlüsselwerk geworden. Die dreidimensionale Raum- bzw. Tiefenwirkung wird durch eine exakte mathematische Berechnung (gemeinsam mit dem befreundeten, mathematisch kundigen Architekten Filippo Brunelleschi) erreicht und entfaltet ihre volle Kraft im Abstand von etwa 5m vor dem Bild; der dreidimensionale Raumeindruck ist auf der Abbildung klar zu erkennen. Die Figuren im gewölbten Kirchenraum innen sind Heilige (Maria und Johannes), davor sind (im Profil) Stifterfiguren zu sehen.

Abschluss des Teilkapitels 3.7 (S. 144f)

144f: Abschluss

Der eine gesamte Doppelseite umfassende *Abschluss* des Teilkapitels enthält – mit Ausnahme eines *interreligiösen Vergleichs,* der ja bereits den Inhalt des gesamten Teilkapitels darstellt – alle wesentlichen Elemente: freistehendes Zitatpaar, Zusammenfassung, ein großformatiges Bild und als Abschluss – hier aus Layoutgründen auf die vorletzte Seite (S. 144) vorgezogene – Aufgabenstellungen.

Freigestelltes Zitatpaar (S. 144, oben) 144: Zitatpaar (oben)

Die Theologin, Germanistin und Autorin *Marion Küstenmacher*, *1956, die gemeinsam mit ihrem Mann Werner Küstenmacher den Bestseller „Simplify your life" (2006) veröffentlichte, entfaltete in weiteren Büchern eine spirituell geprägte Theologie (auch i.e.S. einer „Gotteslehre"), etwa in „Gott 9.0" (2010) oder in „Integrales Christentum" (2018), aus dem das Zitat zu einer interreligiösen und spirituellen Interpretation der christlichen Trinitätsvorstellung stammt.

Die Theologin und Poetin *Dorothee Sölle (1929–2003)* ersetzt die übliche Frage „Glaubst du an Gott?" durch die wesentlich brisantere, auf die Praxis der Lebensführung zielende: „Lebst du Gott?" Damit öffnet sie das Teilkapitel zur Trinität hin zur gesamten Gottesthematik.

Literatur:

- Küstenmacher, Marion: Integrales Christentum. Einübung in eine neue spirituelle Intelligenz, Gütersloh: Gütersloher Verlagshaus, 2018, S. 329(ff).
- Sölle, Dorothee: Gott denken. Einführung in die Theologie, Stuttgart: Kreuz Verlag, 1990, S. 242.

144: Zusammenfassung (Mitte)

Zusammenfassung und Ergänzung (S. 144 Mitte)

Im ersten, längeren Teil werden die Gottesvorstellungen der drei großen monotheistischen Weltreligionen Judentum, Christentum und Islam abschließend zusammengefasst, im zweiten, kürzeren die Gottesvorstellungen fernöstlicher Religionen (Hinduismus, Buddhismus) ergänzt.

Ergänzung: Überblick über zentrale Begriffe der Gotteslehre

- Polytheismus: Glaube an viele Gottheiten (griech. *polýs* = viel; *theós* = Gott)
- Henotheismus: Glaube an eine höchste Gottheit (unter vielen Göttern), der allein Verehrung zusteht (ähnl.: Monolatrie) (griech. *latreía* = Dienst, Gottesdienst)
- Monotheismus: Glaube an einen einzigen Gott (griech. *mónos* = allein, einzig, einer).

(Weitere wichtige Begriffe → S. 126, Zusammenfassung, rechte Spalte: Gottes-Konzeptionen)

145: Bild Kiefer

Anselm Kiefer (*1945): Vater, Sohn, Heiliger Geist, 1973 (S. 145)

Hintergrundinformationen: Anselm Kiefer, einer der großen, international bekannten zeitgenössischen deutschen Künstler, arbeitet gegenständlich, nimmt die Elemente unserer abendländischen Tradition und Zivilisation auf, ordnet und deutet sie neu und versucht dabei als Künstler, sich der Verantwortung des Menschen für seine Welt in der Spannung zwischen Mythologizität und Rationalität zu stellen – wobei er seine Werke nicht als fertige Produkte versteht, vielmehr als „Ruinen", die dem „Nichts" näher stehen als der „Vollendung". Vielfach verwendete Materialien sind Holz, Asche und Blei, insgesamt Materialien, die er paradoxerweise „vergeheimnisst", indem er sie „entkleidet". Die Farben sind gedeckt, dominierend Braun und Grau, für ihn die Farbe des „Zweifels". Als in der katholischen Kirche und Tradition Erzogener, ehemaliger Ministrant und in seinen Kinderjahren vom Wunsch beseelt, einmal „Papst" zu werden, hat sich der Künstler in Werken, aus denen hier zwei aufgenommen wurden, auch intensiv mit der christlichen Tradition auseinandergesetzt.

Beide Bilder (hier zur *Trinität*, dort zur *Auferstehung*, S. 191), bestehen aus zwei Bildteilen: der untere, rechteckige (im zweiten Fall quadratische) gibt den Blick frei auf einen Wald (Bäume), der obere (hier: quadratische, dort: trapezförmige) jeweils kleinere und wie ein „Aufsatz" des unteren wirkende zeigt das in einem Holzhaus verarbeitete Material, im ersten Fall als Zimmer mit drei Fenstern, im zweiten als Treppenaufgang mit abschließender Tür. Hier handelt es sich um den Dachboden und den dazugehörenden Treppenaufgang im ehemaligen Schulhaus in Hornbach im Odenwald, wo der Maler in seinen frühen Jahren sein Atelier hatte. Beide Bilder zeigen im unteren Teil (lebende, pflanzliche) Materie in einem recht rohen, kahlen Zustand und im oberen das, was Menschen mit ihrer Kultur aus diesem Naturmaterial machen und gestalten, in einer doppelten Weise: zum einen noch relativ natur- und grundbedürfnisnah als „Behausung", zum andern in symbolischer und hier auch religiöser Deutung als Weltanschauung. Die religiösen und geistigen Aussagen sind aufs Engste mit den konkreten, materiellen, lebensermöglichenden Grundlagen verflochten und verbunden – und doch zugleich von ihnen geschieden und auf sie aufbauend, sie geradezu überwölbend und überformend. Der Künstler sieht sich vor der Aufgabe, die in den Dingen bereits inhärenten („innewohnenden") geistigen Möglichkeiten und Kontextualisierungen gleichsam zu „befreien" und sichtbar zu machen.

Vater, Sohn und Heiliger Geist sind durch drei Flammen symbolisiert, die in einem mit Holz verkleideten Zimmer – entgegen allen baupolizeilichen Bestimmungen – mit offener Flamme brennen – brand- und lebensgefährlich! Der Wald ist hier materielle Grundlage sowohl für die Holzverkleidung des Hauses als auch für die drei Holzfeuer – er liefert also nicht nur Behausung und Beheimatung, sondern auch Energie und Wärme im Winter. Die Flammen lassen die Pfingstgeschichte assoziieren (Apg 2 → S. 198 unten). Die drei Fenster öffnen den Blick ins Freie, Ferne, Transzendente (gegenüber dem Innen).

Querverweis: Anselm Kiefer (*1945): Resurrexit, 1973 → 4.7, S. 191.

Ergänzungen: Die beiden Bilder gehören zusammen mit einem dritten (mit dem Titel: Glaube, Hoffnung, Liebe – im Buch nicht aufgenommen!) zu einer Reihe aus demselben Jahr (1973), das sozusagen ein eigenständiges Triptychon (zum Thema Gott – Jesus Christus – Heiliger Geist, insgesamt also erneut zur Trinität) bildet.

144: Zu den Aufgaben

Zu den Aufgaben (S. 144)

Aufgabe 1: Dazu die kritischen Reflexionen von S. 141f „Eine Umfrage" – evtl. mit Veränderung/Anpassung der Fragestellung.

Aufgabe 2: Dazu heranziehen: S. 139, Bibelzitate (Ps 22; Mk 15; Hiob).

Aufgabe 3: Vergleich von theologischen, historischen und zeitgenössischen „Personifikationen" auf drei Ebenen bei Masaccio (Trinitarische göttliche „Personen"; Maria und Johannes; Stifterfiguren) mit den symbolischen, natürlichen resp. materiellen Zeichen bei Kiefer: Bäume als „Stifter" des

Interieurs oben sowie drei „Altäre“ (Stühle) mit drei Flammen als Quelle von Licht (zusätzlich drei Fenster im Hintergrund), Wärme und Energie, aber auch von Gefahr (Rot! Brandgefahr!) … Vergleich der Formen, Linienführung bzw. Anordnung (Vertikale, Horizontale), der Perspektive (Tiefenwirkung, Dreidimensionalität) und der Farben (verblüffende Ähnlichkeit: Dominanz von Grau-Braun und Rot – bei Kiefer Helligkeit im Hintergrund: (Himmels-)Fenster); Bedeutung von Natur und Kultur, Architektur, Behausung = Raum; Präsenz des Göttlichen (Transzendenten, Kontingenten) im Immanenten.
Aufgabe 4: Welche der „Gottesbilder“ sind nach der jeweiligen Religion „möglich“ bzw. „angemessen“?
Aufgabe 5: Auch das Unterkapitel zu den Weltreligionen heranziehen (→ 6.2.2, S. 251–253).

4. Jesus Christus – Ein Störenfried? (S. 146–193)

146–149: Zum Kapitel

4.0 Zum Kapitel (Einleitung) (S. 146–149)

146: Bild Corinth

Lovis Corinth (1858–1925): Das große Martyrium, 1907 (S. 146)
Bildbeschreibung: Kreuzigungsszene; bleicher, nackter, fahler Körper Jesu am Kreuzbalken, bereits im Sterbeprozess, die beiden Arme/ Hände mit Stricken am Querbalken angebunden, drei Henkersknechte und ein Gaffer (Bystander), zwei nageln mit großer Brutalität einen Fuß am Längsbalken fest, das andere Bein hängt, leicht angewinkelt, kraftlos und wie bei einer Puppe um die Schulter des einen Henkers; rechts hängt ein Strick herab (Verweis auf Hängen als weitere Tötungsart?). Farben gedeckt, dominierend fahlweiß des Körpers Jesu, fleischfarben bei den Henkern, einer mit weinroter Hose.
Hintergrundinformationen: Lovis Corinth (1858–1925) war Hauptvertreter des deutschen Impressionismus, später Annäherung an Expressionismus. Grundthema/ Grundanliegen: Von Rubens beeinflusste Figurenbilder mit kräftiger Farbgebung; deutsche Malerei (Befürworter von Kaiserreich und Erstem Weltkrieg).
Deutungsangebote:

- Fremdheit des Bildes (Erschreckendes, Abschreckendes); Brutalität und Sexualität (Betonung von Körperlichkeit und Nacktheit); Verweis mit Finger und Blick auf Geschlecht Jesu.
- Bildvergleich auf der Doppelseite: Corinth – Hofmeister: Gegensätze: Brutalität vs. Leichtigkeit; Aufhängen vs. Abspringen; Hinauf vs. Hinunter; Tod vs. Auferstehung; wehrloses, ohnmächtiges Opfer brutaler männlicher Gewalt vs. Freiheit und Selbständigkeit.
- Bildvergleich zweier Bilder desselben Künstlers Lovis Corinth, Apostel Paulus, 1911 → 5.2.1, S. 206. Die beiden Hauptpersonen des Christentums: Jesus und Paulus, bei zentralen Szenen: dem Sterben Jesu und der Verkündigung des Gekeuzigten und Auferstandenen bei Paulus.

(Ergänzung: Bild „Ecce Homo" von Lovis Corinth (1925): Vorführung des leidenden Jesus)

147: Bild Hofmeister

Werner Hofmeister (*1951): Tabula Saltandi, 2003 (S. 147)
Kunstwerk (werkimmanent): Die fünf Meter hohe Skulptur aus orangefarben lackiertem Aluminiumguss zeigt ein Kreuz, an dessen oberem Ende Jesus Christus befestigt ist, nahezu aufrecht stehend, jedoch mit leicht angewinkelten Beinen und weit nach oben gereckten Armen, in der gesamten Körperhaltung wie zum Absprung bereit. Die Situation des Absprungs wird bestätigt durch den Bildtitel „Tabula saltandi" (Sprungbrett), urspr. als Inschrift auf dem Querbalken des Kreuzes.
Künstler (historischer Kontext): Der österreichische Künstler Werner Hofmeister (*1951) fertigte die Installation „Tabula saltandi" als Beitrag zur Ausstellung „HIMMELSCHWER – Transformation der Schwerkraft" als Teil des Programms von Graz als Kulturhauptstadt Europas (2003). Der Künstler ergänzte die 12 Kreuzwegstationen des Grazer Kalvarienbergs, die das Leiden Jesu von seiner Verurteilung über seinen Tod am Kreuz bis zur Grablegung zeigen (im weißen Häuschen im Hintergrund befindet sich eine der Kreuzwegstationen) um eine weitere Station.
Für das Motiv verwendete Hofmeister ein kleines, von einem Kärtner Holzschnitzer gefertigtes Kruzifix, löste den Körper Christi von den Balken und verschob ihn ans obere Ende des Kreuzes. Diese kleine Version war als Multiple käuflich erwerbbar.
Deutungsangebote:
Volte 1: Das Leid wird durch die neue Kreuzwegstation überwunden, durch einen kraftvollen Sprung herab vom Kreuz (ins kalte Wasser, auf den Boden der Realität, als Bild für die Auferstehung o.Ä.m.). Das Moment von Kraft und Energie wird unterstrichen durch die Ausrichtung des Kunstwerks frontal in Richtung auf ein Umspannwerk am Fuße des Kalvarienbergs. Die Passionsgeschichte erfährt eine neue Wendung bzw. Deutung als Hoffnungserzählung, analog zu den biblischen Erzählungen vom leeren Grab bzw. von Erscheinungen des Auferstandenen (→ 4.5.1, S. 181f).
Volte 2: Aber der Sprung aus mehreren Metern Höhe ist zugleich gefährlich, er endet nicht im Wasser, sondern auf der Wiese, einem Abhang gar – und wird dadurch noch gefährlicher, er kann (erneut) zum Tod oder zu schweren Verletzungen führen – wäre ein querschnittsgelähmter Jesus immer noch ein Christus?
Volte 3: Unsere (auch abenteuerlichen) *Deutungen* sind – jetzt auf einer Metaebene betrachtet – ebenfalls „Sprünge vom Kreuz" – von unserem gewohnten Sehen und Denken herab, ins … – ja wohin eigentlich? Das bleibt offen. Das ist immer ein Wagnis, das halsbrecherisch enden kann …

Methodik:
- Szenen schreiben/ filmen: Jesus hat den (Ab-)Sprung geschafft und ist zurück im Leben …

Zum Kapitel (Fließtext, S. 148f): 148f: Fließtext

Einstieg „übers Kreuz“, schwierigstes und anstößigstes Element des christlichen Glaubens (4.1), weiter zu Jesu Leben, das sich nicht darstellen, aber doch – in einzelnen, glaubwürdigen Szenen – imaginieren lässt (4.2), zum Zentrum, um das Jesu Leben (Worte und Werke) kreisen: dem Reich Gottes (4.3) und den Maßstäben, die es setzt (4.4). Und wieder in umgekehrter Richtung zurück zu Deutungen Jesu, beginnend schon zu seinen Zeiten oder unmittelbar danach (4.5) bis – über eine lange Geschichte weg – hin zu unserer Gegenwart (4.6). Ein kurzer Abschluss auf eine mögliche Wiederkehr und/ oder Zukunft (4.7) hin schließt das Kapitel.

Leben Jesu in Szenen(4.2)	← Kreuz/ Tod (4.1) ←	
↓		
Reich Gottes (4.3)		
↓		
Maßstäbe/ Ethik (4.4)		
↓		
→	→ Deutungen (4.5+6)	Parusie (4.7)

Überblick: Das Kapitel „Jesus Christus“ im Aufriss

Zur Diskussion (S. 148, unten) 148: Zur Diskussion

Alle Zitate stammen aus einer einschlägigen empirischen Untersuchung von *Tobias Ziegler* zur Einstellung Jugendlicher zu Jesus Christus (mehrere hundert Schülerinnen und Schüler der 11. Jahrgangsstufe).
Querverweis: Näheres zu Zieglers Arbeit → 4.6.3, S. 190 (LB) dazu:
Didaktisch-methodischer Hinweis: Als Einstieg zur Thematik eignet sich die Erstellung von Schülertexten zur Aufgabe, einer Mitschülerin, einem Jugendlichen oder einer Person aus einer anderen Kultur die Bedeutung Jesu Christi zu erläutern – in einer allgemeinen und/ oder persönlichen Stellungnahme.

Christian Jankowski: Casting Jesus (2011) (S. 149) 149: Bild Jankowski

13 professionelle Schauspieler traten beim Jesus-Casting vor die Kamera. Wie bei jeder Casting-Show wurde durch eine (in diesem Fall aus Vertretern des Vatikans bestehende) Jury derjenige ermittelt, der am ehesten den Erwartungen für die Rolle entsprach. Das Bild (ein Video-Still) zeigt, wie das Casting auf Ausstellungen/ Vorführungen präsentiert wird (Art. Das Kunstmagazin, Ausgabe, April 2012, 37).
Zur Anregung: Thematisierung:
- Kriterienkatalog für Jesus-Casting entwerfen;
- Rollen, Rollenklischees hinterfragen a) im Alltag (Gofman: „Wir alle spielen Theater“); b) bzgl. Jesus.

Ergänzung: Jesus-Deutungen in der Theologie: tiefenpsychologisch; feministisch; befreiungstheologisch; sozialgeschichtlich; politisch u.a.m.
Literatur:
- Schröter, Jens/ Jacobi, Christine (Hg.): Jesus Handbuch, Tübingen, Mohr Siebeck, 2017
- Schröter, Jens: Jesus. Leben und Wirkung, München: C.H. Beck, 2020

Zur Didaktik: 146–193: Didaktik

Zwei Zugänge bieten sich bereits anhand der klassischen Einteilung und Unterscheidung an, entweder eine
- Christologie von unten/ Historischer Jesus
- Christologie von oben/ Kerygmatischer Christus.

Der erste Zugang führt primär zu einer Jesuologie, der zweite zu einer Christologie. Paradigmatisch durchexerziert finden sich die komplementären Zugänge in zwei Erarbeitungen des Themas „Jesus Christus“ in der Reihe „Oberstufe Religion“ – eine ältere Version orientiert sich eng am klassischen Film „Jesus von Montreal“ (Jesuologie), eine neuere thematisiert vorrangig soteriologische Themen (Retter der Welt u.a.m.).

	Jesu Worte am Kreuz	Deutung Evangelien	Deutung Kirche	Herkunft Jesu – NT	Hoheitstitel NT	Deutung Kirche
Mensch	Gottverlassenheit Mk; Mt	Liebe, Freikauf	Abaelard: Konsequenz		Röm 1 Mk 1 Adoption	Zwei-Naturen-Lehre
Gott	Erlösungswerk: Joh	Opfer, Freikauf	Anselm: Satisfaktion		Insemination Präexistenz	Glaubens-Bekenntnis
Beleg	4.1.1, 151	4.1.2, 152	4.1.3, 153f	4.2.1, 157	4.5.2, 183f	4.5.3, 85f

Tabelle: Deutungen Jesu Christi: von unten – von oben

Göttliches							
Menschliches							

Als didaktisch-methodische Variante ergäbe sich auch eine „Vorhang auf!"-Dramaturgie: Der erste Blick fiele dann auf die Kreuzigungsszene (→ 4.1). Darauf wird Jesu Leben in (sieben) Einzel-Szenen erzählt (→ 4.2.3, S. 160ff). Den Abschlussrahmen bilden dann die Szenen vom Auferstandenen (→ 4.5.1, S. 181f, vorweggenommen bereits im Auftaktbild von Hofmeister, S. 147), von Himmelfahrt und Wiederkehr (Parusie) (→ 4.7, S. 191–193).

Literatur:

- Englert, Rudolf/ Schweitzer, Friedrich (Hg.): Jesus als Christus – im Religionsunterricht. Experimentelle Zugänge zu einer Didaktik der Christologie, Göttingen: Vandenhoeck & Ruprecht, 2017
- Kraft, Friedhelm/ Roose, Hanna: Von Jesus Christus reden im Religionsunterricht, Göttingen: Vandenhoeck & Ruprecht, 2011.

4.1 „Was für eine verrückte Geschichte" – Das Kreuz mit dem Kreuz (S. 150–155)

150–155: Das Kreuz mit dem Kreuz

Die *Überschrift* des Teilkapitels entstammt dem unten zu Beginn des Fließtextes zitierten Roman „Schiffbruch mit Tiger". *Thema* ist der Kreuzestod Jesu und seine Deutung (→ S. 139). Der *Aufbau* erfolgt in mehreren, meist eine Seite umfassenden Schritten:
dem Einstieg (S. 150), gefolgt von den

- Worten Jesu am Kreuz, die ja auch bereits Deutungen sind (S. 151), hin
- zu Deutungen des Todes Jesu im NT (S. 152)
- und in der Theologiegeschichte (S. 153) mit zwei dazu gehörenden Quellentexten (S. 154) bis hin
- zum Abschluss (S. 155).

***Ein Blick auf die** Jugendlichen – Didaktik*

Für heutige Heranwachsende stellt das Thema „Kreuz" in einer ganz besonderen Weise und Intensität eine Herausforderung dar.
„Ein Hauptproblem an der Geschichte mit Jesus [...] ist, dass er [...] auf grausame Weise umgekommen ist. Für mich? Mir hätte es doch auch gelangt, wenn er ein paar Blinde [...] geheilt und den Rest seines Lebens Playstation II gespielt [...] hätte." (Albrecht, 2008, 7)
In Zieglers Untersuchung findet sich die lapidare Aussage: „... also wegen mir braucht sich keiner ans Kreuz hängen."
Literatur:

- Albrecht, Michaela: Für uns gestorben. Die Heilsbedeutung des Kreuzestodes Jesu Christi aus der Sicht Jugendlicher (ARP, 33), Göttingen: Vandenhoeck & Ruprecht. 2007
- Albrecht, Michaela: Vom Kreuz reden im Religionsunterricht, Göttingen: Vandenhoeck & Ruprecht, 2008

Auftaktseite (S. 150)

150: Auftaktseite

Joseph Beuys (1921–1986): Kreuzigung, 1962/63 (S. 150)

150: Bild Beuys

Bildbeschreibung: Schlichte Materialien mit „Gebrauchsspuren", keine „hohe" Ästhethik, vielmehr Alltäglichkeit: Holzbrett, darauf zwei Holzbalken mit Flaschen, dazwischen aufgerichteter Holzpfahl, mit einfachem, bedrucktem „Schmierzettel" mit rot aufgemaltem Kreuz; oben Nagel, daran lose Fäden oder Draht.
Kunstwerk: (Kleinformatige) Installation; Größe: 42,5 x 19 x 15 cm; Materialien: Holz, Flaschen, Elektrokabel, Draht, Papier.
Künstler: Joseph Beuys (1921–1986): Der Künstler nimmt die abendländische Ikonografie mit Kreuz, Kruzifixus häufig auf, entfaltet eigenwillige Interpretation: Verbindung mit Natur/ Kosmos, Technik und Gebrauchs / Wegwerfmaterialien, auch mit abstoßenden, tlw. übelriechenden Substanzen. Seine Interpretation: Historischer Jesus, vorrangig Bergpredigt mit Seligpreisungen als Gipfelperspektive; Braunkreuz ist Schnittpunkt von Linien, Kräften bzw. Entwicklungen; Blutkonserven: Metaphern für Energie, Leben; Präsenz/ Immanenz Christi im kreativen Handeln des Menschen; Auferstehung = „Repräsentant des Menschen"; Mit-Schaffender, -Schöpfer; Erlöser von „Unreinheit, die gereinigt werden muss", Befreiung von Leid, seelischem Leiden; „Heilung des gesamten sozialen Feldes"; Heil des gesamten Kosmos, Heilwerdung „bis in die Materie hinein"; Bewährung in der Krise; Selbst, Inneres, Bilder, Kraft von außen – Voraussetzung ist, „dass sich der Mensch selber aufrafft".
Nägel und Nadeln: körperliche und seelische Schmerzen, drei blutrote, auf Papier gezeichnete Kreuze (zwei auf den Flaschen = Blutkonserven); Blutspende = Lebensspende; Leben = Leiden; „guilt" (Schuld") – „life", Themen: „guilt", „blood", „suffering", Leben und Tod.
Literatur:

- Horst, Hans Markus: Kreuz und Christus
- Mennekes, Friedhelm: Beuys
- Kreuz und Christus: die religiöse Botschaft im Werk von Joseph Beuys/ Hans Markus Horst, Stuttgart: Verlag Katholisches Bibelwerk, 1998

Kreuz-Darstellungen (Gesamtwerk):

- Jesus-Kapitel: S. 146–155 (5x); 180, 185, 189, 191 (4x), ferner: S. 165 (Pietá), 182 (Wundmale);
- Gott-Kapitel: S. 139 (Ohnmacht Gottes; Gott am Kreuz); 143 (Trinität);
- Kirche(n): 204, 209, 211, 219, 226, 234, 235, 251;
- Religion(en): 241, 251.

150: Fließtext und Zitate

Zwei verrückte Geschichten (Fließtext und Zitate) (S. 150 unten)
Um zwei verrückte Geschichten handelt es sich, weil die „Große Erzählung“ (Story) von der Heilsbedeutung des Todes Jesu dem Jungen Pi so verrückt vorkommt, dass er erstaunlicherweise selbst Christ wird, was dann zu interreligiösen Verwicklungen führt, weil er bereits Hindu und Moslem ist.
Zur *Geschichte* aus dem Roman „*Schiffbruch mit Tiger*“ des kanadischen Schriftstellers *Yann Martel (*1963)* s. auch drei weitere Passagen aus dem Werk (→ 3.6.3, S. 138, freigestelltes Zitat, rechte Spalte Kreuzestod Jesu [als Erg. hier heranziehen!]; → 3.7.1, S. 141: Dialog der Weltreligionen; sowie: → 6.3.1, S. 255, oben: Herzensreligion).
Das Zitat zur *paulinischen Kreuzestheologie* findet seine Einbettung auf S. 138 (Zitat, links). Der niederländische Schriftsteller Maarten t'Hart, dessen Bücher größtenteils für den RU ihrer religiösen Thematik (resp. ihrer kritischen Darstellung) wegen höchst interessant sind, spitzt die Absurdität der Deutung im Roman „Die Jakobsleiter“ nochmals zu.

151: Erzählungen vom Tod Jesu

4.1.1 „Und Jesus rief laut ...“ – Erzählungen vom Tod Jesu (S. 151)

„Aber Jesus schrie laut und verschied“ (Mk 15,37) ist Jesu Todesschrei nach Mk und Mt. Die weiteren Worte Jesu am Kreuz bzw. die letzten Worte Jesu – darunter auch die in der *Überschrift* zitierte Formulierung – lassen sich in einer synoptischen Gesamtschau nebeneinanderstellen (hier aus optischen Gründen resp. des Layouts wegen in zwei untereinander gestellten Zitat-Paaren) und so in dreifacher Weise einem *Vergleich* unterziehen:
- in *synoptischer Zusammenschau*: hierbei ergibt sich eine Entwicklung vom Todesschrei über den Schrei der Verzweiflung und Gottverlassenheit (Mk/Mt) über das Gottvertrauen (Lk) hin zu einem Ausruf von Vollendung und Verklärung (Joh), also insgesamt eine Tendenz von tiefster menschlicher Verzweiflung hin zu übermenschlicher Ergebenheit oder gar gottähnlicher Erhabenheit;
- Vergleich mit *alttestamentlichen* Texten (*Psalmen*); hierbei zeigt sich, dass die Rufe der Verzweiflung wie der Ergebung nach den Psalmen gebildet sind, nach Klage- bzw. Lobpsalmen (Ps 22 → 3.6.3, S. 139; sowie Ps 31);
- Vergleich mit dem vorbildlichen, gelassenen Sterben des Weisen in der Antike nach dem Vorbild von Sokrates (→ 2.7.2, S. 97 mit dem Menschenbild vom Leib als Gefängnis und der Seele bzw. dem Geist, die durch den Tod zur Erkenntnis der Weisheit befreit werden, als Grund für diese Gelassenheit).

152: Deutungen des Todes Jesu im Neuen Testament

4.1.2 „Sein Leben lassen für seine Freunde ...“ – Deutungen des Todes Jesu im Neuen Testament (S. 152)

Die *Überschrift* des Unterkapitels entstammt einer johanneischen Deutung des Todes Jesu (s. freigestelltes Zitat). *Thema* sind – wie der Untertitel anzeigt: die Deutungen des Todes Jesu im Neuen Testament (wobei ja die Worte Jesu am Kreuz, wie gezeigt, bereits solche erste Deutungen sind, s. vorhergehende Seite). Vorgestellt sind *drei Deutungen*:
- eine allgemeine, auch zutiefst menschliche: aus Liebe (Joh 15,13; s. bereits Geschichte von Pi, S. 150 unten);
- eine *soziale*, übertragen aufs religiöse: Freikauf (Antike; Mk 10,45 – auch beim paulinischen Freiheitsverständnis → 2.6.2, S. 89 oben) und
- eine *kultisch-religiöse*: Opfer (AT) (1. Kor 5,7).

Die Reihenfolge der freigestellten Zitate entspricht der im Fließtext.
Die Pluralität der Deutungen hat den Vorteil, dass sich eine Offenheit sowie Anschlussmöglichkeiten für unterschiedliche Lebenslagen und gesellschaftliche Verhältnisse ergeben.
Zwei *weitere Deutungen* komplettieren das Bild:
- eine damalige der Gegner (Eselskreuze) und
- eine heutige – der Theologin und Dichterin Dorothee Sölle (hier ergibt sich eine Parallelität zu Camus' Deutung von Sisyphos als eines „glücklichen Menschen“ → S. 93, Quellentext, Schlusszeile).

Literatur:
- Frey, Jörg/ Schröter, Jens (Hg.): Deutungen des Todes Jesu im Neuen Testament, Göttingen 2007

4.1.3 „Dass er bis zum Tod durchhielt ..." – Deutungen des Todes Jesu in Theologie und Kultur (S. 153f)

153f: Deutungen des Todes Jesu in Theologie und Kultur

Die *Überschrift* des Unterkapitels entstammt der Deutung Abaelards (s. Quellentext, Folgeseite, rechte Spalte, gegen Ende des 1. Abschn.). *Thema* sind drei theologische (zwei mittelalterliche und eine reformatorische) Deutungen des Todes Jesu sowie eine kulturwissenschaftliche (neue):

- Die Satisfaktionslehre von Anselm von Canterbury (1033–1109);
- Die Konsequenzenlehre von Petrus Abaelard (1079–1142);
- Luthers Kreuzes-Theologie, zuerst und prägnant formuliert in den Heidelberger Thesen von 1518 – und zuletzt
- eine kulturwissenschaftliche Deutung von René Girard (1923–2015).

Die Satisfaktionslehre von Anselm von Canterbury (S. 153, obere Seitenhälfte und S. 154, Quellentext, linke Spalte)

153: Fließtext (oben)
154: Quellentext (links)

Anselm von Canterbury (1033–1109), Erzbischof von Canterbury und „Vater der Scholastik" („credo, ut intelligam"/ „ich glaube, um zu verstehen" resp. „fides quaerens intellectum"/ „der Glaube sucht Vernunftgründe") sowie markantester Theologe der Frühscholastik, entfaltete seine in der Theologiegeschichte sehr wirkmächtige Satisfaktionslehre in einer seiner Hauptschriften mit dem Titel „Cur Deus Homo"/ „Warum Gott Mensch wurde" (den ontologischen Gottesbeweis entwickelte er im „Proslogion"). Gedankenschritte der Satisfaktionslehre:

- Zusammenhang mit Anselms Gottesdefinition (S. 126, Zusammenfassung) und – ontologischem – Gottesbeweis (S. 105, ab Seitenmitte): Gottes Größe;
- Verlust der Ehre Gottes durch die Sünde des Menschen (mittelalterlicher Ehrbegriff, Z. 8);
- Mensch zur „Wiedergutmachung" im Sinne der Wiederherstellung der Ehre nicht in der Lage: Alle seine „Leistungen" sind bereits nötig als schuldiger Dank (um nicht in Sünde zu fallen) – so bleibt keine „Leistung" für Kompensation der Sünde übrig (Z. 17–20);
- Kompensation nur durch „etwas Größeres [...] als alles, was außerhalb Gottes existiert" (Z. 25f), also durch Gott selbst – als Gott-Mensch (Z. 30). So leistet erstens der Mensch (als der Ehrverletzung Verantwortlicher) und zweitens Gott in seiner unüberbietbaren Größe (als in seiner Ehre Verletzter) selbst die „Sühne" (Z. 27–30).
- Auch diese Kompensation entspricht der Gottesdefinition resp. -prädikation: die Barmherzigkeit bzw. Gerechtigkeit ist so, „dass sie größer und gerechter nicht gedacht werden kann" (Z. 34f). Es ist die göttliche Liebe (Schlussabschn., Z. 31–44).

Die Konsequenzenlehre von Petrus Abaelard (S. 153, Mitte, und S. 154, Quellentext, rechte Spalte)

153: Fließtext (Mitte)
154: Quellentext (rechts)

Petrus Abaelard (1079–1142), wie Anselm einer der zentralen Vertreter der Frühscholastik, wendete sich gegen ein juristisch-forensisch bzw. ökonomisch-wirtschaftlich geprägtes Verständnis der Erlösung, nach dem Gott durch den Tod seines Sohnes am Kreuz dem Teufel die „Rechte", die dieser durch die Erbsünde am Menschen erwarb, wiederum abgekauft hätte. Vielmehr gewährt er durch das Opfer seines Sohnes dem Menschen aus Liebe die Gnade der Erlösung und damit gleichsam eine „zweite" Chance (nach der ersten vor dem Fall), die der Mensch zu einem Neuanfang nutzen kann, in einem Leben der Nachfolge. Zudem findet sich bei ihm der Gedanke, dass die Erlösung nicht nur durch das Kreuz, vielmehr auch durch Jesu Wort und Beispiel, also sein Leben und seine Verkündigung, geschieht – die dem Menschen als Vorbild und Antrieb für ein Leben in Nachfolge dienen – so etwa in seinem Kommentar zum Römerbrief, aus dem der Quellentext stammt, mit folgenden Kerngedanken:

- Gottes Gnade und Liebe zeigt sich im „Wort" und „Beispiel" des bis hin zum Tod konsequenten Lebens seines Sohnes (1. Abschn., Z. 1–7).
- Die Gnade und Liebe dieser Konsequenz bis in den Tod hinein befreit uns einerseits *von* der Knechtschaft der Sünde, andererseits zugleich *zu* einem Leben in Freiheit und Liebe (statt in Furcht) (2. Abschn., Z. 8–14).
- Durch die Mittlerschaft Jesu Christi, insbesondere durch „sein Lebensbeispiel" und „seine Lehrverkündigung", fließt „alles Gute", also (auch) die Erlösung, auf unser Leben (in der Nachfolge Christi) über (3. Abschn., Z. 15–20).

Bei der Konsequenzenlehre handelt es sich damit um eine doppelte Konsequenz: Jesu bis zum Tod konsequentes Leben in Wort und Werk (Verkündigung und Beispiel) bewirkt als Konsequenz ein ebenso konsequentes Leben der Christen in der Nachfolge Christi.
Ergänzung: Für heutige Jugendliche interessant ist der ferne Abaelard nicht nur durch seine „Konsequenzenlehre", sondern mehr noch durch seine Liebesbeziehung zu Heloïse (Fingierter Briefwechsel des A.).

154: Texterschließung

Texterschließung (S. 154, Quellentexte)

- Bei Anselm spielt das Leben Jesu keine, bei Abaelard die entscheidende Rolle (Gedankenexperiment: Hätte Jesus – nach Anselm resp. Abaelard – bereits beim Kindermord von Bethlehem Mt 2,16–18) – mit derselben Heils- und Erlösungswirkung – getötet werden können?) – Aber Gemeinsamkeit: Leiden Jesu spielt bei beiden Autoren wichtige Rolle (bei Abaelard zeigt es die Konsequenz der Liebe Jesu). Dialog müsste folgende Punkte ansprechen: Christologie: Bedeutung des Todes sowie des Lebens Jesu; Theologie i.e.S.: Gott als Liebe; Anthropologie: Möglichkeiten und Wirklichkeiten des Menschen.
- Nähe Abaelards zur johanneischen Deutung (Liebe = Lebenseinsatz für Freunde, Joh 15,13), bei Anselm zur Lösekauf-Vorstellung etwa bei Markus (Mk 10,45).
- Anschlussfähigkeit bei Anselm schwierig, bei Abaelard groß (Bedeutung von Familien- und Peer-Beziehung; konsequenter Einsatz für eine Sache, nahe resp. hilfsbedürftige Personen – Jesus als motivierendes Beispiel und Vorbild (→ Rezo-Zitat, S. 180).

	Deutung Kirche
Gott	Anselm: Satisfaktion
Mensch	Abaelard: Konsequenz

Grafik: Deutungen der Erlösung (Leben und Tod Jesu Christi) im Raster Gott/ Mensch

153: Fließtext (unten)

Martin Luther: Kreuzestheologie (S. 153, unten)

Seine Kreuzestheologie entfaltete Luther bereits in den Heidelberger Thesen von 1518 (Thesen 29 und 20):

„XIX. Der ist nicht wert, ein Theologe zu heißen, der Gottes ‚unsichtbares Wesen durch das Geschaffene erkennt und erblickt' (Röm 1,20).

Das zeigen die ganz deutlich, die solches taten und trotzdem Röm 1,22 vom Apostel Toren genannt werden. Ferner: Gottes unsichtbares Wesen sind Kraft, Gottheit, Weisheit, Gerechtigkeit, Güte usw. Dies alles zu erkennen, macht weder würdig noch klug.

XX. Sondern nur der, der Gottes sichtbares und (den Menschen) zugewandtes Wesen durch Leiden und Kreuz erblickt und erkennt.

Das (dem Menschen) zugewandte und sichtbare Wesen Gottes ist das Gegenteil des Unsichtbaren, nämlich: seine Menschheit, Schwachheit, Torheit, wie 1. Kor 1,25 von der göttlichen Schwachheit und Torheit spricht."

153: Fließtext (ganz unten)

Kulturwissenschaftliche Deutung: René Girard (S. 153, ganz unten)

Der Literaturwissenschaftler und Kulturanthropologe *René Girard* (1923–2015) wies auf die gewalt- und opferbegrenzende Wirkung der Deutung von Jesu Tod als Opfertod (eines absolut Unschuldigen) hin: Opfer müssen und dürfen fortan nicht mehr real vollzogen, vielmehr allenfalls noch symbolhaft nachvollzogen werden (wobei dieser symbolhafte Nachvollzug durchaus in einem realen Sinn verstanden werden kann – Transsubstantiation bei der Eucharistie).

Ergänzung – Unterscheidungen:

Opfer als Victim: Lebewesen, mit oder ohne Absicht anderer getötet oder verletzt. Opfer kommt nur als passives Objekt in den Blick (Gewaltopfer).

Opfer als Sacrifice: ursprünglich ein religiöses Opfer, mit einem zugeschriebenen höheren Sinn (Ernteanteil, Tier oder wichtiger Gegenstand).

Opfer als Hingabe: Freiwillige (Hin-)Gabe für ein wichtiges Ziel (im Extremfall das eigene Leben). (Sich) opfernde Person als Subjekt (der Selbst-Hingabe).

155: Abschluss

Abschluss des Teilkapitels 4.1 (S. 155)

Der eine Seite umfassende *Abschluss* des Teilkapitels besteht aus drei Elementen: Bild, Zusammenfassung und Aufgabenstellungen.

155: Bild Kippenberger

Bild: Martin Kippenberger: „Zuerst die Füße", 1990 (S. 155)

Bildbeschreibung – Kunstwerk (werkimmanent): An einem (holzähnlichen, aber wohl plastikartigen) bräunlichen Kreuz hängt ein glänzender Frosch, mit heraushängender Zunge, extrem gespreizten Zehen, in den gekreuzigten Händen ein Ei und einen Bierkrug haltend ... pechschwarzer Hintergrund.
Hintergrundinformationen – Künstler: Martin Kippenberger (1953–1997) gehörte zu den sog. „Jungen" bzw. „Neuen Wilden", die ab Ende der siebziger Jahre mit breitem Pinselstrich expressive, farbkräftige, grelle, tlw. mit Graffiti-Elementen durchsetzte, tlw. auch abstrakte Werke schufen.

Deutungsangebote (Rezeptionsästhetik): Kippenbergers Plastik, die in mehreren (etwa in der Farbgebung) unterschiedlichen Fassungen existiert, führte – nach dem Karikaturenstreit 2006 um Mohammed-Karikaturen – gegen Ende des ersten Jahrzehnts des neuen Jahrtausends zu einem Skandal und einer christlichen Blasphemiedebatte um eine im Bozener Museion ausgestellte Reihe des Motivs: „Dö Kunst isch nix für unser Land, sie soll dorthin, von wo sie stammt", lautete ein umgehender Spruch. – Eine „Gestalt, die das Erbärmliche und Schreckliche des Hängens am Kreuz vor Augen führt", gegen alle Verniedlichung und Verkitschung, argumentierten Befürworter. Blasphemien sind im christlichen Sinne „Schreie De profundis" (so Günter Rombold). Auch das Modell der Inkarnation sei im Grunde eine Blasphemie. Weitere Hinweise zum Hintergrund des Bildes s. im Schülerbuch.

Aufgabenstellung:

- Deuten Sie aufgrund der Erläuterungen im Text sowie eigener Recherchen zu Leben und Werk des Künstlers die Kreuzigungsdarstellung von Martin Kippenberger. Nehmen Sie Stellung zum Blasphemie-Vorwurf gegen Künstler und Werk (u.a. wikipedia-Artikel: *Zuerst die Füße* – 02.03.2021).

Weitere Bearbeitungsvorschläge:

- Interpretationsvorschläge: Hilfeschreie eines Süchtigen/ Alkoholabhängigen; der „gekreuzigten Natur" (Opfer von Tierversuchen u.a.m.) …
- Bildvergleich mit Eselskreuz (S. 152);
- Prüfen, welche Bildelemente den größten Anstoß (der Blasphemie) erregen (zum Vergleich etwa auch andre „Tierkreuzigungen" heranziehen, etwa: Geschlachteter [wie gekreuzigter] Ochse von Rembrandt, „Der gekreuzigte Hahn" von Ivan Generalič u.a.m.).

Zu den Aufgaben (S. 155)

155: Zu den Aufgaben

Aufgabe 1: Freundesliebe – Opfer – Lösegeld. Zur Beurteilung zwei Perspektiven einnehmen: Was wäre ich für lieben/ liebsten Menschen bereit einzusetzen an 1. Freundschaftsliebe; 2. Opfer; 3. Lösegeld – und was bereit anzunehmen? (Konkrete Situationen imaginieren: Einsatz bis zur Gefährdung des eigenen Lebens; Opfer von Zeit, Geld, Leben …; Lösegeldforderungen bei Entführungen).
Aufgabe 2: s.o. Quellentexte – Zur Texterschließung.
Aufgabe 3: Falls sich keine eigenständige Deutung erschließt, die S. 153 (unterhalb Bildmitte) vorgestellte *Eigene Deutung* bearbeiten.

Zusammenfassung – Tabelle und Ergänzung:

	Jesu Worte am Kreuz	Deutung Evangelien	Deutung Kirche
Mensch	Gottverlassenheit Mk; Mt	Liebe, Freikauf	Abaelard: Konsequenz
Gott	Erlösungswerk: Joh	Opfer, Freikauf	Anselm: Satisfaktion
Beleg	4.1.1, 151	4.1.2, 152	4.1.3, 153f

Tabelle: Deutungen des Todes Jesu: von unten – von oben

Ergänzung: Politische Deutung des Todes Jesu: Aufhebung des Imperium (Romanum) durch Jesus resp. das Reich Gottes (→ Jesu Tod – ein Justizirrtum?, S. 165).

Aufgabe 4: Girard nimmt das Christentum gegen diesen Vorwurf in Schutz. Ein eigenständiges Urteil bilden anhand a) der Deutungen des Todes Jesu; b) der Bilder des Teilkapitels sowie weiterer Kreuzigungsdarstellungen im Buch.

Ergänzungen – Weitere Aufgabenstellungen

- Ordnen Sie die auf S. 152 aufgeführten Bibelstellen den genannten Deutungsmodellen für den Tod Jesu zu.
- Ordnen Sie die Deutung des Todes Jesu in Joh 10,11 „Ich bin der gute Hirte. Der gute Hirte lässt sein Leben für die Schafe" den anderen genannten Deutungen des Todes Jesu zu.
- Setzen Sie die Vorstellung vom „Leidenden Gottesknecht" im Prophetenbuch Jesaja (bei Deuterojesaja) zu einer der neutestamentlichen Deutungsmuster für den Tod Jesu in Beziehung (Zusammenhang herstellen):
  „Fürwahr, er trug unsre Krankheit und lud auf sich unsre Schmerzen. Wir aber hielten ihn für den, der geplagt und von Gott geschlagen und gemartert wäre. Aber er ist um unsrer Missetat willen verwundet und um unsrer Sünde willen zerschlagen. Die Strafe liegt auf ihm, auf dass wir Frieden hätten, und durch seine Wunden sind wir geheilt." (Jes 53,4f)

156–166: Jesu Leben

4.2 Am Anfang der Stall? – Jesu Leben (S. 156–166)

Die *Überschrift* des Teilkapitels ist der erste Teil des Titels der Übersetzung des Lukasevangeliums von Walter Jens (s. S. 157, Fließtext, Anfang). *Thema* ist – wie der Untertitel verrät – Jesu Leben, das nicht als „das Leben Jesu" – wie man vor Albert Schweitzer meinte – im Sinne einer Biographie darstellbar ist und erzählt werden kann, von dem wir gleichwohl erstaunlich viel wissen (können), zumindest weit mehr als von nahezu allen anderen Menschen der Antike. Der *Aufbau* des Teilkapitels befasst sich in drei Schritten mit

- den Evangelien als Zeugnissen von Jesus Christus (4.2.1, S. 157f);
- dem Verhältnis von historischem Jesus und geglaubtem Christus (4.2.2, S. 159) sowie – am ausführlichsten – mit
- Jesu Leben „in sieben Einzelszenen" (4.2.3, S. 160–165).

Gerahmt wird dieser Dreischritt von einem Auftakt am Anfang (S. 156) und einem Abschluss am Ende (S. 166).

156: Auftaktseite

Auftaktseite (S. 156)

Das *Arrangement* der Auftaktseite lebt vom denkbar größten Gegensatz: der frontalen Gegenüberstellung von Imperium Romanum mit der „Pax Romana" (Kaiser Augustus) und dem Jesuskind, das den wahren Frieden Gottes – und das Reich Gottes (→ 4.3, S. 167ff) – auf die Erde zu den Menschen bringt.

Der Gegensatz wird inhaltlich und optisch arrangiert im

- *Fließtext*: Abschnitte Friedenskaiser Augustus vs. Friedensbringer Jesus;
- den beiden *Zitaten*: Vergil vs. Lukas (Weihnachtsevangelium);
- den beiden *Bildern* (in der Diagonale): Augustusstatue vs. Christuskind.

Jesus und die Jesus-Verkündigung sind so hineingestellt in den Rahmen seiner Zeit und erhalten eine ungeheure politisch-soziale Dynamik und Sprengkraft.

156: Friedenskaiser Augustus

Friedenskaiser Augustus: Vergil und Augustusstatue (obere Seitenhälfte) (S. 156)

Der römische Epiker und „Hofdichter" *Vergil* (70–19 v.Chr.), ein Klassiker der lateinischen Schullektüre, besingt in seiner „Vierten Ekloge" (= Auswahl, Einzelgedicht aus einer Gedichtsammlung) seinen Förderer und Gönner Kaiser Augustus (63 v.Chr. – 14 n.Chr.), der die Zeit der Bürgerkriege beendete und – nach dem kurzen Intermezzo durch Cäsar – das römische Kaiserreich endgültig begründete (Alleinherrscher seit 31. v.Chr., insgesamt also 45 Jahre, d.h. nahezu ein halbes Jahrhundert lang).

Der *Textauszug* geht von einer Stufenfolge der Zeiten aus, wobei jetzt das alte „Geschlecht von Eisen" (Zeit der Bürgerkriege) endet und das „goldne" (sinngemäß zu ergänzen: „Geschlecht", d.h.: Zeitalter) (wieder-)erstehen wird, ein weltumspannendes Friedensreich – der alte Menschheitstraum vom „Goldenen Zeitalter" bzw. neuen „Paradies" (→ Johann Amos Comenius: Das Goldene Zeitalter, Quellentext, S. 52, linke Spalte). Gott Saturn, Gott der Landwirtschaft und Prosperität, repräsentiert die Zeitenwende, die durch die Geburt eines Knaben von einer Jungfrau angekündigt wird (s. auch Bild Augustusstatue).

Die *Augustusstatue* von Primaporta ist eine überlebensgroße (gut 2m hohe) Panzerstatue des Kaisers Augustus, benannt nach dem Fundort Prima Porta, einem nördlichen Stadtteil Roms, heute in den Vatikanischen Museen ausgestellt. Augustus hat die Hand wie zum Gruß resp. Segen weit ausgestreckt, mit dem Finger nach oben, in die Ferne und die Zukunft weisend. Zwar strahlt die Statue Ruhe, Erhabenheit und Schutz aus (eben die sprichwörtlich gewordene Pax Romana oder Pax Augusta). Zugleich aber lässt sich auch subtil bemerken, dass dieser Friede (im Sinne der Abwesenheit von Bürgerkriegen) durch eine extreme Machtkonzentration (Kaiser) mit allen Schattenseiten von Ausbeutung, Unterdrückung und Machtmissbrauch erkauft wird (Panzerkleid).

156: Friedensbringer Jesus

Friedensbringer Jesus: Lukas und Bild Rheims/ Bramly (untere Seitenhälfte)

Der Evangelist *Lukas* entwarf sein Jesusbild und seine Weihnachtsgeschichte (Lk 2,1–20, gesamte Erzählung) ganz bewusst als Kontrastprogramm zur Pax Augusta. Bereits zu Beginn wird der „geopolitische" Rahmen mit der Zentralgewalt des Kaisers und der „Volkszählung" bzw. des Zensus als Grundlage für die Steuerhebung hergestellt. Die kleine „heilige" Familie ist – wie die Geburt Jesu – ein Spielball der höchsten Politik. Und genau da wird der Spieß umgedreht: die Engel verkünden den Hirten den Frieden, der von Gott und der Geburt des Kindes ausgeht.

Bild: Die Anbetung der Hirten, 1997 (S. 156)

156: Bild Rheims/ Bramly

Bildbeschreibung: Das Bild zeigt in der Bildmitte eine junge Frau auf dem Boden sitzend mit einem kleinen, in weiße Tücher gehüllten Kind, das strahlend und staunend – mit aufgeweckten Augen und geöffnetem Mund – in die Welt blickt (nach rechts vorne und oben, jedoch an den Betrachtenden vorbei). Beide Personen wirken puppen-, das Kind sogar puttenhaft; die Frau trägt einen Blumenkranz um die Stirn und einen grünlich-durchsichtigen Schleier um die Schultern. Links eine Gruppe von drei Männern, der vorderste, riesige (beinahe überlebensgroße), ganz in weiße, wallende Kleider gehüllt, mit aneinander gelegten Händen und langem, lockig herabwallendem Haar, Bart und ernstem Blick, der sich auf die Betrachtenden richtet. Dahinter zwei alltäglich gekleidete und rechts im Hintergrund eine weitere Gruppe Männer (die Hirten bei der Anbetung des Kindes im Stall, wie der Bildtitel verrät). Weitere Elemente auf dem sehr detaillreichen Foto: Hinter Maria mit dem Kind (wie eine komplementäre Ergänzung und Doppelung) Mann mit Mädchen, vorne rechts eine weiße, angestrahlte Katze, die zu Frau und Kind hinüberblickt. Vorne rechts die Schnauze eines Autos (Kleinbus oder Transporter, älteres Modell), der ganze Raum changiert zwischen Garage (Fässer), Lagerraum (mit spärlichem Mobiliar, Regal Bildmitte an der Wand) und Andachtsraum (Rosettenumrisse durch die Lichtwirkung hinten, Beleuchtung). Die Szene wirkt durch den Kontrast zwischen den hell erleuchteten bzw. (von oben und/ oder rechts vorne her) angestrahlten zentralen Figuren (Mutter-Kind, junger Mann, Katze – in diagonal aufsteigender Linie) und der Alltäglichkeit und Ärmlichkeit der anderen Figuren und des Interieurs (als Staffage) irritierend, es mag etwas abstoßen, aber auch faszinieren.
Hintergrundinformation: Bettina Rheims (*1952) und Serge Bramly (*1949) haben in ihrem Bildband I.N.R.I. eine ganz eigene Ikonographie zu Leiden und Leben Jesu geschaffen: Die Fotographien zeigen Inszenierungen, in denen sie Alltäglichkeit, Schlichtheit, ja eine gewisse Ärmlichkeit ohne irgendwelche Übergänge aufs Schärfste mit der reichen, glänzenden, ja punksüchtigen modernen Modewelt kontrastieren. Was auf den ersten Blick auch Kitsch sein könnte (vor allem die höchst stilisierte Modewelt), wird durch Kontrastierung, Sichtbarmachung und Bewusstwerdung zur Kunst.
Bearbeitungsvorschläge:

- Bild mit Weihnachtsgeschichte nach Lk in Beziehung setzen (Zitat rechts, Gesamterzählung Lk 2,1–20) (Textpassagen in Textblasen Figuren zuordnen u.Ä.m.);
- Bild und Text mit dem Römischen Kaiser(reich) in Kontrast bringen (obere Seitenhälfte);
- mit Einzelfiguren in einen Dialog treten (Twitter-Austausch o.Ä.): Maria mit Kind, strahlende Gestalt (Engel), Katze, Mann mit Mädchen, Männer ...).

Ergänzungen:

- Lobgesang der Maria (Magnifikat): Lk 1,46–55 als sozial-politisches Programm und wichtiger Text bei Lk („Er stößt die Gewaltigen vom Thron/ und erhebt die Niedrigen; die Hungrigen füllt er mit Gütern/ und lässt die Reichen leer“, V. 52f).
- Charakterisierung von Lk als Evangelium der Armen (s.u., S. 160ff).
- Nicht nur Lk, vielmehr auch Mk haben in sozial-politischer Hinsicht eine deutliche antiimperiale Grundhaltung (s. dazu den wichtigen Mk-Kommentar von Gudrun Guttenberger, 2017).
- Die antiimperiale Grundhaltung findet sich selbst bei Mt (dem „Gemeinde-Evangelium“), insbes. in der Story von Herodes, dem Kindermord und der Flucht nach Ägypten (Jesus als Exilant, Anknüpfung an den Exodus), Mt 2 (als ganz andersgeartete Parallele zu Lk 2).

4.2.1 „Am Anfang der Stall, am Ende der Galgen“ – Die Evangelien (S. 157f)

157f: Die Evangelien

Die *Überschrift* des Unterkapitels ist der Titel der Übersetzung des Lukasevangeliums nach Walter Jens. *Thema* ist die Frage nach den Evangelien als wie immer geartete „Zeugnisse“ von Jesus Christus. Der *Zusammenhang* zu den beiden folgenden Unterkapiteln ist eng: hier stellt sich zuerst die Frage, wie wir über die Evangelien in Richtung des (aber nicht: zum) historischen Jesus kommen, das folgende befasst sich dann mit „Echtheitskriterien“, während das dritte nur eine historische Konstruktion von zentralen Tendenzen, nicht von einzelnen Geschehnissen, Ereignissen oder gar „Facts“ unternimmt.
Das zwei Seiten umfassende Unterkapitel untergliedert sich in zwei Teile.

(1) Jesu Anfang und Ende (Fließtext und Zitate, S. 157)

157: Jesu Anfang und Ende

Der *Tod* Jesu am Kreuz ist wohl wirklich als „*historisches Faktum*“ zu sehen, da er nicht nur durch „innerchristliche“ Zeugnisse (denen man vorwerfen könnte, dass sie „pro domo“ redeten), sondern auch durch „außerchristliche“ belegt wird; eine römische und eine jüdische werden genannt – wenngleich bei der jüdischen es alles andere als gesichert angesehen werden kann, dass hier wirklich

auf Jesus von Nazareth, also den Christus (Messias) der Christen, angespielt wird! – und weil die Tatsache eines gekreuzigten Heilsbringers trotz des jüdischen Motivs eines leidenden Messias ohne realen historischen Hintergrund kaum vorstellbar ist. Römische Quelle: Cornelius *Tacitus* (ca. 55 – ca. 120 n.Chr.), römischer Geschichtsschreiber (Historiograph) und Prokonsul der Provinz Asia erwähnt in seinem Werk über die römische Geschichte von Tiberius bis Nero auch die Christen. Tacitus, Annalen (XV 44–45) lautet in Übertragung etwa so: So wie alles Kloakenwasser irgendwann nach Rom kommt, so ist mit den Juden auch eine Bewegung nach Rom gekommen, die zurückgeht auf einen Chrestus, der als Verbrecher hingerichtet wurde unter Tiberius.
Wer gekreuzigt wurde, muss vorher *gelebt* haben, mehr noch: er muss *geboren* worden sein – dies ist das zweite, besser: erste „historische Faktum" zum Leben Jesu. Wie, wodurch und auf welche Weise Jesus zur Welt kam oder auf der Welt in Erscheinung trat, darüber berichten die Evangelien allerdings höchst unterschiedlich, wie eine Synopse zum „Anfang" Jesu zeigt (aus Layoutgründen in zwei Doppelspalten zugleich neben- und untereinander geordnet und nicht wie in den klassischen Synopsen in vierspaltiger Darstellung).

157f: Die Evangelien

(2) Die Evangelien (Fließtext und Grafik, Zusammenfassung, S. 157f)

Die *Evangelien* wurden bereits charakterisiert nicht als historische Berichte, vielmehr als Glaubenszeugnisse mit theologischen Anliegen (s. voriger Teil). Nun stehen ihre Gemeinsamkeite und Unterschiede wie ihre wechselseitigen Abhängigkeiten im Zentrum, die in der „Zwei-Quellen-Theorie" ihre weithin anerkannte Lösung finden (als wissenschaftliches Paradigma), deren offene Fragen jedoch nicht unterschlagen werden. (Als Alternative wäre die These der Lukas-Priorität zu nennen, wie sie etwa David Flusser [1917–2000] vertrat, Professor in Jerusalem und exquisiter Kenner des rabbinischen Judentums z.Zt. Jesu und des Neuen Testaments; von ihm liegen auf Deutsch mehrere Werke mit Aufsätzen sowie eine Rowohlt-Monographie zu Jesus in zwei Fassungen vor.)
Eine *Zusammenfassung* findet sich im vorliegenden Teilkapitel – anders als sonst üblich – für jedes Unterkapitel gesondert, also in drei getrennten Blöcken.
Querverweise: Synoptische Passagen (für Übungszwecke):
Synoptische Passagen finden sich im Schülerbuch an drei für das Thema resp. Kapitel zentralen Stellen (neben weiteren Vergleichen zwischen zwei Evangelien):

- Worte Jesu am Kreuz (S. 151);
- Anfang des Lebens Jesu (S. 157);
- Sohn Gottes-Titel (S. 184).

(Aus Layoutgründen sind die ersten beiden Passagen in zwei Doppelspalten zugleich neben- und untereinander geordnet und nicht wie in den klassischen Synopsen in vierspaltiger Darstellung, erst die letzte folgt dem „klassischen" vier- und hier – unter Aufnahme einer Stelle aus Röm 1 – sogar fünfspaltigen Schema.)

158: Ergänzung: Die vier Evangelien

Ergänzung: Die vier Evangelien

Markusevangelium:

- Schöpfer der Gattung Evangelium; Raum-Zeit-Kontinuum (Konstruktion), einfaches Koine-Griechisch, einfache Syntax („und"), einfache Menschen;
- Vorrangig Taten Jesu (Wunder aller Art), daneben auch Worte (Gleichnisse und Logien/ Toraauslegung);
- Kern-Botschaft: Jesus als Sohn Gottes (Anfang 1,1 – Taufe 1,11 – Verklärung 9,7 – Hauptmann am Kreuz 15,39); Messiasgeheimnis (Wrede), Schweigegebot bzw. Redeverbot, Jüngerunverständnis (Gleichnistheorie) und Leidensankündigungen.

Aufbau: Einleitung (Täufer als Vorläufer 1,2–11) und Schluss (Leeres Grab 16,1–8); zwei große Teile: a) Wirken in Galiläa und Weg nach Jerusalem; b) (Passions-)Woche in Jerusalem und Tod (Zäsur zwischen Kap. 10 und 11); wohl sekundär der sog. kanonische Mk-Schluss (16,9ff) mit Erscheinungen des Auferstandenen, kompiliert aus den anderen Evangelien.
Lukasevangelium:

- Lukanisches Geschichtswerk (Doppelwerk); Heilsgeschichte (Lk 24,44–49), Arbeit als „Historiker" (Proömium, Lk 1,1–4; auch andere Schriftsteller der Zeit); „Mitte der Zeit"; Irdischer Jesus – Erhöhter Christus; Hl. Geist Gemeinde/ Deutung des Todes Jesu als Stellvertretung/ Sühne für Welt.
- Evangelium der Armen/ Ausgeschlossenen (Outcasts); Sozialkritik; Geburt im Stall (Hirten); Frauen (Jüngerinnen); Nachfolgelogien; Gleichnisse vom Verlorenen (Lk 15) sowie vom Barmherzigen Samariter (Lk 10), beide typischerweise lukanisches Sondergut.
- Gegen Sozialromantik klare politische Kritik: Kontrapunkt gegen Römerherrschaft/ Pax Augustana; Magnifikat; Lk 2.

- Jesus als Prophet, Jerusalem, Auferstandener in Jerusalem (contra Mk und Mt), Auferstandener nicht Geist, sondern Fleisch (real, realistisch, „materiell").

Insgesamt: 70–90 n.Chr., Heidenchristen, AT dennoch wichtig, eher städtisch.

Matthäusevangelium:

- Große Redeblöcke (Kompositionen, Bergpredigt) – Gemeindeevangelium;
- Jesus als einzig wahrer Lehrer – Torausleger (Zit. tlw. nicht unmittelbar Tora, sondern halachitische Tradition; Reflexions- bzw. Erfüllungszitate;
- Glaube an den Verkündiger; Israel anerkennt ihn nicht, Schuld (an Tod), Entlastung der Römer, antijudaistische Tendenzen.

Evangelium	Matthäus	Markus	Lukas	Johannes
Kernanliegen / Botschaft				
Besonderheiten/ Eigenheiten				
Jesus-Bild				
Zentralstellen				
Entstehungszeit				
Adressat(en)				

Tabelle. Die vier Evangelien (Ausführungen im gesamten Kapitel Jesus Christus)

Ergänzung: Quelle „Q",

Quelle „Q", Spruch- oder Logienquelle Rekonstruktion, s. Dorn 2016, 54–58.

4.2.2 „Wir predigen Christus, den Gekreuzigten ..." – Historischer Jesus – Geglaubter Christus (S. 159)

159: Historischer Jesus – Geglaubter Christus

Die *Überschrift* des Unterkapitels ist dem Auftakt des ersten Briefes von Paulus an die Korinther entnommen (→ freigestelltes Bibelzitat S. 150, unten, linke Spalte, auch im Fließtext, 2. Abschn., nochmals in Kurzform zitiert). *Thema* ist zuerst (1) die Unterscheidung von historischem Jesus und geglaubtem Christus resp. zwischen dem Glauben Jesu und dem Glauben an Jesus (Verkündiger – Verkündigter) und – damit zusammenhängend – die doppelte Frage, (2) ob (und wenn ja: welche) Bedeutung der historische Jesus für den christlichen Glauben hat und (3) wie (weit) man zum „historischen Jesus" wirklich „vordringen" kann.

Der *Zusammenhang* zu den folgenden Unter- und Teilkapiteln ist evident mit einer Scharnier- und „Opener"-Funktion.

Die Frage nach dem historischen Jesus (Fließtext; Zusammenfassung), S. 159

159: Historischer Jesus

Auf die gestellten drei Fragen finden sich drei Antworten:

- Die Unterscheidung von historischem Jesus und geglaubtem Christus ist theologisch unhintergehbar.
- Gegen eine in der Theologiegeschichte auch vertretene Auffassung (beginnend bei Paulus, der von Jesus praktisch nichts weiß außer der Doppelbotschaft von Kreuz und Auferstehung Jesu sowie – damit in engstem Zusammenhang stehend – die „Einsetzungsworte" bei Jesu letztem Mahl mit seinen Jüngern, bis hin zu Bultmanns Diktum von der Suffizienz des bloßen „Daß" des historischen Jesus für den Glauben) wird hier die Bedeutung des Reiches Gottes beim historischen Jesus hervorgehoben, weil sonst die sozialpolitische Sprengkraft des Glaubens an Jesus Christus verblasst und verloren geht.
- Man *muss* theologisch verantwortlich nicht nur zum historischen Jesus zurückblicken, man *kann* es auch, allerdings nicht im Sinne der alten Leben-Jesu-Forschung (wie Albert Schweitzer in seinem klassischen Werk ein für allemal klarstellte), vielmehr im Sinne einer Tendenz, Richtung, Zusammenschau, die sich aufgrund einer klaren, jedoch paradoxal, dialektisch resp. komplementär anzuwendenden kriteriologischen Methode ergibt. Dies führt zu klaren Konturen, „Blitzlichtern", „Erscheinungen" des historischen Jesus.

Weitgehend *Konsens* zu *Jesus* besteht in folgenden beiden Tendenzen:

- Einordnung *Jesu* in antikes/ zeitgenössisches Judentum/ *Frühjudentum* (einseitige Betonung des Unähnlichkeitskriteriums führt in der Tendenz zu einem Antijudaismus);
- Jesu differentia spezifica: Zentralstellung des *Reiches Gottes*, mit drei Momenten: 1. zeitlich doppelt: nah und da; 2. räumlich: irdisch, Israel allseits umfassend; 3. engstens verbunden mit der eigenen Person (Worte und Werke); wiederum dreifach: 1. Gleichnisse und andere Worte (Logien); 2. Wunder und andere Werke; 3. Tischgemeinschaften und andere Beziehungen (Nachfolge).

Literatur:

- Lüdemann, Gerd: Der echte Jesus. Seine historischen Taten und Worte. Ein Lesebuch, Springe: zu Klampen Verlag, 2013 (Sehr klare, fundierte und auch schülergeeignete Zusammenstellung der wichtigsten Aussagen zu den Konturen des historischen Jesus.)
- Schmidt, Eckart David (Hg.): Jesus, quo vadis? Entwicklungen und Perspektiven der aktuellen Jesusforschung, Göttingen: Vandenhoeck & Ruprecht, 2018

Zusammenfassung

Eine *Zusammenfassung* findet sich im vorliegenden Teilkapitel – anders als sonst üblich – für jedes Unterkapitel gesondert, also in drei getrennten Blöcken.

(Früh-)Judentum	← Ähnlichkeit/ Kohärenz ← Unähnlichkeit/ Differenz	Historischer Jesus	→ Ähnlichkeit/ Kohärenz → Unähnlichkeit/ Differenz	Christusgläubige/ Gemeinde

Grafik: Kriterienmix zur Bestimmung von „Tendenzen" beim historischen Jesus

160–166: Jesus-Doku in sieben Szenen

4.2.3 „Und es begab sich zu der Zeit ..." – Jesus-Doku in sieben Szenen (S. 160–166)

Die *Überschrift* des Unterkapitels ist an den Beginn der lukanischen Weihnachtsgeschichte angelehnt (Lk 2,1); *Thema* ist (der historische) Jesus; der *Zusammenhang* zu den vorhegehenden (als Vorbereitung) und nachfolgenden (als weitere thematische Entfaltung und Exemplifizierung) Teil- resp. Unterkapiteln ist offensichtlich.

160: Karte Palästina

Karte: Palästina zur Zeit Jesu (S. 160, obere Seitenhälfte)

Die Reliefkarte zeigt auf anschauliche Weise die – irdische/ geographische – Welt Jesu mit den landwirtschaftlich genutzten Tiefebenen und Hanglagen um den See Genezareth im Norden mit Kapernaum und in etwas Distanz Nazareth in Galiläa, in der Mitte Samaria und im Süden Judäa mit der Residenz- und Tempelstadt Jerusalem als politichem und religiösem Zentrum, von Nord nach Süd durchzogen und auch begrenzt durch den Jordangraben mit der alten Stadt Jericho und dem salzhaltigen „Toten Meer" im Süden. Ein Land von Fischern, Hirten und Bauern, von den Römern und einer eigenen religiös-politischen Führungsschicht beherrscht.

160: Ein Kurzporträt

Ein Kurzporträt (S. 160, unterhalb Seitenmitte)

Das Kurzporträt lässt sich auch in Form eines „Steckbriefs" zu Jesus formulieren: Gesucht wird ... (Eine Art Kurz-Steckbrief zuerst bei D.F. Strauß, Das Leben Jesu, Tübingen (2 Bde., 1835/36; Bd. 1, 72), aber dort falsch: der Kontrast zu den Pharisäern „seinem Lebenslaufe eingewoben" (bleibt an der antijudaistisch geprägten Oberfläche der Texte – hier demgegenüber Jesu Einbettung ins Judentum seiner Zeit hervorgehoben: freigestelltes Zitat; dazu → 4.6.1, S. 187).

Kurzüberblick zu Jesus:
Jesus-Tätigkeit: ca. 20km im Umkreis von Nazareth (Heimatstadt).
Evangelien: Hauptwirksamkeit Galiläa; Jerusalem: Passion (Reise nach Jerusalem, Mk 8–10); Reisebericht bei Lk 9–19; nur bei Joh verschiedene (drei) Aufenthalte in Jerusalem (historisch eher unwahrscheinlich).

160: Jesus-Geschichten

Jesus-Geschichten

Vorhang auf ...! Was gezeigt wird, ist ein antikes Drama – oder ein Film, den wir selbst drehen können. Mit allem, was dazugehört: einem (tragischen) Helden, viel Publikum, damals und heute, begeisterten Betrachterinnen, aber auch skeptischen Kritikern – und mit einem Plot, dem größten Plot, den man sich vorstellen kann: das Heil der Welt, das der Held bringt. Wirklich bringt, nicht nur großmäulig verkündet (→ nächstes Unterkapitel, 4.3, S. 167–173).

Der Film zeigt keine Lebensgeschichte Jesu, sondern sieben Szenen, die sich so, aber auch ähnlich oder etwas anders, aber keinesfalls beliebig anders oder gar gegenteilig hätten abspielen können. Der Film hat sozusagen zwei Ebenen oder „Folien": das zeitgenössische Panorama und davor den Protagonisten, der sich einerseits darin einfügt und andererseits davon abhebt.

Sieben Szenen (S. 161–165)

161–165: Sieben Szenen

- *Szene 1:* Jesus und Johannes der Täufer (Mk 1,1–13) (S. 161, obere Seitenhälfte): Nähe und Distanz Jesu zu asketischen Richtungen.
- *Szene 2:* Jesus und die Pharisäer (Mk 2,23–28) (S. 161, untere Seitenhälfte u. S. 162 oben): Nähe Jesu zu den Pharisäern, frommen, torakundigen Laien (die Hauptvertreter der beiden Richtungen, der strengeren und der liberaleren, sind Schammai und Hillel; vielleicht stellte die Jesus-Gruppe eine dritte, in kultischen Fragen eher offene, in ethischen dagegen eher radikale Richtung dar; Jesu Nähe zu den Pharisäern wurde durch die spätere antijudaistische und spezifisch antipharisäische Tendenz überdeckt und umgedeutet; Pharisäer als einzige bleibend wichtige jüdische Gruppierung nach der Zerstörung des Zweiten Tempels; Priesterkaste der Sadduzäer war mit dem Ende des Tempels arbeits- und bedeutungslos; die Zeloten waren getötet bzw. gekreuzigt, die Essener ausgehungert).
- *Szene 3:* Jesus und die „Outcasts" (Mk 2,14–17) (S. 162, Mitte): Nähe Jesu zu den „Outcasts" der Gesellschaft (Zöllner, „Sünder", Arme, Kranke, Frauen etc.) – zum Bild s.u.
- *Szene 4:* Jesus und seine Familie (Mk 3,20f.31–35) (S. 162, unten bis S. 163, oben): Radikale Trennung und Distanz Jesu zu seiner Familie/ Verwandtschaft – hängt wohl mit der Konzentration Jesu auf das Reich Gottes zusammen (Verletzung des vierten Gebots, Vater und Mutter ehren, d.h. bes. auch, im Alter zu versorgen) – zum Bild s.u.
- *Szene 5:* Jesus und seine Jünger und Jüngerinnen resp. Nachfolger/innen (Mk 3,13–19; Lk 8,1–3) (S. 163, unten): Jesus als Gründer und Anführer einer eigenen Gruppierung; Schar von Anhängern und Anhängerinnen eines umherziehenden charismatischen Wanderpredigers – besonders die Anwesenheit von Frauen ist auffällig und unkonventionell.
- *Szene 6:* Jesus und die Sadduzäer (Mk 12,18–27) (S. 163, ganz unten, S. 164, obere Seitenhälfte): Jesu radikale Distanz zur und Kritik an der religiösen, sozialen und politischen Oberschicht, dem „Establishment" in der Hauptstadt Jerusalem kostete ihn sein Leben (hier hat das Bild von Gegner- bzw. Feindschaft ihren Platz, es ist allerdings ein ganz spezifischer, im Volk weit verbreiteter „Antisadduzäismus" Jesu).
- *Szene 7:* Jesus und die Zeloten (Mt 26,47–56; Mk 12,13–17) (S. 164, ganz unten, S. 164, oben): Jesus hat sich von den radikalen, tlw. auch militanten (Sikarier) Gegnern der Römerherrschaft distanziert; unter seinen Anhängern mag jedoch Sympathie, Nähe und vielleicht sogar vereinzelt eine Art „Doppelmitgliedschaft" vorhanden gewesen zu sein; auf einer tieferen Ebene mag Jesu radikale Konzentration auf das Reich Gottes eine Nähe zur radikalen Gegnerschaft zum „Imperium" gehabt haben, ohne allerdings deren Methoden des aktiven (Gewalt) oder passiven Widerstands (Steuerboykott) zu teilen.

Literatur:

- Wolter, Michael: Jesus von Nazareth, Göttingen: Vandenhoeck & Ruprecht, 2019

Bilderfries: Drei Bilder zu Jesus als Mann und als Kind (S. 162f)

162f: Drei Bilder zu Jesus

Die drei Bilder der Doppelseite sind bewusst als *Bilderfries* in der Doppelseiten-Mitte arrangiert, das von ferne auch an die klassische Form des Triptychons erinnern mag.
Bildbeschreibungen en bloc/ bereits in Gesamtschau: das mittlere Bild ist schwarz-weiß, die „Flügel" werden beherrscht von einer in rot und blau gewandeten Person (Jesus/ Maria) und einem braunen Hintergrund sowie einem gelben/ leuchtenden Heiligenschein (rechts zusätzlich: gelb erleuchtetes, nach unten verweisendes Mauerstück). Man vergleiche die Ruhe des schlafenden Kindes und der fürsorglichen Mutter (Mitte), ebenso des den Nichtsesshaften einladenden Jesus in der Metrostation (links), dagegen die kraftvolle Dynamik der schlagenden Maria rechts. Wichtig für weitere Beobachtungen und Deutungsansätze: Hand- und Armhaltungen; Linienführungen, „Achsen", etwa: waagrecht, diagonal, senkrecht (ist die schlagende Maria mit dem Kind als leicht schräge Kreuzform zu sehen?); Alter und Geschlecht der Personen, Jesus als Kind und Erwachsener, zusätzliche Person(en): der Nichtseßhafte links, die „Gaffer" (Bystander) rechts, Helligkeit und Dunkelheit, Lichteinfall, Schattierungen, Licht und Schatten usw.
Hintergrundinformationen: Julia Margaret Cameron (1815–1879): Die in Indien geborene Britin begann erst mit 48 zu fotografieren, wurde dann zur bedeutendsten Fotographin des Viktorianischen England – mit ungewöhnlichen Porträtaufnahmen und romantisch-religiösen Szenen (wie hier). Ihre Kunst orientierte sich an den Mitte des 19. Jh.s sich bildenden „Präraffaeliten" (Rückgriff auf die italienische Kunst vor Raffael); sie wollte die „Wirklichkeit" (freilich in starker Typisierung und Überhöhung) mit

dem „Ideal“ vereinen (hier: Madonna, Mutterschaft) und dadurch die Fotographie zu einer ebenso hohen Kunst machen wie die Malerei. Kitsch wird durch Kontrastierung – im Kontext – zur Kunst.

Max Ernst (1891–1976), einer der führenden dadaistischen und surrealistischen Maler. *Die Jungfrau züchtigt den Jesusknaben vor drei Zeugen* erregte bei seiner Erstausstellung 1926 in Paris Aufsehen, ja Aufregung, und in Köln, wohin das Werk wanderte, einen handfesten Skandal: Der Erzbischof ließ das Bild entfernen. Heute ist es im Museum Ludwig zu besichtigen, nur circa 150 Meter Luftlinie vom Dom entfernt.

Auf den ersten Blick bietet das Bild klassische Muster: Maria trägt die gängigen Farben der Madonnen der Renaissancezeit (Rot und Blau). Das Sujet der Knabenzüchtigung ist bekannt als „Amor poenitus“ (der junge Amor wird von Venus bestraft). Doch die Liste der – beabsichtigten – Provokationen ist lang: körperliche Züchtigung als Erziehungsmittel im religiösen Bereich beim „behüteten“ Jesus, im kirchlichen Bereich – analog zur „me too“-Debatte –, die knackigen nackten Hinterbacken des Herrn (s. Gottes entblößtes Hinterteil bei Michelangelo → S. 127), der Heiligenschein des Jesusknaben ist zu Boden gefallen (dies erregte damals in Köln ganz besonderen Anstoß); die Züchtigung scheint zudem keinesfall symbolisch (Klaps), vielmehr durchaus gewalttätig (Tracht Prügel), vielleicht sogar justiziabel (drei Zeugen sind nach Dtn nötig, um vor Gericht Beschuldigungen zu bestätigen – die drei Zeugen, Max Ernst selbst und seine Kollegen André Breton und Paul Éluard wahren allerdings eine intellektuelle, kritische und unbeteiligte Distanz zum Geschehen – sind also eher Bystander als Zeugen).

Yan Guillemette lässt in einer Fotomontage (1996) Jesus mit wallendem Haar, Heiligenschein und heiligen Gewändern wie einen Fremdling in der Alltagssituation einer Metrostation vor einem am Boden hockenden Nichtseßhaften auftreten – was recht unrealistisch und kontrasthaft wirkt (auch hier wird das, was auf den ersten Blick kitschig erscheinen mag (und auch soll!), durch die Kontrastierung zur anregenden, offenen Kunst). Jesus scheint den Mann einzuladen (keinesfalls gibt er ihm einen Groschen!), was dieser aber nicht wahrzunehmen scheint.

Bearbeitungsvorschläge:

- Intensive Wahrnehmungen: Farben, Kompositionen, Personen (Arm- und Handhaltungen, Beziehungen zwischen Menschen etc.);
- Kontrasterlebnisse (Behütetsein – Bestraftwerden in Kindheit und Jugendzeit); Zusammenhänge zwischen Erleben als Kind – Verhalten als Erwachsener (Psychologische Ebene) (→ Aaronitscher Segen, S. 131);
- Hilfeleistungen und Schädigungen (Liebe und Strafe) im privaten und öffentlichen Bereich (gesellschaftliche Ebene) (Gedankenexperiment: Jesus käme heute wieder ...);
- Jesus und die „Outcasts“ (Armen) – damals und heute: Bildvergleich (→ Hanson, S. 13 und Brecht-Text, S. 12 unten; → Slominski, S. 42 und Option für die Armen, S. 43; → Llort, S. 219).

165: Jesu Tod – ein Justizirrtum?

Jesu Tod – ein Justizirrtum? (Fließtext, drei Bilder sowie Zitat, S. 165)

Arrangement: Die Seite lässt sich einerseits als letzter Teil des Unterkapitels zu Szenen mit Jesus verstehen – Tod und Kreuz als Konsequenz aus seinem Leben –, oder auch als erster Teil des Abschlusses des Teilkapitels 4.1. Auf jeden Fall besteht ein deutlicher und sehr enger *Zusammenhang* zu Deutungen des Todes Jesu (→ S. 152) und – mehr noch – zur Auftaktseite des Teilkapitels (→ S. 156), zu der es eine unmittelbare komplementäre Dublette bildet:

- Jesus und das Reich Gottes (Friede) als Gegenprogramm zum Imperium (156);
- Sieg des Imperiums über Jesus und das Reich Gottes (165).

Entsprechend ist der *Aufbau* der Seite analog zu S. 156:

- oben: Bild und Text zum Imperium (Kaiserstatue und Münze als die prägenden Machtsymbole: Kaiseropfer vor Kaiserbildern; Steuern zur Finanzierung des Imperiums);
- unten: Bild(er) zum Gegenprogramm – einmal als hoffnungsvolle Ankündigung, das andere Mal in seinem Scheitern.

165: Pietà Michelangelo

Michelangelo (1475–1564): Pietà, 1498 bis 1500, Petersdom, Vatikan, Rom

Die Pietà ist eines der bekanntesten Werke (Skulpturen) von Michelangelo, zum Künstler s. seine beiden anderen aufgenommenen Werke (→ S. 62; 127). Beeindruckend sind die „Echtheit“ des toten, erschlafften Körpers und die zugleich kraftvolle und liebevolle Zuwendung der um ihren Sohn trauernden Mutter.

Querverweis: Drei Werke von Michelangelo: Gott (Schöpfung) → S. 127; Gott – Mensch (Schöpfung) → S. 62; Pietá (hier).

165: Bild Gil Shachar

*Gil Shachar (*1965): Ohne Titel, 2001*

Bildbeschreibung: Der Arm einer Toten? Nein, die Faust ist (im Schmerz?) verkrampft oder (in ohnmächtiger Wut?) geballt. Also die Hand eines Verletzten? Wem gehört der Arm – da fehlt ja jeder

Körper! Und doch: Dieses gefährdete Leben ist aufgehoben, behütet, bewahrt von zwei starken und doch mitfühlenden Armen ... Gefährdung und Rettung zugleich? – Zu sehen sind zwei kräftige (Männer-)Hände und (mit Ärmeln bekleidete) Unterarme, die etwas tragen. Dieses „Etwas" ist in ein großes Tuch eingeschlagen und lässt sich deshalb nicht erkennen. Man wird einen Körper assoziieren, vor allem auch, weil ein nackter Arm aus dem Tuch nach unten herabhängt. Eine Frau? Eine Verletzte? Doch die Hand ist nicht schlaff, vielmehr zur Faust geballt – in Erstarrung? Oder in Wut? Und passt das überhaupt von den Größenverhältnissen? Müsste der verdeckte Körper nicht zu klein sein im Verhältnis zum Arm? Oder wirkt der von uns imaginierte Körper nur klein und hilflos, weil er verdeckt ist und wir ihn für verletzt, zumindest für extrem gefährdet und für sehr verletzlich halten? So wie wir uns andererseits die „helfenden", tragenden Hände zu einem starken Mann gehörend vorstellen, von dem wir jedoch sonst gar nichts sehen. Wir ergänzen den Ausschnitt der Skulptur zu einer Gesamtdarstellung. Weil der Mensch, jeder Mensch, eine unendliche Würde hat, ist er so bedroht und verletzlich und zugleich so beschützt und geborgen.
Hintergrundinformationen: Gil Shachar (geb. 1965), israelischer Maler und Bildhauer, der heute in Deutschland lebt, fertigt Plastiken vor allem ihm bekannter Personen oder einfacher Alltagsgegenstände, nimmt sich dabei aber auch „großer" Themen an wie Leben und Tod. Er nimmt die klassische Tradition der Porträtbüste und des Torso auf und verbindet diese mit zeitgenössischen Strategien wie Simulation, Camouflage ... Auch die Technik verwendet sowohl die klassische Tradition des Abgusses, etwa mit Gips, ferner Wachs, daneben jedoch neue Möglichkeiten wie künstliche Plastinate. Das Bild „Ohne Titel" von 2001 ist aus Epoxydharz, Wachs, Pigment und Farbe gefertigt und 100 x 130 x 46 cm groß. Die Plastik strahlt Faszination aus, aber auch Rätselhaftigkeit.
Bearbeitungsvorschläge:
- Methodisch lässt sich anhand des Bildes intensiv mit Handhaltungen arbeiten: „Hängende" Hände (geballt?) – Rettende Hände. Wahrnehmungsübungen mit den eigenen Händen.
- Bildvergleich: Michelangelo – Shachar (Zwei Pietà- Darstellungen);
- Bildvergleich zwei Bilder S. 163: Mutter – Kind (Kleinkind – Erwachsener);
- Verbindung zur „Kultur der Barmherzigkeit" (Barmherziger Samaritaner → S. 177, Bildvergleich).

Das *freistehende Zitat* am Ende der Seite ist ein im arabischen Raum bekanntes Gedicht eines tunesischen Dichters, häufig zitiert während des sog. „Arabischen Frühlings", der im Jahr 2011 große Hoffnungen auf Befreiung von imperialistischen Strukturen durch das Volk weckte, die aber leider weitgehend enttäuscht wurden – eine deutliche Parallele zum Schicksal Jesu und der Reich-Gottes-Hoffnung – diesmal jedoch nicht auf jüdischer, sondern auf arabischer Seite. 165: Zitat

Abschluss des Teilkapitels 4.2 (S. 166)

166: Abschluss

Der eine Seite umfassende Abschluss des Teilkapitels umfasst drei Elemente: Zitat, Zusammenfassung und Aufgabenstellungen.

Das *freigestellte Zitat* aus dem einschlägigen Jesus-Buch der feministischen, miteinander befreundeten und einander ergänzenden Autorinnen (Sölle als Systematische Theologin und Poetin, Schottroff als Neutestamentlerin) weist darauf hin, dass die beiden Seiten Jesu, Reich-Gottes vs. Kreuzestod, keine feststehenden, gleichsam ein für allemal feststehenden „Facts" sind, vielmehr für geschichtlich-gesellschaftliche Dynamiken stehen, die seit 2000 Jahren am Werk sind.

Da die *Zusammenfassungen* sich im vorliegenden Teilkapitel – anders als sonst üblich – für jedes Unterkapitel gesondert finden, also in drei Blöcke aufgeteilt sind (zu 4.1.1 sowie 4.1.2 bereits am Ende der jeweiligen Unterkapitel, s. S. 158 und 159) –, befasst sich die vorliegende ausschließlich mit dem Thema des letzten Unterkapitels (Jesus in Szenen – Tendenzen beim historischen Jesus).

Zu den Aufgaben (S. 166)

166: Zu den Aufgaben

Aufgabe 1: Hier auch einbeziehen: Lobgesang der Maria (Magnifikat): Lk 1,46–55; *Ergänzung:* Ausrichtung des gesamten Lk: Jüngerinnen, S. 163, Szene 5; Gleichnis vom Verlorenen Sohn (Lk 15) sowie vom Barmherzigen Samariter (Lk 10, → S. 176). – Eine entsprechende kritische Haltung war aber nur *eine* der Optionen im Verhältnis zum Staat, andere waren entweder Distanz oder Loyalität (→ 5.2.3, S. 211).
Aufgabe 2: Synoptische Passagen finden sich im Schülerbuch an drei für das Thema resp. Kapitel zentralen Stellen (neben weiteren Vergleichen zwischen zwei Evangelien): Worte Jesu am Kreuz (S. 151); der Anfang des Lebens Jesu (S. 157); Sohn Gottes-Titel (S. 183f).

Aufgabe 3: Umfassend lässt sich Tl. a) der Aufgabenstellung nur unter Einbezug der Teilkapitel 4.3 und 4.4 lösen, die Tendenz (gesellschaftlich-politische Brisanz) wird jedoch bei den sieben Szenen zum historischen Jesus plausibel; b) erfordert eine paradoxale, dialektische, komplementäre Denkweise und Anwendung der Echtheitskriterien (da bei Überbetonung des Unähnlichkeits-/ Differenzkriteriums eine antijudaistische Tendenz, bei Überbetonung des Ähnlichkeits-/ Kohärenzkriteriums aber eine Nivellierung der Anstößigkeit Jesu entsteht).
Aufgabe 5: Umfassende Aufgabenstellung, die sich auch durch die beiden folgenden Teilkapitel hindurch stellen lässt (→ 4.3 u. 4.4). Als Hilfestellung s. auch oben im LB zu 4.2.1 (2) *Ergänzung: Die vier Evangelien.*
Aufgabe 5: Methodisch als Gruppenarbeit bzw. Gruppenpuzzle.

Gruppierung	Bibelstelle(n)	Charakterisierung	Jesus – Nähe	Jesus – Distanz
Johannes/ Essener/ Asketen				
Pharisäer				
Outcasts: Arme, Sünder, Frauen				
Jesu Familie				
Jünger/innen Jesu				
Sadduzäer				
Zeloten und Sikarier				

Tabelle: Jesus und die gesellschaftlichen Gruppierungen seiner Zeit

Bibelstelle	Geschichte	Protagonist	Publikum	Plot
1:				
2:				
3:				
4:				
5:				
6:				
7:				

Alternative Tabelle zu den Szenen (narrativer Plot): Die Geschichten und ihr Plot

Ergänzung: Zwei Personen – Ein Jünger und eine Jüngerin Jesu (Petrus, Maria)
Maria Magdalena: 163 (Jüngerinnenkreis, Lk 8,1–3); 181 (Grabbesuch, Mk 16,1–8); 182 (Erscheinung des Auferstandenen – noli me tangere, Joh 20,11–18).
Weitere Bibelstellen: Mk 15,40f (Zeuginnen der Kreuzigung Jesu); Mk 16,9–11 (Erscheinung des Auferstandenen – Verkündigung). *Ergänzung:* Insgesamt: Heilung; Jüngerin, zugleich Mäzenin (finanzielle Unterstützung Jesu und seiner Gruppe); Mut: 1. Zeuginnen des Todes; 2. Balsamierung des Leichnames; 3. Zeuginnen und erste Botschafterinnen/ Verkünderinnen der Auferstehung Jesu. *Ergänzung: Jesus und die Frauen,* wichtige Bibelstellen*:* Lk 8,1–3*;* Lk 10,38–42*;* Joh 11,20–27*;* Joh 20,11–18.

4.3 Schöne Geschichten? Ein blaues Wunder? – Gottes Reich (S. 167–173)

167–173: Gottes Reich

Die *Überschrift* des Teilkapitels ist eine eigene Formulierung. Das Teilkapitel hat – gemeinsam mit dem folgenden – eine zentrale Stellung im Jesus-Kapitel, führt es doch zum Kernanliegen Jesu: dem Reich Gottes. Der *Aufbau* ist dreigliedrig, mit einem vorgeschalteten Einleitungsteil:

- Jesu Kernanliegen: Reich Gottes (4.3, S. 167f);
- Gleichnisse Jesu (4.3.1, S. 169f);
- Wunder Jesu (4.3.2, S. 171f);
- Jesu Tischgemeinschaften (4.3.3, S. 173).

Da die Zusammenfassungen in diesem Teilkapitel – anders als sonst üblich in einzelne, kurze Einheiten aufgeteilt – bereits bei den jeweiligen Unterkapiteln zu stehen kommen, bleibt als extrem kurzer *Abschluss* nur die übliche Gruppe von fünf Aufgabenstellungen (S. 173 unten), die sich – wie immer – aufs gesamte Teilkapitel beziehen.

Auftakt: Bild: Hans-Georg Hofmann (*1957): Komplexe Zeichen 140394-3, 1994 (S. 167) 167: Bild Hofmann

Bildbeschreibung: Das Bild, ein Hochformat, zeigt einen Blick aufs blaue, wellengekräuselte Wasser/ Meer, mit einem türkisfarbenen Mittel- resp. Strandbereich, der aber nach vorne nicht in den Strand, vielmehr ein neues, gleichmäßigeres (Himmels-?)Blau übergeht, wobei das Bild nach oben und unten ins Tief- bzw. Pechschwarze ausläuft. Rote, großzügige Pinsel-Striche durchziehen bzw. durchkreuzen das Bild im Mittelteil, man könnte an (ein oder auch mehrere) Geheimzeichen denken.
Hintergrundinformationen: Das Bild entstammt derselben Werkphase und arbeitet mit derselben Technik wie das Bild „Kein Zweifel“ (→ S. 83), wenngleich die Farbtechnik anders ist (hier: Pastell, dort: Acrylfarbe). Auch von Form, Farbgebung und Motivwahl her ergeben sich deutliche Ähnlichkeiten. Die Technik ist eine doppelte: zuerst wird das Bild mit dem Meerblick vollständig angefertigt. Dann erfolgt eine rasche ausschnitthafte „Übermalung“ mit einer unüberlegten, der Hand überlassenen blitzartigen Pinselbewegung (hier wiederum mit Rot). „Komplexe Zeichen“ verweist auf die Beschäftigung des Künstlers mit Zeichensystemen. Diese stellen einen „Verweis“ dar, ohne unbedingt auf etwas Konkretes und Klares zu verweisen – vielmehr einen Verweis „ins Offene“, Deutbare, Unabschließbare … – Dabei ist nicht nur das ein Zeichen, was auf den ersten Blick so wirkt, vielmehr wird auch die Meereslandschaft zum Zeichen …
Deutungsangebote: Das Werk lässt sich selbst als Zeichen, Verweis oder Symbol für das Reich Gottes verstehen – ohne spezifische Festlegung, dafür mit offenen Assoziationen: das Reich Gottes kommt „wie ein Blitz“, der Himmel fährt nieder zur Erde (Blau). Das Dunkel oben und unten wird in der Mitte erhellt, die Signale verkündigen ein: Achtung, aufgepasst! …
Zugleich ist das Bild mehr als ein Verweis, mehr als ein Zeichen – es zeigt ein Geschehen. Das Reich Gottes ist da, es geschieht – wer sich umdreht und genau schaut, der sieht, wo und wie: Das Reich Gottes ist mitten unter euch (Lk 17,21).
Bearbeitungsvorschläge:

- Ein (selbstgemachtes oder fremdes) Bild mit einem spontanen Pinselstrich „vervollständigen“.
- Bild mit Assoziationen zur Bildthematik sowie zum Thema „Reich Gottes“ beschriften.
- Eigene Vorstellungen zum „Reich Gottes“ entwickeln.
- Bild mit ähnlichem Werk Hofmanns zur Gnade Gottes verknüpfen – was dort im Blick auf uns Menschen und Individuen gesagt wird, gilt hier als Heil für die (ganze) Welt.
- Das „Vaterunser“ in das selbst gemachte Bild, in Grafik und/ oder Text einschreiben.
- Das Bild auf die drei folgenden Unterkapitel – sowie die dort jeweils gezeigten Bilder – beziehen: auf Gleichnisse, Wunder und Tischgemeinschaften Jesu.

Querverweis: Zu Hans-Georg Hofmann s. Anhang LB 7.5.7.2.

Auftakt: „… das Reich Gottes ist mitten unter euch“ – Jesus und das Reich Gottes (Fließtext, Zitate und Zusammenfassung) (S. 167f) 167f: Auftakt

Jesu differentia spezifica: Zentralstellung des *Reiches Gottes*, mit drei Momenten: 1. zeitlich doppelt: nah und da; 2. räumlich: irdisch, Israel allseits umfassend; 3. engstens verbunden mit der eigenen Person (Worte und Werke); wiederum dreifach: 1. Gleichnisse und andere Worte; 2. Wunder und andere Werke; 3. Tischgemeinschaften und andere Beziehungen. – Das Heil der Welt, das der Held bringt. Wirklich bringt, nicht nur großmäulig verkündet. Es geht nicht nur um die Reich-Gottes-Botschaft resp. -Verkündigung Jesu, wie häufig formuliert, vielmehr um die *reale, wirkliche Präsenz und den konkreten Beginn des Reiches Gottes in Jesu Worten und Werken!*
Damit ergibt sich in Jesus eine Nähe und zugleich deutliche Differenz zur Apokalpytik, erstens räumlich: die zwei Welten/ Räume (oben – unten; Himmel – Erde) werden aneinander gekoppelt;

ebenso erfolgt zeitlich eine Kopplung der beiden Zeiten/ Äonen: die Zukunft ist ganz nah und zugleich/ „zeitgleich“ schon da.

- Mk 1,15 ist eine markinische Formulierung, die der Evangelist gleichsam als Überschrift, Motto und Leitmotiv über Jesus und alles Folgende stellt.
- Das Vaterunser ist einer der zentralen, in die Nähe Jesu führenden Texte. Hier heißt es: „Dein Reich komme“ – und eben nicht, wie manche fromm Gesinnte vielleicht gerne beten würden: „Lass mich in Dein Reich kommen!“ Der Bibeltext ist dem ziemlich diametral entgegen gesetzt: nicht individualistisch, sondern allgemein, nicht „hineinkommen“, sondern „herkommen“, nicht himmlisch, sondern irdisch.
- Víctor Jaras Lied überträgt den Text des Vaterunsers in den politischen Bereich. Der chilenische Sänger Víctor Jara (1932–1973), einer der wichtigen Vertreter des Nueva Canción (Neues Lied, gem. ist seine gesellschaftskritische, politische Ausrichtung) in Lateinamerika, überzeugter Kommunist und Unterstützer von Präsident Salvador Allende und der Unidad Popular, wurde nach dem Putsch durch General Augusto Pinochet am 11. September 1973 verhaftet, gefoltert und ermordet.

Methodische Anregung: Vergleich mit Vaterunser (Mt 6,9–13, s. S. 167).

168: Ergänzungen

Ergänzung:
Die Liste der theologischen Umdeutungen und Entschärfungen des jesuanischen Reiches Gottes ist lang: nach Luther kommt das Reich Gottes zu uns „auf zweierlei Weise: einmal hie zeitlich durch das Wort und den Glauben, zum andern ewig durch die Offenbarung (bei der Wiederkunft Christi)“ (Großer Katechismus, zum Vaterunser), sein Mitreformator Philipp Melanchthon dekretiert: „Das Reich Gottes ist geistlich.“ (Loci communes theologici 1559, StA 2/2, 609); Karl Barth treibt die christologische Konzentration auf die Spitze: „Er selbst ist das Reich Gottes.“ (KD IV/2, [4]1985, 742) – Demgegenüber ist Paul Tillich erfreulich weiterführend und konkret, wenn er schreibt, dass die „fragmentarischen Siege des Reiches Gottes in der Geschichte“ liegen und das Reich Gottes am „Ende und Ziel der Geschichte“ steht (Systematische Theologie, Bd. III, [4]1984, 446).

Ergänzung: Zwei Zitate zu Jesu Reich Gottes (aus dem Umfeld des Religiösen Sozialismus und der Tegeler Theologie von Dietrich Bonhoeffer):
„Aber was hat denn Jesus gelehrt und gewollt?
Die Antwort ist einfach: *das Reich Gottes und seine Gerechtigkeit für die Erde.*“
(Ragaz, Leonhard: Die Botschaft vom Reiche Gottes. Ein Katechismus für Erwachsene, Bern: Herbert Lang & CIE, 1942, 10)
„Ist nicht die Gerechtigkeit und das Reich Gottes auf Erden der Mittelpunkt von allem?“
(Dietrich Bonhoeffer in einem Brief vom 5. Mai 1944 in einem Brief aus dem Gefängnis in Berlin-Tegel an seinen Freund Eberhard Bethge)

169f: Gleichnisse Jesu

4.3.1 „Das Reich Gottes ist wie ...“ – Gleichnisse Jesu (S. 169f)

169: Bild van Gogh

Vincent van Gogh (1853–1890): Sämann bei untergehender Sonne, 1888 (S. 169)
Bildbeschreibung: Dunkler (Sä-)Mann links und ebenso dunkler, sehr schräger Baum (Diagonale von rechts unten bis oben, Bildmitte) vor hellem (leuchtend gelbem!) Himmel (obere Bildhälfte) mit Sonnenball (links, über Sämann); der Unter- und Hintergrund (untere Bildhälfte): ein bläulich-rötliches Feld, durchzogen von feinen grünen Streifen; rechts hinten ein Gehöft – zwischen aufragenden Gebilden (Bäumen?). Eine eigenartige Wirkung geht aus vom Kontrast: dunkle, markante, längliche, vertikale, diagonale Formen Bauer und Baum – vor heller, runder Sonne; Horizontale hell – oben; dunkel – unten.
Hintergrundinformationen: Vincent van Gogh (1853–1890), der große Außenseiter unter den Bildenden Künstlern des 19. Jh.s, nicht akademisch ausgebildet (Versuche zur Professionalisierung brach er ab), ein ehrgeiziger und fokussierter Autodidakt, der einen ganz eigenen Malstil entwickelte (origineller, genialer Pinselstrich, der den Malprozess festhält und verewigt, sowie kräftige Farbgebungen), mit tragischem Schicksal (Stimmungsschwankungen, Selbstmord). Eng verbunden mit dem Landleben (häufiges Motiv: Kornfelder, ebenso wie Sämann, Sonne), das er nach eigenem Bekunden doppelt und extrem ambivalent konnotiert: einerseits als „Traurigkeit und äußerste Einsamkeit“, andererseits liegt für ihn viel „Gesundes und Kraftgebendes im Landleben“. In frühen Jahren Landprediger, daher mit Bibel und christlicher Tradition vertraut, Sämann-Bilder auch Anspielungen auf Jesu Gleichnisse, später Natur, Sonne als Symbole für Religion und Kunst, natürlich auch für das Leben: „Wer nicht an die Sonne glaubt, der ist gottlos.“

Das berühmte Bild von 1888 vereinigt Merkmale der frühen Bilder (dunkle Töne: Bauer, Baum) mit denen des Hauptwerks (heller Sonnenball und Himmel), spielt religiös auf Jesu Sämann-Gleichnisse an und künstlerisch auf das eigene Schaffen: der Künstler als Sämann mit Neubeginn, Wiederkehr, erwarteter (und möglicherweise ausbleibender) Wirkung; Natur und Kunst gehen Verbindung ein; Mann, knorriger Baum, Sonne, Acker, Gehöft mutieren zu Archetypen …

Anregungen zur Erschließung:

- Farben, Formen, Elemente des Bildes wahrnehmen und in ihrem Zusammenhang sowie ihrer Bedeutung erschließen;
- Deutung als Gleichnis auf einfaches Leben und Umgang mit der Natur (Bauer/ Baum, Säen und Wachsen, Sonnenlicht und -wärme …);
- Deutung als Gleichnis für die Kunst (s.o.);
- Deutung als Umsetzung von Sämann-Gleichnissen Jesu (Mk 4,1–9; 26–29);
- Deutung als Gleichnis/ Bild für Jesu Reich-Gottes-Verständnis und für Jesu mögliche Selbstdeutung.

Jesu Gleichnisse (Zu Fließtext und Zusammenfassung) (S. 169f)

169f: Fließtext und Zusammenfassung

Im Laufe der letzten hundert Jahre sind in der neutestamentlichen Exegese unterschiedliche Gleichnistheorien bzw. -interpretationsmöglichkeiten entwickelt worden. Wichtig ist, dass die ältere, gleichsam „klassische" Auslegung (Jülicher) von den beiden Bildhälften (Bild- und Sachhälfte) und dem zentralen Vergleichspunkt (dem sog. „tertium comparationis") heute als eine Engführung angesehen wird. Vielmehr kommt im Gleichnis das Reich Gottes (als Gleichnis) zur Sprache (Jüngel), ein Gleichnis eröffnet und realisiert narrativ eine neue Wirklichkeit. Hinzu kommt der Gedanke, dass Jesus mit seinen Reich-Gottes-Vergleichen keinesfalls einfache Abbilder bzw. moralische Handlungsanweisungen liefern will, vielmehr spannungsvolle, offene Anregungen, zu denen die Hörer/innen mit ihrem Leben selbständig Stellung nehmen sollen oder können (Luise Schottroff). Damit aber wird die Frage nach den Gleichnissen und nach der Gerechtigkeit Gottes zu einer auch heute aktuellen, uns in den Bann ziehenden, eine neue Wirklichkeit eröffnenden Frage. All dies ist auch didaktisch wichtig: Ein Gleichnis will also nicht einfach etwas sagen, sonst hätte es Jesus einfach ohne Gleichnis gesagt. Ein Gleichnis ist vielmehr eine Form von Reich Gottes, nicht nur – und über Jüngel hinausgehend – als Sprache oder Sprachereignis, vielmehr als neue Wirklichkeit, die in der Welt Gestalt gewinnt, im Gleichnis und in der Lebenswirklichkeit der Hörenden.

Christliche Theologen tendieren dazu, die Besonderheit, ja Einmaligkeit von Jesu Gleichnissen hervorzuheben, während jüdische Forscher – wie etwa David Flusser – sie in die Reihe der rabbinischen Gleichnistradition einordnen:

Jesu Gleichnisse sind für ihn „auch jüdisch, und vielleicht besonders jüdisch"; sie gehören zum „älteren, klassischen Typ der jüdischen Gleichnisse […] der letzten Generation vor der Zerstörung des Tempels" und bieten eine „religiöse Deutung des menschlichen Lebens, des Handelns des Menschen vor Gott" (13f, 19, 21) mit den beiden häufigsten Themen des Gastmahls und der Arbeitswelt bzw. Arbeitsmoral. Die jesuanischen und rabbinischen Gleichnisse sind gleichartig in ihren theologischen Aussagen und gleichrangig in ihrem (in sich jeweils durchaus unterschiedlichen) literarischen Wert. (Flusser, David: Die rabbinischen Gleichnisse und der Gleichniserzähler Jesus. 1. Teil: Das Wesen der Gleichnisse, Bern u.a.: Peter Lang, 1981)

Literatur:

- Erlemann, Kurt u.a.: Gleichnisse – Fabeln – Parabeln. Exegetische, literaturtheoretische und religionspädagogische Zugänge, Tübingen: A. Francke, 2014
- Erlemann, Kurt: Gleichnisse. Theorie – Auslegung – Didaktik, Tübingen: Narr Francke Attempto Verlag, 2020
- Zimmermann, Ruben (Hg.): Kompendium der Gleichnisse Jesu, Darmstadt: WBG, 2007

Gleichnis vom Verlorenen Sohn, Lk 11–32 (S. 170)

170: Gleichnis vom Verlorenen Sohn

Lk 15 bietet eine Gleichnistrilogie, wobei es ums Verlieren und (Wieder-)Finden sowie um die Freude über die Wiederherstellung der „heilen Welt" (Schafherde, Portemonnaie, Familie). Im zentralen, längsten und zweigliedrigen dritten Gleichnis können sich die Schriftgelehrten und Pharisäer in dem älteren Sohn erkennen mit der Einladung, an Jesu Reich-Gottes-Freude (Festmahl, s.u. 4.3.3, S. 173) teilzunehmen. Das Gleichnis zeigt seine performative Tendenz im Versuch, die „Schriftgelehrten und Pharisäer" – also die religiöse Gruppierung, der sich Jesus am engsten verbunden wusste, die ihm aber zu großen Teilen eher kritisch gegenüberstand (s.o.) – in die Realität des Reiches Gottes einzubeziehen. Die Erzählung ist zweiteilig, wobei der erste Teil nochmals in zwei Hälften zerfällt:

- Erbteilung und Weggang mit Erbgenuss bis hin zum Erbverlust V. 11–19 (auch hier eine erneute Zweiteilung Genuss – Verlust, Zäsur zwischen V. 13 und 14);

- Rückkehr, Empfang und Fest V. 20–24;
- Verdruss des älteren Sohns und Einladung zum Fest durch den Vater V. 25–32.

Die Fehleinstellung des älteren Sohns besteht in der Berechnung oder, sachlicher ausgedrückt: im Verständnis von Gerechtigkeit als Tun-Ergehen-Zusammenhang, also nach dem Lohn-Leistungs-Prinzip. Der jüngere Sohn erfuhr die – unverdiente – Gnade.

170: Gleichnis von den Arbeitern im Weinberg

Das Gleichnis von den Arbeitern im Weinberg (Mt 20,1–16) (S. 170)

Das Gleichnis von den Arbeitern im Weinberg ist eine der großen Gleichniserzählungen Jesu, Sondergut des Matthäus-Evangeliums. Aufbau der Erzählung: vier Orte bzw. Szenen: Marktplatz/ Anwerbung, Weinberg/ Arbeit, Kasse mit Verwalter/ Auszahlung, Streitgespräch mit Hausherr.

Über drei wichtige Erkenntnisse herrscht in der exegetischen Literatur weitgehend Einigkeit:

- V. 16 ist sekundär (ursprünglich ein selbständiges Logion/ Jesus-Wort, hier angefügt); denn es geht erst in einer späteren (Gemeinde-)Deutung wesentlich um die Umkehrung der Rangfolge bei der Lohnauszahlung (also eigentl. Mt 20,1–15, Schlusssatz: Siehest du darum scheel, dass ich so gütig bin?).
- Jesus zielt auf die gleiche Bezahlung für alle, auf das Geben dessen, „was recht ist" (V. 4), darauf, dass alle das Lebensnotwendige bekommen (ein Denar am Tag bedeutete etwa die Grundversorgung für eine Familie) – gemäß der Vaterunser-Bitte: „Unser tägliches Brot gib uns heute".
- Jesus kann nicht eine unmittelbare moralische Handlungsanweisung für den Alltag intendieren (wer würde fortan für diesen Hausherrn noch von der ersten Stunde an arbeiten?); es geht ja um einen außergewöhnlichen Fall, der aufmerken lässt, es geht um das Außergewöhnliche: das anbrechende Reich Gottes.

Umstritten ist aber, wie die einleitenden Worte zu verstehen sind, also der Vergleich mit dem Reich Gottes:

- als Gleichsetzung (dann auch Identifizierung des Hausherrn mit Gott), so dass hier einfach die Grundverhältnisse des Reiches Gottes dargestellt sind (Eingangssatz: „Das Himmelreich ist gleich dem Verhalten eines Hausherrn ...);
- als widersprüchlicher Vergleich, der die kleine und willkürliche Güte des Hausherrn (eines Despoten!) von Gottes umfassender Güte deutlich abhebt, also eigentlich eine Antithese zu Gott und zum Reich Gottes, mit der Aufhebung von ausbeuterischen Arbeitsverhältnissen (so Luise Schottroff, S. 277 u. 283) (Eingangssatz: „Das Reich Gottes möge mit dem Verhalten eines Hausherrn verglichen werden ...);
- als kritischer Vergleich, wobei das Gleichnis sich sowohl von der Wirklichkeit des Alltags (Realität) als auch von der Wirklichkeit des Reiches Gottes (Idealität, Realieriung der Möglichkeit) abhebt, zugleich aber eine Richtung anzeigt, also „auf dem Weg" zum Reich Gottes ist (so Manfred Köhnlein in seinem Gleichnisbuch, S. 55).

Im Gleichnis werden unterschiedliche Begriffe von Gerechtigkeit angesprochen, insbesondere:

- Vertragsgerechtigkeit (= iustitia legalis) (V. 2) – wird eingehalten;
- Tauschgerechtigkeit (= iustitia commutativa) (V. 4) – wird ebenfalls eingehalten;
- Verteilungsgerechtigkeit (= iustitia distributiva) (V. 9ff) – diese wird gebrochen, jedoch in einem spezifischen Sinne: als heilende, Leben ermöglichende Gerechtigkeit (i.S. einer „Grundbedürfnisgerechtigkeit").

Insgesamt scheint es sinnvoll und nahe liegend zu sein, das Gleichnis anhand der beiden Begriffe der Leistungsgerechtigkeit (übliche Norm) und der Bedürfnisgerechtigkeit (Lebensnotwendiges) zu interpretieren, mit der Möglichkeit der aktuellen Bezugnahme (→ Grundeinkommen, soziale Grundsicherung, Bürgergeld für alle).

Die ehemalige Bischöfin der Evangelisch-lutherischen Landeskirche Hannovers und Ratsvorsitzende der EKD Margot Käßmann (geb. 1958) ließ auf originelle Weise in einer Art Gedankenexperiment (bzw. in einem fiktiven „Rollenspiel") gegenwärtige Parteien zum Gleichnis Stellung nehmen.
CDU: Fehlende Leistungsanreize;
SPD: Anregungen für Richtung, aber nicht Realisierung des Lohnmodells;
FDP: Zahlung nach Leistung;
Grüne: Berücksichtigung der Ökologie;
Linke: Grundsicherung; evtl.: Übernahme des Weinbergs in Gemeinbesitz.

170: Vergleich und Zusammenfassung

Vergleich und Zusammenfassung dreier zentraler jesuanischer Gleichnisse (der beiden genannten und Barmherziger Samariter (S. 170)

Interessant, dass alle drei Gleichnisse über den klassischen Tun-Ergehen-Zusammenhang hinausgehen bzw. die Leistungsgerechtigkeit grundlegend in Frage stellen und eine „neue Gerechtigkeit" (Gnade und Güte, Großzügigkeit und Barmherzigkeit) als Kern von Jesu Reich Gottes thematisieren, also die Gerechtigkeit als Wiedergutmachung, Zurechtbringung, Herstellung von Gemeinschaft resp. einer inklusiven Gesellschaft aufgrund der Wahrnehmung der Bedürftigkeit und Exklusion von Menschen (den Vater „jammerte“ der Anblick des Sohnes!, Lk 15,20; dieselbe Formulierung bringt die entscheidende Wende und Rettung im Gleichnis vom Barmherzigen Samariter, s. Lk 10,33 → S. 176f). Dies lässt sich als soziale Version der Rechtfertigungslehre interpretieren → 2.5, S. 83ff.

4.3.2 „... so ist ja das Reich Gottes zu euch gekommen“ – Wirkte Jesus wirklich wahre Wunder? (S. 171f)

171f: Wirkte Jesus wirklich wahre Wunder?

Die *Überschrift* ist Lk 11,20 entnommen, auf das im Fließtext (2. Abschn.) Bezug genommen wird und das zugleich das zentrale *Thema* des Unterkapitels darstellt: Jesu Wunder (Heilungen und Dämonenaustreibungen) als Realisierungen, reale Verwirklichungen des Reiches Gottes:

„Wenn ich aber durch Gottes Finger die bösen Geister austreibe,
so ist ja das Reich Gottes zu euch gekommen.“ (Lk 11,20)

Von diesem Grundgedanken her finden im Fließtext und den Zitaten folgende Aspekte Beachtung:

- Wunder Jesu als Reich Gottes-Realisierungen;
- (drei) Wunderverständnisse – damals und heute (modern – antik/ alltäglich, S. 171 über Bild; supranaturalistisch, naturalistisch, offen, S. 172, unten);
- medizinische und „wunderbare“ Heilungen im historischen Kontext („Heiler in der Antike“, S. 172, obere Seitenhälfte);
- Wunder heute (zwei Einstiegszitate).

Christo (1935–2020): The Floating Piers, Iseosee (Italien), 2016 (Walking on the Water) (S. 171, unten)

171: Bild Christo

Der Künstler Christo (1935–2020), der – früher gemeinsam mit seiner Frau Jeanne-Claude (1935–2009) – mit großangelegten Verhüllungen von Naturbereichen oder Kulturdenkmälern im Stile der Landart weltweit Aufsehen erregte, realisierte mit „The Floating Piers“ im Sommer 2016 im norditalienischen Iseosee in der Lombardei ein Großereignis und Meisterwerk der Logistik und der Erlebniskunst: Schwimmende, mit Polyethylen, Nylongewebe überzogene Stege auf dem See (50 x 50 x 50 cm Behälter, 3/4,5 km Länge, Breite 16 m) ermöglichten es Millionen Menschen, wie Jesus übers Wasser zu gehen, wobei die Wellenbewegungen des Wasser spürbar waren. Die Kunst bot so Erhabenes und Unterhaltendes zugleich. Der Künstler selbst bezeichnete seine Kunst als „total irrational und sinnlos“; zugleich enthielten die Projekte jedoch auch durchaus politisch oder kulturell bedeutsame Botschaften (Reichstagsverhüllung in den 90er Jahren; das Projekt „Over the River“ über den Colorado-Fluss brach er nach Trumps Wahl zum Präseidenten der USA ab, um diesem keine Werbe-Plattform zu bieten ...).

Einzelhinweise (S. 171f)

171f: Einzelhinweise

Anne Frank (Zitat S. 171, oben, rechte Spalte): Folgesatz: „Dennoch halte ich an ihnen [den Erwartungen] fest, trotz allem, weil ich noch immer daran glaube, dass die Menschen in ihrem Inneren gut sind.“ (Folgeabschnitt: Trotz aller Zerstörung und Verwüstung der Welt hält Anne Frank an ihren Idealen fest, die sie nach der erhofften Wiederherstellung des Friedens verwirklichen will ...).
Äskulapstab (S. 172, oben), noch heute Zeichen der ärztlichen Heilkunst, und Hippokratischer Eid (Ärztlicher Eid, die Heilkunst nur zu Gunster der Heilung von Kranken einzusetzen) verbindet die antike mit der heutigen Medizin.
Offenes Wirklichkeitsverständnis (S. 172 unten) als „dritter Weg“; Bibelgeschichten als „fremde Welten“ etwa bei Stefan Alkier u.a.m.

Verständnis/ Merkmale	Supranaturalismus	Naturalismus	Offene Welt
Gottesbild			
Jesusbild			
Menschenbild			
Wirklichkeitbild			

Tabelle: Wunderverständnisse

Literatur:

- Kollmann, Bernd: Neutestamentliche Wundergeschichten, 3. Aufl., Stuttgart: Kohlhammer, 2011
- Zimmermann, Ruben (Hg.): Kompendium der frühchristlichen Wundererzählungen, Bd. 1: Die Wunder Jesu, Gütersloh: Gütersloher Verlagshaus, 2013

173: (Mit) Jesus bei Tisch

4.3.3 „Siehe, ein Fresser und Weinsäufer!" – (Mit) Jesus bei Tisch (S. 173)

Die *Überschrift* des Unterkapitels ist der bereits zitierten Passage des Klatsches und Tratsches über Jesu Freude am Essen und Trinken entnommen (Mt 11,18f → S. 161, oben). *Thema* sind Jesu Tischgemeinschaften, die drei Momente enthalten:

- erstens Jesu Freude am Leben und an der genussvollen Befriedigung der Grundbedürfnisse – also seine Ablehnung des Asketentums;
- zweitens einen inklusiven Charakter, denn Jesus isst und trinkt gemeinsam mit den „Outcasts" der Gesellschaft, die sonst gemieden werden;
- drittens versteht Jesus sie als Realisierungen des Reiches Gottes (Festmahl auch in Reich-Gottes-Gleichnissen).

Besondere Bedeutung und Wirkmächtigkeit gewann das letzte Mahl Jesu mit seinen Jüngern.

173: Bild da Vinci

Leonardo da Vinci (1452–1519): Abendmahl, 1494–1498 (S. 173)

Bildbeschreibung, bereits unter Einbezug von *Hintergrundinformationen:* Das letzte Abendmahl, eines der Hauptwerke Leonardos, ist wohl die bekannteste Darstellung dieses recht häufigen Motivs der Bildenden Kunst.

Das Bild zeigt einen starken Kontrast zwischen Raum und Menschen: Bühnenartiger Raum, Ruhe, regelmäßig, geordnet, schematisch (Wandbehänge, Kassettendecke); farblich extrem eintönig graubraun, heller und dunkler; linearperspektivisch, Raumgefühl, hinten drei schmale Fenster (mittleres hinter Jesus etwas breiter, dadurch betont), weite, hügelige Landschaft.

Im Haupt Jesu laufen die Perspektivlinien zusammen: Er ist die Zentralgestalt.

Der Ruhe des Raumes und Jesu steht die Dynamik, ja Aufregung der Jünger gegenüber. Die Szene bietet wie ein Blitzlicht eine Momentaufnahme (Still) der Abendmahl-Story nach der Verratsankündigung Jesu: „Einer unter euch wird mich verraten." („Amen dico vobis, quia unus vestrum me traditurus est.") Die Reaktion der Jüngerschar zeigt eine innere Aufwallung, sogar Aufruhr, zumindest tiefstes Erschrecken über die Ankündigung – eine Wellenbewegung geht durch die ganze Gruppe; Gesichter, Gesten, Körperhaltungen drücken Beunruhigung, ja Bestürzung aus.

Jünger zu vier Dreiergruppen sortiert, je zwei zu beiden Seiten Jesu, die einen doppelten Bezug aufweisen: jeweils untereinander und auf Christus als Mitte hin. Gestik und Mimik drücken die Dramatik aus. Beachtenswert die Handhaltungen: rechte Jüngergruppe vorrangig waagrecht ausgereckt, von sich weg weisend, woandershin (Richtung Judas), zwei Jünger rechts neben Jesus Hände bzw. Finger nach oben, abwehrend bzw. warnend, rechts davon einer (der dritte dieser Dreiergruppe) stehend (die am weitesten nach oben ragende Figur des Bildes) die Hände gegen die eigene Brust gewandt, fragend: „Herr, bin ich's?"

Die Jüngerpersonen sind teilweise identifizierbar: zweite Gruppe von links: Judas vorne, die Hand um den Beutel gekrallt (Gesicht dunkel, unbeleuchtet), dahinter Petrus, der sich weit zu Johannes und gegen Jesus hin streckt, zwischen ihm und Jesus Johannes (der Jünger, den Jesus liebhatte).

Jesus in der Bildmitte ruhig, gelassen, in sich ruhend, die Hände nach vorn in gebender Haltung (Segnung von Brot und Wein) auf den Tisch gelegt.

Hintergrundinformationen: Das Werk befindet sich im Refektorium (Speisesaal) des Klosters Santa Maria delle Grazie in Mailand; es ist ein Fresko, 1495–97/98 gemalt mit wenig dauerhafter Temperafarbe, die Farbgebung ist zart, glanzlos, reich an Schatten, Chiaroscuro (Helldunkelmalerei) sowie Sfumat o (weiche Schattierungen, Verlaufen von Konturen und Helligkeiten).

Leonardos Arbeitsweise lässt sich durch Tagebücher und Zeugnisse von Zeitgenossen rekonstruieren: systematische Beobachtung von Personen, Festhalten in Skizzenbuch, Übertragung aufs Bild – mit spontanen Abweichungen und Änderungen. Schema des künstlerischen Produktionsprozesses: Wahrnehmung – Bearbeitung – Übertragung; zusätzliche Elemente: 1. Reflexion (Vermeidung der Wiederholung und der – auf naturhafte Weise angelegten und unbewussten – Tendenz zur Selbstdarstellung resp. Selbstreproduktion (= „Automimemis") des Künstlers gemäß der in einem toskanischen Sprichwort formulierten Tendenz: „Ogni pittore dipinge sé" (Jeder Maler malt sich selbst); freie Assoziation als bewusste Unterbrechung der systematischen Arbeit und Reflexion. Leonardo betrieb intensive Studien zur Analyse von Gesten und (Charakter-)Köpfen, auch in verrufenen, verruchten Stadtvierteln, seine Menschen, Körper, Gesichter sollen Inneres zum Ausdruck bringen und in Beziehung zu den Betrachtenden treten; Gesichter und Augen als Spiegel der Seele (Mona Lisa, Johannes der Täufer).

Das Werk hat eine außerordentliche Wirkungsgeschichte in der Kunst und Werbung bis hin zur Gegenwart. Andy Warhols letztes großes Werk, die Bildserie „The Last Supper" (1986), spielt mit Leonardos Meisterwerk.

Anregungen zur Arbeit mit dem Bild:

- Körpersprache: Kommunikation mit Armen und Händen sowie Körperhaltungen: Was drücken wir mit den Händen, was mit dem Körper aus? Und wie?

- In Beziehung setzen zu: Julia Krahn (*1978): Ultima Cena, 2012 → S. 201 (Bildvergleich).
- Bild als Comic gestalten mit Sprechblasen – mit Stellungnahmen zu Jesus (sein Leben, das bevorstehende Leiden inklusive Kreuzestod).

Abschluss des Teilkapitels 4.3 (S. 173, ganz unten)

173: Abschluss

Die *Zusammenfassungen* zu den einzelnen Themen befinden sich am Ende der jeweiligen Unterkapitel: Reich Gottes → S. 168; Gleichnisse → S. 170; Wunder → S. 172; Mahlzeiten → S. 173.

Zu den Aufgaben (S. 173)

173: Zu den Aufgaben

Aufgabe 1: Reich Gottes ist nah/ schon da, in der Welt, in Jesu Worten und Werken; Missverständnisse: Verjenseitigung (Himmel); Verschiebung (am Ende der Welt); Verinnerlichung (im Innern des Menschen).
Aufgabe 2: „Das Reich Gottes ist wie ..." – Die Dynamik einer Gleichniserzählung als performative (herstellende) Reich-Gottes-Realisierung interpretieren.
Aufgabe 3: Wunder realisieren – punktuell – Jesu Reich Gottes: Heilungen = Heil, individuell und gemeinschaftlich (Inklusion).
Aufgabe 4: Mahlzeiten realisieren – punktuell – Jesu Reich Gottes: Bedürfnisbefriedigung (elementarer Lebensbedürfnisse) und Gemeinschafts-/ Inklusionserlebnis.
(Bei Aufg. 2-4 jeweils ein konkretes Beispiel wählen und daran die entscheidenden Reich-Gottes-Aspekte veranschaulichen und konkretisieren.)

Menschen in Gemeinschaft/ Gesellschaft (von unten nach oben zu lesen):

Kommunikation:	Geschichten: Gleichnisse (3)
	Gespräche bei Tischgemeinschaften (2b)
Körper/ Seele:	Gesundbleiben: Essen und Trinken bei Tischgemeinschaften (2a)
	Gesundwerden bei Heilungen (1)

Das Reich Gottes wird in Jesu Worten und Werken Wirklichkeit, als ganzheitliches Leben in einer neuen, gerechten Gemeinschaft und Gesellschaft.

174–180: Worte und Predigten Jesu

4.4 „Und er tat seinen Mund auf ...“ – Worte und Predigten Jesu (S. 174–180)

Die *Überschrift* des Teilkapitels entstammt der Einleitung zu Jesu Bergpredigt nach dem Mt-Evangelium: „Und er tat seinen Mund auf, lehrte sie und sprach: ...“ (Mt 5, 2). *Thema* sind – wie der Untertitel besagt – „Worte und Predigten“ Jesu (mit Ausnahme der bereits thematisierten Gleichnisse, s. 4.3.1, S. 169f). Insgesamt geht es vorrangig um Jesu Ethik, womit die drei Unterkapitel wie mit einer Klammer zusammengehalten sind. Damit ergibt sich ein sehr enger Zusammenhang zum Ethik-Kapitel (1.3) – hier könnte das vorliegende Teilkapitel geradezu als Unterkapitel – oder auch Teil – der biblisch-theologischen Ethik fungieren (→ 1.3.2, S. 30–33). Nicht umsonst findet sich bereits dort der Hinweis auf Jesu Doppelgebot der Liebe (S. 30, unten).
Der *Aufbau* des Teilkapitels entwirft drei, je eine Doppelseite umfassende Teil-Themen (Unterkapitel) und einen eine Seite umfassenden Abschluss:
- Bergpredigt: Jesu Torainterpretation (S. 174f)
- Ethik – Doppelgebot der Liebe (S. 176f)
- Nachfolgelogien (S. 178f)
- Abschluss des Teilkapitels 4.4 (S. 180).

174: Foto

Foto: Weg bei Rosh Pina in Galiläa (S. 174)
Das Foto zeigt die Lebenswirklichkeit des „Gelobten Landes“, eines Landes, „in dem Milch und Honig fließt“ – in seiner weitgehenden Kargheit und Trockenheit, freilich auch in seiner südländischen Schönheit, Sonnigkeit und – gewissen – Fruchtbarkeit, eine Landschaft, die menschliches Leben zugleich ermöglicht und begrenzt, also in doppelter Weise „rahmt“.
Auf einem solchen Weg müssen wir uns den umherziehenden Wanderprediger, Heiler und Geschichtenerzähler Jesus mit seiner Entourage vorstellen. Dieses Ambiente bietet den äußeren Rahmen für Jesu Reich Gottes.
Anregungen zum Umgang mit dem Bild:
- Bild „bevölkern“/ verknüpfen mit Personen, Aussagen, Textzitaten ... (Joh 14,6 – Ich bin der Weg ... → Ich bin Worte, 4.5.2, S. 184 unten).
- Bildvergleich mit Reliefkarte Palästina (→ S. 160). Unterschiedliche (fruchtbare, karge, gebirgige etc.) Gegenden differenzieren; Fotoasschnitt auf Karte verorten ...
- Ergänzungsbilder suchen (Internet): drei typische Bilder suchen: Seeszene (See Genezareth, Fischerei); Landszene (Ackerbau/ Sämann in Galiläa); Dorf/ Stadt (Nazareth, Kapernaum o.Ä.).

174f: Die Bergpredigt

4.4.1 „Ich aber sage euch ...“ – Die Bergpredigt (Jesu Toraauslegung) (S. 174f)

Die *Überschrift* des Unterkapitels entstammt den typischen Formulierungen aus den sog. „Antithesen“ – doch Vorsicht! Sowohl der Begriff „Antithesen“ ist irreführend und sollte vermieden, zumindest aber problematisiert werden, als auch die Übersetzung, die alles andere als gelungen scheint – besser die Formulierung verwenden: „Ich interpretiere das so: ...“ (s. Tora-Auslegungen, S. 175 oben, 2. Abschn.). *Thema* ist die matthäische Bergpredigt und am Rande die entsprechende lukanische Feldrede, also Jesu Toraauslegung. Sie zeigt Jesus als typischen Rabbi, d.h. Gesetzeslehrer.

174f: Fließtext und Zitate

Fließtext und Zitate (S. 174f)
Die matthäische Bergpredigt (Mt 5–7) und die entsprechende, aber gleichsam nur „rudimentäre“ lukanische Feldrede (Lk 6,17–49) bieten Jesu Toraauslegung. Hier kommt Jesus als Rabbi, d.h. Gesetzeslehrer, in den Blick, also als Pharisäer, so merkwürdig und anstößig das klingen mag. Denn Jesus spricht keineswegs *gegen* die Tora (dies wäre wieder eines der leider noch weit verbreiteten antijudaistischen Klischees, ebenso falsch und fragwürdig wie die immer wieder geäußerte Behauptung, dass er sie überbietet!), vielmehr *mit* und *im Sinne* der Tora – eben in einer aktualisierten Interpretion, bezogen auf Jesu Reich Gottes. Von diesem zentralen Referenzpunkt aus lässt sich die Tora in diesem Sinne verstehen ...! Durch die Verbindung mit dem Reich Gottes handelt es sich um eine „neue Gerechtigkeit“. Jesus bekennt sich emphatisch zur Tora (Mt 5,17–20) und wird durch seine Toraerfüllung zum Gerechten, später dann zum leidenden und getöteten Gerechten.

174f: Einzelhinweise

Einzelhinweise (S. 174f)
- *Aufbau* des ersten Teils der Bergpredigt (Mt 5): Einleitung (V. 1.2) – Seligpreisungen (V. 3–12) – Zwei Bildworte (Salz und Licht, V. 13–16) – Grundsätzliches: Jesus und die Tora (V. 17–20) –

Sechs Auslegungen/ Interpretationen (Rest von Kap. 5) – Weitere wichtige Textpassagen: Vaterunser: 6,9–15 (→ S. 167 unten); Goldene Regel: 7,12 (→ S. 32, unten, vorletzter Abschn.).

- Mt verlegt Jesu Rede (eine mt Kompilation) im Anklang an die Sinaitradition (Gesetz, Dekalog) auf einen *Berg*: zwei Berge: Sinai/ Predigtberg: Tora mit Dekalog/ Jesus mit Interpretation. Berg: Visualisierung und Er-/ Überhöhung!
- Verbindung *Bergpredigt – Reich-Gottes* bereits in Seligpreisungen (Armut), s. freigestelltes Doppelzitat aus der Bibel, S. 174 ganz unten; Lk Ursprungsversion: Realität der Armut, Mt Abmilderung und Vergeistigung: „geistliche" Armut. – Ebenso bei der Verbindung von Gerechtigkeit und Verfolgung (Motiv: Leidender Gerechter) mit dem Reich Gottes (Mt 5,10) → Befreiungstheologie, 5.3.2, S. 220f. Zur Verbindung von Reich Gottes und (Neuer) Gerechtigkeit: Mt 6,33.
- Sechs Zumutungen (S. 175, Seitenmitte): Beim *Gewaltverzicht* ist wohl an das Schlagen mit der Linken (mit dem Handrücken) auf die rechte Backe gedacht; dann zielt das Hinhalten der anderen Wange weniger auf eine Hinnahme von (auch weiterer) Gewaltanwendung als vielmehr auf einen Anstoß zur Reflexion und Gewaltreduktion.
- Gebot der Nächsten- und *Feindesliebe* (Freigestelltes Bibelzitat, S. 175, Seitenmitte: Es gibt kein Gebot des Feindeshasses. Jesus bezieht sich nicht (nur) unmittelbar auf die Tora, vielmehr (auch) auf die Auslegungstradition.
- *Ergänzung*: Besonders scharf kritisiert Jesus den *Mammonismus* als Gegenpol zum Dienst an Gott resp. zum Reich Gottes: „Niemand kann zwei Herren dienen: entweder er wird den einen hassen und den andern lieben, oder er wird an dem einen hängen und den andern verachten. Ihr könnt nicht Gott dienen und dem Mammon" (Mt 6,24). Mammonismus wird zur Geld- im Gegensatz zur Gottesherrschaft. Mammon bzw. Geld regiert sprichwörtlich die Welt (s. Luther zum Abgott Mammon → 3.4.2, S. 124, Quellentexte, rechte Spalte).
- Mt 6,12: Beim *Vaterunser* geht es um den Erlass nicht nur moralischer, sondern auch materieller Schuld(en).

Methodische Anregungen:

- Prüfen Sie, ob und inwieweit Jesu sechs Toraauslegungen anwendbar/ erfüllbar sind:
  Ja/ Ja, aber nur kurzzeitig/ Ja, aber nur für manche/ Nein
- Verfassen Sie eigene Deutungen der Zehn Gebote/ Sechs Zumutungen bei Jesus (→ 1.3.2, S. 30 oben).
- Das einleuchtendste und das „ärgerlichste" der sechs Zumutungen Jesu auswählen und in Slams zusammen- bzw. einander gegenüberstellen (mit Argumenten und Gegenargumenten; Phantasieaufgabe: „Wenn das jeder täte, dann ...".

4.4.2 „Du sollst deinen Nächsten lieben wie dich selbst" – Jesu Ethik (S. 176f)

176f: Jesu Ethik

Die *Überschrift* des Unterkapitels formuliert das Gebot der Nächstenliebe und ist auch Teil des im Text aufgenommenen Doppelgebots der Liebe (unterhalb Seitenmitte). *Thema* ist – wie im vorhergehenden und im folgenden Unterkapitel – Jesu Reich-Gottes-Ethik, die sich vorrangig festmachen lässt an:

- Neuaustarierung des Lebens bzw. einer Lebenswende;
- Inklusion der „Outcasts";
- Doppelgebot der Liebe;
- Gleichnis vom Barmherzigen Samariter;
- Ausblick auf das Weltgericht: Was ihr getan habt ...

Gleichnis vom Barmherzigen Samariter (S. 176f)

176f: Gleichnis vom Barmherzigen Samariter

Das *Gleichnis vom Barmherzigen Samaritaner* (Lk 10,25/29–37) gehört wohl zu den bekanntesten Texten des Neuen Testaments und ist geradezu sprichwörtlich geworden (jemandem „einen Samariterdienst leisten"). Es ist Sondergut des Lukas-Evangeliums und aufs Engste mit einem Streitgespräch um den Kern des Gesetzes (Gottes- und Nächstenliebe) verbunden, das sich auch in den anderen synoptischen Evangelien findet (Mk 12,28–34; Mt 22,35–40).

Es handelt sich um eine besondere Form eines Gleichnisses: eine Beispielgeschichte, mit einer unmittelbaren ethischen Anweisung im Schlusssatz: „So gehe hin und tue desgleichen!" (Narrative Ethik)

Interpretationszusammenhänge: Ethik (das richtige Tun), Tora, Reich Gottes (Wenn alle Gesetze gehalten würden, wäre das Reich Gottes da). Zusammenhang von Gottes- und Nächstenliebe, Kritik an institutionalisierter Frömmigkeit (Priester und einer der Leviten – die im Tempel Hilfsdienste leisten – gehen vorüber), Sprengung der üblichen Identität-, Religions- und Volkszuschreibungen; die Samaritaner aus dem mittelisraelitischen Gebiet um Samaria galten als „unreines Mischvolk", in ethnischer, kultureller, ethischer und religiöser Hinsicht, als nicht rechtgläubig, also als keine wirklichen Juden, hatten sie doch ihr eigenes Heiligtum auf dem Berg Garizim bei Samaria, folglich: richtiges Tun ist wichtiger als richtiger Glaube (ähnliche Tendenz im Gleichnis vom Weltgericht, Mt 25,31–46); Umkehr des Blickwinkels: nicht das Opfer ist für den Helfer der Nächste, vielmehr wird der Helfende dem Opfer zum Nächsten (V. 36; sehr wörtlich zu begreifen: er scheut nicht die nächste Körpernähe, ja die unmittelbare Berührung!); zuletzt: Kultur der Barmherzigkeit.

Es gibt *Deutungsebenen*, die alle beachtet werden sollten:

- eschatologisch: so geht's zum Reich Gottes, das jetzt anbricht und bald vollendet sein wird;
- christologisch: so kümmere ich mich um die „unter die Räuber Gefallenen";
- ekklesiologisch: so soll sich die Kirche um die Hilfsbedürftigen kümmern;
- ethisch: so sollst du dich um die Hilfsbedürftigen kümmern.

Wichtig sind auch die einzelnen konkreten *Schritte der Hilfeleistung:* 1. Samaritaner sieht den Verletzten; 2. hat Mitleid; 3. geht zu ihm hin; 4. versorgt ihn = Erste Hilfeleistung (mit der eigenen Notration an Öl, Wein, Verbandszeug); 5. bringt ihn (mit eigenem Reit-/ Lasttier) in Pflege (Krankentransport); 6. pflegt ihn selbst; 7. wendet Geld für weitere Pflege auf (Spende, Bezahlung des Wirts …).

Im Kern zwei Arten von Hilfeleistungen:

- die erste (unmittelbare) Hilfe: Care-, Fürsorge-Ethik (eher weiblich konnotiert) – könnte das Gleichnis auch von einer Samaritanerin erzählt werden?
- die zweite Form: Bezahlte, vermittelte, institutionalisierte Hilfeleistung (über den Wirt und dessen Bezahlung) – heute im Sinne der „Diakonie" (→ S. 226).

Gleichnisse und Gegenwart

Zum Thema des Gleichnisses vom Barmherzigen Samaritaner gibt es verschiedene psychologische Experimente: Hilfeleistung von Zeugen (sog.: Bystander) in Notsituationen. Ein älteres klassisches Experiment wurde von John Darley und Bibb Latané durchgeführt. Es zeigte, dass die Hilfeleistung in starkem Maße von der Anwesenheit anderer Zeugen abhängt: je mehr Zeugen, desto unwahrscheinlicher eine Hilfeleistung! Der zuerst einmal überraschende Befund wird vor allem mit der „Verantwortungsdiffusion" erklärt: Wenn viele zuständig sein können, ist letztlich keiner mehr zuständig. Dieses Ergebnis spitzt Jesu Gleichnis noch einmal zu. Als einzige Zeugen auf einer einsamen Straße hätten Priester und Levit eigentlich unbedingt helfen müssen!

Methodische Anregungen:

- Es ist sinnvoll, in der Unterrichtssituation die Brücke vom Gleichnis zu gegenwärtigen, alltäglichen Bystander-Situationen zu schlagen.
- Auch der Ansatz der Teilearbeit scheint sinnvoll: Jeder hat die drei Gestalten (Priester, Levit und Samariter) in sich, und wohl auch die Seite des Opfers.

176f: Ergänzungen

Ergänzungen: Über dem Hinweis auf die individuelle Hilfeleistung die strukturelle Ebene nicht vergessen, sonst wird die Sichtweise paternalistisch (→ S. 12, unten: Brecht: Die Nachtlager).

Paternalistische Hilfeleistung
„Wir sind aufgerufen, den guten Samariter am Straßenrand des Lebens zu spielen; aber das wird nur das Vorspiel sein. […]

Strukturelle Veränderung
[…] eines Tages muss die ganze Straße von Jericho so umgewandelt werden, dass die Menschen auf ihrer Lebensreise nicht mehr geschlagen und beraubt werden.
Es ist das Verständnis dafür, dass ein Haus, das Menschen zu Bettlern macht, umgebaut werden muss."
Echtes Mitleid bedeutet mehr, als einem Bettler eine Münze hinzuwerfen;

(Martin Luther King: Wohin führt unser Weg? Wien 1968)

„In der Räuber- und Passantengesellschaft werden immer mehr Menschen Zuschauer, Zuschauer des fremden, Zuschauer auch des eigenen Lebens. […]
Jesus erzählt seine Geschichte in einem ganz bestimmten Interesse: er wollte die Anzahl der Zuschauer verringern zugunsten derer, die mit-leidend mit-handeln."
(Dorothee Sölle: Die Gesellschaft der Räuber und Passanten, in: Jens, Walter [Hg.], Der barmherzige Samariter, Stuttgart: Kreuz, 1973, S. 166–172 [Zit. 172 – Schlusspassage])
„Der gründlich Barmherzige wird auf jeden Fall eines Tages auf Granit beißen – auf die Eigentums- und Sozialstrukturen der Gesellschaft." (Dorothee Sölle/ Klaus Schmidt [Hg.]: Christen für den Sozialismus, Stuttgart: Kohlhammer, 1975, S. 12)

Barmherziger Samariter. Tafelbild aus der Martinskirche Zschopau, 1604 (Bild, S. 177 oben)

177: Tafelbild

Das *Tafelbild aus Zschopau* (1604 von dem damaligen Zschopauer Pfarrer Sebastian Freyberger gestiftet, wie die lateinische Unterschrift sagt) zeigt den Samaritaner an zentraler Stelle bei eben der unmittelbaren Hilfeleistung (während Priester und Levit bereits vorbeigegangen sind). Das Erstaunliche auf dem Bild: in die damalige Zeit transferiert wird der Samaritaner als Türke mit Turban und Krummschwert dargestellt (als Anders- bzw. Falschglaubender, als Angehöriger eines anderen Volkes – die Türken waren bereits damals die verachteten, ja oft verhassten „Anderen"). Priester und Levit sind als evangelischer Pfarrer (der im schwarzen Talar die Predigt hält) und „Diaconus" (der im farbigen Messgewand die Liturgie zelebriert) zu sehen. Die Szene wird also aktualisiert und in die damalige Gegenwart übertragen. Es wird vermutet, dass Sebastian Freyberger Anhänger des bekannten Pfarrers und Philosophen bzw. Theosophen Valentin Weigel (1533–1588) war, der ebenfalls in Zschopau gewirkt hatte. Dann wäre auf dem Bild Weigels Toleranzgedanke und Wort, dass Gott „auch unter den Türken und Moskowitern" die Seinen habe, ins Bild gesetzt. Denn der Glaube, so Weigels Grundgedanke, ist an keine Äußerlichkeiten (Ort, Zeit, Zeremonie etc.) gebunden. Die Wahrheit erweist sich vielmehr ohne Rücksicht auf die äußeren Umstände im „inneren Licht" (Tradition der protestantischen Mystik bzw. des Spiritualismus). Und hier, ließe sich hinzufügen, im rechten Handeln. Im Hintergrund links sieht man die Ankunft des Helfers mit dem Opfer in der Herberge.

Literatur:

- Strauch, Hermann v.: Das Reich Gottes in Dir. Der Zschopauer Pfarrer und Philosoph Valentin Weigel (1533–1588). TVT Medienvlg, Tübingen 2003. (Hier findet sich das Tafelbild zum Barmherzigen Samariter von 1604 samt einer Erklärung bzw. Betrachtung zum Bild, S. 56–59.)

Geschichte vom Weltgericht: Was ihr getan habt … (S. 177 unten)

177: Weltgericht (unten)

Die Vision (kein Gleichnis) eines endzeitlichen großen Weltgerichtes ist Matthäus-Sondergut (Mt 25,31–46). Die richtig Handelnden (den Bedürftigen Helfenden) sind die „Gerechten" (V. 37), die das Reich des Königs (Gottes) erben – denn Jesus Christus ist bei den Bedürftigen. V. 46 ist wohl ein vom Evangelisten Mt angehängtes Resümee (ewige Pein – ewiges Leben), die dualistische Scheidung ist jedoch bereits in der Erzählung angelegt und steht in einer gewissen Spannung zu Jesu vorrangiger Heilsbotschaft. Die Geschichte bietet Zuckerbrot und Peitsche (Luise Schottroff).

Die Kirchliche Tradition abstrahiert daraus die „Sieben Werke der Barmherzigkeit": Hungrige speisen; Durstige tränken; Fremde beherbergen; Nackte kleiden; Kranke pflegen; Gefangene besuchen; Tote bestatten. Das siebte Werk, die Toten zu bestatten, fügte der Kirchenvater Lactantius hinzu (Bezug auf Tob 1,17–20).

Zur Didaktik: Die Vision bietet eine spezifische Variante des Tun-Ergehen-Zusammenhangs: dabei kommt es nicht auf das rechte Bekenntnis (und den Glauben an), vielmehr auf das rechte Verhalten und Tun (vgl. Verantwortungs- vs. Gesinnungsethik → 1.3.1, S. 27 unten).

Querverweise:

- Jakobus vs. Paulus → 2.5.2, S. 85, obere Seitenhälfte;
- Rechtfertigung > 2.5, S. 83ff;
- Gericht 2.7.3, S. 98.

Zusammenfassung – Überblick: Zwei Formen der Gerechtigkeit:

Menschliches Tun → //	Gnade Gottes – Gerechtmachung ↓ Rechtfertigung des Sünders
Menschliches Tun → →	Gott Garant (der zuteilenden) Gerechtigkeit → → Ergehen (Belohnung/ Bestrafung)

Beide Perspektiven haben ihre Berechtigung, jedoch nicht im gleichen Maße: für den reformatorischen Glauben steht die Gerechtigkeit schaffende Gnade Gottes im Zentrum.

4.4.3 „Folgt mir nach …!" – Nachfolge Jesu (S. 178f)

178f: Nachfolge Jesu

Die *Überschrift* des Unterkapitels stammt aus dem im ersten Abschnitt erwähnten Nachfolge-Ruf Jesu in Mk 1,17 (u.ö.). *Thema* ist, wie ja die Überschrift bereits mitteilt, die Nachfolge Jesu. Jesus ruft zur Nachfolge seiner Person, aber zugleich auch seines Programms oder Projektes, des Reiches Gottes, auf. Konkret gefüllt und anschaulich gemacht wird damit das Leben in der „Freiheit eines Christenmenschen" (→ 2.6.2, S. 89–91). Thematisiert werden auf der Doppelseite in Fließtext, Zitaten und zwei nicht allzu langen Quellentexten:

- die Nachfolge der Jünger und Jüngerinnen Jesu als Reich Gottes;

- Beispiele von Nachfolge Jesu aus der Kirchengeschichte: Franz von Assisi und Dietrich Bonhoeffer;
- Nachfolge Jesu heute (Quellentexte Bonhoeffer/ Strunk).

178: Nachfolge

Die Nachfolge der Jünger und Jüngerinnen Jesu als Realisierung des Reiches Gottes (Fließtext und Zitate, S. 178)

Ergänzungen: Zentrale Bibelstellen zum Thema: Nachfolge und Armut:
- „Ihr könnt nicht Gott dienen und dem Mammon." (Mt 6,24b)
- „Weh euch Reichen! Denn ihr habt euren Trost dahin. (Lk 6,24)
- „Niemand lebt davon, dass er viele Güter hat." (Lk 12,15b)
- „Wie schwer werden die Reichen in das Reich Gottes kommen! [...] Es ist leichter, dass ein Kamel durch ein Nadelöhr gehe, als dass ein Reicher in das Reich Gottes komme." (Mk 10,23b+25)

178f: Franz von Assisi

Franz von Assisi: (Fließtext und Zitate S. 178f)

Franz von Assisi (eigentlich Giovanni Bernardone; 1181/1182–1226), ein reicher Kaufmannssohn, wollte nach seiner Lebenswende und dem Bruch mit dem Vaterhaus konsequent nach dem Vorbild Jesu von Nazareth leben (sog. Imitatio Christi), vor allem auch in absoluter Armut (deshalb auch der „poverello", der „Arme", genannt). Gemeinsam mit einer Schar Gleichgesinnter gründete er den Orden der Minderen Brüder (Franziskaner, OFM, lat. Ordo Fratrum Minorum). Bald nach seinem Tod wurde er heilig gesprochen (Hl. Franziskus).

Für seine in Etappen vollzogene Lebenswende spielten vor allem die Aussendungsrede Jesu an seine Jünger (Mk 6,7ff, bes. 8f) und die Geschichte vom Reichen Jüngling (Mk 10,17ff, bes. 21) eine zentrale Rolle.

Die beiden im Schülerheft abgedruckten kurzen Textabschnitte zeigen:
seine – wortwörtliche – Nachfolge-Konsequenz;
eine seiner Begründungen für die Ablehnung von Eigentum/ Besitz: die Notwendigkeit der Verteidigung und der eventuellen Anwendung von Gewalt (Selbstjustiz und staatliche Gewalt zum Schutz von Reichtum).

Querverweis: Franziskus und die Kirche/ Armutsbewegung; Integration in die Kirche (→ 5.2.2 [3], S. 210, untere Seitenhälfte).

Literatur:
- Dieterich, Veit-Jakobus: Franz von Assisi (rowohlt monographien 50542). Reinbek: Rowohlt Monographie, 6. Aufl. 2007
- Hardick, Lothar / Grau, Engelbert (Hg.): Die Schriften des heiligen Franziskus von Assisi. Einführung, Übersetzung, Erläuterungen, (Franziskanische Quellenschriften, Bd. 1) Kevelaer: Verlag Butzon & Becker, 10. Aufl. 2001

179: Quellentexte

Nachfolge heute (Quellentexte, S. 179, Untere Seitenhälfte)

*Bonhoeffer*s Weg der Nachfolge Jesu: → 5.3.1, S. 218, obere Seitenhälfte; weiterer Text aus demselben Werk: → T 2.5 (2), S. 84, linke Spalte (Billige und teure Gnade).

Der evangelische Theologe und Pfarrer der Württembergischen Landeskirche *Reiner Strunk* (*1941) hat u.a. ein Buch über die Nachfolge Christi verfasst, in dem er zahlreiche Personen, die die Nachfolge konsequent lebten, porträtierte. Im Einleitungsteil, aus dem der Textabschnitt stammt, lässt er einen fingierten Pfarrer mit dem verräterischen Namen „Traugott Halbherz" über sein Zögern und sein „verpasstes" Leben angesichts der Radikalität der Nachfolge Jesu resümieren. Er nimmt damit seine Kirche, die Pfarrer und damit auch sich selbst ironisch aufs Korn.

Beide Texte betonen die Radikalität der Nachfolge Jesu. *Bonhoeffer* zielt auf die Lebenspraxis (nicht zentral: das richtige Bekenntnis, 1. Abschn. Z. 1–4). Nachfolge hat keinen klar umrissenen Inhalt (2. Abschn. Z. 5–13), ist vielmehr Bindung an eine Person (3. Abschn. Z. 14–17) und eine Lebenspraxis, die der bisherigen radikal zuwiderläuft (4. Abschn. Z. 18–21).

Auch *Strunk* zeichnet die Nachfolge als etwas Radikales, dem der Mensch (auch Pfarrer und Kirche) gerne ausweichen – mit allen möglichen Ausreden (erste Texthälfte, bis Z. 11); unklar ist auch, ob Nachfolge ein Gebot (so auch Bonhoeffer, aber: gnädiges Gebot, Z. 16f) oder ein Geschenk ist, eine Belastung oder eine Befreiung (zweite Texthälfte); vielleicht ist es eine „evangelische Provokation" (also eine Provokation als – befreiende – Frohbotschaft), die man erst begreift, wenn man die Chance ergreift und den Weg wirklich wagt (Schlusswendung).

179: Texterschließung

Texterschließung (S. 179)

Aufgabe 1: Ruf – Sofort-Nachfolge – Nachfolge der Person Jesu, ohne genaue Kenntnis des Programms.

Aufgabe 2: „Provokation" = Trennung von der „bisherigen Existenz. [...] In der alten Situation

bleiben und nachfolgen schließt sich aus." (Schlusspassage Bonhoeffer-Text); Nachfolgelogien Jesu. – „evangelische Provokation" = „gnädiger Ruf, gnädiges Gebot" (vorletzter Abschn. Bonhoeffer-Text); Jesus: Reich-Gottes-Realität.
Aufgabe 3: Natürlich legen sich als Beispiele Franz von Assisi und Dietrich Bonhoeffer nahe, es sind jedoch auch andere Personen möglich.
Literatur:

- Dietrich Bonhoeffer Werke (DBW), hg. von Eberhard Bethge u.a., Gütersloh: Kaiser/ Gütersloher Verlagshaus, Bd. 4: Nachfolge, 3., aktual. Aufl. 2002
- Reiner Strunk, Nachfolge Christi. Erinnerungen an eine evangelische Provokation, München: Kaiser, 1981

Abschluss des Teilkapitels 4.4 (S. 180)

180: Abschluss

Der eine Seite umfassende Abschluss des Teilkapitels enthält vier Elemente: Zusammenfassung; zwei Zitate; Bild; Aufgabenstellungen.
Die *Zusammenfassung* ist bereits übersichtlich nach den drei Unterkapiteln gegliedert.
Bonhoeffers Zitat macht – nochmals – den engen Konnex von Nachfolge und Leiden deutlich (→ Sölle-Text, S. 139, Textende: Gott braucht Hilfe – Nachfolgende im Leiden Jesu Christi). – Auch der YouTuber *Rezo* spielt auf Jesu Konsequenz (Leiden und Sterben) an.

180: Bild Burchard

*Martin Burchard (*1956): Christus, o.J.*, zeigt mehrere Reihen von Christusfiguren hintereinander (und ineinander geblendet), mit unterschiedlichen Arm- und Körperhaltungen, ausgebreitete, segnende Arme, Jesus am Kreuz (besonders deutlich ganz vorne). Auffällig, dass bei aller Ähnlichkeit und Gleichmäßigkeit (in Farbe, Formen und Komposition) doch beim genauen Betrachten deutliche Differenzen, Unterschiede und Varianten sichtbar werden. – Der Diplom-Pädagoge und Schreiner Martin Burchard (*1956) arbeitet seit Beginn des neuen Jt.s in Tübingen als freischaffender Künstler, der die biblisch-christliche Tradition aufnimmt und mit einer stark spirituell geprägten „lebensdienlichen Volkskunst" (so seine Charakterisierung) auch seelsorgerlich und therapeutisch wirken will.

Zu den Aufgaben (S. 180)

180: Zu den Aufgaben

Aufgabe 1: Kriterium der „Anstößigkeit" anwenden: die „anstößigere" Variante wird entschärft, ist also die ursprünglichere.
Aufgabe 2: Darauf achten, dass keine Frontstellung zum „Gesetz", zum AT und zum Judentum entsteht – es sich vielmehr um „Auslegungen" Jesu handelt, so wie heute Bibeltexte ja auch interpretiert werden (müssen), um sie in eine heutige, aktuelle Situation hinein sprechen zu lassen.
Aufgabe 3: Eigene Recherchen. – Zur Bedeutung der Bergpredigt für Gandhi (→ 4.6.1, S. 188, unten).
Aufgabe 4: Interessant, dass beim Barmherzigen Samariter von einem nicht „lupenreinen" Gottesverständnis auszugehen ist, hielten sich die Samariter doch nicht an den im Jerusalemer Tempel verehrten alleinigen Gott Israels, sondern hatten einen eigenen religiösen Sonderkult entwickelt. Hier scheint also die konsequente Nächsten- über der richtigen Gottesliebe zu stehen ... – Für das Reich-Gottes-Verständnis mag dies wichtige Konsequenzen haben: es geht hier erstaunlicherweise eher um ein inklusivistisches, nicht um ein exklusivistisches Verständnis (zur Differenzierung: → S. 257, unten).
Aufgabe 5: Drei Teilaufgaben: 1. Vorstellungen Klasse; 2. Bibel: Nachfolge Jesu (Texte, Bibelstellen, Bilder des Teilkapitels); 3. Bonhoeffer – Strunk.

Bibelstellen	Welche Bilder verwendet Jesus?	Bedeutung für 1. Reich Gottes? 2. Jesus selbst 3. Nachfolge?
Mk 1,16–20		
Lk 9,23–25		
Lk 9,57–62	1. 2. 3.	
Mk 10,35–45		

Tabelle: Nachfolge Jesu

181–186: Jesus im Rückspiegel

4.5 Jesus Christus als Gottes Sohn? – Jesus im Rückspiegel (S. 181–186)

Drei Themen bzw. Unterkapitel von jeweils zwei Seiten bilden das Teilkapitel:
- Jesu Auferstehung (4.5.1, S. 181f);
- Deutungen Jesu im Neuen Testament (Hoheitstitel) (4.5.2, S. 183f);
- Deutungen Jesu in der Theologie (Zwei-Naturen-Lehre) (4.5.3, S. 185f);
- Die letzte halbe Seite bildet den Abschluss des Teilkapitels (S. 186, untere Hälfte).

181f: Jesu Auferstehung

4.5.1 „Er ist auferstanden, er ist nicht hier" – Jesu Auferstehung (S. 181f)

Die *Überschrift* des Unterkapitels stammt aus der am Anfang des Fließtextes zitierten Geschichte vom leeren Grab (Mk 16,6).
Der *Aufbau* des zweiseitigen Unterkapitels lässt sich an den Marginalspaltenbegriffen leicht erschließen sowie nachvollziehen und erfolgt im Kern in *zwei Schritten*: von (a) unterschiedlichen *Bibelexten* zum *Auferstandenen* (Zweidrittel der S. 181) zu (b) unterschiedlichen *Verständnissen* von *Auferstehung* (S. 181, unteres Drittel sowie S. 182).
Das *Thema* ist eschatologisch und lädt zu *Querverbindungen* ein zu (1) Zukunft Christi (Himmelfahrt und Parusie → 4.7, S. 191–193); (2) Zukunft der Welt → 1.5, S. 47–53; (3) Zukunft des Menschen → 2.7, S. 95–99.
Als *Materialien/ Medien* dienen vorrangig die Ausführungen im Fließtext, zur Veranschaulichung und selbständigen Prüfung unterbrochen durch – freigestellte und in den Text eingestreute – Bibelzitate und ein Bildpaar. Ein Doppelzitat beschließt die Ausführungen.
Für die *Einstellungen* von *Jugendlichen* typisch ist erstens, dass sie üblicherweise zwischen einer allgemeinen und der Auferstehung Jesu keine Verbindung herstellen und zweitens Jesu Auferstehung häufig subjektivieren: seine Auferstehung bedeutet seine Wirksamkeit in uns Menschen.

181f: Anmerkungen im Einzelnen

Anmerkungen im Einzelnen (S. 181f)

(a) Die *Bibeltexte* zur *Auferstehung Jesu* lassen sich sprachlich resp. inhaltlich in *vier Formen* resp. Gattungen gliedern:
- *Geschichten vom leeren Grab*, hier in Form des Mk-Schlusses (bei Mk 16,9–20, dem sog. sekundären oder „langen" Mk-Schluss handelt es sich um einen späteren Zusatz);
- Formelhafte Kurzgeschichten der *Erscheinung* des *Auferstandenen*, in der knappsten Form auf drei Elemente (Wörter) beschränkt: Er/ Jesu erschien (der resp. diesen) Person(en).
- Knappste, formelhafte bzw. bekenntnisartige (theologische) Charakterisierung Jesu Christi als *der Auferstandene* – insbes. bei Paulus.
- Ausführliche(re) Geschichten bzw. *Erzählungen* von der *Erscheinung* des *Auferstandenen* bei Einzelnen oder Gruppen von Jünger/innen.

Insgesamt ist die überaus bedeutsame, ja zentrale Rolle von *Frauen/ Jüngerinnen* bei der Auferstehungstradition von Bedeutung und verdient Beachtung.

(b) *Auferstehungsverständnisse* lassen sich gemäß unserem dreidimensionalen Verständnis dreifach auffächern:
- leiblich, *körperlich* – als neue Runde des alten Lebens;
- *geistig*, in die Botschaft, „ins Kerygma", die christliche Verkündigung hinein (s. die auch von Jugendlichen vertretene Idee seiner Kraft/ Wirkung in Menschen);
- in einer *dreidimensionsionalen, offenen Perspektive* gleichsam *geistlich* als *neue Möglichkeit* von Leben und Existenz, die sich von unseren beiden Dimensionen (von Körper und Geist) radikal unterscheidet und sich doch zugleich fundamental auf diese bezieht. Perspektivisch ist diese Sichtweise bereits im jetzigen Leben möglich (Auferstehung im Hier und Jetzt, s. Kurt Marti-Zitat als Abschluss des Unterkapitels (weiteres Auferstehung-Zitat von Kurt Marti → Mensch-Kapitel, 2.7.3, S. 99, Herrschaftskritik).

Hinweis: Das Bekenntnis zum Auferstandenen lässt sich als *innerjüdische Weiterentwicklung* des während der Makkabäeraufstände entstandenen *Auferstehungsglaubens* verstehen. Jesus als der leidende Gerechte/ Märtyrer/ Messias ist der Auferstehende, mehr noch und entscheidend neu: der bereits Auferstandene! Die Auferstehung Jesu ist jedoch keine historische, geschichtliche Tatsache wie die Kreuzigung und der Tod Jesu (gegen Pannenberg), vielmehr eine Perspektive des Glaubens, also ein Vertrauen auf Gottes Möglichkeiten.

Querverweis: Drei Auferstehungsverständnisse als Parallele und Spezifizierung des dreifachen Wunderverständnisses (Auferstehung = Wunder, Sieg über Tod; → 4.3.2, S. 171f).
Literatur:

- Alkier, Stefan Die Realität der Auferweckung in, nach und mit den Schriften des Neuen Testaments, Tübingen: Francke, 2009

Die beiden Bilder: Caravaggio – Tizian (S. 182)

182: Bilder Caravaggio – Tizian

Caravaggio (1571–1610): Der ungläubige Thomas, zwischen 1601 und 1603
Assoziative Bildbeschreibung: Kein Hintergrund (Dunkel, schwarz), nur Personen: Jesus und Thomas, der Zweifler, dazu zwei weitere Jünger (Bystander).
Vierergruppe bildet waagrechtes bzw. liegendes Oval; Licht von links, weißes Gewand des Auferstandenen; Jesu Hand, die die Hand des Thomas führt oder bremst; Körperakt, Körperöffnung; das „Innere" des anderen; Laszivität, Erotik und/ oder Grausamkeit, „Geschmacklosigkeit"; das „Begehren" der Zeit, unser Begehren – Lust und Abscheu/ Ekel.
Hintergrundinformation: Person/ Leben (und Werk): Michelangelo da Caravaggio (eig. Merisi) (1571–1610); kurzes, bewegtes Leben: Karriere in Rom, Verbannung und Flucht wg. Totschlags bzw. Körperverletzung; Archetyp des „verruchten Künstlers"; *(Kunst-)Epoche*: Frühbarock (Überwindung des Manierismus); *Grundthema/ Grundanliegen*: Realistische Malweise; neu und spezifisch: Hell-Dunkel-Malerei (Chiaroscuro – „Lichtregie" gegen die „Architekturregie" der Renaissance); Verknüpfung von Sakralem und Profanem.
Rezeption: Großer Einfluss auf Künstlergeneration seiner Zeit (Caravaggisten); „Mythos Caravaggio" bis zur Gegenwart (Leben und Werk).

Tizian (1488–1576): Noli me tangere (um 1514)
Assoziative Bildbeschreibung: Stehender Mann, vor ihm knieende, die Hand nach ihm ausstreckende Frau. Linkische Haltung des Mannes: Zurückweisung mit sich wegdrehendem Unterleib und die Tücher festhaltender, die Scham schützender rechter Hand und dem zugewandten Oberkörper bzw. Kopf. Körper, Köpfe und Arme bzw. Hände bilden fließende, aufsteigende, ringförmige Bewegung(en); erotisches Motiv; Morgenlicht (typisch); einzelner Baum, der aus den beiden Körpern bzw. Köpfen emporzusteigen scheint. Hintergrund: weite, hügelige, teils bewaldete Landschaft, rechts auf höherem Berg eine Stadt (Jerusalem?).
Hintergrundinformation: Tizian, ein Hauptmeister der Hochrenaissance, vorrangig in Venedig, von Kaiser Karl V. zum Hofmaler ernannt. Beim abgedruckten Bild handelt es sich um ein Frühwerk.

Deutungsmöglichkeiten und *Umgang* mit *beiden Bildern*

- Bilder in unmittelbarem Vergleich beobachten und beschreiben: Ähnlichkeiten und Differenzen: Jesus und Jünger/in; Bystander (Beobachter); Licht, Helligkeit; Personenarrangement; Arm- und Handhaltungen; angedeutete und vollzogene Berührungen; Hintergrund.
- Bilder in unmittelbarem Vergleich behandeln (Jesu Körper als Objekt des Interesses) und auf die biblischen Geschichten beziehen (Joh 20,24–29; Joh 20,11–18) – Künstlerische Interpretationen (Freiheiten) beachten: Carravagio setzt Höhepunkt in Szene, der in der biblischen Geschichte gerade nicht erzählt ist, vielmehr ausgespart bleibt: die reale Berührung (Thomas legt seinen Zeigefinger in die Seitenwunde Jesu), die ja auch bei Maria Magdalena nicht erfolgt. Deutung: Spiel, Schwanken zwischen (körperlicher) Erscheinung und Entzug.

Querverbindung: Vergleich der beiden Caravaggio-Bilder (→ Kreuzigung des Petrus, 5.2.3, S. 211): Themen: Intim(st)e körperliche Berührung (Thomas-Jesus) – Extrem(st)e körperliche Gewalt (Kreuzigung Petri); Spannung zwischen realistischer Darstellung und „fremder" Welt des Dargestellten; Möglichkeit eines Brückenschlags zur Ästhetik der Gegenwart (Dschungelcamp; Hollywood-Ästhetik); Weiterführung: Lebensbezug, psychoanalytisch: körperliche Nähe, intime Berührung, Eindringen in Körperöffnung mit sexueller (i.w.S.) Komponente (Thomas); Körpernähe in Gewaltexzess, Angst und Schrecken erfahrener Gewalt (Traumatisierung) bei Petrus.

182: Tod und Auferstehung Jesu Christi

Auferstehung Jesu = Leeres Grab		Auferstehung Jesu Christi: = Geglaubtes Heilsgeschehen
	+	
Tod Jesu = Historisches Ereignis		Tod Jesu Christi = Geglaubtes Heilsgeschehen

Grafik: Differenz zwischen Tod und Auferstehung Jesu (Christi) als Fakt und Deutung

183f: Deutungen Jesu im Neuen Testament

4.5.2 „Du bist der Christus!" – Deutungen Jesu im Neuen Testament (Hoheitstitel) (S. 183f)

Die *Überschrift* des Unterkapitels stammt aus dem kurz vor der Seitenmitte zitierten Petrusbekenntnis (Mk 8,27–30 – Schlusssatz). *Thema* sind die für Jesus verwendeten *Ehrennamen* oder Würdebezeichnungen, *Hoheitstitel* genannt, als Deutungen für Person, Leben und Werk Jesu. Drei Titel finden besondere Berücksichtigung und bestimmen den *Aufbau* der beiden Seiten: Jesus als:

- „Messias/ Christus" (S. 183, obere Seitenhälfte),
- „Sohn Gottes" (S. 183, untere Seitenhälfte sowie 184, obere Seitenhälfte), dazu als Fortsetzung das folgende Unterkapitel: → 4.5.3, S. 185f, und
- „Menschensohn" (S. 184, Seitenmitte).
- Zusätzlich findet die johanneische Christologie sowohl im Joh-Prolog als auch in den „Ich-bin-Worten Jesu" ihren Ausdruck (S. 184, untere Seitenhälfte).

183f: Einzelhinweise – Hoheitstitel

Einzelhinweise – Hoheitstitel (S. 183f)

- *Messias* bzw. *Christus* steht im Zentrum des Petrusbekenntnisses (Mk 8,27–30); Messias: königliche, priesterliche oder sonstige Gestalt mit endzeitlicher befreiender Funktion.
- *Sohn Gottes*: Bei Mk an drei entscheidenden Stellen: Mk 1,1.9–11 (Taufe); Mk 9,2–13, bes. 7 (Verklärung); 15,39 (Hauptmann) als dreigestufte Offenbarung: vor Jesus selbst am Anfang, dem engsten Jüngerkreis (Petrus, Jakobus und Johannes) als Mitte sowie der Welt am Ende (Heiden, römischer Hauptmann am Kreuz). *Wichtig:* Der Sohn-Gottes-Titel verbleibt im jüdischen und antiken Umfeld: Herrscher können als „Sohn-Gottes" *tituliert* werden – freigestelltes Zitatpaar, S. 183, unterhalb Seitenmitte) – dies ist allerdings zuerst einmal als Bezeichnung, also als Bedeutungszuschreibung, und nicht – wie dann später – als „Wesensaussage" (→ S. 185f) zu verstehen!
- *Menschensohn:* Mk 8,31 (Leidensankündigung), im Judentum Typus, zukünftig bei Daniel; leidender Menschensohn bei Ezechiel; auch gegenwärtig als „ein (beliebiger, typischer, idealtypischer) Mensch", „Menschenbruder" oder „Mensch wie du und ich" (Schalom Ben-Chorin).
- *Johanneische Christologie resp. Logos-Theologie (Joh-Prolog):* Der aus der griechischen Philosophie stammende Begriff steht für die rationale (nicht personal konnotierte) Ordnung der Welt. Die spätere jüdische Weisheit stattet Logos – hier: die Weisheit – mit personalen Zügen aus als Mittler von Schöpfung und Offenbarung (so auch hier), ohne sie jedoch zur wirklichen, konkreten Person zu machen. Johannes identifiziert Jesus mit dem göttlichen Logos. Er ist „das Wort" resp. „die Weisheit". Jesus selbst ist Inhalt des Evangeliums. Was dies bedeutet, konkretisiert das Johannesevangelium – wiederum auf einer symbolischen Ebene – in den „Ich-bin-Worten".
- *Ich-bin-Worte Jesu:* Im Johannesevangelium benutzt Jesus häufig Bildworte zur Selbstidentifizierung, sog. „Ich bin-Worte". Diese Aussagen lassen sich entweder als Gottesbilder verstehen, in Analogie zur Theophanie (Gotteserscheinung) vor Mose am Brennenden Dornbusch („Ich bin, was ich bin", 2. Mose 3,14 → 3.3.1, S. 116 – dazu passt auch der Joh-Prolog: im Sohn kommt Gott als Wort/ Weisheit/ Logos zur Welt, Joh 1,14 und 18) oder schlicht als Wiedererkennungsformel: „Ich bin der, von dem die Rede ist." Dann lautet die Botschaft einfach: Das, was in den Geschichten erzählt wird, handelt wirklich von Jesus Christus.

Ergänzung: Zur Didaktik der Ich-bin-Worte:

- Auf Einzelelemente achten: 1a) Ich bin; 1b) Bild; 2) Entscheidung bzw. Aufforderung: „Wer an mich glaubt ..." (fehlt tlw.).
- Bild/ Metapher interpretieren, lebensweltlich: Du bist mein Herzblatt, ein Goldstück; er ist ein starker Löwe ...; ein rhetorisches Metaphernverständnis lädt ein zur Übersetzungsarbeit, ein semantisches Metaphernverständnis bietet eine neue Perspektive auf die Wirklichkeit.
- Innerjohanneische Bezüge thematisieren: z.B. Brot des Lebens (Joh 6,51–58): Speisung der 5000 (davor), AT: Mannaspeisung in der Wüste; eucharistische Dimension (Fleisch essen ...).

Literatur:

- Büttner, Gerhard/ Roose, Hanna: Das Johannesevangelium im Religionsunterricht, Stuttgart: Calwer, 2007, insbes.: Kap. 8, 88–97

Zusammenfassung/ Überblick:

183f: Überblick – Sohn Gottes

Bibelstelle	Entstehungszeit, schriftlich	Ab wann wird Jesus Sohn Gottes (genannt)?	Wodurch wird Jesus Sohn Gottes?	Sohn Gottes – Wesen oder Bezeichnung
Röm 1,1–4	2. Hälfte 50er Jahre			
Mk 1,9–11	Um 70 n.Chr.			
Lk 1,35 (26–38)	Um 80 n.Chr.			
Mt 1,20 (18–25)	Um 90 n.Chr.			
Joh 1,1+14 (1–14)	Um 100 n.Chr.			

Tabelle: Biblische Aussagen über die Gottessohnschaft Jesu

Ergänzung:

184: Ergänzung – Ehrenbezeichnungen

Die Evangelien kennen auch *Ehrenbezeichnungen* für Jesus, die ganz auf der *menschlichen Ebene* verbleiben und Jesus in den jüdischen Kontext einordnen: Jesus als Rabbi oder Rabbuni (Mk 9,5 – Petrus; Joh 20,16 – Maria), Meister („Guter Meister": Mk 10,17 – Reicher Jüngling) oder Lehrer (Torausleger – z.B. Lk 4,15.16–21), auch emphatisch bzw. verabsolutierend: *der* Meister (Mk 14,14). So lassen sich auch bei den „Titeln" wieder eine Christologie von unten und von oben ausdifferenzieren, wobei manche Bezeichnungen (wie insbes. „Menschensohn") zwischen beiden Ebenen changieren – und die Bezeichnungen „von oben" weniger Wesens- als Respektaussagen sind. Wichtig ist, dass auch die „göttlichen" Bezeichnungen erstens nicht als Wesencharakterisierungen, sondern als Respektbekundungen zu verstehen sind und zweitens nicht unmittelbar „von oben" ansetzen, sondern Jesus gleichsam „in den Himmel heben" – mit Ausnahme von Joh. (In diesem Kontext ist auch interessant, dass Mt Jesus über Josef – als Mann der Maria – patrilinear auf König David zurückführt: Mt 1,1+6+16 – in deutlicher Spannung zur folgenden Textpassage zur Entstehung durch den Heiligen Geist/ Jungfrauengeburt).

Göttlicher Bereich	Messias/ Christus; Sohn Gottes
Göttlich-menschlicher Bereich	Menschensohn
Menschlicher Bereich	Rabbi, Meister, Lehrer

Tabelle: Ehrenbezeichnungen für Jesus – Überblick

4.5.3 Wahrer Mensch und wahrer Gott? – Deutungen Jesu in der Theologie (Zweinaturenlehre) (S. 185f)

185f: Deutungen Jesu in der Theologie

Die *Überschrift* des gut eine Seite umfassenden Unterkapitels (S. 185 u. 186, oberes Drittel) stammt aus dem im Fließtext genannten Chalzedonense. *Thema* ist die in der Alten Kirche im Verbund mit der Trinitätslehre (→ 3.7.3, S. 143–145) entwickelte, in den Kirchen bis heute vertretene Zwei-Naturen-Lehre Jesu Christi. Damit sind zwei für das Christentum zentrale theologische Denkfiguren genannt, die einerseits als „differentia specifica", „identity marker" bzw. „Alleinstellungsmerkmale" des christlichen Glaubens gelten, andererseits natürlich auch für Ablehnung und Polemik vonseiten anderer, vor allem der beiden großen Schwesternreligionen (Judentum und Islam) sorgen.
Der sog. Christologische Streit um Jesus Christus als Gott resp. Mensch endete 451 in Chalcedon am Bosporus in der Nähe Konstantinopels – und natürlich unter dem entsprechenden Einfluss des Kaisers – mit dem Bekenntnis des „Chalcedonense" und der ausgefeilten (und „ausgewogenen") Zwei-Naturen-Lehre mit der klassischen Formel: ungewandelt – ungeteilt – ungetrennt – unvermischt. Die logische Schwierigkeit wird primär dadurch hervorgehoben, dass die göttlichen Attribute Jesus Christus nicht – als Prädikate – gleichsam „zugeschrieben", vielmehr im Sinne einer – ontologischen – Seins- und Wesensaussage verstanden und verteidigt werden.
Literatur:

- Das Glaubensbekenntnis des Konzils von Chalkedon, in: Ohlig, Karl-Heinz [Bearb.], Christologie, Bd. 1. Von den Anfängen bis zur Spätantike, Texte zur Theologie, Dogmatik, 4.1, Graz; Wien; Köln: Verlag Styria, 1989, 53–56

Christologie von oben	Johannesevangelium (Prolog, Ich-bin-Worte)
Christologie „vermittelt" (oben/ unten)	Bekenntnis von Chalkedon (451 n.Chr.)
Christologie von unten	Neuere Christologien (Doris Strahm)

Tabelle: Unterschiedliche christologische Ansätze in der Theologie

185f: Die drei Bilder des Unterkapitels

Die drei Bilder des Unterkapitels (S. 185f)

(1) Das Mosaik *Christus als Pantokrator*, das das Brustbild des segnenden Pantokrators zeigt, befindet sich in der Apsis der Basilika San Apollinare Nuovo, Ravenna, 5. Jahrhundert. Das Mosaik ist ein typisches Beispiel byzantinischer Kunst und Theologie. – In der byzantinischen Kunst verschmelzen das Bild Christi, des himmlischen Herrschers, und das Bild des von Gott eingesetzten, irdischen, universalen Herrschers. Durch diese geistige Verknüpfung wurde die Herrschaft des Kaisers nicht nur bestätigt, sondern mit der Aura überirdischer Legitimität verklärt und ins Sakrale überhöht. Der Kaiser ist der Isapostolos, der den Aposteln Ebenbürtige, und auf politischer Ebene der Stellvertreter Gottes auf Erden. Diese Vorstellung geht letztlich auf Konstantin als Gründer des christlichen Reiches zurück, dessen Biograph Eusebios von Caisarea die Herrschaftsdoktrin ausformulierte.
(2) Der Kruzifixus von St. Georg bzw. der *Georgskruzifixus* aus Köln stammt aus dem letzten Drittel des 11. Jahrhunderts (189,5 x 52 x 38 cm). Obwohl dem Gekreuzigten beide Arme und Teile der Beine fehlen, gehört der Torso vor allem der expressiven Gesichtszüge wegen zu den wichtigsten Werken der wenigen aus dem 10. und 11. Jahrhundert erhaltenen Monumentalkreuze. Lange Zeit war das Kunstwerk unbeachtet in der Krypta von St. Georg in Köln gelegen, Verwitterung und Verfall ausgesetzt. Heute ist es im Museum Schnütgen (Köln) zu sehen und war während der EXPO 2000 in Hannover über dem Altar des Pavillons der christlichen Kirchen ausgestellt. Die Darstellung steht für den Typus des armen, geschundenen, leidenden und sterbenden Christus, ein Gegenbild zur Pantokratordarstellung unmittelbar daneben.
(3) Die Heilige Dreifaltigkeit als *Dreigesicht*, ein anonymes Werk des 19. Jahrhunderts aus dem Pinzgau, Österreich, versucht beide theologisch schwierigen Themen in einer Darstellung einzufangen, die Trinität und die Zwei-Naturen Jesu Christi. Was beiden gemeinsam ist, ist die logische Schwierigkeit, das doppelte oder dreifache Sehen – das hier sehr eindrücklich und verblüffend irritierend in Szene gesetzt wird – bzw. die Überschreitung der klassischen, binären Logik (Ausschluss des Dritten: da Gott nicht Mensch ist, der Mensch nicht Gott, ist etwas entweder göttlich *oder* menschlich) in einem trivalenten, paradoxalen, dialektischen oder mehrperspektivischen Denkansatz. Das Bild bietet interessanterweise die Möglichkeit, die Doppel„natur" Jesu Christi bzw. die Trinität Gottes nicht in einem ontologischen Sinne, vielmehr in einem wahrnehmungstheoretischen, perspektivischen Ansatz zu thematisieren (so sind die beiden Gesichter bzw. die drei Nasen und Münder ja jeweils gleicher und nicht unterschiedlicher Art bzw. „Natur", irritiert wird allerdings unsere Sehgewohnheit – ein Gesicht mit zwei Augen, aber nur einer Nase und einem Mund ist zu sehen.

185f: Ergänzung

Ergänzung: Wenn Jesus Christus ganz die göttliche Liebe repräsentiert, so doch nicht automatisch auch die ganze Liebe Gottes. Vielleicht können wir diesen Gedanken – oder möglicherweise auch eine vierte Lösung – präziser über das Wirken Gottes bzw. den Geist Gottes fassen, also „pneumatologisch". Gottes Wirken ist „performativ", es verändert die Wirklichkeit. Dies geschieht in Jesus Christus. Zugleich aber weht der Geist Gottes, wie es heißt, „wo er will." (Joh 3,8).

> „To believe that God is best defined by Christ
> is not to believe that God is confined to Christ."
> *(Der indische Theologe Vengal Chakkarai, 1930)*

> Jesus Christus ist zwar „wholly God",
> aber nicht „the whole of God".
> *(Der britische Theologe John Hick)*

186: Abschluss

Abschluss des Teilkapitels 4.5 (S. 186, untere Seitenhälfte)

Der *Abschluss* des Teilkapitels besteht aus nur zwei Elementen, einer gemäß den Unterkapiteln in drei Teile gegliederten *Zusammenfassung* sowie *Aufgabenstellungen*.

186: Zu den Aufgaben

Aufgabe 1:

	Mt 28,1–20	Mk 16,1–16	Lk 24,1–49	Joh 20+21	1. Kor 15,1–11
Erwähnte oder erzählte Geschichten					
Einzelheiten in der Geschichte vom Grab					
Wem erschien Jesus und in welcher Reihenfolge?					
Ausführliche Erscheinungserzählungen					
Form der Geschichte: Wo und für wen erzählt?					
Prioritätenfrage: Reihenfolge der Geschichten?					
Akzentsetzungen: Theologisches Anliegen					

Tabelle: Erzählungen zum leeren Grab und zu Erscheinungen des Auferstandenen (zu Aufg. 1)

Ergänzung: 1. Kor 15,3b–5 – eine alte Bekenntnisformel
Differenzierung zwischen leibhaften, körperlichen Erscheinungen, gesprochenen Worten und dem „Entzug" vor Sinneseindrücken (Sehen, Hören, Berühren).
Aufgabe 2: Rabbi; Meister; Lehrer; Menschensohn; Messias/ Christus; Sohn Gottes; Ich-bin-Worte – Menschliche Titel als Beispiel resp. Vorbild für Nachfolge; Göttliche Titel als Symbole für Gegenwart unverfügbarer göttlicher Gnade.
Aufgabe 3: Streit um Jesus (1) primär als Mensch, (2) vorrangig als Gott oder (3) als einzigartiges und andersartiges Wesen – Formelkompromiss „wahrer Gott" und „wahrer Mensch" (Formel: ungewandelt – ungeteilt – ungetrennt – unvermischt). Zur Deutung als Liebesgeschehen s. S. 186, oben, 2. Abschn., sowie die Aussagen zur Trinität (trinitarische Liebe) von Sabine Pemsel-Maier, S. 143, unten, sowie Marion Küstenmacher, S. 144, Zitat oben, linke Spalte.
Aufgabe 4: Gott als Liebe – Erschaffung des Menschen mit der Bestimmung zur Liebe – Verfehlung der Bestimmung (= Sünde, Sündenfall) –Erfüllung der Bestimmung des Menschen zur Liebe durch Jesus Christus (Leben und Werk bis hin zu Tod und Auferstehung) – Erlösung/ Ermöglichung eines menschlichen Lebens in Liebe.
Aufgabe 5:

Christologie von oben	Christus als Pantokrator, Ravenna
Christologie „vermittelt" (oben/ unten)	Jesus Christus als „Dreigesicht"
Christologie von unten	Georgskruzifixus, Köln

Tabelle: Unterschiedliche Darstellungen Jesu Christi in der Bildenden Kunst

Ergänzung durch weitere Bilder des Kapitels, z.B. Eingangs-Doppelseite: Corinth → zutiefst menschlicher Jesus; Hofmeister → menschlich-übermenschlich, ironisch gebrochen …

187–190: Deutungen Jesu Christi

4.6 Jesusbewegung oder Christentum? – Deutungen Jesu Christi (S. 187–190)

Die *Überschrift* des Teilkapitels zielt auf die grundlegende Alternative zwischen der Orientierung am historischen Jesus oder am geglaubten Christus (Hoheitstitel), wobei das Chalzedonense den Spagat versucht, beides miteinander zu vermitteln – dann wäre eine Doppelorientierung nötig – und das „oder" durch ein „und" zu ergänzen (im Sinne eines: und/ oder). Das Teilkapitel befasst sich – in drei Unterkapiteln – mit den Deutungen Jesu Christi (1) in den Weltreligionen (2.6.1), (2) in der Kultur (2.6.2) und (3) bei heutigen Menschen, vor allem Jugendlichen (2.6.3), und bietet dann einen zusammenfassenden Abschluss (S. 190, untere Seitenhälfte).

187f: Deutungen Jesu in den Religionen

4.6.1 „Mein großer Bruder" – Deutungen Jesu in den Religionen (S. 187f)

Die *Überschrift* entstammt der im Zitat aufgenommenen Charakterisierung Jesu durch Martin Buber (freigestelltes Zitat, Seitenmitte, linke Spalte). *Thema* sind Deutungen Jesu in den Weltreligionen, vorrangig in den beiden großen Schwesterreligionen Judentum (S. 187, eine Seite) sowie Islam (S. 188; Zweidrittel der Seite), daneben im (Neo-)Hinduismus, eingegrenzt auf das Beispiel Mahatma Gandhi (S. 188, unteres Drittel).

Zusammenfassend lässt sich eine Doppelthese aufstellen:

- Jesus erfährt in Judentum, Islam (und im Hinduismus, etwa bei Gandhi) in großem Ausmaß Ansehen und Anerkennung (als großer Jude, „Bruder" bzw. Glaubender im Judentum, als großer Prophet im Islam und als großer Ethiker bei Gandhi).
- Deutliche Ablehnung aber (bis hin zu grundlegender Polemik im Koran/ Islam) erfährt die christliche Zwei-Naturen-Lehre (wie ebenso und analog die Trinitätslehre), also die Behauptung einer Göttlichkeit Jesu, sowie der Gedanke einer Erlösung der Menschen durch Jesus Christus bzw. durch Tod und Auferstehung Jesu Christi.

187: Christlich-jüdischer Dialog (unten)

Christlich-jüdischer Dialog (Doppelzitat S. 187, unten)

Der jüdisch-christliche Dialog hat in den letzten Jahrzehnten des 20. Jh.s ganz erstaunliche und erfreuliche Fortschritte gemacht und befindet sich – wie zwei zentrale Dokumente pünktlich zur Jahrtausendwende von beiden Seiten her deutlich machen – auf einem offenen, dialogischen Stand, der sich durch drei Kennzeichen charakterisieren lässt:

- Verzicht auf wechselseitige „Mission";
- Respekt vor der jeweiligen Position/ Religion der anderen Seite;
- wechselseitiger Dialog auf Augenhöhe.

Damit stellt der jüdisch-christliche Dialog eigentlich nahezu den Idealfall eines „Dialogs" der Weltreligionen dar (→ 6.3.3, S. 259f), wenngleich damit nicht alle Probleme gelöst sind und Teilströmungen in beiden Religionen sich auch in anderem Sinn äußern.

Bei der Stellungnahme zahlreicher führender US-amerikanischer Juden und Jüdinnen von 2000 handelt es sich um das Dokument „Dabru emet – redet Wahrheit".

Literatur:

- Kampling, Rainer/ Weinrich, Michael (Hg.), Dabru emet – redet Wahrheit: eine jüdische Herausforderung zum Dialog mit den Christen, Gütersloh: Kaiser, Gütersloher Verl.-Haus, 2003
- Christen und Juden: I–III; die Studien der Evangelischen Kirche in Deutschland 1975–2000, hrsg. im Auftrag des Rates der Evangelischen Kirche in Deutschland vom Kirchenamt der EKD, Gütersloh: Gütersloher Verlagshaus, 2002 (darin: EKD-Denkschrift Nr. 144, Christen und Juden III, 2000 – auch unter: http://www.ekd.de/EKD-Texte/christen_juden_2000_c-j5.html - 11.03.2021)

Querverbindungen: Zum christlichen Antisemitismus → 5.2.2 (2), S. 209.

188: Jesus im Islam/ Koran (unten)

Jesus im Islam/ Koran (S. 188, obere Seitenhälfte)

Im Islam ist Jesus einerseits ein wichtiger Prophet, er kann sogar als „Wort Gottes" bezeichnet werden, andererseits gilt er nicht als „Sohn Gottes" – das wäre eine anthropomorphe Rede- und Denkweise und damit eine Blasphemie.

Ergänzung: Abgelehnt wird auch der Kreuzestod Jesu (wohl wegen seiner Heilsbedeutung im Christentum): „[...] und weil sie sprachen: ‚Wir haben Christus Jesus, den Sohn Marias, den Gesandten Gottes, getötet.' Aber sie haben ihn nicht getötet und haben ihn auch nicht gekreuzigt. Sondern es kam ihnen nur so vor. [...] Sie haben ihn nicht getötet, mit Gewissheit nicht, vielmehr hat Gott ihn hin zu sich erhoben." (Sure 4: 157–158)

Christlich-islamischer Dialog (Seitenmitte): Der linke Textausschnitt stammt aus einer EKD-Veröffentlichung aus dem Jahr 2000, mit dem auch der jüdisch-christliche Dialog noch einmal einen wichtigen Schritt vorankam. Der christlich-muslimische Dialog setzte allerdings wesentlich später ein, ist noch keineswegs in derselben Weise entfaltet und muss deshalb weiter entwickelt werden.
Literatur:

- Zusammenleben mit Muslimen in Deutschland. Gestaltung der christlichen Begegnung mit Muslimen (Eine Handreichung), 2000
- Klarheit und gute Nachbarschaft. Christen und Muslime in Deutschland. Eine Handreichung, EKD-Texte 86, 2006

Jesus im Hinduismus (S. 188, unteres Seitendrittel)

188: Jesus im Hinduismus

Die Haltung des Neo-Hinduismus ist auf Mahatma Gandhi beschränkt und konzentriert. Für ihn ist Jesus ein „großer Menschheitslehrer" und Ethiker mit der zentralen Botschaft der Bergpredigt (1. Abschn.). Diese fordert eine Abkehr vom Mammonismus (Mt 6,24; 2. Abschn.) und Gewaltverzicht (3. Abschn., → S. 175 unten). Jesus scheint hier den östlichen Religionen näher zu stehen als dem Christentum Europas– er war Asiate (letzter Abschn.; → S. 235: Ein Weihnachtsgottesdienst: Jesu Geburt in der römischen Provinz Syrien). Zur religionsverbindenden Einstellung Gandhis → S. 141: Geschichte von Pi, Ende (Pi beruft sich bei seiner Zugehörigkeit zu drei Religionen auf „Bapu [Vater] Gandhi").

Zusammenfassung des Unterkapitels:

188: Zusammenfassung

Jesus-Deutung/ Religion	Jesus, positive Bedeutung	Ablehnung von Jesus-Deutungen
Judentum	Jüdische Persönlichkeit (Baeck) Jesus als großer Bruder (Buber) Glaube Jesu als Jude (Ben-Chorin) Jesus als Jude, jüdischen Glaubens	Glaube an Jesus (als Messias, Sohn Gottes o.Ä.m.)
Islam	Prophet, Gottesknecht Wort und Geist Gottes Jesus als „Vorläufer" des Islam	Jesus als Gottes Sohn Jesus als Gekreuzigter
Hinduismus	Menschheitslehrer Botschaft Jesu: Bergpredigt Jesus als Asiate	Nachrangigkeit bzw. Bedeutungslosigkeit der übrigen Aspekte Jesu Christi

Überblick: Jesus-Deutungen in den Weltreligionen

4.6.2 „Dem Revolutionär Jesus zum Geburtstag" – Deutungen Jesu in Philosophie und Kultur (S. 189)

189: Deutungen Jesu in Philosophie und Kultur

Die *Überschrift* des Unterkapitels entstammt dem zitierten Gedicht von Erich Kästner (freigestelltes Zitat, rechte Spalte, Überschrift). *Thema* sind Deutungen Jesu in der Kultur und Subkultur – zu Wort kommen ein Philosoph (Ernst Bloch), ein Schriftsteller (Erich Kästner), zwei jugendliche Skinheads (Beni und Andi) und eine Theologin (Dorothee Sölle).
Einzelhinweise:

- Das freigestellte Zitat stammt aus *Ernst Blochs* Hauptwerk: Das Prinzip Hoffnung (1959), das im Fließtext zitierte aus: „Atheismus im Christentum". Der marxistische Philosoph und führende Theoretiker der „Utopie" übte auch auf die Theologie (Jürgen Moltmanns „Theologie der Hoffnung" → Quellentext 1.5 [2], S. 52, rechte Spalte) einen wichtigen Einfluss aus.
- Dem *Skinhead Andi ist* klar, dass seine Formulierungen wohl doppelt anstößig wirken – auf die „bürgerliche" Seite wegen der Wortwahl, auf die „szenenorientierte" wegen seiner Anerkennung Jesu –, er fügt im Interview erklärend hinzu: „Das ist jetzt net so, was en Skinhead so sagt […]."

Dorothee Sölles Gedicht nennt als Beispiele historischer „Größen": Sokrates (Tod des Sokrates → 4.1.1, S. 151 unten; Lebenshaltung und Einstellung zum Tod → T 2.7 [1], S. 97, Quellentext, linke Spalte); Gandhi (→ S. 188, unten; S. 175 unten; Bergpredigt und Gewaltlosigkeit/ Ahimsa; → S. 141: Geschichte von Pi, Ende [religionsverbindende Einstellung]); sowie Rosa Luxemburg (1871–1919), Sozialdemokratin und Kommunistin, entschiedene Bekämpferin von Kolonialismus, Imperialismus und Militarismus (Krieg nur als unmittelbare Landesverteidigung), Kämpferin für soziale Gerechtigkeit und einen nichtautoritären resp. nichtdiktatorischen, freiheitlichen, von der „ganzen Volksmasse" getragenen Sozialismus („Freiheit ist immer die Freiheit der Andersdenkenden") – von Freikorpsoffizieren 1919 ermordet.

189: Bild: Tannhäuser-Inszenierung

Bild: Tannhäuser-Inszenierung, Staatstheater Wiesbaden, 2017

Der *Plot* von Richard Wagners Oper „Tannhäuser" handelt von Schuld (Aufenthalt im sinnengenussvollen Venusberg), die nicht vergebbar ist (trotz Büßerreise nach Rom und Bitte an den Papst). Tannhäusers Erlösung geschieht letztendlich durch die Liebe und den Opfertod Elisabeths. Die Versöhnung und Vereinigung der beiden Liebenden kann jedoch nur im Tod beider erfolgen. Das Werk endet mit dem Satz: „Der Gnade Heil ist dem Büßer beschieden, er geht nun ein in der Seligen Frieden."

Das *Szenenfoto* gibt den Schlussakt wieder, nach Tannhäusers erfolgloser Romreise. Zu sehen sind: der verzweifelte Held bzw. sein Freund Wolfram (der ebenfalls in von ihr allerdings nicht erwiderter Liebe zu Elisabeth brennt), auf dem Boden sitzend, wie mit gefesselten Händen; rechts daneben/ dahinter: bewohnbares Mini-Zelt für den heimatlosen Wanderer, links ein großes, schräg liegendes, begehbares weißes Kreuz; der Boden wie eine – bläulich-weiße – Mondlandschaft; hinten öffnet sich der Raum hin zu einem Himmelshorizont mit weiß-rötlichen, hell erleuchteten Strahlen. Licht fällt auf die düstere Szene von oben, hinten und rechts vorne (wie ein Lampenstrahl).

Anregungen zur Bild-/ Szenenerschließung:

- Assoziationen sammeln: Einsamkeit, Leben in der Einöde, am Kreuz, (unerfüllte) Liebe, Sehnsucht nach Befreiung (von Schuld), Erlösung von Leid, Hoffnungslosigkeit, Verzweiflung.
- Eine eigene Story zur Szene entwerfen.
- Szene auf Jesus beziehen (z.B. Szene im Garten Gethsemane, Mk 14,32–42).
- Einzelelemente als heutige Themen-/ Problemstellung neu arrangieren und ergänzen (u.a. Frauengestalt), mit Textblasen versehen, ein Comic gestalten o.Ä.
- Beispiele aus Kultur, Popkultur, Film, Musik, Internet auf Motive aus dem Umfeld „Jesus Christus" hin untersuchen und analysieren.

190: Deutungen Jesu heute (oben)

4.6.3 „Jesus bedeutet für mich …" – Deutungen Jesu heute (S. 190, obere Hälfte)

190: Fließtext (oben)

Der Fließtext nimmt die einschlägige empirische Untersuchung von *Tobias Ziegler* zur Einstellung Jugendlicher zu Jesus Christus auf (mehrere hundert Schülerinnen und Schüler der 11. Jahrgangsstufe, 16 bis 17, mehrheitlich 17 Jahre alt, an gut 30 Gymnasien in Baden-Württemberg). Ziegler kategorisierte die Ergebnisse in einem fünfgliedrigen Raster, für das er auch quantitative Verteilungen lieferte, die allerdings – angesichts der Zahlen und der spezifischen Verhältnisse (Auswahlverfahren etc.) – nur unter Vorbehalt zu verwenden sind. Wichtiger scheinen die Tendenzen: alle Kategorien finden sich zwischen gut 15 und knapp 25%, es zeigt sich also eine relativ gleichmäßige Verteilung: „kritiklos-indifferente" (gut 15%, mehr Jungen als Mädchen); „kritisch-ablehnende" (knapp 24%, häufigste Kategorie, Jungen mehr als Mädchen); zweifelnd-unsichere" (rund 17%), „kritisch-aufgeschlossene" (knapp 20%, Mädchen etwas mehr als Jungen) sowie zuletzt „kritiklos-zustimmende" (knapp 24%, Mädchen leichtes Übergewicht) (u.a. S. 212). Was hier theoretisch klingt, wird durch die entsprechenden Zitate Jugendlicher vom Anfang des Kapitels sprechend und anschaulich → S. 148, unten – Zur Diskussion), wobei sich – didaktisch-methodisch interessant – die Kategorien und Äußerungen einander selbsttätig zuordnen lassen (s. im Folg.).

Literatur:

- Ziegler, Tobias: Jesus als „unnahbarer Übermensch" oder „bester Freund"? Elementare Zugänge Jugendlicher zur Christologie als Herausforderung für Religionspädagogik und Theologie, Neukirchen-Vluyn: Neukirchener Verlag, 2006

Didaktisch-methodische Hinweise:

- Schülertexte erstellen lassen zum Thema: „Jesus bedeutet für mich …".
- Schülertexte zum Thema (→ S. 148, unten, Zur Diskussion) den hier genannten fünf Kategorien zuordnen.
- Eigene Schülertexte mit den o.g. Schülertexten vergleichen sowie ebenfalls den fünf Kategorien zuordnen und die Ergebnisse der Kategorisierung mit den Ergebnissen bei Ziegler vergleichen.
- Bedeutung, Tragfähigkeit sowie Grenzen der fünfgliedrigen Kategorisierung prüfen und bewerten; alternative Auswertungsraster entwerfen.
- Die Texte anhand des Schemas Christologie von oben (↓) / Jesuologie von unten (↑) sowie einer möglichen Wirkung auf das eigene Leben (→) prüfen und bewerten (Anm.: in einem Text können auch beide Elemente vorhanden sein; Markierung der Passagen mit den entsprechenden Pfeilen).
- In den eigenen Schülertexten des Kurses die Aussagen heraussuchen und eigens würdigen, die in den bisherigen Auswertungsrastern keine Bedeutung erlangten; die Frage der Bedeutungszuschreibungen (durch die Kategorienbildung) prüfen …

Konkrete Stellungnahme	Kategorie
„Für mich hat Jesus bisher noch keine große Bedeutung gehabt, und ich denke auch nicht, dass man mit dem Glauben an Gott oder Jesus dramatische Ereignisse lösen kann." (S. 217, w16).	kritisch-ablehnend
„Jesus ist (nicht „war") Gottes Sohn. [...] Jesus wollte den Menschen, uns, zeigen, dass Gott uns liebt, und extra für uns, obwohl wir es gar nicht verdient hätten, durch unser sündiges Wesen, seinen Sohn hingegeben hat. Ich denke, die Menschen, die wirklich an Jesus glauben (nicht die ‚U-Boot'-Christen), finden einen sicheren Halt im Leben, wenn sie an Jesus glauben." (S. 267, w17)	kritiklos-zustimmend
„Jesus war der Sohn eines Zimmermanns, der von sich behauptete, der Sohn Gottes zu sein. Er war eine Art virtuelle Spiegelung des Guten im Menschen." (S. 225, m17)	kritiklos-indifferent
„Ich weiß eigentlich nicht genau, was Jesus für mich bedeutet. [...] Aber was und wer er eigentlich genau ist, weiß ich nicht! Irgendwie denke ich aber trotzdem, dass ich an ihn glaube und er mir Kraft gibt [...]. (S. 241, w17)	zweifelnd-unsicher
Jesus bedeutet für mich zu versuchen, so zu leben, daß ich anderen Menschen ein Vorbild sein kann [...]." (S. 251, m17)	kritisch-aufgeschlossen

Tabelle: Einordnung der Aussagen Jugendlicher zu Jesus Christus in ein Kategorienschema

Ergänzung: Sechs (mögliche) „Einbruchstellen" im Glauben Jugendlicher – Zur Diskussion: 190: Ergänzung (oben)

- Zweifel an der Existenz Jesu;
- Jesu Ethik in Theorie und (seinem) Leben: Moralprediger und Asket konterkariert Suche nach befreiender Ethik;
- Die Zweinaturenlehre als logische Inkonsistenz und Verhinderung einer möglichen Identifikation;
- Christologische Variante des Theodizee-Problems: Rettung aus Krankheit, Not und Tod durch Jesus damals wird heute nicht mehr erfahren;
- Gegenwärtiges Fehlen von überzeugenden Beispielen des Glaubens an Jesus Christus;
- Widerspruch zwischen Exklusivität und Universalanspruch von Jesu Erlösungswerk.

(nach Ziegler 2001, a.a.O., S. 111–139.)

Abschluss des Teilkapitels 4.6 (S. 190, untere Hälfte)

190: Abschluss (unten)

Der *Abschluss* besteht aus einer Zusammenfassung und Aufgabenstellungen.

Zu den Aufgaben (S. 190)

190: Zu den Aufgaben

Aufgabe 1: Zusammenfassend: tlw. sehr hohe Stellung Jesu in anderen Weltreligionen, aber keine absolute (gottgleiche) Höchststellung. – Es ist aber auch klarzustellen, dass die zitierten und referierten Positionen nur einzelne Meinungen bzw. Richtungen vertreten und keinesfalls die Ansicht der gesamten jeweiligen Religionsgemeinschaften repräsentieren.

Aufgabe 2: Bei Bloch lassen sich die entsprechenden Bibelpassagen vorrangig aus dem Unterkapitel 4.2.3, S. 160–166 u.a.m. zusammenstellen:

- Ein Mensch wirkte hier als schlechthin gut: → 4.2.3 (gesamtes Unterkapitel), S. 160–166; auch: 4.3 sowie 4.4.
- Zug nach unten, zu den Armen und Verachteten, dabei keineswegs gönnerisch: S. 162, Szene 3: Jesus und die „Outcasts": Mk 2,14–17.
- Mit Aufruhr nach oben, unüberhörbar sind die Peitschenhiebe gegen die Wechsler: S. 164, 2. Abschn.: Mk 11,15–19.
- Es dauert nicht mehr lange, bis die Tafel verkehrt wird und die Letzten die Ersten werden: z.B. bei der Frage nach dem „Lohn der Nachfolge": Mk 10,28–31, hier: V. 31; auch angehängt an das Gleichnis von den Arbeitern im Weinberg (Mt 20,16 dort aber sekundär); ableitbar aus vielen Stellen, z.B. „Gott" der Parteilichkeit (S. 170, Seitenmitte).
- Armut steht dem Heil am nächsten, Reichtum hindert es, inwendig und auswendig: 4.4.3, S. 178, obere Seitenhälfte.

Aufgabe 3: Bei Jugendlichen kann auch auf Ziegler und eigene Schülertexte des Kurses zurückgegriffen werden (S. 190, oben).

Aufgabe 4: Perspektivenmöglichkeiten u.a.: S. 235: Ein Weihnachtsgottesdienst, Geflüchtete aus Syrien, Afghanistan ...; Jugendliche aus unterschiedlichen Religionen (S. 150, unten: der indische Junge Pi; S. 234, ganz unten, S. 260, Seitenmitte).

Autor	Positive Aussagen über Jesus	Was ist Jesus nicht für den Autor?	Offene Fragen, kritische Anmerkungen
Ben-Chorin			
Ernst Bloch			
Mahatma Gandhi			

Tabelle: Übersicht über außerchristliche Jesusbilder

4.7 … aufgefahren in den Himmel, von dort wird er kommen … – Himmelfahrt und Wiederkehr – Ein Ausblick (S. 191–193)

191–193: Himmelfahrt und Wiederkehr

Die *Überschrift* des kurzen Teilkapitels stammt aus dem Apostolischen Glaubensbekenntnis (→ *Quellentext* 5.1 [1], S. 202) und wird im Text entfaltet. *Themen* sind Himmelfahrt (Lk Sondergut!), Präsenz und Parusie (Wiederkehr) Jesu – das Teilkapitel schließt damit unmittelbar an die Auferstehung Jesu an (→ 4.5.1, S. 181f), ferner ergibt sich eine *Querverbindung* zum Glaubensbekenntnis (s.o.). Weitere *Querverbindungen:* Gottes Zukunft → 1.5.3, S. 51f, insbes. Quellentext T 1.5 (2), Moltmann: Theologie der Hoffnung, Schlusswendung: „Zukunft Christi; ferner: Erzählung vom Weltgericht (Mt 25,31–46) → 4.4.2, S. 177, ganz unten. Der Fließtext gliedert sich in zwei Abschnitte (1) zur Himmelfahrt mit Erläuterungen und freigestelltem Zitat als Abschluss sowie (2) zur Wiederkunft Jesu Christi.

Anselm Kiefer (*1945): Resurrexit, 1973 (S. 191) — 191: Bild Kiefer

Bildbeschreibung: Schneise im Winterwald, den Boden bedecken Laub, Steine, Baumstrünke und Äste, hinten ein verlassenes Grab, darüber die Bläue des Himmels (evtl. auch aufsteigende Rauchsäule), vorne Schlange, dem Bild aufgesetzt eine Treppe mit sechs Stufen und oben als Abschluss eine geschlossene Tür.
Querverweis: Anselm Kiefer (*1945): Vater, Sohn, Heiliger Geist, 1973 → 3.7.3, S. 145 – dort auch Hintergrundinformationen sowohl zum Künstler als auch zu beiden Bildern – zum Verständnis unbedingt heranziehen.
Hintergrundinformationen: Zum Bild äußert sich der Künstler folgendermaßen: Hinweis auf das Geheimnis, mit Parallele bei Kafkas Parabel vom Türsteher (eigenständige Erzählung und als Teil des Romans „Der Prozess"). Dahinter steht auch die Philosophie von Andrea Emo (1901–1983) mit seinem Hauptwerk „Metamorphosen des Nichts": Gott ist alles und damit zugleich nichts, Gott selbst negiert Gott – und damit sein Nichtsein durch Menschwerdung und Menschlichkeit, was wiederum durchs Kreuz negiert wird – ohne Auferstehung bzw. mit dem Tod selbst als Auferstehung.

… von dort wird er kommen … – Er stört! (S. 191, unten) — 191: Fließtext (unten)

Hier wird nicht die Wiederkehr Jesu „am Ende der Zeit" (etwa zum „Jüngsten Gericht" o.Ä.m.) thematisiert, vielmehr eine imaginierte „Wiederkehr" Christi in eine andere historische Situation, anhand der Legende bzw. des Gedankenexperiments von Fjodor Michailowitsch Dostojewski (1821–1881) in seinem Roman „Die Brüder Karamasow". Dies ermöglicht auch eine imaginierte Wiederkehr Jesu in unsere heutige Welt und Zeit – er wäre heute ebenso wie damals ein Störenfried!

F. M. Dostojewski: Die Legende vom Großinquisitor (Quellentext T 4.7, S. 192) — 192: Quellentext

Der russische Schriftsteller Fjodor Michailowitsch Dostojewski (1821–1881), anfänglich utopischer Sozialst, später überzeugter Christ und Gegner eines atheistischen Sozialismus, schrieb mehrere umfangreiche und gewichtige Romane, die noch heute zur Weltliteratur zählen und für den Religionsunterricht höchst interessante Szenen enthalten, neben „Die Brüder Karamasow" u.a. etwa „Raskolnikow" (auch u.d.T. „Schuld und Sühne").
„Die Brüder Karamasow", der letzte Roman Dostojewskis, ist eine Familien- und Kriminalgeschichte, die zugleich aufs Engste mit den sozialen Verhältnissen verknüpft ist und diese spiegelt. Erzählt wird die in sich geschlossene, auch eigenständig veröffentlichte Legende vom Großinquisitor bei einer Begegnung zwischen Iwan, einem atheistischen Intellektuellen, und Aljoscha, seinem jüngeren Bruder, einem tiefgläubigen Mönch. Der Großinquisitor wirft Jesus im weiteren Gespräch vor, bei der Versuchung in der Wüste (Mt 4,1–11) Brot (Sättigung und Wohlstand), Wunder (später: Herabsteigen vom Kreuz) und Macht (Weltherrschaft) abgelehnt und damit die Menschen überfordert zu haben, indem er durch seinen Machtverzicht ihre – moralische – Freiheit ermöglichte. Er droht ihm damit, ihn am nächsten Tage als Ketzer töten zu lassen, lässt ihn dann jedoch frei mit den Worten, er solle sofort und auf immer verschwinden, ohne jemals wieder zurückzukehren …
Die Kritik an der Machtfülle und Gewaltausübung der römisch-katholischen Kirche ist drastisch und deutlich (→ 5.2.2 [3], S. 210). Weit ambivalenter und mehrdeutiger sind die angesprochenen weiteren Themen: die moralische Freiheit des Menschen (→ 2.6, S. 88ff) wie allgemein das Menschenbild (Kap. 2); der Verzicht auf Macht und die Ohnmacht Jesu Christi am Kreuz (→ 3.6.3, S. 138f; auch 4.1, S. 150ff) wie generell in seinem Leben (Kap 4); ganz allgemein jedoch auch eine Weltsicht, die die übliche imperiale, auf Herrschaft und Unterordnung fokussierte Sichtweise durch eine alternative Sichtweise, den Blick auf die Opfer der Geschichte, auf die Gewaltseite von Herrschaft, durchbricht (→ 1.4, S. 40ff).

192: Texterschließung

Texterschließung (S. 192)

- Störung von weltlichen und/ oder kirchlichen Herrschafts-, Macht- und Unterdrückungsmechanismen und -interessen; Störung des üblichen Alltags und Tagesablaufs; Störung der normalen, gängigen Perspektiven.
- Zwei Varianten werden im Roman bereits angedeutet (s.o.): Jesu erneute Hinrichtung; aber auch eine Freilassung (unter Auflagen!) käme in Betracht; natürlich auch Möglichkeiten eines „Sieges" Jesu, der Schwachheit und des Schwachen oder der Einsicht und Abkehr von Gewalt ...
- Unterschiedliche Szenarien: Deutschland – Andere Länder; Schichtenspezifik: Unter-, Ober-, Mittelschicht. Differente Formen: literarische und/ oder visuelle (Video, Internetauftritt u.a.m.).

Ergänzung: Gemäß der Differenzierung Christologie von oben – Jesuologie von unten wäre auch ein Gedankenexperiment möglich: Jesus käme nicht von oben (Himmel) zum Gericht, sondern von hinten (also unsere Alltagswahrnehmung überraschend und durchbrechend) – und er würde einfach seine Reich-Gottes-Arbeit fortsetzen – wiederum so konsequent und radikal wie damals ... mit welchen Folgen, für ihn, für uns, für die Welt ...?

193: Bild Hofmann

Hans-Georg Hofmann (*1957): Zwei Quadrate 4296, 1996 (S. 193)

Bildbeschreibung: Das Bild (ein Hochformat) besteht aus zwei Quadraten. Das untere zeigt eine monochrome gelbe Fläche, das obere eine Küstenlandschaft mit Meer, weitem, bewölktem Himmel und zwei mit grobem Pinsel gemalten breiten Strichen, die von rechts oben nach links unten den Himmel durchkreuzen; von diesen tropfen noch einzelne Farbkleckse oder Tupfer ins Meer.
Hintergrundinformationen: Die Technik: Auf ein fertiges Bild wird mit raschem Pinselstrich in spontaner Bewegung eine, zwei neue Figuren oder Zeichen auf- bzw. eingetragen, die gelingen oder auch misslingen können ...
Die monochrom scheinende Fläche des unteren Bildquadrats ist in sich strukturiert. Es handelt sich um Sand, der, mit Klebstoff vermischt, auf den Untergrund (Nessel) aufgetragen ist. Dann ist das Gesamtbild dreifach strukturiert: Sandstrand, Wasser (Meer) und Himmel.
Deutungsangebote: Ein Bild für die Verbindung von Himmel und Erde, eine doppelte Verbindung. Im Kontext mit Jesus Christus: erstes und zweites Kommen, wie eine Sonne, Helligkeit, Klarheit; Wiederaufnahme des Gelb in den Pinselstrichen sowie am Sandstrand.
Bearbeitungsvorschläge (Phantasieaufgaben):

- Angenommen, Jesus käme heute wieder ...;
- Welche Bedeutung(en) könnten „Himmelfahrt" und „Wiederkehr" Jesu Christi haben?
- Das Bild zu anderen Bildern des Jesus-Kapitels in Beziehung setzen;
- Das Bild auf den Kopf stellen und dann neu wahrnehmen und „lesen".

Querverweis: Zu Hans-Georg Hofmann s. Anhang LB 7.5.7.2.
Ergänzung:

(1) Die beiden Bilder von Hofmann zum Jesus-Kapitel thematisieren entscheidende theologische Themenstellungen: Jesu Verbindung zu Himmel und Erde (auch als „doppelte Natur" von Gott und Mensch) sowie das Reich Gottes:

- Hans-Georg Hofmann, Komplexe Zeichen 140394-3, 1994 – Reich Gottes;
- Hans-Georg Hofmann, Zwei Quadrate 4296, 1996 – Inkarnation sowie Parusie (Wiederkehr).

(2) Die beiden Bildpaare Hofmanns zu den Themen „Mensch" und „Jesus Christus" stellen ein sich selbst wiederum – gleichsam komplementär – interpretierendes Vierergespann dar: die Gnade und Erlösung des Menschen (Rechtfertigung) wird so in neuer Weise interpretiert, erweitert und konkretisiert als Reich Gottes und als Präsenz Jesu Christi auf Erden.

Parallelisierung von Bildpaaren zu Mensch – Jesus Christus

S. 83: Gnade (Erlösung)	S. 167: Jesus Christus: Reich Gottes
S. 87: Gnade (Erlösung)	S. 193: Jesus Christus: Wiederkehr, Parusie

5. Kirche(n) – Ein Weg zur Gemeinschaft? (194–237)

5.0 Zum Kapitel (Einleitung) (S. 194–197)

194–197: Zum Kapitel

Zum Kapitel
Thema des Kapitels ist die Kirche in ihrem Wesen und ihrer Geschichte (in Vergangenheit, Gegenwart und Zukunft), dargestellt an thematischen Brennpunkten.
Enge *Zusammenhänge* ergeben sich insbesondere zum Gerechtigkeits-Kapitel (dort: Vergesellschaftung; hier: religiöse Vergesellschaftung; → 1.4, S. 40–46), zum Jesus-Kapitel (bes. zum Thema Nachfolge resp. Jünger/innen → 4.4.3, S. 178–180) sowie zum nachfolgenden Religionen-Kapitel (→ 6, S. 238–261).
Der *Aufbau* ist fünfteilig:
2.1 Entstehung, Ausbreitung und Verzweigung der Kirche
2.2 Verhältnis von Kirche und Gesellschaft/ Staat
2.3 Verhältnis von Kirche und Diktatur/ Nationalsozialismus resp. Gerechtigkeit
2.4 Kirche(n) heute
2.5 Kirche(n) in Zukunft.

194f, 197: Bilder

Als *Einstiegsbilder* bieten die beiden Doppelseiten ein Bildpaar: zwei der international bekanntesten Kirchen Europas, die Sagrada Família („Heilige Familie") in Barcelona (als Auftaktbild, S. 194f) und „Notre Dame" in Paris (S. 197), die eine noch im Aufbau begriffen, die andere – gleichsam spiegelbildlich dazu – bei einem großen Brand im Jahr 2019.
Sagrada Família, eine römisch-katholische Kathedrale, wurde vom bekannten katalanischen Architekten Antoni Gaudí (1852–1926) entworfen, der ab 1882 die ersten Bauphasen leitete. Die geplante Fertigstellung nach etwa eineinhalb Jahrhunderten Bauzeit für das Jahr 2026 – zum 100. Todestag von Gaudí – ließ sich wegen der Corona-Krise nicht einhalten, so dass sich der Abschluss weiter verzögert. Baustil ist der sog. „Modernisme Català" (Katalanischer Modernismus), eine kulturelle Erneuerungsbewegung in Literatur, Kunst und Musik im katalanischen Raum um die Wende vom 19. zum 20. Jh. (ca. 1880–1920) – eine besonders ausgeprägte Variante der in Deutschland „Jugendstil" genannten Kunstrichtung. Besonders bekannt wurden die Bauwerke von Gaudí, dem Hauptvertreter des Modernisme, die bis zur Gegenwart zentrale Touristenmagnete in Barcelona darstellen (üblicherweise besuchen jährlich Millionen Menschen die Kirche).
Querverweis: Bild aus dem Innenraum der Sagrada Família → S. 223.
Die Kathedrale *Notre Dame* (Unsere [liebe] Frau, gem. ist die Gottesmutter Maria) von Paris, Sitz des Erzbistums von Paris, wurde im Hoch- und beginnenden Spätmittelalter (um die Mitte des 12. bis Mitte des 14. Jh.s) in einer nahezu zwei Jahrhunderte währenden Bauzeit im gotischen Stil erbaut. Notre Dame, als Teil des Seineufers Weltkulturerbe der UNESCO und mit jährlichen Besucherzahlen in zweistelliger Millionenhöhe das meistbesuchte Monument Frankreichs, wurde durch einen Großbrand am 15. April 2019 erheblich beschädigt. Der Wiederaufbau sollte innerhalb von 5 Jahren erfolgen, der Abschluss ist für den 16. April 2024, das Jahr, in dem die Olympischen Spiele in Paris stattfinden, geplant. Dabei soll eine weitgehende Wiederherstellung des alten Zustandes und allenfalls in Details innen eine gewisse Modernisierung erfolgen.
Zur Bilderschließung:

- Beide Bilder/ Kirchen im Vergleich: Bau – Brand; Aufstieg, Aufbau – Niedergang, Verfall; Kirche und Stadt (früher: Kirchen/ Kirchtürme als höchste Gebäude, im Hintergrund von Notre Dame ist der Eiffelturm zu sehen, ferner zahlreiche weitere Kirchen/ Kirchtürme im Umfeld; – die nördl. der Altstadt im Stadtteil Eixample stehende Sagrada Família ragt im Stadtbild heraus). Zum Vergleich auch das Bild des Innenraums der Sagrada Família heranziehen (→ S. 223).
- Alle Bilder von Kirchengebäuden des Kapitels in Vergleich einbeziehen (bzw. zuerst jeweils – arbeitsteilig – zwei Kirchen miteinander vergleichen, z.B. → Hauskirche in Dura Europos, S. 206, → Kirche in Ruswil, Kanton Luzern, S. 230 u.a.m.).

Literatur:

- Rupp, Hartmut (Hg.): Handbuch der Kirchenpädagogik. Kirchenräume wahrnehmen, deuten und erschließen, Stuttgart: Calwer, 2. Aufl. 2008 (Drei Abschnitte: „Das Kirchengebäude und seine Elemente"; „Der Kirchenraum und seine Einrichtung"; „Die Kirchenerschließung und ihre Methoden")

196: Zur Diskussion

Zur Diskussion (S. 196 unten)

Der 2014 (dt. 2016) erschienene Roman *Das Reich Gottes* über das Urchristentum (Paulus – Lukas) von *Emmanuel Carrère* wurde im laizistischen Frankreich, in dem nur noch ein Drittel der Menschen etwas mit Religion zu tun haben will, zum Bestseller. Der Autor, der selbst eine „fromme", erzkatholische Phase in seinem Leben durchlaufen hat, verbindet seine eigenen Erfahrungen und einen heutigen Blick mit dem alten Stoff: Die den Mittelmeerraum umspannende römische Welt ebnete die Kultur ein und lässt sie der heutigen, westlichen ähneln: „Wohin man auch kommt, findet man das Gleiche." Ein doppelter Zugriff arbeitet einerseits das Eigenartige, Fremde und Befremdliche, andererseits das Verbindende, Nahe und Verständliche zugleich heraus und nähert sich damit dem Phänomen Religion – ähnlich wie Navid Kermani (→ S. 259 oben) – gleichsam mit einem „ungläubigen Staunen". So zeigt sich auch im ausgewählten Textabschnitt, dass die Menschen (bis hin zum Präsidenten), die an die absurdesten Vorstellungen (christliches Glaubensbekenntnis) glauben, doch zugleich ernst genommen werden und das Phänomen von Religion und Religiosität als Rätsel und Geheimnis einen wichtigen Platz behält.

*Fulbert Steffensky (*1933),* Benediktinermönch, später Professor für evangelische Religionspädagogik und Ehemann von Dorothee Sölle, versucht in seinen zahlreichen Veröffentlichungen („Wo der Glaube wohnen kann", „Schöne Aussichten", „Feier des Lebens" u.a.m.), den Glauben auf verständliche und sensible Weise erfahrungsnah auszulegen, weshalb sich seine Texte für die Kursstufe gut eignen. Im vorliegenden Text aus dem Werk „Gewagter Glaube" von 2012 versucht Steffensky, das Charakteristikum und die Attraktivität des christlichen Glaubens (und Glaubensbekenntnisses) daran festzumachen, dass hier nicht das Alltägliche nochmals dupliziert, vielmehr ein anstößiges „Mehr" geboten wird.

Querverweis: Weitere Steffensky-Texte → S. 97, unten (Mensch: Auferstehung), 126, oben (Gott); → s. auch Schlink, S. 232, Zitat ganz unten.

Anregungen zur Erschließung:

- Diskutieren, was attraktiver ist: Positionen, die uns bestätigen, oder solche, die uns hinterfragen resp. weiterbringen …
- Die Frage nach dem Verhältnis von Glaube und (Un-)Vernunft diskutieren (→ 1.1.2, S. 16 Mitte).
- Einen Dialog (Briefwechsel, Internetaustausch, Podiumsdiskussion) zwischen Fulbert Steffensky und Emmanuel Carrère entwerfen.

196f: Jugendliche – Didaktik

Jugendliche – Didaktik

Jugendstudien wie auch praktische Erfahrungen im Unterricht zeigen, dass Themen wie „Kirche" – wie allgemein „Institutionen" – oder das Verhältnis von Kirche und Staat (zweimal als „fern" gesehen) bzw. auch „Geschichte" für die Mehrzahl der Heranwachsenden eher uninteressant erscheinen. Zugleich gibt es jedoch punktuell (oder auch randständig institutionell) Anlässe für Attraktivität und Begegnungen (etwa die Kirchentage).

Aufgabe wäre es demnach, die Verbindungen von „Kirche" und den Lebenslagen und -themen Jugendlicher aufzuzeigen, was im Folgenden dadurch geschieht, dass im Kontext des Kapitels immer wieder typische Phänomene des Jugendalters aufgegriffen werden (etwa bei der „Urgemeinde" ein Vergleich mit heutigen Jugendcliquen → 5.1.1, S. 198f). So lässt sich möglicherweise partiell einlösen, was der römische Dichter Horaz in einem Diktum zum Ausdruck brachte: „Die Geschichte handelt von dir, nur der Name ist geändert." (Sermonum libri duo I,1,69f)

Grundlegend lassen sich, ausgehend vom Kirchenverständnis (als Gebäude) mehrere erfahrungsorientierte, religionsdidaktisch relevante Modelle von Kirche unterscheiden, etwa folgende:

- das *ästhetische Modell* mit Kirche als – auch säkularem – Kunstraum, einem Raum der Stille und/ oder von Führungen;
- das *biographisch-persönliche Modell* mit Kirche als Ich-/ Familien-Raum, wichtig bei Übergangsriten im Lebenslauf, wobei das Heilige-relational erfahrbar wird;
- ähnlich das *kollektiv-rhythmisierte Modell* der Kirche als Wir-/ Gemeinde-Raum, in dem der Wechsel von All- und Sonn-/ Feiertag sowie der kirchliche Jahreskreislauf wiederum heilig-relational erfahrbar werden;
- zuletzt das katholisch geprägte *sakramentale Modell* mit der Kirche als Gottesraum, der Sakramentalität der Eucharistie und einem sakral-ontologischen Verständnis.

Anregungen zur Erschließung:

- Eigene Erfahrungen mit Kirche thematisieren (Konfirmation, Weihnachtsgottesdienste etc.);
- Bilder des Kapitels den einzelnen Verständnissen zuordnen: z.B. Sagrada Família (bes. auch Innenraum, S. 223; Jugendliche beim Taizé-Gebet, S. 225; s.o.), Kirche in Ruswil, Kanton Luzern, S. 230 u.a.m.
- Lokale Begehungen und Erkundungen im Umfeld „Kirche" (neben Kirchengebäuden auch Kirchengemeinde etc.).

Literatur und Internet zur Kirchengeschichte:

- Jung, Martin H.: Kirchengeschichte, Tübingen: A. Francke, 2. Aufl. 2017
- Sommer, Wolfgang/ Klahr, Detlef: Kirchengeschichtliches Repetitorium, Göttingen: Vandenhoeck & Ruprecht, 5. Aufl. 2012
- URL: http//geboren.am/jubilaeen; 3 Jahre im Voraus: Daten wichtiger „Jahrestage"; „Tag des offenen Denkmals" etc.

Überblick – Querschnitte

194–237: Überblicke zum Kapitel

1. Zeitachse, Grobeinteilung:

- *Urgemeinde*: vom Tod Jesu bis zum Tod des Paulus;
- *Frühe Kirche:* ab Tod des Paulus oder ab Zerstörung des Tempels 70 n.Chr., übergehend in die Zeit der *Alten Kirche* (Altertum);
- Christliche Kirchen und Konfessionen: Mittelalter und Neuzeit.

2. Kirchengeschichte, Brennpunkte, chronologisch

- Urgemeinde 5.1.1, S. 198f;
- Frühe Kirche: Paulinische Mission: 5.2.1, S. 206; Institutionalisierung 5.2.1, S. 206–208; Ausbreitung 5.1.2, S. 200;
- Alte Kirche: Christenverfolgungen, 5.2.3, S. 211 unten; Konstantinische Wende, S. 212 oben;
- Mächtige Kirche – Kirche im Mittelalter, 5.2.2, S. 208–210;
- Reformation 5.1.3, S. 203f;
- Soziale Frage im 19. Jh. 5.3.2, S. 219f;
- Kirche im Nationalsozialismus 5.3.1, S. 215–218;
- Kirche und Befreiungstheologie Ende des 20. Jh.s 5.3.2, S. 219–221;
- Kirche in der Gegenwart 5.4, S. 222–228
- Kirche in Zukunft (2030 +) 5.5, S. 229–237

3. Thematische Querschnitte: Kirche/ Christentum und …

194–237: Querschnitte zum Kapitel

	Kirchenkapitel	Querverweise andere Kapitel	Ergänzungen
Frauen	5.1.1, S. 199 unten: Gleichheit 5.4.1 (2), S. 222: Frauenkirche	Überblick s. Anhang LB 7.3.2	
Fremde	5.5.4, S. 237: Bild Kirchenasyl	1.4.1, S. 41: Mitte Gerechtigkeit	
Fremdreligionen	5.2.1, S. 206: Paulinische Mission 5.2.2 (1), S. 208f: Mission	6.2, S. 250–253: Weltreligionen; bes. Interreligiöse Fenster, S. 253 unten	
Gerechtigkeit	5.1.1, S. 198: „Kommunismus" 5.3.2, S. 219–221: Soziale Frage	1.4, S. 40–46: Gerechtigkeit	
Identität	5.1.2, S. 200–202, 205: Bekenntnis, Taufe und Abendmahl	2.5, S. 83–87: Gnade, Glaube, Rechtfertigung	
Institution	5.2.1, S. 206–208: Institutionalisierung	6.1.2, S. 245: Mitte Institutionalisierte Religion	
Judentum	5.1.1, S. 198f: Jüdische Gruppierung 5.2.2 (2), S. 208f: Antijudaismus	4, S. 146–193: Jesus Christus; bes. 4.6.1, S. 187 6.2 Weltreligionen, 251f	
Konfessionen	5.1.3, S. 203–205: Konfessionen 5.5.4, S. 235–237: Ökumene	s. Anh. LB 2.4: Konfessionen	
Innere Pluralität	5.2.2 (3), S. 210: Vielfalt und Einheit	6.3, S. 255–261, bes. 259: Pluralität und Positionalität	
Staat	5.2.3, S. 211–214: Kirche – Staat 5.3.1, S. 215–218: Kirche im NS-Staat	1.4.2, S. 42f: Deutschland als sozialer Bundesstaat	

Tabelle: Thematische Querschnitte: Kirche/ Christentum und …

198–205: Gemeinschaft der Glaubenden

5.1 Glaube ja, Kirche nein? – Gemeinschaft der Glaubenden (S. 198–205)

Das *Teilkapitel* befasst sich mit der Kirche und den Kirchen unter *inhaltlichen* Aspekten und entfaltet in drei *Unterkapiteln* – prinzipiell jeweils eine Doppelseite, ergänzt um eine Seite Quellentexte „Glaubensbekenntnisse" – drei thematische Schwerpunkte (mit Akzentuierungen in kirchengeschichtlichen Epochen):

- Urgemeinde und Entstehung der frühen Kirche (5.1.1, S. 198f);
- Der „Siegeszug" des Christentums und seine „Identity-Marker": Glaubensbekenntnis und Sakramente (5.1.2, S. 200–202);
- Konfessionsbildung mit den drei großen Kirchenrichtungen: Orthodoxe, Römische-Katholische und Reformatorische (5.1.3, S. 203–205);
- Abschluss des Teilkapitels 5.1 (S. 205, gesamte Seite).

198f: Die ersten Christusgläubigen

5.1.1 Ein doppelter Blick: auf die Bühne und hinter die Kulissen – Die ersten Christusgläubigen (S. 198f)

Thema des Unterkapitels ist die Urgemeinde und Entstehung der frühen Kirche, in einem doppelten Blick: zuerst (1) in der Idealität (linke Seite), dann (2) in einer – nicht spannungsfreien – Realität (rechte Seite).

198: Der erste Blick: auf die Bühne

(1) Der erste Blick: auf die Bühne (S. 198)

Ein Blick auf die Jugendlichen – Didaktik

Das für heutige Jugendliche üblicherweise ferne und uninteressante Thema Kirche soll durch einen Vergleich mit heutigen Jugendcliquen an die Lebenswelt der Heranwachsenden herangerückt werden. Anders als gemeinhin üblich, wird damit Kirche zuerst einmal nicht durch einen – makrosoziologischen – Blick auf die Institution erschlossen (dieser Blick erfolgt an späterer Stelle im folgenden Teilkapitel, 5.2.1, S. 206–208), vielmehr durch eine *mikrosoziologische* Perspektive: diese erfasst unmittelbare Kommunikations- und Aktionsformen (die sich auch in Institutionen ereignen bzw. ereignen können). Typische Konstellationen für mikrosoziologische Analysen sind Jugendcliquen, Schulklassen oder auch Jugendgruppen in der Gemeinde, also die Kommunikation unter Anwesenden mit einer Gruppengröße von etwa bis zu 30 Personen. Aber auch Großereignisse (etwa das Pfingstgeschehen oder Massenveranstaltungen bei Kirchentagen) lassen sich unter der mikrosoziologischen Lupe betrachten, sofern die unmittelbaren Interaktionsformen in den Fokus geraten.

Thematisch befasst sich die Seite mit drei Aspekten:

- heutigen Jugendcliquen (freigestellter Schülertext und Analyse im Fließtext, obere Seitenhälfte);
- der Urgemeinde, wie sie in den sog. „Summarien" der lukanischen Apostelgeschichte dargestellt sind, sowie einem Vergleich mit heutigen Jugendcliquen (untere Seitenhälfte: Fließtext und freigestelltes Bibelzitat);
- der Pfingstgeschichte in Apg 2 als Gründungserzählung der Kirche.

198: Einzelhinweise

Einzelhinweise (S. 198)

- *Merkmale* der frühen Christusgemeinden: Gruppierung innerhalb des Judentums, Juden, wie Jesus; Treffen im Tempel und in Häusern wohlhabender Mitglieder, wie andere Vereine der Antike; Glauben: Lehre der Apostel; Gemeinschaft und Teilen, Kommunismus; Tischgemeinschaft, Brotbrechen, Abendmahl; Gebet(sgemeinschaft) und Gotteslob; Außenwirkung: Wachstum; *Taufe* als Eintritt (Aufnahmeritus).
- *Pfingstfest: Theologische Perspektive*: 50 (griech. *pentekoste*) Tage nach Ostern, Jüdisches Wochenfest, Wallfahrtsfest zur Weizenernte; Geburtstag der Jesusglaubenden – Fest – Erinnerungskultur (Exodus etc.); Verdichtung auf ein singuläres Ereignis; Geistempfang, Verbindung zum Auferstandenen, Verheißung: Lk 24,49; Apg 1,4–8; Charismatisch: Rausch, Begeisterung: Hl. Geist; Phänomene: Heidenmission, Geistbegabung, weniger Zungenreden als Hörwunder (jeder in seiner Sprache). *Kirchlicher Jahreskreislauf:* (1) Weihnachten, (2) Karfreitag und Ostern sowie (3) Pfingsten mit jeweils zwei resp. drei Feiertagen. *Soziologische Perspektive:* Religiöses Großereignis: Efferveszenz: Émile Durkheim untersuchte (in seiner Religionssoziologie) die gemeinschaftsbildende Kraft der „effervescence collective", die sich während rauschhafter, kollektiver

Rituale ereignet. Efferveszenz [aus dem frz. gefärbten Lat.]: Sprudeln, Wallen, Brausen, Gären, Erregung; das „Aufbrausen“, Aufschäumen.

Querverweise:

- Bilder: Jugendliche beim Taizé-Gebet → S. 225; Jugendkirche Ulm → S. 234;
- Religiöse Handlungen, Rituale → S. 243 ganz unten;
- Pfingstkirchen → S. 235, oben.

(2) Der zweite Blick: hinter die Kulissen (S. 199)

199: Der zweite Blick: hinter die Kulissen

Die Seite stellt das komplementäre Gegenstück zur vorhergehenden dar und thematisiert die *Probleme*, die in Gruppen auftauchen (können) und die Möglichkeiten zu ihrer Lösung.

Das *Vorgehen* erfolgt in drei Schritten, der letzte nochmals unterteilt:

- In Aufnahme der Ergebnisse von Forschungen zur Erinnerungskultur und der Hirnforschung (Erinnerung als Rekonstruktion unter den Bedingungen und dem Interesse der Gegenwart) wird nun ein realistisch(er)es Bild von *Jugendcliquen* gezeichnet (erster Abschnitt und freigestelltes Schülerzitat),
- das wiederum mit der Situation der ersten *Gemeinden* und der *frühen Kirche* verglichen wird, und hier vor allem mit der zentralen Frage nach der Zugehörigkeit der Christusgläubigen zum Judentum und der Freigabe der offenen paulinischen Mission beim sog. Apostelkonzil (Seitenmitte);
- das paulinische Bild vom *„Leib Christi“* als Symbol und Leitbild (wiederum: Ideal) für die Einheit der Christen (Fließtext sowie Fisch-Symbol, bereits vom Kirchenvater Eusebius in Sinne eines Akrostichons des Wortes Ichthys gedeutet; weitere Anspielungen: Symbol der Fruchtbarkeit = Verbreitung Gemeinde Jesu; Jünger als Fischer; Speisung der 4000 und/ oder 5000; Wasser: Taufe).

Ichthys	=	*Fisch*
I	=	Jesous
Ch	=	Christos
Th	=	Theou (Gottes)
Y	=	Yios (Sohn)
S	=	Soter (Heiland; Retter, Erlöser)

- Die Vision einer mit dem Leibsymbol implizierten *„Inklusion“* wird allenfalls partiell realisiert und bleibt durch erneute Klassifizierungen und Deklassifizierungen ständig bedroht, im Kern entlang eines auch aktuell noch wirksamen dreifachen Differenz- resp. Exklusions-Codes: *race* (Religions-, Volks- resp. Ethnienzugehörigkeiten) – *class* (Klassen- und Schichtzugehörigkeit) sowie *gender* (Geschlechtszugehörigkeit) (Seitenende inklusive freigestelltes Zitat).

Ergänzungen (S. 199)

199: Ergänzungen

- *Bilder für die Kirche:* Vorstellung von Kirche als Gemeinschaft der Glaubenden (konstitutiv; kritisch); biblische Basistexte: Apg 2,42–47; 1. Kor 12,12–31, Gruppe – Gemeinschaft; Gemeinschaft der Heiligen (Paulus); Leib (Glieder/ Einheit in Vielfalt: 1. Kor 12; Eph 4,16).
- Frauen in früher Kirche: Charismen (Paulus); Diakoninnen.
- Prinzipielle Aufhebung der Differenz *Sklave/ Freier* (gesellschaftliche Grunddifferenzierung in den Sklavenhaltergesellschaften des Altertums), (partielle) Gültigkeit in den Gemeinden, nicht als gesellschaftsrevolutionäre Forderung.
- Als analoger Grundkonflikt das Thema Gütergemeinschaft resp. *Armut/ Reichtum* bereits in der Urgemeinde: Ein Ehepaar der Gemeinde ist nicht bereit, alles zu teilen, sondern behält etwas für sich. Die Strafe folgt auf dem Fuß und ist grausig: auf ihre Lügen hin fallen zuerst der Mann, dann die Frau tot zu Boden (Apg 5,1–11). Eine Geschichte zur Abschreckung?

Querverweise:

- Paulus → 5.2.1, S. 206: Rolle als eigentlicher „Begründer“ des Christentums
- Gleichstellung der Frau → Anhang LB 7.3.2.

5.1.2 Eine Erfolgsstory!? – Der „Siegeszug“ des Christentums (S. 200–202)

200–202: Der „Siegeszug“ des Christentums

Thema des Unterkapitels sind der „Siegeszug“ des Christentums und seine „Identity-Marker“: Glaubensbekenntnis und Sakramente (Taufe und Abendmahl).

Für den *„Siegeszug“ des Christentums“* (S. 200, obere Hälfte) werden vorrangig drei Argumentationsebenen geltend gemacht:

- Die *Umwelt*, das Römische Reich mit Koine, der (Alltags-)Sprache als kommunikativer Basis, vorrangig in Städten (Stadtreligion), Zentren im Osten;
- *Offenheit* und Diversität nach außen, Unabgeschlossenheit, Beeinflussungen und Mischungen (Synkretismus);
- *Homogenität*/ Abgeschlossenheit/ Einheit (Entscheidung; Glaube → Taufe) und *Heterogenität*/ Diversität nach innen: Strömungen, Richtungen, Auseinandersetzungen über Kult und Lehre; Theologie betreiben Bischöfe und Einzelgelehrte, dann: Konzile.

Zusätzlich lassen sich folgende Argumente für die größere Attraktivität des Christentums gegenüber dem Judentum anführen: einfachere Regeln (Gebote), keine Kenntnis des Hebräischen (für die Geistlichen) notwendig; größere Offenheit und Flexibilität; Zerstörung des Tempels 70 n.Chr. als Schlag gegen das Judentum.

200–201: Identity marker

Als „Identity Marker" des Christentums (S. 200, untere Seitenhälfte bis S. 201)

lassen sich insbesondere namhaft machen (1) das *Kirchenverständnis,* (2) die beiden *Sakramente* der Taufe (als Aufnahmeritus) und des Abendmahls (als Erinnerungs-, Gemeinschafts- und Kultmahl). sowie (3) ein *Glaubensbekenntnis.*

Ergänzende Hinweise:

- Die *Sakramentenlehre* des Kirchenvaters Augustinus (354–430) sieht die Sakramente als „sichtbare Zeichen einer unsichtbaren Gnade", zum Wort tritt ein äußeres Zeichen („verbum accedit ad elementum et fit sacramentum"/ Das Wort tritt zum Element – und es entsteht/ ereignet sich das Sakrament).
- *Sakramente, Anzahl und Terminologie:* Die römisch-katholische Kirche kennt sieben, die evangelische Seite nur zwei Sakramente (→ S. 205, Zusammenfassung); Lutheraner: Abendmahl; Reformierte: Nachtmahl; Katholiken: Eucharistie/ Gesamt-Gottesdienst: Messe.
- *Abendmahlsverständnis:* Das Abendmahl bezieht sich auf das letzte Mahl Jesu und seiner Jünger mit Brot und Wein als Erinnerungsmahl, Gemeinschaftsmahl, Vergebungsmahl und Hoffnungsmahl. Die katholische Tradition nennt es Eucharistie (griech. = Danksagung), heilige Kommunion oder Messopfer: Brot und Wein werden in Leib und Blut Christi verwandelt (Transsubstantiation, lat.= Wesensverwandlung). Nach lutherischem Verständnis ist Christus in Brot und Wein körperlich zugegen (Realpräsenz) im Moment der Feier, während die Reformierten das Abendmahl lediglich als Zeichen (Symbol) der Gegenwart Gottes sehen.

Querverweise:

- Kirchenverständnis, evangelisch: → 5.1.3, S. 204;
- Sakramente/ Abendmahl: Letztes Mahl Jesu → 4.3.3, S. 173;
- Sakramente/ Taufbefehl: → 5.2.2 (1): Mission(sbefehl), S. 208f.

201: Bild Krahn

Bild: Julia Krahn (*1978): Ultima Cena, 2012 (S. 201)

Bildbeschreibung und *Hintergrundinformationen:* Die in Mailand lebende Künstlerin *Julia Krahn* nimmt in ihrem Werk – auf autobiographischem Hintergrund – Elemente der christlichen Tradition auf, doch weder einfach affirmativ noch konfrontativ bzw. destruktiv, vielmehr in einer sehr eigenständigen, originellen Weise mit existentieller Verve neu deutend. Eine besondere Rolle in ihrem Werk spielt die Leere …

Ihr Werk „Ultima Cena" (Letztes Abend-/ Mahl) aus dem Jahr 2012 hat sie selbst zuerst *beschrieben* und dann auf unterschiedliche Weise *gedeutet*: Man sieht einen leeren Tisch, die Platte auf zwei Holzböcke gelegt, darüber ein weißes Tischtuch mit Falten. Auf dem Tisch eine Taube – in der Traditon sowohl Opfertier als auch Zeichen der Hoffnung, hier schlicht als Straßentaube. Der ganze ansonsten leere, hellfarbige, von rechts her beleuchtete, nach links dunkler werdende Raum ist mit Unmengen an Mehl bestäubt (auch der Tisch und der Rücken der Taube) – ein Zeichen für Brot, das man nicht essen kann, aber auch für Asche, Sand oder Wüste. Unter dem Tisch sieht man im Mehlstaub Spuren, die dann auch – am deutlichsten sichtbar – vom linken Bildrand her diagonal zur Bildmitte nach vorne, also auf die Position der Betrachtenden, hin führen …

Die Mutter der Künstlerin dachte gleich, da kommt jemand auf mich zu …; ihre Schwester meinte: er selbst ist aus dem Bild rausgegangen, er wollte auch nicht mehr mitmachen …; sie selbst fragte, warum Jesus und die Zwölf an den Tisch setzen? – die sehen ja ohnehin alle, weil sie an Leonardos Werk denken …

Die Künstlerin freut sich an den unterschiedlichen Deutungen, sie will mit ihrem Werk dazu anregen, über Sehen und Deuten selbst nachzudenken …

Anregungen zur *Bilderschließung:* Anregungen zur Deutung (Taube, Brot, leerer Tisch) sind bereits genannt, Mehl resp. Brot und Taube lassen sich auch auf Jesus beziehen („Ich bin das Brot des Lebens"), Joh 6,35; Jesu Opfertod (statt Lamm hier: Opfertaube) und Jesus als Hoffnungsträger (Auferstehung), vor allem auch die Spuren, die auf die Betrachtenden zukommen … – Eine offene Frage bleibt, warum der Tisch leer ist …

Querverweis: Bildvergleich mit Leonardos Abendmahl → S. 173.
Deutungsmöglichkeit im Kontext als Abschaffung des Sättigungsmahls und Ersetzung durch ein symbolisches Mahl in der Gemeinde (1. Kor 11,17–34): Häufiger scheint es vorzukommen, ja zur Regel zu werden, dass die Wohlhabenderen beim gemeinsamen Essen nicht mehr zum Teilen mit den Ärmeren bereit sind und diese mit knurrendem Magen zuschauen müssen, wie sich jene den Wohlstandsbauch weiter vollschlagen. Die Lösung für dieses Problem wirkt kläglich: Alle sollen zu Hause essen, gemeinsam erfolgt nur noch ein symbolisches Mahl mit kleinen Häppchen. Wir sehen: auch die Gläubigen sind Irdische, keinesfalls Engel. Es menschelt, wie überall, so auch in den Jesus-Gemeinden. Das Bild könnte als kritische Mahnung für die kirchliche Entwicklung gelesen werden: Was bleibt, wenn sich die *Gerechtigkeit* aus dem Zusammenleben zurückzieht und damit *Jesus Christus* und das *Reich Gottes* mit seinen Festmählern?
Ergänzungen:
- *Bilder zur Taufe:* Lucas Cranach d. Jüngere (1515–1586): Der evangelische Gottesdienst, 1545 → S. 204 (linkes Bild, exakt in der Bildmitte befindet sich die Szene einer [Säuglings-]Taufe); auch auf dem Bild von Roberto Conciatori, Zyklen des Lebens → S. 230 ist – allerdings nur schemenhaft – links vorne eine Taufszene zu sehen.

Credo/ Glaubensbekenntnis(se) (S. 201f)

201f: Credo/ Glaubensbekenntnis(se)

Die wesentlichen dogmatischen (systematisch-theologischen) Lehren bzw. Fundamente des christlichen Glaubens (Glaubensbekenntnis, Trinitäts- und Zwei-Naturen-Lehre) haben zwar allesamt Anhaltspunkte in der Bibel, sind jedoch in elaborierter Form das Ergebnis einer gut vierhundertjährigen Entwicklung in der Auseinandersetzung mit und der eigenständigen Aneignung und Ummodellierung der hellenistischen (griechischen) Philosophie der Umwelt. Die endgültigen Festschreibungen erfolgten dann beim Aufstieg des Christentums zur Staatsreligion quasi unter kaiserlicher „Schirmherrschaft“ auch im Interesse des Staatswohls im 4. und 5. Jh.
Die *Bekenntnisbildung* hat als Ausgangspunkt neutestamentliche Bekenntnisse (sog. „Pistis-Formeln“), deren älteste Zeugnisse in pln. Briefen zu finden sind – wobei Paulus diese Formeln aus der ihm vorliegenden Tradition übernommen hat –: zu Gott und Jesus, den er von den Toten auferweckt hat (Gal 1,1; 1. Thess 1,9b.10).
Drei altkirchliche *Bekenntnisse:*
- Apostolicum – (Tauf-)Bekenntnis;
- Nicaeno-Konstantinopolitanum, kurz: Nicaenum – Lehrbekenntnis (Trinitätslehre, Christologie);
- Athanasianum – Theologische Abhandlung (Trinitätslehre, Christologie).

Querverweise:
- Trinitätslehre in Bezug auf Gott (→ 3.7.3, S. 143–145);
- Zwei-Naturenlehre in Bezug auf Jesus Christus (→ 4.5.3, S. 185f).

Das Apostolische Glaubensbekenntnis (S. 202, linke Spalte)

202: Apostolisches Glaubensbekenntnis

Das Apostolische Glaubensbekenntnis wurde aufgenommen, weil es das auch heute in der kirchlichen Praxis verwendete und gesprochene ist und den Sch. zumindest vom Konfirmandenunterricht her auch – zumindest schemenhaft – bekannt sein kann.
Aufbau in drei Abschnitten – bei Luther: Artikeln – gemäß der Trinitätslehre mit den Themen: Gott – Jesus Christus – Heiliger Geist.
Gott ist wiederum dreifach charakterisiert: als Vater, Allmächtiger und Schöpfer (→ Gott, Kap. 3). Interessant auch, was *nicht* gesagt, also übergangen oder sogar verschwiegen wird: etwa Gottes Barmherzigkeit und Gnade.
Jesus Christus als Gottes Sohn, geboren von Maria (Jungfrauengeburt) und gestorben am Kreuz, nach drei Tagen auferstanden und in den Himmel aufgefahren – dort gegenwärtig neben Gott sitzend und zukünftig wiederkehrend zum (Jüngsten, Letzten) Gericht. Sehr auffällig, dass der irdische Jesus – mit Ausnahme von Geburt, Leiden und Tod – keinerlei Rolle spielt: Jesu irdisches Leben, seine Worte und Werke sowie die Reich-Gottes-Thematik. Überspitzt ausgedrückt: Jesus scheint geboren worden zu sein, um zu leiden und zu sterben – ansonsten spielt sein irdisches Leben keinerlei Rolle!
Der *Heilige Geist* scheint eng mit der heiligen christlichen Kirche als „Gemeinschaft der Heiligen“ verbunden sowie mit Sündenvergebung, Auferstehung und ewigem Leben (Rückbindung an Schlusspassage zu Jesus Christus). Nicht zur Sprache kommen unmittelbare Wirkungen von Gottes Geist im Menschen und in der Welt sowie die – dualistische – Unterteilung des ewigen Lebens in Leben im Himmel vs. Hölle (was interessanterweise auch beim Gericht Jesu ausgeblendet bleibt: es geht um das Gericht über „Lebende und Tote“, nicht um eine Scheidung von Guten/ Bösen.

202: Apostolisches Glaubensbekenntnis – Erarbeitung

Erarbeitungsvorschläge:
1. Selbsttätiger Umgang mit dem Apostolischen Glaubensbekenntnis
Sprechen: Welche Teile würden Sie problemlos laut (mit)sprechen (Sprechblase/n), welche nicht (leer)?
Fühlen: Wo schlägt ihr Herz höher/ Wo rümpfen Sie die Nase/ Was lässt Sie kalt (Smilies)?
Denken (+/- ?/!): Wo stimmen Sie zu (+), was lehnen Sie ab (–), was ist Ihnen unklar (?), was finden sie besonders wichtig (!)?
Handeln: Formulieren Sie ein eigenes Glaubensbekenntnis! (Alternativ/ additiv: Formulieren Sie ein Glaubensbekenntnis für Ihre Schulklasse!)
2. Inhaltliche Erarbeitug des Apostolischen Glaubensbekenntnisses
Fassen Sie in Stichworten zusammen, was im Apostolischen Glaubensbekenntnis thematisiert wird und was nicht – und nennen Sie mögliche Begründungen für die Schwerpunktbildung:

Thema	Was gesagt wird ...	Nicht gesagt wird/ ungesagt bleibt ...	Begründung
Gott			
Jesus Christus			
Heiliger Geist			

Überblick: Themen und Leerstellen des Apostolischen Glaubensbekenntnisses (Aufgabenblatt)

Thema	Was gesagt wird ...	nicht gesagt wird/ ungesagt bleibt ...	Begründung
Gott	Vater, Allmächtiger, Schöpfer	Barmherzigkeit, Gnade	Betonung von Gottes Macht/ Vatersein
Jesus Christus	Sohn, Leiden, Sterben Auferweckung, Himmel Wiederkehr zum Gericht	Irdisches Leben; Worte und Werke; Reich-Gottes	Betonung von Jesu Kreuz, Auferstehung und Richtersein
Heiliger Geist	Christliche Kirche Sündenvergebung Auferstehung, Ewiges Leben	Gottes Geist im Menschen und in der Welt	Betonung der Kirche und des ewigen Lebens

Überblick: Themen und Leerstellen des Apostolischen Glaubensbekenntnisses (Lösungsblatt)

202: Sölle, Credo

Dorothee Sölle: Credo (Glaubensbekenntnis) (S. 202)

Dieses recht bekannte Glaubensbekenntnis hat die Theologin und Dichterin *Dorothee Sölle* (1929–2003) 1968 für ein „politisches Nachtgebet" in Köln verfasst.
Aussagen: Aufbau in drei Strophen (wie Apostolisches Glaubensbekenntnis):

- Gott hat „die welt nicht fertig geschaffen" – er will „die veränderung aller zustände" durch uns (Z. 6, 15);
- Jesus Christus arbeitete „an der veränderung aller zustände" und ging „darüber zugrunde" (Z. 23f); er „aufersteht in unser leben", damit wir „seine revolution weitertreiben auf sein reich hin" (Z. 37, 41f);
- der Heilige Geist führt uns in die „gemeinschaft aller völker" und in die „verantwortung für das, was aus unserer erde wird" (Z. 46–48).

202: Texterschließung

Texterschließung (S. 202)

Aufgabe 1: Zur Erarbeitung der Einzeltexte s.o. – Vergleich:

	Apostolisches Glaubensbekenntnis	Sölle: Credo (Glaubensbekenntnis)
Gott		
Jesus Christus		
Heiliger Geist		

Tabelle: Vergleich zweier Glaubensbekenntnisse (Apostolisches/ Sölle) – Aufgabenblatt

	Apostolisches Glaubensbekenntnis	Sölle: Credo (Glaubensbekenntnis)
Gott	„Schöpfer des Himmels und der Erde“	Schöpfer einer „unfertigen“ Welt, der „die veränderung aller zustände“ durch uns will
Jesus Christus	Zentral: Geburt, Leiden und Sterben, Auferstehung, Wiederkehr zum Gericht	Arbeit „an der veränderung aller zustände“ – deshalb Tod Auferstehung „in unser leben“ zu unserem Reich-Gottes-Engagement
Heiliger Geist	„Gemeinschaft der Heiligen“ Sündenvergebung Auferstehung und ewiges Leben	„gemeinschaft aller völker“ Verantwortung für unsere Erde „zukunft dieser welt gottes“

Tabelle: Vergleich zweier Glaubensbekenntnisse (Apostolisches/ Sölle) – Ergebnis

1. Ergebnissicherungen, Varianten:
Zusammenfassung Apostolisches vs. Sölles Glaubensbekenntnis
Gottes Schöpfung: wie sie ist – nicht fertig, vielmehr veränderbar und veränderungswürdig.
Jesus Christus: Leben unwichtig, wichtig Tod, Auferstehung, Gericht – Jesu Leben als Veränderungsversuch zentral, Tod als Folge, Auferstehung in unser Leben zur Veränderung.
Heiliger Geist: Kirche, Auferstehung und ewiges Leben – Völkergemeinschaft, Verantwortung und Zukunft unserer Erde.
2. Vergleich Apostolisches/ Sölles Glaubensbekenntnis
- Weltbild: Himmel und Erde – Veränderbarkeit der Welt
- Menschenbild: sündig – aktiv ...
- Gottesbild: Allmächtiger – Veränderungswilliger
- Jesus Christus: Tod, Auferstehung – Leben: Aktivist ...
- Kirche: Gemeinschaft der Heiligen – Gemeinschaft der Völker
- Zukunft: Auferstehung, Ewiges Leben – Zukunft dieser Welt (gerechter Frieden) ...

3. Vergleich nach (weiteren) Stichwörtern: Himmel, Erde, Veränderung, Gemeinschaft u.a.m.

5.1.3 Hat Gott eine Konfession? – 2000 Jahre Christliche Kirche(n) (S. 203f)

203f: 2000 Jahre Christliche Kirche(n)

Thema des Unterkapitels: Konfessionsbildung mit den drei großen Kirchenrichtungen: Orthodoxe, Römisch-Katholische und Reformatorische (Evangelische).
Ergänzung: Insgesamt *vier Kirchenfamilien:*
- 451 Orientalische Kirchen/ „Westliche“ Kirchen
- 1054 Orthodoxe Kirchen/ Römische Kirche; Bruch Rom – Konstantinopel, gegenseitige Verurteilungen, Aufhebung 1965
- 1517 Reformatorische Kirchen/ Römisch-katholische Kirche

Zwei grundlegende Merkmale der protestantischen Kirchen (S. 203)

203: Zwei grundlegende Merkmale der protestantischen Kirchen

Rechtfertigungslehre (damals und *heute):* Drei Dokumente: Luthers „Schmalkaldische Artikel“ (als Bekenntnisschrift der Lutherischen Kirchen, urspr. Fassung 1537) – dagegen Beschluss des Konzils von Trient (1545–1563) mit Verurteilung der Gegenseite; Annäherung (und amtliche Aufhebung der kirchentrennenden Differenz, aber auf beiden Seiten theologisch nicht unumstritten): „Gemeinsame Erklärung zur Rechtfertigungslehre“ (GER) von 1999.
Querverweis Rechtfertigung(slehre): → 2.5, S. 83–86, bes. 86.
Nichtsakramentales und nichthierarchisches *Amtsverständnis: Priestertum aller Glaubenden*, begründet in Luthers „Adelsschrift“ (1520): „... was aus der Taufe gekrochen ist, das kann sich rühmen, dass es schon zum Priester, Bischof und Papst geweiht sei.“ (WA 2, 100). Damit zusammenhängend anderes *Kirchenverständnis:* Kritik an Hierarchie; Herr = Christus – Regent der Herzen; Keine Differenz Priester – Laien; verhemente Kritik Luthers am Papsttum (Papst = Antichrist).

Ergänzungen (S. 203f)

203f: Ergänzungen

- 31.10. jeden Jahres *Reformationsfest* (Tag des sog. „Thesenanschlags“), interessanter Weise fällt der „Weltspartag“ auf dasselbe Datum, heute beides nochmals überlagert durch „Halloween“.
- *Bekenntnisschriften:* Die lutherischen Kirchen kodifizierten im Konkordienbuch von 1580 (neben den altkirchlichen drei „Symbolen“, d.h. Glaubensbekenntnissen, s.o.) sieben Texte aus der Reformationszeit als gleichsam „kanonische“ Glaubensgrundlage, paritätisch drei davon von

Luther (darunter neben den hier genannten Schnmalkaldischen Artikeln insbes. der Kleine und der Große Katechismus → 3.4.2, S. 124), drei von Melanchthon (darunter am bekanntesten das Augsburger Bekenntnis/ Confessio Augustana von 1530, aus dem auf der nächsten Seite zitiert wird) – als siebtes tritt das Konkordienbuch selbst hinzu; im 20. Jh. lässt sich noch das „Barmer Bekenntnis" ergänzen (→ 5.3.1, S. 216). Die reformierten Kirchen stützen sich neben Calvins Hauptwerk (Institutio) auf Werke aus Genf (Katechismus und Kirchenordnung), zudem u.a. auf das Helvetische Bekenntnis (Erstes und Zweites, 1536 resp. 1561) und den Heidelberger Katechismus (1563).

Literatur:

- Die Bekenntnisschriften der Evangelisch-Lutherischen Kirche/ Irene Dingel Herausgeber/in; Evangelische Kirche in Deutschland, Göttingen [u.a.]: Vandenhoeck & Ruprecht, 2014
- Unser Glaube. Die Bekenntnisschriften der evangelisch-lutherischen Kirche; Ausgabe für die Gemeinde/ im Auftrag der Vereinigten Evangelisch-Lutherischen Kirche Deutschlands (VELKD) hrsg. vom Amt der VELKD. Redaktionell betreut von Johannes Hund und Hans-Otto Schneider, Gütersloh: Gütersloher Verlagshaus, 2013

204: Bild Cranach/
203f: Erläuterung

Bild: Lucas Cranach d. Ä. Der katholische/ Der evangelische Gottesdienst (S. 204, obere Seitenhälfte, Erläuterung beginnend auf S. 203 ganz unten)

Der (aus zwei Teilen bestehende) kolorierte Holzschnitt „Zweierlei Predigt" von Lucas Cranach d.J. aus dem Jahr 1545 zeigt auf seinem rechten Teil „Der katholische Gottesdienst" in einer Karikatur all das, was Luther bei der römischen Kirche bekämpft hat, vorne rechts etwa den Ablassverkauf mit dem Schild: „Weil (= während, da) der Grosch noch klingt / fähret die Seel in Himel."

Der linke Teil „Der evangelische Gottesdienst" zeigt das evangelische Verständnis von Gottesdienst und Kirche. Zentral ist die Predigt des gekreuzigten Christus (Luther auf der Kanzel). Die beiden Sakramente sind Taufe (hinten) und Abendmahl (vorne). Dies wird „in beiderlei Gestalt" vollzogen, d.h. die Gläubigen erhalten Brot und Wein (und nicht nur das Brot wie in der römischen Kirche). Der sächsische Kurfürst unter der Kanzel nimmt das Kreuz auf sich.

Sehr ergiebig kann ein Vergleich der unterschiedlichen Bildelemente auf den beiden Tafeln sein, die ja bewusst so angelegt sind, dass sie bei verschiedenen theologischen Themen die Unterschiede zwischen katholischem und evangelischem Glauben zeigen (wobei man nicht verschweigen darf, dass hier die Gegensätze in polemischer Überspitzung und Übertreibung bei der katholischen Seite gezeigt werden!):

- Die Predigt: katholisch ganz links (= unwichtig), evangelisch ganz rechts (= wichtig), beide von der Vertikale (und Diagonale) her in der Bildmitte. Bei den Katholiken bläst der Teufel die Worte mit einem Blas- bzw. Hörrohr ins Ohr, Luther als Prediger weist auf das Lamm, Christus, als Versöhner mit Gott.
- Buße: katholisch: Ablasshandel, vorne rechts; evangelisch: äußerlich: das Wort, die Predigt hören; innerlich: Buße tun und das Kreuz auf sich nehmen, an der entsprechenden Stelle (vorne rechts, direkt unter der Kanzel).
- Die beiden zentralen Sakramente Taufe und Abendmahl bei den Evangelischen sowie die weiteren Sakramente der katholischen Kirche, u.a. letzte Ölung.
- Weitere Details: Rechts scharen sich die Menschen unter der Kanzel zum wahren Gottesdienst und zur evangelischen Predigt; auf der anderen Seite sind Menschen und vor allem der Klerus mit entwürdigenden Dingen beschäftigt zu sehen: vorne fallen einem Mönch Spielkarten und Würfel aus der Kutte, ein anderer trägt – als Zeichen der Verfressenheit – einen geschlachteten Hahn am Gürtel, weiter hinten disputieren Theologen mit Narrenkappen, mit dem Teufel an der Spitze, kritisiert wird auch die prunkvolle Kleidung des Klerus.
- Die Theologie i.w.S. mit der Gottesvorstellung (Theologie i.e.S., katholisch: Hl. Franziskus mit Stigmata direkt neben Gott – blasphemisch!; evangelisch: Gott, Sohn Gottes), der Christologie (Jesus Christus) sowie der Soteriologie (Lehre von Heil und Erlösung).

Natürlich ist das Werk ein plakativ umgesetztes Programm und künstlerisch wenig wertvoll. Hier sollte also bilddidaktisch in ganz anderer Weise gearbeitet werden als bei den anderen Bildern des Buches (kein offenes Bild, vielmehr eines mit klarer Deutung, die bloße Illustration eines theologischen Programms).

204: Bild – Erarbeitung

Erarbeitungsvorschläge:

- Kirchen- bzw. Gottesdienstbesuch in einer katholischen und evangelischen Kirche. (Auf einem Blatt, Plakat, in einer PP-Präsentation) a) die äußeren Merkmale (Gemeinsamkeiten und Differenzen) einer evang. und kath. Kirche, b) eines evang. und kath. Gottesdienstes und c) die eigenen Eindrücke bei den beiden Exkursionen zusammenfassen und kommentieren.
- Anhand der beiden Bilder bzw. des Doppelbildnisses von Lucas Cranach Kennzeichen eines evang. und kath. Gottesdienstes bzw. der evang. und kath. Kirche zusammentragen und mitein-

ander vergleichen (die Darstellungen lassen sich geradezu wie ein Lexikon zu den beiden großen Konfessionen in der damaligen Zeit „lesen" und verstehen).

- Die eigenen Zusammenstellungen (Aufg. 1) und die beiden zugespitzten Darstellungen von Lucas Cranach (Aufg. 2) einander gegenüberstellen und miteinander vergleichen. Gründe für Ähnlichkeiten und Unterschiede diskutieren.
- Folgende Äußerung des alten Luther diskutieren:
  „Wer Gott reden hören will, der lese die heilige Schrift, wer den Teufel reden hören will, der lese des Papstes Dekrete und Bullen. O weh, weh, weh dem, der dahin kommt, dass er Papst oder Kardinal wird, dem wäre besser, dass er nie geboren wäre! Judas hat den Herrn verraten und umgebracht, aber der Papst verrät und verdirbt die christliche Kirche, welche der Herr lieber und teurer als sich selbst und sein Blut geachtet hat. Denn er hat sich selbst für sie geopfert. Weh dir, Papst!" ***(Luther in seiner letzten Schrift gegen den Papst im Jahr 1545)***

Querverweis: Problematische Seite von Luther/s Theologie: Judenfeindschaft (→ S. 209f); Bauernfeindschaft (→ S. 91 unten).

Merkmale der evangelischen Kirche (S. 204, Fließtext sowie Zitat untere Seitenhälfte) 204: Merkmale der evangelischen Kirche

Die *Merkmale der Kirche* (evangelische Predigt und Darreichung der beiden Sakramente Taufe und Abendmahl) werden hier anhand von Luther referiert und am Beispiel des zweiten großen Wittenberger Reformators und Bildungsreformers Philipp Melanchthon (1497–1560) mit einem Auszug aus dem vorrangig von ihm verfassten eigentlichen Gründungsdokument der Lutherischen Kirche, dem Augsburger Bekenntnis/ Confessio Augustana von 1530, belegt und dokumentiert (CA 7). Wichtig ist hier auch die Unterscheidung von Wesentlichem (hier geht es um den sog. „status confesionis") und Unwesentlichem (Adiaphora): Bräuche, Zeremonien, (Bauliche) Äußerlichkeiten etc.
Hintergrundinformationen: Auf dem Augsburger Reichstag von 1530, auf dem Kaiser Karl V. die „Religionsfrage" lösen wollte, konnte Luther als Geächteter nicht erscheinen, weshalb der auf Mäßigung und Verständigung bedachte Melanchthon (sein Lebensmotto lautete: „Wir sind zum Dialog geboren") die refomatorische Seite umsichtig (etwa auf Gemeinsamkeiten bedacht) und dennoch klar mit dem Augsburger Bekenntnis/ Confessio Augustana vertrat. Luther zollte seinem Kollegen einerseits Anerkennung, sparte aber auch nicht mit – tlw. selbstironisch gebrochener – Kritik, etwa mit der Äußerung: „Ich hätte so leise nicht treten können wie Bruder Philippus."

Abschluss des Teilkapitels 5.1 (S. 205)

205: Abschluss

Der eine Seite umfassende *Abschluss des Teilkapitels* enthält drei Teile: ein freistehendes, zur Diskussion einladendes *Zitat* des Kabarettisten Hanns Dieter Hüsch (1925–2005), eine *Zusammenfassung* zum Thema *Kirche* (mit Begriffserläuterungen und dem Schwerpunkt auf den Merkmalen/ Kennzeichen der Kirche = notae ecclesiae) sowie *Konfessionen* (orthodoxe, römisch-katholische und protestantische/ evangelische Kirche[n]) mit ihren jeweiligen Akzentsetzungen und Charakteristika, und zuletzt *Aufgabenstellungen.*
Ergänzung zu den notae ecclesiae: Fünf Merkmale/Aufgaben von Kirche:

- Martyria: Verkündigung, Zeugnis – kommunikatives Handeln
- Leiturgia: Liturgie & Spiritualität – symbolisches Handeln
- Koinonia: Gemeinschaftsbildung – soziales Handeln
- Diakonia: Seelsorge & Diakonie: helfendes Handeln & (Mit-)Leiden
- Paideia: Bildung – reflexives Handeln

Zu den Aufgaben (S. 205) 205: Zu den Aufgaben

Aufgabe 1: Erfahrungen auf unterschiedlichen Ebenen: Kirche als Raum, Gottesdienste, Feste im Jahreskreislauf resp. Lebenslauf, altersspezifische Angebote (Kinderkirche, Kinder- und Jugendgruppen) u.a.m.
Aufgabe 2:

Gruppierung/ Merkmale	**Inklusion/ Exklusion Zugehörigkeit/ Zugang**	**Identity marker/ Gruppenspezifität**	**Gruppenstruktur (Hierarchie)**
Urgemeinde/ Frühe Gemeinden/ Frühe Kirche	Öffentliche Predigt (Mission), Zugang Taufe	Glaube an Jesus, Abendmahl, Gütergemeinschaft, dann Hilfe für Bedürftige	Flache Hierarchie, dann Ämterbildung
Jugendcliquen Gegenwart			

Tabelle: Gruppierungen und deren Merkmale (Urgemeinde resp. Frühe Gemeinde; Jugendcliquen)

Aufgabe 3: 1. Rahmen Römisches Reich; 2. Besonderheiten gegenüber (Gruppierungen) der Umwelt; 3. Einheit in Vielfalt (jeweils Teilaspekte von S. 200, obere Hälfte), ergänzen.
Aufgabe 4: Möglichkeiten zur Beantwortung: 1) Die drei „Identity Marker" (Taufe, Abendmahl, Glaubensbekenntnis von S. 200f; Zusammenfassung); 2) Merkmale der Kirche (Zusammenfassung, S. 205, rechte Spalte, oben).
Aufgabe 5:

	Inhaltlichkeit	**Organisation**
Orthodoxe Kirchen		
Römisch-Katholische Kirche		
Reformatorische Kirchen		

Tabelle: Überblick über die Spezifika der drei großen christlichen „Konfessionen" – Aufgabenblatt

	Inhaltlichkeit	**Organisation**
Orthodoxe Kirchen	Spiritualität vor Theologie Betonung der Macht Gottes und der Auferstehung Jesu	Gliederung in Einzelkirchen Hierarchische Struktur Zölibat nur Bischöfe
Römisch-Katholische Kirche	Betonung der biblischen Begründung der Kirche und deren Bedeutung für das Heil	Zentralistische und hierarchische Struktur (Papsttum) Zölibat aller Priester
Reformatorische Kirchen	Rechtfertigungslehre Bedeutung des Kreuzes Betonung der Gleichheit	Gliederung in Einzelkirchen Demokratische Strukturen Ablehnung des Zölibats

Tabelle: Überblick über die Spezifika der drei großen christlichen „Konfessionen" – Lösungsblatt

5.2 Von der Clique zum Unternehmen – Gemeinschaft und Gesellschaft (S. 206–214)

206–214: Gemeinschaft und Gesellschaft

Das Teilkapitel befasst sich mit den Strukturen von religiösen Gemeinschaften resp. Vergesellschaftungen, in doppelter Hinsicht: nach innen und nach außen, im Verhältnis zur umgebenden Gesellschaft, wobei sich das erste Unterkapitel mit der Binnenstruktur, das letzte mit der Umgebungseinbettung und das mittlere mit beiden Aspekten bzw. mit der Grenzziehung zwischen „innen" und „außen" befasst. Der *Aufbau* ist damit dreigliedrig und zeigt in den drei Unterkapiteln jeweils eine Spannung auf:

- in der inneren Gliederung in vertikaler Richtung die zwischen einer egalitären und einer elitären Struktur (Gemeinschaft von Gleichen vs. hierarchische Institution): 5.2.1, S. 206–208 – *Querverweis:* → 1.4, S. 40, unten: Gesellschaft und Gerechtigkeit, Einleitung;
- in horizontaler Ausrichtung der Spannung zwischen „innen" und „außen", also der Frage nach der „Grenzziehung" (Wer gehört dazu resp. „zu uns", wer nicht bzw. Inklusion vs. Exklusion): 5.2.2, S. 208–210;
- in horizontal-vertikaler Richtung schließlich die Frage nach der Verhältnisbestimmung zur Außenwelt, also nach dem Verhältnis zur Gesellschaft oder – auf der institutionalisierten Ebene – zur Macht resp. zum politischen System oder Staat: 5.2.3, S. 211–213;
- ein Abschluss, der eine Seite umfasst, fasst das Teilkapitel im Überblick zusammen, S. 214.

5.2.1 Spontaneität und Institutionalisierung – Oben und unten (S. 206–208)

206–208: Oben und unten

Das knapp drei Seiten umfassende Unterkapitel befasst sich mit drei jeweils etwa eine Seite umfassenden *Themen*:

- S. 206, obere Seitenhälfte: Vergleich von „American Dream" und „Christian Dream"; untere Seitenhälfte: Apostel Paulus, dem der „Christian Dream" in starkem Maße zu verdanken ist;
- S. 207: Institutionalisierung der Kirche (Beginn S: 206 ganz unten und Ende S. 208, ganz oben) mit Ämter- und Kirchenbildung;
- S. 208: Religiöse Organisationsformen und Kirchenstrukturen, grundlegend.

Einzelhinweise zu American/ Christian Dream"/ Apostel Paulus (S. 206)

206: Einzelhinweise

- Den „*American Dream*" problematisieren: Traum des Aufstiegs vom Tellerwäscher zum Millionär (heute: vom schlichten Studenten, männlich!, der Informatik zum Milliardär); Szene und Zitat stammen aus Bill Gates tlw. autobiographisch gefärbtem Buch „Der Weg nach vorn", in dem der „König der Software" (Klappentext) sein Weltbild ausbreitet. Gesellschaftliche Bedingungen, Einbettungen und Auswirkungen solcher „Märchenstorys" analysieren – Steuergesetzgebung, Begünstigung von Marktkonzentrationen, Monopolkapitalismus; den Satz diskutieren: „Hinter jedem Vermögen steckt ein Verbrechen." (Balzac)
- Den „*Christian Dream*" analysieren und problematisieren (Querverweis → s.o. „Siegeszug" des Christentums", 5.1.2, S. 200 oben).
- Der *Apostel Paulus* als zentraler Promotor und Garant des Erfolgs. Paulus als zentraler *Theologe* des frühen (entstehenden) Christentums. Paulinische Briefe 49–56 n.Chr. (sieben echte, hier vor allem wichtig: Röm, 1. Kor, Gal, s. Bibelstellenregister); Brennpunkte seiner Theologie (mit Querverweisen): Gekreuzigter Christus (→ S. 138, 150) und Auferstehung Jesu (→ S. 181) (historischer Jesus ansonsten unwichtig!); Unfreiheit des Menschen (Sünde, Willensproblem → S. 79); Gerechtigkeit ohne Gesetz → S. 85; Heidenmission → S. 199; Freiheit durch Jesus Christus → S. 89, 199; Gemeinde als Leib Christi → S. 199; Liebe (Freiheit & Liebe) → S. 68; 89; Verhältnis zur Obrigkeit → S. 211. Freiheit wird von Paulus teilweise – darin ist er schwankend – auch für Frauen gefordert, nicht aber denkt er an Sklavenbefreiung, wohl aber an brüderliche Behandlung der Sklaven in der Gemeinde (→ S. 199 unten; vgl. auch den Brief des Paulus an Philemon bzgl. des entlaufenen Sklaven Onesimus). Zu Leben und Werk des Paulus auch → S. 199.

Literatur:

- Dorn, Klaus: Paulus. Geschichte – Überlieferung – Glaube, Paderborn: Ferdinand Schöningh, 2019
- Schnelle, Udo: Theologie des Neuen Testaments, Göttingen: Vandenhoeck & Ruprecht, 2. Aufl. 2014, S. 181–334 (Kap. 6)

Für Kursstufe geeignete Lektüre:

- Prinz, Alois: Paulus. Der erste Christ, Weinheim; Basel: Beltz & Gelberg, 2010 (auch: Insel 2016)
- *Bilder:* Die beiden Bilder zeigen zwei zentrale Säulen der christlichen Gemeinden: das Haus als

Versammlungsraum sowie den Mann sowohl als Gastgeber (Hausherr) als auch als Verkündiger (Wandermissionar Paulus – zu Beginn, auch bei Paulus, spielten die Synagogen des Diasporajudentums als Verkündigungsort eine wichtige Rolle).

206: Zwei Bilder: Hauskirche / Corinth

- Die *Hauskirche* von *Dura Europos* ist die bisher älteste archäologisch nachgewiesene Kirche. Sie datiert um 232/233 n.Chr. und lag in Dura Europos am Euphrat, einer antiken Stadt im Osten Syriens. – Das Gebäude zeigt zugleich die Struktur der Gemeinden: Aufbau und Orientierung am Modell des – patriarchal organisierten – Hauses, mit dem Hausherrn an der Spitze, der Familie im engeren Sinne und der gesamten Hausökonomie in der antiken Sklavenhaltergesellschaft.
- *Bild:* Lovis Corinth: Der *Apostel Paulus.* 1911, Mannheim, Städtische Kunsthalle. – Auffallend neben den Handhaltungen (mit den gespreizten Fingern) vor allem der irre Gesichtsausdruck und die leicht ungepflegte Erscheinung des Paulus, ein Mann, der einem Wahnsinnigen oder gar Geist gleicht. *Querverweis:* Kreuzigungs-Bild desselben Malers als Auftakt zum Jesus-Kapitel → S. 146, dort weitere Hinweise zu Maler, Zeit und Anliegen. *Didaktisch-methodische Hinweise:*
- Die „Fremdheit“ (Abstoßung und Faszination) des ursprünglichen christlichen Glaubens und Lebens thematisieren (als Hilfestellung heranziehen: Zur Diskussion → S. 196, unten; → S. 150, unten: Die Geschichte von Pi).
- Bildvergleich der beiden Corinth-Bilder (Jesus – Paulus) – Paulus in Beziehung setzen, Stellung nehmen lassen zu den beiden Auftaktbildern des Jesuskapitels → S. 146f, dazu seine Aussagen zur zentralen Bedeutung von Kreuz (→ S. 138, 150) und Auferstehung Jesu (→ S. 181).
- Bildvergleich mit Caravaggios Bild: Die Kreuzigung des Apostels Petrus (1601/1604) → S. 211; zwei der führenden Gestalten der frühen christlichen Gemeinden – zugleich Vertreter unterschiedlicher Richtungen (Richtungsstreit Mission unter Juden/ Heiden) → S. 199, Mitte: Apostelkonzil (Acta 15; vgl. auch den sog. Antiochenischen Streit).

206–208: Einzelhinweise zur Institutionalisierung

Einzelhinweise zur Institutionalisierung (S. 207; Beginn 206, unten, Ende 208 oben)

Zwei *freigestellte Zitate (Loisy – Drewermann): Loisy* meinte dies nicht entlarvend/ anklagend – wie häufig interpretiert und wie man auch hier durch die Doppelung mit Drewermann vorschnell schließen könnte, vielmehr einfach als analytische Beschreibung. Anders *Drewermann,* der eine harsche Kirchenkritik übt: Jesus in Frontstellung gegen Institution, Hierarchie, Verwaltung; Kirche als „fortlebender Christus“ ist eine Falschinterpretation! Der Reformator Hus beruft sich gegen seine Häscher auf Jesus Christus: „Wir übergeben deine Seele dem Satan.“ Er: „Und ich überliefere sie Christus.“ Evangelisches Verständnis der Kirche als Gefäß (zum Wassertransport), nicht als das Wasser selbst. Der „Fall“ liegt in der Konstantinischen Wende (→ S. 212, oben): Konstantin in einer Grabdarstellung als Christus, auf Münzen sein Aufstieg zum Himmel. Kritik im Anschluss an Gandhi („Im Abendland glaubt man nicht an Gott, nur ans Geld.“) sagt Drewermann: „Insofern können 1500 Jahre Kirchengeschichte eine einzige Widerlegung des Christentums durch die Christenheit sein.“ Jesus hat nach Drewermann für Jugendliche heute eine unmittelbare Bedeutung, nicht vermittelt über die Kirche: „Erst wenn ihr lernt zu vertrauen in eine Gestalt – die könnt ihr mütterlich nennen oder väterlich –, mit der wir Gott umschreiben, findet ihr zu euch selbst, werdet ihr bei euch selbst zu Hause, wacht ihr auf zum Erwachsensein. Dann geschieht genau das, was ihr euch wünscht.“ (S. 136)

Literatur:

- Eugen Drewermann/ Martin Freytag: Das Geheimnis des Jesus von Nazareth. Eugen Drewermann antwortet jungen Menschen, Ostfildern: Patmos, 2018, S. 124ff

207: Didaktisch-methodische Hinweise zur Erarbeitung

Didaktisch-methodische Hinweise zur Erarbeitung (S. 207)

Art der Gruppe	Jugendgruppe heute	Früheste Urgemeinde	Spätere Urgemeinde Frühe Kirche
Material	Eigene Erfahrung oder Blatt	Apg 2,43–47; 4,32–37	Eph 4,5; Apg 6,1–7 1. Kor 11,17–22,33f
1. Warum erfolgt Gruppenbildung?			
2. a) Wie oft?			
b) Wo trifft sich die Gruppe?			
3. Was *macht* die Gruppe gemeinsam?			
4. Was *hat* die Gruppe gemeinsam?			

5. Beziehungen in der Gruppe? (Strukturen)		Gal 3,26+28 Kol 3,11	Tit 2,1–10
a) Verhältnis der Mitglieder zueinander			
b) Gibt es „Ämter“ („Pöstchen“)			
6. Beziehungen zur Außenwelt?		Apg 5,12–16; 26–29	
a) Verhältnis der Gruppe zur Umwelt			
b) Verhältnis der Umwelt zur Gruppe		Apg 5,17f; 8,1–3	

Tabelle: Gruppenstrukturen (egalitär und hierarchisch) – Gemeinden/ Jugendcliquen

Zusatzfragen zu Ämtern (Zusätzliche Stellen: 1. Tim 3,8–10; 5,17; Tit 1,7–9)
1. Welche Ämter gibt es?
2. Weshalb entsteht das jeweilige Amt?
3. Aufgabe des Amtes?
4. Was hat die Entstehung des Amtes für eine Folge? a) Positive Wirkungen; b) Probleme

Ergänzungen (S. 207)

207: Ergänzungen

(1) Ämterentwicklung in den Gemeinden: 1. Jh.; Ämter: Bischöfe (*episkopos* = Aufseher); Presbyter, mehrere (= Ältere, Älteste, ebenfalls Leitungsfunktionen); Priester (Sakramente, ev. keine Weihe als Sakrament) – Laien (*laos* = Volk); Diakone (*diakonein* = dienen): Vermögensverwaltung, Dienst an Alten und Kranken (Diakoninnen in Alter Kirche; insges.: Kleriker (*klerein* = [in ein Amt] losen/ wählen), Klerus = Amtsträger der Kirche; Apostolische Väter: 2. H. 1. bis: 2. H. 2. Jh.: Personen und Schriftgruppe.

(2) Institutionen, theoretische Ableitungen (Soziologie):
- Moderne Soziologie: Herbert Spencer (1820–1903): Organe zur Aufrechterhaltung des gesellschaftlichen Organismus;
- Kulturanthropologie: Einrichtungen zur Befriedigung menschlicher Grundbedürfnisse (Bronislaw Malinowski, 1884–1942) oder zur Kompensation der Instinktarmut des Mängelwesens Mensch, gleichsam als „zweite Natur“ (Arnold Gehlen u.a.);
- Niklas Luhmann (1927–1998): gesellschaftliches System zur Reduktion und Steigerung von Komplexität.

(3) Institutionen und Religion: Orale, literale Kulturen; Achsenzeit: Ausdifferenzierung gesellschaftlicher Subsysteme; Hochkulturen: Hierarchie; Moderne Gesellschaft: Funktionale Ausdifferenzierung, Fehlen von Einheit, Überlegenheit ... *Max Weber:* Übertragung charismatischer Heiligkeit auf Institution = Kirche; Religion: Propheten, Priester, Zauberer – Laien; Propheten: Charismatische Diskontinuiät/ Disruptive; Priester: Institutionelle Rationalität und Kontinuität; Erzeugung eines religiösen Habitus auch bei Laien (Pierre Bourdieu, 1930–2002).

(4) Institutionen und Theologie. Kirche als Leib Christi, irdische Realisierung; Ämter mit unterschiedlichen Aufgaben. Diakone als Bedürftigenpflege; auch Diakoninnen, bei Herausbildung des Episkopats Zurückdrängung, da von den Bischöfen als Konkurrenz empfunden (Anfänge in den Pastoralbriefen). Differenzierung:
- Sichtbare Kirche (*ecclesia visibilis*); geschichtliche Kirche = *corpus mixtum* (Heilige + Sünder) Augustinus, Luther;
- Unsichtbare Kirche (*ecclesia invisibilis*) Prädestination (Augustinus); Glaube = Geschenk Gottes, innerlich = verborgen; Entstehung durch Verkündigung des wahren Evangeliums in der Kirche; Glaubender = *creatura evangelii*).

Kirchengeschichtlich (Reformation): Bild (Luther): Sichtbare Kirche: Leib; Verborgene Kirche: Seele (Luther: Verborgene, Zwingli: Unsichtbare Kirche).

Religiöse Organisationsformen und Kirchenstrukturen (S. 208)

208: Religiöse Organisationsformen und Kirchenstrukturen

Der Theologe Ernst Troeltsch (1912) und der Soziologe Max Weber (1906; 1922), beide in Heidelberg, in enger Arbeitsgemeinschaft zueinander stehend, entwickelten eine idealtypische Differenzierung zwischen Kirche und Sekte: Mitgliedschaft: durch Geburt/ freiwillig; Angebot: inklusiv/ exklusiv; Charisma: Ämter/ Personen; Werte in größerer Übereinstimmung/ Distanz mit/ zu Gesellschaft und Staat. Diese wird hier zugrunde gelegt.

Querverweise: Fortsetzung und tiefgreifendere Differenzierung ev./ rk. Kirche(n) → 5.4.2, S. 224; ferner → 5.1.3, S. 203 unten, 204.

208–210: Innen und Außen

5.2.2 Inklusion und Exklusion – Innen und Außen (S. 208–210)

Drei brisante *Themen* bietet dieses Unterkapitel zur Grenzziehung (Differenzierung/ Codierung von Inklusion und Exklusion):
(1) Mission;
(2) Antijudaismus;
(3) Ketzerbekämpfung.
Auf allen drei Feldern kann in bestimmten kirchenhistorischen Phasen nur von einem Komplettversagen der Kirche gesprochen werden, wobei sich immer wieder – und gerade auch in jüngerer Zeit – Entwicklungen zum Positiven hin ergeben haben, ohne dass damit alle Probleme oder gar (An-)Fragen aufgehoben wären.
Einen gewissen Höhepunkt erfuhren die Probleme

- zuerst im *Hochmittelalter* (1050/1100–1300), in dem sich auch Universitäten und in der Theologie die Scholastik etablierten, mit den Ketzerverfolgungen (Waldenser mit dem Wahlspruch „Lux lucet in tenebris", Katharer, Albigenser) und der zeitgleichen Entstehung von Bettelorden sowie den (hier nicht eigens thematisierten) Kreuzzügen,
- dann aber auch beim *Umbruch zur Neuzeit*: Antijudaismus, ausgelöst durch die Reconquista und damit verbunden die Vertreibung der spanischen Juden sowie gewaltsame Missionierung in der „Neuen Welt"/ Lateinamerika;
- eine extreme Zuspitzung von Antijudaismus und Antisemitismus erfolgte dann in der Zeit vor und vor allem während des *Dritten Reiches* (→ 5.3.1, S. 215–218).

Querverweis: Das Thema Inklusion/ Exklusion wurde unter der Gerechtigkeitsthematik bereits im Blick auf die Gesamt-Gesellschaft behandelt (→ S. 40, untere Seitenhälfte), hier nun erfolgt eine Anwendung der binären Codierung auf religiöse Gemeinschaften und „Gesellschaften".

208f: (1) Mission

(1) Mission (S. 208f)

209: Bild Rivera

Bild: Diego Rivera (1886–1957): Die Eroberung Mexikos durch Hernando Cortez 1519–21/ Landung in Veracruz am 21. April 1519, 1951 (S. 209)
Diego Rivera (1886–1957), mexikanischer Maler, lebte zeitweilig in Paris und in den USA, kehrte dann aber in sein Heimatland zurück. Beeinflusst von der Kunst der Maya und Azteken sowie von revolutionären Ideen malte Rivera riesige Wandfresken (sog. „Muralismo") mit Szenen aus der Geschichte und dem sozialen und politischen Leben Mexikos. Rivera war Kommunist und verheiratet mit der Malerin Frida Kahlo (→ Bild S. 125).
Das vorliegende große *Wandfresko*, das Teil einer Serie über die Geschichte Mexikos ist, trägt den Titel: Die Ankunft von Hernando Cortez in Veracruz am 21. April 1519. Das Gemälde zeigt zwei Szenen: im Hintergrund (oben) die Ankunft der spanischen Schiffe; den Großteil aber nimmt die Darstellung der beginnenden spanischen Kolonialherrschaft in verschiedenen Einzelszenen ein. Hinten ganz links steht auf einer erhöhten Stelle (Hügel) das Kreuz, in dessen Namen die Kolonisierung geschieht. Rechts davor ein Mann mit sehr eigenwilligem, charakteristischem (weißem) Gesicht: der Eroberer Cortez, mit einem Schwert in der Hand, neben ihm ein Geistlicher (Pater Bartolomé Olmedo) mit segnender Geste. Unmittelbar über Cortez' Kopf ist der letzte Aztekenherrscher zu sehen, mit den Füßen nach oben an einem Baum aufgehängt. Im Vordergrund in der Mitte ist Cortez in einer weiteren Szene – mit purpurnem, d.h. königlichem Gewand – nochmals zu sehen, diesmal mit einem englischen Kaufmann, von dem er Geld annimmt, um damit den Adels-/ Königstitel kaufen zu können. Den weitaus größten Raum nimmt die Darstellung der (agrarischen) Sklavenarbeit der indigenen Bevölkerung unter den spanischen Besatzern sowie der drakonischen Strafmaßnahmen ein (Augen ausstechen, Erhängen …).

208–209: Formen von Mission

Mission durchs Schwert: Eroberung Lateinamerikas (Conquista) (Fließtext S. 208, ganz unten, S. 209, obere Seitenhälfte)

- Der sog. *„Missionsbefehl"* ist natürlich alles andere als eine Legitimierung von Mission mit dem Schwert! (Situation in neutestamentlicher Zeit undenkbar.)
- Die *Eroberung* und *Christianisierung Lateinamerikas* durchs Schwert (Conquista) bedeutete eine gewaltige Erweiterung von Größe, Einfluss und Macht der Katholischen Kirche (noch bis ins 20. Jh. hinein gehörte praktisch die Gesamtbevölkerung Lateinamerikas der Katholischen Kirche an, erst mit der Wende zum 21. Jh. gewinnen dort insbes. die Pfingstkirchen einen immer größer werdenden Einfluss).
- Gegen die Verbindung Mission – Gewalt – Ausbeutung erhob sich von Anfang an *Widerstand* – zuerst einmal von Seiten der indigenen Bevölkerung, aber auch unter den „Eroberern" (Kon-

quistadoren) – insbes. Bartolomé des las Casas, um 1474–1566, der jedoch – trotz vereinzelter Schutzbestimmungen zugunsten der indigenen Bevölkerung – zu keiner fundamentalen Veränderung der Unterdrückung durch Kirche und Politik führte. (Zum essentiellen Beitrag des lateinamerikanischen Goldes und Silbers zur Entstehung des europäischen Kapitalismus s. u.a. das klassische Werk „Die offenen Adern Lateinamerikas" von Eduardo Galeano.)

Drei Formen von Mission (Verhältnis Eigenposition – Fremdposition):

1. Eigendominanz: 1.1 Überzeugungsarbeit (→ Paulus, S. 206); 1.2. Psychische Gewalt, Indoktrination (→ Tilmann Moser, S. 127); 1.3. Physische Gewalt (Lateinamerika, s. Bild);

2. Fremddominanz: „going native", d.h. Übernahme der Fremdposition (Bsp. des Sprachwissenschaftlers und Missionars Daniel L. Everett, → S. 242);

3. Dialog auf Augenhöhe: Gegenwart; Neue Erklärung des ÖRK zu Mission und Evangelisation, 2012 → S. 220; Christlich-jüdischer Dialog, S. 187f; Religionstheologie, S. 257, unten; Dialog der Religionen, S. 259f.

Ergänzung: Deutsche Kolonialhistorie: www.blackhistoryindeutschland-change.org/

(2) Christen und Juden – Antijudaismus (S. 209f)

209f: (2) Antijudaismus

Verhältnis von Christentum und Judentum – Überblick:

Verhältnis Christentum – Judentum

- *Verbindung:* Jesus als Jude; Urgemeinde als jüdische „Sekte"; Judentum als „Mutterreligion" des Christentums;
- *„Herausentwicklung"* = Ablösung und Trennung in Etappen über einen langen Zeitraum; als *erste Phase:* Anerkennung der „Heidenmission" (ohne Beschneidungs- und Toraeinhaltungsszwang) beim Apostelkonzil, Acta 15 (→ S. 199, Seitenmitte), verbunden mit Spannungen zwischen nichtchristusgläubigen und christusgläubigen Juden sowie innerhalb der Christusgläubigen selbst: Judenchristen (etwa Mt-Ev, auch Jak) können gegen Paulus resp. die Paulus-Anhänger oder -Schule den Vorwurf des Abfalls von der Tora erheben. Beide Richtungen verbleiben aber noch innerhalb resp. im nahen Umfeld des Judentums.
- Zwischen den beiden großen Jüdischen Aufständen (66–70 n.Chr., mit der Zerstörung des Zweiten Tempels 70 n.Chr.) und dem Bar Kochba-Aufstand (132–136 n.Chr.) vollzieht sich im *Judentum* ein Prozess von Neuorientierung und -konstituierung unter *rabbinischer* Führung mit einer Abgrenzung vom Christusglauben („Zeit von Jabne", früher verkürzend und irreführend auf eine „Synode" mit förmlichem „Beschluss" reduziert).
- Erst die großen theologischen Entscheidungen der *Trinitäts- und Zwei-Naturenlehre* sowie der entsprechenden *Glaubensbekenntnisse* in der Zeit nach der Konstantinischen Wende im 4. und 5. Jh. n.Chr. machen die Trennung des Christentums vom Judentum (auch) theologisch unumkehrbar.
- *Wechselhafte Geschichte* zwischen Christentum und Judentum im Abendland von Koexistenz (selten und meist nur bedingt: Inklusion) und Stigmatisierung/ Exklusion bis hin zur Vertreibung und Eliminicrung (Vorurtcilc wie „Brunnenvergifter", Verfolgung und Vernichtung im Kontext der Kreuzzüge ..., Vertreibung und Ghettoisierung im Anschluss an die Reconquista; mit der radikalsten Form von Eliminierung in der Shoa → S. 215–218, 221).
- Versuch der Aufarbeitung und eines dialogischen Verhätnisses in der allerjüngsten Zeit – besonders seit den letzten fünfzig Jahren (S. 187, jüdisch-christlicher Dialog).

Antijudaismus in NT, Christentum, RU und Gesellschaft

Antijudaismus und Antisemitismus

- Gegen *antijudaistische Tendenzen im NT* (Jesus resp. Paulus in Gegensatz oder „Überbietung" zu Tora/ Judentum) ist die bleibende Verwurzelung von Jesus und Paulus im Judentum zu betonen → Jesus-Kapitel, insbes. S. 161f, Nähe zu Pharisäern; zu Paulus: Röm 9–11: Bleibende Erwählung Israels.
- Besonders fatal im evangelischen Bereich der ausgeprägte und militante *Antijudaismus Luthers* in seinen späten Jahren (freigestellte Textpassage).
- Die Verbindung von religiösem Antijudaismus und rassischem Antisemitismus z.Zt. des *Nationalsozialismus* in Teilen der Kirche, bes., aber nicht nur bei den sog. „Deutschen Christen" (→ 5.3.1, S. 215–218).
- Trotz der *Aufarbeitung* der schuldvollen Geschichte bleibt die *Gefahr* von *anitjudaistischen Vorurteilen* weiterhin bestehen, auch im RU. Eine lange Forschungstradition zum Antijudaismus in Bildungsplänen und Schulbüchern (in neuester Zeit u.a. Julia Spichal, 2015) zeigt im Blick auf Vorurteile gegen Juden im christlichen Religionsunterricht zwar punktuelle Verbesserungen, aber gleichzeitig weitere Tradierungen und punktuell sogar Verschlechterungen ...
- Gleichzeitig sollte in der *gegenwärtigen gesellschaftlichen Debatte* klar zwischen *Antijudaismus* resp. *Antisemitismus* und *Antiimperialismus* (etwa Kritik an der das Völkerrecht und UN-Reso-

lutionen verletzenden Besatzungs- und Siedlungspolitik der israelischen Regierung, die ja auch von jüdischer Seite aus heftige Kritik erfährt) differenziert werden (wobei hier natürlich von deutscher/ christlicher Sicht aus sehr überlegt und reflektiert sowie mit Umsicht und Vorsicht zu argumentieren ist).

Literatur:

- Rothberg, Michael: Multidirektionale Erinnerung. Holocaustgedenken im Zeitalter der Dekolonisierung, dt. von Max Henninger, Berlin: Metropol, 2021

209–210: Antijudaismus – Luther vs. Reuchlin

Antijudaismus – Luther vs. Reuchlin (S. 209 unten, 210 oben)

Drei häufig vorgebrachte Argumente zur „Inschutznahme" Luthers sind in sich selbst problematisch und haltlos:

- zum einen lässt sich nicht ein früher, „judenfreundlicher" gegen den späteren, hetzerisch-judenfeindlichen ausspielen – denn auch der frühe zielte auf eine Abschaffung der jüdischen Religion, wenn auch mit „freundlichen" Mitteln, war der Reformator doch überzeugt, dass seine Wiederentdeckung des wahren Evangeliums auch die Juden überzeugen müsste (von Toleranz und gar Religionsfreiheit hielt der Reformator absolut nichts);
- zum zweiten ist die antijudaistische Haltung – ebenso wie seine hetzerische Schrift gegen die Bauern (→ S. 91, unten) nicht einfach von Luthers Theologie abzulösen wie ein lästiger Wurmfortsatz, steht sie doch mit seinem theologischen Kernanliegen in unmittelbarem (und unauflösbarem?) Zusammenhang: dem exklusiven christlichen Heilsanspruch resp. einem auf den „inneren Menschen" reduzierten Freiheitsverständnis;
- zum dritten ordnet sich Luther keinesfalls einfach ein in eine allgemeine Tendenz der Zeit (wenngleich starke antijudaistische Tendenzen herrschten), vielmehr rächt sich hier die humanismusdistanzierte bzw. -kritische Haltung des Reformators. Johannes Reuchlin etwa, einer der zentralen Vertreter des Humanismus in Deutschland, vertrat eine ganz andere, zu Luther konträre Position, wie das Zitat belegt. Reuchlin ist in diesem Kontext – gegen den Reformator – für die Gegenwart wichtig und weiterführend, auch mit seinem Motto: „Verachtet nichts, nur weil es fremd und anders ist!"

209f: Ergänzung: Antisemitismus heute

Ergänzung: Antisemitismus in der Gegenwart

- Der Begriff „Antisemitismus" wird gegenwärtig häufig als Überbegriff für alle Arten der Judenfeindschaft verwendet (religiös, rassisch oder auf andere Weise begründet). In jüngster Zeit stehen einander zwei Definitionen von „Antisemitismus" gegenüber:
- die „Arbeitsdefinition Antisemitismus" der „International Holocaust Remembrance Alliance" (IHRA) von 2016, eine weite Definition, die von vielen Staaten (auch Deutschland) übernommen wurde und – häufig unter Weglassung eines Passus, der eine Kritik an Israel, die der an anderen Staaten „vergleichbar" ist, durchaus legitimiert – dazu verwendet wird, jede Kritik an der Besatzungspolitik Israels als „antisemitisch" zu verteufeln; sowie die
- „Jerusalem-Deklaration zum Antisemitismus" (JDA) von 2021, von zahlreichen renommierten Wissenschaftler/innen (auch: jüdischen, auch deutschen) unterzeichnet; sie ist enger gefasst, so dass Kritik an Menschenrechtsverletzungen Israels etc. nicht (gleichsam automatisch) unter das Verdikt „Antisemitismus" fallen. Ein Vergleich der beiden Papiere würde sich für eine interessierte Schulklasse lohnen.

Literatur:

- Benz, Wolfgang (Hg.): Streitfall Antisemitismus. Anspruch auf Deutungsmacht und politische Interessen, Berlin: Metropol, 2020
- Breuer, Thomas: Luthers Haltung zu Juden und Türken – Eine Hypothek für das interreligiöse Lernen?, in: Breuer, Thomas/ Dieterich, Veit-Jakobus (Hg.): Luther unterrichten – Fächerverbindende Perspektiven für Schule und Gemeinde, Stuttgart: Calwer Verlag, 2016, S. 138–151

210: (3) Intoleranz und Gewalt: Ketzer

(3) Intoleranz und Gewalt: Ketzer (S. 210)

Innerhalb der Kirche(n) existiert stets ein gewisser Pluralismus, dessen Bandbreite und Chancen sich im Verhältnis von egalitären, synodalen vs. hierarchischen, zentralistischen Strukturen bewegen. Die starke Machtstellung der Kirche mit dem Papsttum im hohen Mittelalter ermöglichte die Durchführung von Kriegen (innerhalb der Mächte des christlichen Abendlands), Kreuzzügen (gegen Muslime und Juden, tlw. auch gegen Byzanz) und der Inquisition (gegen Dissidenten in den eigenen Reihen).

Die *Inquisition* (lat. [gerichtl.] Untersuchung), d.h. die kirchliche Aufspürung, Verfolgung und Bestrafung (Vernichtung) von Andersdenkenden bzw. Häretikern mit staatlicher Unterstützung wur-

de bereits z.Zt. der Konstantinischen Wende durch Theodosius I. (Edikt von 380/81) eingerichtet. Um 1200 wurde sie im Westen dann neu organisiert, zentralisiert und bald unter die Leitung des Dominikanerordens gestellt. Der Kontext war die Entstehung der mittelalterlichen Armutsbewegungen, die die Kirche in ihrem Reichtum, ihrer Machtstellung und Verweltlichung kritisierte und ein Leben nach dem Muster der Nachfolge Jesu propagierte.
Die Papstkirche reagierte darauf mit einer Doppelstrategie (die sich in jüngster Zeit gegenüber der lateinamerikanischen Befreiungstheologie wiederfindet → S. 220f): zum einen werden nicht integrierbare Tendenzen und Strömungen verfolgt und vernichtet (südfranzösische Katharer, von griech. *katharós* = rein – daher auch der Name „Ketzer"; ähnlich die „Waldenser" des Lyoner Kaufmanns Petrus Waldes oder Valdes [um 1184–1218], einem Zeitgenossen des Franziskus); zum andern werden die Strömungen, die Möglichkeiten zur Anschlussfähigkeit aufweisen, integriert, teilweise allerdings unter – aufgezwungenen – Anpassungsleistungen. So wurde der Orden der Franziskaner anerkannt, allerdings bei einer deutlichen Ummodellierung der Ordensregel unter kurialer Federführung (nicht bullierte vs. bullierte = kirchlich anerkannte Regel – im Grunde handelt es sich um eine „feindliche Übernahme", was Franz wohl spürte, aber doch zugleich durch Passivität tolerierte – er zog sich einfach zuerst von der Ordensleitung und dann auch vom Ordensleben zurück). Ein Jahrhundert nach Franziskus fiel dann der radikale Teil der Franziskaner der Inquisiton zum Opfer (Hintergrund des bekannten Romans und Films „Der Name der Rose" von Umberto Eco). Die Anschlussfähigkeit bei Franziskus lag in seiner absoluten Loyalität gegenüber der Kirche als Institution, dem Priesteramt und dem Papsttum.
Querverweis: Radikalität der Nachfolge Jesu bei Franz von Assisi → 4.4.3, S. 178f.
Ergänzung Kreuzzüge: 1095 Aufruf von Papst Urban II. mit den Worten „Deus lo vult" (Gott will es), der Krieg wird als gerecht, ja heilig angesehen und bezeichnet (der Terminus „Heiliger Krieg" stammt jedoch erst aus dem 19. Jh.). 1. Kreuzzug: 1096–99, Eroberung Jerusalems mit Blutbad 1099; Errichtung von Kreuzfahrerstaaten; beim 4. (dem letzten großen) Kreuzzug 1204 Eroberung Konstantinopels; Ende der 200-jährigen Geschichte der Kreuzzüge 1291 mit der Eroberung Akkos. (Anmerkung: Franz von Assisi hatte sich einer Kreuzfahrergruppe angeschlossen und dabei eine „alternative", friedliche „Kreuzfahrt"-Variante inszeniert: das Gespräch mit dem Versuch einer Missionierung durch die Überzeugungskraft der Predigt; legendär auch seine „Feuerprobe" vor dem Sultan; konkret propagierte er auch gemeinsame Gebete mit Muslimen).

Ergänzung Kreuzzüge

Didaktisch-methodische Hinweise

210: Zwei Bilder

- *Bildvergleich* der *beiden Bilder*: Franziskus begibt sich in freiwillige Armut unter dem Schutz der Kirche, plastisch dargestellt auf Giottos (um 1266–1337) Fresko in der Kirche in Assisi durch die Ablegung der – väterlichen – Kleider (Erbverzicht, Ausstieg aus Beruf, freiwillige Armut) und Einhüllung durch den Bischof (Leben unter kirchlichem Schutz mit der späteren Anerkennung des Franziskanerordens). Anders das Vorgehen der Kirche gegen die Katarer zur selben Zeit, die nahezu nackt und bloß gewaltsam aus der Stadt getrieben werden. – Kleidung, Nacktheit (Armut), kirchliche Funktionäre, Armhaltungen, Szenen auf beiden Bildern vergleichen, Gemeinsamkeiten und Gegensätze herausarbeiten.
- Nachfolge bei Franz von Assisi → 4.4.3, S. 178f hinzuziehen (Franz lehnte jeden Besitz außer einer einfachen Kutte ab).
- Zur Inquisition *Dostojewskis Legende vom Großinquisitor* (→ S. 192) hinzuziehen. Eine Szene entwerfen, in der Jesus als Franziskus/ Katarer (bzw. Petrus Waldes) wiederkommt.
- *Bildvergleich* der *beiden Bilder* mit dem dritten Bild der Doppelseite (S. 211 unten, Kreuzigung Petri). Dann ergibt sich ein Bilderfries mit drei Bildern resp. ein Triptychon: vor der Konstantinischen Wende Verfolgung von Christen (Tod des Petrus) – danach: Verfolgung andersdenkender Christen durch die Kirche (Katharer) oder (freundliche resp. zwanghafte) Eingliederung (Franziskus). Anordnung Franziskus als Mitteltafel, Flügel Katharer und Kreuzigung Petri wäre möglich; Sinnbild für: Imperiale Macht (Mitte mit Bischof und Franziskus = Corpus Christianum des Mittelalters → S. 156, oben: Pax Augustana des Römischen Reiches im Altertum), die Flügel zeigen die jeweilige Gewaltanwendung gegen Devianz/ Dissidenten.

210: Ergänzung – Grafik

Kirche – Machtbereich Inklusion (Zwang)	Dissidenten: Mittelalterliche Armutsbewegungen	Exklusion
↓ Unterwerfung/ Anpassung ←	Franz von Assisi	
	Katarer/ Waldenser	→ Verfolgung, Vernichtung

Grafik: Umgang der Kirche mit Dissidenten

211–213: Kirche und Staat

5.2.3 Ist die Kirche machtgierig? – Kirche und Staat (S. 211–213)

Das drei Seiten umfassende Unterkapitel befasst sich mit drei *Themen*:
(1) dem Verhältnis *Christen – Imperium/ Römisches Reich* (in beide Richtungen) in den ersten drei Jahrhunderten (S. 211);
(2) der sog. *„Konstantinischen Wende"*, mit der das Christentum im 4. Jh. zuerst anerkannt und dann Staatsreligion wurde (S. 212 oben, 1. Abschn.);
(3) den möglichen *Verhältnissen* von *Kirche und Staat* auf der (a) *realen* und (b) *theologisch* reflektierten Ebene (S. 212), letzteres konkretisiert mit zwei Quellentexten (S. 213);
(4) als Ende folgt ein zusammenfassender *Abschluss* (S. 214).

211: (1) Verhältnis Christen – Imperium

(1) Verhältnis Christen – Imperium/ Römisches Reich (S. 211)

Christen	Römisches Reich
Anerkennung der Obrigkeit Steuerbezahlung	Religiöse Toleranz (Judentum religio licita)
Ablehnung Kaiserkult	Christenverfolgungen (zuerst nur zeitweise/ punktuell; erst ab Mitte des 3. Jh.s „Wellen")
Verteufelung des Kaisers/ Imperiums	Verfolgungsphasen

Überblick: Verhältnis Christen – Imperium/ Römisches Reich bis um 300 n. Chr.

Einzelhinweise:

- *Offb 13* bis *Dan 7*: Endzeitkampf Böses gegen Gutes, Reiche/ Mächtige/ Mächte – Tiere; Offb 13: Tier aus dem Meer und weiteres aus der Erde, unterstützt vom „Drachen" – Unwesen; Kap. 14: Das Lamm und die Auserwählten; *„666" – The Number of the Beast*: Kaiser Nero, erste (lokal begrenzte) Christenverfolgung; Zahl = Menschennamen, drei Verschlüsselungen: 1. Hebräisch; 2. Gematrie = Buchstaben-Zahlen-Werte, Addierung der Zahlenwerte der Konsonanten; 3. Name Kaiser Nero; Bezug dann auf Domitian als „Nero"-Typ; Domitian (lokal begrenzte) Christenverfolgungen in manchen Städten Kleinasiens; (Nerosage, Mythos: Nero redivivus) (Dorn 2016, 227f).

Bild	Bedeutung	Begründung
Tier	Kaiser	
10 Hörner	10 Kaiser	
7 Häupter	7 Kaiser mit langer Amtszeit	
7-hügeliges Babylon	Rom, Hauptstadt	
Tieranbetung	Kaiserverehrung, -kult, -opfer	
Kampf gegen Heilige	Christenverfolgung	
666 (Zahl eines Menschennamens)	Kaiser Nero (dann „Typ" Nero)	

Tabelle: Erläuterungen zu Offb 13

Ergänzung zur Verfolgungs-/ Bedrohungssituation: um 110 n. Chr.: Reskript/ Brief Kaiser Tranjans an Konsul Plinius d.J.: Keine Fahndung, aber juristische Bearbeitung bei Anzeigen von Christen und evtl. Bestrafung – bei Verweigerung des Kaiseropfers; nahezu eineinhalb Jh. Gültigkeit, bis um die Mitte des 3. Jh.s.

211: Bild Caravaggio

Bild: Caravaggio: Die Kreuzigung des Apostels Petrus (1601/1604) (S. 211)
Ort: Cesari-Kapelle, Santa Maria del Popolo, Rom.
Zum Bild: Komposition (Bildaufbau): Die vier Personen bilden ein Kreuz, jede Person stellt einen Teil der Balken dar (→ Ausübung von Gewalt verkettet schuldhaft mit Gewalttat).
Thema: Martyrium des Apostel Paulus, christliche Märtyrer.
Hintergrundinformationen zu Person und Werk Caravaggios → S. 182: Caravaggio (1571–1610): Der ungläubige Thomas.
Anregungen zur Erschließung:

- Bildbeschreibung, -wirkung (affektiv) und -analyse (kognitiv); „Verschlingung" der Körper (Täter/ Mörder-Opfer); Körperteile; Kleider und nackte Körperteile; Gesicht(er); Lichtverhältnisse; Farben (Brauntöne, weiß, rot);
- Einordnung in Bilderfries (s. S. 210);
- Bildvergleich mit a) Kreuzigung Jesu (→ S. 146, Corinth); b) zweitem Caravaggio-Bild: Der ungläubige Thomas (→ S. 182).

(2) Konstantinische Wende (S. 212 oben, 1. Abschn.)

212: (2) Konstantinische Wende

Mit der sog. „*Konstantinischen Wende*" wurde das Christentum – nach einer letzten großen Unterdrückungs-/ Verfolgungswelle Ende des 3. Jh.s – im 4. Jh. zuerst staatlich anerkannte und dann offizielle (Staats-)Religion.

312 Schlacht an der Milvischen Brücke, in der Nähe von Rom; *sol invictus*/ Unbesiegter Gott; schöne legendarische Umschreibung: Konstantin erscheint das Kreuzzeichen: „In diesem Zeichen wirst du siegen"; er erringt 324 die Alleinherrschaft.

325 Konzil in Nicäa, einer Residenzstadt am Bosporus, erstes Allgemeines Konzil: Jesus Christus mit Gott „wesenseins" (griech. *homoousios*); Glaubensbekenntnis (Nicänum); Theologie und Machtpolitik vermischen sich; Taufe Konstantins auf dem Totenbett, 337; eine Diskussion um die „Echtheit" (Aufrichtigkeit) des Glaubens Konstantins scheint müßig; wichtigere Perspektive: es bestand eine Bereitschaft zu einem Pakt auf beiden Seiten, der politischen Macht ebenso wie des christlichen Glaubens. Die legendarisch unterfütterte Machtpolitik ist mit Händen zu greifen, das theologisch Problematische ebenso: Gott ist hier ein siegsichernder Schlachtengott, auf der Seite der Sieger, ein Gott der erfolgreichen Herrscher, der Gott des Imperiums (dazu s. Jung, 2017, 40ff, inklusive der Legenden um Konstantin).

Eine weitere entscheidende Etappe erfolgt dann 380 unter Kaiser Theodosius: das Christentum wird offizielle Staatsreligion; bereits 381 folgt das Konzil von Konstantinopel (Hauptstadt), das eine (vorläufige) Trinitätslehre sowie ein Glaubensbekenntnis (Nicaeno-Constantinopolitanum) formuliert. Der letzte Schritt wird dann 529 n.Chr. vollzogen: das Christentum wird zur einzig erlaubten Religion, es erhält die Alleinherrschaft (Kaiser Justinian).

Die *Folge* der Konstantinischen Wende (als Gesamtprozess und epochaler Wende) ist eine radikale Umwandlung, man könnte auch sagen: Pervertierung des Christentums, zumindest in gesellschaftspolitischer, twl. aber auch in theologischer Hinsicht, plakativ deutlich gemacht in der Gegenüberstellung von Christentum als Staatsreligion (Schluss Fließtext) und Jesus-Zitat zu Macht und Machtverzicht (freigestelltes Bibelzitat).

Querverweis/ Didaktisch-methodische Anregung: Die Zeit vor und nach der Konstantinischen Wende lässt sich anschaulich anhand der beiden Christusdarstellungen als Pantokrator und als armer Gekreuzigter thematisieren (→ S. 185).

Thema/ Epoche	Vorkonstantinische Situation	Nachkonstantinische Entwicklungen
Staat	Distanz zum Staat	Identifizierung mit Staat
Macht	Ablehnung von Macht und Herrschaft	Aneignung und Ausübung von Macht und Herrschaft
Umgang mit „Andersdenkenden"	Verfolgung von Christen: Märtyrer → S. 211 unten	Verfolgung durch Christen: Ketzer/ Dissidenten → S. 210
Krieg	Ablehnung des Kriegsdiensts	Ausübung des Kriegsdiensts
Mission	Mission durch Predigt	Mission durchs Schwert

Tabelle: Verhältnis des Christentums zu Staat/ Macht vor- und nachkonstantinisch

Ergänzung – Kirchen und theologiegeschichtliche Weiterentwicklungen nach der Konstantinischen Wende:

212: Ergänzung: Weiterentwicklungen

- 410 n.Chr. Eroberung und Plünderung Roms durch die Westgoten, Vorwurf ans Christentum: Schwächung von Staat und Staatsreligion.
- Augustinus (354–430 n.Chr.): Lehre von Zwei Reichen (De Civitate Dei) – Beendigung der antiken Ideologie eines (alle Bereiche, also Politik und Religion) umfassenden „Imperium Romanum".
- Trotz dieser Aufteilung im Mittelalter dann erneut die Ideologie einer (Politik und Religion) umfassenden Einheit (Corpus Christianum, Christliches Abendland), mit den dann allerdings miteinander konkurrierenden Spitzen von Papsttum (als zugleich weltlicher Macht und geistlichem Oberhaupt) und Kaisertum (als weltlichem Haupt).
- Martin Luthers Zwei-Reiche-(bzw. Regimenten-)Lehre bedeutete eine Anknüpfung an Augustinus, zugleich aber auch entscheidende Veränderung: Luther unterscheidet nicht – prinzipiell dualistisch – zwischen Reich Gottes und Reich des Teufels, vielmehr verlegt er die Spaltung zwischen zwei Regierungsweisen in Gott selbst (analog zur, aber keineswegs identisch mit der Differenzierung zwischen dem *deus absconditus* und dem *deus relevatus* – sind doch beide Regierungsweisen dem Menschen zugewandt!).

(3) Verhältnis Kirche – Staat: Zwei theologische Modelle (Luther vs. Barth) (S. 212, untere Seitenhälfte: Erläuterung, und S. 213: Quellentexte)

212–213: (3) Verhältnis Kirche – Staat

Die beiden theologischen Modelle zum Verhältnis von Kirche und Staat bei Luther und Barth enthalten zwar beide Momente von Unterscheidung/ Trennung sowie Bezogenheit/ Verbindung, differieren aber im Kern dadurch, dass bei Luther die Unterscheidung (zweier Regimente = Regierungsweisen bzw. „Reiche" Gottes, eine Differenz wird trotz der gemeinsamen Rückführung auf Gott in diesem selbst eingebaut – durch seine beiden völlig differenten Regierungsweisen), bei Barth aber die Gemeinsamkeit (der Herkunft bzw. des Bezugs auf Jesus Christus; christologische Konzentration auf einen mit sich selbst identischen, einheitlichen Jesus Christus) das letzte Fundament darstellt. Beide Modelle erfuhren auch unmittelbare Anwendung: Luthers 1523 in seiner „Obrigkeitsschrift" entfaltetes Modell in seinen Schriften gegen die Bauern im Jahr 1525 (→ S. 91, unten); Barths Modell hatte seine praktische Bewährungsprobe bereits in der Barmer Theologischen Erklärung von 1934 (→ S. 216, Quellentext T 5.3 [2]) bestanden und wurde dann ein gutes Jahrzehnt später unmittelbar nach dem Dritten Reich und Zweiten Weltkrieg in der Schrift „Christengemeinde und Bürgergemeinde" (1946) theoretisch entfaltet (beide praktischen „Anwendungen" bei der Bearbeitung der theoretischen Schriften unbedingt heranziehen!).

213: Quellentext Martin Luther

Martin Luther: Von weltlicher Obrigkeit (1523) (Quellentext S. 213, linke Spalte)
Der Anlass für Luthers Schrift war das Verbot von Lutherschriften und der reformatorischen Predigt in den altgläubigen Herrschaftsgebieten. Der Schwerpunkt des Werkes liegt daher eigentlich auf dem zweiten Teil, der Begrenzung staatlicher Macht und ihre Nichteinmischung in religiöse/kirchliche Belange. Dennoch behandelt Luther das Thema des Verhältnisses von Kirche und Staat umfassend und in beide Richtungen.
Im ersten Teil *begründet* Luther staatliche Macht und Herrschaft (in seinen Worten: die Obrigkeit) theologisch, unter Rückgriff auf Röm 13,1 (→ S. 211, freigestelltes Bibelzitat, Seitenmitte, linke Spalte) (1. Abschn.). Da die staatliche Gewalt von Gott kommt, können Christen den „Staatsdienst" in allen seinen Facetten mit gutem Gewissen ausüben, (2. Abschn.), ja es handelt sich dabei sogar um einen „Gottesdienst" (Z. 11, 12), etwa auch bei der Ausübung der Todesstrafe, also des Henkers- (Z. 14f) bzw. auch des Kriegshandwerks.
Im zweiten Teil *begrenzt* Luther die staatliche Macht und Herrschaft (3. und 4. Abschn.) auf den „äußerlichen" Bereich (Z. 25) – der „innerliche" der „Seele" bzw. des Seelenheils aber ist staatlichem Zugriff entzogen (Z. 26f), hier regiert niemand als Gott „allein" – man müsste mit Luther selbst der Präzision halber ergänzen: Gott mit seinem „nichtobrigkeitlichen", d.h. kirchlichen Regiment oder Arm! Luther greift hier in seiner Obrigkeitsschrift auf seine in der Freiheitsschrift eingeführte fundamentale Unterscheidung zwischen dem äußeren, leiblichen, und dem inneren, seelischen Bereich des Menschen zurück (→ S. 90f, insbes. 2. Abschn., „Zum zweiten", Z. 21–27). Zuletzt kommt Luther auf sein eigentliches Anliegen zurück: die weltliche Obrigkeit darf keine lutherischen Schriften verbieten oder den päpstlichen Glauben anordnen; tut sie dies, handelt sie tyrannisch, und die Untertanen sind ihr in diesem Punkt keinen Gehorsam schuldig (Recht auf passiven Widerstand) (letzter Abschn.).

Reich der Welt
Fürs erste müssen wir das weltliche Recht und Schwert gut begründen, damit niemand dran zweifle, dass es durch Gottes Willen und Anordnung in der Welt ist. Die Sprüche aber, die sie begründen, sind die folgenden: Röm 13,1.2: ‚Jede Seele sei der Amtsgewalt und Obrigkeit untertan; denn es gibt keine Gewalt, die nicht von Gott wäre: die Gewalt aber ist überall, wo es eine gibt, von Gott angeordnet. Wer nun der Gewalt widersteht, der widersteht Gottes Ordnung; wer aber Gottes Ordnung widersteht, der wird sich selbst die Verurteilung zuziehen'. [...]

Reich Gottes
Zweitens. Dem widerspricht nun kraftvoll das Wort, welches Christus Mt 5,38–41ff spricht: „Ihr habt gehört, dass den Vorfahren gesagt ist: ‚Auge um Auge, Zahn um Zahn.' Ich aber sage euch, man solle keinem Übel widerstehen; sondern wenn dich jemand auf den rechten Backen schlägt, dem halte auch an den anderen hin ...".
Drittens. Hier müssen wir Adams Kinder, d.h. alle Menschen, in zwei Teile teilen: die einen zum Reich Gottes, die andern zum Reich der Welt gehörig.

Ergänzung:
Altprotestantische Dogmatik: Dreiständelehre (*ordo triplex hierarchicus*)
- Kirchenstand (*ordo ecclesiasticus*)
- Obrigkeit (*ordo politicus*)
- Haushaltsstand / Patriarchale Ökonomie (*ordo oeconomicus*)

213: Quellentext Karl Barth

Karl Barth: Christengemeinde und Bürgergemeinde (1946) (Quellentext, S. 213, rechte Spalte)
- Im *ersten* Abschnitt definiert Barth seine Begrifflichkeit (Z. 1–3),
- im *zweiten* benennt er die Gemeinsamkeit der beiden Bereiche: Gottes Gnade (Z. 4–6),
- im *dritten* – nach der kursiv gesetzten zusammenfassenden Paraphrasierung weiterer (ausgelassener) Passagen der Schrift – begrenzt und beschränkt er die Kernaufgabe der Kirche auf

die Verkündigung der Herrschft Christi und des Reiches Gottes (Z. 13–16) und trennt sie damit vom Staat,

- im *vierten* verbindet er (über Jesus Christus als Herr) beide Bereiche wieder miteinander (Z. 17–21),
- im *fünften* lehnt er – auch gegen Luthers Position – einen Untertanen-Gehorsam der Christen ab (Z. 22–25) und
- fordert sie im *sechsten* zur kritischen Unterscheidung zwischen „rechtem" und „unrechtem" Staat auf (Z. 26–29) und
- begründet dies im *siebten* mit der notwendigen Gleichnis- resp. Analogiefähigkeit (Entsprechung) von Staat und Reich Gottes (sog. „Analogie-Lehre", Z. 33);
- die letzten drei Abschnitte konkretisieren diese Analogie (Entsprechung) zuerst nochmals grundlegend (Z. 34–36) und dann konkret im Blick auf soziale Gerechtigkeit (Z. 37–39) und Freiheit (Z. 40f – als Abschluss).

Barth nimmt damit zentrale theologische Gedanken auf (Gnade Gottes, Herrschaft Christi über die gesamte Welt/ Reich Gottes, Gerechtigkeit und Freiheit → s. dazu die entsprechenden Teil- resp. Unterkapitel des Buches). Theologisch angegriffen wurde insbes. seine Analogielehre.

Texterschließung (S. 213, unten) 213: Texterschließung

Aufgabe 1: Grafik zu Luther: Kirche und Staat als zwei getrennte Bereiche mit unterschiedlichen, ja gegensätzlichen Werten, Verbindung über Gott (zwei Regierungsweisen) und die einzelnen Christen (gleichsam als Bürger zweier Welten). Grafik zu Barth: Kirche und Staat als zwei konzentrische Kreise mit dem Mittelpunkt Christus und analogiefähigen Werten (s. dazu auch unten, Abschluss, Aufg. 4).

Aufgabe 2: a) Zu *Luther*: Aufnahme der Unterscheidung zwischen dem äußeren, leiblichen, und dem inneren, seelischen Bereich des Menschen (→ S. 90f, insbes. 2. Abschn., „Zum zweiten", Z. 21–27; Abänderung/ Verengung des „Dienstes am Nächsten" (Freiheitsschrift) zum „Staatsdienst" (Dienst für die Obrigkeit) als Gottesdienst (Obrigkeitsschrift).

b) Zu *Barth:* Besonders die 1. These der Barmer Theologischen Erklärung entspricht der alleinigen Orientierung und Konzentration auf Jesus Christus als Gottes Offenbarung und Richtschnur und Zentrum der Kirche wie der gesamten Wirklichkeit (→ S. 216; gegen Luthers Zwei-Regimente-Lehre).

Aufgabe 3: Das übernächste Teilkapitel zeigt, dass die EKD mit ihrer Bejahung und Unterstützung der freiheitlich-demokratischenGrundordnung der BRD dem Barthschen Modell viel näher steht als dem Luthers (→ 5.4.3, S. 225). Dies lässt sich auch inhaltlich begründen (Freiheit und Soziale Gerechtigkeit, Menschenrechte und Menschenwürde u.a.m.).

Abschluss des Teilkapitels 5.2 (S. 214)

214: Abschluss

Der eine Seite lange *Abschluss* umfasst drei Elemente: Zitatpaar, Zusammenfassung sowie Aufgabenstellungen.

Doppelzitat Deschner – Böll (S. 214) 214: Doppelzitat

Der Schriftsteller *Karlheinz Deschner* (1924–2014) wurde vor allem mit seinen kritischen Arbeiten zur Kirchengeschichte weithin bekannt; Standardwerk: zehnbändige „Kriminalgeschichte des Christentums" (1986ff).

Heinrich Böll (1917–1985), Schriftsteller und Literatur-Nobelpreisträger (1972), war ein exponierter Kritiker der (im Erzbistum Köln, Bölls Wohnort, besonders konservativen) Katholischen Kirche, nicht aber der Religion oder des Christentums, das er wegen dessen prinzipieller Zuwendung zu den gesellschaftlich Benachteiligten/ Exkludierten hoch schätzte; weiteres Zitat aus Bölls Werk – einer Satire → S. 229, Einstieg).

Zusammenfassung (S. 214) 214: Zusammenfassung

Die *Zusammenfassung* beschränkt sich im ersten Teil (der sich auf die ersten beiden Unterkapitel bezieht) unter Auslassung der geschichtlichen Entwicklungen (die gegebenenfalls aus den Einzel- bzw. Doppelseiten zu ergänzen wären, insbes. S. 206f, S. 208 unten bis 210) auf die prinzipiellen, strukturellen Merkmale; der zweite Teil gliedert sich in (1) historische Entwicklungen (die fundamentale sog. Konstantinische Wende) und (2) die Verhältnisbestimmung von Kirche und Staat auf der strukturellen sowie (3) der theologischen Ebene.

214: Zu den Aufgaben

Zu den Aufgaben (S. 214)

Aufgabe 1: Chancen: Großorganisation; Institution; Verwaltung – Gefahren: Erstarrung der Lebendigkeit des Glaubens, Herrschafts- und Machtkonzentration (Elitarismus vs. Egalitarismus); „Gemischte" Motivationslage: Eigeninteresse (Egoismus) der Gläubigen (S. 207, unten: Dilemma Institutionalisierung).

Aufgabe 2: Differenzierte Beurteilung: (a) Juden: Luther vs. Reuchlin (S. 209f); Heiden: Conquista in Lateinamerika vs. Bartholomé de las Casas (S. 209, obere Seitenhälfte); Ketzer, Armutsbewegung im Mittelalter: Katarer vs. Franziskus (S. 210, untere Seitenhälfte). Das Grundschema lautet: Inklusion (Mission resp. Adaption/ Anpassung der Armutsbewegung an Kirche) vs. Exklusion bis hin zur Extinktion (Ketzerverfolgungen).

Aufgabe 3: Verhältnisse Staat (§) – Kirche (✝):

Verbindung § + ✝	Trennung § // ✝	Trennung und Kooperation § // ✝ sowie § + ✝
Theokratie Cäsaropapismus Staatskirche	Laizistischer Staat	Bundesrepublik (GG) (auch: Weimarer Republik)
Landesherrliches Kirchenregiment nach Reformation	Frankreich	Kooperation: Kirchensteuer-Einzug, RU, Diakonie

Tabelle: Verhältnisse Staat (§) – Kirche (✝): Modelle, Begriffe sowie Beispiele (Hinweis zu den Begriffen: S. 212, Mitte; zur Erg. → 5.4.3, S. 225–228)

Aufgabe 4:

a) Zwei-Regimente-Lehre von Martin Luther

Gott führt zwei Regimenter (Herrschaftsweisen)

Reich der Welt (Obrigkeit)	Reich Gottes (Kirche)
(Stände-)Ordnung: Schafft äußeren Frieden	Rechtfertigung: Schafft inneren Frieden
wehrt bösen Werken	bewirkt Glauben
durch die Obrigkeit und ihr Handeln	durch die Verkündigung des Evangeliums
über Leib und Leben (Äußerliches)	über die Seele (Innerliches)
Herrschaft durch Amtsgewalt	Herrschaft Gottes

Tabelle: Luthers Zwei-Regimente-Lehre (Wichtig: Luther unterscheidet zwischen der sichtbaren und einer verborgenen Kirche)

b) Modell von Christen- und Bürgergemeinde bei Karl Barth

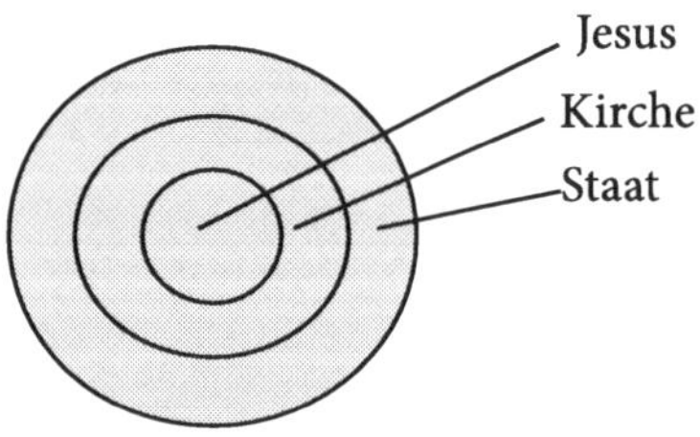

Erläuterung: Innerer Kern: Jesus Christus: Christengemeinde = Kirche; Bürgergemeinde = Staat inklus. andere „weltliche" Institutionen; „Analogiefähigkeit" von staatlicher Gerechtigkeit und der Verkündigung des Reiches Gottes in der Kirche.

Aufgabe 5: Berücksichtigung des Gedankens: Ein Rückzug vom Politischen ist auch eine Stellungnahme zur Politik.

5.3 „Ich glaube an Gott, nur an sein Bodenpersonal nicht" – Kirche auf Bewährung (S. 215–221)

215–221: Kirche auf Bewährung

Die *Überschrift* des Teilkapitels entstammt einem Schülertext aus einer Berufsschulklasse. Zwei *Themen* bzw. *Unterkapitel* behandeln zwei Schwerpunkte bzw. Brennpunkte der Kirchengeschichte:

- Kirche und Politik (Staats-Macht) am Beispiel der Kirche(n) im Nationalsozialismus (4 Seiten) (S. 215–218);
- Kirche und Wirtschaft (Ökonomie) bzw. Soziale Gerechtigkeit (gut 2 Seiten) am Beispiel der Stellung der Kirche(n) zur „Sozialen Frage" im 19. und zur Befreiungstheologie im 20. Jh. (S. 219–221 oben);
- ein Abschluss (S. 221) beendet das Kapitel.

5.3.1 „ ... wir klagen uns an ..." – Die Kirchen und der Nationalsozialismus (S. 215–218)

215–218: Die Kirchen und der Nationalsozialismus

Die *Überschrift* des Teilkapitels entstammt dem Stuttgarter Schuldbekenntnis, das am Ende des Teilkapitels zitiert wird (S. 218, unten, linke Spalte). Thematisiert werden:

- die Auseinandersetzungen um die Anpassung an NS-Ideologie und -Macht in den evangelischen Kirchen (sog. *Kirchenkampf*) (S. 215–217, obere Seitenhälfte);
- der *Widerstand* der Kirchen (S. 217, untere Seitenhälfte) bzw. Einzelner (S. 218, obere Seitenhälfte) gegen die verbrecherische Verfolgung und Vernichtung von Menschen(gruppen) durch das NS-Regime;
- kirchliche *Schulderklärungen* nach Ende des sog. „Dritten Reiches" (S. 218, untere Seitenhälfte).

Kirchenkampf (S. 215–217, obere Seitenhälfte)

215–217: Kirchenkampf

Der anfänglich völkisch und antisemitisch gesinnte kaiserliche Marineoffizier und Pfarrer *Martin Niemöller* (1892–1984) hatte die Weimarer Republik abgelehnt und die NS-Machtergreifung begrüßt, wurde dann aber zu einem maßgeblichen (Mit-)Begründer zuerst des Pfarrernotbundes und dann der Bekennenden Kirche.

Literatur:

- Ziemann, Benjamin: Martin Niemöller. Ein Leben in Opposition, München: Deutsche Verlags-Anstalt, 2019

Von *staatlicher* wie von *kirchlicher* Seite aus gab es zu Beginn der NS-Herrschaft deutliche Bekundungen von Sympathie und Solidarität. Hitler suchte zu Beginn die Unterstützung der beiden großen Kirchen in Deutschland und verkündete in seiner Regierungserklärung vom 23. März 1933, dass die Regierung „in den beiden christlichen Konfessionen wichtigste Faktoren der Erhaltung unseres Volkstums" sehe und ihre „Rechte" nicht anzutasten gedenke. Auf evangelischer Seite äußerte der Oberkirchenrat der Evangelischen Kirche der Altpreußischen Union, der größten evangelischen Landeskirche in Deutschland, am 11. April 1933 in einer offiziellen Stellungnahme seine „Freude über den Aufbruch der tiefsten Kräfte unserer Nation zu vaterländischem Bewußtsein, echter Volksgemeinschaft und religiöser Erneuerung." – Die Verfolgung und Vernichtung der „Linken" – wie der gesamten politischen Opposition – war zu diesem Zeitpunkt bereits in vollem Gange, das sog. „Ermächtigungsgesetz" vom 23. März hatte Hitler praktisch diktatorische Vollmachten übertragen, die Ausgrenzung und Entrechtung der jüdischen Bevölkerung hatte spätestens Anfang April begonnen – mit dem Boykott jüdischer Geschäfte am 1. April und dem „Gesetz zur Wiederherstellung des Berufsbeamtentums", d.h. dem Ausschluss „nichtarischer" Deutscher vom Beamtentum, vom 7. April – exaxt dem Tag der „Solidaritätsadresse" der preußischen Kirche; als „nichtarisch" galt, wer von nicht „arischen", insbes. jüdischen Eltern bzw. Großeltern abstammte (ein Eltern- oder Großelternteil war hinreichend für den Ausschluss, selbst wenn diese zum Christentum konvertiert waren, es handelte sich also explizit um eine rassistische, nicht religiöse Zuschreibung).

Wichtige Gründe für die NS-Nähe der evangelischen Kirche sind: nationale bis hin zu nationasozialistischen Gesinnungen; Frustration über die Abschaffung des Landesherrlichen Kirchenregiments nach dem Ende des Kaiserreichs sowie Distanz oder gar Ablehnung der Weimarer Republik wie allgemein der Demokratie; antijudaistische und auch – rassistisch motivierte – antisemitische Vorurteile; im sog. „Neuluthertum" starke völkische Tendenzen u.a.m.

Die Wurzeln der *„Deutsche Christen"* reichen bis ins 19. Jh. zurück; 1932 erfolgte die Gründung der „Glaubensbewegung Deutsche Christen" (DC) durch Pfarrer Joachim Hossenfelder – mit strammer NS-Ideologie, einem „artgemäßen Christusglauben", einer antisemitischen Grundhaltung, einer

Abwertung, tlw. sogar vollständigen Ablehnung des AT sowie der Propagierung des Führerprinzips auch in der Kirche.

Das *Bild (Foto)* zeigt einerseits den Höhepunkt des Einflusses der „Deutschen Christen", die im Sommer 1933 die Wahlen in der neu gegründeten reichsweiten Dachorganisation der Deutschen Evangelischen Kirche (DEK) gewannen, mit Reichsbischof Ludwig Müller als Führer einer zentralisierten „Reichs-Kirche" (Müller seit August Landesbischof der Preußischen Kirche, seit Ende September dann Reichsbischof), und andererseits die demonstrativ inszenierte Nähe zwischen lutherischer Reformation und NS-Staat (Der Reichsbischof auf den Eingangsstufen des Wittenberger Rathauses, flankiert von Amtsträgern der NSDAP).

Der *Kirchenkampf* begann an der Frage der Macht der DC (und von Landes- und dann auch Reichsbischof Müller) und konkret an der Frage nach Übernahme des sog. „Arierparagraphen" auch in der Kirche (DC-Anliegen); wenngleich die Zahl der betroffenen Pfarrer gering war, hatte die Frage doch enorme symbolische und eben auch grundsätzliche Bedeutung, ging es doch um die Frage der Eigenständigkeit der Kirche nach dem Motto: Kirche muss Kirche bleiben. Nach der Bildung des Pfarrernotbundes im September 1933 kam es 1934 zur Gründung der Bekennenden Kirche mit ihrem zentralen Dokument, der „Barmer Theologischen Erklärung" vom 31. Mai 1934.

215–218: Ergänzung: Katholische Kirche

Ergänzung: Auf Seiten der *Katholischen Kirche* war die Sachlage etwas anders gelagert als auf der evangelischen, in wichtigen Punkten war sie aber auch ähnlich:

- Zustimmung zur NS-Ideologie und NS-Staat weniger ausgeprägt;
- Keine „Spaltung" (in) der Kirche;
- 1933 förmliches Konkordat mit dem NS-Staat zur Absicherung der Kirche;
- 1937 Enzyklika „Mit brennender Sorge": Protest gegen Bedrückung der Kirche (und auch Bedenken gegen den Rassismus);
- ansonsten jedoch (von Einzelstimmen und -personen abgesehen) kein grundsätzlicher Protest, etwa gegen die Entrechtung, Verfolgung und Vernichtung politisch Andersdenkender oder gegen die Shoa (ab 1941 als „Endlösung" deklariert), vielmehr primär Versuch des Schutzes von kirchlichen Eigeninteressen.

216: Zwei Quellentexte

Zwei Quellentexte (DC – BK) (S. 216)

T 5.3 (1): Die Richtlinien der Glaubensbewegung „Deutsche Christen" vom 26. Mai 1932: Drei zentrale Punkte (von insgesamt zehn) des grundlegenden Dokuments der DC wurden ausgewählt:

Pkt. 4: spricht (1) vom „positiven Christentum": NS-Werte (Ideologie) werden als „positiv" konnotiert; (2) von einem „artgemäßen Christus-Glauben sowie (3) vom „deutschen Luther-Geist", d.h. die zentralen Gestalten (Jesus) Christus und Luther werden für das deutsche Volk und die arische Rasse, also für die NS-Ideologie, vereinnahmt.

Pkt. 7 und *8* sehen Äußere und Innere Mission (Vorläufer der Diakonie → S. 219) der Kirche in Übereinstimmung mit der NS-Ideologie von der Überlegenheit und Reinheit der arischen Rasse sowie der Vernichtung sog. „lebensunwerten Lebens", der sog. „Euthanasie" (S. 217, unten) (beide Aspekte stehen in einem unmittelbaren Zusammenhang miteinander!).

Die weiteren Punkte (1–3, 5) formulieren einen Alleinvertretungsanspruch für die gesamte – geeinte und zentralisierte – Kirche und wenden sich (in weiteren, nicht aufgenommenen Teilen) in einer dreifachen Abgrenzung explizit gegen „christlich-soziale" (Pkt. 6) Bestrebungen, gegen Judenmission sowie die „Eheschließung zwischen Deutschen und Juden" (Pkt. 9) sowie zuletzt gegen „den Geist eines christlichen Weltbürgertums" (Pkt. 10).

T 5.3 (2): Die Barmer Theologische Erklärung der „Bekennenden Kirche" vom 31. Mai 1934 BTE): Bereits in der *Präambel* macht die BTE die Frontstellung gegen die DC deutlich, was dann im gleichartigen, dreigegliederten *Aufbau* der sechs Thesen nochmals unterstrichen wird: Bibelzitat/ These/ Verwerfung. Ausgewählt wurden drei (der sechs) Thesen: – die zentrale und grundlegende *erste* thematisiert die Exklusivität der göttlichen Offenbarung in Jesus Christus (christologische Konzentration) und Ablehnung einer weiteren, „natürlichen" Offenbarung Gottes (etwa in der Schöpfung oder der Geschichte, also etwa auch der NS- resp. DC-Ideologie);

– die *vierte* thematisiert die binnenkirchliche Struktur als Dienst, nicht als Herrschaft und lehnt ein „Führerprinzip" (NS- und DC-Ideologie) explizit ab;

– die *fünfte* begründet das Recht des Staates (Sorge „für Recht und Frieden" – „unter Androhung und Ausübung von Gewalt" (Z. 42f), begrenzt es jedoch zugleich unter Hinweis auf dem Staat entzogener Bereiche, insbesondere der Eigenständigkeit der Kirche (Schlusspassage).

– Die weiteren, hier ausgelassenen Thesen thematisieren zuerst die von Jesus her begründete „Einheit der Wirklichkeit", die keine seiner Herrschaft entzogenen, unter Leitung anderer Herren stehenden Bereiche zulässt (These 2); ferner die Einheit der Kirche als „Gemeinde von Brüdern", die keine Übernahme fremder weltanschaulicher oder politischer Überzeugungen erlaubt (These 3); und zuletzt die alleinige Orientierung der Verkündigung und Sakramentsverwaltung der Kirche im

Auftrag und Namen Jesu Christi – gegen jede andere Inanspruchnahme (These 6). Die Erklärung endet mit einem Aufruf zur Bekenntniseinheit unter diesem Programm mit den Worten: „Verbum Dei manet in aeternum" – Gottes Wort bleibt in Ewigkeit.

Texterschließung (S. 216)

216: Texterschließung

1. Vergleich DC-Richtlinien – BTE (BK)

DC-Richtlinien	Barmer Erklärung
Punkt 7: Gottes Lebensordnungen: Rasse, Volkstum und Nation	These 1: Jesus Christus = das eine Wort Gottes; keine andere Offenbarung Gottes
Etc.	

Bei *DC-Richtlinien* keine Bibelstelle resp. theologische Tradition explizit benannt, d.h. nur vage Anspielungen und konkrete Umdeutungen, d.h. illegitime Inanspruchnahme von biblisch-christlichen Traditionen (Appell von Äußerer und Innerer Mission zur Reinhaltung und Reinigung der Rasse ist NS-Ideologie).

2. Bei *Barmer Erklärung* konkrete biblische Bezugnahmen These 1: „Ich-bin-Worte" bei Joh (→ S. 184, untere Seitenhälfte); These 4: Nachfolge-Regeln: Verzicht auf Reichtum und Macht, d.h. Leben in Armut und Machtlosigkeit (→ 4.4.3, S. 178f); These 5: 1. Petr 2,17 kombiniert die Doppel-Aussagen zum Staatsverhältnis: Anerkennung staatlicher Macht – Überordnung göttlicher über staatliche Macht (→ 5.2.3, S. 211 oben mit 1. Petr 2,17 sowie Apg 5,19).

3. Bezug *Barmer Erklärung* zu Barth (der an ihrer Formulierung wesentlich mitbeteiligt war), recht eindeutig, etwa im Grundgedanken: Christus als alleiniger Herr über Kirche und Welt (christologische Konzentration, Kirche und Welt als konzentrische Kreise mit Mittelpunkt in Jesus Christus). Begrenzung des Staats (Thesen 4 und 5) ermöglicht Bezüge sowohl zu Barths „Christengemeinde und Bürgergemeinde" als auch zur Zwei-Regimente-Lehre Luthers.

DC-Richtlinien können sich trotz Berufung auf den „deutschen Luther-Geist" eigentlich nur zu Unrecht auf seine Zwei- Regimente-Lehre beziehen, da Luther ja eine deutliche Grenzziehung des Staats gegenüber dem Eigenrecht der Kirche (Herrschaft über die Seelen) zieht.

4. Die *Barmer Theologische Erklärung,* die auf der Homepage der EKD unter den „Bekenntnissen" aufgeführt wird, hat so etwas wie Bekenntnischarakter. Eine Bedeutung hat sie nicht nur für die Eigenständigkeit der Kirche (Begrenzung des Staates), sondern vor allem auch für die alleinige Ausrichtung an Jesus Christus im Bereich der gesamten Wirklichkeit, also in Kirche und Staat (z.B. Orientierung an „Mit-/ Menschlichkeit" bei der Flüchtlingsthematik (→ Bilder, S. 40, 237), der Option für die Armen (→ 1.4.2, S. 43) u.a.m.

Widerstand der Kirchen (S. 217, untere Seitenhälfte) bzw. Einzelner (S. 218, obere Seitenhälfte)

217–218: Widerstand

- *Gesamturteil:* Der Kirchenkampf richtete sich primär gegen überzeugte Hitleranhänger in den eigenen Reihen, die Führerprinzip, Arierparagraph u.a.m. auch in der Kirche durchzusetzen versuchten, und zielte (bei beiden Konfessionen) primär auf den Schutz der Kirche vor Eingriffen des Staates, erfolgte also hauptsächlich im kirchlichen Eigeninteresse.
- Ein *Eintreten für verfolgte Gruppen* gab es strukturell nur im Fall der *Euthanasie* (auf katholischer Seite vor allem: Clemens August Graf von Galen, Bischof von Münster/ Westfalen) – und dies wohl auch deshalb, weil die entsprechenden Anstalten vorrangig unter kirchlicher Verwaltung standen.
- In den anderen Fällen von Verfolgung und Vernichtung (Politische Gegner, Juden, andere Minderheiten) und auch im Fall des Zweiten Weltkriegs gab es keinen nennenswerten kirchlichen Widerstand (allenfalls sehr punktuell; in der Kriegsfrage zumindest am Anfang sogar eine breite kirchliche Unterstützung und Zustimmung); Proteste und Hilfsaktionen blieben hier auf Einzelpersonen und kleine Gruppen beschränkt, die unter Einsatz der eigenen Sicherheit, ja des Lebens agierten. Musterbeispiel ist hier auf evangelischer Seite natürlich Dietrich Bonhoeffer, der dann auch Kontakte zu den Attentätern des 20. Juli hatte und 1945 im KZ Flossenbürg hingerichtet wurde (auf katholischer Seite etwa der Jesuitenpater Alfred Delp).
- *Freigestelltes Zitat: Dietrich Bonhoeffer: ... dem Rad in die Speichen fallen.* Dietrich Bonhoeffers bereits im April 1933 erfolgter Vortrag (veröff. im Juni) vor einer Gruppe von Pfarrern „Die Kirche vor der Judenfrage" ist ein frühes und beeindruckendes Beispiel für ein Engagement zugunsten der Juden. Bonhoeffer nennt drei Möglichkeiten für kirchliches Engagement im Blick auf den Staat:
  – erstens Staatskritik im Sinn der Unterscheidung von Humanität/ Inhumanität (hier als „Legitimität" bezeichnet, eben nicht: Legalität, d.h. es können staatliche Erlasse, Verordnungen und Gesetze auch „illegitim" sein);
  – zweitens Hilfe für die Opfer staatlicher Gewalt (bzw. Willkür);

– drittens aber ein unmittelbar „politisches Handeln der Kirche“ – als passiver und aktiver, gewaltfreier oder möglicherweise sogar gewaltsamer Widerstand (das lässt die berühmte Formulierung „dem Rad selbst in die Speichen zu fallen“ offen).

Literatur:

- Dietrich Bonhoeffer: Die Kirche vor der Judenfrage, in: Dietrich Bonhoeffer Werke, hg. von E. Bethge u.a. (DBW), Bd. 12, hg. von Carsten Nicolaisen und Ernst-Albert Scharffenorth, Gütersloh: Kaiser/ Gütersloher Verlagshaus, 1997, S. 353.

Ergänzung: Auf Seiten der BK organisierte das „Büro Gruber“ zwischen 1937 und 1940 Hilfeleistungen für getaufte und nichtgetaufte Juden. Probst Heinrich Gruber soll Eichmann auf die Frage, warum er sich für die Juden einsetze, mit dem Hinweis auf Jesu Erzählung vom Barmherzigen Samariter (→ S. 176f) geantwortet haben: „ Der Herr, auf den allein ich höre, er sagte mir: Gehe du hin und tue das gleiche. Das ist meine Antwort.“

217: Bild Grundig

Bild: Hans Grundig (1901–1958): Opfer des Faschismus, 1946 (S. 217, unten)

Bildbeschreibung: Düstere, gespenstische Szenerie; Farben: Rot (Blut, Feuer), Schwarz, Dunkelblau und als Gegenpart fahles Weiß. Bildvordergrund: Eine liegende (tote?) Gestalt, in rotes Tuch gkleidert, mit nackten Füßen, davor zweiter, in entgegengesetzter Richtung liegender Körper, nur Unterkörper mit ebenfalls nackten Füßen klar sichtbar, Oberkörper samt Kopf unter blauschwarzem Tuch verdeckt. Bildmitte durchzogen von Mauer und Zaun, Wachturm und Scheinwerfern, die das Lager im Vordergurnd gegen Wald und Häuser der Umgebung abgrenzen. Der Himmel changiert zwischen fahlem Gelb, Rot und Grau. Große schwarze Vögel kreisen dicht über dem Lager (den Toten?), einer scheint auf der roten Gestalt zu landen … Sind es Totenvögel?

Hintergrundinformationen: Der Dresdner Künstler und Kommunist Hans Grundig (1901–1958) schuf realistische, zugleich expressionistische Werke mit deutlichen politischen Bezügen (u.a. das Triptychon „Das Tausendjährige Reich“, ein Hauptwerk antifaschistischer Widerstandskunst, heute im Albertinum in Dresden; sog. linker Expressionismus). Im Dritten Reich wurden seine Werke als „Entartete Kunst“ verboten und tlw. konfisziert, er selbst wurde im KZ Sachsenhausen interniert und dann im Krieg in ein Strafbataillon abkommandiert. Nach dem Krieg war er Professor und zeitweise Rektor der Akademie der Bildenden Künste in Dresden. Seine Verfolgten- und Lagererfahrungen hat er in einem autobiographisch gefärbten Roman und in mehreren Bildern mit der Widmung „Opfer des Faschismus“ resp. „Den Opfern des Faschismus“ thematisiert.

Häftlingsnummer und roter Winkel (Zeichen für „Schutzhäftlinge“, d.h. politisch Verfolgte), die auf Hemd und Hose genäht werden mussten, sind beim vorderen Körper deutlich zu sehen – 18061 war die Häftlingsnummer Grundigs selbst. (Die Farbverteilung war: Gelb für Juden, Blau für Ausweisungshäftlinge, Emigranten und Staatenlose, Violett für die Ernsten Bibelforscher bzw. Zeugen Jehovas, Grün für sog. „Berufsverbrecher“ [BV] und Kriminelle, Rosa für Homosexuelle, Schwarz für sog. „Asoziale“ [ASO]).

Bearbeitungsvorschläge: Bildthematisierung auf S. 218 Seitenmitte: nach Abschluss des Dritten Reiches und vor den Schuldbekenntnissen – als zusammenfassender Blick auf das Dritte Reich mit seinem ungeheuerlichen Vernichtungspotential und Zerstörungresultat.

218: Kirchliche Schulderklärungen

Kirchliche Schulderklärungen (S. 218, untere Seitenhälfte)

Die Stuttgarter Schulderklärung (1945) zeigt angesichts des Versagens der offiziellen Kirche(n) doch einen deutlich schönfärberischen (euphemistischen) Charakter, wenn hier vom jahrelangen Kampf gegen den nationalsozialistischen Geist die Rede ist – der wurde allenfalls *in* der Kirche (und da eben auch mit sehr kontroversen Frontstellungen!), nicht aber grundsätzlich und generell bekämpft.

Das sog. *Darmstädter Wort* (Wort des Bruderrates der Evangelischen Kirche in Deutschland, also der noch bestehenden Leitung der Bekennenden Kirche) vom August 1947 nennt dagegen das Versagen der Kirche beim Namen: die Abneigung gegen Kommunismus und Sozialismus (Ablehnung der Revolution), verbunden mit der Tendenz hin zum übersteigerten Nationalismus und zum Nationalsozialsmus bereits bei dessen Aufstieg und bei der Installierung einer „absoluten Diktatur“. Die zitierten Passagen stammen aus Pkt. 2 und 3 (letzter Abschn.) der insgesamt 7 Punkte umfassenden Erklärung. Im ersten Punkt werden die schwere Schuld und die Notwendigkeit einer „Freisprechung“ hervorgehoben, im fünften ist das Versagen deutlich benannt, „die Sache der Armen und Entrechteten gemäß dem Evangelium von Gottes kommendem Reich“ nicht zur eigenen Aufgabe gemacht zu haben. Der Text klingt aus mit dem Hinweis auf die „Verantwortung […] für den Aufbau eines besseren deutschen Staatswesens“, das „dem Recht“, „dem inneren Frieden und der Versöhnung der Völker dient.“ – Ein Vergleich der beiden Dokumente zeigt den etwas befremdlichen Befund, dass die offiziellen Kirchenleitungen das eigene Versagen herunterspielen, während die oppositionelle Bekennende Kirche es – vielleicht auch ein wenig „stellvertretend“ – deutlich benennt.

Auch der *Hirtenbrief der Fuldaer Bischofskonferenz* (ebenfalls 1945) ist in mehrfacher Hinsicht äußerst problematisch und schönfärberisch: zuerst wird der Eindruck erweckt, die Katholische Kirche habe sich in „weitem Ausmaße“ von NS-Ideologie und -Verbrechen ferngehalten (1. Abschn.), zum zweiten werden Versagen und Verstrickung ausschließlich Individuen angelastet, ohne das strukturelle und generelle Versagen der Kirche angesichts der Verbrechen zu thematisieren (2. Abschn.) und drittens werden Parteimitglieder – durch die Fiktion einer „inneren Distanzierung“ – relativ kollektiv („oftmals“) entschuldigt (3. Abschn.). – Im Grunde ein Persilschein für die Kirche als Ganze sowie für alle Kirchenmitglieder, die nicht selbst unmittelbar zu „Verbrechern“ wurden oder „durch ihre Haltung den Verbrechen Vorschub“ leisteten – wobei ganz unklar bleibt, wer und was damit gemeint ist (konnte man sich etwa auf einen „Befehlsnotstand“ berufen?).

5.3.2 „Die (vorrangige) Option für die Armen“ – Die Kirchen und die Soziale Frage (S. 219–221)

219–221: Die Kirchen und die Soziale Frage

Die *Überschrift* des Teilkapitels ist ein zentrales Motto der lateinamerikanischen Befreiungstheologie, das dann auch in europäischen Kirchen übernommen wurde (→ 1.4.2, S. 43). Behandelt werden drei Teilaspekte eines zentralen *Themas:* der sozialen Gerechtigkeit, das die Stellung der Kirche zur Politik (5.4.3) nochmals auf einer anderen Ebene aufnimmt und komplementär ergänzt und komplettiert. Am Anfang steht die

- die Soziale Frage im 19. Jh. (S. 219, Fließtext, und S. 220, oben, freigestellte Zitate);
- die Befreiungstheologie im letzten Drittel des 20. Jh.s sowie die gegenwärtige Situation in der Ökumene werden dann gemeinsam aufgerufen (S. 219, Bild, S. 220 und 221, Zitate oben);
- ein *Abschluss* fasst das Teilkapitel zusammen und stellt Aufgaben.

Querverbindungen:
→ 1.4. Gerechtigkeit;
→ 5.4.3 Kirche in der Gesellschaft: Diakonie (S. 226)
→ 5.5.2 Kirche im Widerstreit der Erwartungen: Basiskirche (S. 233 Mitte)
Weitere Anschlussfähigkeiten:

- Nachfolge Jesu in Armut (S. 178f)
- Armutsbewegung des Mittelalters (S. 210).

Bild: Fernando Llort (1949–2018): Erinnerungskreuz (S. 219)

219: Bild Llort

Bildbeschreibung: Obwohl die Bildlegende bereits auf den politischen Hintergrund des Kunstwerks verweist, lohnt es sich, mit einem gleichsam „unbefangenen“ ersten Blick das Bild zu betrachten. Ein (Holz-)Kreuz mit braunem Rand, darauf viele sehr bunte Einzelszenen. In der Mitte eine Frau mit ausgebreiteten, nach oben gestreckten Armen, farbenfroh gekleidet (am Kreuz? Eher nicht – sie scheint eine Segensgeste zu machen bzw. die Arme weit nach oben und außen auszubreiten, auch die grüne Wiese mit zwei hohen Blumen scheint eher ein Hoffnungszeichen). Oben eine Frau bei der Feldarbeit (Pflügen mit Zugtieren/ Ochsen), weiter unten eine Frau bei der Erntearbeit (Kaffeebohnen?), darunter eine Lehrerin, die einer Klasse das ABC beibringt. Auf dem Querbalken des Kreuzes links eine Frau mit einem Baby beim Wiegen oder Stillen, rechts eine Frau mit Kindern bei Tisch.
Bildanalyse (aufgrund der Beschreibung): Szenen aus dem alltäglichen Leben einfacher Menschen in Lateinamerika, auf dem Längsbalken die Arbeit in Landwirtschaft und Bildung (Alphabetisierung, zur Bildung einer – besseren – Lebensgrundlage für die nachwachsende Generation), auf dem Querbalken die traditionell typisch häuslichen Aufgaben der Frau: Familie und Haushalt. Das Bild ist eine Kreuzesdarstellung und vielleicht eine Kreuzigungsszene – mehr noch aber ein Hoffnungsbild (Strahlkraft der Frau in der Bildmitte) – Details: Man verfolge das leuchtende Gelb von der Sonne her (oben) über das Wiederauftauchen bei den Kleidern der Frau(en), eines Kindes, vor allem des Babys; ferner die kräftigen Armhaltungen der Frau(en) in den unterschiedlichen Szenen; zuletzt die Tatsache, dass kein Mann auftaucht (Symbol für Patriarchat, Unterdrückung, Gewalt u.a.m.). Die Frauen, so scheint das Bild zu sagen, nehmen ihr Leben und das ihrer Kinder selbst in die Hand – das ist die Hoffnung für eine Welt von morgen.
Hintergrundinformationen: Erinnerungskreuz für Maria Cristina Gómez, eine 30-jährige Frau aus El Salvador, Mutter zweier Kinder und Baptistin. Sie demonstrierte Anfang April 1989 auf dem zentralen Platz vor der Kathedrale der Hauptstadt San Salvador gemeinsam mit einer Gruppe engagierter Frauen mit einer Mahnwache gegen Unterdrückung, Ausbeutung und den (damals bereits zwölf Jahre andauernden) Bürgerkrieg im Lande. Während der Aktion wurde die Gruppe von der Geheimpolizei gefilmt. Drei Tage nach der Aktion fand man Maria Cristina Gómez tot in einer Nebenstraße liegen, gefoltert und ermordet.

Das Holzkreuz des Künstlers Fernando Llort (1949–2018) zeigt in der Tradition der mittelalterlichen Armenbibeln (Biblia pauperum) eine gekreuzigte, auferstandene bzw. auffahrende Maria sowie zahlreiche Szenen aus dem Alltagsleben von Frauen. In der Tradition der lateinamerikanischen Befreiungstheologie bringt dieses Kunstwerk die Hoffnung zum Ausdruck, dass Frauen, im Glauben befreit, ihr Leben selbst in die Hand nehmen.

Bearbeitungsvorschläge:

- Bild genau betrachten, beschreiben und selbst interpretieren.
- Szenen mit eigenen Sprechblasen und/ oder kurzen Textpassagen aus dem Buch interpretieren.
- Bildvergleich mit Bild von Diego Rivera (→ S. 209). Ähnlichkeiten (z.B. Lateinamerika, Ackerbaukultur; Christentum: Kreuz u.a.m.); frappierende Gegensätze: Brutale Gewalt und Unterdrückung vs. Hoffnung und Selbstbestimmung; männerdominiert vs. frauenzentriert u.a.m.
- Bild mit Theologie der Befreiung (Folgeseiten, S. 220f) in Beziehung setzen.
- Bildvergleiche mit anderen Kreuzigungsdarstellungen im Jesus-Kapitel (→ bes. S. 146f sowie 4.1, S. 150–155).

219: Soziale Frage im 19. Jh.

Die Soziale Frage im 19. Jh. (S. 219, Fließtext)

Seit Beginn des 19. Jahrhunderts, verstärkt dann ab der Jahrhundertmitte, wurde Deutschland von der *industriellen Revolution* erfasst (Bergbau, Textilindustrie), die mit einer kapitalistischen Wirtschaftsstruktur betrieben und vorangetrieben wurde.

Kapitalismus ist der Anfang des 19.s Jh. geprägte Begriff für eine Wirtschafts- und Gesellschaftsordnung, geprägt durch privates Unternehmertum, Gewinnmaximierung und die Zentralstellung des „Marktes" (Marktwirtschaft).

Unter der *sozialen Frage* versteht man die ökonomischen, gesellschaftlichen und bewusstseinsmäßigen Folgeerscheinungen der industriellen Revolution im 18./19. Jahrhundert: soziale Ausbeutung und Verelendung der Arbeitermassen, Kinderarbeit, Arbeitslosigkeit u.a.m. Der Begriff ist im Zusammenhang mit der politischen Emanzipationsbewegung der Arbeiterschaft um die Mitte des 19. Jahrhunderts entstanden.

Staat und *Politik* reagierten auf die Probleme nur zögerlich, verspätet und halbherzig. Erst Bismarcks Sozialgesetzgebung (Kranken-, Unfall- und Altersversicherung) im späten 19. Jh. sollte den Aufschwung der Sozialdemokratie bremsen.

Der in der entstehenden *Arbeiterbewegung* erst langsam und dann zunehmend dominierende *marxistische* oder *wissenschaftliche Sozialismus* wurde von Karl Marx und Friedrich Engels begründet. Marx spricht vom „Sündenfall des Kapitals", der die Entfremdung und damit die körperlich-seelische Ausbeutung des Proletariers zur Folge hat. Der Arbeiter wird im Kapitalismus zum Zubehör der Maschine. Der Warencharakter seiner Arbeit dient lediglich der Gewinnmaximierung des Kapitalisten. Als Mensch ist der Arbeiter uninteressant und beliebig ersetzbar. Er kann seine Menschenwürde nur dadurch wiedergewinnen, dass er im revolutionären Kampf die Verhältnisse radikal ändert.

219: Kirchen und Soziale Frage

Kirchen und *Theologie* reagierten auf evangelischer Seite auf das Elend der Arbeiter mit unterschiedlichen Ansätzen:

- die von Theologen und Juristen entwickelte *Theologie der Ordnung* vertrat eine konservative Lehre von Staat und Gesellschaft, die auf Luthers Zwei-Reiche-Lehre aufbaute, und sprach sich gegen eine Revolutionierung der bestehenden Ordnung aus;
- *Johann Hinrich Wichern* und die wesentlich auf ihn zurückgehende *‚Innere Mission'* (Vorläufer der kirchlichen Diakonie) wollten die Folgen der Verelendung durch Gründung von Selbsthilfevereinen und durch karitative Tätigkeiten mildern;
- andere (wie *Gustav Werner*) versuchten, alternative Formen der Produktion zu realisieren.

Von wenigen Ausnahmen abgesehen reagierten die evangelischen Kirchen weitgehend in moralisierender und paternalistischer Form: die Probleme sollten durch religiös und moralisch integre Haltungen sowie durch Hilfsangebote für einzelne Gruppen von Bedürftigen (u.a. Wicherns Hamburger „Rauhes Haus" für „sittlich verwahrloste" Kinder) gemildert und gelöst werden (Wortverkündigung und Wohltätigkeit). Insgesamt standen die evangelischen Kirchen mit ihrer engen Bindung an den Obrigkeitsstaat (Thron und Altar; Landesherrliches Kirchenregiment) und an agrarisch-kleinbürgerliche Kreise sowie mit ihrer nationalen und konservativen Grundhaltung den entstehenden Problemen wie auch der Arbeiterklasse recht fremd gegenüber, wenngleich sie sich mit der „sozialen Frage" durchaus beschäftigten.

220: Zitate (oben)

Die Soziale Frage zur Mitte des 19. Jh.s (S. 220, oben, freigestellte Zitate)

Zur Jahrhundertmitte spitzte sich die Situation zu. Von Frankreich ausgehend kam es 1948 auch in Deutschland zu Revolutionen. Drei idealtypische Lösungsansätze aus dieser Zeit (1948/49) werden hier nebeneinander gestellt:

- Die Schlusspassage aus dem *„Kommunistischen Manifest“* (1948) von Karl Marx und Friedrich Engels mit dem Aufruf zur proletarischen Revolution;
- eine kurze Passage aus *Johann Hinrich Wicherns „Denkschrift“* (1949), die zum Gründungsdokument der „Inneren Mission“ avancierte, mit der Trennung von äußerem, materiellem Pauperismus (Massenarmut), für dessen Beseitigung der Staat verantwortlich gemacht wird, und innerem, moralisch-religiösem Pauperismus, der in die Zuständigkeit der Kirche fällt;
- *Gustav Werner* fasste den Plan zu einer Neugestaltung der Industrie nach christlichen Grundsätzen. In einer 1849 erworbenen Papierfabrik bei Reutlingen verwirklichte er mit seinen 200 Mitarbeitern eine neue christliche Gesellschaft, in der nicht Besitz und Profit, sondern Bruderschaft und gemeinsames Opfer die Grundpfeiler darstellten, weshalb Werner mit seinen Mitarbeitern in Gütergemeinschaft lebte. Seine Landeskirche ließ ihn nicht zum Pfarramt zu. Später musste Werner mit seinen Fabriken während einer Wirtschaftskrise Bankrott anmelden, konnte jedoch mit einem Staatszuschuss weiterarbeiten. Auch wenn seine leitenden Ideen nur von einem kleinen Teil der Arbeiter übernommen wurden, sah er weiterhin die christliche Bruderschaft als legitimes Prinzip der industriellen Organisation. Die ausgewählte Textpassage verweist auf seine unmittelbare Verbindung von „göttlicher Gerechtigkeit“ und Organisation der Arbeitswelt.

Querverweise:

- Zu *Marx:* Seine Fassung des kategorischen Imperativs (→ S. 29, freigestelltes Zitat, Seitenmitte, linke Spalte) sowie seine Religionskritik (→ S. 110f);
- zu *Wichern:* Diakonie heute (→ S. 226) mit der immer noch virulenten Anfrage nach dem Verhältnis von paternalistischer Hilfeleistung und struktureller Veränderungsmöglichkeit;
- zu *Werner:* Bild Fernando Llort (vorige Seite, 219) mit eigenständiger Arbeitsorganisation.

Bearbeitungsvorschläge:

Marxistischer Ansatz	**Theologie der Ordnung**	**Innere Mission/ Wichern**	**Gustav Werner**

Aufgabenblatt – Lösungsansätze zur Sozialen Frage im 19. Jahrhundert

Marxistischer Ansatz	**Theologie der Ordnung**	**Innere Mission/ Wichern**	**Gustav Werner**
Revolutionierung der wirtschaftlichen Verhältnisse	Staats- und Wirtschaftsordnung gottgewollt	Revolutionierung des „inneren Menschen“ (Moral, Religion) Äußere Verbesserung Staatsaufgabe	Veränderung in - Wirtschaft - Moral, Religion „Christliche“ Fabrik als Tempel Gottes
sozial-revolutionär	reaktionär konservativ	institutionell-karitativ individualistisch innerlichkeitsbezogen	Veränderung im sozialen und im inneren Bereich

Lösungsvorschlag – Lösungsansätze zur Sozialen Frage im 19. Jahrhundert

Thema/ Autor	**Karl Marx**	**Theologie der Ordnung**	**J.H. Wichern/ Innere Mission**	**Gustav Werner**
Ist-Zustand (Beschreibung)				
Soll-Zustand (Ziel, Utopie)				
Grund für Ist-Zustand (Analyse)				
Möglichkeit der Verbesserung (Weg)				

Alternativ-Arbeitsblatt (differenziert)

Ergänzung: Bearbeitung/ Bewertung nach dem Schema:

- Paternalistische Lösung (Wohltätigkeit)
- Strukturelle Lösung

219: Ergänzung: Katholische Soziallehre

Ergänzung: Katholische Soziallehre
Auch auf katholischer Seite begann man, sich mit der sozialen Frage zu beschäftigen (*Bischof Ketteler,* später in päpstlichen Sozialenzykliken Entwicklung einer *Soziallehre*)
Wilhelm Emanuel Freiherr *von Ketteler* (1811–1877) erklärte bereits 1848 auf dem ersten großen Treffen der Katholiken in Deutschland in sechs Predigten die „großen sozialen Fragen der Gegenwart" zum zentralen Thema der Kirche. Als Bischof von Mainz hielt er im Jahr 1869 auf der Liebfrauenheide bei Offenbach vor einer großen Menschenmenge zur Arbeiterfrage eine flammende Rede.
Die *katholische Soziallehre* basiert auf den drei Grundpfeilern bzw. *Prinzipien*, der Personalität, Solidarität sowie Subsidiarität:

- *Personalität* – Orientierung am Wohl der menschlichen Person:
  „Die Heilige Schrift lehrt, dass der Mensch ‚nach dem Bild Gottes' geschaffen ist [...]. Aber Gott hat den Menschen nicht allein geschaffen: denn von Anfang an hat er ihn ‚als Mann und Frau geschaffen" (Gen 1,27); ihre Verbindung schafft die erste Form personaler Gemeinschaft. Der Mensch ist aus seiner innersten Natur ein gesellschaftliches Wesen; ohne Beziehung zu den anderen kann er weder leben noch seine Anlagen zur Entfaltung bringen.
  Aus der gesellschaftlichen Natur des Menschen geht hervor, dass der Fortschritt der menschlichen Person und das Wachsen der Gesellschaft als solcher sich gegenseitig bedingen." (Gaudium et spes 1965, Nr. 12 u. 25)
- *Solidarität* – Solidarisches Einstehen füreinander, besonders für die Schwachen:
  „Alle müssen ihren Nächsten ohne Ausnahme als ein ‚anderes Ich' ansehen, vor allem auf sein Leben und die notwendigen Voraussetzungen eines menschenwürdigen Lebens bedacht. Heute ganz besonders sind wir dringend verpflichtet, uns zum Nächsten schlechthin eines jeden Menschen zu machen und ihm, wo immer er uns begegnet, tatkräftig zu helfen, ob es sich nun um alte, von allen verlassene Leute handelt oder um einen Fremdarbeiter oder um einen Hungernden, der unser Gewissen aufrüttelt durch die Erinnerung an das Wort des Herrn: ‚Was ihr einem der Geringsten von diesen meinen Brüdern getan habt, das habt ihr mir getan.' (Mt 25, 40)" (Gaudium et spes 1965, Nr. 27)
- *Subsidiarität* – Verantwortlichkeit in abgestuften Zuständigkeitsbereichen: „Es muss allzeit unverrückbar jener höchst gewichtige sozialphilosophische Grundsatz festgehalten werden: Wie dasjenige, was der Einzelmensch aus eigener Initiative und mit seinen eigenen Kräften leisten kann, ihm nicht entzogen und der Gesellschaftstätigkeit zugewiesen werden darf, so verstößt es gegen die Gerechtigkeit, das, was die kleineren und untergeordneten Gemeinwesen leisten und zum guten Ende führen können, für die weitere und übergeordnete Gemeinschaft in Anspruch zu nehmen. Jedwede Gesellschaftstätigkeit ist ja ihrem Wesen und Begriff nach subsidiär; sie soll die Glieder des Sozialkörpers unterstützen, darf sie aber niemals zerschlagen oder aufsaugen." (Quadrogesimo anno 1931, Nr. 79)

220f: Theologie der Befreiung

Theologie der Befreiung (Letztes Drittel des 20. Jh.s) (S. 220f)
Im 20. Jahrhundert wurde von Papst Johannes XXIII. die Erneuerung der – katholischen – Kirche unter die Perspektive einer „Kirche der Armen" gestellt. Dieser auf dem 2. Vatikanischen Konzil sehr umstrittene Aufruf stärkte langfristig die Kräfte, die Armut als Askese in der Nachfolge Christi begriffen und sie mit einem befreienden Engagement für die Armen verbinden wollten (sog. Katakombenpakt konsequenter bzw. radikaler Bischöfe, bes. aus Lateinamerika).
Für die Ausbildung der Lateinamerikanischen Befreiungstheologie wurden zwei Generalkonferenzen des Lateinamerikanischen Episkopats bedeutsam:

- II. Generalkonferenz 1968 in Medellín (Entstehung);
- III. Generalkonferenz 1979 in Puebla (Ausformulierung/ Weiterführung).

220: Programm Befreiungstheologie

Die *Befreiungstheologie* wird hier doppelt thematisiert:

- Erstens als Programm (S. 220, Fließtext, Seitenmitte, sowie freigestelltes Zitat, linke Spalte) – Im Text wird die nichtpaternalistische, strukturverändernde Intention der Befreiungstheologie deutlich: Es geht darum, „die Mechanismen zu erkennen und anzuklagen, die diese Armut hervorrufen", sowie darum, „die Armut an der Wurzel zu beseitigen und eine gerechtere und brüderlichere Welt zu errichten." Die Befreiungstheologie bedient sich dazu einer marxistischen Wirtschafts- und Gesellschaftsanalyse;

Literatur:

- Gutiérrez, Gustavo: Theologie der Befreiung, München/ Mainz: Kaiser/ Grünewald, 2. Aufl. 1976; c.orig 1972) (Das Initial- und Standardwerk der lateinamerikanischen Befreiungstheologie)
- Ellacuría, Ignacio/ Sobrino, Jon (Hg.): Mysterium Liberationis. Grundbegriffe der Theologie der Befreiung (2 Bde.), Luzern: Edition Exodus, 1995 (Das Standardlexikon der Befreiungstheologie mit Artikeln der Protagonisten der vorrangig lateinamerikanischen Befreiungstheologen).

Sekundärliteratur:
- Kern, Bruno: Theologie der Befreiung, Tübingen: Francke, 2013 (Prägnanter Überblick, zur Einführung gut geeignet).

- Zweitens als praktische Basisarbeit am Beispiel des Evangeliums der Bauern von Solentiname (S. 220 unten, 221 oben: freigestelltes Zitatpaar). Der nicaraguanische katholische Priester *Ernesto Cardenal Martinez* (1925–2020) wurde von der Katholischen Kirche suspendiert. Er war zugleich Dichter und sozialistisch orientierter Politiker. In der sandinistischen Regierung bekleidete er eine Zeit lang das Amt des Kulturministers. Er ist einer der weltweit und hierzulande bekanntesten Vertreter der Befreiungstheologie. Eine große Wirkung hatte Cardenals Sammlung der Gespräche mit Bauern von Solentiname, einer Insel im Nicaragua-See, mehrfach veröffentlicht unter dem Titel *„Das Evangelium der Bauern von Solentiname."* Das Buch ist ein frühes und exemplarisches Beispiel für eine Laientheologie. Ausgewählt wurde ein Abschnitt zur Interpretation einer der Seligpreisungen (Mt 5,10). Die Stelle ist deshalb besonders interessant, weil hier ein Vater und sein Sohn eine recht unterschiedliche, ja konträre Interpretation dieser Bibelstelle liefern (Vater Tomás: Gott/ Christus liebt die Armen – nach dem Motto: Je ärmer, desto besser! – Sohn Felipe: Gott/ Christus liebt die Armen, weil er keine Armut und Not, aber eine Verbesserung der Verhältnisse will. 220f: Praxis Befreiungstheologie

Literatur:
- Cardenal, Ernesto: Die Jahre in Solentiname. Erinnerungen Bd. 2. P. Hammer, Wuppertal 2002. (Cardenal hat eine dreibändige Autobiographie verfasst, 1. und 3. Bd. beschäftigen sich mit der frühen Zeit bzw. dann mit der Phase als Politiker der sandinistischen Revolution.)
- Das Evangelium der Bauern von Solentiname. Gespräche über das Leben Jesu in Lateinamerika. Aufgezeichnet von Ernesto Cardenal. Aus d. Span. von Anneliese Schwarzer de Ruiz, Gesamtausgabe, Wuppertal: P. Hammer, 3. Aufl. 1991

Neuere Stellungnahmen zur sozialen Frage: Papst – ÖRK (2012/13) (S. 220 Mitte, sowie zwei freigestellte Zitate, mittlere und rechte Spalte) 220: Papst – ÖRK

Die *kirchliche Reaktion auf die Befreiungstheologie* verfolgte eine Doppelstrategie der Hierarchie (Kurie): Zurückdrängung (bis hin zur Exklusion, Ernesto Cardenal, Leonardo Boff u.a.m.) und „Inklusion" einer „domestizierten" Form (Parallelen zum Umgang mit der mittelalterlichen Armutsbewegung → S. 210): Aufnahme der „Option für die Armen" bei gleichzeitiger Zurückweisung der marxistischen Gesellschafts- und Wirtschaftsanalyse; d.h. Reduktion des Einsatzes für die Armen auf allgemeine moralische Appelle und auf – paternalistisches – soziales Engagement. Überdeutlich wird die beschriebene „Domestizierung" der Befreiungstheologie an der zwar moralisch wuchtigen, aber strukturell völlig konturlosen bekannten Formulierung von Papst Franziskus: „Diese Wirtschaft tötet" (s. Text mittlere Spalte). Dies klingt zwar radikal, ist aber lediglich ein gut gemeinter moralischer Appell und keine ernsthafte Befreiungstheologie bzw. keine konturierte gesellschaftlich-ökonomische Analyse – vom Finanzgebaren des Vatikans wie der Kirche (beider Großkirchen) ganz zu schweigen.

Eine neuere Stellungnahme im Umfeld des *ÖRK* macht zweierlei deutlich: erstens ein neues Verständnis von Mission (Mission als „Gegenkultur", Verkündigung als weltweite Systemveränderung → 5.2.2 [1], S. 208f – dazu auch LB) sowie eine radikale Kritik an der freien Marktwirtschaft des Neoliberalismus, der dem Gott Mammon dient (→ S. 124, Luther: Gott Mammon). „Gott des Lebens, der Gerechtigkeit und des Friedens" (Textende → u.a. S. 49f).

Literatur:
- Franziskus: Evangelii gaudium (Die Freude des Evangeliums), 2013: http://w2.vatican.va/content/francesco/de/apost_exhortations/documents/papa-francesco_esortazione-ap_20131124_evangelii-gaudium.html (Nr. 53); 31.01.2020.
- Gemeinsam für das Leben: Mission und Evangelisation in sich wandelnden Kontexten. *Eine neue Erklärung des OERK zu Mission und Evangelisation,* 2012 (Ziffer 108):
- https://www.oikoumene.org/de/resources/documents/commissions/mission-and-evangelism/together-towards-life-mission-and-evangelism-in-changing-landscapes

Bearbeitungsvorschläge:
- Bearbeitung der fünf zitierten Textpassagen (S. 220 unten, 221 oben) mit Hilfe des Rasters: systemstabilisierend/ paternalistisch vs. systemverändernd.

Systemvariation	Systemanalyse und -veränderung
Text von Papst Franziskus	Puebla-Text
Der Vater Tomás	Der Sohn Felipe
	Erklärung des ÖRK

- Bertolt Brecht zu den fünf zitierten Textpassagen Stellung nehmen lassen (→ S. 12, unten: Zur Diskussion).

Ergänzung zur Theologie der Befreiung (letztes Drittel des 20. Jh.s)
Zwei sozial-politische Paradigmen zu den Ländern der sog. „Dritten Welt“:
- Theorie der Unterentwicklung; Abhilfe: Nachholung der Entwicklung – korrespondiert mit einer „Theologie der Entwicklung“ – dominant bis Ende der 60er Jahre des 20. Jh.s.
- „Dependenztheorie“: Abhängigkeit, Armut und „Unterentwicklung“ als Folge der globalen Ökonomie werden ständig neu hergestellt und erzeugt; Abhilfe: Befreiung – korrespondiert mit der „Befreiungstheologie“ – dominant im letzten Drittel des 20. Jh.s.

221: Abschluss

Abschluss des Teilkapitels 5.3 (S. 221)

Der *Abschluss* umfasst zwei Elemente, eine dreigliedrige Zusammenfassung (der Übersicht zu den beiden Unterkapiteln ist noch ein allgemeiner Teil zum sog. „Wächteramt“ der Kirche und den kirchlichen Schuldbekentnissen – bei Verletzung des Wächteramts – vorangestellt) sowie Aufgabenstellungen.

221: Zu den Aufgaben

Zu den Aufgaben (S. 221)

Aufgabe 1:

Themen/ (Re-)Aktionen	Staatliche Aktion	Kirchliche Reaktion (evangelisch)
Gewalt gegen Minderheiten	Unterdrückung, Verfolgung, Vernichtung, KZ	---
Gewalt gegen jüdische Menschen	Exklusion bis hin zur Shoa, genannt „Endlösung“	Schweigen – Mutige Hilfe einzelner Menschen/ Gruppen
Aggression nach außen	Aggressive Außenpolitik, Zweiter Weltkrieg	Unterstützung durch Kirche, Verweigerung Einzelner
Gewalt gegen „Behinderte“	Vernichtung, schönfärberisch „Euthanasie“ genannt	Einspruch von kirchlichen Stellen/ Amtsträgern
Nazi-Ideologie im Bereich der Kirche(n)	„Gleichschaltung“, „Arier-Paragraph“	Befürwortung (DC), Ablehnung (BK), Kirchenkampf
Völkische Ideologie	„Gleichschaltung“ des gesamten öffentlichen Lebens	Bedingte Kritik der BK Aktive Unterstützung durch DC

Tabelle: Staatliche Aktion – Kirchliche Reaktionen zur Zeit des sog. „Dritten Reiches“

Aufgabe 2:
- Die Barmer Theologische (BTE) führt selbst Bibelstellen an;
- die „Richtlinien“ der DC argumentieren mit vagen theologischen und völlig unbiblischen/ nichttheologischen Begriffen (wie „artgemäßer“ Glaube, Rasse, Schutz vor „Untüchtigen und Minderwertigen“. – Letztgenannte Vorstellung widerspricht biblisch-christlichem Denken und Handeln diametral (Hilfe für Hilfslose).

Aufgabe 3: Nach Luther ist eine Füllung des „weltlichen“ Handelns Gottes mit nicht-biblisch/ christlichem Gedankengut wesentlich leichter möglich als bei Barth, bei dem alles an Jesus Christus zu messen ist. (Eine Kritik an „nichtchristlichem“ Staatshandeln ist jedoch auch nach Luther möglich.)
Aufgabe 4: Im 19. Jh. Beschränkung der Kirche auf 1) Bekämpfung des „inneren Pauperismus“ (inklusive des atheistischen Kommunismus) und 2) paternalistische Hilfe (Innere Mission) (Ausnahme u.a.: Gustav Werner) – Im 20./21. Jh. wiederum Konzentration auf paternalistische/ diakonische Arbeit und öffentliche Stellungnahmen zur „Vorrangigen Option für die Armen“ bei Vernachlässigung der Kritik am Reichtum sowie einer tiefgreifenden Analyse der Mechanismen zur Entstehung und Festigung von sozialer Ungerechtigkeit (Ausnahme: Befreiungstheologie mit marxistischer Gesellschafts- und Wirtschaftsanalyse).
Aufgabe 5: Hier ergibt sich eine Fülle an (aktuellen) Auswahlmöglichkeiten.

5.4 „Jedes Mal in der Kirche kam ich zum Nachdenken" – Kirche heute (S. 222–228)

222–228: Kirche heute

Die *Überschrift* des Teilkapitels ist ein Zitat eines/r Jugendlichen (als Covertitel des Jahrbuchs für Kinder- und Jugendtheologie, Bd. 4 (Stuttgart: Calwer, 2020). Thema ist die Kirche heute in unserem Land. Dabei kommen in den Blick:

- die Menschen (5.4.1, S. 222f);
- die Binnenstruktur der Kirche: Kommunikation und Organisation (5.4.2, S. 224);
- das Verhältnis der Kirche zu Gesellschaft und Staat (5.5.3, S. 225–227);
- ein zusammenfassender Abschluss (S. 228).

5.4.1 „Die Suche nach Gemeinschaft " – Menschen in der Kirche (S. 222f)

222f: Menschen in der Kirche

Die *Überschrift* des eine Doppelseite umfassenden Unterkapitels entstammt einer Studie zur Evangelischen Jugendarbeit (s. erstes freistehendes Zitat, linke Spalte). Thema sind die Menschen in der Kirche, wobei in drei Blöcken drei Gruppierungen in den Fokus kommen:
(1) Jugendliche (mit Jugendarbeit und Kirchentagen) – Jugendkirche?
Querverweise: Bild Taizé-Gottesdienst → S. 225; Bild Jugendkirche Ulm → S. 234;
(2) Frauen – Frauenkirche?
(3) Kirchenmitglieder mit ihren religiösen Einstellungen – Frommenkirche?
Hierbei zeigen sich drei *Spannungen/ Widersprüche:*

- Die Kirche redet viel von „der *Jugend*", tut aber (zu) wenig für sie, was auch an ihrer Struktur als Groß-Institution liegt und den damit verbundenen Lobbymechanismen;
- *Frauen* spielen bei der aktiven Teilnahme (Gottesdienste, Veranstaltungen) und als Ehrenamtliche (Care-Arbeit) eine dominierende Rolle, die Männer treten eher als die Amts- und Würdenträger in Erscheinung;
- *Hochreligiöse*, „Gläubige" bzw. „Fromme" bilden nur eine Minderheit in der Kirche; finanziell getragen wird sie vor allem durch „Distanzierte" (drei Viertel der Mitglieder) (Struktur als Volkskirche).

Zum Bild: Sagrada Familia in Barcelona, von innen; Blick auf die Kirche von außen → S. 194f: Kapitel-Opener; dort auch Infos zur Kirche.
Literatur:

- Empirische Studie zur Evangelischen Jugendarbeit: Kopp, Hansjörg u.a. (Hg.): Brücken und Barrieren. Jugendliche auf dem Weg in die Evangelische Jugendarbeit, Stuttgart: Buch + Musik, ejw-Service GmbH; Neukirchen-Vluyn: Neukirchener Aussaat, 2013 (Zitat S. 203)
- Zitate (S. 223 ganz unten) 17-jähriger Schüler/ 16-jährige Schülerin, aus: Schweitzer, Friedrich u.a.: Jugend – Glaube – Religion. Eine Repräsentativstudie zu Jugendlichen im Religions- und Ethikunterricht, Münster/ New York: Waxmann, 2018, S. 20

(Zum Gesamtbild s. auch die regelmäßig erstellten empirisch basierten Kirchenmitgliedschaftsstudien der EKD.)

Gruppierungen in der Kirche	Kirche, positiv	Kirche, negativ
Jugendliche	Einzelveranstaltungen, u.a. Jugendgruppen, Jugendgottesdienste, Kirchentage	Erscheinungsbild und Angebote insgesamt wenig attraktiv für Jugendliche
Frauen	Überrepräsentiert an Basis und bei ehrenamtlichen Tätigkeiten (Care-Tätigkeit)	Unterrepräsentiert in (Leitungs-) Ämtern (auf kath. Seite: sakraler Ausschluss)
Mitglieder-Mehrheit (Dreiviertelkirche)	Finanzierung der Kirche, passive Partizipation bei Einzelanlässen	Keine kontinuierliche oder engagierte Partizipation, nur punktuelle Verbundenheit

Überblick: Drei Gruppierungen in der Kirche

Ergänzung: Zehn gute Gründe, in der Kirche zu sein:

222f: Ergänzung: Pro Kirche

1. Hoffnung statt Zukunftsangst (Gute Nachrichten von der Liebe Gottes und vom neuen Leben).
2. Ruhe statt Hektik (Kirchen als zweckfreie Räume, Orte der Besinnung und der Gegenwart Gottes).
3. Halt statt Hamsterrad (Kirchliche Sonn- und Feiertage).
4. Auftanken statt Leerlaufen (Kirche: Segen).

5. Klarheit statt Gleichgültigkeit (Friedfertigkeit, Mut zur Wahrheit, Nächstenliebe und Ehrfurcht vor dem Leben).
6. Wertschätzung statt Abwertung (Würde und Einmaligkeit jedes Menschen).
7. Wir statt Ich (Verbundenheit mit Schwachen und Benachteiligten).
8. Vergeben statt Verdrängen (zu Fehlern stehen und einander vergeben).
9. Gemeinsamkeit statt Einsamkeit (Zusammengehörigkeit in der Kirche).
10. Aufgeschlossenheit statt Einseitigkeit (Vielfalt und Respekt von Andersdenkenden).
(Aus einem Falt- und Werbeblatt der Evangelischen Landeskirche Württemberg, Text leicht gekürzt und verändert.)

224f: Kirche zwischen Kommunikation und Organisation

5.4.2 „… wo zwei oder drei versammelt sind …" – Kirche zwischen Kommunikation und Organisation (S. 224f)

Die *Überschrift* des gut eine Seite umfassenden Unterkapitels entstammt einem Bibelwort (Jesus zugeschriebenes Logion, aber wohl Gemeindebildung), Mt 18,20 (zitiert S. 225 oben). Zwei Themen zu den Stichwörtern *Kommunikation* und *Organisation* bilden den Inhalt:
Der *Gottesdienst* als nach kirchlichem Selbstverständnis zentralem Mittelpunkt kirchlichen Lebens und Handelns; dazu auch die Bilder Taizé-Gottesdienst auf der nächsten Seite sowie die beiden Bilder Gottesdienste in Ruswil → S. 230 und Jugendkirche Ulm → S. 234; *Querverweis* zum sogenannten Aaronitischen Segen (4. Mose 6,24f; → 3.5.3, S. 131, freigestelltes Bibelzitat, linke Spalte); zum evangelischen vs. katholischen Gottesdienst- und Kirchenverständnis → S. 204: Bild Lukas Cranach; sowie S. 204f: Evangelische (und katholische) Kirche.
Die *Kirchenstruktur* der Evangelischen und der Römisch-katholischen Kirche(n) mit ihrem jeweiligen demokratisch-föderalen vs. zentralistisch-hierarchischen Aufbau. *Querverweis:* Amtsverständnis der evangelischen Kirchen → S. 203, unten.

225: Bild Taizé

Zum *Bild* (S. 225 oben): Die Communauté de Taizé *(Gemeinschaft von Taizé)*, gegr. von Roger Schutz (1915–2005), heute geleitet von Alois Löser, ein ökumenischer Männerorden in der Nähe von Cluny (Burgund), wurde seit den 1960er Jahren bekannt durch ökumenische Jugendtreffen mit bis zu 100.000 Teilnehmenden aus unterschiedlichen Ländern und ebenso durch eigenständiges Liedgut („Gesänge aus Taizé"). Noch heute wird die Tradition fortgeführt, wenngleich bescheidener dimensioniert und medial weit weniger beachtet, und steht zum einen für eine zeitgemäße religiöse Spiritualität, zum andern für generationenübergreifende religiöse Gemeinschaftserlebnisse (ähnlich wie Kirchentage auf evangelischer und die Katholikentreffen auf katholischer Seite).
Didaktisch-methodische Hinweise:
- Eigenrecherchen zur Taizé-Spiritualität;
- Bildvergleich Jugend-Gottesdienste: S. 225, 234;
- Bildvergleich Gottesdienste: S. 225, 204, 230;
- Bildvergleich (Jugend-)Spiritualität: S. 225, 249, 254;
- Taizé-Texte, -Lieder und -Rituale (z.B. Schulgottesdienst nach Taizé).

225–227: Kirche in der Gesellschaft

5.4.3 „… für die freiheitlich-demokratische Ordnung …" – Kirche in der Gesellschaft (S. 225–227)

Die *Überschrift* des zweieinhalb Seiten umfassenden Unterkapitels stammt aus einer gemeinsamen, unten zitierten Erklärung der beiden Großkirchen in Deutschland aus dem Jahr 2019 (freigestelltes Zitat, S. 225, unten, Mitte). Themen sind:
(1) die grundlegende Haltung der Kirchen zum Staat und unserer Gesellschaftsordnung (S. 225 und 226 oben);
(2) die Kooperation bei gleichzeitiger Trennung von Kirche und Staat an den beiden Beispielen des RU sowie der karitativen Tätigkeit (Diakonie, Caritas) (S. 226 sowie zwei Zitate, S. 227, ganz unten) sowie
(3) die öffentlichen Stellungnahmen, insbes. auch die Denkschriften der Evangelischen Kirche (EKD) (S. 227).

225+226: (1) Kirche(n) und Demokratie

(1) Kirche und Staat/ Gesellschaftsordnung (Fließtext, Zitate S. 225 und 226 oben)
- Grundsätzliche *Trennung* von Staat und Kirchen (Kirchen als Körperschaften des öffentlichen Rechts (K.d.ö.R.) (S. 228, Zusammenfassung);
- *Religionsfreiheit:* Erlaubnis und Ermöglichung von Religion, Religionsausübung und Kirchen durch den Staat – Grundgesetz (Art. 4 – freigestelltes Zitat, linke Spalte): negative und positive

Religionsfreiheit: kein Verbot, Erlaubnis sowie Unterstützung, Förderung von Religion resp. Religionsausübung);

- „Einstehen" der beiden *Großkirchen* für die *„freiheitlich-demokratische Grundordnung"* (FDGO; oder auch: Gesellschaftsordnung) (freigestelltes Zitat unten, Mitte).

Einzelhinweise (S. 225)

225: Einzelhinweise

Das sog. *Böckenförde-Theorem* (freigestelltes Zitat, S. 225, Anfang, rechte Spalte) zeigt die Bedeutung von Religionen für den Staat auf; erste These: Freiheitlicher Staat braucht Grundlage zur freiwilligen gesellschaftlichen Integration, Zwang wäre Untergrabung der Freiheit, also seiner Grundlagen; zweite These: nicht: Rückkehr zum „‚christlichen' Staat" (113) – auch der wäre nicht „freiheitlich", – vielmehr: Aufruf an die „Christen, diesen Staat in seiner Weltlichkeit [...] als die Chance der Freiheit [zu erkennen], die zu erhalten und zu realisieren auch ihre Aufgabe ist" (114), also Aufgabe für die Christen, den Staat nicht als „etwas Fremdes, ihrem Glauben Feindliches [zu] erkennen" (114), vielmehr im säkularen Staat gleichsam einen „Verbündeten" zu sehen. – Problem: Der Rechtswissenschaftler und ehemalige Bundesverfassungsrichter Ernst-Wolfgang Böckenförde, 1930–2019, ging noch von einer christlich geprägten Gesellschaft aus – heute wäre diese Position im Sinne einer pluralen und multikulturellen Gesellschaft weiterzuentwickeln.

Literatur:

- Böckenförde, Ernst-Wolfgang: Recht, Staat, Freiheit. Studien zur Rechtsphilosophie, Staatstheorie und Verfassungsgeschichte, erweiterte Ausgabe, Frankfurt a.M.: Suhrkamp, 2006, S. 92–114 (Die Entstehung des Staates als Vorgang der Säkularisation, urspr. 1967)

Drei Zitate religiöser Großorganisationen in Deutschland (S. 225, unten)

225: Drei Zitate

(Vorbehaltloses) „Einstehen" der beiden christlichen *Großkirchen* für die *„freiheitlich-demokratische Grundordnung"* (FDGO; oder auch: Gesellschaftsordnung) (freigestelltes Zitat unten, Mitte) – diese Unterstützung hat keine Kautele, da die Kirchen in dieser Grundordnung sowie im Grundgesetz sog. „christliche Werte" wie insbes. „die unantastbare Würde der Person" (sog. „Demokratie-Denkschrift" der EKD, 1985, freigestelltes Zitat unten, links) in besonderer (gleichsam idealer) Weise gesetzlich geschützt sehen, cf. „Die Würde des Menschen ist unantastbar. Sie zu achten und zu schützen ist Verpflichtung aller staatlichen Gewalt." (Art. 1[1] GG). – Ebenfalls positiv, wenngleich deutlich zurückhaltender, spricht der Zentralrat der Muslime in Deutschland [ZMD] in einer Grundsatzerklärung zu Beginn des Jh.s von einer „Bejahung" der demokratischen Grundordnung und einer „Widerspruchslosigkeit" zwischen der islamischen Lehre und dem Kernbestand der Menschenrechte" (freigestelltes Zitat unten, rechts).

Der Zentralrat der Muslime in Deutschland e.V. (ZMD) gilt neben der größeren Türkisch-Islamischen Union der Anstalt für Religion (DİTİB), dem Verband der Islamischen Kulturzentren, der Alevitischen Gemeinde Deutschland und dem Islamrat für die Bundesrepublik Deutschland als einer der islamischen Dachverbände in Deutschland (nach wikipedia, 21.04.2021).

Literatur:

- *Evangelische Kirche und freiheitliche Demokratie*. Der Staat des Grundgesetzes als Angebot und Aufgabe. Eine Denkschrift der Evangelischen Kirche in Deutschland, Evangelische Kirche in Deutschland. Kammer für Soziale Ordnung, Gütersloh: Gütersloher Verlagshaus Gerd Mohn, 1985, S. 12.

Vertrauen in die Demokratie stärken: ein gemeinsames Wort der Deutschen Bischofskonferenz und des Rates der Evangelischen Kirche in Deutschland: 11.04.2019, hg. vom Sekretariat der Deutschen Bischofskonferenz und dem Kirchenamt der EKD, Bonn: Deutsche Bischofskonferenz/ Hannover: Evangelische Kirche in Deutschland, 2019, S. 22–24.

Grundsatzerklärung des Zentralrats der Muslime in Deutschland (ZMD) von 2002: unter: http://zentralrat.de/3035.php (Pkt. 11+13); 24.10.2018.

226 (oben): Kirchen gegen Demokratiefeindlichkeit

Widerstand der *Kirchen gegen Demokratiefeindlichkeit* und Rechtspopulismus (Fließtext S. 226, oben, 1. Abschn.): Im bereits genannten „Gemeinsamen Wort" der beiden Großkirchen zur Unterstützung der Demokratie erfolgt auch eine Abgrenzung der Kirchen gegen rechte Tendenzen: Der „Aufstieg der Rechtsparteien" wird als „Konterrevolution gegen die Folgen der [...] Globalisierungs- und Transnationalisierungsprozesse" gesehen, mit einem *„kollektiven emotionalen Reflex"* auf Veränderungen" bzw. einen „Epochenbruch" oder epochalen Umbruch; Betroffene sind Menschen mit – tatsächlichen oder auch nur vermeintlichen – sozialen (vertikal durch alle Schichten) und/ oder kulturellen „Deklassierungserfahrungen"; der – problematische – Weg führt zu 1. *„Re-Nationalisierung"* der Politik; 2. *„Re-Souveränisierung"* dieser Gruppen sowie einer 3. *„Re-Vergemeinschaftung"* als Volk (23–25).

Ergänzung: Die sozialwissenschaftliche These zum Rechtspopulismus als Folge von Deklassierungserfahrungen und -ängsten etwa bei der Sozialwissenschaftlerin Cornelia Koppetsch (deren wissenschaftliche Thesen trotz Plagiatsvorwürfen und der Anschuldigung eines unsauberen wissenschaftlichen Arbeitens plausibel bleiben).

Literatur:

- Koppetsch, Cornelia: Die Gesellschaft des Zorns. Rechtspopulismus im globalen Zeitalter, Bielefeld: transcript, 2019

225f: Ergänzungen

Ergänzung: GG und AEMR zur Religionsfreiheit (Gesamtartikel)

GG BRD Art 4
(1) Die Freiheit des Glaubens, des Gewissens und die Freiheit des religiösen und weltanschaulichen Bekenntnisses sind unverletzlich.
(2) Die ungestörte Religionsausübung wird gewährleistet.
(3) Niemand darf gegen sein Gewissen zum Kriegsdienst mit der Waffe gezwungen werden. Das Nähere regelt ein Bundesgesetz.

AEMR Artikel 18
Jeder hat das Recht auf Gedanken-, Gewissens- und Religionsfreiheit; dieses Recht schließt die Freiheit ein, seine Religion oder seine Weltanschauung zu wechseln, sowie die Freiheit, seine Religion oder seine Weltanschauung allein oder in Gemeinschaft mit anderen, öffentlich oder privat durch Lehre, Ausübung, Gottesdienst und Kulthandlungen zu bekennen.

Ergänzung zum Demokratiebeitrag der Kirche(n) (Vergleich mit Böckenförde-Theorem)
„Die Kirchen in Deutschland haben einen wichtigen Beitrag dazu geleistet, dass die Demokratie nach dem Ende des Nationalsozialismus als chancenreichste Staatsform begriffen und verwirklicht wurde und dass die Ordnung des Grundgesetzes von den Bürgerinnen und Bürgern auch als Werteordnung akzeptiert und bejaht wird." *(Aus der EKD-Denkschrift „Demokratie braucht Tugenden" von 2006)*

226: (2) Trennung und Kooperation
226: Religionsunterricht

(2) Kooperation bei gleichzeitiger Trennung von Kirche und Staat: Religionsunterricht; Diakonie/ Caritas – Einzelhinweise (S. 226)
Der *Religionsunterricht*, den Sch. wohlbekannt, wird hier (1) in seiner grundlegenden Struktur als gemeinsame Angelegenheit („res mixta") von Staat (Form) und Kirche (Inhalt) vorgestellt, gemäß Art. 7 GG (freigestelltes zweispaltiges Zitat). Dies bedeutet (äußerliche) Ordnung und (inhaltliche) Freiheit zugleich (struktureller Aspekt). Zudem ist (2) der Glaube selbst der menschlichen Verfügbarkeit entzogen (= Geschenk Gottes → 2.5, S. 83ff), er darf und kann also keinesfalls Beurteilungskriterium bzw. Grundlage der Leistungsbewertung sein (theologischer Aspekt) – hier gelten ausschließlich die auch sonst üblichen Kriterien für Kompetenz (Können und Wissen). Dies hat (3) Folgen auch für die gesamte Arbeit im RU, die – gemäß dem „Theologisieren mit Jugendlichen" (→ S. 9, Einleitung, 2. und 3. Abschn.) in großer Freiheit und Offenheit geschehen kann.

Bearbeitungsvorschläge:
1. Benennen Sie anhand von Art 7(3) GG die jeweiligen Aufgaben von Kirche bzw. Staat beim RU:

Staat	Kirche(n)
▸	▸
▸	▸
▸	▸

RU in Kooperation von Kirche und Staat – Aufgabenblatt

Staat	Kirche(n)
▸ in den öffentlichen Schulen	▸ in Übereinstimmung mit den Grundsätzen der Religionsgemeinschaften (Inhalte)
▸ ordentliches Lehrfach	
▸ staatliches Aufsichtsrecht	

RU in Kooperation von Kirche und Staat – Lösungsblatt

2. Arbeiten Sie die jeweiligen Aufgaben von Kirche bzw. Staat beim RU heraus im Blick auf Bildungspläne, Lehrer/innenausbildung für den RU sowie die Bewertung (a) von Sch.-Leistungen; (b) Kompetenzen der Lehrkräfte sowie (c) das „Gelingen" des RU insgesamt.
3. Nehmen Sie Stellung zum RU, wie Sie ihn erlebt haben und erleben im Hinblick einerseits auf das Anforderungsniveau hinsichtlich von Schüler-Kompetenzen und andererseits auf die Freiheit hinsichtlich der eigenen inhaltlichen Positionierung. Führen Sie dazu ein offenes Gespräch mit Ihrer Lehrkraft.

Mit dem Begriff *Diakonie* (altgriech. διακονία, *diakonia*, wörtl. δια *dia* „durch" und κονία, *konia*, „Haus", frei übersetzt: „Hauswirtschaft", noch freier: „Dienst") werden alle Formen des Dienstes am Menschen im christlichen Sinne bzw. im kirchlichen Raum bezeichnet. Im engeren Sinne steht der Begriff „Diakonie" als Abkürzung für die *Diakonie Deutschland*, den Dachverband der karitativen Werke der ev. Kirchen und Freikirchen in Deutschland, u.a. aus der „Inneren Mission" hervorgegangen, mit Hauptsitz in Berlin und Stuttgart und rund 26.000 Einrichtungen (seit 2012 als Teil des Evangelischen Werks für Diakonie und Entwicklung). Die Institution ist – als Vertreter der EKD – beteiligt an der Nationalen Armutskonferenz sowie im Beratergremium zum Armuts- und Reichtumsbericht der Bundesregierung. Auf katholischer Seite entspricht dem die Caritas (Deutscher Caritasverband, DCV). Beide kirchlichen Werke decken einen Großteil der Tätigkeit im Sozialbereich ab – neben den übrigen Trägern der freien Wohlfahrtspflege Deutscher Paritätischer Wolfahrtsverband (DPWV), Arbeiterwohlfahrt (AWO) und Deutsches Rotes Kreuz (DRK) sowie einer wachsenden Zahl an privaten Anbietern. Die Kirche unterstützt den Sozialbereich finanziell – vor allem Kindertageseinrichtungen, Verbandsarbeit und Beratungsdienste –, der kirchliche Anteil an der Gesamtfinanzierung beträgt allerdings weniger als 2% (sog. „Kirchenquote"). Die kirchlichen Werke, die im Kern Konzerne darstellen, verhalten sich wie andere Arbeitgeber und agieren teilweise auch mit fragwürdigen Maßnahmen wie Auslagerung von Arbeitsbereichen mit Niedriglöhnen, Ablehnung von Abkommen zwischen Arbeitgeber- und -nehmerseite zu Gehalts- und Strukturverbeserungen (etwa im Corona-Jahr 2021, u.a. mit dem Hinweis auf den sog. „Dritten Weg", die nicht-gewerkschaftliche Organisierung im kirchlichen Bereich). 226: Diakonie

Links:

- http://www.diakonie.de
- www.brot-fuer-die-welt.de
- http://www.caritas.de/

Bild: Übernachten in der Kirche? In der Michaeliskirche in Thüringen möglich (S. 226, unten) 226: Bild Übernachten in der Kirche

Querverweis → Asylkirche, S. 237: Kirchen als Übernachtungsorte.
https://www.domradio.de/themen/kultur/2017-08-27/uebernachten-der-kirche

- *Zwei Zitate* von Jugendlichen (*Leander* und *Ronja)*, S. 227, ganz unten, stellen den Bundesfreiwilligendienst (BFD) und das Freiwillige Soziale Jahr (FSJ) vor.

Ergänzungen

- Einzug Kirchensteuer durch den Staat
- Staatsleistungen (Ausgleichszahlungen für Säkularisierung Beginn des 19. Jh.s), Gesetzesentwurf zur Beendigung (einmaligen Abfindung)
- Was macht die Kirche mit ihrem Geld?

(3) Denkschriften der Kirche (EKD) (S. 227, beginnend S. 226 ganz unten) 226–227: (3) Denkschriften der Kirche

Als zentraler *Quellentext* fürs gesamte Teilkapitel steht hier die *EKD- Denkschrift* zu den *Denkschriften der EKD*. Es handelt sich also um einen selbstreflexiven Text bzw. um einen Text auf der zweiten Beobachtungsebene. Die ausgewählten Passagen machen deutlich, dass es auch innerhalb der Kirche einen Diskurs (um nicht zu sagen: einen Streit) um Berechtigung, Sinn und Ausrichtung solcher öffentlicher Stellungnahmen der Kirche gibt bzw. gab. Daher eignet sich der Text in besonderer Weise für eine kontroverse Diskussion zur Thematik.

Die ersten drei Abschnitte resp. Argumente beziehen sich auf das Verständnis von Christsein („inneres" Geschehen, in Bezug auf die „Welt" nur persönliche karitative Tätigkeit; Individualethik) und das Verhältnis von Kirche und Staat (absolute Trennung), der letzte auf den Bereich der allgemeinen (Sozial-)Ethik: Eigengesetzlichkeiten/ Sachzwänge vs. Verantwortungsethik.

	Contra-Argumente	**Pro-Argumente**
1. Abschnitt		
2. Abschnitt		
3. Abschnitt		
4. Abschnitt		

Tabelle: Contra- und Pro-Argumente für öffentliche Stellungnahmen der Kirchen – Aufgabenblatt

	Contra-Argumente	Pro-Argumente
1. Abschnitt	„Persönliche Liebestätigkeit allein“	„‚Ansprechen‘ der Welt unter dem Anspruch Gottes“; „Solidarität mit ... Gesellschaft“
2. Abschnitt	„frommes Laissez-faire“; „Rückzug auf die ‚innere Linie‘“	„Christliche Existenz“ hat „politische Relevanz“
3. Abschnitt	„Predigt des reinen Evangeliums“; „Kirche des zeitlosen Schriftwortes“; Kirche „Vorbereitung auf das Jenseits“ – Staat „Diesseits“	Nachfolge „Bereich des mitmenschlichen Zusammenlebens“, „Beitrag des Christen in Fragen des öffentlichen Lebens“
4. Abschnitt	„Eigengesetzlichkeiten“/ „Sachzwänge des politischen, wirtschaftlichen und technischen Geschehens“	„Zwangsläufigkeiten“ und „Freiheit des Menschen zur verantwortlichen Entscheidung“

Tabelle: Contra- und Pro-Argumente für öffentliche Stellungnahmen der Kirchen – Lösungsblatt

227: Texterschließung

Texterschließung (S. 227)

Aufgabe 1: Anspruch Gottes bezieht sich auch auf die Welt; Solidarität mit der Gesellschaft; umfassendes Nachfolgeverständnis (Details s. Tabelle).

Aufgabe 2: Weitgehendes Schweigen/ Versagen der Kirche(n) in der NS-Diktatur (Ausnahme, aber auch nur bedingt, weil primär auf die Kirche bezogen: Barmer Bekenntnis) (→ 5.3.1, S. 215–218); dagegen in den letzten Jahrzehnten deutliche Stellungnahmen zur „Option für die Armen“ (→ S. 43, unten; 220) sowie zur Unterstützung der Demokratie (→ S. 225).

Aufgabe 3: Eine unmittelbar politische Implikation kann sich nur bei einem Teil theologischer Sätze ergeben (etwa bei Prophetenworten); dennoch ist auf einer tieferen Ebene zu fragen, ob etwa auch Aussagen zur Trinitätslehre oder zur Zwei-Naturenlehre Jesu Christi bestimmte Einstellungen zur Welt als Ganzer implizieren (können) (etwa: Wahrer, ganzer Mensch – Inkarnation oder Wirken des Hl. Geistes – der Geist weht, wo er will u.a.m.).

Ergänzung: Vergleich mit Luthers Zwei-Regimente-Lehre und Barths Modell zum Verhältnis von Christengemeinde und Bürgergemeinde (→ 5.2, S. 213).

Ergänzungen:

Die öffentlichen Stellungnahmen, insbes. auch die Denkschriften im Rahmen der Struktur der evangelischen Kirche.

Information:

EKD = Evangelische Kirche in Deutschland: ein Zusammenschluss von 22 selbständigen evangelischen (lutherischen, reformierten und unierten) Landeskirchen in Deutschland (im Jahr 1945, Grundordnung aus dem Jahr 1948). Besonders wichtige Organe der EKD sind:

- Der Rat der EKD – das Leitungsgremium der Evangelischen Kirche in Deutschland, mit insgesamt 15 Mitgliedern.
- Die (gewählte) Synode – die gesetzgebende Instanz, insgesamt 126 Mitglieder, tritt ein Mal im Jahr für eine Woche zusammen.
- Das Kirchenamt der EKD mit Sitz in Hannover erfüllt die Verwaltungsaufgaben.
- Die Denkschriften werden entweder vom Rat oder von der Synode der EKD verantwortet und dann vom Kirchenamt herausgegeben.

227: Ergänzung

Ergänzung/ Querverweis: Gemeinsame Stellungnahmen der beiden Großkirchen in Deutschland zu zentralen gesellschaftlichen Themen (Auswahl):

Thema/ Beurteilung	Bedeutung/ Kernsätze	Grenzen
Gerechtigkeit: Für eine Zukunft in Solidarität und Gerechtigkeit (1997), S. 43	„(Vorrangige) Option für die Armen“	Keine Bekämpfung des Reichtums sowie der Ursachen für Ungerechtigkeit
Demokratie: Vertrauen in die Demokratie stärken (2019), S. 225f	„Demokratie zwar keine perfekte Ordnung, [aber] sowohl theoretisch als auch praktisch die bestmögliche“	Demokratische Strukturen nur innerhalb der evangelischen, nicht in der römisch-katholischen Kirche(n)

Tabelle: Gemeinsame Stellungnahmen der beiden Großkirchen in Deutschland

Literatur:

- Kirchenamt der Evangelischen Kirche in Deutschland/ Sekretariat der Deutschen Bischofskonferenz (Hg.): Für eine Zukunft in Solidarität und Gerechtigkeit, Hannover/ Bonn 1997

- Vertrauen in die Demokratie stärken. Ein gemeinsames Wort der Deutschen Bischofskonferenz und des Rates der Evangelischen Kirche in Deutschland: 11.04.2019, hg. vom Sekretariat der Deutschen Bischofskonferenz und dem Kirchenamt der EKD, Bonn: Deutsche Bischofskonferenz/ Hannover: Evangelische Kirche in Deutschland, 2019

Abschluss des Teilkapitels 5.4 (S. 228)

228: Abschluss

Der eine Seite umfassende *Abschluss* des Teilkapitels umfasst die drei Elemente: Zitate, Zusammenfassung und Aufgabenstellungen.

Zu den Aufgaben (S. 228)

228: Zu den Aufgaben

Aufgabe 1: Zu den Jugendlichen auch Texte Jugendlicher zu Kirche, Religion und Glaube heranziehen: S. 222, 228, 233f.
Aufgabe 2: GG Religionsfreiheit (negativ, positiv); Trennung und Kooperation Kirche – Staat (RU, Diakonie); Kirche(n) als Körperschaft(en) des öffentlichen Rechts.
Ergänzung: GG Art. 140:
Verweis auf Gültigkeit von Artikel 136 (Religionsfreiheit und Bürgerrechte), 137 (Ablehnung Staatskirche, Religionsgesellschaften als Körperschaften des öffentlichen Rechtes), 138 (Staatsleistungen sowie Gewährleistung von Eigentum und anderen Rechten), 139 (Schutz von Sonntag und staatlich anerkannten Feiertagen), 141 (Zulassung „religiöser Handlungen" in „öffentlichen Anstalten") der WRV (Weimarer Reichsverfassung).
https://www.gesetze-im-internet.de/gg/art_140.html – 22.04.2021.
Aufgabe 3: Mischung aus Trennung (Verantwortung Inhalt: Kirche; Grenze: Grundgesetz, Grundrechte) + Kooperation (Ordentliches Lehrfach), Grafik s.o.
Aufgabe 4: a) Bei positiven Stellungnahmen zur Demokratie Verweis auf Menschenwürde und -rechte (Würde der Person, Gottebenbildlichkeit, S. 63), bei der (vorrangigen) Option für die Armen auf Gerechtigkeitsvorstellungen der Bibel (S. 41–43); b) Die Kirche(n) zogen damit eine Lehre aus der NS-Zeit sowie – bedingt – auch aus der Sozialen Frage des 19. Jh.s.

229–237: Hat die Kirche (noch) eine Zukunft?

5.5 „Die Kirche muss sich ändern …" – Hat die Kirche (noch) eine Zukunft? (S. 229–237)

Die *Überschrift* des Teilkapitels entstammt den einschlägigen Item-Formulierungen der Shell-Studien zum Thema (s. freigestelltes Zitat, S. 233, linke Spalte: „Die Kirche muss sich ändern, wenn sie eine Zukunft haben will."
Der *Aufbau* des Teilkapitels erfolgt entlang von vier *Themenstellungen* zur Gesamtthematik der Zukunft der Kirche(n):

- Kirche im Reformprozess und Reformstress (5.5.1, S. 229–231)
- Kirche im Widerstreit der Erwartungen (5.5.2, S. 232f)
- Jugendliche und Kirche (5.5.3, S. 233f)
- Ökumene weltweit und vor Ort (5.5.4, S. 235).

Querverbindungen: Das Teilkapitel führt das vorhergehende in zeitlicher und thematischer Hinsicht unmittelbar fort.

229–231: Kirche 2030

5.5.1 Kirche 2030 – Eine Institution im Reformstress (S. 229–231)

229: Bild „Der Lichtdom"

Bild „Der Lichtdom" (S. 229)
„Der Lichtdom" in der U-Bahn-Station „Formosa Boulevard" in Kaohsiung, Taiwan (Entwurf: Narcissus Quagliata, 2009) zeigt, dass moderne säkulare Gebäude wie Bankhochhäuser, Museums- und Konzertgebäude oder andere weltliche Bauten Elemente und Bedeutung der Sakralarchitektur in sich aufgenommen und vom Urprung her losgelöst haben, bereits sprachlich als „Lichtdom".
Didaktisch-methodische Hinweise: Allgemeine Beschreibung (Formen, Farben, Hell-Dunkel-Kontraste); „Religiöse" Konnotationen: Rot – Reinheit; Blau – Himmel; Gelb/ Helligkeit/ Licht: Sonne, Gott …; sakraler Zentralbau; Erdenrund u.a.m.; Vergleich mit modernem Kirchenbau: Sagrada Família, S. 194f, 223).

229: Eine Satire

Eine Satire (S. 229)
Der Schriftsteller und Nobelpreisträger Heinrich Böll (1917–1985) nimmt in einer Satire eine inhaltsleere „Reform um der Reform willen" aufs Korn.
Querverweis: → Böll, zum Christentum, S. 214 , Zitat oben rechts.

229: Eine neue Reformation?

Eine neue Reformation? (S. 229)
Bereitet bereits das nächste Unterkapitel vor: Widerstreit der Erwartungen (S. 232f).

230: Reformbedarf und Reformdilemma der Kirche

Reformbedarf und Reformdilemma der Kirche (S. 230, obere Hälfte)
Das *Reformdilemma* variiert das Grunddilemma der Kirche: Inspiration vs. Institution (→ 5.2.1, S. 207, unten), biblisch zwischen Geist und Buchstabe (Paulus) theologisch zwischen Evangelium und Kirche (Karl Barth), soziologisch zwischen Organisation und Nicht-Organisierbarkeit (Armin Nasehi). Der bekannte Soziologe, Systemtheoretiker und Luhmann-Schüler Armin Nassehi (*1960) bringt nicht nur zwei anschauliche Beispiele aus Schule und Kirche für das *„Organisationsdilemma"*, sondern macht darüber hinaus dessen Charakter als wirkliches „Dilemma" auch durch den Hinweis deutlich, dass die Spontaneität trotz ihres widersprüchlichen, widerständigen Charakters auf die „Organisation" angewiesen ist, es also einer „Organisierung des Unorganisierbaren" bedarf. Die Merkwürdigkeit lässt sich etwa auch daran klarmachen, dass ohne „Organisierung" jeder Gedanken- und Geistesblitz sofort verpufft oder erlischt (Auf-Dauer-Stellung durch Bücher, Internet u.a.m.).

230: Bild Conciatori

Bild: Roberto Conciatori, Zyklen des Lebens, 2018 (S. 230, untere Hälfte)
Für das Cover des Jahresberichtes 2017 der katholischen Pfarrei Ruswil (Kanton Luzern) hat der Fotograf verschiedene Gottesdienst-Szenen in einer Fotomontage zusammengestellt. Deutlich erkennbar sind Hochzeit (Mittelgang), Taufe (links vorne am Taufstein), vielleicht auch Beerdigung (Mittelgang, vorne, mit Urne) bzw. Auftakt zu Kreuzweg (mit Kruzifix), daneben Musik-Gottesdienste (Chor rechts vorne, Priester mit Gitarre am Altar) und mit Bewegung (linke Bankreihen), aber auch ernste, ruhige Szenen (rechte Bankreihen), vorne Mitte vor Chor: Gruppierung älterer Kinder oder Jugendlicher: Erstkommunion oder Firmung.

Ergänzung: Kirchenjahr

230: Ergänzung: Kirchenjahr

- Weihnachten und Advent, seit 4. Jh. (25. Dezember: Fest Sol invictus, Sonnengott, Korrespondenz zu Chanukka); Jesus = Licht der Welt; Advent Vorbereitung (seit 4. Jh., im 19. Hauptfest und Feier am Vorabend 24. Dezember)
- Fastenzeit
- Palmsonntag: Jesu Einzug in Jerusalem (Palmzweige durch Volk)
- Gründonnerstag: Jesus letztes Mahl mit seinen Jüngern („grün" von altdt. „greinen" = weinen)
- Karfreitag: Kreuzigung, Tod Jesu (von altdt. „Kar" = Kummer)
- Ostern: Auferweckung/ Auferstehung Jesu, jüdisches Passafest; erstes Fest
- Himmelfahrt: „Himmelfahrt" Jesu (40 Tage nach Ostern)
- Pfingsten: Gabe des Heiligen Geistes an Christusgläubige, „Geburtsstunde" der Kirche (altgriech. Pentekoste = fünfzig; Fünfzig Tage nach Ostern; Judentum Wochenfest (zweites Fest)
- Erntedank (im Alten Testament mehrere Erntefeste)
- Buß- und Bettag: Tag der Selbstreflexion und Reue (Judentum: Jom Kippur)

(Sonntag: Schöpfung und Auferstehung, seit Konstantin Feiertag)

Kirche der Freiheit – Perspektiven für die evangelische Kirche im 21. Jahrhundert (2006); Quellentext T 5.5 (S. 231)

231: Quellentext

Der erste Teil der innerkirchlichen Studie (sog. „Impulspapier") befasst sich unter der etwas euphemistisch klingenden Überschrift „Chancen und Herausforderungen" mit statistischen Berechnungen zum Rückgang von Mitgliederzahlen, finanzieller Leistungskraft sowie Partizipation bei Kirchenaktivitäten (Kasualien und Gottesdiensten), d.h. letztendlich mit einer Infragestellung des Charakters als „Volkskirche".

Die Formulierung „Kirche für andere" (Z. 12f) stammt von Dietrich Bonhoeffer (→ S. 237, freigestelltes Zitat, Seitenmitte, rechte Spalte).

Wichtig: Die Kirche selbst betrachtet die Glaubensvermittlung an die nächste Generation (Kirchliche Jugendarbeit, KU, RU etc.) als entscheidende Weichenstellung für die Zukunft (Z. 40–43). Kurs selbst Bedeutung und Chancen beurteilen lassen.

Dem entspricht in Tl. III (Leuchtfeuer) der 7. Pkt. zur kirchlichen Bildungsarbeit (neben: 1. Geistlicher Heimat sowie 12. Öffentlichkeitsarbeit).

Ergänzung: Das achte Leuchtfeuer befasst sich mit Kirche – Diakonie – Gerechtigkeit (→ S. 226).

Texterschließung (S. 231)

231: Texterschließung

1. Teilweise wird dem Trend einfach plakativ ein Gegentrend entgegengesetzt (ohne Analyse der Gründe für Trend noch der Chancen für den Gegentrend), z.B.

Thema	Trend	Gegentrend
„Volkskirche"	Rückgang Taufen, Trauungen, Beerdigungen, Gottesdienstbesuche	1. Leuchtfeuer: Kirche als geistliche Heimat, Lebensbegleiter

2. Biblische Aussagen → 5.1.1, S. 198–202; Tendenzen der Kirchengeschichte: u.a. Aufstieg der Kirche → S. 200, obere Seitenhälfte, 212, oben: Konstantinische Wende, heute: Umkehr des Prozesses in Deutschland(?); auch: → S. 208: Unterschiedliche religiöse Organisationsformen und Kirchenstrukturen (auch als Chance, weitgehend unbeachtet im Impulspapier).
3. Kreative Umsetzungsformen: Collage, Comic, Kurzfilm; Netzformen etc.

Ergänzungen:

231: Ergänzungen

- Zu Gottesdienstbesuch und Teilnahme an „Amtshandlungen" der Kirche (Kasualien) Umfrage in Kurs durchführen: Meine Teilnahme an …; Eindrücke …; Pläne: Kirchliche Heirat, Taufe der Kinder, Beerdigung etc.
- Kirchenäußerungen zu Bölls Satire in Beziehung setzen (S. 229).

Link: Kirche der Freiheit: http://kirche-im-aufbruch.ekd.de/downloads/kirche-der-freiheit.pdf – 22.04.2021.

Ergänzung: Inzwischen blicken die Kirchen bis ins Jahr 2060 voraus und müssen – nach einer Freiburger Studie, die im Jahr 2019 für Aufsehen sorgte – mit einer Halbierung der Mitgliederzahlen (und einem extremen Rückgang der Kirchensteuereinnahmen) rechnen.

Literatur und Link:

- Gutmann, David/ Peters, Fabian: #projektion2060. Die Freiburger Studie zu Kirchenmitgliedschaft und Kirchensteuer. Analysen – Chancen – Visionen, Neukirchen-Vluyn: Neukirchener Verlag, 2021
- Kirche im Umbruch. Projektion 2060; s. dazu auch EKD-Homepage

232f: **Kirche im Widerstreit der Erwartungen**

5.5.2 Allen Leuten recht getan … – Kirche im Widerstreit der Erwartungen (S. 232f)

232: (1) Säkularisierung versus Meaning Making

(1) Säkularisierung versus Meaning Making (S. 232)

232: Volkskirche adieu?

Volkskirche adieu? Kirchenaustritte und Konfessionslosigkeit (S. 232)
Säkularisierungstrend (institutionelle Religion) vs. Religionszunahme bei individueller Religiosität.
Veränderung der Konfessionen in Deutschland 1910–2010:
- 1910: ev. gut 61%, rk gut 36%, jüd. 1%; Rest unter 1%
- 2010: ev. knapp, rk gut 30%; o.k. ca. 33% (ein Drittel); jüd ca. ¼ %; musl. knapp 5%; d.h. jeweils ein (knappes) Drittel: o.k., resp. beide großen Konfessionen.

232: Bild Barlach

Bild: Ernst Barlach (1870–1938): Der Schwebende (Güstrow, Dom) (S. 232 – Marginalspalte)
Person: Ernst Barlach (1870–1938), führender deutscher Bildhauer und Grafiker des Expressionismus (mit Realismus) (auch als Schriftsteller tätig).
Anliegen, Grundthema: Die Erdgebundenheit des Menschen und deren Überwindung (in der Exstase).
Werk: Der Schwebende (Engel), 1927, im Dom in Güstrow, dem späteren Wohnort Barlachs (auch: Güstrower Ehrenmal). „Der" Schwebende trägt die Gesichtszüge der Künstlerin Käthe Kollwitz (1867–1945).
Wirkung: Trotz Unterschrift unter den „Aufruf der Kulturschaffenden", in dem Künstler im Jahr 1934 bekannten, in „Vertrauen und Treue" zu Hitler zu stehen, Anfeindungen von Seiten der Nationalsozialisten, Entfernung und Einschmelzen des „Schwebenden", von dem jedoch ein Zweitguss überdauerte – heute (wieder) im Dom in Güstrow.
Geschichte des „Schwebenden"
- 1927 Fertigstellung und Übergabe des „Schwebenden"
- 1937 Abnahme des „Schwebenden" als „Entartete Kunst"
- 1941 Einschmelzung (zu „wehrwirtschaftlichen Zwecken")
- 1942 Heimliche Herstellung eines Zweitgusses (nach der Gussform) durch Freunde Barlachs
- Nach dem Krieg (Anfang der 50er Jahre) Aufhängung des Zweitgusses in der Antoniterkirche in Köln und Anfertigung eines Neugusses für den Dom in Güstrow.

Barlach zum Werk: „… meine Arbeit im hiesigen Dom ist wie in ihrer äußeren Form so in der Tiefe ihrer Bestimmung ohne Zusammenhang mit vorhandenen Schmuckelementen, hat auch keine historischen Beziehungen zum Hause. Was mir glücken sollte auszudrücken, war völlige Abkehr von allem Vorher und Nachher, gänzliche Versunkenheit und Verschlossenheit vor allem außer dem einen."
Literatur:
- Barlach, Ernst: Das Wirkliche und Wahrhaftige. Briefe, Grafik, Plastik, Dokumente, hg. von Franz Fühmann, Fotos von Gisela Pätsch, Wiesbaden: R. Löwith, o.J., S. 149.

232: (2) Zeitgemäße versus biblische Botschaft

(2) Zeitgemäße versus biblische Botschaft (S. 232, unten)

Spannung zwischen „Weltfremdheit" vs. „Weltverdopplung" der biblischen/ kirchlichen Botschaft. Die vom Rechtswissenschaftler und Schriftsteller Bernhard Schlink (*1944), bekannt geworden durch den auch verfilmten Roman „Der Vorleser", auf den Begriff gebrachte Gefahr der „Verwechselbarkeit" einer zeitgemäß übersetzten „Botschaft" ist auch unter Theologinnen und Theologen bekannt, vor allem im Bereich der Religionspädagogik (Themenzentrierter RU).

233: (3) Kommunikation des Evangeliums als Dialog

(3) Kommunikation des Evangeliums als Dialog (S. 233)

Die *Kommunikation des Evangeliums* muss vom Monolog (Predigt) zum Dialog (Gespräch) werden, parallel zum neuen Verständnis von Mission (→ S. 208f, LB). Beispielhaft hierfür ist das *Theologisieren mit Jugendlichen* (→ S. 9, Einleitung, sowie S. 226; s. auch Anhang LB 7.1.2).
Die vom katholischen Theologen Johann Baptist Metz (1928–2019) beschriebene dreifache *Ausrichtung der Kirche* (Betreuung/ Bürgerlichkeit/ Basisarbeit) lässt sich zur dreifachen Auffächerung von Theologie durch Dorothee Sölle (konservativ, liberal, radikal) in Beziehung setzen und ebenso zu einer möglichen (alternativen) Einteilung der Religionen (→ S. 250, unten).

5.5.3 Keine Antwort auf Fragen, die wirklich bewegen? – Jugendliche und Kirche (S. 233f)

233f: Jugendliche und Kirche

Die Erwartungen von *Jugendlichen* an *Kirche* sind zwar nicht homogen, sondern plural und disparat; sie stellen dennoch eine eigene Stimme dar und haben ein eigenständiges Gewicht im Chor der Rufe an die Kirche.
Bild (Foto): Das Leben – Jugendkirche Ulm (S. 234) mit anderen Bildern des Kapitels vergleichen, insbes. S. 225.
Zur *Begrifflichkeit*: *Gläubig contra religiös* (S. 234): Jugendliche trennen zwischen Religion, die zumeist mit verfasster Religion, also Kirche identifiziert wird – diese ist vielen mehr oder weniger gleichgültig – und Glauben, was sie für etwas zutiefst Persönliches halten (vgl. Schweitzer, Jugend. Glaube. Religion, z.B. S. 185); Wiederaufnahme → S. 248, unten.
Literatur:

- Schweitzer, Friedrich u.a.: Jugend – Glaube – Religion. Eine Repräsentativstudie zu Jugendlichen im Religions- und Ethikunterricht, Münster/ New York: Waxmann, 2018

5.5.4 Global und lokal denken und handeln – Ökumene weltweit und vor Ort (S. 235f)

235f: Ökumene weltweit und vor Ort

Ökumene weltweit und vor Ort (S. 235)

235: Ökumene weltweit und vor Ort

Ökumene (von griech. *oikein* = wohnen), weltweit im *Ökumenischen Rat der Kirchen (ÖRK)* gemeinsam organisiert, gegr. 1948, um 350 Kirchen, weit über eine halbe Milliarde Mitglieder, etwa alle 7 Jahre fanden über Jahrzehnte hinweg „Vollversammlungen" statt; seit 1983 gibt es den „Konziliaren Prozess für Gerechtigkeit, Frieden und die Bewahrung der Schöpfung", mit dem letzten Höhepunkt der Versammlung in Seoul, 1990 (→ S. 49f).
Drei *Formen* von Ökumene lassen sich unterscheiden:

- Dialog-Ökumene (etwa: GER = Gemeinsame Erklärung zur Rechtfertigungslehre von 1999 → S. 203, unterhalb Seitenmitte);
- Lebens-Ökumene/ Konvivenz: Glaube und Leben miteinander teilen (hierfür steht etwa der beschriebene Weihnachtsgottesdienst, auch die Aufnahme von Flüchtlingen, s. Bild S. 237);
- Gerechtigkeits-Ökumene („Konziliarer Prozess", s. Hinweis oben zum „Konziliaren Prozess").

Zukunft der Kirche(n)? – Welt ohne Kirche(n)? (S. 235 unten, S. 236, oben)

235–236: Zukunft der Kirche(n)? – Welt ohne Kirche(n)?

Die feministische Theologin *Hedwig Meyer-Wilmes, *1953,* sieht die Zukunft der Kirche(n) vorrangig bei den Frauen und im Bereich der Diakonie, der Philosoph und Schriftsteller Peter Bieri (*1944 als Philosoph) alias Pascal Mercier (als Schriftsteller) mag sich in Gestalt eines seiner Protagonisten, des religionskritischen siebzehnjährigen Amadeu, eine „Welt ohne Kathedralen" gar nicht vorstellen; s. dazu: Bilder des Kapitels, etwa S. 230, oder auch Sagrada Família, S. 194f, 223, oder auch das Böll Zitat, S. 214, oben rechts.
Beachtenswert: Die Spannung zwischen Säkularisierung (insbes. Erodierung kirchlicher Religion in Mitteleuropa) und Anwachsen von Religion (freischwebende privatisierte Religiosität sowie weltweit insbes. charismatisches Christentum sowie Islam; dazu insges. auch → S. 245).

Abschluss des Teilkapitels 5.5 (S. 236f)

236f: Abschluss

Bereits die letzten Abschnitte zur *Zukunft der Kirche(n)* betrafen das gesamte Teilkapitel und gehörten damit bereits zum *Abschluss* des Teilkapitels (und nicht mehr nur zum Unterkapitel „Ökumene").
Der eigentliche Abschluss aber besteht aus der Gesamtzahl der üblichen Elemente: Interreligiöses Fenster, Bild, Zitatpaar (Bonhoeffer), Zusammenfassung und Aufgaben.
Bild (Foto): Blick auf Flüchtlinge in einer Hamburger Kirche als Symbol für das Kirchenasyl. Kirchenasyl steht für das Eintreten der Kirche für gesellschaftlich Benachteiligte (Exkludierte), denen der Staat keinen angemessenen Schutz gewährt. (So hilft die Kirche auch, ein Rettungsschiff auf dem Mittelmeer zu finanzieren.)

237: Foto: Kirchenasyl

Anregungen zur Erschließung:

- Mit der Situation von Flüchtlingen in Verbindung bringen (→ Bild Melilla, S. 40);
- Szenen entwerfen: Jesus spricht/ steigt herab vom Kreuz zu den Flüchtlingen …
- Mit anderen Kreuzdarstellungen in Beziehung setzen, etwa S. 147, Hofmeister oder S. 150, Beuys – aber auch anderen Bildern des Jesus-Kapitels.

237: Zu den Aufgaben

Zu den Aufgaben (S. 237)

Aufgabe 1: Methodenvielfalt, etwa Collage, Videoclip, Internetauftritt u.a.m.

Aufgabe 2: Zu Problemen und Lösungsansätzen vorrangig Quellentext S. 231 (Kirche der Freiheit), aber auch weitere Textpassagen – ferner: Erwartungen von Jugendlichen an Kirche (5.5.3, S. 233f) als Ansatzpunkte für eine „Kirche der Zukunft".

Aufgabe 3: Zusatz-Anregung: Die sieben Szenen der Jesus-Doku (4.2.3, S. 160–165) als Vorlagen für „Evangelium" (Frohbotschaft von Jesus) nehmen und daraus Musterbeispiele für Kirche resp. „Kommunikation des Evangeliums" nehmen.

Aufgabe 4: Betreuung – Bürgerlichkeit – Basisarbeit. Prüfen, inwiefern Aspekte der drei unterschiedlichen Dimensionen miteinander vereinbar sind und inwiefern sie sich wechselseitig ausschließen. – Befriedigung religiöser (und sozialer sowie kultureller) Bedürfnisse vs. umfassender Befreiung.

Aufgabe 5: Liste der Stichworte eigenständig ergänzen, Themen auswählen.

6. Religion(en) – Wozu? (S. 238–261)

6.0 Zum Kapitel (Einleitung) (S. 238–241)

238–241: Zum Kapitel

Das *Thema* des Kapitels ist ein doppeltes bzw. dreifaches und gliedert zugleich das ganze Kapitel in drei Teilkapitel:

- zum einen *Religion* als eigenständiges Phänomen – inklusive der Weltanschauungen: 6.1 (S. 242–249);
- zum zweiten die *(Welt-)Religionen*: 6.2 (S. 250–254);
- zum dritten und letzten das Verhältnis und der *Umgang* der *Weltreligionen* zueinander und miteinander: 6.3 (S. 255–261).

238f, 241: Zwei Bilder

Die beiden *Bilder* der Auftakt-Doppelseiten zeigen zwei „heilige Orte": einerseits einen gleichsam „natürlichen" (Fels), andererseits einen „künstlichen" bzw. „künstlerischen", gestaltet von Niki de Saint-Phalle (1930–2002).

238f: Bild: Goldener Fels

Der *Goldene Fels* in Myanmar ist ein wichtiger Wallfahrtsort des Buddhismus. Auf dem Felsen steht eine Stupa (nicht abgebildet), ein buddhistisches heiliges Gebäude, das Buddha selbst und den Dharma, d.h. seine Lehre, symbolisieren soll. Der Goldene Fels wurde in seinem unteren Teil von Pilgern mit Blattgoldblättchen beklebt. Das Bild von 1994 ist ein Foto des weltbekannten US-amerikanischen Fotographen Steve McCurry (*1950), der seine Motive vorrangig in (warmen) Ländern – meist im südlichen Asien – findet, in denen sich das Leben der Menschen nach seinen Worten auf der Straße abspielt. Die frommen Mönche scheinen in ihrer Andacht und mit ihren Gebeten den Felsen geradezu im Gleichgewicht zu halten – und natürlich auch sich selbst … (*Anregung:* Was kann „Andacht", Hingebung, Konzentration, Meditation und Gebet bewirken – innen und außen?).

241: Bild de Saint-Phalle

Niki de Saint-Phalle (1930–2002): Le temple ideal, 1991 (S. 241)

Bildbeschreibung: Der „ideale Tempel" – oder auch „Die Kirche aller Religionen" – befindet sich im Garfield Park Conservatory in Chicago, Illinois, USA. Zu sehen ist ein in verschiedenen Blau- und Weißtönen bemaltes Gebäude. Das Bauwerk scheint von unten nach oben in drei Teile oder Bereiche gegliedert. Den untersten Teil bildet der eigentliche Tempel, zu dessen hoher Eingangstür eine Treppe führt. Darüber befindet sich ein im Stil ähnlich gehaltener Aufbau, der in runden Formen Öffnungen und Kreise zeigt, die an Münder und andere Körperteile erinnern, auch zwei Brüste sind zu sehen und – an der linken Seite – der bunte Kopf eines Frosches (grün, rot, gelb, blau). Ganz oben befinden sich goldene Symbole (Kreuz – oder auch Christusfigur –, Davidstern, Halbmond) und eine Buddhafigur, die die Weltreligionen repräsentieren.

Hintergrundinformationen: Die französisch-schweizerische Malerin und Bildhauerin, in Deutschland bekannt vor allem durch ihre Nana-Figuren am Leibniz-Ufer in Hannover als Teil der Figurenmeile, schuf im Stil eines „Neuen Realismus" und der Pop-Art, beeinflusst zudem von Reklame- und Schaufensterpuppen, überlebensgroße, archaisch wirkende und grell bunt bemalte Figuren oder auch – wie im vorliegenden Fall – Gebäude. Das größte Arrangement von Gestalten und Gebäuden der Künstlerin stellt der sog. „Tarot-Garten" in der Toscana dar.

Deutungsangebote: Viele Figuren der Künstlerin strahlen neben Erotik männlich konnotierte Aggression und Gewalt aus (sie selbst hatte als Kind durch ihren Vater sexuelle Gewalt erfahren und eine Therapie sowie ihr Sein als Künstlerin als Befreiung erlebt). Demgegenüber scheint hier im Tempel der Religionen die Aggression an ein Ende zu kommen und der Versöhnung und friedvollen Vereinigung zu weichen.

Bearbeitungsvorschläge:

- Würdigung der Vielfalt und Faszination des Werkes, seiner Formen, Farben und Andeutungen …
- Religiöse Symbole im oberen Bildteil deuten (→ S. 251–253 – Weltreligionen im Taschenformat).
- Bildvergleiche mit anderen Bildern des Kapitels (etwa Pasieka: S. 249, oder Abschlussbild von Hilma af Klint, S. 261), aber auch mit Bildern anderer Kapitel (der Frosch taucht etwa auch bei Kippenberger, S. 155, auf, allerdings in ganz anderer Gestalt und Funktion).
- Diskussion zur Frage, ob Religionen wirklich zum Frieden beitragen oder nicht (auch) umgekehrt zur Gewalt …
- Bedeutung von Religion(en) für den einzelnen Menschen, für ganze Gesellschaften und für die Menschheit.

240: Zur Diskussion

Zur Diskussion:
Die Thesen des emeritierten Münchner Systematischen Theologen Friedrich Wilhelm Graf (*1948), sind tlw. überraschend (der „Erfolg“ des Christentums zeigt sich erst bei einem weltweiten Blickwinkel, → S. 235, oben, erster Abschn.), sie mögen tlw. aber auch absichtlich provozieren und zum Nachdenken oder Widerspruch einladen, etwa die These zum Erfolg von „harten“ Formen des Glaubens …

Didaktisch-methodische Hinweise:
- Ansprechendste und ärgerlichste These heraussuchen …;
- Beispiele als „Verifizierungen“ bzw. „Falsifizierungen“ einzelner Thesen suchen;
- Eigene Thesen zur „Religion heute und morgen“ dagegensetzen und/ oder ergänzen.

6.1 Religiös (un)musikalisch? (S. 242–249)

242–249: Religiös (un)musikalisch?

Die *Überschrift* des Teilkapitels nimmt eine Formulierung Max Webers auf (→ S. 240, oben, zweiter Satz), die dann auch Jürgen Habermas rezipierte. Das *Thema* „Religion“ wird in vier Schritten entfaltet, die zugleich den *Aufbau* des Teilkapitels bilden:

- Was ist *Religion* – Definition(en) (6.1.1, S. 242f);
- *Entwicklung(en)* der Religion: Religion im Wandel (6.1.2, S. 244f);
- *Weltanschauungen* (6.1.3, S. 246f);
- *Jugend und Religion* (6.1.4, S. 248f);
- ein *Abschluss* bietet einen zusammenfassenden Überblick und Aufgaben.

6.1.1 „Religiös sein heißt ...“ – Was ist Religion? (S. 242f)

242f: Was ist Religion?

242: Bild Smilde

Bild: Berndnaut Smilde (*1978): Nimbus II, 2012 (S. 242)

Bildbeschreibung: Zu sehen ist eine links von oben her beleuchtete (Lichtquelle unklar) Wolke, die frei mitten in einem sakral anmutenden, jedoch völlig kargen und leeren Raum schwebt.

Hintergrundinformationen: Der niederländische Video- und Performancekünstler schuf 2012 eine Serie von Inszenierungen, bei denen eine sich selbst bildende Wolke frei in alten, kalten und feuchten Räumen/ Gemäuern schwebt. Nimbus II wurde zuerst in der „Lady Chapel“ von Hoorn realisiert. Der Künstler bläst aus einer Nebelmaschine einen Stoß, der sich im Idealfall in Nimbus-Formation in die Schwerelosigkeit begibt und einen magisch-realen Eindruck hervorruft. Für Smilde ist der im Foto festgehaltene „beste“ Moment, der sich in einer mühevollen Serie von Versuchen herauskristallisiert, das eigentliche Kunstwerk. Das „Time Magazin“ kategorisierte Smildes Technik als eine der 50 besten Erfindungen des Jahres 2012.

Bearbeitungsvorschläge:

- Vergleich mit anderen Bildern (des Kapitels), etwa: Goldener Fels, S. 238f; Pasieka, S. 249; insbes. auch mit der Kerze von Richter auf der nächsten Doppelseite (S. 245);
- Assoziationen: mit Religion scheint man zu „schweben“; „auf Wolke 7“ ...;
- Herausarbeiten, an welchen Merkmalen deutlich wird, dass es sich um einen „religiösen“ Raum handelt. Die Frage beantworten: Was ist ein „religiöser Raum“?
- Die Wolke als Sprechblase für religiöse „Notizen“ benutzen (Kopie, Umrisszeichnung): Religion ist ...; Religion ist wie ...; „Messages“ an: Gott/ Gottes an uns/ Religiöse resp. nichtreligiöse Menschen ...
- Vergleich mit anderen Wolken(-Bildern): S. 17 (Pirilä); S. 31 (Cranach); 115 (Hofmann);
- Was mir heilig ist ...

Das glücklichste Volk – Religiös und unreligiös (Fließtext, S. 242)

242: Fließtext

Religiös gesehen bietet der US-amerikanische Missionar und Sprachwissenschaftler Daniel L. Everett (*1951) ein Beispiel für eine Abkehr vom Glauben („Entkehrung“/ Deconversion als konträres Gegenbild zur „Bekehrung“), soziologisch bzw. ethnologisch ein Beispiel für das „going native“, bei dem die Forschenden die beforschte Kultur dermaßen faszinierend finden, dass sie ihrem Sog erliegen und den Blick der „neutralen“, unbeteiligten Beobachtung (von außen) verlieren – eine „Gefahr“ oder Möglichkeit, die sich bei einem Dialog auf Augenhöhe stets ergibt (→ S. 259, unten). Wichtig in unserem Kontext sind die unterschiedlichen Möglichkeiten, die sich in großer Vielfalt und Offenheit ergeben: religiös und nicht religiös sein, vom Glauben abfallen, zu einem Glauben finden ...

Hinweis: Everett scheint nicht nur vom (christlichen) Glauben abgefallen zu sein, er scheint einen Glauben gegen einen anderen (den „religionslosen Glauben“ der Pirahã-Indianer nach dem Motto: Ganz entspannt im Hier und Jetzt) eingetauscht zu haben; vielleicht hängt er auch nur einer Idealisierung dieser Lebenseinstellung an ...

Religion – Definitionen (Zitate, Fließtext) (S. 243, oberes Drittel)

243: Religion – Definitionen

Drei Assoziationen zur Religion (Zitate)

- Für die Theologin und Dichterin *Dorothee Sölle* (1929–2003) sind diese „Sehnsüchte“, die die Religion bewahrt, vorrangig die Träume einer gerechten Welt (zu Sölle → Anhang LB 4.3).
- Der ungarische Literaturwissenschaftler und Literat *László F. Földényi,* *1952, ist einer der herausragenden zeitgenössischen Intellektuellen seines Landes.
- Der Musiker *John Lennon* (1940-1980) bezeichnete seinen weltbekannten Song „Imagine“ (1971) als „seine musikalische Version des Kommunistischen Manifests“. Das Stück beschreibt die

Vision einer Welt ohne Besitz, Nationalismus und Religion – eine Welt des Friedens und der Glückseligkeit. Es avancierte zum Hymnus der Friedensbewegung.

Natürlich gibt es unzählige weitere Assoziationen und Kurz-Definitionen zum Thema „Religion".
Hier ein paar Beispiele aus Theologie, Soziologie und Literatur:

- „Kürzeste Definition von Religion: Unterbrechung". (J.B. Metz: Glauben in Geschichte und Gesellschaft, Mainz 1977, 150).
- Karl Barth: Religion ist das „menschliche Gesicht" oder: menschliche Korrelat der Offenbarung Gottes (KD I/2, 306).
- Religion ist die „Kultur des Verhaltens zum Unverfügbaren." (Lübbe, 1986, 149).
- „Ein Bewusstsein von dem, was fehlt" (Habermas).
- „Die Rähligion ist das, wo der Mentsch hat, das er sich fom Thürreich unterscheiden kann." (Ludwig Thoma)

Die beiden als „klassisch" zu bezeichnenden Definitionen des Theologen und Pädagogen *Johann Amos Comenius* (1592–1670) und des modernen Soziologen und Systemtheoretikers *Niklas Luhmann* (1927–1998) – freistehendes Zitatpaar – sind einerseits sehr unterschiedlich gelagert, da sie Religion inhaltlich mit dem Bezug auf Gott (Comenius) gleichsetzen oder aber – inhaltlich unbestimmt – rein formal als kommunikative Codierung mit dem binären Code Immanenz/ Transzendenz (→ S. 15 unten, S. 16 oben) definieren (Luhmann). Andererseits gleichen sie sich erstaunlicherweise darin, dass sie Religion (1) als Perspektive, Perspektivierung resp. In-Beziehung-Setzung (2) der Gesamtwirklichkeit (3) auf etwas außerhalb dieser Wirklichkeit Liegendes (Gott/ Transzendenz) definieren. Luhmann lässt sich damit als „Übersetzung" der eher traditionell geprägten Sprache und Denkweise von Comenius auf einen modernen, allgemeinen und gleichsam „säkularisierten" Denkhorizont hin verstehen.

Ergänzung: Etymologisch lässt sich der Begriff „Religion" (lat. *religio*) unterschiedlich herleiten:
(1) (kultische) Pflichten gewissenhaft erfüllen (lat. *religere*);
(2) wieder (und wieder) lesen; sorgfältig beachten (lat. *relegere*);
(3) verbunden sein (lat. religari) (häufig bei christlichen Autoren, etwa Augustinus).

Während die ersten beiden Herleitungen in ihrer Bedeutung nahe beieinander liegen und eine (auch formale) Verpflichtung und Beachtung betonen, hebt die letzte eine persönliche Einstellung und Verbundenheit hervor und gleicht damit am ehesten dem Glaubensbegriff in der Theologie (→ S. 16).

243: Religionsbegriffe

Substantieller vs. funktionaler Religionsbegriff – Religionstheorie (Fließtext und Zitat, S. 243, mittleres Drittel)

Die *Differenz* zwischen *substantiellem* vs. *funktionalem Religionsbegriff* lässt sich bereits bei den beiden Zitaten von Comenius (substantiell) und Luhmann (funktional) klarmachen und wird hier nochmals lebensweltbezogen entfaltet.

Der neuere, *funktionale Religionsbegriff* findet sich zuerst beim Soziologen Émile Durkheim, der die Bedeutung von Religion zur Integration der Gesellschaft hervorhob. Wissenssoziologisch gewendet vertraten Peter L. Berger (1929–2017) und Thomas Luckmann (1927–2016) ein funktionales, gesellschaftlich-evolutionstheoretisch begründetes Verständnis von Religion als Mittel zur Sinntradition.

Zusatz: Neben dem substantiellen und funktionalen lässt sich drittens noch ein phänomenologisches Religionsverständnis identifizieren und an religiösen „Phänomenen" (etwa anhand von Bildern des Kapitels) veranschaulichen und verifizieren. Der klaren Unterscheidung und Abgrenzbarkeit wegen kann es jedoch bei der einfacheren Kategorisierung mit Hilfe von zwei Typen bleiben.

Ergänzung: Religionsphilosophie

1. *Transzendental:* Religion als Ausdruck des menschlichen Bewusstseins (Verstand und Vernunft; I. Kant);
2. *Spekulativ:* Religion als Selbstbewusstsein Gottes (G.W.F. Hegel);
3. *Phänomenologisch:* Religiöse Erfahrung (des Heiligen) in der Doppelung von „fascinosum" und „tremendum"; R. Otto);
4. *Soziologisch:* Gesellschaftsfunktion der Religion (E. Durkheim, s.o.);
5. *Pragmatisch/ Psychologisch:* Lebensfunktion der Religion (W. James – Erweiterung/ Ergänzung des Blicks Durkheims hin auf das menschliche Individuum);
6. *Sprachanalytisch:* Eigenart von religiöser/n Sprache/ Sprachspielen (im Anschluss an den späten L. Wittgenstein).

243: Symbole und Rituale

Symbole und Rituale (Fließtext und Zitat, S. 243, unteres Drittel)

Typisch für Religionen sind (besonders auch mit der phänomenologischen Brille betrachtet) besondere Rede-, Sprach- resp. Symbolisierungsweisen einserseits sowie gleichbleibende Handlungsformen (Rituale) andererseits.

Ein paar wichtige *Symbole:*
- *Wasser:* Ambivalenz: Belebung – Bedrohung; Sintflut; Exodus – Wüste; Taufe;
- *Sonne, Licht:* „Here comes the sun" – Beatles; „Hier kommt die Sonne" (Rammstein); 4. Schöpfungstag, Johannesprolog; Kirchenlieder, Die güldne Sonne, Sonne der Gerechtigkeit u.a.m.;
- Berg: 10 Gebote – Bergpredigt; Mose Ex 3; Elia Horeb 1. Kön 19; Karmel; Zion, eschatologisch (Himmelfahrt, Verklärung …);
- Kreuz: Leiden, Tod, Erlösung (Parallele zur Grundbestimmung Mensch: oben-unten; sozial);
- Zentrale *Symbole* der Weltreligionen → 6.2.2, S. 251–253;
- Vielfältige *Symbole,* etwa Kerze (→ Bild Richter, S. 245).

Ergänzung: Symboltheorien
- Ernst Cassirer: Repräsentationstheorie;
- Paul Tillich (Aufsatz: Das religiöse Symbol, 1928): Menschliches Bewusstsein – Selbsterschlossenheit – Symbole „Stellvertreter" des Unbedingten, durch bedingte Kultur hindurch.

Wichtig – Didaktischer Hinweise:
- *Kritische Symbolkunde* betreiben (Peter Biehl) gegenüber einer allzu einfachen affirmativen Symbolisierungsverwendung (Hubertus Halbfas: Drittes Auge). Jedes Symbol lässt sich missbrauchen/ pervertieren (z.B. Umkehrung Kreuz im Okkultismus, natürlich nicht bei Kreuzigung Petri, Bild Caravaggio, S. 211).
- Analoges gilt für eine *Metaphern-Theorie*:
- Kreative, lebendige Metapher ist neuartig, interessant;
- konventionalisierte, zuletzt lexikalisierte Metapher: oft klischeehaft (Sonne – Wonne); Bsp.: Kraft, Trägheit, Widerstand (Feld, Atom, Welle, Teilchen).

Bedeutsam sind die lebendigen, lebenseröffnenden, also neuen und kreativen Metaphern, z.B. in den Bildworten und Gleichnissen Jesu. Jedoch können sich auch alte, konventionelle Metaphern neu erschließen, wenn sie aus der Erstarrung gelöst und – im Unterrichtsgeschehen selbst – flexibilisiert werden.

Didaktisch-methodische Hinweise: Religiöse Handlungen bzw. *Rituale* lassen sich im Gottesdienst (5.4.2, S. 224) erleben, etwa auch in der Gestaltung eines Schulgottesdienstes, noch unterrichtsnäher aber in der Schulklasse selbst – etwa in der gemeinsamen Rezitation eines Psalms (Ps 23 → S. 133, oben), eines Gebets (a.a.O.) oder eines Gedichts (→ S. 12). *Achtung:* Wichtig scheint hier zweierlei: zum einen nicht nur die Benutzung unmittelbar religiöser Rede- oder Handlungsweisen (Beten – bis hin zum „Segnen" in der sog. performativen Religionsdidaktik), also das „religiös" Sprechen und Handeln, vielmehr die kognitive Reflexion desselben, also das Sprechen „über Religion", und zweitens die Ermöglichung einer reinen Beobachterrolle für diejenigen, die das für sich wünschen (also der Auschluss eines möglichen Zwangs zur aktiven Partizipation) – all dies ist jedoch bereits im Voraus eingehend zu thematisieren und zu reflektieren; dafür bietet gerade der RU der Kursstufe eine ideale Voraussetzung.

6.1.2 „Wage zu denken!" – Religion im Wandel (S. 244f)

244f: Religion im Wandel

Das Unterkapitel behandelt zwei große *Themen:*
- Religion und Aufklärung
- Wandel von Religion heute.

Aufklärung und Religion (S. 244f, oben)

244f: Fließtext

In vier Schritten werden folgende Grundgedanken entfaltet:
- Die Aufklärung fordert zu Recht Mündigkeit (selbständiges Denken und Urteilen) sowie eine Kritik der Religion (sofern sie entmündigt) – Kants „Wahlspruch der Aufklärung" ist nach wie vor aktuell und vielleicht sogar in Zeiten von Populismus, Fake-News und Internetblasen brandaktuell.
- Die Aufklärung muss selbstreflexiv sein, sie bedarf einer Aufklärung über sich selbst und muss sich mit Humanität verbinden (Horkheimer/ Adorno).
- Glaube resp. Theologie und Aufklärung müssen sich nicht widersprechen (wie Kant im Blick aufs Christentum seiner Zeit urteilte), sie können sich in den besten Versionen sogar trefflich ergänzen, wie der Theologe und Journalist Heinz Zahrnt formulierte.
- Aufklärung gab und gibt es nicht nur in Europa (wie ein verengter eurozentrischer Blick nahelegt), sondern in Kulturen aller Erdteile und (Welt-)Religionen, wenn auch in unterschiedlichen Formen und Ausmaßen. So gab es etwa nachweisbare Verbindungen zwischen der skeptischen griechischen Philosophie (Pyrrhon) und dem Buddhismus (Buddha), wie etwa Christopher

I. Beckwith herausarbeitete. Wir leben in *einer* Welt, mit Austausch zwischen West und Ost gerade auch in der Achsenzeit (Jaspers), in der sich die Weltreligionen herauszukristallisieren begannen.

Querverweise:

- Glaube und Vernunft → S. 16: Theologie und (Sach-)Verstand;
- Theologisieren → S. 9: Selbst prüfen;
- Wissenschaftliche Methoden der Bibelauslegung als Frucht der Aufklärung → S. 19: Hermeneutik; S. 157f: Zwei-Quellen-Theorie;
- Offenheit der Theologie für die Wissenschaften (etwa auch die Naturwissenschaften → S. 23f).

245: Fließtext

Wandel von Religion heute (S. 245)

Vorgestellt werden drei Diskurse:

- Säkularisierung vs. Wiederkehr der Religion(en);
- (Drei) Formen von Religion;
- (Drei) aktuelle Trends: Pluralisierung, Individualisierung und Patchwork-Religion. Als weitere Trends ließen sich sicherlich noch die Kommerzialisierung und Kundenorientierung namhaft machen. Hierbei zeigt sich, dass die Entwicklung der Religion(en) gesamtgesellschaftlichen Trends folgt.

Einzelhinweise:

- *Säkularisierung* war eines der soziologischen Grundparadigmen der letzten Jahrzehnte des 20. Jh.s. Im neuen Jahrtausend sprach man dann nach „9/11" viel von der „Wiederkehr der Religion" bzw. „der Götter" oder vom „Postsäkularen Zeitalter".
- Neben der Säkularisierung war auch die *Privatisierung* und das „Unsichtbarwerden" von Religion ein Thema (Thomas Luckmann: Die unsichtbare Religion). Eine von Alfred Dubach und Roland J. Campiche ausgewertete Repräsentativbefragung zur „Religion in der Schweiz" (1993) trug dann den einschlägigen Titel „Jede(r) ein Sonderfall?".
- Das bekannte Schlagwort „Anything goes", das gleichsam zur „Etikette" der Postmoderne avancierte, stammt vom Wissenschaftstheoretiker Paul Feyerabend. Er meinte mit der provozierenden Formel nach eigenem Bekunden jedoch keinesfalls, dass in den (Natur-)Wissenschaften eine methodische Beliebigkeit herrsche und einfach alles möglich sei, vielmehr nur, dass sich diese Wissenschaften keinesfalls nach den strengen methodologischen Vorgaben verhalten, die sie selbst aufstellten, dass also – gemessen an den Vorgaben – realiter eine Bandbreite an Beliebigkeit existiert. (Wobei die These auch in dieser Form heftige Kritik hervorrief.)

245: Bild Richter

Bild: Gerhard Richter: Kerze, 1982 (S. 245)

Der Maler, Bildhauer und Fotograph *Gerhard Richter* (*1932) wurde bekannt durch seine Übertragung von Fotographien (Foto-Realismus) auf die Malerei mittels einer Raster- und Verwischungstechnik. Spätere Werke sind durch kräftige Farben und einen breiten Farbauftrag in Schichten charakterisiert, mit einer Hinwendung zur Abstraktion.

Bilder mit dem Motiv der brennenden Kerze finden sich in den achtziger Jahren in zahlreichen Varianten, als Einzelkerze oder auch als Variante mit zwei Kerzen.

Das vorliegende Bild zeigt schlicht eine brennende Kerze, etwas versetzt zur Bildmitte, vor einem hellen Hintergrund, der links und unten mit jeweils einem schwarzen Streifen in Kontrast tritt.

Bearbeitungsvorschläge:

- Bild als Meditationsanregung verwenden;
- Bild mit einem meditativen Text versehen und gestalten (z.B. Ps 23 → S. 133);
- Bild zu anderen Bildern in Beziehung setzen: Smilde, vorige Doppelseite, S. 242; Taizé-Gottesdienst, S. 225 (Art Kerzen) u.a.m.;
- ein eigenes Meditationsarrangement entwerfen/ gestalten.

246f: Weltanschauungen

6.1.3 „... von Menschen selbst bestimmt ..."– Weltanschauungen (S. 246f)

Die *Überschrift* des Unterkapitels ist dem auf der Folgeseite (S. 247) zitierten Quellentext des Humanistischen Verbands Deutschlands (HVD) entnommen (linke Spalte) und lautet in Gänze: „Ein Sinn des Lebens kann nur von Menschen selbst bestimmt werden." (Pkt. 6). *Thema* der Doppelseite sind Weltanschauungen nichtreligiöser und antireligiöser Art.

246: Bild Fotomontage

Bild: Fotomontage – Homepage der Giordano-Bruno-Stiftung (S. 246)

Das Bild macht auf kreative Weise und unter Anknüpfung an die Lebenswelt (Autobahnschild) auf drei Möglichkeiten der Positionierung in einer pluralen Gesellschaft aufmerksam:

- erste Abfahrt: das gleichgültige Offenhalten aller Lösungsmöglichkeiten in einer indifferenten, unengagierten Laissez-faire-Eintstellung nach dem Motto: „Meine Meinung ist okay/ deine Meinung ist okay." – Beliebigkeit, auch bei Klassendiskussionen u.U. auftretendes Phänomen;
- zweite Abfahrt: die Festlegung auf eine eindeutige Lösung und ein festgefügtes Weltbild im Fundamentalismus, → S. 17, 25, insbes. 260 (Zusammenfassung);
- diesen beiden „Abfahrten" vom Weg einer lebendigen Aufnahme und Bearbeitung zentraler Themen (die letztendlich in „Sackgassen" führen) steht das Weiterfahren auf der Autobahn gegenüber: ein Lebens- und Lernprozess, der im Idealfall zu Aufklärung und Humanismus führt – dass „Aufklärung" resp. Selbstdenken unbedingt mit „Humanismus" und (Mit-)Menschlichkeit verbunden werden muss, um nicht in einem „kalten", technologischen und inhumanen Weltzugang zu enden, hatte die vorhergehende Doppelseite gezeigt (S. 244, Horkheimer/ Adorno, ab Seitenmitte).

Weltanschauungen und Atheismus, Evolutionismus und Religion (S. 246)

246: Fließtext

Weltanschauungen können sich mit dem bereits behandelten Atheismus (→ 3.2, S. 109–115, bes. 114 – Kasten) und/ oder Evolutionismus verbinden (→ 1.2.2, S. 22f), müssen dies aber keinesfalls tun; vielmehr sind auch anders geartete Weltanschauungen möglich; die atheistischen und/ oder evolutionistischen Varianten sind jedoch die gegenwärtig bedeutendsten. Zudem können sich Weltanschauungen zur Religion unterschiedlich verhalten, grundsätzlich in dreifacher Weise: zum einen als Varianten von resp. Überlappungen mit religiösen Einstellungen, zum zweiten in Indifferenz zur Religion und drittens in Konkurrenz bis hin zur Frontstellung gegenüber Religion. Hier werden nur zwei Varianten unterschieden, die sich der Religion gegenüber entweder offen und dialogbereit oder konfrontativ und feindselig verhalten.

Weltanschauungsorganisationen (S. 247)

247: Weltanschauungsorganisationen

Die Seite stellt im Fließtext und in Zitaten drei *Weltanschauungsorganisationen* vor, von denen die letzten beiden mit ausführlicheren Quellentexten zu Wort kommen:
- Humanistische Union (HU); http://www.humanistische-union.de
- Humanistischer Verband Deutschlands (HVD); http://www.humanismus.de
- Giordano-Bruno-Stiftung (gbs); http://www.giordano-bruno-stiftung.de.

Die Ziele der drei Organisationen (Humanismus, Menschenwürde, Lebenssinn u.a.m.) sind sehr zu begrüßen (und lassen sich im Übrigen mit religiösen Vorstellungen sehr wohl vereinen). Unterschiedlich positioniert sind jedoch die Einstellungen gegenüber der Religion:
- Der HDV fordert eine „Gleichbehandlung aller anerkannten Religions- und Weltanschauungsgemeinschaften" (Quellentext, linke Spalte, Pkt. 12),
- die gbs dagegen den gesellschaftlichen „Durchbruch" der eigenen Position – was immer dies heißen mag: Gleichstellung oder Dominanz (freigestelltes Zitat, rechte Spalte, Textende);
- der Vorstandssprecher der Giordano-Bruno-Stiftung Michael Schmidt-Salomon ruft zur Überwindung und Abschaffung von Religion auf (Quellentext, rechte Spalte, Pkt. 12).

Hinweis: Die gbs legt Wert darauf, nicht als „atheistisch" gesehen und bezeichnet zu werden; ihr Vorstandssprecher Michael Schmidt-Salomon ist allerdings ein exponierter Religionsgegner, der in manchen Werken auch vor Diffamierungen, Vorurteilen und platten Klischees nicht zurückschreckt.
Querverweis: → Im Kontext des Neuen Atheismus kamen die gbs und Schmidt-Salomon bereits zu Wort (→ 3.2.1, S. 109). Zusammenhang herstellen!

Freigestelltes Zitatpaar (Kant/ Saleh), S. 247, ganz unten

247: Zitate (unten)

Kants bekannte Äußerung stammt aus seinem grundlegenden Werk zur Ethik, der „Kritik der praktischen Vernunft" (KpV; Ende), in der u.a. auch der Kategorische Imperativ entfaltet wird (→ S. 28); zum Gewissensverständnis Kants (innerer Gerichtshof; hier: moralisches Gesetz) → S. 32f.
Die Äußerung von *Howaida Saleh* ist im Kontext des sog. „Arabischen Frühlings" (2011) zu sehen, in dem Frauen eine erhebliche Rolle spielten.
Erschließungsanregungen:
- Verbindungslinien zu den Texten der Weltanschauungsorganisationen herstellen;
- Fingierte Stellungnahmen der beiden zur Religion formulieren;
- Beide Texte bzw. Autor/ Autorin miteinander ins Gespräch bringen.

Literatur:
- Kant: Zwei Dinge: Immanuel Kant, in: Werke (in zehn Bänden), hg. von W. Weischedel, Wissenschaftliche Buchgesellschaft Darmstadt, Sonderausgabe 1983, Bd. 6, S. 300 (KpV, Beschluss).
- Howaida Saleh, in: Roland Merk (Hg.), Arabesken der Revolution: [zornige Tage in Tunis, Kairo...; Geschichten, Reportagen, Essays, Tagebücher und Gedichte], Zürich: Edition 8, 2011, S. 120. (Die ebenfalls im Buch auftauchende Schreibweise Howeida Saleh ist wohl unkorrekt.)

248f: Jugend und Religion

6.1.4 Religiosität – ein gewisses Lebensgefühl" – Jugend und Religion (S. 248f)

Die *Überschrift* des Unterkapitels stammt aus der auf der Seitenmitte zitierten Stellungnahme des 22-jährigen Sebastian (5. Textzeile). *Thema* ist die Religiosität Jugendlicher.

Religiosität Jugendlicher: Der erste Textabschnitt schließt an die Ausführungen zu Entwicklungen der Religion heute an (→ S. 245, gesamter schwarzgedruckter Fließtext). Die dort genannten allgemeinen Tendenzen gelten auch für Jugendliche.

Formen von Religiosität Jugendlicher: Die genannten fünf Kategorien entstammen einer empirischen Studie des Würzburger katholischen Religionspädagogen Hans-Georg Ziebertz (*1956), der viel zu religiösen Einstellungen Jugendlicher geforscht hat.

Ein Lebensgefühl (Seitenmitte): Das Zitat des 23-jährigen Studenten Sebastian stammt aus einer empirischen Studie der beiden jugendsoziologisch forschenden Religionspädagogen Heinz Streib und Carsten Gennerich.

Drei Religionskulturen: Zu diesem Befund kamen die regelmäßig durchgeführten Shell-Jugendstudien, die häufig auch das Thema „Religion" einbeziehen, in jüngerer Zeit (s.u.).

Religiosität und Glaube Jugendlicher: Auf diesen wichtigen (gleichsam chiastischen) Unterschied im Sprachgebrauch von Jugendlichen und von Fachexpert/innen macht eine einschlägige Untersuchung des Tübinger Religionspädagogen Friedrich Schweitzer (*1954) u.a. aufmerksam (→ vgl. auch 5.5.3, S. 234).

248: Ergänzung: Jugendsoziologie

Ergänzung: Carsten Gennerich entwickelte ein viergliedriges Schema zur Kategorisierung jugendlicher Religiosität anhand der Koordinaten Bewahrung vs. Offenheit für Wandel (waagrechte x-Achse, von rechts nach links) resp. Selbststeigerung vs. Selbsttranszendenz (senkrechte y-Achse, von unten nach oben). Die vier Teile (Religionsformen) im Kreisschema sind dann (im Uhrzeigersinn): Traditionelle, organisierte Religion; Religion mit starker Abgrenzung nach außen und innerer Kontrolle; Säkulare, sich von Religion abgrenzende Selbst-Attribution; Spirituelle Suche jenseits organisierter Religion. Zwei Formen sind somit religiös geprägt (schwache resp. starke Religionsformen), zwei religionsfern, die eine jedoch spirituell, die andere nicht (klassisch: atheistisch).

Literatur:

- Schweitzer, Friedrich u.a.: Jugend – Glaube – Religion. Eine Repräsentativstudie zu Jugendlichen im Religions- und Ethikunterricht, Münster/ New York: Waxmann, 2018, S. 19.
- Streib, Heinz/ Gennerich, Carsten: Jugend und Religion. Bestandsaufnahmen, Analysen und Fallstudien zur Religiosität Jugendlicher, Weinheim, Juventa-Verlag, 2011 (Zit. S. 84–86, Text leicht geglättet).

Ergänzung: Wichtige Ergebnisse neuerer jugendsoziologischer Untersuchungen:

Die *Ergebnisse* der *Jugendsoziologie*, insbesondere auch der bekannten Shell-Jugendstudien, zur Einstellung von Heranwachsenden zur *Religion* lassen sich schlaglichtartig folgendermaßen zusammenfassen:

1. In der Bundesrepublik sind eine Mehrheit der Jugendlichen Mitglieder einer Religionsgemeinschaft, Tendenz fallend.
2. Die subjektive Verbundenheit mit ihrer Kirche und die Partizipation an deren Vollzügen ist unter Jugendlichen rückläufig; zudem verlieren institutionell gebundene Formen von Religion bei ihnen an Bedeutung.
3. In Ost- und Westdeutschland existieren zwei vollständig unterschiedliche „Religionskulturen".
4. Gottesfrage und Beten spielen bei vielen Jugendlichen nach wie vor eine nicht unerhebliche Rolle.
5. Eine deutliche Tendenz zu Formen der sog. „neuen Religiosität" ist unter Jugendlichen nicht festzustellen.

Unter Jugendlichen gibt es *drei Religionsformen*:

- „Religion light" im Westen („Collage"; „Patchwork": Eigene Religion als Mix aus unterschiedlichen Elementen, u.a. auch fernöstlicher Herkunft);
- Religionsferne im Osten;
- „Echte" Religiosität bei Migranten (traditionsorientierte Formen von Religion).

Die religiösen Einstellungen haben keine Auswirkung auf das *Alltagsverhalten*. Hier leben religiöse und nicht-religiöse Jugendliche in sehr ähnlicher Weise.

249: Bild Pasieka

Bild: Simon Pasieka: Aurora, 2006 (S. 249)

Simon Pasieka, geb. 1967 in Kleve, arbeitete nach einem Kunst- und Design-Studium als freischaffender Künstler und lebt heute in Köln und Paris.

Der Künstler schreibt selbst zum Bild und zu seiner Arbeit: „Hoch über dem Meer und dem Strand warten drei Jugendliche auf den anbrechenden Tag. Kleine Lichter haben ihnen die ganze Nacht

durch geleuchtet, sie werden bald von der Morgendämmerung überstrahlt. Zwischen dem warmen und dem graublauen Licht entsteht Atmosphäre. Wir erleben mit den dreien den Moment, in dem die Beleuchtung in der Schwebe ist, Simultankontraste schwingen zwischen Blau und Orange, kalt und warm, Nacht und Tag. Dazwischen entsteht die Stimmung, da wo es unentschieden steht, es flimmert und vibriert. Sie scheint genau ungenau zu sein, wie das Alter der Dargestellten. Erfahrungen überlagern mehr und mehr die Kindheit, so wie sich in dem Bild die Tageszeiten, Hell und Dunkel, in ihren Nuancen überlappen.
Manchmal erinnere ich mich, während ich etwas tue oder denke, an die Stimmung, in der ich das Gleiche das erste Mal gedacht habe oder zum ersten Mal getan habe. Der ursprüngliche Moment flackert in der Wiederholung erneut auf.
Dämmerung, Schatten, Wasser, Spiegel, Rauch, Feuer – einen Augenblick lang verfließen die Konturen, aus Bäumen wird Wald, der spiegelt sich im Wasser, verwackelt, Hitze und Rauch verschmelzen den Eindruck, ich bin irritiert. Das habe ich schon einmal erlebt, kein Déjà vu, sondern irgendwo im Gedächtnis ist etwas Ähnliches. Als sei Verwirrung eine Voraussetzung für das Erkennen. Eine Ansicht gerät ins Wanken, entlarvt sich als Täuschung. Enttäuscht vergrößere ich meine Sphäre um die neue Einsicht. Bezaubernde Entzauberungen.
In meinen Bildern konstruiere ich solche Erfahrungen in der Gegenwart, so als gäbe es kein Leben nach der Pubertät." (Aus: Simon Pasieka: Aurora. Stiftung Frieder Burda [Hg.]: Museum Frieder Burda. Neue Malerei. Erwerbungen 2002–2005, Baden-Baden 2006, S. 114.)

Abschluss des Teilkapitels 6.1 (S. 249)

249: Abschluss

Das Teilkapitel endet mit einem zweiteiligen *Abschluss:*
Eine *Zusammenfassung* beschränkt sich weitgehend auf das erste Unterkapitel zum Thema: Was ist Religion? – Die wichtigen Ergebnisse der anderen Unterkapitel (Wandel der Religion/ Aufklärung; Weltanschauungen sowie die Religiosität Jugendlicher) lassen sich problemlos ergänzen, sind sie doch klar strukturiert dargestellt und durch Marginalspaltenbezeichnungen nochmals reduziert auf den Punkt resp. Begriff gebracht (etwa S. 245 zu aktuellen Entwicklungen und Trends bzgl. Religion).

Zu den Aufgaben (S. 249)

249: Zu den Aufgaben

Die *Aufgabenstellungen* beziehen sich aufs gesamte Teilkapitel.
Aufgabe 1: Religiöse Sprach- und Handlungsformen: Gebete, Singen, Feste, Feiern, Rituale ... – Gemäß dem materialen/ funktionalen Religionsbegriff kategorisieren. Dabei lassen sich viele Formen doppelt konnotieren: einmal unter materialem, inhaltlichem Aspekt und einmal unter dem formalen oder funktionalen (→ S. 243, Mittleres sowie unteres Drittel).
Aufgabe 2: Lösungsüberblick (mit Ergänzungsmöglichkeiten)

Deutschland	Säkularisierung Abnahme institutionalisierter, kirchlicher Religion Evtl. „Rückkehr der Religion"	(S. 245, Mitte) → S. 232, erster Abschn. (S. 245, Mitte)
Jugendliche hierzulande	Drei Religionskulturen: Religionsferne; „light"; traditionell	(S. 248, unten)
Weltweit	Zunahme Christentum „Rückkehr der Religion"	→ S. 235, oben (S. 245, Mitte)

Aufgabe 3: Die Ergebnisse der beiden Unterkapitel zur „Kirchlichkeit" (→ 5.5.3, S. 233f) resp. „Religiosität" (6.1.4) Jugendlicher zusammenfassen. Dabei den unterschiedlichen Sprachgebrauch „religiös" bzw. „gläubig" bei Jugendlichen resp. Fachleuten herausarbeiten. Auch die Bilder in die Analyse einbeziehen (neben S. 249 und 234 auch 225 sowie 230). Hier lassen sich auch weitere – übers ganze Buch verteilte – Stellungnahmen Jugendlicher heranziehen, insbes. auch im Gott-Kap. (bes. → 3.4.1, S. 121).
Aufgabe 4: Auf die Unterschiede in der „Gewichtung" und „Rangfolge" achten: Gleichberechtigung vs. Konfrontation resp. Über- und Unterordnung.
Aufgabe 5: Hier lassen sich neben den religiösen und weltanschaulichen Stellungnahmen auch die Positionen der Weltreligionen einbeziehen (Überblick → 6.2.2, S. 251–253).

250–254: Weltreligionen

6.2 Weltreligionen (S. 250–254)

250: Die Weltreligionen

6.2.1 „... eine gewisse Enzyklopädie" – Die Weltreligionen (S. 250)

Die *Karte* gibt einen Überblick über die Verteilung der Weltreligionen. Der *Fließtext* stellt fünf große Weltreligionen vor (die sich gleichsam in zwei „Stammbäume" aufteilen), stellt die Einteilung – wie prinzipiell jede Kategorisierung – zugleich in Frage und bietet zur Veranschaulichung zugleich ein alternatives Ordnungsschema.

Einzelhinweise:
- *Eine gewisse chinesische Enzyklopädie:* Der Hinweis findet sich in der Einleitung von Michel Foucaults (1926–1984) Standardwerk „Die Ordnung der Dinge", wobei er sich auf Jorge Louis Borges bezieht.

Literatur:
- Foucault, Michel: Die Ordnung der Dinge. Eine Archäologie der Humanwissenschaften, aus dem Franz. von Ulrich Köppen, Frankfurt am Main: Suhrkamp, 1971, S 17.
- *Enzyklopädie der Religionen:* Die Einteilung in fünf Weltreligionen findet sich häufig, klassisch beim Religionswissenschaftler Gustav Mensching (1901–1978); daneben gibt es aber auch erweiterte Fassungen, die von sechs bis acht Weltreligionen ausgehen (zusätzlich in wechselnden Konstellationen und auch Kombinationen Daoismus, Konfuzianismus, Bahai u.a.m.). Bereits bei dieser „klassischen" Einteilung werden also gewisse Varianzen und Alternativen sichtbar, zugleich ist aber auch ein Grundkonsens vorhanden.

Ergänzung: Die sog. „Volksreligionen" oder „Naturreligionen" finden hier – aus Raumgründen – keine Berücksichtigung. Einen gewissen Eindruck des Lebens eines „Naturvolks" findet sich bei der Beschreibung der Pirahã-Indianer [Ausspr.: pidahán] durch Daniel L. Everett (→ S. 242), wenn auch wohl in etwas idealisierter Form. Dass es hier auch eine riesige Bandbreite an unterschiedlichen Möglichkeiten gibt, ist vorauszusetzen.
Alternative Einteilung: Diese Katalogisierung ist analog zur Einteilung in drei theologische Grundoptionen durch Dorothee Sölle (→ Anhang LB 7.4.3). Sie zeigt auf, dass der „Riss" sich oft nicht *zwischen* den Religionen auftut, sich vielmehr *innerhalb* der unterschiedlichen Religionen (dies gilt natürlich auch für die Konfessionen) abspielt, sodass sich Menschen, die eine bestimmte Grundoption teilen, über Konfessions- und Religionsgrenzen hinweg oft leichter und besser verstehen können als Menschen mit gleicher Religion, aber differenter Grundposition. Ein zentrales Grundkriterium liefert die Frage: Steht vorrangig das Seelenheil des Einzelmenschen oder Gerechtigkeit, Frieden und Naturbewahrung für die Welt im Mittelpunkt der Option – oder wird beides miteinander in Beziehung gesetzt und austariert?

250: Ergänzung

Ergänzung:
Entwicklung der (Welt-)Religionen zwischen 2010 und 2050
- Anteil von Christen (größte Weltreligion, knapp ein Drittel, gut 31%) und Hindus (ca. 15%) gleichbleibend (in absoluten Zahlen steigend);
- Muslime deutlich steigend (von knapp einem Viertel auf knapp 30%);
- Buddhisten (absolute Zahlen etwa gleichbleibend) sowie Volks- und Naturreligionen: Anteile entsprechend fallend;
- Konfessions- bzw. Religionslose: Anteil fallend (von ca. 16 auf ca. 13% – in absoluten Zahlen etwa gleichbleibend, die meisten in China, Deutschland Platz 7 resp. 8).

(Weltkulturatlas 2019, 20f, Datengrundlage: Pew Research Center, The Future of World Religions, 2015).
Internetadressen:
- https://de.wikipedia.org/wiki/Portal:Religion
- https://www.adherents.com/Religions_By_Adherents.html Weltreligionen – Verteilung

251–253: Weltreligionen im Taschenformat

6.2.2 „Ich glaube an ..." – Weltreligionen im Taschenformat (S. 251–253)

Zur *Reihenfolge*: Im ersten Teil werden –ihrer zentralen Bedeutung für unseren Kulturraum wegen – die drei aufs Judentum zurückgehenden Schwesterreligionen in der Reihenfolge ihrer Entstehung behandelt, im zweiten Teil die fernöstlichen wiederum in chronologischer Weise.
Zur *Reduktion*: Um einen klaren und einfachen Überblick zu liefern, fand eine extreme Reduktion auf die wesentlichen Kerninhalte der jeweiligen Religion statt, unter fünf Auswahlkritierien:

- Zentrales Bekenntnis (häufig: Gottesbezug);
- Zentraler Glaubensinhalt (Heil)
- Zentraler Ausgangspunkt für die Lebensführung (Ethik);
- Grundsystem und Grundbegriffe (Systemrelevanz);
- Grundsymbol (Reduktion auf „einen Blick“).

Religion/ Thema	Judentum	Christentum	Islam	Hinduismus	Buddhismus
Bekenntnis (Gottesbezug)					
Glaubensinhalt (Heil,Erlösung)					
Lebensführung (Ethik)					
Grundsystem (Grundbegriffe)					
Grundsymbol (Bedeutung)					

Tabelle: Überblick Weltreligionen – Aufgabenblatt (Lösungsblatt s.u. bei Aufg. 1)

Glaubensbekenntnisse der Abrahamitischen Religionen im Vergleich:

„Schema Yisrael
Adonai Elohenu Adonai Echod
Höre, Israel,
der Herr ist unser Gott,
der Herr ist einer/einzig!“
(Das Sch'ma Yisrael des *Judentums)*

„Ich glaube an Gott, den Vater,
den Schöpfer ...
Und an Jesus Christus, seinen
eingeborenen Sohn ...
Ich glaube an den Heiligen
Geist ...“ *(Das Glaubensbekenntnis* des *Christentums)*

„Im Namen Gottes,
des barmherzigen Erbarmers.
Lobpreis sei Gott,
dem Herrn der Weltbewohner,
dem Erbarmer, dem Barmherzigen [...].“ *(Anfang der Eröffnungssure des Korans)*

Beim Islam ist hier eine (unmittelbar dem Koran entstammende) Variante als Alternative zur Fassung im Schülerbuch angegeben, die inhaltlich das Gleiche besagt.

252: Ergänzungen zum Islam

Ergänzungen zum Islam:
Der *Koran* oder *Qur'an* (Lesung, Rezitation), die heilige Schrift des Islam, der Tradition nach wörtliche Offenbarung Gottes (arab. *Allah*) an den Propheten Muhammad, vermittelt durch den Erzengel Gabriel, besteht aus 114 mit Namen versehenen Suren, die – abgesehen von einer Ausnahme – alle mit den Worten beginnen: „Im Namen Allahs, des Barmherzigen.“

Surenbeginn, außer eine: Basmala-Formel (Allah, der Barmherzige): 252
Sure 2: 30 (Mensch als „Kalif“ Allahs): 66
Sure 3: 2 (Monotheismus: Ein Gott – Allah): 144
Sure 3: 39–45 (Jesus als Wort Gottes): 190
Sure 3: 56f (Lohn und Strafe im Jenseits): 99
Sure 4: 171 (Jesus als Gottes Gesandter, nicht Sohn): 188, 190
Sure 5: 54 (Liebe zwischen Allah und den Menschen): 132
Sure 5: 72–73 (Ablehnung der christlichen Trinitätslehre): 144
Sure 17: 70 (Sonderstellung des Menschen): 66
Sure 20: 39 (Allahs „Augen“): 132
Sure 29: 21 (Allahs freier Wille bei Lohn und Strafe): 132
Sure 29: 46 (Einheit des Gottes der abrahamitischen Religionen): 144
Sure 50: 16 (Allahs Nähe): 132, 142

Überblick über die im Schülerbuch angesprochenen resp. zitierten Koran-Suren

Der islamische Pflichtenkodex
Der Koran ist zugleich die Hauptquelle des islamischen Gesetzes und damit auch der islamischen Ethik. In der 17. Sure gibt es einen „Pflichtenkodex“, der sowohl in formaler als auch in inhaltlicher Hinsicht an den Dekalog erinnert. Er ist aber in sozialer Hinsicht deutlicher profilierter als jener.

Literatur:

- Was jeder vom Islam wissen muss. Hg. vom Amt d. Vereinigten Evangelisch-Lutherischen Kirche in Deutschland/ Kirchenamt d. Evangelischen Kirche in Deutschland. Gütersloher Verlagshaus, Gütersloh, 7., aktual. Aufl. 2007

254: Abschluss

Abschluss des Teilkapitels 6.2 (S. 254)

Der ganzseitige *Abschluss* des Teilkapitels besteht aus den drei Elementen Bild, Doppel-Zitat und Aufgabenstellungen.

254: Bild und Doppel-Zitat

Bild und Doppel-Zitat (S. 254)

Das *Foto* zeigt eine größere Menschengruppe, die sich in den Samalayuca-Dünenfeldern im Norden des mexikanischen Bundesstaates Chihuahua zu Yogaübungen zusammengefunden hat.

Das *Zitat* (linke Spalte) des aus der tschechischen Reformation (Brüder-Unität, Unitas Fratrum) stammenden Theologen und Pädagogen Johann Amos Comenius (1592–1670) (→ Anhang LB 7.4.1 – Ergänzung) weist auf seine Hoffnung auf ein Goldenes Zeitalter hin (als Vorbereitung der Endzeit und des Reiches Gottes), in dem die Menschheit in einer wahren und umfassenden Weisheit (Wissenschaft, Philosophie), Politik (Weltfriede) und Religion (Gottesverehrung) vereint ist (→ Quellentext 1.5 [1], S. 52, linke Spalte – Das Zitat stammt aus derselben Quellenschrift, dem großen, unvollendet gebliebenen, umfassenden Alterswerk des Comenius: „Allgemeine Beratung über die Verbesserung der menschlichen Dinge“ = Consultatio Catholica). Das „Vertrackte“ (Dilemmaartige) an der Argumentation von Comenius liegt darin, dass er einerseits eine universale Religion propagiert, bei der inhaltlichen Bestimmung aber wiederum auf eine spezifische Tradition, nämlich das Motto seiner Kirche, der Brüder-Unität, rekurriert, die von Paulus aufgenommene und überlieferte triadische Formel von „Glaube, Liebe und Hoffnung“ (→ S. 68, ganz unten). Dies scheint zugleich ein Grundproblem jedes Versuchs zu sein, Universales und Partikulares miteinander zu vermitteln, wie auch ein Grunddilemma einer pluralen Religionstheologie (→ S. 257, unten). Eine Weiterführung könnte sich dadurch ergeben, dass auch die – partikular tradierte, hier triadische – Formel wiederum universale Züge aufweist – in Bezug auf die „Liebe“ (resp. einen „Gott der Liebe“) ist dies sicherlich der Fall.

Das *Zitat* (rechte Spalte) stammt aus der großen Reformphase der Römisch-katholischen Kirche vor dem letzten Drittel des 20. Jh.s, dem Zweiten Vatikanischen Konzil (1962–65), in dem sich die Kirche der modernen Welt gegenüber in vielerlei Hinsicht öffnete. Die einschlägige Erklärung zur Haltung gegenüber den nichtchristlichen Religionen, gemäß kirchlichem Brauch nach den Eingangsworten „Nostra aetate“ (lat. „In unserer Zeit“) benannt, verabschiedet zahlreiche Vorurteile gegenüber den anderen Religionen, insbes. auch gegenüber dem Judentum: Abkehr von der sog. Substitutionstheologie (Ersetzung des Alten durch den neuen Bund Gottes) und des verheerend wirkenden Gottesmordvorwurfs, Verurteilung von Antisemitismus und ein Schuldbekenntnis für den kirchlichen Antijudaismus, der die Shoa mit ermöglichte (radikale Neuorientierung im Vergleich zur Fuldaer Bischofskonferenz von 1945 → Zitat S. 218, unten, rechte Spalte). Im Blick auf die anderen (Welt-)Religionen vollzieht sich ein Perspektiven- und Paradigmenwechsel von einem Exklusivismus hin zu einem Inklusivismus (→ S. 257, unten), den auch der deutsche Konzilstheologe Karl Rahner mit seiner These vom „Anonymen Christentum“ vertrat. So kann die Erklärung (an anderer, nicht zitierter Stelle) zur Aussage kommen: „Die katholische Kirche lehnt nichts von alledem ab, was in diesen Religionen wahr und heilig ist.“ Im Zitat wird die Übereinstimmung resp. „Schnittmenge“ zwischen Religionen und Kulturen in (1) „Gott“ als gemeinsamen (a) „Ursprung“ und (b) „Ziel“, (2) der „Gemeinschaft“ und (3) dem „Erdkreis“ als gemeinsamem Wohnort der Menschheit gesehen.

Anregungen zur Erschließung von Bild und Texten:

- Bild genau wahrnehmen, beschreiben (Menschen, Umgebung, Helligkeit, Schatten usw.) und Situationsmöglichkeiten entwerfen: als religiöses Ritual (→ S. 243, unten), politische Demonstration, Aktions-Kunst oder … deuten.
- Die in den drei Medien thematisierten Beziehungen von Menschen und Religionen herausarbeiten und miteinander vergleichen.
- Das Comenius-Zitat mit dem Quellentext von Comenius (→ T 1.5 [1], S. 52) in Beziehung setzen.
- Bild und Zitate in Beziehung setzen zu einem – dialogischen – Verhältnis der Religionen (→ 6.3.3, S. 259–261).

Zu den Aufgaben (S. 254)

Aufgabe 1 (a):

Religion/ Thema	Judentum	Christentum	Islam	Hinduismus	Buddhismus
Bekenntnis (Gottesbezug)	Schema' Jisrael	(Apostolisches) Glaubens-bekenntnis	Bekenntnis Allah (& Mohammed)	Verschiedene Gottheiten	Zufluchts-formel
Glaubens-inhalt (Heil, Erlösung)	Jahwes Erwählung	Erlösung durch Jesus/ Jesu Tod u. Auferstehung	Unterwerfung unter Allahs Willen	Vereinigung von Atman und Brahman	Vier edle Wahrheiten
Lebensführung (Ethik)	Erfüllung der Tora	Gottes- und Nächstenliebe	Erfüllung Allahs Willen	Gute Taten → Gutes Karma	Beendigung des Leids
Grundsystem (Grundbegriffe)	Bund Jahwes mit seinem Volk Israel	Jesus Christus; Trinität	Fünf Pfeiler	Samsara/ Wiedergeburt	Achtfacher Pfad Meditation
Grundsymbol (Bedeutung)	Davidstern	Kreuz	(Mondsichel und Stern)	Om-Zeichen	Rad der Lehre (Buddhas)

Tabelle: Überblick Weltreligionen – Lösungsblatt (Aufgabenblatt s.o. bei 6.2.2)

Anm.: Für *Aufg. 1b)* lässt sich Schema noch entsprechend erweitern.

Aufgabe 2: Der Clou liegt auch darin, dass sich nahezu alle Bilder des Kapitels im Grunde genommen jeder der Weltreligionen zuordnen lassen, da sie (a) für einzelne Religionen wie (b) für einen interreligiösen Blick anschlussfähig sind (Ausnahme am ehesten noch das Auftaktbild: Goldener Fels).

Aufgabe 3: Radikale, auf soziale und politische *Gerechtigkeit* drängende *Strömungen* finden sich in allen Religionen:

- im Judentum im Anschluss an prophetische Traditionen (→ 1.4.1, S. 41f) oder in den Befreiungskämpfen gegen die Römer (→ Zeloten, S. 164, 166);
- im Christentum in der Befreiungstheologie (→ 5.3.2, S. 220f; ferner: 1.4.2, S. 43: Option für die Armen);
- im Islam in der Doppelung von verpflichtender und freiwilliger Abgabe (→ 1.3.2, S. 32f – jeweils letzte und erste beiden Zeilen). *Ergänzung*: Diese sozialethischen Forderungen zu Frömmigkeit und Ethik werden im Islamischen Sozialismus besonders hervorgehoben;
- im Hinduismus am Beispiel Gandhis mit seinem gewaltlosen Widerstand gegen politische Unterdrückung (→ S. 175, unten; 188);
- im Buddhismus vorrangig beim „Großen Fahrzeug", dem Mahayana (› 1.3.2, S. 33).

Aufgabe 4: Dieses Prinzip, die jeweiligen Religionen, Richtungen und Positionen in ihren überzeugendsten Varianten und Vertreter/innen zu Wort kommen zu lassen, wird im Religionsbuch weithin erfüllt – wobei jedoch auch Fehlformen nicht unter den Tisch gekehrt werden dürfen, etwa bei den Deutschen Christen zur Zeit des Nationalsozialismus (→ 5.3.1, S. 215–217) oder die „Schattenseiten" unseres großen Reformators Martin Luther (Kampf gegen soziale Freiheit resp. Gerechtigkeit/ Bauern → 2.6.2, S. 91, unten; Antijudaismus → 5.2.2 (2), S. 209f; ferner: → Anhang LB 7.4.1).

Aufgabe 5: Zudem ein eigenes Kriterienraster zur Auswertung (und evtl. Bewertung) entwickeln, mit folgenden möglichen Kriterien/ Kategorien:

Gottesvorstellung/ -bezug; explizit religiöse Aspekte; Heil-/ Wohl-/Glücksvorstellungen; Implikationen für Einzelmenschen, Gruppen, Gesellschaft; Ethik (Lebensgestaltung); Bezug zu anderen Weltreligionen u.a.m. …

255–261: Sollen alle glauben, was sie wollen!?

6.3 Sollen alle glauben, was sie wollen!? (S. 255–261)

Thema des letzten Teilkapitels ist das Verhältnis der (Welt-)Religionen zueinander. Dies geschieht in drei Schritten resp. Unterkapiteln: der Frage nach
- der Eigenposition (6.3.1, S. 255);
- der Fremdposition (6.3.2, S. 256–258);
- dem Dialog zwischen den Weltreligionen (6.3.3, S. 259f);
- ein Abschluss fasst das gesamte Teilkapitel zusammen.

255: Eigenposition(en)

6.3.1 „Gott blieb, ein Licht in meinem Herzen" – Eigenposition(en) (S. 255)

Die *Überschrift* des eine Seite umfassenden Unterkapitels entstammt dem Zitat aus Yann Martels „Schiffbruch mit Tiger" (letzte Zeile). *Thema* ist der Wahrheitsanspruch der eigenen Position/ Religion.

Einzelhinweise:
- *Schiffbruch mit Tiger:* Die zitierte Textpassage eines völlig isolierten, auf sich allein gestellten Jugendlichen bietet ein extremes Beispiel für eine private, individualisierte, „unsichtbare" Religion (Thomas Luckmann) (→ S. 245, unterhalb Seitenmitte), die zugleich mit den Weltreligionen „vermittelt" ist und an sie andockt (der jugendliche Pi ist zugleich Hindu, Muslim und Christ), ohne deren Verhältnis im Einzelnen zu klären („Gott" wird nicht religionsspezifisch ausdifferenziert). Weitere Themen und Anschlussmöglichkeiten: (Dank-)Gebet (→ S. 133 oben); Religion als Gottesbezug → Comenius-Zitat, S. 243, oberhalb Seitenmitte, linke Spalte); Mystik → S. 132, oben).
  Ergänzung: Zur *Geschichte* aus dem Roman *„Schiffbruch mit Tiger"* des kanadischen Schriftstellers *Yann Martel (*1963)* s. auch drei weitere Passagen aus dem Werk (→ 3.6.3, S. 138, freigestelltes Zitat, rechte Spalte Kreuzestod Jesu; 3.7.1, S. 141: Dialog der Weltreligionen; → 4.1, S. 150: Kreuzestod Jesu).
- *Beliebigkeit versus Rechthaberei:* Als Veranschaulichung der Situation bzw. des Dilemmas, zwischen Beliebigkeit und Rechthaberei/ Fundamentalismus gleichsam einen „dritten Weg" zu finden → S. 246, Fotomontage.
- *Wahrheitsanspruch des Christentums/ Lebensweg Nachfolge:* Der Abschnitt stellt die Frage nach dem Wahrheits- (und Absolutheits-)Anspruch des Christentums, der durch ein Bibelzitat-Paar aus Joh unterfüttert wird: links ein sog. „Ich-bin-Wort" (dazu → S. 184), rechts die sog. „Pilatusfrage" aus der Passionsgeschichte. Der folgende Abschnitt bietet eine ganzheitliche, lebensbezogene Antwort: Wahrheit äußert sich nicht in Rechthaberei oder Beliebigkeit, sondern im Lebensvollzug. Philosophisch gesehen ist dies eine pragmatische Wahrheitstheorie (→ S. 15). Theologisch geht es um die Nachfolge Jesu (→ 4.4.3, S. 178–180). Eine kommunikationstheoretische Lösung der Wahrheitsfrage wird im dritten Unterkapitel mit dem Modell eines prozessoffenen positionellen Pluralismus vorgestellt (→ S. 259, Seitenmitte), bei dem sich die Wahrheit im Dialogprozess erweist.
  Querverweis: Eine analoge pragmatische Wahrheitstheorie findet sich auch in Lessings Ringparabel (→ S. 258), wobei sich die Wahrheit hier im Handeln erweist, im andern Fall im Diskurs.
- *Freigestellte Zitate (Schwöbel/ Oz):* Die beiden Zitate stehen in einem spannungsvollen und tlw. einander widersprechenden Verhältnis zueinander, sind jedoch aus Layoutgründen nicht – wie sonst üblich – doppelspaltig nebeneinander bzw. einander gegenüber gestellt, vielmehr hintereinander angeordnet. Der ehemalige Tübinger (dann in Schottland lehrende) Systematische Theologe Christoph Schwöbel (*1955) macht (u.a. auch in Weiterführung Barthscher Gedanken → S. 113, Seitenmitte: Opposition von Religion und Gottes Offenbarung) deutlich, dass der Absolutsheitsanspruch Gottes in den monotheistischen Religionen kulturelle – und auch religiöse – Absolutsheitsansprüche nicht legitimiert, sondern geradezu umgekehrt in Frage stellt und aufhebt. Im Gegensatz dazu betont der israelische Schriftsteller Amos Oz (1939–2018), dass gerade die monotheistischen Religionen, sobald sie über politische Macht verfügten, sich keineswegs als Helden der Toleranz, die sie predigten, erwiesen, vielmehr als Inquisitoren und Verfolger von Andersgläubigen (→ 5.2.2 (3), S. 210 – auch Luthers Antisemitismus auf derselben Seite; ferner S. 192: Dostojewkis Legende vom Großinquisitor).

6.3.2 „... zur Anerkennung führen" – Fremdposition(en) (S. 256–258)

256–258: Fremdposition(en)

Die *Überschrift* des drei Seiten umfassenden Unterkapitels entstammt dem unten wiedergegebenen Goethe-Zitat (oberes Zitaten-Arrangement, mittlere Spalte). *Thema* sind Geltungs- und Wahrheitsansprüche von Fremdpositionen/ anderen Religionen.
Das Thema wird auf einer Doppelseite (S. 256f) in vier Aspekten resp. Schritten behandelt, gefolgt von einem Quellentext, der sich der Konzeption des Buches entsprechend auf das ganze Unterkapitel bezieht (S. 258).

Bilder: Hans-Georg Hofmann (S. 256/257)

256/257: Bilder Hofmann

- Hans-Georg Hofmann: See-Stück III/ Die Farbe des Sandes/ Die Berge des Yü-chien, 1988, Triptychon (S. 256)
- Hans-Georg Hofmann: Frage das Meer/ Frage den Raum/ Frage den Fels, 1991, Triptychon (S. 257)

Bildbeschreibung – Formalanalogien:
1. Bildquadrate; Aufbau aus 3x3 = 9 Quadraten, die Dreierreihe senkrecht durch einen schmalen Streifen, waagrecht nur durch eine feine (dunkle) Linie, durch Farbveränderung oder gar nicht markiert. Variation und Weiterentwicklung des Triptychons: die drei nebeneinander stehenden Teile sind in sich vertikal nochmals dreifach konstruiert.
2. Kombination von bildhaften und monochromen Teilquadraten, wobei interessanterweise die monochromen Quadrate teilweise auch bildhaft gesehen werden können, als Ausschnitte von Wasser, Strand und Himmel. Die Grenzen zwischen bildhafter und abstrakter Darstellung werden hier also extrem fließend bzw. prinzipiell aufgebrochen.

Bildbeschreibung des Triptychons von 1998 (S. 256)

256f: Bildbeschreibung

Elemente und Aggregatszustände: Land/ fest (mittig und rechts, unten); Wasser/ flüssig; *Natur:* Elemente, einfaches Leben, Pflanzen, Gras (elementare Bedingungen); *Kultur:* --- (Fehlanzeige); *Temperaturen/ Jahreszeiten:* eher warm, sommerlich (links und mittig); eher kühl (rechts: glasklarer Winter, hohe Berge); *Horizont, Sehweite*: Verbindung von Nähe und Ferne; Horizontale jedoch schmal geschnitten/ begrenzt; *Vertikale:* unten Boden (unter den Füßen), Draufsicht aufs Meer, Fernsicht hohe Berge (das „Dach der Welt"; Himalaya), Horizont, Himmel; *Umstellungen und Ambivalenzen*: einerseits bleibt oben (Himmel) oben und unten (Erde, Wasser) unten, andererseits aber kommt im Gesamt der drei Bilder die Horizontlinie unterschiedlich zu stehen, die höchsten Berge stehen tiefer als das Wasser und die Dünen. *Farben:* dominierend Blau, in den unterschiedlichsten Tönen und Schattierungen, dann tiefes Schwarz, kontrastierend mit dem hellen Gelb des Sandes und dem Weiß der Wellengischt, der Schneegipfel und der Wolkenschleier; *Erhebungen* (Erhebendes Gefühl): Wellen (Wellenreiten); Dünen (Sandstrand); Berggipfel (Alpinismus, Bergsteigen, Klettern); *Weite*: Verborgene Weite (Meer) mittig, eröffnete Weite (Hintergrundberge) rechts, unendliche Weite links.
Analog lässt sich auch das Bild von 1991 (rechte Seite) analysierend bzw. strukturiert beschreiben.

256f: Bilder – Hintergrundinformationen

Hintergrundinformationen:
Zu S. 256: Angeregt wurde die Darstellung der Berge (rechts, unten) zum einen durch einen Blick auf den Vierwaldstätter See, zum andern durch die westliche Adaption fernöstlicher Rollbilder, vor allem durch die Zeichnung(en) des Yü-chien (Name eines chinesischen Malers bzw. von vier Malern). Die scheinbar fotorealistische Malweise bewirkt keinen Abbildcharakter (im Sinne einer Fotographie), sondern stärkt eher den mythischen, magischen, archetypischen Charakter dieser Berge – es könnte sich auch um den Himalaya, gleichsam das „Dach der Welt", handeln. Der Sand auf der mittleren Bildtafel ist tatsächlich aufgetragen und dann – mit dem Grün des Grases – übermalt.
Zu S. 257: Das Triptychon wurde durch die bretonische Küstenlandschaft angeregt, ist jedoch stark stilisiert. Der Fels (gelb oder schwarz) steht links und mittig an seinem angestammten Platz unten und im Vordergrund, rechts dagegen oben (gleichsam wie ein Himmel) über der See. So können Elemente des Bildes Raumsprünge vollziehen und auch die Beziehungen zueinander ändern. Nichts ist klar, fest und unveränderlich definiert; vielmehr eignet den Dingen eine Polyvalenz, die sie mehrdimensional und vieldeutig macht. Meer, Raum und Fels stehen zugleich auch für die drei Aggregatzustände (und die dadurch möglichen Verwandlungen) von Festem, Flüssigem und Gasförmigem.

256f: Bilder – Angebote zur Deutung und Bearbeitung

Deutungsangebote: Die beiden Bilder stehen für die Anerkennung von Fremdpositionen, die *Offenheit* für *„das Andere"* bzw. *„die Anderen"*, die „Alterität" in fremden Menschen, Kulturen und Religionen, aber auch im eigenen Selbst, das Andere, das uns herausfordert, öffnet und zu Weiterentwicklungen anregt; die Werke stehen für den inneren, den interkulturellen sowie den interreligiösen Dialog (→ S. 259f).

Bearbeitungsvorschläge:

- Beide Bilder miteinander in Beziehung setzen, Einzelelemente neu ordnen (als Grafiker/in aus beiden Bildern – evtl. auch unter Zuhilfenahme anderer Bilder resp. Bildelemente des Künstlers – ein eigenes Cover fürs Buch entwerfen);
- Bilder mit anderen Bildern des Kapitels vergleichen (Fels, S. 238f; Raum, S. 242, Sand/ Strand, S. 254 u.a.m.);
- Bildelemente den drei genannten Religionstheologien zuordnen (S. 257, unten);
- Einen Urlauber, eine Seglerin, einen Bergsteiger, eine Naturwissenschaftlerin, einen Maler zu den beiden Bildern und den einzelnen Bildelementen Stellung nehmen lassen;
- Beide Bilder bzw. die einzelnen Teile derselben mit eigenen Zeichen, Symbolen, Worten, Smilies oder kleinen Sprüchen (Spechblasen) versehen.

256: Intoleranz – Toleranz

Intoleranz – Toleranz (S. 256)

Spätestens seit der Aufklärung ist Toleranz ein wichtiger Wert. Der englische Aufklärungsphilosoph John Locke (1632–1704) hielt wahre Toleranz nur für möglich bei Menschen, die Gott nicht leugnen (wobei er weniger an die biblisch-christliche Tradition als an eine „Vernunftreligion" dachte). Toleranz war und ist jedoch erstens auch außerhalb der neuzeitlichen europäischen Aufklärung möglich (→ S. 244f: Aufklärung interreligiös, Fließtext in grüner Schrift) und zweitens im neuzeitlichen Europa dialektisch mit seinem Gegenteil gekoppelt, der maximalen Intoleranz bei Kolonialismus/ Rassismus und Antijudaismus/ Antisemitismus bis hin zu Versklavung, Genozid und Shoa.

Achtung: In diesem Kontext ist unbedingt eine vorurteilsbeladene Schwarz-Weiß-Malerei zu vermeiden nach dem Schema: Wir sind das aufgeklärte Europa, die Deutschen mit der Hochkultur eines Goethe und Schiller (nicht umsonst wird auf Ersteren in diesem Kontext auch verwiesen) oder die vorurteilsfreien Intelligenten auf den „weiterführenden" Schulen ... – Toleranz ist vielmehr ein Wert der Humanität und einer selbstreflexiven Aufklärung, der immer wieder neu erarbeitet und weiterentwickelt werden muss (→ S. 244, Seitenmitte: Aufklärungskritik).

Didaktisch-methodische Hinweise:

- Zur Veranschaulichung wiederum Fotomontage → S. 246 heranziehen: Toleranz weder als gleichgültiges, beliebiges „Ertragen" von allem und jedem noch als gleichsam „fundamentalistisches", prinzipielles, unreflektiertes Tolerieren um des Tolerierens willen, vielmehr als „Weiterfahrt" auf einer (Auto-)Bahn mit mehreren Spuren.
- Differenzierung eines „schwachen" (bloßes Ertragen des Fremden) und eines „starken" Toleranzbegriffs; letzter mit den beiden Aspekten der „Anerkennung" des Anderen (J.W.v. Goethe) sowie der aktiven Ablehnung und Bekämpfung von Intoleranz, Inhumanität und Gegenaufklärung (Wilhelm Busch; Thomas Mann).

Schwacher Toleranzbegriff	Duldung, Ertragen des Fremden
Starker Toleranzbegriff – a) Fremdbezug	Anerkennung des Fremden
Starker Toleranzbegriff – b) Selbst- sowie Fremdreflexion	Intoleranz/ Inhumanität im Eigenen und Fremden aufdecken und aktiv bekämpfen

Tabelle zum schwachen/ starken Toleranzbegriff (Ergebnissicherung)

Zwei Ergänzungszitate:

- „Im Namen der Toleranz sollten wir uns das Recht vorbehalten, die Intoleranz nicht zu tolerieren." (Karl Popper, Die offene Gesellschaft und ihre Feinde)
- „Um tolerant zu sein, muss man die Grenzen dessen, was nicht tolerierbar ist, festlegen." (Umberto Eco, 1993)

Quellen: Zitate zur Toleranz: https://de.wikiquote.org/wiki/Toleranz; 25.01.2020 (Busch: Aphorismen und Reime, Vergebens predigt Salomo; Mann, Der Zauberberg; Goethe: https://www.aphorismen.de/zitat/1103; 25.01.2020.

Literatur:

- Nussbaum, Martha: Die neue religiöse Intoleranz. Ein Ausweg aus der Politik der Angst. Aus dem Englischen von Nikolaus de Palezieux, WBG: Darmstadt 2014

256f: Ambivalenz von Religion(en) sowie Islam

Ambivalenz von Religion(en) sowie Islam (S. 256f)

a) Ambivalenz von Religion(en) am Beispiel Gewaltpotential

Der Diskurs um das Gewalt- und/ oder Friedenspotential zieht sich quer durch alle Religionen, spitzt sich in unserer Gesellschaft jedoch an der Dschihad-Vorstellung des Islam zu, die in sich jedoch sehr differenziert ist (dreifache Auffächerung im Fließtext).

Didaktisch-methodische Hinweise:

- Die beiden konträren freigestellten Schüler-Zitate als Ausgangspunkt für Diskussion nehmen;
- Die differenten Dschihad-Vorstellungen erarbeiten:

Großer Dschihad	Geistig-seelischer Kampf (Selbstbezug)
Mittlerer Dschihad	Verbreitung der Lehren des Koran (Mission)
Kleiner Dschihad	Selbstverteidigung, nur im Notfall mit Gewalt („Gerechter" Krieg als kollektive „Notwehr")

- In Beziehung setzen zum Dialog Christentum – Islam (→ S. 188, Seitenmitte), zur Gottesvorstellung im Islam (→ S. 142, untere Seitenhälfte) sowie zum Islam (→ S. 252).
- Gewalt-/ Friedenspotential anderer Religionen ausloten, u.a. Christentum (→ Zitat Amos Oz, S. 255, ganz unten; zudem 5.2.2 (3), S. 210, dagegen aber auch: 1.5.2, S. 49 unten).
- Soziale, politische, kulturelle und religiöse Aspekte von Gewalt/ Terrorismus unterscheiden, aber auch miteinander in Beziehung setzen. (Die gängige Unterscheidung von „reiner" Religion und politischem „Missbrauch" derselben kann eben auch zu kurz greifen bzw. zu einer allzu einfachen Entlastung der Religion führen.)

Ergänzung: Zwei Jahrzehnte währender Diskurs zum *Gewalt-Potential* des *Monotheismus* (in Deutschland ausgelöst durch diverse Veröffentlichungen Jan Assmanns), mit mindestens drei Etappen und unterschiedlichen Ableitungen der Herkunft der konfliktträchtigen dualen Aufteilung der Welt:

1. Die Mosaische Unterscheidung oder Der Preis des Monotheismus. Hanser: München 2003 (nach: Moses der Ägypter. Entzifferung einer Gedächtnisspur. Hanser: München 1998): spaltende Unterscheidung: wahr/ falsch;
2. Exodus, 2015. Monotheismus der Treue: trennende Unterscheidung: Treue/ Untreue;
3. Totale Religion, 2016: konfliktive Unterscheidung: Freund – Feind (Politik, Polarisierung; Exklusion/ Inklusion sowie Expulsion (Makkabäerkriege; Kanon; rein, unvermischt → totaler Krieg; Apokalyptik).

b) Zugehörigkeit des Islams zu Deutschland (S. 257, Seitenmitte)

257: Zugehörigkeit des Islams zu Deutschland (Mitte)

Der Sachverständigenrat deutscher Stiftungen für Integration und Migration (SVR) stellte als Ergebnis empirischer Studien vor:

- Muslime der 2. Generation empfinden sich zu mehr als 80% gut/ sehr gut integriert (Pass bzw. dt. Staatsangehörigkeit, fester Arbeitsplatz; weniger Bedeutung: Geburtsland, Vorfahren, Religion; Migrationshintergrund als sozialer, weniger als religiöser Status). Problem RU: Konzentration auf Religion, Verzerrung/ Einseitigkeit in der Wahrnehmung. Eine im Frühjahr 2021 (vom Bamf = Bundesamt für Migration und Flüchtlinge) in Auftrag gegebene Studie zeigte, dass die Mehrheit der Muslime in Deutschland gut integriert ist. Fast die Hälfte besitzt einen deutschen Pass, bei den Jüngeren zwei Drittel, Tendenz steigend. Sie grenzen sich nicht ab, sondern fühlen sich mit Deutschland verbunden, wiederum zwei Drittel haben im Freundeskreis Kontakt zu deutschen Mitmenschen und wünschen sich mehr davon. Die Religion spielt zwar eine größere Rolle, etwa 80 % halten sich für gläubig, zugleich jedoch geht nur ein Viertel wöchentlich zur Moschee. Derselbe Anteil gibt an, nie zu beten. Die Vorstellung einer „Parallelgesellschaft" und einer „Steuerung aus dem Ausland" beschreibt damit keine verbreitete Realität, allenfalls ein kleines Minderheiten- bzw. Randphänomen.
- Deutsche gespalten: Mehrheitsmeinung: Islam gehört nicht zu Deutschland, jedoch pro islamischen RU.

Ergänzung zum *Euroislam* (auch zu Dschihad): Artikel wikipedia.

Kontroverse Wulff – Gauck (freigestellte Zitate, S. 257 Mitte, neben Bild)

257: Zitate (Mitte)

Die beiden Zitate, die ihrer Kontroversität wegen gemäß der Buchkonzeption eigentlich in zwei Spalten einander gegenübergestellt werden müssen, sind hier aus Layoutgründen nacheinander abgedruckt. Die Diskussion schlug politisch hohe Wellen: Wulffs Äußerung führte zum Niedergang seiner Karriere, der mit dem Rücktritt als Bundespräsident endete. Die beiden Zitate zeigen, dass Wulff den Islam (als Religion), sein Nachfolger Gauck aber „nur" die Muslime (als Menschen) als zu Deutschland gehörend betrachtet, ein feiner und kleiner Unterschied mit großen Auswirkungen. Denn Gauck grenzt eine Religion nicht nur ab, sondern aus. Wie vertrackt und gefährlich seine Argumentation ist, zeigt sich an einer anderen Stelle des Interviews, aus dem die zitierte Passage stammt: „Da kann ich diejenigen eben auch verstehen, die fragen: Wo hat denn der Islam dieses Europa geprägt, hat er die Aufklärung erlebt, gar eine Reformation? Dafür habe ich Verständnis, solange das keinen rassistischen Unterton hat." – Vielleicht hat das keinen „rassistischen Unterton"

– dennoch ist die Äußerung geprägt von Ressentiments, Vorurteilen und historischer Unkenntnis. Erstens hat der Islam selbstverständlich die europäische Tradition mitgeprägt, interessanterweise auch und wohl sogar vor allem in den Zeiten extremer Gewalt – im Hochmittelalter (Kreuzzüge) und in der frühen Neuzeit (sog. „Türkengefahr" von Südosteuropa ausgehend, mit den Höhepunkten der „Türken vor Wien"). Denn es vollzog sich parallel zu und neben der gewaltsamen Gegenüberstellung ein gleichsam friedlicher kultureller Austausch in beide Richtungen. Zum zweiten gab es Aufklärungstendenzen in anderen Religionen, auch im Islam (→ S. 244f: Aufklärung interreligiös, Fließtext in grüner Schrift), zudem im Herzen Europas neben der Aufkärung die Shoa. Und drittens hat sich auch der Katholizismus der Reformation verschlossen – und müsste laut Gauck demnach auch aus Europa exkludiert werden. Die Argumentation ist also nicht nur vorurteilsbeladen, sondern barer Unsinn – ein Musterbeispiel für die Arroganz und Ignoranz einer unreflektierten Verabsolutierung der eigenen Position (hier: des Protestantismus) und Zurückweisung von Pluralität (als gesellschaftliches Phänomen) und Pluralismus (als Einstellung und Haltung dazu).

Didaktisch-methodische Hinweise:

- Einflüsse der islamischen auf die europäische (westliche) Kultur herausarbeiten (u.a. Arabische Zahlen in der Mathematik);
- Eigene Stellungnahmen zum Thema entwickeln: Zugehörigkeit von Islam resp. Muslimen zu Deutschland (analog zu Christentum, Judentum);
- Das Umfeld der beiden Äußerungen/ Stellungnahmen heranziehen und die Kontroverse und Differenz detailliert herausarbeiten:

Quellen:

- Christian Wulff, im Jahr 2010: https://www.deutschlandfunkkultur.de/die-geschichte-eines-satzes-der-islam-gehoert-zu-deutschland.1895.de.html?dram:article_id=308696;_25.01.2020.
- Joachim Gauck im Jahr 2012: https://www.zeit.de/2012/23/Interview-Gauck/seite; ibd.

257: Religionstheologie

Religionstheologie (S. 257, unten)

Vorgestellt wird die gegenwärtig gängige Einteilung in *drei Theorien:*

- Exklusivismus: Es gibt nur eine wahre Religion: die eigene.
- Inklusivismus: Es gibt mehrere wahre Religionen, die eigene ist aber „überlegen"; Wahrheits-„körnchen" oder -aspekte finden sich auch in anderen Religionen, vorrangig dort, wo diese mit der eigenen Religion übereinstimmen.
- Pluralismus: Es gibt mehrere wahre und „gleich-gültige" Religionen, alle Religionen haben „auf ihre Weise" Recht.

Ergänzungen:

Exklusivismus-Beispiel: Martin Luther, Großer Katechismus, Abschluss der Erläuterung der drei Glaubensartikel:

„Darum unterscheiden und sondern diese Glaubensartikel uns Christen von allen andern Leuten auf Erden. Denn die außerhalb der Christenheit sind, seien es Heiden, Türken, Juden oder falsche Christen und Heuchler, mögen zwar nur *einen* wahrhaftigen Gott glauben und anbeten, aber sie wissen doch nicht, wie er gegen sie gesinnt ist. Sie können von ihm auch weder Liebe noch etwas Gutes erhoffen; deshalb bleiben sie in ewigem Zorn und Verdammnis. Denn sie haben den Herrn Christus nicht und sind auch mit keinen Gaben durch den heiligen Geist erleuchtet und begnadet."

- *Inklusivismus:* Karl Rahners Theorie des „Anonymen Christentums" – Verweisen lässt sich auch auf die jesuanische Erzählung vom Weltgericht (Mt 25) → S. 177.
- *Pluralistische Religionstheologie:* 1986 Tagung englischer Theologen, Tagungsband 1987, hg. von John Hick/ Paul F. Knitter (kath. Theologe): The Myth of Christian Uniqueness. Toward a Pluralistic Theology of Religions; Hicks (1922–2012) Hauptwerk: An Interpretation of Religion; Paul Knitter (*1939), in Deutschland bekannt durch sein Werk „Ein Gott – viele Religionen" (1988); im dt. Sprachraum: ehemaliger kath. Theologe Perry Schmidt-Leukel (*1954): Gott ohne Grenzen.

Ergänzung – Neuere Modelle:

1. Wechselseitiger Inklusivismus: Pluralismus als Überlagerung jeweiliger Inklusivismus-Perspektiven (Jürgen Werbick, *1946, sowie Reinhold Bernhardt, *1957).
2. Komparative Theologie: Vergleich von Einzelelementen; Betonung der Differenz, dt. Sprachraum zwei kath. Theologen: Norbert Hintersteiner (*1963) sowie Klaus von Stosch (*1971).
3. Positioneller Pluralismus (Härle) – vielleicht ein verdeckter Inklusivismus (s.u. S. 259, Seitenmitte).
4. Prozessoffener positioneller Pluralismus (Eigenposition) s.u. S. 259, Seitenmitte.

Gotthold Ephraim Lessing: Die Ringparabel – Über das Streben nach Wahrheit (Quellentexte S. 258, Erläuterung S. 257, ganz unten)

258: Quellentexte
257: Fließtext (ganz unten)

Das klassische Drama in Gedichtform „Nathan der Weise“ (1779) ist das letzte Werk des großen Dichters der Aufklärung Gotthold Ephraim Lessing (1729–1781). Die darin enthaltene Ringparabel bildet ein klassisches Dokument für den bei Lessing zentralen Toleranzgedanken und für eine „Aufklärung“ im Blick auf die Religion(en). Im Drama führt Lessing auf dem Hintergrund des mittelalterlichen Palästina Vertreter der drei monotheistischen Religionen Judentum, Christentum und Islam in einer im Detail verwickelten Handlung zusammen. Die Ringparabel, der Höhepunkt des Stücks, geht auf ein altes (wohl im spanischen Judentum entstandenes, auch in Boccaccios „Decamerone“ (Giornata I, Nov. 3, – eine der Quellen für Lessing) aufgenommenes Motiv zurück. Erzählt wird es von Nathan, einem jüdischen Weisen, der damit einer ihm vom Sultan gestellten Fangfrage, welche der drei monotheistischen Religionen denn die „wahre“ sei, entgeht bzw. sie auf eigenständige Weise beantwortet. Mit der Figur des Nathan setzte Lessing dem Philosophen und Begründer der jüdischen Aufkärung (= Haskala) in Deutschland Moses Mendelssohn (1729–1786), mit dem er befreundet war, ein Denkmal.

Inhalt der Ringparabel:

- Ein Mann vererbt einen wertvollen Ring, der „die geheime Kraft“ besaß, den Träger „vor Gott und Menschen angenehm zu machen“ (Z. 5f), an seinen Lieblingssohn und trifft die Verfügung, dass dies innerhalb der Familie stets weiter so geschehen solle, wobei dieser Lieblingssohn zugleich Oberhaupt der (Groß-)Familie wird (Z. 1–17).
- Nach zahlreichen solchen „Erbvorgängen“ hat den Ring ein Vater bekommen, der seine drei Söhne alle genau gleich lieb hat – wodurch ein Dilemma entsteht: Wem den Ring weiter vererben? (Z. 18–23)
- Als Lösung lässt der Vater zwei weitere, mit dem eigentlichen Ring völlig identische Duplikate anfertigen, schenkt jedem der Söhne einen Ring und stirbt (Z. 24–33).
- Nach dem Tod des Vaters entsteht das Dilemma erneut: Jeder der drei Söhne hält sich für den echten Ringerben und für das legitime Oberhaupt der Familie – der Erbstreit führt zuletzt vors Gericht (Z. 34–43).
- Der Richter fällt ein originelles Urteil: Da der Ring ja die „Wunderkraft“ besitzt, „beliebt“ und „vor Gott und Menschen angenehm“ zu machen, soll jeder Ringerbe – genauso wie die Nachkommen – versuchen, die Kraft des Rings an sich selbst zu erweisen (Z. 44–58).
- Der eigentliche Richterspruch wird dann – nach „tausend Jahren“ (also in ferner Zukunft oder in einer Art „Jüngstem Gericht“) – von einem „weiseren Mann“ (Gott?) gesprochen werden (Z. 59–63).

Didaktisch-methodische Hinweise:

- Textunterbrechung nach Auftauchen des erstem Dilemmas (Vaterdilemma): „Was zu tun?“ (Z. 23) und/ oder vor „Lösung“ des zweiten Dilemmas (Richterdilemma): „Der Richter sprach: …“ (Z. 44) und eigene Möglichkeiten für Fortgang der Geschichte und Auflösung der Dilemmata entwerfen.
- Fortgang der Geschichte entwerfen: Der „höhere Richter“ urteilt zu unterschiedlichen Zeiten: am Ausgang des Mittelalters, in der Zeit der Aufklärung (18. Jh.), in der Gegenwart (nach fast 1000 Jahren seit Entstehung des Motivs in jüdischen Kreisen im mittelalterlichen Spanien).
- Vergleich der Geschichte mit Jesu Erzählung vom Weltgericht (Mt 25,31–46) → S. 177.
- Vergleich der Geschichte mit Jesu Gleichnis vom Verlorenen Sohn bzw. den beiden Söhnen (Lk 15,11–32).
- Ringparabel in Beziehung setzen zu einer pragmatischen Wahrheitstheorie → S. 15.
- Ringparabel in Beziehung setzen zu Lessings Aussage, dass „das Streben nach Wahrheit“ dem „Besitz der Wahrheit“ vorzuziehen sei (Text 2). Stellung zur Aussage beziehen.

Texterschließung (S. 258)

258: Texterschließung

1. Anregungen dazu finden sich in der (religions-)didaktischen Literatur (s.u.).
2. Lessings „Praxiserweis“ sowohl mit dem „Wahrheitsanspruch“ des Christentums (→ 6.3.1, S. 255) als auch mit Jesu „Nachfolge-Praxis“ vergleichen (→ 4.4.3, S. 178f) – Wahrheit (a) als „Besitz“ bzw. fester Wahrheitsanspruch und (b) Prozess, Streben nach Wahrheit bzw. Wahrheitserweis einander gegenüberstellen.
3. Neben Überblick zu Weltreligionen (→ 6.2.2, S. 251–253) auch Gottesbild (→ 3.7.2, S. 142) und Ethik (→ 1.3.2, S. 30–33, insbes. auch S. 32f, Ethik interreligiös) einbeziehen.

Ergänzung zu Aufg. 2): Zusätzlich mit Jesu „Reich-Gottes-Praxis“ vergleichen (→ 4.3, bes. S. 167f). – *Achtung:* Neben dem Verhalten (Ethik, Moral) auch das Denken, die Einstellung und den Lebenssinn in die Auswertung einbeziehen.

Aspekte/ Konzeptionen	Jesu Reich-Gottes-Praxis	Lebenspraxis Nachfolge Jesu	Praxiserweis der Ringparabel
Grundlage	Das Reich ist nah und ist da	„Kommt, folgt mir nach …“	„vor Gott/ Menschen angenehm machen“
Handeln/ Tun	Leben als Erzählen, Heilen, Feiern	Preisgabe Besitz, Handeln wie Jesus	Sanftmut, Verträglichkeit, Wohltun
Denken	Konzentration auf Gottes Reich	Leben in Armut und evtl. Verfolgung	Leben für Anerkennung
Einzelner			
Gemeinschaft			
Gesellschaft(skritik)			
Religion(skritik)			

Überblick: Vergleich dreier Lebens-Konzeptionen: Jesu Reich Gottes; Nachfolge; Ringparabel

Literatur:

- Pressler, Mirjam: Nathan und seine Kinder. Roman, Weinheim/ Basel: Beltz & Gelberg, 2015
- Zennner, Cornelia/ Krapp, Günter: Mirjam Pressler, Nathan und seine Kinder (Schülerheft und Lehrerheft), Berkheim/ Illerbachen: Krapp & Gutknecht, 2020
- Theo-Web. Zeitschrift für Religionspädagogik 14 (2015), H. 1, 83–106: Hansjörg Biener, Anmerkungen zur Rezeption der Ringparabel in Deutsch- und Religionsbüchern
- http://www.theo-web.de/zeitschrift/ausgabe-2015-01/07.pdf

Ergänzung:

- Differenzierung: Offenbarungs resp. Partikularreligion vs. Universal- bzw. Vernunftreligion.
- Frage nach Vereinbarkeit von Offenbarung (Glaube) und Vernunft → S. 16, unterhalb Seitenmitte.
- Religionskritik und Religionstoleranz.

Religionskritik	Religion: Unmündigkeit Klassische Religionskritik – Atheismus	Immanuel Kant → S. 244 Feuerbach, Marx, Freud, Nietzsche → 3.2.2, S. 110–112
Religionstoleranz	Religion als Antrieb zu guter Moral/ Ethik/ Lebensführung	Lessing: Ringparabel

Tabelle zu Religionskritik und Religionstoleranz

259f: Dialog

6.3.3 „Ungläubiges Staunen“ – Dialog (S. 259f)

Die *Überschrift* des eineinhalb Seiten umfassenden Unterkapitels ist der Titel des zu Anfang des Fließtextes genannten Buches von Navid Kermani. *Thema* ist der interreligiöse Dialog.
Querverweis: Das Unterkapitel schließt unmittelbar an dasjenige über die Weltreligionen an (→ 6.2.2, S. 251–253) und kann auch anhand dieses Materials mit konkretem Inhalt gefüllt werden.

259: Fließtext (ganz oben)

„Ungläubiges Staunen …“ (S. 259, Fließtext Einstieg: Erster Abschn.)
Der bekannte, in der vom Protestantismus geprägten Stadt Siegen aufgewachsene, mit zahlreichen Preisen ausgezeichnete (u.a. Friedenspreis des Deutschen Buchhandels, 2015) Islamwissenschaftler und Schriftsteller Navid Kermani (*1967) ist ein idealer Vertreter für einen offenen islamisch-christlichen Austausch und Dialog, sein Buchtitel eine ideale Charakterisierung der besten Haltung und Einstellung für einen solchen Dialog: Das „Ungläubige“ bewahrt vor einer einfachen oder allzu raschen Übernahme des faszinierenden Anderen (des „going native“ der Ethnologie → Beispiel Daniel Everett, S. 242), das „Staunen“ bewahrt jedoch zugleich die Faszination des Anderen und die weitere intensive Auseinandesetzung mit ihm, die zu Lerneffekten und Einstellungsveränderungen führt, zumindest führen kann (es ist übrigens dieselbe Grundhaltung des jungen Hindus Pi gegenüber dem Christentum im Roman „Schiffbruch mit Tiger“ → S. 150: Kreuzestod Jesu).

Pluralismus – positionell und prozessoffen (S. 259, Fließtext und Doppelzitat, obere Seitenhälfte) 259: Fließtext: Pluralismus + Doppelzitat (oben)

Zuerst lassen sich unterscheiden:

- Pluralität = Existenz unterschiedlicher Positionen/ Religionen;
- Pluralismus = positive Einstellung gegenüber der Tatsache der gesellschaftlichen Pluralität (Multikulti) – als Gegenbegriff zum Fundamentalismus mit seiner grundlegenden Ablehnung der Pluralität.

Die Textpassagen schließen an die Religionstheologie an (S. 257, unten), nehmen die Position des Pluralismus auf und führen ihn weiter. Der Pluralismus als solcher ist offen für die Vielfalt, steht jedoch in der Gefahr, Beliebigkeit und/ oder Oberflächlichkeit zu fördern, indem er womöglich Gegensätze verwischt und/ oder wichtige Eigenansichten aufgibt. Dem versucht etwa der bekannte evangelische Systematische Theologe Wilfried Härle (*1941, Marburg und Heidelberg) mit seiner Version und Definition eines „Positionellen Pluralismus" zu begegnen – diese Fassung scheint jedoch bei näherer Betrachtung insuffizient zu sein, kehrt sie doch zu einer Abwertung des Anderen sowie zu einer Verabsolutierung des Eigenen in monolithischer Ausprägung (unbedingte Geltung – aber in welcher Version und Interpretation denn?), zu einem statischen Verständnis von Positionen (der eigenen wie der fremden) und zu einem defizitären Verständnis des Dialogs als bloßer Kenntnisnahme und Respektbekundung (Achtung) des Fremden zurück. Wirkliches Lernen voneinander, ein echter Dialog, bei dem sich beide Seiten öffnen und weiterentwickeln (und im Idealfall sogar zu Gesprächserkenntnissen kommen, die für beide Seiten neu sind!), wäre demnach gar nicht möglich. Der Ansatz des Vf.s eines prozessoffenen positionellen Pluralismus versucht, diese Defizite zu vermeiden und nimmt dabei zentrale Elemente der Kommunikationstheorie von Jürgen Habermas auf (*1929). Wahr ist, was sich in der Kommunikation als wahr erweist, kraft des „besseren Arguments" – umfassender formuliert: kraft dessen, was den an der Kommunikation Teilnehmenden als wahr einleuchtet (da mag gemäß unserer Tradition auch der Hl. Geist resp. das Affektive und/ oder auch das „Kontingente" mit eine Rolle spielen). Als Grenze ist auf den Grundwert der Humanität und auf die Dialogizität (Dialograhmen und -regeln) hinzuweisen – dies gilt jedoch natürlich für alle Varianten des Pluralismus.

Position	Vorteile/ Berechtigung	Nachteile/ Gefahren
Pluralismus	Anerkennung des Fremden und der Vielfalt (Pluralität)	Beliebigkeit, Preisgabe des jeweils Spezifischen
Positioneller Pluralismus	Anerkennung der Vielfalt Behauptung der Eigenposition	Abwertung des Fremden Erstarrung des Eigenen Dialog als bloßer Austausch
Prozesshafter (positioneller) Pluralismus	Dialog als Lernfeld für alle Wahrheitsfindung im Prozess Positionierung in Offenheit	Rahmen von Humanität und Dialogizität (Dialogregeln) muss stets gewahrt werden

Tabelle: Vor- und Nachteile der drei Varianten eines Pluralismus

Offener Dialog – Dialog-Regeln (S. 259, Fließtext, untere Seitenhälfte) 259: Dialog

Die Prinzipien und Regeln für den Dialog sowie das Modell des prozessoffenen positionellen Pluralismus stellen natürlich auch die Idealformen fürs Theologisieren mit Jugendlichen dar (→ S. 9), die ja zugleich das didaktisch-methodische Rahmenmodell des vorliegenden Unterrichtswerkes wie der Unterrichtspraxis darstellen.

Didaktisch-methodische Hinweise:

- Zur Veranschaulichung und Reflexion des eigenen Lernprozesses Fotomontage S. 246 heranziehen.

Interreligiöser Dialog, Scriptural Reasoning, Konvivenz (S. 260 oben) 260: Interreligiöser Dialog, Scriptural Reasoning, Konvivenz

Die drei Begriffe liegen nahe beieinander, setzen jedoch noch einmal eigene Akzente. Der *Interreligiöse Dialog* (als Überbegriff) wird durch ein *Scriptural Reasoning* auf die Auslegung und Interpretation religiöser Texte hin spezifiziert und mit der *Konvivenz* auf ein umfassendes Miteinander (resp. miteinander Leben) hin erweitert. Drei Äußerungen von Jugendlichen unterschiedlicher Religionen (und spezifischer Konfessionen) schließen das Unterkapitel ab.

Karikatur: Der israelische Künstler (Maler, Bildhauer und Illustrator) Eran Shakine (*1962) hat zahlreiche Karikaturen zu drei Vertretern der großen monotheistischen Religionen entworfen, die gesammelt herausgegeben wurden unter dem Titel: „A Muslim, a Christian und a Jew Knocking on Heaven's Door". Für den Unterricht der Kursstufe eignen sich auch zahlreiche andere Beispiele des Werkes, die sich tlw. unmittelbar auf Unterrichtsthemen beziehen, z.B. „A Muslim, a Christian 260: Karikatur and a Jew Feeling Chosen" (S. 82f), oder: „A Muslim, a Christian and a Jew Answering All the Hard Questions" (S. 56f).

Didaktisch-methodische Hinweise:

- Fürs *Scriptural Reasoning* lassen sich die Aussagen zur Barmherzigkeit, Gnade und Liebe Gottes aus allen drei Religionen (Tora, Bibel und Koran) heranziehen (→ 3.7.2, S. 142, unten, u.ö.), aber natürlich auch all die vielen Stellen, die sich im Koran auf biblische Texte beziehen (s. 6.2.2, S. 252, LB: Überblick über Koranstellen); erweiterbar auch auf alle Weltreligionen.
- Die Karikatur lässt sich auf dieselben Textaussagen (zu Gott als Liebe) beziehen.
- Karikatur mit dem Abschlussbild von Hilma af Klint (gegenüberliegende Seite) in Beziehung setzen und/ oder mit anderen Bildern des Kapitels (u.a. S. 256f, 254, 249 u.a.m.).

Literatur – Internetadressen:

- Shakine, Eran: A Muslim, a Christian und a Jew Knocking on Heaven's Door, edited by Jürgen B. Tesch, München: Hirmer Verlag, 2. Aufl. 2017
- Quelle für die drei als Abschluss zitierten Stellungnahmen: Religramme http://www.gesichter-der-religionen.de/gesichter/ 20.03.2020

260f: Abschluss

Abschluss des Teilkapitels 6.3 (S. 260f)

Der *Abschluss* des Teilkapitels besteht aus den drei Elementen Zusammenfassung, Bild und Aufgabenstellungen.

260: Zusammenfassung

Die *Zusammenfassung* (S. 260, untere Seitenhälfte) konzentriert sich auf die Religionstheologie, den Pluralismus und Dialog der Religionen (und damit schwerpunktmäßig auf das Ende des zweiten und vor allem das dritte Unterkapitel). Von den ersten beiden Unterkapiteln werden zudem Fundamentalismus (Eigenposition) und Toleranz (gegenüber Fremdpositionen) angesprochen. Insgesamt ließen sich noch Aussagen zum (nichtdogmatischen, praxisbezogenen) Wahrheitsanspruch des Christentums samt dessen Nachfolge-Konzept (→ S. 255, untere Seitenhälfte) sowie beim letzten Unterkapitel noch Lessings Ringparabel (→ S. 258) ergänzen.

261: Bild af Klint

Hilma af Klint (1862–1944): Group X, No. 1, Altarpiece, 1915 (S. 261)

Bildbeschreibung: Das Bild zeigt – vor einem vollkommen schwarzen Hintergrund – in der unteren Hälfte ein Dreieck, dessen Spitze in einen Kreis reicht, der die obere Bildhälfte nahezu ausfüllt. Das untere Dreieck setzt sich aus verschiedenfarbigen, bunten Bändern oder Streifen (in horizontaler und vertikaler Ausrichtung) zusammen, der obere Kreis wiederum aus drei farbigen Teilen: einem einheitlichen großen Kreis (Rund) in der Bildmitte, umgeben von einem vierfarbigen (gelb, blau samt rot und grün) Strahlenkreis, der wiederum durch ein blaues Kreisband umfasst wird. Die Farben sind klar, mit differenziert abgestuften Tönungen, die Formen geometrisch, sehr klar und elementar konstruiert (kreisrund, quadratisch, dreieckig).

Zur Beachtung: Das untere Dreieck lässt sich als aufsteigende Fläche (eine Art Rampe oder auch Treppe) „lesen" bzw. konstruieren, aber auch in räumlicher, dreidimensionaler Gestalt wie eine Pyramide, beim Rund der oberen Bildhälfte legt sich als Deutung eine Sonne nahe, in die Rampe bzw. Treppe hineinführen bzw. die hinter der Pyramide aufscheint.

Hintergrundinformationen: Die schwedische Malerin Hilma af Klint (1862–1944) hatte ein Faible für Esoterik, Theosophie und die Anthroposophie Rudolf Steiners. Sie gründete mit Kolleginnen die Malerinnengruppe „De Fem" und entwickelte etwa seit der Jahrhundertwende eine ans Konkrete anknüpfende, jedoch ins Abstrakte weiterentwickelte Darstellungsform, die sich von den damals modernsten Künstlern (u.a. auch von Malewitsch → Bild, S. 118) anregen und beeinflussen ließ, zugleich jedoch eigenwillige und ganz eigenständige Gestalt annahm. Angestrebt wurde eine tiefere Deutung von Mensch und Welt. In ihrem Testament verfügte die Malerin, das abstrakte Werk dürfe erst 20 Jahre nach ihrem Tod an die Öffentlichkeit gelangen. Sie hielt ihre Zeit für noch nicht reif für ihr Werk. Das ausgewählte „Altarbild Nr. 1" von 1915 stammt aus einer Serie zu den Themen Weltreligionen sowie Geschlechterkampf. Die Malerin will in diesem Bild zeigen, wie über die sichtbare Welt hinaus (bzw. jenseits von ihr) die Gegensätze zusammentreffen und sich vereinen, Weibliches und Männliches, Gedanken und Gefühle bzw. Intellekt und Affekt, Hell und Dunkel, Rundes und Kantiges, Farbe und Farblosigkeit u.a.m. Die Spitze von Treppe oder Pyramide – also dem von der Welt Aufsteigenden – trifft und „vereinigt" sich mit dem (hohen, jenseitigen) Himmelsrund. Als „Altarbild" weist das Bild auf die zentrale Bedeutung von Spiritualität und einer die Weltreligionen umfassenden Religiosität hin.

Deutungsangebote: Plurale Religionstheologie, die die differenten Einzelaspekte der jeweiligen Religionen separat würdigt und zugleich zusammenführt; menschliche Religionsversuche (Turmbau von unten) und göttliche Offenbarung (Sonne und Strahlen von oben) bei ihrer Begegnung (in der Spitze des Dreiecks, versehen mit dem göttlichen – hier: schwarzen – Dreieck mit hellem Punkt, Kern oder Auge.

Bearbeitungsvorschläge:

- Deutung als Darstellung der Weltreligionen und ihres Verhältnisses; dabei Umrisszeichnung als Vorlage für Erstellung eines „Textbildes" für die Religionen verwenden (Begriffe zuordnen; dazu → 6.2.2, S. 251–253, sowie „Interreligiöse Fenster", Überblick S. 253 unten);
- Bild mit Karikatur von Shakine (gegenüberliegende Seite) in Beziehung setzen, etwa auch mit Foto, S. 254;
- Bild als Parallele, Weiterentwicklung und Kontrast zu Malewitsch (→ S. 118) deuten: Rand bzw. Hintergrund hier schwarz, Bild selbst verwandelt sich von undifferenziertem Schwarz zu ausdifferenziertem Bunt, das elementare Quadrat wird zum Rechteck unterschiedlicher Größen ausdifferenziert und um das Runde, den Kreis ergänzt, die absolute Seiten- und Richtungsgleichheit erfährt eine Spaltung und Spannung von unten – oben etc. (beide Bilder entstanden im selben Jahr!).

Zu den Aufgaben (S. 261)

261: Zu den Aufgaben

Aufgabe 1: Mitgliedschaften zu den jeweiligen Religionsgemeinschaften recherchieren; Einflüsse der jeweiligen Religionen bzw. Kulturen auf unsere Kulturen prüfen; interreligiöse Zusammenstellungen und Vergleich des Buches auswerten (→ 6.2.2, S. 251–253, sowie „Interreligiöse Fenster", Überblick S. 253 unten).

Aufgabe 2:

Religionstheorie	Position/ Grundgedanke	Beispiel
Exklusivismus	Ausschließlicher Wahrheitsanspruch der eigenen Religion	Martin Luther, Großer Katechismus, Erklärung zum Dritten Artikel
Inklusivismus	Wahrheitsaspekte auch in anderen Religionen	Johann Amos Comenius, S. 254 II. Vatikanisches Konzil, S. 254
Pluralismus	Wahrheiten in allen Religionen, jeweils richtige Perspektiven	Bettina Tietjen, S. 142 oben rechts

Tabelle: Überblick Religionstheologien

Pluralismus	Anerkennung der Berechtigung von unterschiedlichen Religionen als Perspektiven
Positionalität	Anerkennung der vorrangigen Prägung des eigenen Lebens und Denkens durch die eigene Religion sowie Konfession resp. Perspektive
Prozessoffenheit	Anerkennung der Prozesshaftigkeit und Offenheit eines echten Dialogs – mögliche Entwicklung neuer Perspektiven resp. der Weiterentwicklung und Veränderung der eigenen (wie auch der fremden) Position(en)

Tabelle: Prozessoffener (positioneller) Pluralismus – Definitionen

Aufgabe 3: Darstellung des Rings/ der Ringe: Fähigkeit, „vor Gott und Menschen angenehm" zu machen (Gott – Liebe) – Konfrontation mit positiven vs. problematischen/ negativen Beispielen aus den Religionen (Judentum z.B. Verhalten gegenüber „Fremden" → S. 41, Seitenmitte: Tora vs. Esra – Situative Deutung beachten!).

Aufgabe 4: Querverweis: → 4.6.1, S. 187f, 190. (Weitere Möglichkeiten s.o.)

Jesus-Deutung/ Religion	Jesus, positive Bedeutung	Ablehnung von Jesus-Deutungen
Judentum	Jüdische Persönlichkeit (Baeck) Jesus als großer Bruder (Buber) Glaube Jesu als Jude (Ben-Chorin) Jesus als Jude, jüdischen Glaubens	Glaube an Jesus (als Messias, Sohn Gottes o.Ä.m.)
Christentum	Jesus als Christus (Messias) und Sohn Gottes, Gott und Mensch, eine „Person" der Trinität	
Islam	Prophet, Gottesknecht Wort und Geist Gottes Jesus als „Vorläufer" des Islams	Jesus als Gottes Sohn Jesus als Gekreuzigter

Hinduismus	Menschheitslehrer Botschaft Jesu: Bergpredigt Jesus als Asiate	Nachrangigkeit bzw. Bedeutungslosigkeit der übrigen Aspekte Jesu Christi

Überblick: Jesus-Deutungen in den Weltreligionen

Die Aufgabe ließe sich auch an einer konkreten Textstelle bearbeiten, etwa anhand des Petrusbekenntnisses (Mk 8,27–30). Dann die Möglichkeiten anderer Religionen – samt möglichen Belegstellen, etwa aus dem Koran – zur Deutung Jesu ins Gespräch bringen (einer der großen Gestalten im Judentum, Prophet im Islam u.a.m.).

Aufgabe 5: Mögliche Beispiele:

- *Judentum:* Exklusivität der Erwählung Abrahams/ Israels (Willkür, Bevorzugung, Ungerechtigkeit Jahwes?);
- *Christentum:* „Geheimnisse“ von Trinität (Gotteslehre) und Binarität (Zwei-Naturenlehre) der Christologie;
- *Islam:* Spannung zwischen Kismet (Ergebung in Allahs Willen) und Eigenverantwortung;
- *Hinduismus:* Zementierung ungerechter Sozialstrukturen durch Zuschreibung aufs „Karma“;
- *Buddhismus:* Zurechnung der Alleinverantwortung auf den Menschen selbst, der durch Erkenntnis des Selbst als Täuschung und Lösung von diesem Selbst sich selbst doch zugleich wieder zu einer Art selbstlosem Super-Selbst transzendiert (Buddha-Figur).
- *Ergänzung:* Theodizee bei allen Religionen.

7. Anhang I: Überblicke – Register

Überblick

Jugendliche

7.1 Jugendliche

Subjektorientierung: Jugendliche

7.1.1 Subjektorientierung: Jugendliche

Zur Erhebung der Einstellungen von Jugendlichen zu religiösen Themenstellungen lassen sich die Ergebnisse empirischer Studien von (1) Entwicklungspsychologie und (2) Jugendsoziologie sowie (3) unmittelbare Befragungen der Sch. in der Klasse, insbes. auch das Erstellen von Schülertexten, heranziehen. In den einleitenden Teilen der Kapitel resp. Teil- oder Unterkapitel finden sich immer wieder konkrete Hinweise auf Einzelergebnisse und -aspekte dieser Forschungen.

Entwicklungspsychologie

(1) Die seit Jahrzehnten bekannten klassischen *Studien zur religiösen Entwicklung* von Oser/ Gmünder und James Fowler haben nach wie vor ihre Bedeutung, wenn sie auch durch neuere Einzelstudien zu ergänzen sind, die eine über das alte Piaget-Paradigma hinausgehende Sichtweise einnehmen. (Einen Überblick über den aktuellen Stand zu den wichtigsten Themen des RU – Gott, Mensch, Weltbild u.a.m. – bietet der Band von G. Büttner u.a.).

Literatur:

- Büttner, Gerhard/ Dieterich, Veit-Jakobus: Entwicklungspsychologie in der Religionspädagogik. (UTB) Göttingen: Vandenhoeck & Ruprecht, 2., aktualisierte und erweiterte Aufl. 2016.
- Schweitzer, Friedrich: Lebensgeschichte und Religion. Religiöse Entwicklung und Erziehung im Kindes- und Jugendalter. Gütersloh: Gütersloher Verlagshaus, 8. Aufl. 2016

Jugendsoziologie

(2) Im Blick auf die Ergebnisse der empirisch arbeitenden *Jugendsoziologie* zur Frage von *religiösen Einstellungen* sind insbes. die periodisch durchgeführten und veröffentlichten Shell- sowie die Sinus-Studien von zentraler Bedeutung, daneben aber auch Einzelstudien, die sich in den letzten Jahren in größerer Anzahl finden. Im Schülerband präsentiert ein eigenes Unterkapitel die Ergebnisse einer Shell-Studie zu den Positionen Jugendlicher zur Gottesfrage (→ 3.4.1, S. 121). Die SINUS-Studien zur Erfassung der Lebenswelten von Jugendlichen (seit 2008) haben ein mehrgliedriges „Wertefeld" zur Erfassung unterschiedlicher jugendlicher „Milieus" entwickelt, in folgender Aufteilung (mit leichten Varianten): Prekäre; Materialistische Hedonisten; Experimentalistische Hedonisten; Konservativ-Bürgerliche; Adaptiv-Pragmatische; Sozialökologische sowie Expeditive. In einer umfangreichen Sekundäranalyse zahlreicher empirischer Studien zu religiösen Einstellungen in der Jugendzeit entwickelte Carsten Gennerich ein viergliedriges Schema zur Kategorisierung jugendlicher Religiosität anhand der Koordinaten Bewahrung vs. Offenheit für Wandel (waagrechte x-Achse, von rechts nach links) resp. Selbststeigerung vs Selbsttranszendenz. (senkrechte y-Achse, von unten nach oben). Die vier Teile (Religionsformen) im Kreisschema sind dann (im Uhrzeigersinn): Traditionelle, organisierte Religion; Religion mit starker Abgrenzung nach außen und innerer Kontrolle; Säkulare, sich von Religion abgrenzende Selbst-Attribution; Spirituelle Suche jenseits organisierter Religion. Das Werk ist nach wie vor eine Fundgrube im Blick auf die religiösen Einstellungen Heranwachsender zu den klassischen Themen des RU.

Literatur:

- Gennerich, Carsten: Empirische Dogmatik des Jugendalters. Werte und Einstellungen Heranwachsender als Bezugsgrößen für religionsdidaktische Reflexionen (Praktische Theologie heute, 108). Stuttgart: Kohlhammer, 2010
- Schweitzer, Friedrich u.a.: Jugend – Glaube – Religion. Eine Repräsentativstudie zu Jugendlichen im Religions- und Ethikunterricht, Münster/ New York: Waxmann, 2018

Zitate von Jugendlichen

(3) *Zitate von Jugendlichen (Schüler*innen):*

Bei drei der sechs Kapitel (Gott; Kirche[n] und Religion[en]) findet sich ein eigenes *Unterkapitel* mit Reflexionen über die Einstellungen Jugendlicher und mit einzelnen Zitaten Heranwachsender (oft Auszüge aus Schülertexten) zum Thema.

Darüber hinaus werden durchgehend, vor allem an wichtigen Stellen, Statements von Heranwachsenden im O-Ton zitiert (freigestellte Zitate). Sehr häufig handelt es sich um Schülertexte aus der Kursstufe. Für diese Texte gilt:

- sie dienen der Veranschaulichung von Einstellungen, mitunter auch von Argumentationsstrukturen;
- sie sind nur exemplarisch gemeint, nicht unbedingt repräsentativ oder gar die ganze Bandbreite an Möglichkeiten abbildend;
- sie sollen vorrangig als Anregung für eigene Äußerungen, Texterstellungen und -bearbeitungen dienen; denn die Positionen in der Klasse selbst sind ja die mit der höchsten Relevanz für den Unterrichtsprozess.

Überblick über Schülerbezug im Schulbuch

Unterkapitel
3.4.1 „Ich glaube an Gott, auch wenn es ihn nicht gibt" –Gottesvorstellungen Jugendlicher (S. 121)
4.6.3 „Jesus bedeutet für mich …" – Deutungen Jesu heute (S. 190)
5.5.3 Keine Antwort auf Fragen, die wirklich bewegen? – Jugendliche und Kirche (S. 233f)
6.1.4 „Religiosität – ein gewisses Lebensgefühl" – Jugend und Religion (S. 248f)

Einzelzitate
Wirklichkeit:
S. 24, oben: Ein Zwanzigjähriger zu Schöpfung oder Evolution
S. 38, unten: Greta Thunberg zur Zukunft; Bild: Fridays für Future
S. 50, Mitte, links: Greta Thunberg zur Klimakrise
Mensch
S. 71, oben: 16-jährige Caroline Osmaston zum Amoklauf in Winnenden
S. 76, Mitte: Gregor K., 12. Klasse, zum Menschen
S. 88, unten: zwei literarische Figuren zur Lebens- und Sinnsuche als Siebzehnjährige
S. 97, T. 2.7 (3): Schülerin, 11. Klasse, zum Leben nach dem Tod
Gott
S. 108, oben, rechts: 17-jährige Lisa zu ihrem Gottesglauben
S. 124, unten, rechts: 17-jähriger Berufsschüler zu seinem Gottesglauben
S. 134, unten: Schülertext zum Gottesglauben (Theodizee)
Jesus Christus
S. 148, unten, Zur Diskussion, Zitatsammlung: Jugendliche zu Jesus Christus; repräsentative Auswahl für mögliche Positionen
S. 171, oben rechts: Anne Frank zum Thema „Wunder"
S. 189, unten, zwei jugendliche Skinheads zu Jesus
Kirche(n)
S. 198, oben, 199, oben: Zwei Schülertexte zu Jugendcliquen
S. 222, Mitte, rechts: Jugendliche zum Thema „Kirche"
S. 223, ganz unten: Jugendliche zum Thema „Glaube"
S. 227, ganz unten: Zwei Jugendliche zum eigenen sozialen/ diakonischen Engagement
S. 233, Zustimmung Jugendlicher zu Aussagen zur Kirche
Religion(en)
S. 256, unten: Schülertexte zum Thema Religion (und Gewalt)
S. 260, Jugendliche zum Thema Religion (und Dialog)

7.1.2 Didaktik: Theologisieren mit Jugendlichen

Didaktik: Theologisieren mit Jugendlichen

Die Konzeption des „Theologisierens mit Jugendlichen" geht von drei didaktischen Kernelementen des Unterrichts aus, dem Theologisieren (1) für, (2) von und (3) mit Jugendliche(n). Konkret heißt dies, dass der Unterricht Aussagen der biblisch-christlichen Tradition bzw. der Theologie auf der einen Seite und Positionen der Jugendlichen auf der anderen im Lernprozess ständig dialogisch aufeinander bezieht.

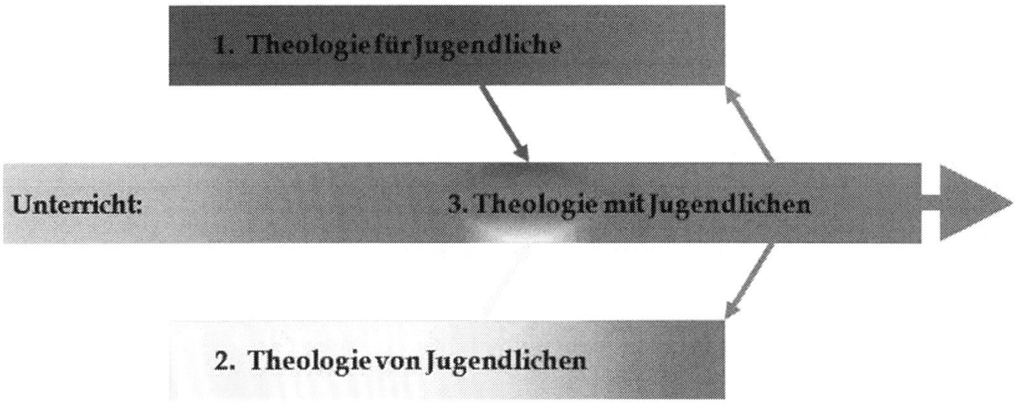

Grafik: Didaktisches Modell des Theologisieren mit Jugendlichen mit den drei Elementen Theologie (1) *für*, (2) *von* und (3) *mit* Jugendlichen. Ersteres steht für die biblisch-christlich-protestantischen

Traditionen (samt ihren interkonfessionellen, interreligiösen, wissenschaftlichen und kulturellen Bezügen und Kontexten); Zweiteres steht für die Posititonen der am Unterricht Beteiligten (der Jugendlichen und der Lehrkraft), das Dritte für den dialogischen – und prinzipiell ergebnisoffenen! – Unterrichtsprozess selbst. Alle drei Ebenen stellen sich wiederum in plurale Positionen aufgefächert dar.

Exemplarisch wird eine Unterrichtsphase im Stil des Theologisierens mit Jugendlichen anhand der Auseinandersetzung mit dem Atheismus im Lehrerband dargestellt (→ 3.2, bes. auch die Ergänzung *Theologisieren mit Jugendlichen am Beispiel Gottesglaube – Atheismus* am Ende des Teilkapitels).

Literatur:
- Dieterich, Veit-Jakobus (Hg.): Theologisieren mit Jugendlichen. Ein Programm für Schule und Kirche, Stuttgart: Calwer, 2012
- Jahrbuch für Jugendtheologie, Stuttgart: Calwer, 2013ff, seit 2018: Jahrbuch für Kinder- und Jugendtheologie

Allgemeine Literatur zur Didaktik
- Büttner, Gerhard/ Dieterich, Veit-Jakobus/ Roose, Hanna: Einführung in den Religionsunterricht. Eine kompetenzorientierte Didaktik, Stuttgart: Calwer, 2015
- Rothgangel, Martin u.a. (Hg.): Theologische Schlüsselbegriffe. Subjektorientiert – biblisch – systematisch – didaktisch, Göttingen: Vandenhoeck & Ruprecht, Neuausgabe (6., komplett neu erarb. Aufl.), 2019

7.2 Themenfelder von Theologie und RU

Themenfelder von Theologie und RU

7.2.1 Bibel

Bibel

Grundlegende Fragen des *Umgangs mit* der *Bibel* und eines angemessenen *Bibelverständnisses* finden sich zu folgenden Themen in den jeweils angegebenen Unterkapiteln:

- Gotteswort oder Menschenwerk? – Bibel und Offenbarung: 1.1.3, S. 17–20: Entstehung: Verbalinspiration? vs. Geschichtliche Entstehung, S. 17f
- Methoden der Bibelauslegung, S. 18; Feministische Bibelauslegung, S. 69; Historisch-kritische Methode: Zwei-Quellen-Theorie, S. 157f; Leben-Jesu-Forschung, S. 159; Befreiungstheologische Bibellektüre, S. 220f
- Mythologisches Weltbild der Bibel und Entmythologisierung in der Bibel (Gen 1+2), S. 22, 25
- Sprache: Wahrheit und Sprache, S. 18, Erzählungen, Poesie (Gen 1+2), S. 21f, 25; Gleichnisse, S. 169f; Metaphern und Symbole, S. 243, 249
- Verstehen von „Sinn“: Lehre vom „Literalsinn“ vs. Hermeneutik, S. 18f
- Verwendung der Bibel als Grundlage zur Gewinnung von Kriterien für eine aktuelle angewandte Ethik, S. 36f, 66 (Seitenmitte).

Überblick/ Register zum Bibelbezug bei Einzelthemen

Überblick/ Register

- Anthropologie: S. 62f, 65, 67, 69 (Schöpfung)
- Bilderverbot: S. 118f
- Exodus, Freiheit: S. 89, 116
- Gerechtigkeit (AT): S. 41f
- Gnade und Glaube: S. 85
- Hiob: S. 134
- Jesus: Kap. 4, S. 146–193; Jesus (Gott) am Kreuz, S. 138f
- Liebesgebot, Doppelgebot der Liebe: S. 30f, 176
- Prophetie: S. 41f
- Schöpfung: S. 21f, 25 (gesamt); 62f, 65, 69 (Mensch); 125 (Gott)
- Theologie i.e.S.: Gottesvorstellungen: S. 116f, 124f; Gottes Liebe, Gnade und Barmherzigkeit: 117, 133 (Ps 23), 147
- Tora, Dekalog u.a.m.: S. 30f
- Urgemeinde, Frühe Kirche: Teilkapitel 5.1, S. 198–201, 206f, 211
- Urgeschichte: (s. auch: Schöpfung); Gen 3, S. 74; Gen 4, S. 74f
- Willensfreiheit (Paulus): 79

7.2.2 Ethik

Ethik

Ethische Fragestellungen werden in allen Kapiteln und in vielen Teil- resp. Unterkapiteln thematisiert. Im Schülerband findet sich am Ende des Unterkapitels zur Angewandten Ethik (1.3.3) ein Überblick zu diesen ethischen Themen (S. 39, Zusammenfassung, Ende: *Netzwerk Ethik – Ethische „Fenster“*), der hier nochmals abgedruckt wird. Anhand dieses Überblicks lässt sich ein eigener Kurs zur Ethik planen und gestalten. Zusätzlich erlaubt ein Stichwortregister die rasche Auffindung spezifischer ethischer Einzelfragen.

Netzwerk Ethik (Ethische „Fenster“)

Netzwerk Ethik

- Gerechtigkeit (→ 1.4, S. 40–46)
- Zukunftsgestaltung: Gerechtigkeit, Frieden, Bewahrung der Schöpfung (→ 1.5.2, S. 48–50)
- Menschenrechte, Menschenwürde (→ 2.1.2, S. 63)
- „Optimierung“ des Menschen (→ 2.1.3, S. 64–66)
- Rechtfertigung als Grundlage der Ethik (→ 2.5, S. 83–86)
- Freiheit und Verantwortung (→ 2.6.2, S. 89–91)
- Lebensfreundlicher Gottesglaube (→ 3.5.2, S. 130)
- Jesu Berpredigt / Ethik / Nachfolge (→ 4.4, S. 174–180)
- Kirche: Inklusion und Exklusion (→ 5.2.2, S. 208–210)
- Politische Ethik: Kirche und Staat (→ 5.2.3, S. 211–214)
- Kirche und Diktatur (→ 5.3.1, S. 215–218) / Demokratie (→ 5.4.3, S. 225–228)
- Kirche und Gerechtigkeit (→ 5.3.2, S. 219–221)
- Diakonie (→ 5.4.3, S. 226+228)
- Toleranz der Religionen (→ 6.3.2, S. 256–258)

Stichwortregister zu einzelnen ethischen Themen

7.2.3 Gerechtigkeit

Gerechtigkeit

(1) „Gerechtigkeit" ist ein Thema, das zum einen in einem eigenen Teilkapitel explizit und fokussiert zur Sprache kommt (→ 1.4, S. 40–46), sich zum andern jedoch quer durch nahezu alle Kapitel des Buches zieht (s.u., Überblick).
(2) Bei der Gerechtigkeitsthematik finden sich zwei grundlegend unterschiedliche Ansätze: ein „paternalistischer", karitativer, die Not lindernder und ein „struktureller", befreiungstheologischer, die Ursachen von Ungerechtigkeit aufdeckender und verändernder Ansatz (s.u., Tabelle). Der paternalistische Ansatz ist der in Theologie und Kirche gegenwärtig weithin dominierende; demgegenüber sollte die biblisch angelegte Doppelung beider Sichtweisen (Exodus, Befreiung in sozialer und politischer Hinsicht u.Ä.m.) stark gemacht werden. Paradigmatisch lassen sich beide Perspektiven oder Paradigmata anhand des Gedichts von Bertolt Brecht *Die Nachtlager* veranschaulichen und verdeutlichen (S. 12 - Wirklichkeit, Einleitung).
(3) Anhand eines *Stichwortregisters* zu wichtigen Begriffen, Schlagworten und Einzelthemen lassen sich Einzelaspekte im Umfeld der Gerechtigkeitsthematik auffinden und ergänzen (ohne Anspruch auf Vollständigkeit).

(1) Überblick: Das Thema Gerechtigkeit in den Kapiteln

Überblick: Gerechtigkeit

Kapitel	Teil-/Unter-/Kapitel/ Thema	Stelle
Wirklichkeit	Gerechtigkeit (in Deutschland)	→ 1.4, S. 40–46 (→ 1.4.2, S. 42f)
Mensch	Freiheit: Homo oeconomicus	→ 2.6.3, S. 94
Gott	Gottesvorstellungen: Mammon	→ 3.4, S. 124
Jesus Christus	Jesu Ethik: Nächstenliebe	→ 4.4.2, S. 176f
	Nachfolge Jesu: Armut	→ 4.4.3, S. 178f
Kirche(n)	Die Kirchen und die Soziale Frage	→ 5.3.2, S. 219–221

(2) Tabelle: Paternalistischer vs. strukturanalytischer Zugang zur Gerechtigkeits-Thematik

Individueller, helfender, diakonischer, paternalistischer Zugang	Hilfe im Einzelfall: Linderung von konkreter Not
Struktureller, sozialrevolutionärer, die Verhältnisse ändernder Zugang	Beseitigung von prinzipieller Ungerechtigkeit und Unterdrückung

(3) Gerechtigkeit – Stichwortregister zu Einzelaspekten

Stichwortregister Gerechtigkeit

(keine Vollständigkeit)

- Gerechtigkeit *40–46*, 49
  - Bedürfnisgerechtigkeit *44*, 46
  - Befähigungsgerechtigkeit *45f*, 92
  - Leistungsgerechtigkeit *44*, 46
  - Teilhabegerechtigkeit 45f
  - Verteilungsgerechtigkeit 45f
- Geschlechtergerechtigkeit 43
- Option für die Armen, (vorrangige) *43*, 46, *220f*
- Soziale Frage 219
- Sozialethik 27, 30 (S. im AT), 38
- Soziallehre, katholische 219, 221
- Theologie der Befreiung 46, 94, *220f*
- Zwei-Drittel-Gesellschaft 43
- Zwei-Reiche/ Regimente(-Lehre) 212–214
- Zwölf Artikel der Bauernschaft in Schwaben 91

(Im Umfeld des AT ist insbes. die Prophetie (Amos, Jesaja) zu nennen, beim NT Jesus, das Reich Gottes, die Nachfolge (Reicher Jüngling), ferner der Jakobusbrief.)

7.2.4 Kirchen, Konfessionen

(1) *Kirchen und Konfessionen*

(a) Gemeinsamkeiten (Identity marker): 1. Glaube an Gott/ Jesus Christus/ Hl. Geist/ Trinität; 2. Taufe und Abendmahl/ Eucharistie; 3. Credo/ Glaubensbekenntnis(se); Notae ecclesiae: 5.1.2, S. 200–202, 205.
(b) Unterschiede: Drei Grundrichtungen/ Kirchen: Orthodoxe, Römisch-katholische, Evangelische/ Protestantische: 5.1.3, S. 203–205.
Kirchen und *Freikirchen*: 208, 214 (Strukturen), Pfingstkirchen: S. 208, 235, 1. Abschn.

(2) *Römisch-katholische und evangelische/ protestantische Kirche(n) – Konfessionalität und Konfessionelle Kooperation*

(a) *Römisch-katholische Kirche/ Katholische Kirche 203, 205*, 224, 228; Papstkirche im Mittelalter 208–210; R.-k. K. und Nationalsozialismus 218; R.-k. K. und Soziale Frage/ Befreiungstheologie 219–221; R.-k. K. heute 222–228.
Aus neuerer Zeit kommen für die katholische Theologie das 2. Vatikanische Konzil mit einem Zitat zur Völkergemeinschaft (S. 254), der (Konzils-) Theologe Karl Rahner (S. *59f*: Der Mensch als Geheimnis*;* 129: Gott als Geheimnis), die Befreiungstheologie mit authentischen Zeugnissen (S. 220f), Papst Franziskus mit seiner Wirtschaftskritik aus „Evangelii gaudium" von 2013 (S. 220), sowie der Katholische Erwachsenen-Katechismus (S. 119: Gott als Geheimnis) und der Jugendkatechismus der Katholischen Kirche (Youcat, S. 108: Natürliche Theologie/ Erkennbarkeit Gottes) zu Wort.
(b) *Reformation* 203; Lutherische Kirchen 119; *205;* Reformierte Kirchen 119; *205.*
(c) *Konfessionalität und Konfessionelle Kooperation*
Gottesdienst, evangelisch/ katholisch 203f; *224;* Amtsverständnis 224; Kirchenverständnis und -struktur 224; Papst 203, 224; Sakramente/ Eucharistie 205, 224; Ökumene/ Ökumenischer Rat der Kirchen (ÖRK) 49f, *235, 237.*
(d) Bundesrepublik Deutschland (beide Großkirchen):
Trennung und Kooperation von Staat und Kirche; Kirche als Körperschaft öffentlichen Rechts; Tätigkeiten der Kirche: 5.4.3, S. 225-228: Diakonie/ Caritas sowie Religionsunterricht u.a.m.
Gemeinsame öffentliche Stellungnahmen: a) „Sozialwort" zur „(vorrangigen) Option für die Armen" von 1997: 1.4.2, S. 43, unterhalb Seitenmitte; b) „Demokratiewort" der Kirchen von 2019: S. 225, unten.
(e) Theologie der katholischen und evangelischen Kirche(n) im Vergleich

<table>
<tr><th>Theologisches Thema</th><th>Katholische Kirche</th><th>Lutherische/ evangelische K.</th></tr>
<tr><td>Gottesbeweise, -hinweise → 3.1.2, S. 105f, 108</td><td>Thomas von Aquin; Youcat
Natürliche Theologie</td><td>Distanz zu Gottesbeweisen
Offenbarungstheologie</td></tr>
<tr><td>Geoffenbarter und verborgener Gott → 3.5.2, S. 128f</td><td>Gott als Geheimnis (S. 119)
Negative Theologie</td><td>Martin Luther: Geoffenbarter und verborgener Gott</td></tr>
<tr><td rowspan="2">Rechtfertigung/ Rechtfertigungslehre → 2.5.1, S. 83f, 86, auch S. 203</td><td>Anathema des Konzils von Trient (S. 203)</td><td>Martin Luther: Zentraler Artikel gegen Papst (S. 203)</td></tr>
<tr><td colspan="2">Gemeinsame Erklärung zur Rechtfertigungslehre (GER) 1999: Dissens-Beendigung 86, 203</td></tr>
</table>

Lange Zeit wurde die Rechtfertigungslehre als Hauptdifferenz zwischen der Katholischen und den evangelischen Kirche(n) gesehen; spätestens seit der Gemeinsamen Erklärung zur Rechtfertigungslehre (GER) von 1999 ist deutlich, dass die Differenzen zwischen den beiden Konfessionen weniger im theologischen als im strukturellen Bereich zu suchen sind (Kirchen- und Amtsverständnis inklusive Papsttum).

Literatur:
- Katechismus der Katholischen Kirche; Jugend-Katechismus der römisch-katholischen Kirche (Youcat).

Links:
- https://www.ekd.de/
- https://www.dbk.de/

7.2.5 (Welt-)Religionen

(Welt-)Religionen

Die Darstellung der Weltreligionen im Teilkapitel 6.2 (Weltreligionen, gleichsam im „Taschenformat", S. 250–254) beschränkt sich auf deren wichtigste Grundmerkmale. Ergänzend dazu finden sich in allen Kapiteln des Buches an mindestens einer oder an mehreren Stellen „interreligiöse Fenster" (in der Regel in grüner Schrift, teilweise auch als eigenes Teilkapitel), in denen die Auffassungen der Weltreligionen zum jeweiligen Thema dargestellt sind. Durch diese „Fenster" lassen sich die Grundzüge der Weltreligionen ergänzen, sodass ein umfassenderes Bild entsteht. In umgekehrter Richtung ist zudem eine Einordnung der jeweiligen Auffassung zu einem Teilthema in die Gesamtkonzeption einer Religion möglich.

Überblick

Überblick
Interreligiöse Fenster

- *Interreligiöse Fenster (→ S. 253)*
- Wirklichkeitsverständnis (→ 1.1.3, S. 20) und Ethik (→ 1.3.2, S. 32f)
- Menschenbild: Anthropologie (→ 2.1.3, S. 66); Willensfreiheit (→ 2.4.2, S. 81); Erlösung (→ 2.5.3, S. 87) sowie Zukunfts- bzw. Nachtod-Vorstellungen (→ 2.7.3, S. 99)
- Gottesvorstellungen (→ 3.7.3, S. 145) und Bilderverbot (→ 3.3.3, S. 119); Gottes- bzw. Transzendenzerfahrungen (→ 3.5.3, S. 132) und Theodizee-Problematik (→ 3.6.3, S. 140)
- Deutungen Jesu (→ 4.6.1, S. 187f; 190)
- Gemeinschaftsbildung und Gruppierungen (→ 5.5.4, S. 236)
- Religion(en) und Aufklärung (→ 6.1.2, S. 244f).

	Judentum	**Christentum**	**Islam**	**Hinduismus**	**Buddhismus**
Bekenntnis					
Schrift(en)					
Mensch					
Gott/ Göttliches					
Heilsweg					
Gemeinschaft					
Ethik					
Wirklichkeitsverständnis					
Herkunft/Schöpfung					
Zukunft/Ziel Geschichte					

Alternativ-Tabelle: Zentrale Merkmale der Religionen

7.2.6 Zukunft

Zukunft

In zwei eigenständigen, miteinander zusammenhangenden Teilkapiteln findet die Zukunft (a) der Welt (→ 1.5, S. 47–53) sowie (b) des/ der Menschen (→ 2.7, S. 95–99) Berücksichtigung. Daneben ist „Zukunft" (wie Ethik und Gerechtigkeit sowie Konfessionen und Religionen eines der Themen, die sich quer durchs ganze Buch ziehen. Die betreffenden Bezüge sind daher im Folgenden nochmals umfassend und vollständig zusammengestellt:

Wirklichkeit
- 1.3.3, S. 34f, 38: Angewandte Ethik: Digitalisierung, Roboter-Autos, Planetarische Ethik u.a.m.
- 1.5, S. 47–53: Schöne neue Welt? – Unsere Zukunft/ Zukunft der Welt (Eschatologie, Tl. I), Futurologie 52

Mensch
- 2.7, S. 95–99: Weiterleben im Netz! – Was kommt nach dem Tod?/ Zukunft des Menschen/ Individuums (Eschatologie, Tl. 2: Auferstehung), Futurische/ Präsentische E. 99

Jesus Christus
- 4.3, S. 167f: Gottes Reich
- 4.5.1, S. 181f: Jesu Auferstehung
- 4.7, S. 191–193: Ausblick Wiederkehr/ Parusie Jesu

Kirche(n)
- 5.5, S. 229–237: Zukunft der Kirche(n)

Religion(en)
- 6.0, S. 240: Zum Kapitel, ganz unten: Zur Diskussion, Acht Thesen zur (Zukunft von) Religion
- 6.1.2, S. 245, Mitte: Thesen und Trends zur (Entwicklung von) Religion.

Dimensionen: Menschenrechte – Gender – Inklusion
Politische Dimension: Menschen-/ Grundrechte

7.3 Dimensionen: Menschenrechte - Gender - Inklusion

7.3.1 Politische Dimension: Menschen-/ Grundrechte

Allgemeine Erklärung der Menschenrechte (AEMR)

- Art. 1: Menschenwürde und -rechte, Freiheit, Gleichheit: S. 63
- Art. 2: Diskriminierungsverbot, S. 43
- Art. 18: (Gedanken-, Gewissens- und) Religionsfreiheit S. 225 – nur Hinweis, ohne Zitat
- Art. 22: Soziale Sicherheit; Würde und freie Persönlichkeitsentwicklung; wirtschaftliche, soziale und kulturelle Rechte, S. 46.

Grundgesetz der Bundesrepublik Deutschland (GG)

- Art 1: Menschenwürde und -rechte, S. 63
- Art 2: Freiheit (der Person, Entfaltung der Persönlichkeit), S. 92
- Art 3: Gleichheit vor dem Gesetz; Gleichberechtigung der Geschlechter, S. 43
- Art 4: Freiheit des Glaubens, Gewissens und des religiösen und weltanschaulichen Bekenntnisses, S. 225
- Art 7: Religionsunterricht ordentliches Lehrfach, S. 226
- Art 16a: Asylrecht für politisch Verfolgte, S. 43
- Art 20: Bundesrepublik ein demokratischer und sozialer Bundesstaat, S. 43.

Gender

7.3.2 Gender

Durchgehend wurde auf gendergerechte Sichtweisen, die Thematisierung der Benachteiligung von Frauen sowie die Infragestellung und Überschreitung der binären Geschlechtercodierung geachtet. Dies geschieht auf unterschiedlichen Ebenen:

(1) Zum einen systematisch in *eigenen Unterkapiteln* resp. *Abschnitten* bei allen Themenstellungen:

- Wirklichkeit: Geschlechtergerechtigkeit, 1.4.2, S. 43, unten (AEMR; GG);
- Mensch: Geschlechtlichkeit (männlich, weiblich, divers), 2.2.2, S. 69;
- Gott: Gott, männlich, weiblich oder anders?, 3.4.3, S. 124f;
- Jesus: Jüngerinnen, 4.2.3, Szene 5, S. 163; Jüngerinnen als Zeuginnen der Auferstehung Jesu, 4.5.1, S. 181f;
- Kirche(n): Vision Inklusion in der frühen Kirche, 5.1.1 (2), S. 199, unten, letzte beiden Abschn.; Frauenkirche – Ist die Kirche weiblich?, 5.4.1 (2), S. 222 – Zukunft der Kirche(n)?, S. 235, unten („Feminisierung von Religion").

(2) Zum zweiten bei der Auswahl der *Kurzzitate*, bei denen *Frauen* ausführlich zu Wort kommen, sowie der *Bilder* (Berücksichtigung von Malerinnen); bei den Quellentexten konnte das Prinzip leider nur sehr bedingt zum Zug kommen (Dorothee Sölle, s.u. 4.3), da die meisten „klassischen" Texte der Tradition von Männern stammen; bei den Kurzzitaten wurde bewusst auf weibliche Stimmen (aus Tradition und Gegenwart) geachtet, immer wieder wird in einem Zitatpaar eine weibliche einer männlichen Sichtweise gegenüber oder zur Seite gestellt (z.B. S. 69, erstes freigestelltes Zitatpaar, zum Thema „Liebe"); gegenüber einer üblichen männlichen Dominanz gibt es auch Zitatpaare von Frauen (z.B. S. 144, oben).

(3) Bei der *Bildauswahl* in *thematischer* Hinsicht; hier erfolgt auch eine Infragestellung von Stereotypen und Klischees, z.B. weiblicher Schönheitsvorstellungen: 2.1.3, S. 64: Human Enhancement, zwei Bilder.

(4) Bei *aktuellen Fragestellungen,* bei denen vor allem eine neue Generation junger Frauen eine entscheidende Rolle spielt (paradigmatisch: Greta Thunberg bei der Fridays for Future-Bewegung: S. 38, unten; S. 50, unterhalb Seitenmitte).

(5) Bei der systematischen Berücksichtigung der *feministischen Theologie*, bei der (neben Sölle) eine große Anzahl namhafter Vertreterinnen zu Wort kommt. Systematisch dargestellt etwa auch bei der Thematisierung der Geschlechtlichkeit des Menschen u.a. anhand zweier Passagen aus der „Bibel in gerechter Sprache" (2.2.2, S. 69).

Literatur:

- Kompendium feministische Bibelauslegung, hg. von Luise Schottroff u.a., Gütersloh: Kaiser, Gütersloher Verlagshaus, 1998
- Wörterbuch der feministischen Theologie, hg. von Elisabeth Gössmann u.a., Red. Beate Wehn, Gütersloh: Gütersloher Verlagshaus, 2., vollst. überarb. und grundlegend erw. Aufl., 2002
- Bibel in gerechter Sprache, hg. von Ulrike Bail u.a., Gütersloh: Gütersloher Verlagshaus, 3. Aufl. 2007

7.3.3 Inklusion

Das Thema „Inklusion“ findet an zahlreichen Stellen Beachtung resp. Berücksichtigung, insbes. im Blick auf Fremde, Behinderte und Arme.

- *Fremde:* Flüchtlinge in der EU und der Bundesrepublik Deutschland (S. 40, 237, zwei Bilder; S. 43, oben, freigestelltes Zitat, linke Spalte, Art. 16a Abs. 1: Asylrecht); Fremde in der Bibel (S. 30, ganz unten: Fremdenliebe; S. 41, Seitenmitte: Ambivalenz).
- *Behinderungen:* Down Syndrom (S. 64, Bild, rechte Spalte); Wunder/ Heilungen Jesu (S. 171f); Vernichtung sog. „lebensunwerten Lebens“ („Euthanasie“) im Dritten Reich (S. 217, unten); Arbeit in einer Schule für Körperbehinderte (S. 227, ganz unten, freigestelltes Zitat, linke Spalte: Leander).
- *Arme:* s.o. 2.3: Gerechtigkeit.

Auch in weiteren Kontexten taucht das Thema „Inklusion“ auf, etwa bei Jesus: Reich Gottes mit Gleichnissen, Wundern und Tischgemeinschaften als Inklusion, 4.3, S. 167–173; oder Inklusions-/ Exklusionsmechanismen in Kirchen, 5.5.2, S. 208–210, und Religionen, 6.3, S. 255–261.

Theologie, systhematisch

7.4 Theologie, systhematisch

Zentrale Referenzen in der *Theologie* sind Martin Luther (und als „Antipode" J.A. Comenius), ferner Dietrich Bonhoeffer und Dorothee Sölle.

Martin Luther

7.4.1 a) Martin Luther

Martin Luther (1483–1546), vor und neben Philipp Melanchthon zentrale Gestalt der *deutschen (lutherischen) Reformation* und (Mit-)Begründer der lutherischen Kirchen, steht für die Grundlagen der reformatorischen, evangelischen Kirchen. Luther vertritt als zentralen Grundgedanken die *Rechtfertigung des sündigen Menschen* aufgrund der frei geschenkten *Gnade Gottes* (sog. Rechtfertigungslehre), die ein Lohn-Strafe-Denken (in Luthers Terminologie: die Rechtfertigung aufgrund von menschlichen Werken) durchbricht, zurückweist und überbietet.
Luther ist aus sachlichen Gründen der Theologe, der mit sieben – z.Tl. längeren – Quellentexten sowie mit zahlreichen Kurzzitaten sowie Hinweisen im Fließtext am häufigsten zu Wort kommt, am ausführlichsten mit seiner „Freiheitsschrift" von 1520 (mit gut eineinhalb Seiten dem mit Abstand längsten Text im Buch) – entsprechend der zentralen Stellung des Werks, das mit Recht häufig als *die* (grundlegende) reformatorische Schrift bezeichnet wird.
Drei grundlegend *problematische Seiten* von Luthers Theologie kommen ebenfalls zur Sprache: seine Papstfeindschaft (Papst als Antichrist, Andeutungen → S. 203f), sein in der Frühzeit subtiler, im Alter vehementer Antijudaismus (→ S. 209f) und schließlich seine Hetze gegen die aufbegehrenden Bauern (→ S. 91 unten). Luther wird damit nicht einseitig als theologische Lichtgestalt gezeichnet, vielmehr in seiner Ambivalenz zum einen als einer der großen Theologen, der unhintergehbare theologische Grundeinsichten ausarbeitete, zum andern jedoch als Mensch, der in einem häufig mit Vorurteilen beladenen Schwarz-Weiß-Denken und einer (mittelalterlichen) Ständeordnung verhaftet blieb, was sich in gesellschaftlich-politischer und teilweise auch in theologischer Hinsicht in äußerst problematischer Form auswirkte.

Luther-Texte im Schülerbuch

Überblick: Quellentexte, Zitate und Theologoumena Martin Luthers

Wirklichkeit – Theologie

- Definition Theologie: Rede von Gott, S. 16 (Abschn.: Theologie als Gotteslehre, letzte Zeile)

Mensch (Anthropologie)

- Menschenbild, pessimistisches, S. 74, freigestelltes Zitat, linke Spalte
- Erb- bzw. Ur-Sünde = Unglaube, S. 75, Abschn. (Erb-)Sünde, theologisch, Schluss
- Willensunfreiheit, S. 79f: *T 2.4(2)*
- Rechtfertigung, R.slehre, S. 83–86: *T 2.5(1);* 203, freigestelltes Zitat, Seitenmitte, linke Spalte
- Freiheit, Freiheitsschrift, S. 89–91: *T 2.6(1)*
- Stellungnahme gegen die Bauern (Vermahnung), S. 91, freigestelltes Zitat, unten, rechte Spalte

Gott (Theologie i.e.S. als Gotteslehre)

- Gott haben = Glauben = Vertrauen, S. 123f: *T 3.4(1)*
- Gott und Abgott 123f: *T 3.4(2)*
- Gottes zwei Seiten, geoffenbarter vs. verborgener Gott (deus revelatus vs. absconditus), S. 128f: *T 3.5(1)*

Jesus Christus (Christologie)

- Kreuzestheologie, S. 153, unten

Kirche (Ekklesiologie)

- Kirche, Kennzeichen (notae ecclesiae), S. 204, unten
- Antijudaismus, S. 209f, freigestelltes Zitat, oben, rechte Spalte
- Obrigkeitsschrift/ Zwei-Reiche-/ Regimente-Lehre, S. 212–214: *T 5.2(1)*

Grundzüge der Theologie Luthers

Vom *Rechtfertigungsgeschehen* her lassen sich die *Grundzüge der Theologie Luthers* entfalten:

- Gott offenbart sich den Menschen in Güte, Gnade und Barmherzigkeit (Theologie i.e.S.)
- in der Rechtfertigung des sündigen, „gottlosen" Menschen (Anthropologie)
- durch das Erlösungswerk Jesu Christi am Kreuz (Christologie, Soteriologie, Theologia crucis) –
- dies verkündet die Kirche in der evangelischen Predigt und konkretisiert es zugleich sprachlich und leiblich in den Sakramenten (Ekklesiologie).

Die Aussagen über Gott und den Menschen sind in Luthers Theologie eng miteinander verzahnt und komplementär zueinander ausgearbeitet, was im folgenden Überblick grafisch verkürzt und übersichtlich dargestellt wird:

Gott	Rechtfertigung des Sünders	Freiheit ↓	Gnade Geschenk	Heiliger Geist Wirken	Verborgener Gott (Zorn)
Mensch	Erbsünde	≠ Willens-Unfreiheit	↓ Glaube	↓ → Werke Liebe	≠ Kein Zugang

Tabelle: Die Kontextstruktur (Ko-Konstruktion Gott-Mensch) zentraler theologischer Denkmuster Luthers

Literatur – Werke Martin Luthers:
Natürlich ist als zentrale wissenschaftliche Ausgabe von Luthers Schriften die Weimarana zu nennen (WA = Weimarer Ausgabe: D. Martin Luthers Werke. Kritische Gesamtausgabe. Weimar 1983ff), ferner die drei neueren wissenschaftlichen Auswahlausgaben von Otto Clemen, von Hans-Ulrich Delius und von Wilfried Härle u.a.
Für den unmittelbaren Gebrauch sind dagegen folgende drei handliche mehrbändige Auswahlausgaben in heutigem Deutsch von allgemeinem Interesse (alle empfehlenswert, mit unterschiedlichen Schwerpunkten):

- Calwer Luther-Ausgabe (in zehn Bänden). Hg. von W. Metzger, Neuhausen-Stuttgart: Hänssler Verlag 1996 (Lizenzausgabe des Calwer Verlags Stuttgart)
- Luther, Martin: Ausgewählte Schriften. Hg. von K. Bornkamm und G. Ebeling. (6 Bde.), Frankfurt a.M.: Insel Taschenbuch, 2. Aufl. 2000
- Luther Deutsch. Die Werke Luthers in Auswahl. (10 Bde., zudem Registerband und Lutherlexikon). Hg. von K. Aland, Göttingen: Vandenhoeck & Ruprecht 1991

Literatur – Sekundärliteratur zu Martin Luther

- Beutel, Albrecht (Hg.): Luther Handbuch, Tübingen: Mohr Siebeck, 2. Aufl. 2010
- Dieterich, Veit-Jakobus: Martin Luther. Sein Leben und seine Zeit (Biografie dtv premium), München: dtv, Neuausg. 2017 (Als Lektüre für Kursstufe geeignet.)

7.4.1 b) Johann Amos Comenius

Johann Amos Comenius

Der tschechische Theologe, Pansoph und Pädagoge Johann Amos Comenius (1592–1670) ist heute als Klassiker und eigentlicher Begründer der neuzeitlichen Pädagogik bekannt. Daneben war er jedoch ein bedeutender Universalgelehrter seiner Zeit (und Gegenspieler von René Descartes), der eine eigenständige umfassende Philosophie (Pansophie = Lehre „von Allem") entwickelte. Als Theologe gilt er als wenig eigenständig, gleichwohl ist er als Vertreter der (einhundert Jahre vor der deutschen einsetzenden) tschechischen Reformation und als bewusster Antipode zu Martin Luther von nicht zu unterschätzender Bedeutung, vorrangig unter zwei – miteinander zusammenhängenden – Aspekten:

- *Menschenbild:* Gegen Luthers pessimistisches Menschenbild setzt er ein optimistisches, das nicht nur vom gefallenen Menschen, sondern vom (durch Christus) erlösten, zudem erziehungs- und damit verbesserungswürdigen Menschen ausgeht („Wir sind erlöst durch den neuen Adam, Christus." – „Es ist uns aufgegeben, zu verbessern, was verbessert werden kann.")
- *Weltbild:* Gegen Luthers Zwei-Regimente-Lehre (mit der Weitertradierung der mittelalterlichen Ständelehre) setzt Comenius sein Programm einer „Weltreform" (Emendatio catholica = Allgemeine Verbesserung), bei der durch eine umfassende (und nicht nur religiöse wie bei Luther) Reform bzw. Reformation auf den Gebieten von Wissenschaft (Philosophie), Politik und Religion (Panorthosia = „Zurechtbringung von Allem") ein Goldenes Zeitalter entstehen kann – als Vorläufer und Vorstufe der Wiederkunft Christi. Dabei entwickelte Comenius bereits in der frühen Neuzeit Ideen, die erstaunlich modern wirken und erst im 20. Jh. eingelöst wurden, etwa die Idee von Ökumenischen Konzilen, einer Weltversammlung der Nationen oder eines Weltfriedensgerichts.

Comenius-Texte im Schülerbuch

Im Buch finden sich *fünf Texte* von Comenius (ein Quellentext und vier Zitate) zu folgenden Themen:

- Die Zukunftsvision einer *umfassenden Weltreform* (Panorthosia) zur Herstellung eines Goldenen Zeitalters (→ T1.5[1], S. 52).
- Eine *fürsorgliche Naturbeherrschung* des Menschen (im Sinne eines „Bebauens und Bewahrens") – im Gegensatz zum klassischen Beherrschungs- und Eigentumsmodell bei René Descartes (→ 2.1.2, S. 63, unten, freigestelltes Zitat, rechte Spalte).
- Der *Mensch* mit seiner angeborenen, unveräußerlichen und umfassenden *Freiheit* – und nicht nur einer „inneren" Freiheit, also Freiheit in Bezug auf Gott, wie bei Luther (→ 2.4.3, S. 82, oben freigestelltes Zitat, rechte Spalte).

- Eine kluge (einen materialen - Gott - und einen funktionalen - Bezugnahme - Aspekt beinhaltende) *Definition* von *Religion* resp. der religionspädagogischen *Aufgabe des Religionsunterrichts* (→ 6.1.1, S. 243 – ließe sich sehr modern und aktuell auch als Kompetenz formulieren!).
- Zuletzt die Bestimmung und Schaffung einer übergreifenden „universalen Religion" als Ziel des Dialogs der Religionen und der allgemeinen Weltreform (S. 254 – Rückbezug auf T1.5[1], S. 52, s.o.).

(Weitere Texte von und zu Comenius lassen sich im Unterricht der Kursstufe mit Gewinn einbringen, konkrete Beispiele hierzu in der angegebenen Literatur).

Literatur:

- Dieterich, Veit-Jakobus: Johann Amos Comenius (rm 50466), Reinbek: Rowohlt, 4. Aufl. 2005
- Dieterich, Veit-Jakobus: Johann Amos Comenius. Ein Mann der Sehnsucht. 1592–1670. Theologische, pädagogische und politische Aspekte seines Lebens und Werkes, Stuttgart: Calwer, 2003 (Anhang: Comenius-Texte für Schule und Fortbildung, bes. geeignet für Kursstufe, S. 170–187, mit Quellentexten und Erläuterungen, nebst Überblick zu Leben und Werk, S. 188f.)

Dietrich Bonhoeffer

7.4.2 Dietrich Bonhoeffer

Dietrich Bonhoeffer (1906–1945) ist einer der zentralen evangelischen Theologen des 20. Jh.s und für den Religionsunterricht aus verschiedenen Gründen besonders interessant:

- Als lutherischer Theologe ist er zugleich ein Schüler des (reformierten) Theologen Karl Barth und nimmt damit wichtige Gedanken beider großer evangelischen Strömungen auf, der deutschen wie der Schweizer Reformation; zudem entwickelt er ganz neue, eigenständige theologische Denkmuster, während seines ganzen Lebens, in besonderer Weise aber während seiner Haft im Gefängnis in Tegel (sog. Tegeler Theologie); er ist dabei ein äußerst vielseitiger theologischer Denker, der die Theologie der Zeit nach dem Nationalsozialismus in vielfacher Weise angeregt hat und bis heute anregt.
- Seine Theologie befasst sich mit konkreten Fragen seiner Zeit und – noch allgemeiner – der modernen Welt und auch des Alltags; dabei formuliert er meist (außer in seinen wissenschaftlichen Qualifikationsarbeiten) gut verständlich; in der Haftzeit schreibt er auch Gedichte.
- Zudem wurde Bonhoeffer nicht nur zu einem wichtigen (und eigenwilligen) Vertreter der Bekennenden Kirche, sondern in einem weiteren Schritt zu einem konsequenten Widerstandskämpfer gegen den Nationalsozialismus, der für seine klare politische Haltung mit dem Leben bezahlte (Ermordung im KZ Flossenbürg im April 1945).

Bonhoeffer-Texte im Schülerbuch

Bonhoeffer-Texte im Schülerbuch:

- Situationsethik (auch: konkrete Ethik, gegen Kants Pflichtethik) → 1.3.1, S. 27; 1.3.2, S. 32 (Zitat);
- Identität (Gedicht aus der Haftzeit „Wer bin ich?" – Mut vs. Mutlosigkeit), → T.2.1(1), S. 59f;
- Billige und teure Gnade, (Neuinterpretation von Luthers Rechtfertigungslehre) → S. 83f, T2.5(2);
- „Von guten Mächten" (Gedicht/ Gebet aus der Haftzeit – Gottvertrauen) → 3.5.3, S. 133 (Zitat);
- Gottes Leiden und Ohnmacht in der Welt am Kreuz Christi (zu Theodizee und Christologie; aus der sog. Tegeler Theologie) → T 3.6(1), S. 139;
- Nachfolge (aus der Zeit im Dienst der Bekennenden Kirche) → T 4.4(1), S. 179;
- Kirche und Staat (Kirche als Gegenpol und im Widerstand gegen den Staat; aus der Frühzeit der NS-Zeit), → 5.3.1, S. 218 (Zitat);
- Kirche (als Weltwirklichkeit; Kirche für andere) → 5.5.4, S. 237.
- (Lebenswerk: → 4.4.3, S. 179; 5.3.1, S. 218.)

Vergleich Theologie Bonhoeffer – Luther

Thema / Theologe	Martin Luther	Dietrich Bonhoeffer
Rechtfertigung	Gerechtigkeit nicht aus Werken, sondern Glaube (S. 84; 90f; 203)	Billige und teure Gnade: Ruf in die Nachfolge (S. 84, 179)
Gottesglaube	Einen Gott haben = Glaube = Vertrauen (S. 124)	Gebet „Von guten Mächten" (S. 133)
„Identität" des Menschen	Simul iustus et peccator (S. 86, Zusammenfassung)	Mut und Mutlosigkeit des Gefangenen (S. 60)
Tod Jesu Christi	Kreuzestheologie (S. 153)	Ohnmacht Gottes (S. 139)
Jesus Christus – Christen	Glaube an Gott/ Gekreuzigten (S. 153)	Nachfolge (S. 179)
Ethik	Freiheit und Dienst (S. 90f)	Situationsethik (S. 32)

Kirche	Predigt und Sakramente; Verbindung mit Obrigkeit (S. 204; 213)	Kirche = Weltwirklichkeit Kirche „für andere“ (S. 237)
Kirche und Staat	Zwei-Regimente-Lehre; Dienst für Obrigkeit, Verbindung mit Obrigkeit (S. 213)	(1) Verantwortlichmachung; (2) Dienst an den Opfern; (3) „dem Rad in die Speichen fallen“ (S. 218)

Tabelle: Vergleich der Theologien Luthers und Bonhoeffers (Anm. Das Verhältnis der beiden Theologien ist bei den einzelnen Aspekten unterschiedlich; es handelt sich um Parallelen und Zuspitzungen, um Eigenständigkeiten, aber auch um Akzentverschiebungen und Veränderungen bis hin zu schroffem Gegensatz.)

Literatur:
- DBA = Dietrich Bonhoeffer Auswahl, hg. von Gremmels, Christian/ Huber, Wolfgang (6 Bde.). Gütersloh: Gütersloher Verlagshaus, 2006
- DBW = Dietrich Bonhoeffer Werke, hg. von E. Bethge u.a. (17 Bde.) Gütersloh: Gütersloher Verlagshaus 1986ff

Für den Unterricht (auch für die Arbeit in der Gemeinde geeignet):
- Dieterich, Veit-Jakobus: Dietrich Bonhoeffer 1906–1945. Ein Materialheft für die Oberstufe, Stuttgart: Calwer, 2006; Lehrerband zum Materialheft 2007

7.4.3 Dorothee Sölle

Dorothee Sölle

Werk: Dorothee Sölle (1929–2003) ist die Theologin, die – neben zahlreichen anderen Kollegen und Kolleginnen – die (evangelische) Theologie im letzten Drittel des 20. Jh.s in Deutschland und auch international sowohl fachwissenschaftlich (Systematische Theologie mit Dogmatik und Ethik) als auch in der Öffentlichkeit (Kirchentage, Presse usw.) maßgeblich mitgeprägt hat. Sie steht für eine zeitgemäße Theologie, die das Leben und Engagement von Christinnen und Christen in der modernen Welt in ihrer geschichtlich-gesellschaftlichen Dimension und Verfasstheit ins Zentrum ihrer Überlegungen rückt. Als Theologin und hochrangige Schriftstellerin (vor allem Dichterin) stellt sie zudem eine Doppelbegabung dar.
Leben: Nach dem Studium der Klassischen Philologie, Germanistik, Philosophie und Theologie war sie zeitweilig Gastprofessorin am Union Theological Seminary in New York, niemals jedoch Professorin an einer deutschen Universität. In zweiter Ehe war Sölle mit dem Theologen Fulbert Steffensky verheiratet, der ebenfalls im Schülerbuch vertreten ist.
Ganz grob lassen sich *drei Phasen* ihrer Arbeit unterscheiden:
- In ihrer *Frühzeit* vertritt sie – angesichts von Auschwitz – eine „Theologie nach dem Tode Gottes“ (so der Titel eines Aufsatzes im Anklang an Nietzsche) mit dem Projekt: Atheistisch an Gott glauben (Aufsatz sowie Buchtitel, 1968), in der die Stellvertretung Gottes auf Erden durch Jesus Christus hervorgehoben wird (Stellvertretung. Ein Kapitel Theologie nach dem Tode Gottes 1965, erw. Neuaufl. 1982).
- Die zweite, längste Phase umfasst ihr *Hauptwerk*, für das auch ihr Name steht: Politische Theologie, Befreiungstheologie und Feministische Theologie, beginnend mit dem Politischen Nachtgebet in Köln (1968, Veröff. in 2 Bd.en 1969) und dem wichtigen Werk „Politische Theologie“ (1971, erw. Neuausg. 1982).
- In einer *Spätphase* entwickelte sie in den neunziger Jahren eine Theologie der Mystik, was jedoch keinen Rückzug bedeutete, vielmehr eine Erweiterung und Polarität in der Spannung zwischen actio und meditatio (so auch der Titel des einschlägigen Werks: Mystik und Widerstand, 1997 (als früher Vorläufer: Die Hinreise, 1975).

Im Blick auf die *Gottesthematik* spricht Sölle statt vom „Wesen“ Gottes von den „Wandlungen“ Gottes; Gott ist „das Nichts, das alles werden will“ (Jakob Böhme). Nicht Gottes Sein steht zur Debatte, vielmehr sein „Sich-Ereignen“: „Nicht: Gibt es Gott? ist die Frage feministischer Befreiungstheologie, sondern: Ereignet sich Gott auch bei uns?“

Sölle-Texte im Schülerbuch (Zwei Quellentexte und fünf Zitate)

Sölle-Texte im Schülerbuch

- Glaubensbekenntnis (Veränderung der Welt/ Zustände als Wille Gottes durch Jesus Christus und durch uns Menschen) → T 5.1(1), S. 202;
- Gottes Ohnmacht in der Welt, Gott und Jesus brauchen (unsere) Hilfe → T 3.6(2), S. 139;
- An Gott glauben = Gott leben → 3.7.3, S. 144, oben (Zitat);
- Jesus – der glücklichste Mensch → 4.1.2, S. 152, unten (Zitat);

- Jesus – Vergleiche mit anderen Menschen → 4.6.2, S. 189, unten (Zitat);
- Religion: Definition als Ort der Sehnsüchte (Träume) → 6.1.1, S. 243, oben (Zitat);
- Auferstehung: Kein Jenseits-/ Auferstehungsglaube → 2.7.2, S. 97, unten (Zitat).

Drei „theologische Grundentwürfe"

Drei „theologische Grundentwürfe": „orthodox, liberal, radikal"

In ihrer Einführung in die Theologie u.d.T. „Gott denken" entfaltete Sölle eine dreifache Einteilung theologischer Grundentwürfe in „orthodox", „liberal" und „radikal". „Orthodox" sind Theologien mit starker Konzentration auf traditionelle Formulierungen und das Heilsgeschehen zwischen Gott und Mensch, häufig, aber nicht unbedingt mit konservativem Einschlag; „liberal" sind kulturaffine Ansätze, „radikal" dagegen alle gesellschaftsverändernden Strömungen. Diese stark reduzierende und typisierende, zugleich aber einleuchtende und auch erhellende Einteilung lässt sich auf klassische theologische Themenstellungen mit Gewinn anwenden. Die beiden folgenden Tabellen zeigen zum einen die Grundstruktur dieser Einteilung mit den wichtigen klassischen Richtungen, zum andern die Anwendung auf theologische Einzelthemen, wie sie im Schulbuch in den jeweiligen Unterkapiteln vollzogen wurde.

Modell: Bezeichnung / Merkmale	Grundperspektive: Verortung des Glaubens	Zeit der Ausprägung / (Aktuelle) Strömungen
orthodox	↓ Glaube aufgrund von Gottes Offenbarung	Reformation Konservative Theologien
liberal	→ Glaube in Übereinstimmung mit Vernunft, Kultur	Aufklärungstheologie, Liberale/ Kirchliche Theol.
radikal	↑ Glaube als Befreiung von Unterdrückung	Linker Flügel Reformation Befreiungstheologie

Tabelle: Dorothee Sölles Kategorisierung von drei theologischen Grundentwürfen (Sölle, Dorothee: Gott denken. Einführung in die Theologie, Stuttgart: Kreuz Verlag, 2. Aufl. 1990, 17ff, bes. 33)

Theologisches Thema	Belegstelle	Konservative Position	Liberale Position	Radikale Position
Wirklichkeit: Gerechtigkeit	1.4.3, S. 44f: Gerechtigkeit	Leistungsgerechtigkeit	Verteilungsgerechtigkeit u.a.	Bedürfnisgerechtigkeit u.a.
Mensch: Sünde	2.3.3, S. 75f Sündenverständnis	Ungehorsam (Gott, Autorität)	Lieblosigkeit (Gott, Nächste)	Ungerechtigkeit (strukturell)
Mensch: Freiheit	2.6, S. 88–94, Freiheitsverständnis	Innere Freiheit – Gottesbezug	Bürgerliche Freiheit	Umfassende Freiheit
Gott: Zwei Gesichter (Ambivalenz)	3.5.2, S. 128–130 Geoffenbarter/ verborgener Gott	Lebensfeindlicher, autoritärer, strafender Gott	Lebensfreundlicher, liebender Gott	Menschen- und weltverändernder Gott
Jesus Christus Reich Gottes	4.3, S. 167f Reich Gottes-Verstehen	Jenseitigkeit Frömmigkeit	Innerlichkeit Kirchlichkeit	Weltveränderung
Kirche Formen/ Arten	5.5.2, S. 233 Kirche nach Metz	Betreuungskirche	Bürgerkirche	Basiskirche
Weltreligionen Einteilungen/ Strömungen	6.2.1, S. 250, Alternative Einteilung	Konservative Strömungen	Kulturaffine Strömungen	Gesellschaftsverändernde Strömungen

Tabelle: Anwendung von Dorothee Sölles dreifacher Kategorisierung auf theologische Themenstellungen

7.4.4 Weitere Theologie(n)

(1) Neben den drei bis vier genannten klassischen theologischen Ansätzen (Luther, Comenius, Bonhoeffer und Sölle) kommen weitere Theologien der gesamten Theologiegeschichte zu Wort, von der Zeit der Alten Kirche angefangen (Origenes und Augustinus, S. 98) über das Mittelalter hinweg (Thomas von Aquin, S. 106) bis zur Neuzeit (z.B. Spalding, S. 74) und zur jüngeren Vergangenheit (u.a. Moltmann, S. 52). Von besonderer Bedeutung wurden theologische Ansätze, die aufgrund ihrer Offenheit für die neuzeitliche und moderne Welt für heutige Jugendliche Bedeutung und Attraktivität gewinnen können, etwa Paul Tillich, der mit Überlegungen zu einer Protestantischen Ethik (→ 1.3.2, S. 32) und mit Gottesdefinitionen (Grund des Seins, Tiefe, das, was einen Menschen unbedingt angeht; überpersönlich; → 3.4.2+3, S. 122, 126) vertreten ist.
(2) Aktuelle theologische Entwürfe und Stellungnahmen finden sich vorrangig in den Kurzzitaten sowie (teilweise in indirekter, verarbeiteter Form) im Autorenfließtext. Hier wurde auch darauf geachtet, dass weibliche Stimmen und feministisch orientierte Theologien angemessen zu Wort kommen.
(3) Theologie ist nicht nur Reflexion, sondern auch Meditation. Zwar ist – ganz besonders in der Kursstufe – der kognitive, ja wissenschaftspropädeutisch orientierte Zugang dominierend, doch sollte zumindest punktuell und paradigmatisch die narrative, poetische, meditative Seite der Theologie zur Sprache kommen, etwa anhand folgender Materialien:

- *Meditation:* Bonhoeffer, Von guten Mächten, S. 133, oben, rechte Spalte, Ps 23 (in Ausz.), S. 133, linke Spalte;
- *Gedichte:* Bonhoeffer, Wer bin ich? T 2.1(1), S. 60, linke Spalte; Carter Heyward, Gott – die Gebärende, S. 125, freigestelltes Zitat u.a.m.

7.5 Fächerverbindung

7.5.1 Quellentexte (Textpaare) – Überblick / Register

Thema	Text 1	Text 2	Positionen
Wirklichkeit Ethik	*T.1.3 (1): Kant: Der kategorische Imperativ*	*(2) Bentham: Das Prinzip der Nützlichkeit*	*Katgeorischer Imperativ / Utilitarismus (Pflicht vs. Nutzen)*
Zukunft	T 1.5 (1) Comenius: Das Goldene Zeitalter	(2) Moltmann: Theo-logie der Hoffnung	Eschatologie als Zentrum der Theologie
Mensch Identität	T 2.1 (1): Bonhoeffer: Wer bin ich?	(2) Rahner: Der Mensch – unbeantwortbare Frage	Geheimnishaftigkeit des Menschen
Das Böse	*T.2.3 (1) Hobbes: Krieg aller gegen alle*	*(2) Rousseau: Der Mensch ist gut*	*Veranlagung vs. Vergesellschaftung*
Der Wille	T 2.4 (1) Erasmus: De libero arbitrio	(2) Martin Luther: De servo arbitrio	Freier vs. unfreier Wille
Erlösung: Rechtfertigung	T2.5 (1) Luther: Großes Selbstzeugnis	(2) Bonhoeffer: Billige und teure Gnade	Rechtfertigung und Nachfolge
Freiheit	T 2.6. (1) Luther: Freiheit eines Christenmenschen	*(2) Camus: Sisyphos*	Geschenkte vs. *erarbeitete* Freiheit
Nachtod-Vorstellungen			*Pluralität von Nachtod-Vorstellungen*
Gott Gottesbeweise	T 3.1 (1) Thomas von Aquin: Gott als erster Beweger	*(2) Kant: Eine erste Ursache kann, muss es aber nicht geben*	Pro/ Contra Gottesbeweis
Atheismus	*T 3.2 (1) Feuerbach: Aus seinem Gotte erkennst du den Menschen*	(2) Zahrnt: Stammt Gott vom Menschen ab?	Atheismus vs. Gottesglaube
Gottesglaube und Unglaube	T 3.4 (1) Luther: Gott haben	T 3.4 (2) Luther: Gott Mammon	Glaube (Vertrauen) vs. Unglaube/ Abgötterei
Rätsel/ Retter Gott	T 3.5 (1) Luther: Der offenbarte und der verborgene Gott	(2) Calvin: Vorherbestimmung	Doppelte Prädestination vs. Deus revelatus/ absconditus
Gottes Schwachheit	T3.6 (1) Bonhoeffer: Die Ohnmacht … Gottes	(2) Sölle: Die Ohnmacht Gottes in der Welt	Leidender, schwacher Gott – Hilfe
Jesus Christus Tod/ Erlösung	T 4.1 (2): Anselm von Canterbury: Cur Deus Homo	(2) Petrus Abaelard: Kommentar zum Römerbrief	Erlösung durch Tod vs. Nachfolge Christi
Nachfolge	T 4.4 (1) Dietrich Bonhoeffer: Nachfolge	(2) Reiner Strunk: Provokation Nachfolge	Nachfolge als Provokation
Parusie/ Wiederkehr	*T 4.7 Dostojewski: Legende vom Großinquisitor*		Jesu Wiederkehr in die Welt
Kirche Bekenntnisse			Bekenntnisse in Zeitkontext
Verhältnis Kirche – Welt	T.5.2 (1) Luther: Zwei Reiche	(2) Barth: Christen- und Bürgergemeinde	Trennung vs. Entsprechung
Verhältnis zur Politik (Drittes Reich)	T 5.3 (1) Richtlinien „Deutsche Christen"	(2): Theologische Erklärung von Barmen	Pro/ contra National-sozialismus
EKD-Denkschrift zu Denkschriften	T 5.4 EKD-Denkschrift		Öffentliche Stellungnahmen der Kirche
Perspektiven der Kirche im 21. Jh.	T 5.5 EKD-Impulspapier: Kirche der Freiheit		Zukunft der evang. Kirche
Religion Weltanschauungen	*T 6.1 (1) Humanistischer Verband*	*(2) Schmidt-Salomon, Evolut. Humanismus*	*Weltanschauungen (und Religion)*
Umgang mit Eigen-/ Fremdposition(en)	*T 6.3 (1) Lessing: Die Ringparabel*	*(2) Lessing: Über das Streben nach Wahrheit*	*Wahrheitsanspruch der Religionen*

Tabelle: Überblick über die Quellentexte (Textpaare) – Nicht-theologische (philosophische, literarische) Texte kursiv gesetzt.

7.5.2 Philosophie

Philosophie

(1) Dialog mit der Philosophie

Dialog mit der Philosophie

Ein *Dialog mit der Philosophie* erfolgt in der ersten Hälfte des Buches bei den ersten beiden Kapiteln (Wirklichkeit, Mensch) durchgehend, beim dritten (Gott) nahezu durchgehend, in der zweiten dann selektiv bei einzelnen wichtigen Fragestellungen – im Überblick:

- Wirklichkeit: Erkenntnis- und Wahrheitstheorien (→ 1.1.1, S. 14f);
- Hermeneutik, Textverstehen (→ 1.1.1, S. 18f);
- Ethik: Philosophische Ethik (→ 1.3.1, S. 26–29); Angewandte (philosophische) Ethik (→ 1.3.3, S. 34–36);
- Gerechtigkeitstheorien (→ 1.4.3, S. 44f);
- Zukunftsvision (→ 1.5.1, S. 48);
- Anthropologie (→ 2.1, S. 59, 61);
- „Natur" des Menschen (→ 2.3, S. 72f);
- Freiheit (→ 2.6, S. 92–94);
- Nachtod-Vorstellungen (→ 2.7, S. 96f);
- Gottesbeweise (→ 3.1, S. 106, 108);
- Atheismus (→ 3.2, S. 110–112);
- Theodizee (→ 3.2, S. 135f);
- Jesus Christus, Deutungen (→ 4.6.2, S. 189);
- Religionen/ Weltanschauungen (→ 6.1.3, S. 246f).

(2) Das „Dreigestirn" der klassischen (antiken) griechischen Philosophie: Sokrates – Plato(n) – Aristoteles

Sokrates – Plato(n) – Aristoteles

Sokrates

- *Sokrates* (469–399 v.Chr.), von dem keine Schriften überliefert sind, kennen wir durch die „Brille" (Schriften) seines bedeutendsten Schülers Platon (428/427–348/347 v.Chr.). Der bekannteste von Sokrates überlieferte Ausspruch lautet: „Ich weiß, dass ich nichts weiß." Dies soll weniger auf die Bescheidenheit des großen, die abendländische Philosophie erst eigentlich begründenden Denkers hinweisen (man spricht von den älteren Vorläufern als den „Vorsokratikern") als auf die grundlegende Bedeutung des neugierigen, „sich dumm stellenden" Fragens als Grundlage und Ausgangspunkt aller Philosophie. Gegenüber vorschnellen Urteilen und Vorurteilen wird eine Fragestellung methodisch strukturiert (etwa in Teilfragen zerlegt) behutsam und langwierig und Gründe und Gegengründe gegeneinander abwägend durchdacht, um erst abschließend zu einem Urteil zu gelangen, das dem ersten Augenschein häufig deutlich zuwiderläuft bzw. zuwiderlaufen kann. Man nennt dies die Sokratische Methode bzw. den Sokratischen Dialog (oder: Sokratisches Gespräch), eine Art „Hebammenkunst" (Sokrates' Mutter war der Tradition nach Hebamme), die den Philosophen in der Rolle eines Geburtshelfers bei der oft langwierigen gemeinsamen Zutageförderung von Erkenntnis und Wahrheit zeigt. Insofern steht Sokrates auch für die Konzeption des Theologisierens (mit Jugendlichen) des vorliegenden Religionsbuches (→ S. 9: Theologisieren; Selbst prüfen; S. 233: Theologisieren mit Jugendlichen; S. 259: Offener Dialog; Regeln für den Dialog.

  Achtung! – Der Gefahr, dass der Dialog schematisch wird, das Ergebnis beim – häufig, aber nicht nur männlichen – „Fachmann" bereits feststeht und die anderen Teilnehmenden im Gespräch (und durch die geschickten didaktischen „Fangfragen") nur ihrer eigenen Einfältigkeit überführt werden (eine Gefahr, der auch der Sokratische resp. Platonische Dialog ständig ausgesetzt ist und häufig genug erliegt), sollte im Unterricht bewusst gegengesteuert werden; zwar lassen sich im Blick auf die Wiedergabe von bestimmten Positionen (klassisch etwa Luthers Rechtfertigungslehre) durchaus „richtige(re)" und „falsche" Wiedergaben unterscheiden, bei den „großen Fragen" jedoch (etwa der Frage, was uns – vor Gott, Menschen und uns selbst – „recht" und akzeptiert sein lässt), gibt es zum einen keine festen, ein für alle Mal abschließenden Antworten (allenfalls Interpretationsansätze); zum andern setzt sich zudem nur das als „wahr", überzeugend und wirklichkeitsgestaltend heraus, was sich im Dialog und im Leben als wahr erweist. Insofern ist der Dialog wirklich „offen" (S. 259: Regeln für den Dialog).

  Ergänzung: → T 6.3(2), S. 258 – Gotthold Ephraim Lessing: Über das Streben nach Wahrheit.

- Von *Platon* erfahren wir über den Tod seines Lehrers Sokrates (Schrift: „Phaidon"), der – wie ein wahrer Philosoph – in Ruhe, Würde und Gefasstheit (beinahe: Erhabenheit) den Giftbecher austrinkt und stirbt (→ 4.1.1, S. 97, unten, 151); auch den Grund für diese Ruhe führt das Werk aus: es ist der Glaube, dass die Schau der Wahrheit nur der (über den Tod hinaus existierenden) Seele des Menschen (bzw. Philosophen) gelingt, während die körperliche Existenz, der Leib, für die Erkenntnis eher hinderlich ist (→ T 2.7[1], S. 97: Weiterleben der Seele).

Platon

Ergänzung: Im Hintergrund steht das platonische Weltbild, nach dem die äußere Wirklichkeit und Welt nur „Schein" (Abbild) ist, während das eigentliche „Sein" (Urbild; letzte Wahrheit; eigentliche Wirklichkeit) nur der Seele (bzw. dem Geist) des Menschen zugänglich ist, formuliert im berühmten Höhlengleichnis (in der Schrift „Politeia", Der Staat). Eine Ergänzung ist hier sinnvoll; ein für die Kursstufe verständlicher Textauszug samt Erarbeitungsmöglichkeit findet sich in: Dieterich, Veit-Jakobus/ Herrmann, Hans-Jürgen/ Hornberger-Fehrlen, Bärbel: Wer bin ich? (Oberstufe Religion 1), Stuttgart: Calwer, 2001, S. 74f, Lehrerheft 2001.

Aristoteles

- *Aristoteles* (384–322 v.Chr.), wiederum der „Meisterschüler" seines Lehrers (Platon), wendet sich gegen dessen dualistisches Welt- und Menschenbild. Für ihn gibt es nur *eine* Wirklichkeit, die der Mensch als mit Verstand bzw. Vernunft begabtes Lebewesen (griech. *zoon logikon*, lat. *animal rationale* → S. 61, Zusammenfassung, rechte Spalte) erkennen kann. Auf Aristoteles geht auch die erste umfassende Ausarbeitung einer Ethik zurück (Hauptwerk: Nikomachische Ethik). Er vertritt eine Tugendethik, die die richtige Haltung des Handelnden (Akteurs) ins Zentrum stellt (→ 1.3.1, S. 27, oben). Dabei hält er Gerechtigkeit für die höchste Tugend, weil sie über die eigene Person hinausgeht und die soziale Dimension mit einbezieht (→ 1.4.3; S. 44 oben). Der Mensch ist für ihn auch das „zoon politikon", also das gesellige, gesellschaftliche oder politische Lebewesen.

Immanuel Kant

(3) Immanuel Kant

Immanuel Kant (1724–1804) steht für die Philosophie der Aufklärung. Er hat sie in klassischer Weise als „Selbstdenken" (lat. *Sapere aude*!) definiert (→ 6.1.2, S. 244, oben), popularisiert und in gewisser Weise auch „demokratisiert" – sieht er das Selbstdenken doch als Aufgabe, ja Pflicht für alle Menschen an, da sie mit Verstand und Vernunft begabt sind. In diesem Sinn ist die Konzeption eines „Theologisierens mit Jugendlichen" ein aufklärerisches Programm. Von seinen drei großen „Kritiken" kommen im Prinzip zwei zu Wort. In seiner „Kritik der reinen Vernunft" (1781, 2., veränd. Aufl., 1787) bestimmt er einerseits die Fähigkeiten und Möglichkeiten, andererseits die Grenzen der menschlichen Vernunft und vernünftigen Erkenntnis. Gott – der „jenseits" unserer Vernunft liegt – gehört nicht dazu. So kommt Kant zu einer Widerlegung der (klassischen) Gottesbeweise (→ 3.1.2, S. 105f, T 3.1 [2]). In einer eigenen Schrift begründet Kant auch seine Ablehnung und „Widerlegung" aller bisherigen Versuche der Theodizee (→ 3.6.1, S. 135, unten). Seine Pflichtethik mit dem berühmten „Kategorischen Imperativ" entfaltet Kant in der zweiten der großen „Kritiken", der „Kritik der praktischen Vernunft" (1788), davor jedoch bereits in der „Grundlegung zur Metaphysik der Sitten" (1785), aus der im Schülerbuch zitiert wird (→ 1.3.1, S. 27f; T1.3[1]). Seine Pflichtethik versteht Kant keineswegs als heteronome (fremdbestimmte) Ethik im Sinne eines Gehorsams gegenüber Autoritäten, vielmehr als autonome (selbstbestimmte) und freiheitliche Ethik, da ja die eigene Vernunft einsieht, was sie zu tun hat! (dazu → 2.6.3, S. 94 oben – ohne die Nennung Kants.)

Sein aufklärerischer Impetus führt Kant zu einer Kritik der – überkommenen – Religion als „antiaufklärerisch" (→ 6.1.2, S. 244, oben), andererseits hält er metaphysische und gleichsam religiöse „Postulate" wie Gott, Unsterblichkeit der Seele und die Willensfreiheit des Menschen doch für unverzichtbar für eine gedankliche Gesamt(re)konstruktion der Welt (wenn auch nicht für beweisbar! – „moralisches Gottespostulat", mitunter missverständlich auch als „moralischer Gottesbeweis" bezeichnet). In diesem Sinne vertritt Kant Elemente einer „Vernunftreligion" in „Bewunderung und Ehrfurcht" angesichts des bestirnten Himmels über und des moralischen Gesetzes im Menschen (→ 6.1.3, S. 247, unten, Zitat; zum Gewissen als „Innerem Gerichtshof" → 1.3.2, S. 32f).

Weitere philosophische Richtungen

(4) Weitere philosophische Richtungen

Aus der Hegel-Schule (Linkshegelianer) finden sich zentrale Stellungnahmen vor allem des Religionskritikers *Ludwig Feuerbach* (S. 110–114) sowie von *Karl Marx*, Philosoph und Journalist, Begründer des „Marxismus":

- *Kategorischer Imperativ* (*S. 29*, freigestelltes Zitat, linke Spalte);
- Entfremdung (S. 76, Zusammenfassung und Ergänzung, Schluss);
- *Religionskritik* (*S. 110f*, 113f);
- *Kommunistisches Manifest (S. 219f).*

An philosophischen Strömungen des 20. und 21. Jh.s kommen u.a. zu Wort:

- Der *Existentialismus* in seinen Varianten in Frankreich (Sartre; Simone de Beauvoir und vor allem *Camus*);
- der *Utilitarismus* des angelsächsischen Sprachraums (nach dem Begründer und Klassiker *Jeremy Bentham* nun vor allem der zeitgenössische *Peter Singer*);
- ein neuer „*Humanismus*" (u.a. Evolutionärer H.), tlw. mit religionskritischem Impetus 109, 246f.

Register weiterer Philosoph/innen (Auswahl)
(Keine Vollständigkeit, Ergänzung: o.g. Philosophien sowie Register Schulbuch)

Register Philosoph/innen (Auswahl)

Viele der zeitgenössischen philosophischen Ansätze kommen entweder in Zitaten explizit oder im Fließtext in indirekter, vermittelter Form zur Sprache, etwa ein *Konstruktivismus,* der in unserem Kontext in einer dreidimensionalen Fassung weiterentwickelt und spezifiziert wird (→ 1.1.1/2 Konstruktion von Wirklichkeit/ Glaube und Theologie, s. insbes. auch die Ausführungen und Grafiken im LB).
Literatur:

- Zimmer, Robert: Basis-Bibliothek Philosophie. 100 klassische Werke, Dietzingen/ Stuttgart: Reclam, 2019

7.5.3 Naturwissenschaften

Naturwissenschaften

(1) Traditionellerweise kommen die Naturwissenschaften (sowie die Technik) im Religionsunterricht vorrangig beim Thema „Schöpfung" in den Blick. Dies geschieht auch im vorliegenden Buch im Teilkapitel 1.2 (S. 21–25), vorrangig im Unterkapitel 1.2.2 (S. 22f) zum naturwissenschaftlichen (evolutiven) Weltbild sowie im Unterkapitel 1.2.3 (S. 23f) zur Verhältnisbestimmung und prinzipiellen Vereinbarkeit von biblischem und naturwissenschaftlichem Weltbild. Darüber hinaus findet die Auseinandersetzung mit der modernen, naturwissenschaftlich-technisch geprägten Welt bei zahlreichen weiteren Frage- und Themenstellungen statt.

Schlagwortregister Naturwissenschaften

(2) Nach den Referenzen bzgl. der Philosophie sind im Folgenden die *Referenzen* zu den *Naturwissenschaften* und zur *Technik* schlagwortartig zusammengestellt:

Naturwissenschaftliche Experimente

(3) Da Experimente, die konkrete und teils erstaunliche Beispiele mit „großen", abstrakten Theorien verknüpfen, für das Jugendalter (mit der Ausbildung und Faszination des abstrakten Denkens) besonders anschaulich, anschlussfähig und eindrücklich sind, seien in einer Tabelle die drei wichtigsten, im Buch referierten *naturwissenschaftlichen Experimente* hier im Überblick zusammengestellt. Interessanterweise bieten sie zu den drei großen Kapiteln „Wirklichkeit", „Mensch" sowie „Gott"

eigenwillige und auch die Themen eröffnende Zugänge. Zwei der drei Fälle sind zudem optische Umsetzungen (in einer Karikatur resp. einer Grafik) beigegeben.

Experimente	Schülerheft	Fachbereich	Fragestellung	Didaktik
Salamander-Experiment	1.1.1, S. 14	Biologie/ Philosophie	Konstruktion der Wirklichkeit	Dreidimensionale Wirklichkeit
Libet-Experiment	2.4.1, S. 77f	Hirnforschung/ Philosophie	Willensfreiheit des Menschen	Willensfreiheit und Willensunfreiheit
Persinger-/Newberg-Experimente	3.1.1, S. 104f	Hirnforschung/ Neurotheologie	Religiosität des Menschen	Spirituelle Erfahrungen; kein Gottesbeweis

Gesellschafts-/ Sozialwissenschaften

7.5.4 Gesellschafts-/ Sozialwissenschaften

(1) Da der biblische Begriff der *Gerechtigkeit (Zedakah)* eine umfassende Gesellschaftsordnung entwirft, ist das Teilkapitel mit dem größten Bezug zu den *Gesellschafts-/ Sozialwissenschaften* Teilkapitel 1.4 (S. 40–46). An dieses Teilkapitel lässt sich das Unterkapitel zum Verhältnis von Kirche und Gesellschaft (5.4.3, S. 225–227) anschließen.

(2) Das hier entwickelte *Gesellschaftsmodell* arbeitet mit der binären Codierung von Inklusion vs. Exklusion. Dies geschieht in zwei Dimensionen wiederum in binärer Teilung in horizontaler (innen/ außen) resp. vertikaler (unten/ oben) Richtung (x-, y-Achse). Damit ergibt sich folgendes vierteiliges *Modell:*

↑ oben/ unten
→ innen/ außen

Daraus folgt eine doppelte Skalierung zur Beurteilung von Gesellschaften:
- Egalitär vs. elitär (S. 40);
- Offen vs. geschlossen (S. 40, 46).

Je egalitärer sowie offener Gesellschaften sind, umso mehr realisieren sie Gerechtigkeit, je elitärer und geschlossener sie sind, umso stärker tendieren sie zu ungerechten Verhältnissen.

(3) Die *Soziologie* wird *explizit* benannt (S. 59, *61),* der soziologische Klassiker *Max Weber* kommt an verschiedenen Stellen in den Blick:
- Verantwortungsethik/ Gesinnungsethik → 1.3.1, S. 27, unten;
- Drei Formen von Herrschaft: traditionale, charismatische, rationale → 5.2.1, S. 207, oben, 1. Abschnitt;
- (Ohne Namensnennung:) Religiöse Organisationsformen → 5.2.1, S. 208, obere Seitenhälfte, die Einteilung geht im Kern auf Max Weber und den mit ihm befreundeten Theologen Ernst Troeltsch zurück.

Positiv aufgenommen sind die soziologischen *Systemtheoretiker* Niklas Luhmann (S. 243: Formale Definition von Religion) sowie Armin Nassehi (S. 230: Kirche als (notwendige/ unvermeidliche) Organisation des Nichtorganisierbaren).
Der *Sozialdarwinismus,* der vermeintliche, jedoch bereits verfälschte naturwissenschaftliche Sichtweisen bruchlos auf soziale Verhältnisse überträgt, erfährt eine begründete Kritik (S. 23), ebenso das ökonomische Bild des *„Homo oeconomicus“* (S. 94).

Ergänzung: Psychologie (S. 59, *61);* Sigmund Freud, der Begründer der Psychoanalyse, kommt mit seiner Religionskritik (S. *111,* 113f) in den Blick, ferner weitere Vertreter von Psychoanalyse, Psychotherapie und Psychologie (Erich Fromm, S. 69; Erik H. Erikson, S. 61; Tilmann Moser, S. 127, 130; Daniel N. Stern, S. 131).

7.5.5 Geschichte – Theologie, historisch

Geschichte – Theologie, historisch

Die jüdische und christliche Religion und Kirche ist eingebettet in die allgemeine Geschichte. In drei kurzen, sehr komprimierten Abschnitten finden sich Überblicke über die jüdische Geschichte im Rahmen der Antike (A), die Geschichte des Christentums in ihrem westlichen, abendländischen Kontext (B) und zuletzt über wesentliche Perspektivierungsmerkmale von Geschichte wie religiös gedeuteter Geschichte.

7.5.5.1 Geschichte – Geschichte Israels (Jüdische Perspektivierung)

Geschichte – Geschichte Israels

Die jüdische Religion, wie wir sie kennen, ist in wesentlichen Grundzügen ein Ergebnis der Exilserfahrung (Babylonisches Exil) und in exilischer sowie nachexilischer Zeit entstanden. Die Deutung der vorexilischen Zeit und Geschichte (etwa der Sklaverei in Ägypten und des Exodus) erfolgte primär aus dem Rückblick aus dieser exilischen und nachexilischen Zeit. Der Überblick beginnt daher folgerichtig mit den beiden Grunddaten der Zerstörung des Nordreichs (Israel) sowie der Deportation der Oberschicht des Südreichs (Juda) nach Babylon.

Weltgeschichte	Geschichte Israels	Theologie Israels
Großmacht Assur/Ninive (909–612 v.Chr.)	722: Eroberung Samarias Belagerung Jerusalems	Klassische Prophetie u.a. Amos; Jesaja
Großmacht Babylon (612–539 v.Chr.)	597/587: Deportation Babylonisches Exil	Judentum als Religion Vor-/ Exilische Prophetie z.B. Deuterojesaja
Großmacht Persien (539–um 330 v.Chr.)	539: Rückkehr aus Exil Bau Zweiter Tempel	Nachexilische Prophetie Esra; Nehemia
Großmacht Griechenland (Seleukiden)	Makkabäeraufstände ab 167 v.Chr.	Auferstehungsglaube; Apokalyptik
Großmacht Rom, ab 63 v.Chr. Provinz Syrien	Jüdischer Krieg, 66–70 n.Chr. (erneut: 132–136)	Tempel-Zerstörung Rabbinisches Judentum

7.5.5.2 Geschichte – Kirchengeschichte (Christliche Perspektivierung; westliche, abendländische Sicht)

Geschichte – Kirchengeschichte

Jahr	Ereignis	Epoche
30	Tod Jesu	Urgemeinde
bis um 300	Aufstieg des Christentums	Alte Kirche
4. Jh.	Christentum Staatsreligion (sog. Konstantinische Wende)	Alte Kirche
ca. 500	Taufe Chlodwigs	Mittelalter
ca. 500–1500	Herrschaft von Imperium (Kaiser) und Sacerdotium (Papst)	Mittelalter
1517	Luthers 95 Thesen	Reformation
1555	Religionsfriede	Frühe Neuzeit
18. Jh.	Aufklärung, Religionskritik	Neuzeit
1789	Französische Revolution	Moderne
ab um 1800	Industrielle Revolution; Kapitalismus	Modernisierung
19. Jh.	Kirche(n) und Soziale Frage	Moderne, Krisen
1933–1945	Kirche(n) und Nationalsozialismus	Moderne, Krisen
1989/90	Ende des Kalten Krieges, „Wende“	Zeitgeschichte

Gottes Handeln in der Geschichte

7.5.5.4 Biblische Theologie: Gottes Handeln in der Geschichte

Zusammenfassend lassen sich im Blick auf ein Verständnis von Geschichte und ihrer religiösen Perspektivierung (aus jüdischer resp. christlicher Sicht) wohl folgende wichtige Punkte festhalten:
1. Sinnvoll scheint es, zwischen *Fakten* und *Deutungen* zu *unterscheiden* (Fact-Fiction-Differenz), obwohl beide Ebenen nicht vollständig voneinander getrennt sind, sondern wechselweitig aufeinander einwirken können. Zwar mögen im Einzelfall auch Fakten umstritten sein oder sich durch neuere Forschungen anders darstellen, doch scheint es z.B. recht gesichert und unumstritten, dass der Titusbogen in Rom als Symbol des Sieges über den Jüdischen Aufstand errichtet wurde und keine (nachträgliche oder rein fiktive) Fälschung darstellt. Wie Sieg und Symbol zu deuten sind, ist allerdings eine Frage der Perspektive sowie der Deutungsebene. Dabei ergeben sich zahlreiche Interpretationsmöglichkeiten.
2. *Deutungen* sind, da sie Sinnelemente enthalten, grundlegend perspektivisch, also immer nur im Plural zu haben (Prinzip der Mehr- bzw. Multiperspektivität). Die Bibel erzählt aus einer Binnenperspektive von der Geschichte des Volkes Israel oder der frühen Gemeinde bzw. Kirche. Wir blicken in einer deutschen oder europäischen Perspektive auf die menschliche Geschichte, eine Engführung, die das Programm einer Welt-, Global- und Universalgeschichte oder einer postkolonialen Geschichtsschreibung zu revidieren sucht. Aber auch innerhalb einer Gesellschaft werden ganz unterschiedliche Sichtweisen vertreten. So war die Institution des Königtums im Alten Israel stets umstritten. Es entstand eine königsfreundliche und eine königskritische Geschichtsschreibung. Und es findet immer eine Auseinandersetzung um die Frage statt, welche Perspektive welchen Einfluss gewinnt und sich als dominant durchsetzt, also ein Kampf um die Deutungshoheit oder „Deutungsmacht", wie der Philosoph und Theologe Philipp Stoellger (* 1967) formuliert.
3. Die in einer Gesellschaft dominierende Geschichtsschreibung ist in aller Regel aus der *Perspektive der Gewinner* heraus entworfen *(Geschichtsschreibung „von oben")*. Demgegenüber stellt es eine Stärke der biblischen und mitunter auch der theologischen Sichtweise dar, dass sie – zwar nicht durchgehend, aber doch immer wieder – die *Perspektive der Opfer* zur Sprache bringt, der Sklaven oder Fremden, der Armen und Entrechteten *(Geschichtsschreibung „von unten")*. Heute wäre der traditionellen Tendenz nach dem Motto „(Große) Männer machen Geschichte" auch eine feministische Perspektive gegenüber zu stellen (Her-story anstelle von His-story – auch hierzu finden sich Ansätze in der Bibel).
4. *Menschen* machen *Geschichte*. Der Mensch ist der Schöpfer der Geschichte, auch wenn das Konzept einer „Big-History" darauf hinweist, dass Umweltfaktoren für die menschliche Geschichte eine wichtige, vielleicht gar wesentliche Rolle spielen, und wenn wir zudem damit rechnen müssen, dass viele historische Entscheidungen und Entwicklungen von dumpfen Gefühlen (Ressentiments) oder gar von unbewussten Kräften beeinflusst oder mitunter gar gesteuert werden. Menschen tragen dennoch die volle Verantwortung für die Geschichte. Denn sie ist weder eine Naturgewalt noch dumpfes Schicksal noch unmittelbar von einer göttlichen Macht gesteuert. Geschichte ist eben kein zwangsläufiger abstrakter Mechanismus, sondern ein prinzipiell offener, primär von Menschen gestalteter Prozess.
5. Hinter der Deutung von Geschichte – wie auch der eigenen Lebensgeschichte – steht immer auch ein bestimmtes Zeitverständnis. In westlichen Traditionen wird dieses, vom Alten Testament ausgehend und im Neuen weitergeführt und weiter radikalisiert, in der Regel linear dreifach definiert mit der prägenden Vergangenheit, der augenblicklichen Gegenwart und der von Gott und vom Menschen bestimmten Zukunft. In östlichen Traditionen herrscht dagegen eher ein zyklisches Zeitverständnis vor, bei der Ähnliches wiederkehrt und bei dem ein Aussteigen aus der unaufhörlichen Zeitabfolge und ein achtsames Verweilen im Augenblick eine wichtige Rolle spielen. Die gegenwärtige Hirnforschung sowie Psychologie und Sozialwissenschaften weisen überdies darauf hin, dass die menschliche Erinnerung die Vergangenheit stets neu und unter den Gesichtspunkten der Bedeutung für das gegenwärtige Leben konstruiert.
6. Die alttestamentliche Vorstellung, dass die *Geschichte* von *Gott* gelenkt und gesteuert wird, also eine Geschichte von Heil und Unheil darstellt, bietet keine Alternative, sondern eine Ergänzung zur Vorstellung von der geschichtlichen Verantwortung der Menschen, also gleichsam eine Doppelperspektive bzw. eine doppelte Konnotation von Geschichte. Denn das Volk wird für sein Wohlergehen oder das drohende Unheil verantwortlich gemacht. Die Propheten rufen zur Umkehr auf, wenn sie die Strafen Gottes für die Verfehlungen ankündigen. Es bedeutet daher immer einen Missbrauch des Glaubens, wenn Gottes Wille und Macht unmittelbar für die Rechtfertigung des eigenen Verhaltens, gar noch eines macht- und gewaltvollen Tuns herangezogen wird. Wie etwa im Aufruf Papst Urbans zum Ersten Kreuzzug mit den Worten: „Gott will es!" (neulat.: „Deus lo vult").
7. Die *Shoa*, die Vernichtung der Juden im Dritten Reich, stellt das Konzept einer Heilsgeschichte grundsätzlich in Frage. Wo war Gott in *Auschwitz?* ist das zentrale Thema gegenwärtiger Theologie.

Und die Antwortversuche können nur in eine Richtung weisen: Gott regiert nicht über die Welt und in der Geschichte, sondern er geht ein in sie, in der Inkarnation seines Sohnes, er leidet an ihr und er geht an ihr zugrunde. Nur vom Tod der Unschuldigen durch die Machthaber der Geschichte her kann heute noch von Gott gesprochen und Theologie betrieben werden.

7.5.6 Deutsch – Literatur

Deutsch – Literatur

Eine besonders enge Kooperation des Religionsunterrichts besteht zum Fach Deutsch. Dies schlägt sich im Religionsbuch in vielfältiger Weise nieder:

- *Quellentexte* (zwei Klassiker: die Ringparabel aus Lessings „Nathan der Weise", T 6.3[1], S. 258, sowie die Legende vom Großinquisitor aus Dostojewkis „Die Brüder Karamasow", T 4.7, S. 192);
- *Kurzzitate*, zahlreiche aus der Literaturgeschichte bis zur Gegenwart (besonders typisch ein Doppelzitat zur Perspektive zweier Siebzehnjähriger, S. 88, ganz unten, oder auch – für die Zeit nach der Corona-Pandemie – das Zitat aus Camus' „Die Pest", S. 140, linke Spalte);
- *Textgattungen*: Poesie, hebräische (S. 25, Zusammenfassung, linke Spalte, oberhalb Seitenmitte) sowie Liebesgedicht aus dem Hohenlied (S. 68); Metaphern, Gleichnisse, deskriptive und performative Sprache (4.3.1, S. 169f, bes. S. 170, unten, Zusammenfassung und Ergänzung); Symbolsprache (6.1.1, S. 243, unten); Mythos 1.2.1, S. 22, oben;
- Textentstehen und -verstehen; Hermeneutik (1.1.3, S. 17–19, bes. S. 18, unten, 19);
- Quellentexte mit Textarbeit, Texterschließung sowie generell die Aufgabenstellungen etc.

7.5.7 Kunst

Kunst

7.5.7.1 Bild-Didaktik

Bild-Didaktik

Ästhetische „Logik"

(1) Die *Bilder* des Buches folgen einer eigenen „Logik", Gesetzmäßigkeit und Dynamik: der *Ästhetik* (nach Kants drei großen „Kritiken" gegenüber der Logik und der Ethik ein dritter elementar eigenständiger Bereich). Sie fordern zuerst einmal zu einer eigenständigen Wahrnehmung heraus. Texte werden gelesen, Bilder dagegen betrachtet. Die Bilder als Bilder und Kunstwerke wahrzunehmen, stellt die erste und fundamentale unterrichtliche Aufgabe und Herausforderung dar. Dies gilt auch für die Fotos, die auf den ersten Blick „Alltagsszenen" festhalten, dies aber in einer paradigmatischen, den Alltag auf einer tieferen Ebene erfassenden Weise tun und damit die Welt nicht einfach „abbilden", vielmehr zu einer „bildenden" Auseinandersetzung mit der Wirklichkeit anhand des Mediums „Bild" einladen – s. etwa das Foto von zwei Frauen mit Smartphone auf S. 93.

Bild-Text-Verhältnis

(2) Hieraus folgt, dass das *Bild-Text-Verhältnis* in aller Regel kein einfaches Abbildverhältnis sein kann (diesen Versuch können Illustrationen unternehmen – oder auch Grafiken, Montageanleitungen u.Ä.m.). Zwar lassen sich mitunter zwischen Texten und Bildern Parallelen entdecken, die eine Verstärkung hervorrufen können, es sind jedoch auch Gegensätze und Kontraparte oder auch Weiterführungen, Variationen und schließlich eine weitgehende bzw. vollständige Unabhängigkeit voneinander denkbar. Von hier aus verbietet sich eine vorschnelle thematische und/ oder theologische „Verzweckung" der Bilder.

„Mehrwert" von Bildern

(3) Die Bilder wahren damit eine *Eigenständigkeit*. Sie haben – gegenüber den Texten – einen *„Mehrwert"*. Sie machen etwas sichtbar, was Texte nicht beleuchten (können). Würden die Bilder entfallen, bliebe als Rest nicht nur eine „Bleiwüste", das Buch und das Fach würden damit zugleich auch um eine wesentliche Dimension unseres Lebens gebracht. Bilder erschließen somit Wirklichkeit in einer eigenen, originären und unnachahmlichen Weise. Sie stehen auch untereinander in einem Zusammenhang und entwickeln so eine eigene „Linienführung". Ein eigenständiger „roter Faden" zieht sich anhand der Bilder durch das gesamte Buch.

Sinnlicher Bildzugang

(4) All dies bedeutet allerdings nicht, dass zur fachkundigen Auseinandersetzung mit Bildern ein Kunststudium notwendige Voraussetzung ist (ansonsten dürfte man nur „Profis" den Zugang zu Kunstmuseen, Galerien und Ausstellungen erlauben). Zwar ist immer wieder ein *fächerverbindender* Austausch mit dem Kunstunterricht (in den unterschiedlichsten Formen) sinnvoll und möglich, andererseits ist ein *unmittelbarer, sinnlicher Zugang zu Bildern* auch Laien möglich, wenngleich ein Interesse, zumindest eine Aufgeschlossenheit gegenüber Bildern/ Kunst hilfreich ist. Genauso wie wir im Religionsunterricht die elementare Fähigkeit der Heranwachsenden, zu lesen und zu schreiben, voraussetzen und zugleich fördern, sind wir auf ihre Fähigkeit, Bilder zu malen oder zu zeichnen bzw. Grafiken zu skizzieren sowie Bildwerke wahrzunehmen und zu betrachten, angewiesen und üben zugleich diese Fähigkeiten auch im Religionsunterricht ein.

Bildinterpretation

(5) All dies heißt nicht, dass wir Bilder nicht interpretieren könnten oder sollten, vielmehr nur, dass vor der *Bildinterpretation* sinnvollerweise wichtige Schritte gegangen und vollzogen werden (Wahrnehmung etc.). Wir zeigen die Bilder ja im Religionsunterricht und gehen davon aus, dass Bilder eine Sinn- resp. *eine religiöse Dimension* enthalten oder eröffnen (können). Dies gilt nicht nur für religiöse Kunst i.e.S., sondern auch für säkulare (sei es bewusst oder unbewusst). So wurde z.B. die „Ikone" der modernen, abstrakten Kunst, Kasimir Malewitschs legendäres „Schwarzes Quadrat" von 1915, bei seiner ersten öffentlichen Ausstellung oben in der Ecke des Raumes installiert, dem Ort, der in einem russischen Haushalt einer Ikone vorbehalten ist (→ S. 118). Bewusst wurde hier ein säkulares Bild als Altarbild inszeniert. Wir können noch einen Schritt weiter gehen: Bilder können vielleicht die religiöse Dimension nochmals in ganz anderer, unmittelbarer und angemessener Weise repräsentieren als jedes Wort. So kann Malewitschs „Schwarzes Quadrat" für die Undarstellbarkeit (und Unvorstellbarkeit) Gottes stehen (also für das Bilderverbot). Kombiniert dann mit einem Schöpfungs- resp. Schöpferbild Michelangelos (→ S. 127) ist damit auf anschauliche Weise nicht nur das grundlegende Gegensatzpaar der modernen Kunst (Konkretion/ Gegenständlichkeit vs. Abstraktion/ Nichtgegenständlichkeit) in Szene gesetzt, sondern auch das von Karl Barth formulierte Grundparadox der Theologie: dass wir von Gott nicht reden können, zugleich aber von Gott reden müssen, und erst durch das Festhalten an beiden Aussagen Gott „die Ehre geben" – also wirklich von Gott reden und nicht von einem menschengemachten Götzen.

Bildauswahl

(6) Das Gesagte weist darauf hin, dass bei der Bildauswahl nahezu alle Kunstepochen Berücksichtigung fanden, von der Antike bis zur Gegenwart – und neben Bildwerken der Kunst auch Fotos, die den angegebenen Kriterien genügen. Zudem wurde auf Mehr- resp. Vieldimensionalität geachtet, die mehrere Deutungen und oft sogar Deutungsebenen zulässt. Ein „gutes" Kunstwerk eröffnet Welten, Perspektiven und Sinndimensionen. Es verwendet keine starren Festlegungen (wie etwa ein Propagandaplakat) und Stereotypen (wie etwa der Kitsch), sondern stellt uns, unsere Seh-, Wahrnehmungs- und Denkgewohnheiten in Frage. Es lässt uns Weite und Vielschichtigkeit erahnen. Dies führt keineswegs zur Beliebigkeit. Es gibt einen (ethischen) Maßstab, an dem sich Bilder – wie alle menschlichen Lebensäußerungen – messen lassen müssen: Ein Bild kann für Leid sensibilisieren, es darf dieses allerdings nie propagieren (vielmehr müsste eine solche „Propaganda" zugleich die Aufdeckung der Propaganda mit initiieren).

Das mediale Dreieck

(7) Dem Gesagten versucht der Lehrerband in einem *dreigliedrigen Kommentar* zur Mehrzahl der Bilder gerecht zu werden: (1) Text- bzw. Bildbeschreibung (nach dem Gesagten im Kern ein Widerspruch in sich selbst, da das im Bild Wahrgenommene ein Mehr und ein Anderes ist als das in einem Text, also auch der Bildbeschreibung Gesagte; zudem verstanden als nur *eine* mögliche Variante bzw. ein Wahrnehmungsspektrum, das im Unterrichtsprozess variiert werden kann); (2) Information zur Produzentenseite sowie (3) Anregungen zur Rezeption im Unterrichtsprozess. All dies ist ein (allerdings unerlässliches) „Rüstzeug", das das eigentliche Unterrichtsgeschehen – die unmittelbare, kreative Auseinandersetzung der Anwesenden mit dem Bild – nur anbahnen, niemals aber ersetzen und im „worst case" (nämlich bei mechanischer Handhabung durch die Lehrkraft) sogar verhindern und unterbinden kann.

Grafik: Das mediale Dreieck (hier: Bild)

Das Medium (Bild) steht in der Dynamik zwischen (1) dem Medium selbst, (2) seiner Entstehung (Produzent/in, Künstler/in) und (3) seiner Rezeption (Rezipient/in, Betrachter/in). Während traditionelle und postmoderne Zugangsweisen die Produktion (bzw. die Künstler/in) resp. die Rezeption (die Betrachter/innen; Rezeptionsästhetik) ins Zentrum ihrer Aufmerksamkeit rücken, soll hier das Medium/ Bild an erster Stelle stehen, denn von ihm selbst geht der unmittelbare und entscheidende Impuls aus. Und dieser Impuls ist zuerst einmal eine Selbstrepräsentation des Bildes, vor jedem Verweis auf ein Dargestelltes. Denn: Bilder beruhen auf einem „doppelten Zeigen": sie zeigen zum ersten *sich* und zum zweiten *etwas* (Gottfried Boehm).

Im Unterricht sollte deshalb zuerst einmal das Bild als Kunstwerk in seiner Dignität, seinem Eigenwert und seiner Selbstreferentialität im Zentrum der Aufmerksamkeit stehen. Erst dann erfolgt die Interpretation.

„Krebsgang" Bilddidaktik

„Krebsgang" Bilddidaktik

Um das Gesagte zu verdeutlichen, sei auf die alte Idee des „Krebsganges" zurückgegriffen, die das Anliegen – nicht ohne Augenzwinkern – „ex negativo" (hier in fünf Schritten) zu erläutern sucht.

1. Halte Dich bei einem Bild nicht mit unnötigen Fragen auf wie: „Was sehen wir?", sondern stelle flugs die zentrale Frage: „Was will (uns) das Bild sagen?"
2. Betrachte überhaupt das Bild als Nebensache – beschäftige Dich stattdessen vorrangig mit dem Künstler und den Betrachterinnen: Was wollte er uns mit dem Bild sagen? Oder: Wie interpretieren wir das Bild?
3. Gehe davon aus, dass ein jedes Bild etwas ganz Bestimmtes sagen will (seine *message*) und verteidige die richtige Deutung gegenüber den falschen der Halbwüchsigen – oder gehe, falls dies keine guten Wirkungen zeitigt, den entgegengesetzten Weg und lass einfach jede und jeden das in dem Bild sehen, was sie oder er will – schließlich leben wir in einem freien Land ...
4. Pfeife auf den Kunstunterricht – denn das Zentrale und Eigentliche erfasst ja ohnehin nur die Religion.
5. Lass vor allem beim religiösen Sinn keinerlei abweichende Auffassungen zu – schließlich bist Du hier die Speziallehrkraft mit Fachstudium und zudem musst Du die Klasse ohnehin vor allem mit klarem, abfragbarem Wissen auf den nächsten Test und das Abitur vorbereiten.

7.5.7.2 Die Bilder (Kunstwerke) von Hans-Georg Hofmann

Bilder von Hans-Georg Hofmann
Bedeutung der Bilder von Hofmann

Eine zentrale Rolle bei den Referenzen der *Bildenden Kunst* im Schülerbuch spielen die Bilder von *Hans-Georg Hofmann*. Von ihm stammen insgesamt elf Bilder. Zudem ist die Collage des Titelbilds aus seinen Bildern bzw. aus Bildteilen zusammengestellt.
Zu *Person und Werk:* Hans-Georg Hofmann, *1957 in Speyer; Studium der Bildenden Kunst und Kunstgeschichte; freischaffender Künstler, Mitglied im Berufsverband der Bildenden Künste (BBK), seit 1999 Wohnung und Atelier in Stuttgart, Studienreisen ans Meer (Nordsee, Madeira) und nach Portugal (Lissabon); Beschäftigung mit Zeichensystemen und Wahrnehmungs- bzw. Kunsttheorie sowie mit dem portugiesischen Dichter Fernando Pessoa; zahlreiche Ausstellungen, viele Werke in öffentlichen Räumen (Öffentliche Verwaltung sowie Firmen) und in Privatbesitz.
Eine *Eignung und Passung* der Kunstwerke von Hans-Georg Hofmann ergibt sich aus mehreren Gründen und konkretisiert sich auf unterschiedlichen Ebenen:

- Die Bilder stellen unsere üblichen Sehgewohnheiten zur Disposition. Fragen eröffnen sich: Warum dieser Ausschnitt? Wie wirkt diese Farbe? Was bewirkt diese Zuammenstellung?
- Die Bilder stellen keine religiöse Kunst i.e.S. dar und sind dennoch – oder auch gerade deshalb – in einer eigenständigen, offenen Weise auf die religiose Dimension beziehbar.
- Ein typisches Merkmal der Kunst Hofmanns besteht in der Kombination von figurativen, gegenständlichen mit abstrakten, gegenstandslosen Bildteilen bzw. von solchen unterschiedlichen Einzelbildern zu einem Gesamtkunstwerk, eine für die religiöse Dimension (Transzendenz & Immanenz) nahezu ideale Zusammenschau (s.o. zu den abstrakten vs. figurativen Gottesdarstellungen).
- Auch die gegenständlichen Bilder resp. Bildteile sieht der Künstler nicht als Abbilder der Realität, vielmehr als Verdichtungen eines Blicks auf die Wirklichkeit, die diese Welt zugleich verhüllt und zeigt, also auf neue Weise sichtbar macht. Die Bilder eröffnen so Sinnhorizonte und Perspektiven.
- Der Künstler verwendet häufig elementare Aspekte der Welt als Bildmotive, insbesondere die Elemente Wasser (Meer), Luft (Himmel) und Erde (Strand, Fels, Küste u.a.m.). Daneben tauchen auch Pflanzen auf, und nachgeordnet die Welt der Kultur des Menschen (einige Werke spielen auch mit der Polarisierung von Natur – Kultur). Klare, kräftige Farben dominieren: Blau, Grün, Gelb, Rot, auch Weiß und Schwarz. Die Bilder erlauben also – bei aller vorhandenen Abstraktion – einen einfachen, unmittelbaren Zugang; sie sind nicht hermetisch verschlossen, sondern öffnen den Blick für das Weite der Welt.
- In den Bildern scheinen zudem mitunter Symbole, Zeichen, Formen und Linien auf, die einen offenen „Verweischarakter" haben (z.B. senkrechter Strich von oben nach unten, zarte gelbe horizontale Linie im Himmelsblau u.a.m.), jedoch ohne eindeutig festzulegen. Ein Hinweis auf das Archetypische etwa in der Tiefenpsychologie C.G. Jungs wäre wohl eindeutig zu kurz gegriffen, würde dies doch wiederum auf nur eine (zudem bereits bekannte) Interpretation festlegen. Hof-

manns Werk ist also zugleich abstrakt und figurativ, impressionistisch und expressiv, zeichenhaft, ohne symbolistisch überladen zu sein.

Zitate zu Bildern von Hofmann

Zitate als Hilfen zur Erschließung des Werks von Hans-Georg Hofmann

- „... und ich öffnete plötzlich die Augen, die nicht geschlossen waren ..." (Fernando Pessoa, aus dessen Werk Hofmann auf seinen Bildern öfter zitiert.)
- „Paisagens que não existem – Landschaften, die nicht existieren (Fernando Pessoa).
- „Je mehr Augen, verschiedne Augen wir uns für dieselbe Sache einzusetzen wissen, umso vollständiger wird uns der ‚Begriff' dieser Sache, unsre ‚Objektivität' sein." (Friedrich Nietzsche)
- „Und da ich nun schon auf hoher See dahinfahre / Und die vollen Segel dem Wind ausgesetzt habe: / Es gibt im ganzen Weltkreis nichts Beständiges. / Alles ist im Fluss, / und jedes Bild wird gestaltet, während es vorübergeht ..." (Ovid, Metamorphosen, 15. Buch)
- Ein „unbedingtes Ja zum Nebeneinander auch des Entgegengesetzten". (Hans-Jürgen Herschel über die Bilder von Hans-Georg Hofmann)

Auswahl der Bilder von Hofmann

Zu den im Buch aufgenommenen Bildern von Hans-Georg Hofmann

Das *Titelbild* ist eine durch den Grafiker erstellte Collage aus im Buch aufgenommenen Bildern bzw. Teilbildern resp. Bildteilen von Hans-Georg Hofmann (unter Aufnahme etwa der Hälfte der Bilder: S. 53, 87, 115, 134, 256 (tlw.), 257; nicht verwendet: S. 47, 83, 141, 167, 193).

O Jardim da Estrela 2, Gesamtbild → S. 53	Die Berge des Yü-chien, oberer Bildteil → S. 256	Frage Meer/ Raum/ Fels, Gesamtbild → S. 257
Zwei Quadrate 12 01, oberer Bildteil → S. 115	Zwei Quadrate 05 02, unterer Bildteil → S. 87	Ode maritima 2, Gesamtbild → S. 134
Zwei Quadrate 05 02, oberer Bildteil → S. 87	Die Berge des Yü-chien, unterer Bildteil → S. 256	Zwei Quadrate 12 01, unterer Bildteil → S. 115

Zusammenstellung der in der Titelgrafik verwendeten Bilder/ Bildteile (Querverweise, in analoger neunteiliger, die Zusammenstellung abbildender Gliederung)

Jeweils zwei Bilder zu jedem Kapitel (mit Ausnahme des Kirchenkapitels, beim Gottkapitel sind es drei) stammen von Hans-Georg Hofmann – in der Regel als Bildpaar gedacht. Sie erfassen zentrale Aspekte eines Themas:

- Die *Zukunft* unserer *Welt* in Ungewissheit und Hoffnung (S. 47+53, wie eine Klammer zu Beginn und am Ende des Teilkapitels Zukunft 1.5);
- die von außen auf uns Menschen zukommende „*Gnade*", oder – säkular gesprochen – Liebe, Lebenssinn und Glück, das uns widerfährt und von außen, innen und oben auf uns zukommt ... (S. 83+87 – als Klammer zum Teilkapitel „Gnade", 2.5);
- das Thema „*Gott*", des großen, gigantischen „Geheimnisses" des Lebens und der Welt, das eine große Faszination ausüben und Lebenshalt bieten kann und zugleich den Schrecken und „Schatten" in sich birgt ... (S. 115, 134, 141);
- das Thema einer positiven Verwandlung unserer Welt und von uns Menschen durch das „*Reich Gottes*" bzw. die erhoffte „*Wiederkunft Christi*" – beides Chiffren für Utopien, die uns zu Dankbarkeit und Tätigkeit anregen ... (S. 167+195, als Auftakt zum zentralen Teilkapitel „Reich Gottes", 4.3, sowie als Abschluss zum letzten Teilkapitel zu Jesus Christus, seiner Parusie bzw. Wiederkehr, 4.7);
- und schließlich die *Offenheit* für „*das Andere*" bzw. „*die Anderen*", die „Alterität" in fremden Menschen, Kulturen und Religionen, aber auch im eigenen Selbst, das Andere, das uns herausfordert, öffnet und zu Weiterentwicklungen anregt (S. 260f – als Klammer zum Thema „Fremdpositionen", 6.3.2).

7.5.7.3 Bildregister

8. Anhang II: Kompetenzorientierung
(am Beispiel Baden-Württemberg – Abitur)

Inhalt

Inhalt

Für das Abitur 2023ff wurden in BW zwei Schwerpunktthemen erarbeitet, die unterschiedliche Kompetenzbündel aus den traditionellen Themenbereichen zusammenstellen. Im Folgenden wird für diese beiden Themen aufgezeigt, wie Unterricht und Abitur-Vorbereitung anhand des Werkes Religion Oberstufe kompakt erfolgen kann. Abschließend ist eine Liste möglicher Anforderungssituationen zusammengestellt.

Ev. Religionslehre Schwerpunktthema I Glaube an Gott gestaltet Lebenswirklichkeit

8.1 Evangelische Religionslehre Schwerpunktthema I:

Glaube an Gott gestaltet Lebenswirklichkeit

Das Schwerpunktthema I bezieht sich unter Berücksichtigung der unten genannten verbindlichen Bibeltexte und verbindlichen Fachbegriffe auf folgende inhaltsbezogene Kompetenzen:

➢ biblische und theologische Aussagen über Gott erläutern

Inhaltsbezug	Zentrale Belegstelle(n) Buch	Zusätzliche Belegstelle(n) Buch
Gott in Christus	3.6.3: Gott am Kreuz (S. 138f)	→ Gottessohnschaft Jesu, S. 183f; 185f; S. 117 (Gott als Liebe)
Trinität	3.7.3: Der trinitarische Gott der Christen (S. 143–145)	→ Glaubensbekenntnis, S. 202
Gottes Wirken in der Geschichte	3.3.1: Exodus (S. 116f)	Exkurs LB (Anhang) 7.5.5.3: Gottes Handeln in der Geschichte
Ich-bin-Worte Jesu	4.5.2: Ich-bin-Worte (S. 184)	

➢ Aspekte des biblischen Menschenbildes mit denen eines weiteren Konzepts vergleichen

Inhaltsbezug	Zentrale Belegstelle(n)	Zusätzliche Belegstelle(n)n
Gottesebenbildlichkeit	2.1.2: Geschöpf und Ebenbild Gottes (S. 62f)	
Hoffnung	1.5.3: Gottes Zukunft (S. 51–53)	2.7.2+3: Nach Tod (S. 96–99) 4.3: Gottes Reich (bes. S. 167f)
Gewalt	2.3.3: Die Sünde(n) des Menschen (S. 74–76)	→ 2.3.1: Aggression und Destruktion (S. 71)
Thomas Hobbes	2.3.2: Der Mensch, ein Wolf! (S. 72f)	

➢ sich mit säkularen und biblisch-theologischen Zukunftsmodellen auseinandersetzen

Inhaltsbezug	Zentrale Belegstelle(n)	Zusätzliche Belegstelle(n)n
Utopie, Vision	1.5.1: Zukunftsvisionen (S. 48)	1.5.2: Zukunftsgestaltung (S. 49f)
Messianisches Friedensreich	1.5.3: Gottes Zukunft (S. 51–53)	
Reich Gottes	4.3: Gottes Reich (S. 167f)	4.3: Gottes Reich (Gleichnisse, Wunder, Tischgem. (S. 169–173)

- sich mit lebensförderlichen und destruktiven Wirkungen von Religion und nichtreligiösen Weltdeutungen auseinandersetzen

Inhaltsbezug	Zentrale Belegstelle(n) Buch	Zusätzliche Belegstelle(n) Buch
Lebensförderlicher / Destruktiver Glaube	3.5.1+2: Der liebe Gott? S. 127f, 130 (Menschlichkeit)	3.5.3: Gott in Beziehung, S. 131–133
Toleranz versus Absolutheitsanspruch	6.3.1+2: Eigen-/Fremdposition, S. 255; 256–258 – 6.1.3: Weltanschauungen, S. 246f	6.3.3: Dialog, S. 259f
Frieden versus Gewalt	6.3.2: Ambivalenz Religion, S. 256–258	S. 208f: Mission S. 209f: Antijudaismus S. 210: Andersdenkende

- Konsequenzen verschiedener Zugänge zur Wirklichkeit (Theologie und Philosophie) für die Deutung menschlicher Erfahrung aufzeigen Kriterien für einen konstruktiven Umgang mit der Wahrheitsfrage zwischen Menschen unterschiedlicher Religionen und Weltanschauungen formulieren

Inhaltsbezug	Zentrale Belegstelle(n) Buch	Zusätzliche Belegstelle(n) Buch
Wirklichkeitszugang Philosophie/Theologie	1.1 Schein und Sein, S. 14–20, insbes. Wirklichkeit, Wahrheit, S. 14–16	3.6: Leid – Theodizee, S. 134–140 2.3: Das Böse, S. 71–76 2.6: Freiheit, S. 88–94
Wahrheitsfrage in Religionen	6.3 Dialog der Religionen Wahrheit, Dialog, S. 255–261	Interreligiöse Vergleiche, u.a. 3.7: Gott, S. 141–145; 4.6.1: Jesus, S. 187f
Wahrheitsfrage bei Weltanschauungen	6.1.3 Weltanschauungen, S. 246f	3.2.1: Neuer Atheismus, S. 109

Verbindliche Bibeltexte:
- Gen 1,1–2,25: S. 21, 25 (1.2.1); S. 62f (2.1.2), S. 65, 67 (2.1.3); S. 69 (2.2.2)
- Ex 3,1–15: S. 116f (3.3.1)
- Ex 20,2–4: S. 30 (1.3.2); S. 118–120 (3.3.2)
- Ps 22,2–5: S. 139 (3.6.3); S. 151 (4.1.1)
- Mt 28,19: S. 209 (5.2.2[1])
- Joh 1,7–16: S. 157 (4.2.1[1]); S. 183f (4.5.2)
- 1. Joh 4,7–21: S. 117 (3.3.1); zusätzlich: S. 120 (3.3.2); S. 122 (3.4.2); S. 251 (6.2.2 – Christentum)

Verbindliche Fachbegriffe:
- Sohn Gottes: S. 183f, 186
- der HERR: S. 116 (Gott, 2. Mose 20,2f); 183 (kyrios)
- Messias: S. 183, 186
- theoretischer und praktischer Atheismus: S. 114
- Deimus: S. 126
- Theismus: S. 126
- Fundamentalismus: S. 17, 25, *260*
- Dschihad: S. 256f

8.2 Evangelische Religionslehre Schwerpunktthema II

Ev. Religionslehre Schwerpunktthema II Verantwortung übernehmen in der globalisierten, religionspluralen Welt

Verantwortung übernehmen in der globalisierten, religionspluralen Welt

Das Schwerpunktthema II bezieht sich unter Berücksichtigung der unten genannten verbindlichen Bibeltexte und verbindlichen Fachbegriffe auf folgende inhaltsbezogene Kompetenzen:

- das Verständnis von Freiheit und Verantwortung in christlicher Perspektive zu einer anderen Sichtweise in Beziehung setzen

Inhaltsbezug	Zentrale Belegstelle(n) Buch	Zusätzliche Belegstelle(n) Buch
Geschöpflichkeit	2.1.2 Geschöpf und Ebenbild, S. 62f, 67	2.1.3: Menschen verbessern?, S. 64–67

Rechtfertigung	2.5 Gnade vor Recht?, S. 83–87	S. 203, Mitte: Luther-Zitat; unten: GER-Zitat
Freiheit und Verantwortung	2.6.2: Freiheit+Verantwortung in Bibel + Theologie, S. 89–91, 94	Verantwortungsethik 27, 29
A. Camus	2.6.3: Freiheitsentwürfe in der Philosophie, S. 92–94	S. 140: Camus-Zitat

- anhand der ethischen Konfliktfelder Ökonomisierung und Globalisierung biblische Gerechtigkeitsvorstellungen entfalten

Inhaltsbezug	Zentrale Belegstelle(n) Buch	Zusätzliche Belegstelle(n) Buch
Biblische Gerechtigkeitsvorstellungen	1.4.1: Gerechtigkeit biblisch, S. 41f (AT) 4.4.2: Jesu Ethik, S. 176f 4.4.3: Nachfolge, S. 178–180	S. 44f: Gerechtigkeitsmodelle S. 170: Mt 20,1–15 S. 85, oben: Gerechtigkeit bei Paulus und Jakobus
Ökonomisierung	Homo oeconomicus, S. 94 Kirche(n) zur Ökonomie, S. 220, untere Hälfte	S. 39, 50: Transformation Zukunftsgestaltung S. 124: Luther: Abgott Mammon (Quellentext)
Globalisierung	*Allgemein:* 1.5.2, S. 49f *Flüchtlinge:* S. 40 (Bild), 43 GG Art. 16a, 237 (Bild); 235: Weihnachtsgottesdienst	S. 220f: Befreiungstheologie und ÖRK S. 235–237: Ökumene weltweit

- zwei ethische Argumentationsmodelle überprüfen

Inhaltsbezug	Zentrale Belegstelle(n) Buch	Zusätzliche Belegstelle(n) Buch
Deontologische Ethik	1.3.1: Modelle der Ethik, S. 26–29	S. 29: Kategor. Imperative S. 32, Mitte: Kant, Wahrheit S. 37, Mitte: Theologische E.
Teleologische Ethik	1.3.1: Modelle der Ethik, S. 26–29	S. 36: Singer (Utilitarismus) S. 37, Mitte: Theologische E.
(Weitere Ethikmodelle)	A.a.O. : Tugend-, Verantwortungs-, Gesinnungs-, Situationsethik	

- eine wiederkehrende Herausforderung für die Kirche anhand kirchengeschichtlicher Stationen untersuchen

Inhaltsbezug	Zentrale Belegstelle(n) Buch	Zusätzliche Belegstelle(n) Buch
Armut und Reichtum (Option für die Armen)	5.3.2: Soziale Frage, S. 219–221 1.4.2: Gerechtigkeit gegenwärtig, S. 42f, 46 S. 178f, 210: Franz von Assisi, Armutsbewegungen	S. 12f: Brecht; Bild Hanson S. 30, 38: Mitte: Sozialethik S. 39: Zusammenfassung, Ende S. 162: Jesus und „Outcasts" S. 178–180: Nachfolge Jesu S. 198: Urchr. „Kommunismus"

- Rolle und Bedeutung der Kirchen in der pluralen Gesellschaft anhand ihres Auftrags überprüfen

Inhaltsbezug	Zentrale Belegstelle(n) Buch	Zusätzliche Belegstelle(n) Buch
Gesellschaftliches und politisches Engagement	5.4.3: Kirche in der Gesellschaft, S. 225–228	S. 43: unten: Option für die Armen
Subsidiarität	Katholische Soziallehre, S. 219, 221 (Erg. im LB)	
Bildung	S. 43, Mitte: Bildungschancen	S. 226: RU

- Perspektiven einer zukunftsfähigen Kirche entwickeln

Inhaltsbezug	Zentrale Belegstelle(n) Buch	Zusätzliche Belegstelle(n) Buch
Zukunft der Kirche, allgemein	5.5: Kirche Zukunft?, S. 229–237	S. 240: Thesen Zukunft Religion und Christentum (Graf)
Eintreten für Gerechtigkeit	s.o. (u.a. Armut und Reichtum) 1.5.2: ÖRK Gerechtigkeit, S. 49	s.o. (u.a. Armut und Reichtum) S. 51: Messianisches Reich S. 202: Sölle, Credo
Eintreten für Barmherzigkeit	4.4.2: Jesu Ethik, S. 176f, 180 (u.a. Barmherziger Samariter)	Doppelgebot der Liebe, S. 31, 33, *176,* 180
Mitverantwortung	2.6: Freiheit + Verantwortung, S. 88-94	Verantwortungsethik, S. 27, 29
Widerstand	5.3.1: NS-Zeit: Bekennende Kirche, S. 215–218	S. 212–214: Barth, Christen- und Bürgergemeinde

Verbindliche Bibeltexte:
- 3. Mose 25: S. 30, Sozialethik, Erg. zu 2. Mose 22+23 LB; S. 38, Sozialethik/ Planetarische Ethik, Erg. zu 2. Mose 23 (LB)
- Ps 8: S. 62
- Mt 20,1–16: S. 44, 170
- Mt 22,36–40: S. 31, 33, *176,* 180
- Apg 2,42–47: S. 198
- Röm 13,1–7: S. 211
- 1. Kor 12,12–31: S. 199
- Gal 5,1.13–15: S. 89

Verbindliche Fachbegriffe:
- Ebenbild Gottes: S. 62f, 67
- Zedakah: S. *41,* 46
- Menschenwürde: S. 63, 67
- Menschenrechte: S. 63 (hier auch: AEM Art 1); Weitere Art. aus der Allg. Erklärung der Menschenrechte (AEM): Art 2, S. 92; Art 3, S. 43; Art 4, S. 225; Art 7, S. 226; Art 16a, S. 43; Art 20, S. 43
- Rechtfertigung (Zuspruch und Anspruch): S. *83f, 86,* 203
- Option für die Armen: S. *43,* 46, *220f*
- Diakonie: S. 226, 228

8.3 Anforderungssituationen

Anforderungssituationen

Der kompetenzorientierte Unterricht orientiert sich an konkreten Anforderungssituationen und zielt darauf, ab, in diesen Situationen „kompetent“ zu (re)agieren. Im vorliegenden Werk lassen sich Anforderungssituationen herausarbeiten, die der Literatur, der Theologie, Philosophie und anderen Bereichen – etwa der Bildenden Kunst oder sogar der Bibel – entnommen sind. Dies scheint nur auf den ersten Blick von der Lebenswelt der Jugendlichen entfernt. Denn wichtiger als ein möglicherweise mitunter nur oberflächlich aufscheinender Alltagsbezug ist ein Lebensbezug, der grundlegende, existentielle oder „generative“ (d.h. Lebensdimensionen aufspannende und erzeugende) Fragen und Themen behandelt – wobei sich bei manchen Texten, etwa bei Schülertexten, auch eine erstaunliche Nähe zur alltäglichen Lebenswirklichkeit von Heranwachsenden ergeben kann.
Es empfiehlt sich, diese Anforderungssituationen – die häufig, aber nicht nur am Beginn des betreffenden Themas platziert sind – als Auftakt der Unterrichtssequenz zu nehmen. Sie lassen sich mit dem gesamten Spektrum des didaktisch-methodischen Repertoires bearbeiten. (Häufig handelt es sich um kontroverse, polare Positionen zu paradigmatischen Lebensfragen und -situationen.) Am Ende der Einheit lassen sie sich gegebenfalls nochmals aufnehmen, um abschließend die Lern- und Kompetenzentwicklung zu beobachten und zu evaluieren. Manche Situationen mögen sich auch wie ein roter Faden durch die Erarbeitung eines Teilthemas ziehen. Exemplarisch durchgeführt wurde dies im Buch anhand der Dilemma-Situation Henrys zur Philosophischen Ethik (1.3.1, S. 26–29).

Überblick: Mögliche Anforderungssituationen

(Teil-)Kapitel / Thema	Belegstelle	Medium
1: Wirklichkeit 1.4: Gerechtigkeit	S. 12, unten	Bertolt Brecht: Die Nachtlager
1.1.2: Glaube und Theologie	S. 15, Mitte	E. Ch. Hirsch: Philosophie/ Theologie
1.2: Theologie und Naturwissenschaften	S. 24, oben	Zwanzigjähriger/ E. Ch. Hirsch
1.3: Ethik	S. 26, unten	Henry-Dilemma (R. Cormier: Nur eine Kleinigkeit)
1.3.3: Angewandte Ethik	S. 37, unten	Assistierter Suizid (Nikolaus/ Anne Schneider)
1.4: Gerechtigkeit (s.o.)	S. 12, unten	Bertolt Brecht: Die Nachtlager
1.5: Unsere Zukunft/ Zukunft der Welt	S. 48, oben S. 50, unten	G. Anders/ J.C. Venter M. Thatcher/ Attac
2: Mensch 2.1.1: Identität/ Wesen des Menschen	S. 56, unten S. 58, unten S. 59, unten	B. Brecht/ M. Frisch Ö.v. Horwath/ L. Andreas-Salome J.O. de La Mettrie/ A. Conway
2.1.2: Geschöpf und Ebenbild	S. 63, unten	R. Descartes/ J.A. Comenius
2.1.3: Human Enhancement	S. 64, unten	„Schau mir in die Augen …“
2.2: Liebe	S. 56, unten	B. Brecht/ M. Frisch
2.3.1: Desktruktivität	S. 71, oben	C. Osmaston
2.3.2: Sünde (Mensch gut/ böse)	S. 74, Zitatpaar	M. Luther/ J.J. Spalding
2.4: Willensfreiheit	S. 82, oben	Stoiker/ J.A. Comenius
2.4.1: Hirnforschung	S. 78, Mitte	G. Roth/ J.-D. Haynes
2.4.3: Theologie: Willensfreiheit	S. 80 Auswahl	Erasmus/ M. Luther (Zitate/ Gleichnisse)
2.5: Gnade	S. 83, oben	Joe Hill
2.5.1: Gnade, geschenkt/ billig	S. 84	M. Luther/ D. Bonhoeffer (Auswahl)
2.5.2: Gnade und/ ohne Werke	S. 85, oben	Paulus (Röm)/ Jakobus (Jak)
2.6.1: Freiheit Lebensgestaltung	S. 88, unten	A. Miller (Biff/ Onkel Ben)
2.6.2: Innere und/ vs.äußere F.	S. 91, unten	Zwölf Artikel Bauern/ M. Luther
2.6.3: Freiheitsentwürfe	S. 90f; 93 u.	M. Luther/ A. Camus (Auswahl)
2.7.1: Leben im Rückspiegel	S. 95, oben	B. Ware: Fünf Versäumnisse
2.7.2: Nach Tod	S. 96, oben S. 97, unten	U. Lindenberg / A. Schopenhauer D. Sölle/ F. Steffensky
2.7: Doppelter Ausgang/ Allversöhnung	S. 98, Mitte	Origines/ Augustinus
3: Gott	S. 102, unten	Pascalsche Wette
3.1: Beweise für/ gegen Gott?	S. 107, Mitte	M. Beltz
3.2: Atheismus	S. 112	L. Feuerbach/ H. Zahrnt (Auswahl)
3.3 + 3.4.3: Bilderverbot – Gottesbilder	S. 118, oben S. 125, unten	2. Mose 20,4/ Jes 66,12f und Mt 6,31f
3.4: Gott Person – Symbol Gott – Abgott	S. 122f S. 124	Zwei Bilder Bosch; Zitate Tillich M. Luther, Zwei Texte (Spitzenzitate)
3.5: Lebensfeindlicher – lebensfreundlicher Gott	S. 127, unten S. 130, Mitte	Zwei Zitate T. Moser
3.5.3: Gott in Beziehung	S. 133, oben	Ps 23; D. Bonhoeffer
3.6: Theodizee	S. 134, unten S. 135 S. 140	Schülertext Epikur A. Camus/ N. Aichmatow
3.6.1: Warum Leid? – Gute/ schlechte Welt	S. 136, oben	G.W. Leibniz/ A. Schopenhauer
3.6.3 Gott am Kreuz?	S. 138	1. Kor 1,18+25/ Junge Pi
3.7: Gott der Religionen	S. 142, oben	W. Huber/ B. Tietjen

4: Jesus Christus	S. 148, unten	Texte von Schüler/innen
4.1: Kreuz	S. 150, unten	Paulus (1. Kor 1,23)/ M. t'Hart
4.1.1: Tod Sokrates – Tod Jesu	S 151	Letzte Wort Jesu / Platon, Phaidon
4.1.2: Deutungen Tod Jesu (NT)	S. 152, Mitte	Drei Bibelzitate
4.1.3 Deutungen Theologie	S. 154	Anselm (Satisfaktion)/ Petrus Abaelard (Lebensbeispiel, Lehrverkündigung)
4.2: Frieden Augustus/ Jesus	S. 156	Vergil/ Lk 2,10–14.16
4.3: Reich Gottes	S. 167+168	Mt 6: Vaterunser; V. Jara: Bittgebet
4.4.1: Bergpredigt (Tora)	S. 175, unten	Bismarck u.a./ R. v.Weizsäcker
4.4.2: Ethik (Nächstenliebe)	S. 176	Mt 22,35–40/ H. Hesse
4.4.3: Nachfolge/ Lebenssinn, Lebensgewinn	S. 178 S. 180	Mk 8,34–36/ R. Walser D. Bonhoeffer/ Rezo
4.5.1: Auferstehung	S. 182, unten	Ostermorgengruß/ K. Marti
4.5.3: Zwei-Naturen-Lehre	S. 185, oben	Zwei Bilder: Pantokrator/ Armer Christus
4.6.1: Jesus in den Religionen	S. 187f	Jesus: ➢ Jüdische Persönlichkeit/ Großer Bruder (L. Baeck/ M. Buber) ➢ Gesandter, Gesalbter, Prophet Allahs ➢ Jesus war ein Asiate (M. Gandhi)
4.6.3: Deutungen Jesu heute	S. 190/148, unten	Schülertexte 11. Klasse
4.7	S. 192	Schlussfrage Dostojewski-Text
5: Kirche(n)	S. 196, unten S. 214, oben	E. Carrère/ F. Steffensky K. Deschner/ H. Böll
5.1.3: Konfessionen	S. 203, Mitte	M. Luther/ Konzil von Trient
5.2.1: Institution Kirche	S. 207	A. Loisy/ E. Drewermann
5.2.2: Exklusion – Inklusion: Kirche und Antijudaismus	S. 210, oben	J. Reuchlin/ M. Luther
5.2.3: Kirche und Staat	S. 211, oben	1. Petr 2,17/ Apg 5,29
5.3.1: Kirchen und Nationalsoz.	S. 218, oben	D. Bonhoeffer-Zitat
5.3.2: Kirchen – Soziale Frage/ Option für die Armen	S. 221, oben	Tomás P./ Sohn Felipe
5.4: Kirche heute	S. 222, Mitte	Studie Jugendarbeit/ Jugendliche
5.5: Kirche – Zukunft?	S. 228, oben S. 230, Mitte	Stimmen Studierender K. Barth/ A. Nassehi
5.5.3: Jugendliche und Kirche	S. 233	Ein paar Stimmen
5.5.4: Kirche weltweit / vor Ort	S. 237, Mitte	D. Bonhoeffer, Zwei Zitate
6: Religion(en)	S. 240, unten	F.W. Graf
6.1.1: Was ist Religion?	S. 243, oben	D. Sölle/ L.F. Földényi/ J. Lennon und Y. Ono
6.1.2: Religion im Wandel	S. 244, oben	I. Kant: Aufklärung (Zitat)
6.1.3: Weltanschauungen	S. 246, oben S. 247, unten	Bild Fotomontage I. Kant/ H. Saleh
6.2: Weltreligionen	S. 254, Mitte	J.A. Comenius/ Nostra Aetate
6.3: Wahrheit der Religionen	S. 258, rechts	G.E. Lessing: Streben nach Wahrheit
6.3.1: Eigenposition	S. 255, unten	Ch. Schwöbel/ A. Oz
6.3.2: Fremdposition(en)	S. 256, Mitte S. 256, unten S. 257, Mitte	Dalai Lama/ J.W. v.Goethe/ Th. Mann Zwei Schüleräußerungen (BVJ) Ch. Wulff/ J. Gauck
6.3.3: Dialog	S. 260, oben	Karikatur E. Shakine